Maths au CE1

Guide de l'enseignant

Sous la direction de
Gaëtan DUPREY
Inspecteur de l'Éducation nationale

Fabienne MAUFFREY
Professeure des écoles en cycle 2

Isabelle MAUFFREY
Conseillère pédagogique

Véronique GODÉ
Professeure des écoles en CE1-CE2

Sophie DUPREY
Conseillère pédagogique

Élisabeth SCHNEIDER
Éditrice

Christian VOLTZ
Illustrateur

ACCÈS Éditions

Cet ouvrage suit l'orthographe recommandée par les rectifications de 1990 et les programmes scolaires (voir le site : www.orthographe-recommandee.info et son miniguide d'information).

VOTRE ACCÈS NUMÉRIQUE

Activez votre **code unique** en vous rendant dans l'onglet
MES COMPLÉMENTS NUMÉRIQUES
de votre compte sur **www.acces-editions.com**.
L'activation de votre code vous permettra
de **télécharger les compléments numériques**
et d'**accéder aux mises à jour.**

Une fois ce code activé, rendez-vous dans l'onglet
MES LIVRES NUMÉRIQUES de votre compte pour bénéficier
d'une réduction sur la version numérique de votre ouvrage.

Attention, la première personne à saisir ce code deviendra
l'utilisateur principal de l'ouvrage. Son compte client y sera rattaché.
Cet utilisateur principal ne pourra donner accès au contenu en ligne qu'à un nombre limité de personnes.

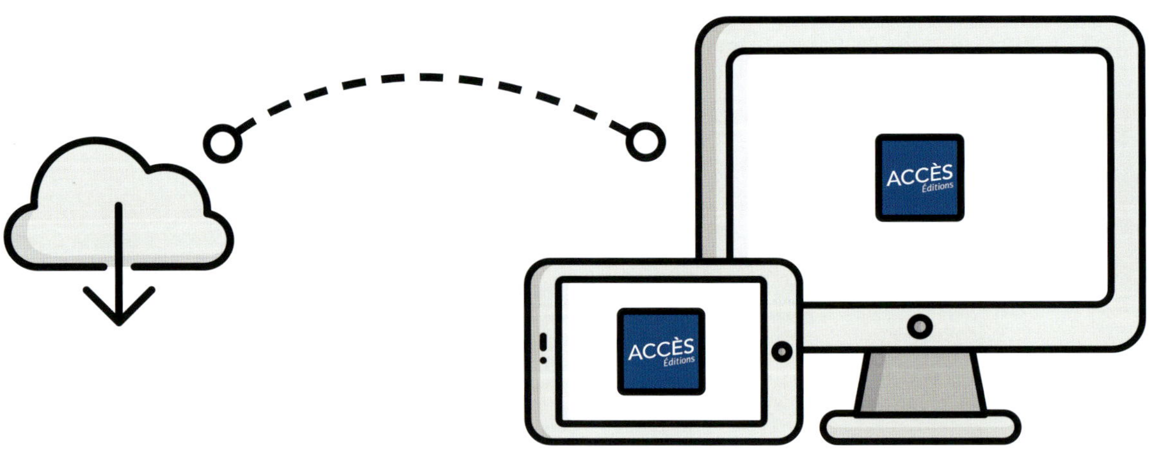

À bientôt sur www.acces-editions.com

Avant-propos

Notre conviction profonde est que réussir en mathématiques est accessible à chaque élève. Ce pari de l'éducabilité constitue le fondement éthique de notre démarche et lui donne tout son sens. En mathématiques, comme dans les autres domaines, il nous semble fondamental de susciter l'envie d'apprendre chez les élèves. Pour éveiller cet intérêt, ***Maths au CE1*** met en œuvre un apprentissage des mathématiques fondé sur la manipulation et l'expérimentation. La démarche utilisée dans notre ouvrage accorde une place centrale à la résolution de problèmes afin de donner du sens aux apprentissages réalisés.

Chaque semaine, les élèves sont amenés à résoudre une dizaine de problèmes arithmétiques en une ou plusieurs étapes. Pour que la résolution de problèmes soit source de plaisir, les élèves sont placés en situation de réussite grâce à l'anticipation d'éléments de différenciation. Le calcul mental est pratiqué quotidiennement pendant 15 minutes. Un apprentissage renforcé des tables d'addition et de multiplication facilite la mémorisation des faits numériques. Les progrès réalisés par chaque élève sont valorisés par des évaluations qui motivent les élèves à apprendre. Le calcul en ligne fait l'objet d'un apprentissage structuré.

Maths au CE1 met en œuvre les repères annuels de progression du CE1.

L'enseignement des grandeurs et de leurs mesures s'appuie sur des situations concrètes. Les apprentissages sont abordés par le biais de situations problèmes empruntées à la vie courante ou issues d'autres disciplines. Les compétences et les connaissances géométriques se construisent également à partir de problèmes concrets, qui s'enrichissent tout au long de l'année grâce à des outils et des supports variés.

De par sa conception, ***Maths au CE1*** laisse toute latitude à l'enseignant pour adapter son enseignement à la réalité de sa classe. Le guide de l'enseignant constitue l'élément indispensable pour s'approprier la progression et les démarches utilisées. Il a pour but d'accompagner l'enseignant tout au long de l'année dans la préparation de chaque séquence d'apprentissage. La démarche proposée lui permet de se libérer de l'usage exclusif d'un fichier, souvent enfermant et couteux en temps, ce qui peut considérablement réduire le temps dédié à l'appropriation des savoirs sous-jacents. Ces pratiques peuvent pénaliser les élèves les plus fragiles.

C'est pourquoi ***Maths au CE1*** a conçu un *cahier de l'élève* destiné à être utilisé au terme des séquences d'apprentissage. Les exercices proposés valorisent les réussites et rendent visibles les progrès réalisés. Des éléments de différenciation permettent de répondre aux besoins de chaque élève.

Les auteurs
Juin 2024

Sommaire

Annexe 1

Présentation de la démarche p.6
L'organisation des séquences d'apprentissage p.8
Maths au CE1 au quotidien et à l'année p.10
La résolution de problèmes p.12
Comprendre et utiliser le nombre p.18
L'enseignement du calcul p.20
Grandeurs et mesures / Espace et Géométrie p.24
Votre contenu numérique p.26

Période 1

Semaine 1 Calcul mental – Atelier problèmes p.30
1 Réaliser des tracés avec la règle p.32
2 Dénombrer en utilisant le groupement par 10 p.34
Semaine 2 Calcul mental – Atelier problèmes p.36
3 Utiliser des écritures chiffrées jusqu'à 99 p.38
4 Associer diverses écritures d'un nombre p.40
Semaine 3 Calcul mental – Atelier problèmes p.42
5 Résoudre des problèmes en une ou deux étapes : addition et soustraction (1) p.44
6 Lire et écrire les nombres jusqu'à 59 p.48
7 Utiliser les notions d'alignement et de milieu p.50
Semaine 4 Calcul mental – Atelier problèmes p.54
8 Lire et écrire les nombres jusqu'à 79 p.56
9 Mesurer des longueurs : le centimètre p.58
10 Résoudre des problèmes en une ou deux étapes : addition et soustraction (2) p.60
Semaine 5 Calcul mental – Atelier problèmes p.64
11 Lire et écrire les nombres jusqu'à 99 p.66
12 Comparer les nombres jusqu'à 99 p.70
Semaine 6 Calcul mental – Atelier problèmes p.74
13 Résoudre des problèmes en une ou deux étapes : addition et soustraction (3) p.76
Semaine 7 Calcul mental – Atelier problèmes p.80
14 Énigmes mathématiques (1) p.82

Période 2

Semaine 8 Calcul mental - Atelier problèmes p.88
15 Calculer en ligne la somme de deux nombres p.90
16 Poser et calculer des additions en colonnes p.92
Semaine 9 Calcul mental - Atelier problèmes p.94
17 Dénombrer en utilisant le groupement par 100 p.96
18 Utiliser les écritures chiffrées jusqu'à 199 p.98
Semaine 10 Calcul mental - Atelier problèmes p.100
19 Associer diverses écritures d'un nombre jusqu'à 199 p.102
20 Lire et écrire les nombres jusqu'à 199 p.104
21 Comparer les nombres jusqu'à 199 p.106
Semaine 11 Calcul mental - Atelier problèmes p.110
22 Comprendre le sens de la multiplication (1) p.112
23 Comprendre le sens de la multiplication (2) p.114
Semaine 12 Calcul mental - Atelier problèmes p.116
24 Comprendre le sens de la multiplication (3) p.118
Semaine 13 Calcul mental - Atelier problèmes p.122
25 Encadrer et intercaler les nombres jusqu'à 199 p.124
26 Reconnaitre un polygone p.126
Semaine 14 Calcul mental - Atelier problèmes p.128
27 Énigmes mathématiques (2) p.130

Nombres
Calculs
Résolution de problèmes
Grandeurs et mesures
Espace et Géométrie
Apprendre à chercher

Période 3

Semaine 15 Calcul mental - Atelier problèmes p.136
28 Résoudre des problèmes en une ou deux étapes : addition et soustraction (4) p.138
29 Utiliser les écritures chiffrées jusqu'à 999 p.142
Semaine 16 Calcul mental - Atelier problèmes p.144
30 Associer diverses écritures d'un nombre jusqu'à 999 p.146
31 Lire et écrire les nombres jusqu'à 999 p.148
Semaine 17 Calcul mental - Atelier problèmes p.150
32 Poser et calculer des additions avec des nombres à trois chiffres p.152
33 Mesurer des longueurs : mètre et centimètre p.154
Semaine 18 Calcul mental - Atelier problèmes p.158
34 Mesurer des longueurs : mètre, décimètre et centimètre p.160
35 Poser et calculer des soustractions en colonnes avec des nombres à deux chiffres p.162
Semaine 19 Calcul mental - Atelier problèmes p.166
36 Comparer les nombres jusqu'à 999 p.168
37 Reconnaitre un carré : longueurs des côtés et angles droits p.170
Semaine 20 Calcul mental - Atelier problèmes p.174
38 Repérer des angles droits p.176
39 Reconnaitre un rectangle p.178
Semaine 21 Calcul mental - Atelier problèmes p.180
40 Énigmes mathématiques (3) p.182

Période 4

Semaine 22 Calcul mental - Atelier problèmes p.188
41 Poser et calculer des soustractions en colonnes avec des nombres à trois chiffres p.190
42 Tracer des carrés et des rectangles p.194
Semaine 23 Calcul mental - Atelier problèmes p.196
43 Résoudre des problèmes en deux étapes : addition et multiplication p.198
44 Résoudre des problèmes impliquant des prix : les euros p.200
Semaine 24 Calcul mental - Atelier problèmes p.204
45 Résoudre des problèmes impliquant des prix : les centimes d'euro p.206
46 Reconnaitre et tracer des triangles rectangles p.210
Semaine 25 Calcul mental - Atelier problèmes p.212
47 Mesurer une longueur : le kilomètre p.214
48 Reconnaitre et utiliser la notion de symétrie p.218
Semaine 26 Calcul mental - Atelier problèmes p.220
49 Résoudre des problèmes de partage (1) p.222
50 Coder un déplacement (1) p.224
Semaine 27 Calcul mental - Atelier problèmes p.228
51 Énigmes mathématiques (4) p.230

Période 5

Semaine 28 Calcul mental - Atelier problèmes p.236
52 Calculer en ligne des sommes et des différences p.238
53 Compléter une figure par symétrie p.242
Semaine 29 Calcul mental - Atelier problèmes p.244
54 Mesurer des masses : le gramme et le kilogramme p.246
55 Calculer en ligne des produits p.250
Semaine 30 Calcul mental - Atelier problèmes p.252
56 Lire l'heure p.254
57 Mesurer des durées p.258
Semaine 31 Calcul mental - Atelier problèmes p.260
58 Résoudre des problèmes de partage (2) p.262
59 Reconnaitre et nommer les solides p.264
Semaine 32 Calcul mental - Atelier problèmes p.268
60 Décrire un cube et un pavé droit p.270
61 Mesurer des contenances : le litre p.272
Semaine 33 Calcul mental - Atelier problèmes p.276
62 Coder un déplacement (2) p.278
Semaine 34 Calcul mental - Atelier problèmes p.280
63 Utiliser un tableau ou un graphique p.282
Semaine 35 Calcul mental - Atelier problèmes p.284
64 Reproduire un cercle avec un compas p.286
Semaine 36 Calcul mental - Atelier problèmes p.288
65 Énigmes mathématiques (5) p.290

Présentation de la démarche

La méthode s'appuie sur 6 principes.

Développer un rapport positif aux mathématiques

Assurer la réussite de chaque élève

Donner une place centrale à la résolution de problèmes

Aller du concret vers l'abstrait

Organiser la progressivité des apprentissages

Ritualiser des temps de révision et de calcul mental

La démarche s'organise en 3 temps.

Ces trois temps ont pour objectif d'amener progressivement les élèves à raisonner sur des éléments abstraits.

1 MANIPULATION EXPÉRIMENTATION

S'engager dans une démarche de résolution de problèmes en observant, en posant des questions, en anticipant, en tâtonnant, en manipulant, en expérimentant, en émettant des hypothèses.

2 REPRÉSENTATION

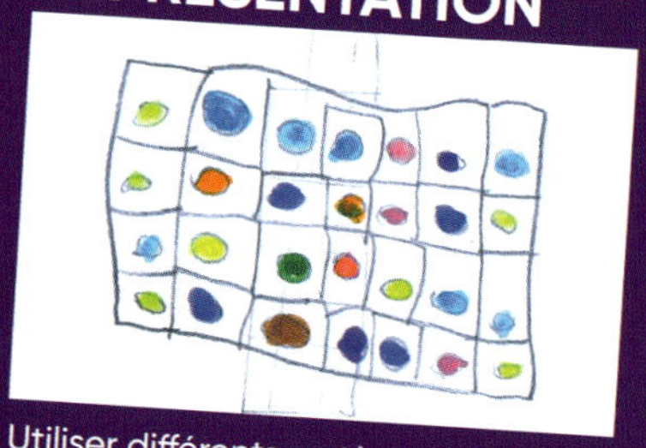

Utiliser différents systèmes de représentations : dessins, schémas, arbres de calcul...

3 ABSTRACTION

$7 \times 4 = 28$

ou

$4 \times 7 = 28$

Utiliser des codes et des symboles mathématiques en relation avec le vocabulaire mathématique.

VERBALISATION

Verbaliser et produire des écrits pour expliciter des démarches et argumenter des raisonnements. La verbalisation est présente tout au long des 3 temps.

1 Manipulation - Expérimentation

La manipulation et l'expérimentation favorisent l'acquisition de nombreux concepts mathématiques. Une véritable expérimentation suppose que l'élève soit amené à anticiper, à raisonner, à émettre des hypothèses, à tester des pistes, à élaborer des stratégies, à vérifier et à éprouver. Il est donc nécessaire de problématiser les situations proposées par des questionnements et de les inclure dans des contextes qui font sens pour les élèves : énigmes, jeux, problèmes liés à la vie de la classe ou à la vie quotidienne. L'action orientée vers un but permet de problématiser les situations d'apprentissage.

La manipulation favorise l'appropriation du problème posé sans pour autant dévoiler la solution. Donner aux élèves 8 cubes rouges et 9 cubes bleus n'assure pas qu'ils vont comprendre le sens de l'addition par la seule manipulation. Si le matériel est disponible, les élèves trouvent très rapidement la réponse sans avoir beaucoup réfléchi. Par contre, si les élèves doivent anticiper ce qui va se passer quand les deux collections de cubes seront réunies dans une boite, et donc, ne disposent pas du matériel pendant la recherche, ils doivent réfléchir pour élaborer leurs réponses. Ils sont ainsi confrontés à un nouveau problème qui se traduit en langage mathématique. Le recours à la manipulation permet la validation des hypothèses émises. Le problème donne du sens à une connaissance nouvelle : l'addition.

Chaque groupe de 2 élèves doit préparer une collection de cubes qui correspond à 24d 6u mais n'a à sa disposition que 9 plaques de 100 cubes et 9 barres de 10 cubes.

2 Représentation

La manipulation et l'expérimentation sont fondamentales mais elles ne suffisent pas pour générer des apprentissages. L'activité mathématique ne peut se passer d'un travail de représentation et de symbolisation. Les temps de représentation et de symbolisation sont très importants pour faire progresser les élèves dans l'abstraction. Les élèves doivent être capables d'appréhender différents systèmes de représentations en mobilisant des registres graphiques variés (dessins, schémas, tableaux) et des symboles (chiffres, mots, signes, codages). Les concepts mathématiques s'incarnent ainsi dans des objets, des représentations, des expériences et des verbalisations. Pour maitriser un concept, l'élève doit être capable d'articuler différents registres : expérimental ou imagé, verbal, symbolique.

Les élèves représentent le polyèdre qu'ils ont fabriqué en coupant une pomme de terre.

3 Abstraction

L'abstraction est ce qui nous permet d'aller au-delà de quelques cas particuliers vers quelque chose de plus général. Par exemple, c'est grâce à l'abstraction que nous pouvons aller au-delà d'un, deux ou trois triangles particuliers et d'en arriver à l'idée générale de triangle. Ce qui est à la base de l'abstraction est la formation d'un concept, d'une entité générale qui permet de regrouper les objets selon un élément commun.

Une addition comme « 49 + 23 » repose sur plusieurs niveaux de conceptualisation. Dans un premier niveau, on a des objets concrets, des cubes réunis dans une boite. Ensuite ces mêmes objets concrets sont organisés en dizaines et unités pour parvenir à des écritures chiffrées et des mots. Enfin, ces symboles s'articulent pour exprimer l'action d'additionner. Ce qu'on additionne ici ce ne sont plus des objets, mais des symboles. L'abstraction repose sur l'utilisation de symboles qui expriment des relations de plus en plus complexes. Accéder à un niveau supérieur d'abstraction demande à l'élève de comprendre les significations auxquelles renvoient les nouveaux symboles et de revenir aux significations préalables lorsque c'est nécessaire : 49 signifie 4 dizaines et 9 unités, mais aussi 49 unités...

	①	
	4	9
+	2	3
	7	2

Verbalisation

La verbalisation est présente dans chaque séance de mathématiques. Les élèves utilisent le langage oral et écrit pour évoquer ou décrire une situation, expliciter des démarches, argumenter des raisonnements. Le langage ne sert pas d'expression à une pensée toute prête. En se transformant en langage, la pensée mathématique se réorganise et se modifie. La phase d'institutionnalisation qui suit chaque phase de découverte permet de mettre en mots ce qu'il faut retenir et ainsi d'abstraire les nouvelles connaissances élaborées.

L'organisation
des séquences d'apprentissage

La résolution de problèmes est placée au centre de la démarche d'apprentissage.
Les séquences proposées suivent des phases d'apprentissage réparties sur plusieurs séances.

Appropriation du problème

Dans cette phase, il s'agit pour les élèves de comprendre la situation et le but de la recherche. Elle s'effectue le plus souvent à travers une présentation concrète qui ne dévoile pas la solution du problème.

Recherche individuelle et/ou par groupes

Un temps de recherche individuelle conduit chaque élève à s'approprier véritablement la situation: recours possible au dessin, à la schématisation, émission d'hypothèses, élaboration de pistes de recherche, premiers essais.

Un moment de travail par groupes de 2 à 3 élèves peut suivre ce moment de recherche individuelle. Il a pour objectif de réfléchir ensemble pour trouver des procédures, de justifier, d'argumenter, d'élaborer une réponse commune.

Mise en commun et validation

Cette phase est centrée sur la mutualisation et l'analyse collective des différentes solutions et démarches en commençant par les moins abouties: confrontation des propositions, débat autour de leur validité, recherche d'arguments. La validation s'effectue par le retour à la manipulation pour vérifier et comprendre par l'expérience les solutions proposées.

Institutionnalisation

L'institutionnalisation a pour objectif de mettre les mêmes mots sur ce que les élèves ont trouvé. Elle conduit à la reconnaissance de la validité et de l'utilité d'une connaissance qui sera instituée en un nouveau savoir auquel la classe pourra désormais faire légitimement référence.

Entrainement, renforcement et réinvestissement

Le but est d'amener les élèves à mettre à l'épreuve les savoirs qu'ils viennent de construire dans des situations nouvelles, issues d'abord d'un contexte identique puis de contextes différents.

Ces savoirs sont ainsi réinvestis avec une autonomie croissante, dans des situations de plus en plus complexes. À partir de cette phase, les élèves travaillent dans leur cahier ***Maths au CE1***.

Évaluation et consolidation

L'évaluation formative accompagne les élèves tout au long de la séquence. L'enseignant observe au quotidien les productions des élèves pour réguler les apprentissages et apporter les aides nécessaires. Les élèves obtiennent des *brevets de réussite* au fur et à mesure de leur progression.

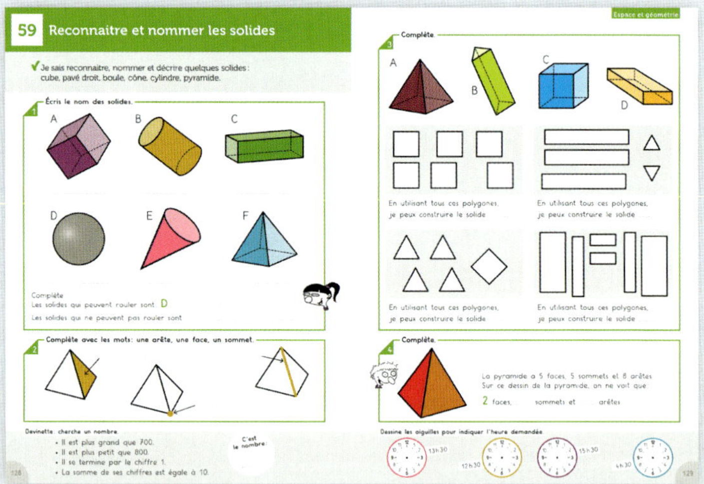

Mémorisation et révision

De nombreuses situations de rebrassage des notions découvertes sont programmées au cours de l'année dans le cahier de l'élève: exercices des bas de pages, deux pages d'exercices *Je révise* à la fin de chaque période. Des bilans périodiques *Mes réussites* sont téléchargeables.

Extrait du cahier de l'élève ***Maths au CE1***

Uniquement par téléchargement

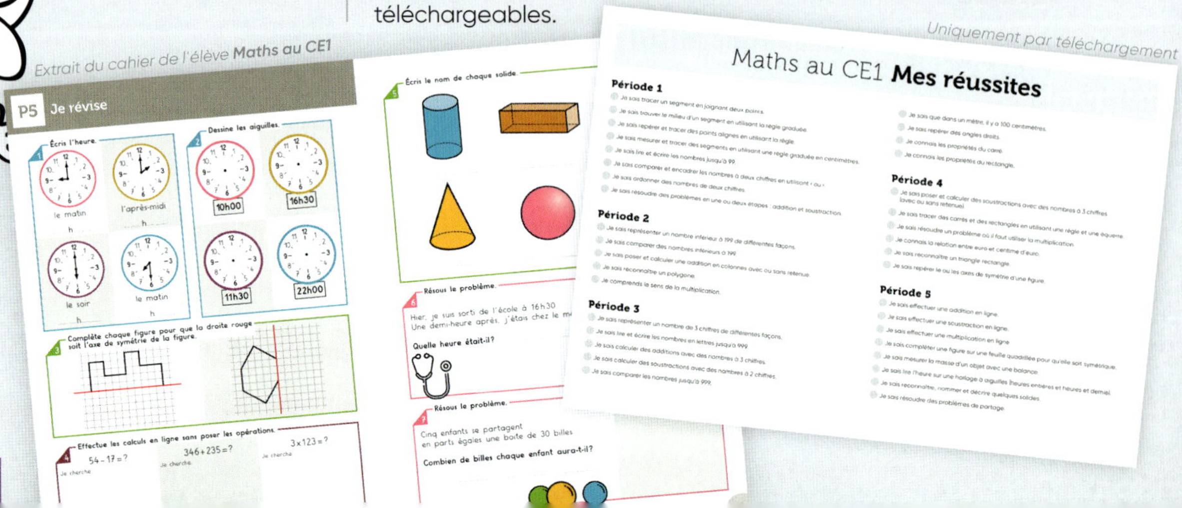

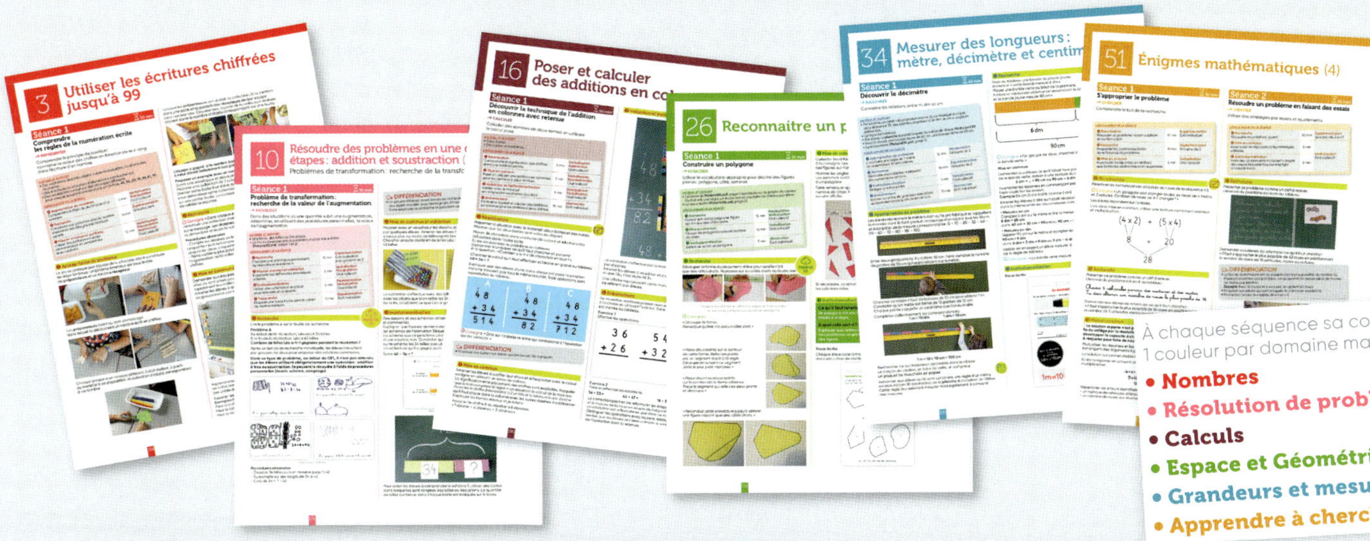

À chaque séquence sa couleur
1 couleur par domaine mathématique

- **Nombres**
- **Résolution de problèmes**
- **Calculs**
- **Espace et Géométrie**
- **Grandeurs et mesures**
- **Apprendre à chercher**

MATÉRIEL ET SUPPORT
- 3 images de coureurs cyclistes (**Materiel14.pdf**) à colorier en vert, jaune et rouge ou des figurines.

DÉROULEMENT DE LA SÉANCE

1 Appropriation du problème Comprendre ce qu'il faut chercher à travers un exemple.	5 min	**Manipulation Verbalisation** Oral collectif
2 Recherche Chercher le maximum de possibilités d'arrivée dans une course de 4 coureurs.	10 min	**Expérimentation** Groupes de 2
3 Mise en commun Inventorier les différentes solutions et expliquer comment on a procédé.	5 min	**Verbalisation Abstraction** Oral collectif
4 Institutionnalisation Connaître une méthode pour résoudre des problèmes de ce type.	10 min	**Verbalisation** Oral collectif

Synthétise la séance
- *Matériel spécifique*
- *Phases d'apprentissage*
- *Objectifs*
- *Minutage*
- *Organisation*

Séance 1 30 min
La course cycliste
→ CHERCHER
Organiser sa recherche.

Affiche la compétence travaillée prioritairement parmi les 6 compétences mathématiques à développer au CE1: chercher, raisonner, représenter, modéliser, calculer, communiquer.

Période 1 - Séquence 14 - Séance 1

DIFFÉRENCIATION
- Les élèves manipulent les images des coureurs mises en couleur ou des jetons rouge, vert et jaune qui représentent les trois coureu

Suggère des modalités de différenciation.

Ce qu'il faut retenir
Dans ce problème, il fallait organiser sa recherche pour trouver le plus possible de solutions. Une des méthodes possibles est de chercher toutes les solutions avec le coureur rouge qui arrive premier puis avec le vert premier et enfin avec le jaune premier.
À quoi cela sert-il?
À résoudre des problèmes et des énigmes du même type.

Référence le nouveau savoir étudié.

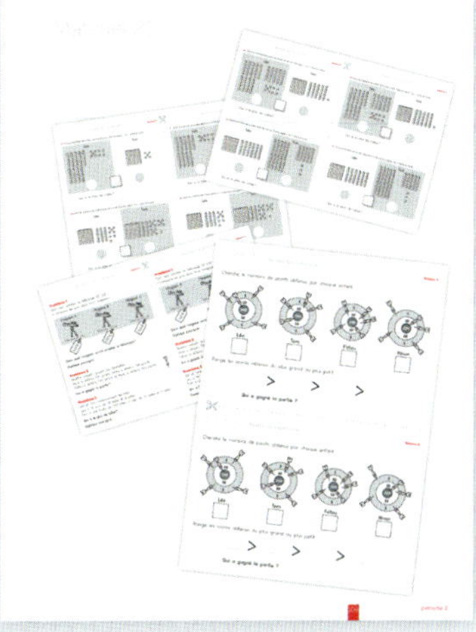

Des pages visualisent certain matériel.

Les pictogrammes du matériel récurrent

Le matériel des élèves

- Pages 20 et 21 — Pages du cahier de l'élève
- Planche prédécoupée du cahier de l'élève
- Ardoise
- Cahier de référence en mathématiques
- Carnet de recherche

Le matériel à télécharger sur le site ACCÈS Éditions

- Séquence 10 — Animation à vidéoprojeter
- MATERIEL 43 — Document collectif ou individuel
- 43A et 43B — Exercices supplémentaires ou différenciés

Maths au CE1 au quotidien

Les séances d'apprentissage sont construites selon des régularités permettant aux élèves de se repérer dans la démarche d'apprentissage. La journée de mathématiques débute par un moment de calcul mental. Les séances d'apprentissage qui suivent conduisent les élèves à résoudre des problèmes pour découvrir une nouvelle connaissance, à la consolider ou à l'évaluer. Chaque semaine, une séance d'ATELIER PROBLÈMES est consacrée à la résolution de cinq à six problèmes numériques.

Temps 1

CALCUL MENTAL
15 minutes/jour

Les calculs à effectuer sont présentés oralement ou par écrit au tableau ou sur une feuille. Les résultats sont donnés oralement ou par écrit sur l'ardoise ou dans un cahier.

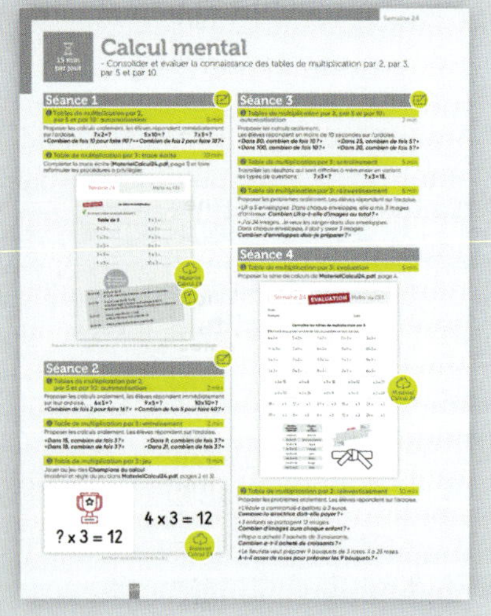

Temps 2

SÉANCE DE DÉCOUVERTE
30 à 40 minutes/jour

Pour aborder de nouvelles notions mathématiques, les élèves sont confrontés à un problème qu'ils cherchent à résoudre seuls ou en groupes. La recherche est suivie d'une mise en commun et d'une synthèse pour structurer ce qui a été appris.

Temps 3

SÉANCE D'ENTRAINEMENT
30 minutes/jour

Des séances d'entrainement et de réinvestissement permettent de renforcer les apprentissages en rendant les connaissances opérationnelles.

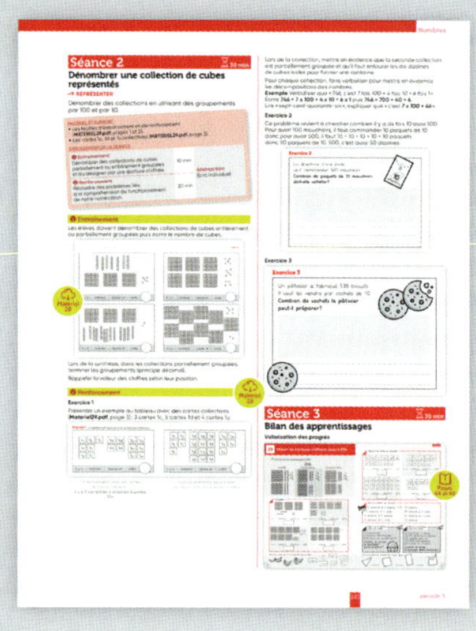

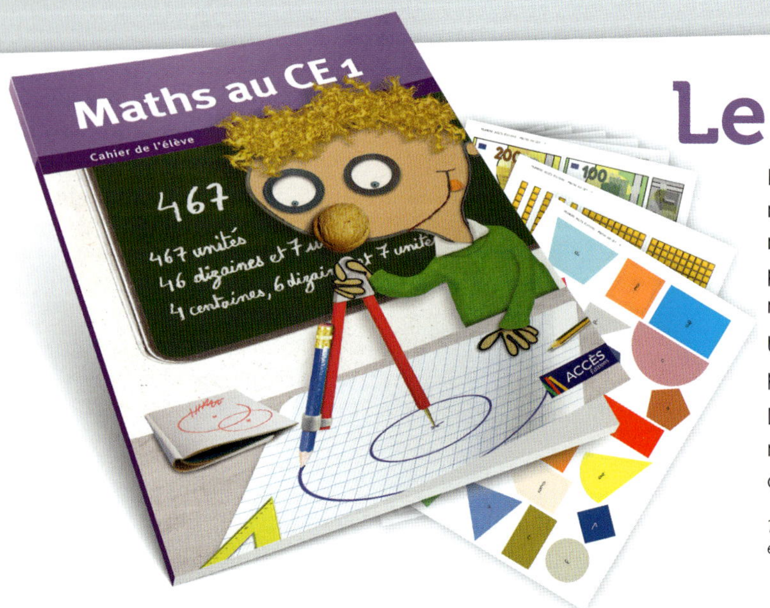

Le cahier de l'élève

Le cahier permet de faire la synthèse des apprentissages réalisés au cours de la séquence et de valoriser les progrès réalisés par chaque élève dans le cadre d'une évaluation positive. Des exercices progressifs sur une même notion sont répartis sur deux pages.

Un exemple en vert est souvent donné pour faciliter l'appropriation de la consigne.

Des exercices de révision sont placés au bas de chaque page, notamment des frises à compléter qui permettent de résoudre des problèmes liés à la notion d'algorithme.

160 pages + 9 planches cartonnées et prédécoupées de matériel individuel. 10 € l'unité

Maths au CE1 à l'année

La programmation annuelle

Pour modifier votre programmation, ce tableau est disponible en téléchargement aux formats .doc et .docx

Annexes 3 et 4

	PÉRIODE 1	PÉRIODE 2	PÉRIODE 3	PÉRIODE 4	PÉRIODE 5
Nombres	**Les nombres jusqu'à 99**	**Les nombres jusqu'à 199**	**Les nombres jusqu'à 999**		**Nombres pairs, nombres impairs**
Calculs	**Calcul mental** • Les doubles des nombres ≤ 10. • Les compléments à 10 • Les tables d'addition de 1 à 5 et de 10 • Sommes et différences avec franchissement de la dizaine **Calcul en ligne** Sommes de trois nombres	**Calcul mental** • Doubles et moitiés • Les compléments à 20 • Sommes du type 58 + 6, 145 + 7 • Différences du type 43 − 8, 163 − 7 • Les tables d'addition de 6 à 9 • Les compléments à la dizaine supérieure • Ajout ou retrait de 10 à un nombre à deux chiffres **Calcul en ligne** Sommes de deux nombres à deux chiffres **Calcul posé** Addition avec retenue	**Calcul mental** • Les tables de multiplication de 2, 10 et 5 • Les compléments à 100 des dizaines entières **Calcul en ligne** • Sommes de deux nombres à trois chiffres • Différences de deux nombres à deux chiffres **Calcul posé** • Additions posées en colonnes : nombres à trois chiffres • Soustractions en colonnes	**Calcul mental** • Les tables de multiplication de 5, 3 et 4 • Sommes du type 50 + 70 • Sommes d'un nombre à deux ou trois chiffres et de centaines entières **Calcul posé** Soustractions en colonnes avec des nombres à trois chiffres	**Calcul mental** • Les tables de multiplication • Stratégies pour retrouver rapidement les compléments à la dizaine supérieure, à la centaine supérieure • Multiplication par 10 d'un nombre inférieur à 100 • Soustraction sans retenue d'un nombre à deux chiffres à un nombre à trois chiffres **Calcul en ligne** • Sommes et différences • Produits
Résolution de problèmes et Atelier problèmes	**Résolution de problèmes en une et deux étapes : addition et soustraction** • Problèmes de transformation : recherche de l'état final, recherche de la transformation • Problèmes de réunion : recherche du tout ou d'une partie **Résolution de problèmes en utilisant sa connaissance des doubles et des moitiés**	**Compréhension du sens de la multiplication** **Résolution de problèmes additifs en une ou deux étapes** **Résolution de problèmes où il faut utiliser sa connaissance de la numération** **Résolution de problèmes multiplicatifs en une ou deux étapes**	**Résolution de problèmes additifs en une ou deux étapes : problèmes de comparaison** **Résolution de problèmes multiplicatifs en une ou deux étapes** **Résolution de problèmes additifs en utilisant sa connaissance de la numération**	**Résolution de problèmes en deux étapes mixant addition ou soustraction et multiplication** **Résolution de problèmes de partage** **Résolution de problèmes multiplicatifs en une et deux étapes** **Résolution de problèmes additifs en deux étapes** **Résolution de problèmes impliquant des longueurs**	**Résolution de problèmes de partage** **Utilisation d'un tableau ou d'un graphique** **Résolution de problèmes additifs en une et deux étapes** **Résolution de problèmes du champ additif en une étape : recherche de l'état initial** **Résolution de problèmes impliquant des prix** **Résolution de problèmes du champ additif : problèmes de comparaison** **Résolution de problèmes impliquant des durées** **Résolution de problèmes en deux étapes mixant addition ou soustraction et multiplication**
Grandeurs et mesures	**Mesure de longueurs : le centimètre**		**Mesures de longueurs : centimètre, mètre et décimètre**	**Problèmes impliquant des prix** **Mesures de longueurs : le kilomètre**	**Mesures de masses : le gramme et le kilogramme** **Lecture de l'heure et mesures de durées** **Mesures de contenances**
Espace et Géométrie	**Notions d'alignement et de milieu**	**Les polygones**	**Le carré** **Repérage de l'angle droit** **Le rectangle**	**Tracés de carrés et de rectangles** **Le triangle rectangle** **Codage de déplacements : déplacements absolus** **La symétrie**	**La symétrie** **Les solides, le cube et le pavé** **Codage de déplacements : déplacements relatifs** **Le cercle**
Apprendre à chercher	**Énigmes mathématiques** Utilisation d'une stratégie de recherche	**Énigmes mathématiques** Utilisation d'un raisonnement déductif	**Énigmes mathématiques** Compréhension du fonctionnement de notre numération	**Énigmes mathématiques** Essais pour trouver une solution	**Énigmes mathématiques** Raisonnement sur une figure

L'organisation détaillée de chaque période
est proposée en pages 28, 86, 134, 186 et 234.

Une pratique intensive
de la résolution de problèmes numériques

Maths au CE1 a pour ambition d'optimiser le temps pendant lequel les élèves pratiquent effectivement les mathématiques. Cette pratique s'appuie sur un apprentissage structuré et intensif de la résolution de problèmes.

La programmation

Dès le début de l'année, les élèves consolident leur capacité à résoudre des problèmes additifs en une ou deux étapes.

À partir de la période 3, ils rencontrent de nouveaux problèmes multiplicatifs qu'ils peuvent résoudre en utilisant leurs connaissances des premières tables de multiplication.

À partir de la période 4, l'étude du sens de la division est préparée par la résolution de deux types de problèmes: le partage et le groupement.

En parallèle, les élèves résolvent des problèmes en deux étapes mixant addition et soustraction ou multiplication lorsque les nombres en jeu ne nécessitent pas la mise en œuvre d'un algorithme opératoire.

Résoudre des problèmes en deux étapes

Maths au CE1 a pour objectif de former les élèves, très tôt, à la résolution de problèmes en plusieurs étapes sans négliger le travail préalable sur les problèmes en une étape, briques élémentaires sur lesquelles ils pourront s'appuyer.

Maths au CE1 propose des problèmes en deux étapes dès le début de l'année : l'objectif est de ne pas laisser les élèves penser que résoudre un problème se limite à trouver la bonne opération à partir des deux nombres de l'énoncé.

Résoudre 10 problèmes par semaine

La réussite des élèves est conditionnée par la mise en œuvre d'une pratique intensive et structurée de la résolution de problèmes numériques. ***Maths au CE1*** amène les élèves à résoudre en moyenne 10 problèmes numériques chaque semaine.

- Des petits problèmes oraux résolus dans le cadre d'une séance de calcul mental.
- Des problèmes résolus dans le cadre de l'**Atelier problèmes,** séance hebdomadaire de 30 minutes consacrée à la résolution de problèmes numériques.
- Des problèmes proposés dans le cadre des séances menées sur le thème de la semaine.

Construire des traces écrites avec les élèves

Pour structurer les savoirs et les compétences travaillés, des références sont construites avec les élèves et notées dans le cahier de référence en mathématiques. Ces exemples-types doivent servir de références systématiques lors des résolutions de problèmes ultérieures (*« c'est comme... »*).

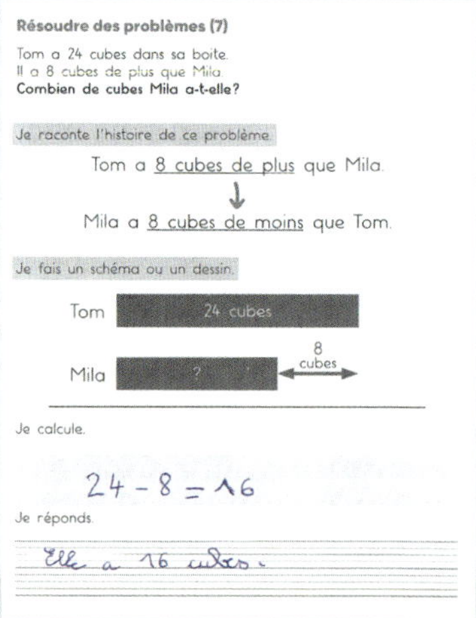
Résoudre des problèmes (7)
Tom a 24 cubes dans sa boite.
Il a 8 cubes de plus que Mila.
Combien de cubes Mila a-t-elle?

Je raconte l'histoire de ce problème.
Tom a 8 cubes de plus que Mila.
Mila a 8 cubes de moins que Tom.

Je fais un schéma ou un dessin.
Tom 24 cubes
Mila ? 8 cubes

Je calcule.
24 - 8 = 16

Je réponds.
Elle a 16 cubes.

Exemple d'organisation sur une semaine

	Cadre	Objectif	Support de travail	Recherche	Mise en commun
LUNDI	La séance d'apprentissage sur le thème mathématique de la semaine	**Résoudre 2 problèmes additifs en une étape**	**Un cahier**	6 min	4 min
MARDI	La séance de calcul mental	**Résoudre 4 problèmes multiplicatifs courts en une étape**	**L'ardoise**	6 min	4 min
JEUDI	La séance spécifique hebdomadaire Atelier problèmes	**Résoudre 2 à 6 problèmes additifs en deux étapes**	**La feuille *Atelier problèmes* et un cahier**	20 min	10 min
VENDREDI	La séance d'entrainement sur le thème mathématique de la semaine	**Résoudre 2 problèmes additifs en deux étapes**	**Un cahier**	6 min	4 min

Accompagner les élèves
lors des séances de résolution de problèmes

***Modéliser* et *calculer* sont deux compétences fondamentales** pour la résolution de problèmes à l'école élémentaire qui doivent guider l'action de l'enseignant afin d'aider les élèves à surmonter leurs difficultés.

Lors de la résolution de problèmes, les principales difficultés rencontrées sont de deux types.

- **Difficultés à *modéliser***: l'élève n'arrive pas à faire le lien entre le problème posé et le modèle mathématique dont il relève, il ne comprend pas le sens de l'énoncé ou il ne propose pas de solution ou encore la solution proposée ne s'appuie pas sur les opérations attendues.
- **Difficultés à *calculer***: les calculs effectués, mentalement ou posés, sont erronés, la ou les erreurs pouvant être dues à une méconnaissance de faits numériques ou à une maitrise imparfaite des algorithmes de calcul utilisés.

Nous illustrons ces deux difficultés par la résolution d'un problème exemple.

Lilou a 219€ sur son compte en banque.
Elle veut acheter un vélo à 213€ et un casque à 24€.
Combien d'argent lui manque-t-il?

Difficultés à ***modéliser***

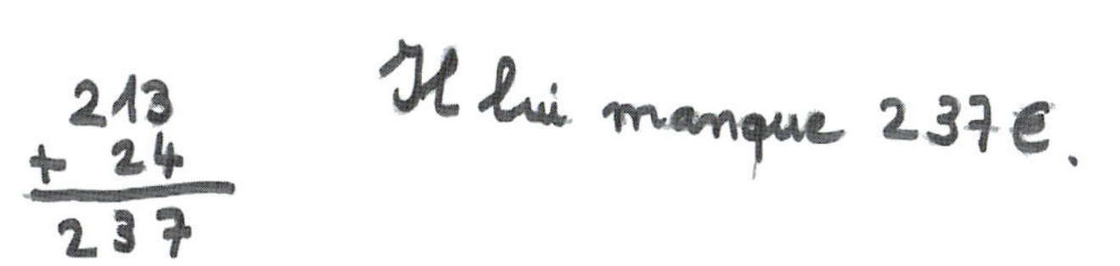

Difficultés à ***calculer***

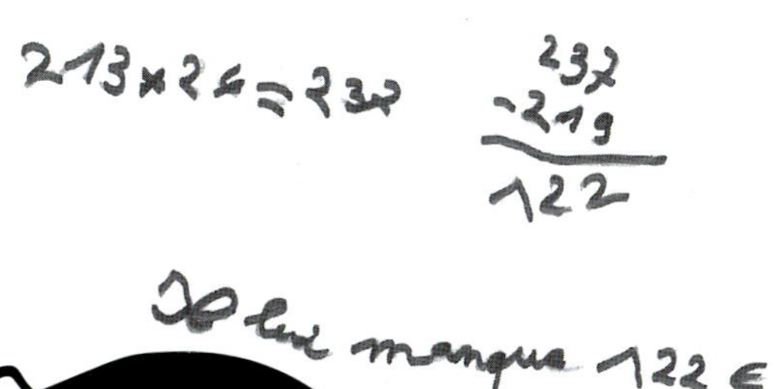

Productions d'élèves

Les aides à apporter sont fondamentalement différentes dans les deux cas.

• DIFFICULTÉS À *MODÉLISER*

> Demander à l'élève concerné de raconter l'histoire du problème sans utiliser de nombres afin de l'amener à se centrer sur la situation en se détachant des opérations à effectuer.

« Lilou a de l'argent sur son compte en banque.
Avec cet argent, Lilou veut acheter un vélo et un casque.
Lilou veut savoir combien il lui manque d'argent pour acheter le vélo et le casque. »

> Faire jouer la scène avec des images ou avec des objets.

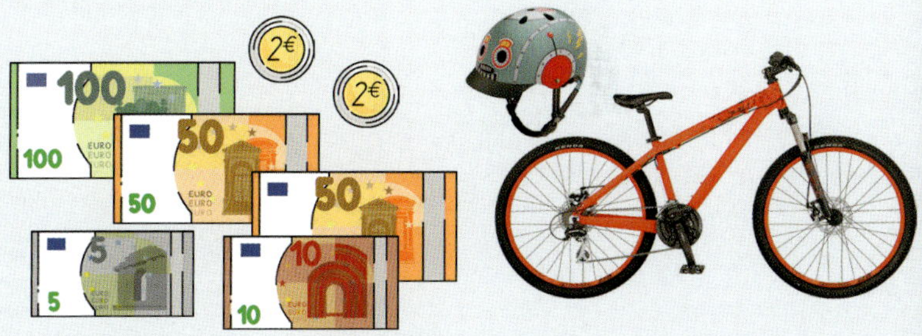

> Changer la taille des nombres de l'énoncé: avec des nombres plus petits les élèves se centrent davantage sur la compréhension du problème. Expliquer aux élèves que cet énoncé ne correspond pas à la réalité mais que pour mieux le comprendre on joue avec les nombres. On imagine un pays où les vélos et les casques ne sont pas chers du tout.

Lilou a 8 € sur son compte en banque.
Elle veut acheter un vélo à 10 € et un casque à 4 €.
Combien d'argent lui manque-t-il?

> Réaliser ou utiliser un schéma.

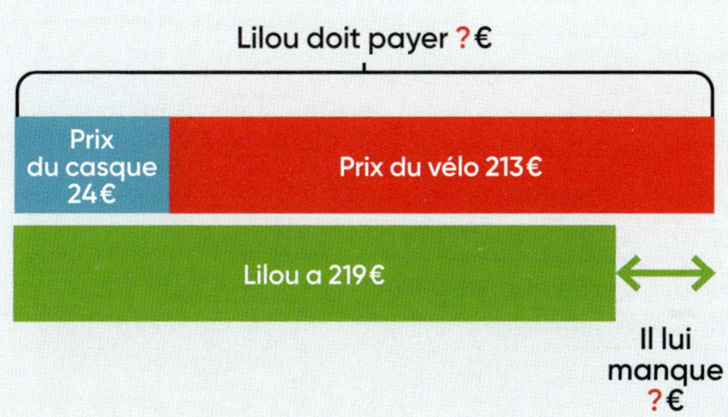

• DIFFICULTÉS À *CALCULER*

Inviter l'élève concerné à travailler avec d'autres élèves ayant également modélisé correctement la situation, pour vérifier si leurs résultats sont plausibles, comparer les calculs effectués et échanger afin de se mettre d'accord sur le résultat à trouver.

Utiliser des schémas
dans la résolution de problèmes avec les élèves qui en ont besoin

Nous avons choisi d'utiliser des schémas en barres car ils sont suffisamment abstraits pour s'appliquer à de nombreuses catégories de problèmes. Ce type de schéma constitue une aide efficace pour les élèves qui rencontrent des difficultés à comprendre et à modéliser les problèmes proposés.

Il est souhaitable de commencer par prendre appui sur les dessins et les schémas utilisés par les élèves. Après ce moment de découverte, ***Maths au CE1*** introduit des schémas en barres pour aider les élèves les plus fragiles. **L'utilisation d'un schéma n'est jamais rendue obligatoire** en particulier pour les élèves en réussite qui n'en ont pas besoin. L'objectif est de réunir les problèmes dans des catégories aussi larges que possible en faisant des analogies entre les problèmes pouvant s'appuyer sur les mêmes représentations.

3 TYPES DE SCHÉMAS SONT UTILISÉS DANS ***MATHS AU CE1***

1. **Schéma faisant apparaitre le tout et les parties**
2. **Schéma de comparaison**
3. **Schéma faisant apparaitre les parties égales d'un tout**

Problèmes du champ additif : addition, soustraction

1 Schéma faisant apparaitre le tout et les parties

Utilisé pour deux types de problèmes : la réunion de quantités **et** la transformation d'une quantité.

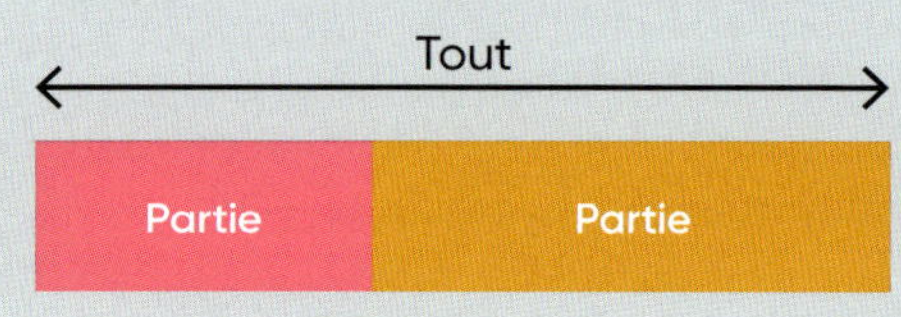

Tout = Partie + Partie
Partie = Tout – Partie

• Problèmes de réunion de deux quantités

Nina a 20 billes rouges et 18 billes jaunes dans son sac.
Combien de billes Nina a-t-elle au total dans son sac ?

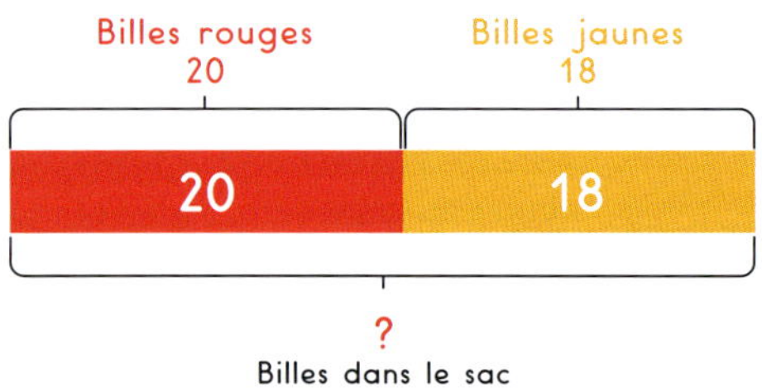

Lucas a rangé 30 billes dans une boite.
7 billes sont vertes et toutes les autres sont bleues.
Combien de billes bleues Lucas a-t-il dans sa boite ?

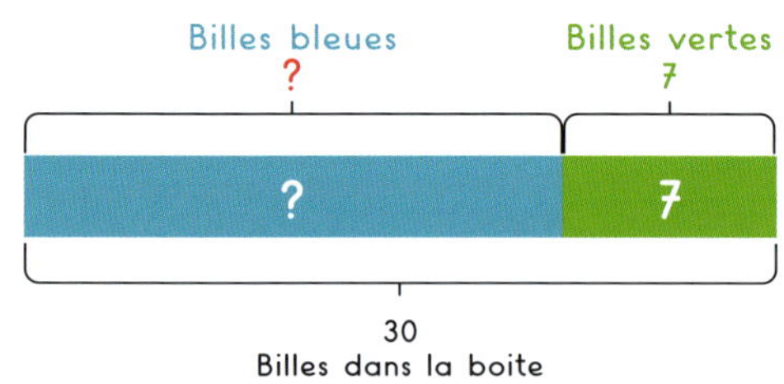

• Problèmes de transformation d'une quantité

Mila avait 21 billes ce matin.
Elle a perdu 6 billes pendant la récréation.
Combien de billes Mila a-t-elle après la récréation ?

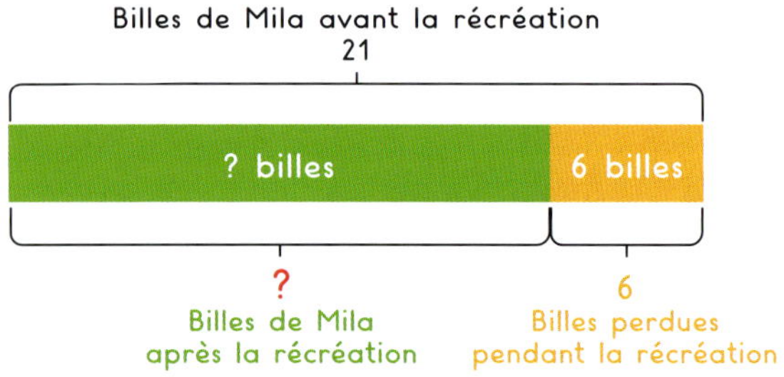

Louise avait 10 billes au début de la récréation.
À la fin de la récréation, elle a 18 billes.
Combien de billes Louise a-t-elle gagnées pendant la récréation ?

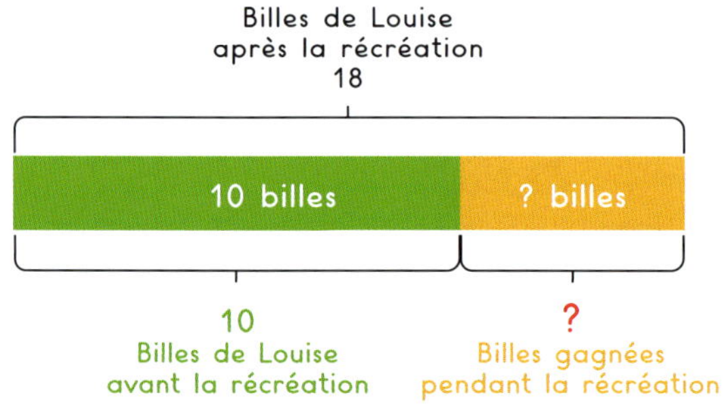

2 Schéma de comparaison

Utilisé pour les problèmes de comparaison de deux quantités où il faut déterminer l'une des quantités ou trouver l'écart entre les deux.

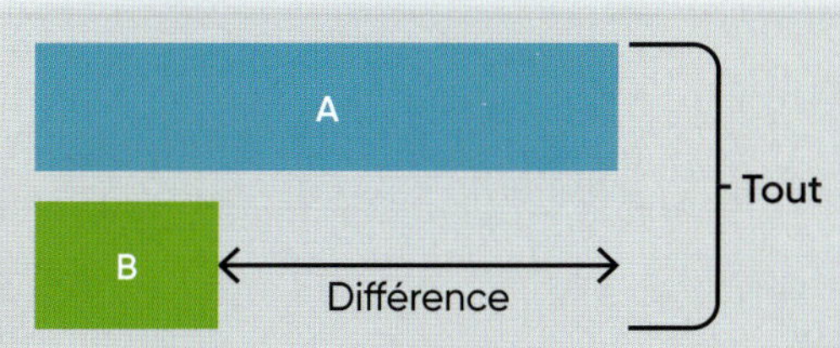

Différence = A − B
A = Différence + B
Tout = A + B

• Problèmes de comparaison où il faut déterminer l'une des deux quantités

Tom a 30 cubes dans sa boite.
Il a 16 cubes de moins que Léo.
Combien Léo a-t-il de cubes ?

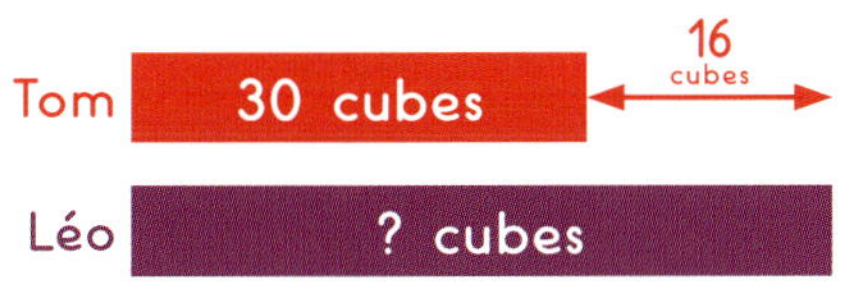

Lilou a 46 cubes dans sa boite.
Elle a 12 cubes de plus que Louise.
Combien de cubes Louise a-t-elle ?

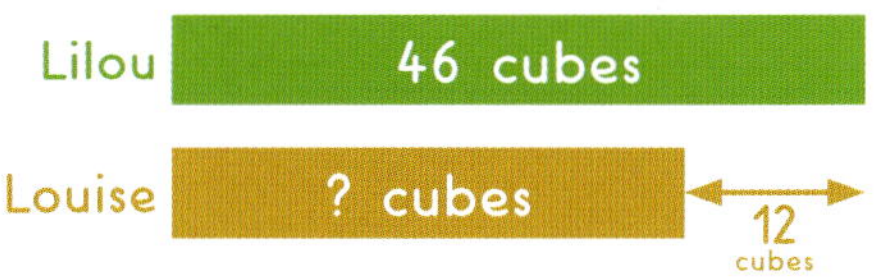

• Problèmes de comparaison où il faut trouver l'écart entre les deux quantités

Fatou a 36 cubes dans sa boite.
Rémi a 24 cubes dans sa boite.
Combien de cubes Fatou a-t-elle de plus que Rémi ?

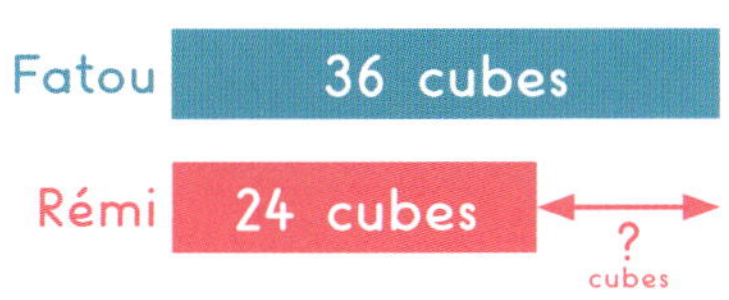

• Problèmes de comparaison où il faut déterminer l'une des deux quantités puis le tout.

Alice a 6 cubes. Elle a 10 cubes de moins que Line.
Alice et Line rangent leurs cubes dans la même boite.
Combien de cubes y a-t-il dans la boite ?

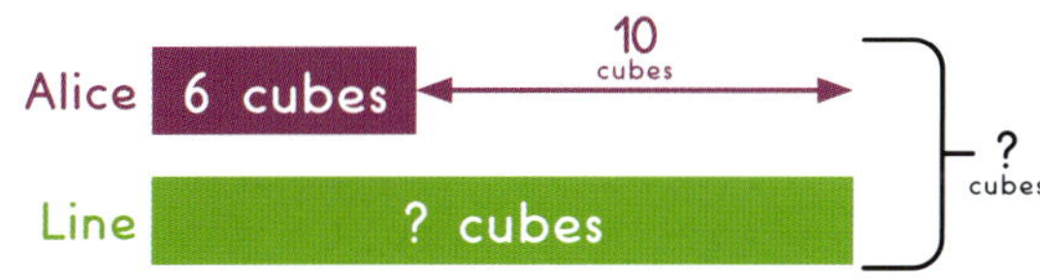

Problèmes du champ multiplicatif : multiplication, division

3 Schéma faisant apparaitre les parties égales d'un tout

Utilisé pour deux types de problèmes :
- les problèmes de groupement où la multiplication est introduite comme l'opération qui remplace une addition réitérée,
- les problèmes de partage en parts égales, ceux où le nombre de parts est recherché et ceux où la valeur d'une part est recherchée.

Tout = Nombre de parties x Partie
Partie = Tout ÷ Nombre de parties
Nombre de parties = Tout ÷ Partie

• Problèmes de groupement

Aujourd'hui, la fleuriste a vendu 6 bouquets de 5 roses.
Combien de roses la fleuriste a-t-elle vendues en tout ?

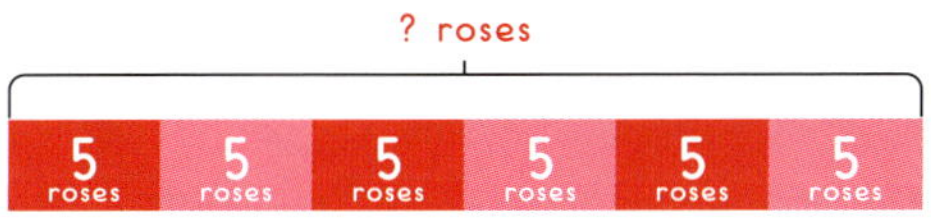

• Problèmes de partage

Dans une classe, il y a 23 élèves.
Le professeur veut constituer des équipes de 5 élèves.
Combien y aura-t-il d'équipes ?

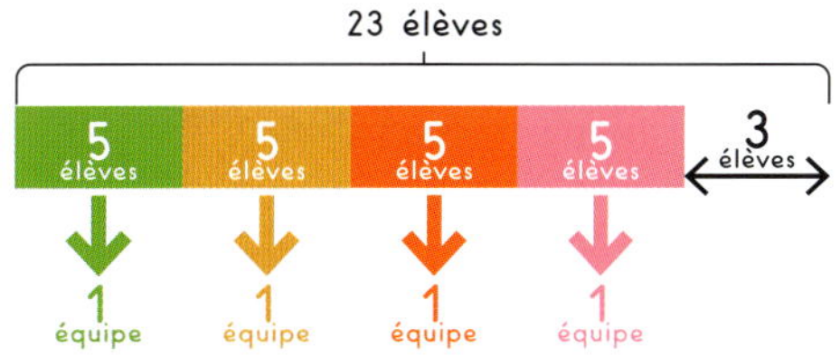

Atelier problèmes
Déroulement d'une séance

L'Atelier problèmes est une séance hebdomadaire spécifique réservée à la résolution de problèmes numériques. Le but est d'amener les élèves à résoudre de nombreux problèmes dans un temps limité et de les accompagner individuellement en différenciant les aides apportées. Parallèlement, d'autres séances de résolution de problèmes sont conduites au cours de la semaine sur le thème mathématique du moment et lors des séances de calcul mental.

OBJECTIF

Résoudre des problèmes en utilisant des nombres entiers et le calcul.

MATÉRIEL

Le document ***Atelier problèmes*** de la semaine.

DURÉE ET FRÉQUENCE

30 minutes, une fois par semaine.

ORGANISATION

Travail individuel.

Aide individuelle de l'enseignant qui circule dans les rangs auprès de tous les élèves.

DÉROULEMENT

1- Lancement de la séance

Mettre rapidement les élèves au travail. Leur expliquer qu'il est inutile qu'ils lèvent la main car l'enseignant se rendra auprès de chacun d'entre eux au cours de l'atelier.

Le problème à résoudre est découpé.

L'énoncé est collé dans un cahier ou sur une feuille de classeur.

2- Recherche

Chaque élève résout d'abord les problèmes avec le symbole ✕ puis résout les problèmes de son choix. Il essaie d'en résoudre le plus possible.

L'enseignant circule dans les rangs pour aider chaque élève et valoriser les réussites.

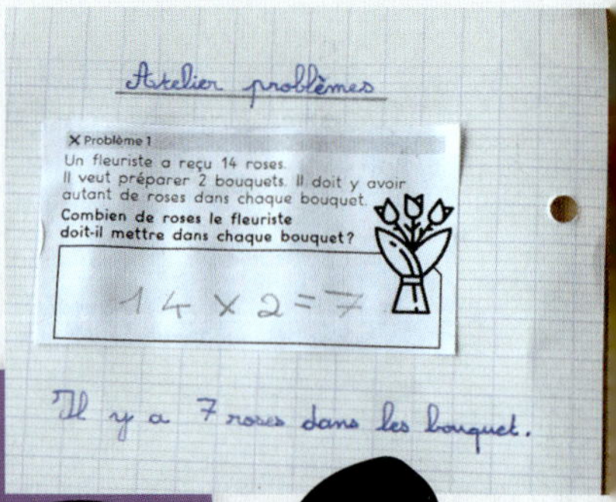

L'aide de l'enseignant va permettre à l'élève de repérer et comprendre ses erreurs.

DIFFÉRENCIATION

- Un accompagnement plus long pour les élèves qui rencontrent des difficultés.
- Des exercices de niveaux différents.
- La quantité de problèmes résolus par chaque élève.
- Les aides apportées par l'enseignant.

AIDES APPORTÉES PAR L'ENSEIGNANT

- Faire raconter l'histoire sans les nombres en jeu, pour inviter les élèves à se centrer sur la situation en se détachant des opérations à effectuer.
- Faire jouer la scène avec des images ou avec des objets.
- Manipuler des jetons.
- Changer la taille des nombres de l'énoncé : avec des nombres plus petits, les élèves se centrent davantage sur la compréhension du problème.

Un deuxième problème est résolu.

3- Mise en commun

Tous les problèmes traités ne font pas l'objet d'une mise en commun en fin de séance. L'idéal est de corriger un voire deux problèmes avec un objectif d'apprentissage spécifique.

Si tous les élèves ont réussi à traiter de façon satisfaisante un problème donné, la validation de ces réponses dans les cahiers en circulant dans les rangs est suffisante. De même, si seuls un ou deux élèves n'ont pas réussi à traiter un problème donné, une action spécifique auprès de ces élèves peut se révéler plus efficace qu'un échange collectif.

• Phase A Compréhension de l'énoncé

- Demander aux élèves de raconter l'histoire du problème sans utiliser de nombres.
- Reproduire la situation en utilisant un matériel approprié ou des images.
- Faire un schéma au tableau.

• Phase B Résolution du problème

- Inventorier et confronter les procédures utilisées en utilisant un visualiseur.
- Choisir et formuler une réponse commune et rédiger une phrase réponse.
- Si besoin, valider par l'expérience en manipulant le matériel ou les images.
- Concevoir une affiche avec l'énoncé du problème et sa résolution (schéma, calcul et phrase-réponse) ou placer la trace écrite dans le cahier de référence.

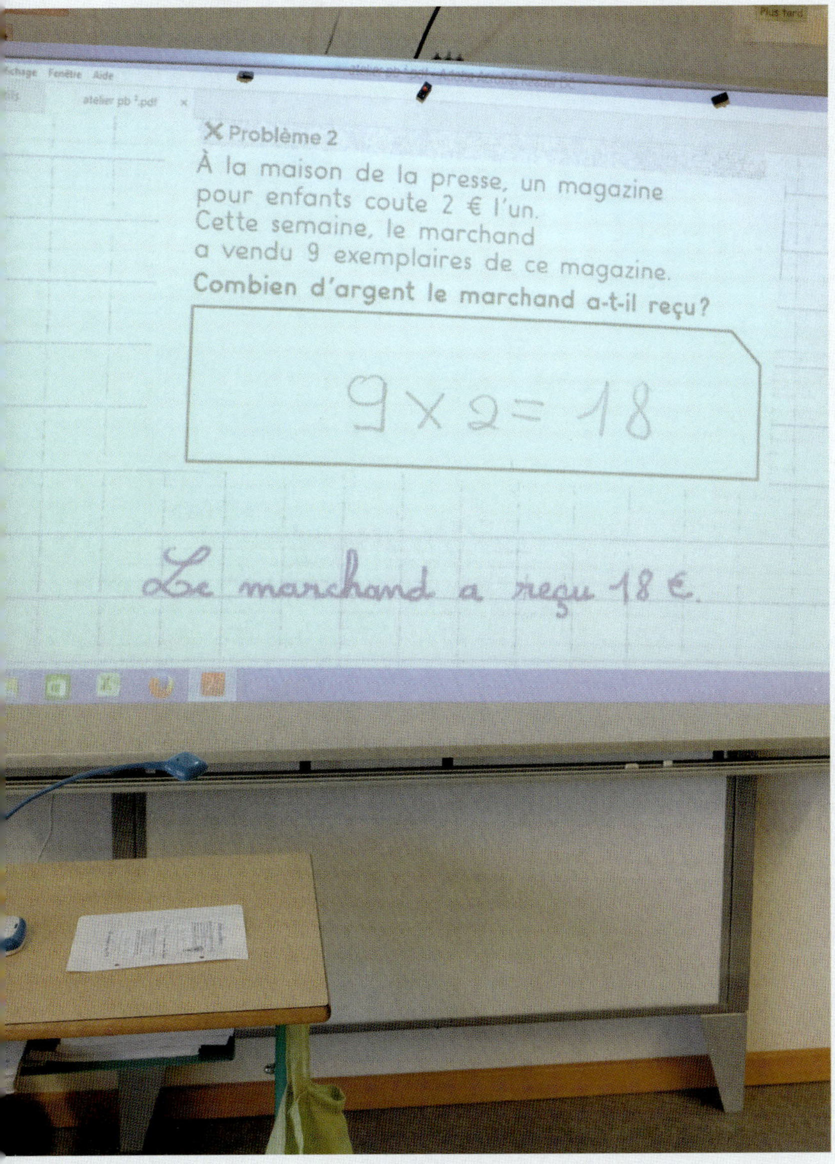

L'utilisation d'un visualiseur facilite la gestion de la mise en commun.

Comprendre
et utiliser le nombre

Une bonne connaissance des nombres inférieurs à mille et de leurs relations est le fondement de la compréhension des nombres entiers. Ce champ numérique est privilégié pour la construction de stratégies de calcul et la résolution des premiers problèmes arithmétiques.

Numération orale et numération écrite

Maths au CE1 propose une progression qui permet de différencier et d'articuler l'apprentissage de la numération écrite et de la numération orale. Les élèves sont amenés à comprendre que la numération écrite n'est pas la version écrite de la numération orale : 57 ne se dit pas ***« cinq-sept »***. De même, la numération orale n'est pas la version orale de la numération écrite : 57 ne s'écrit pas 507.

NUMÉRATION ORALE

Au CE1, les élèves étudient les noms des nombres à l'oral jusqu'à 1000 et découvrent ainsi de nouveaux mots pour effectuer le passage des centaines successives. En prenant appui sur les apprentissages du CP, les régularités de la numération orale sont mises en lumière pour faciliter la compréhension du système de numération orale. Les élèves savent utiliser les deux comptines numériques qui structurent la numération orale utilisée en France : la comptine jusqu'à 19 (de 1 à 19, de 60 à 79 et de 80 à 99) et la comptine jusqu'à 9 (de 20 à 29, de 30 à 39, de 40 à 49 et de 50 à 59). De 100 à 999, les élèves découvrent qu'il faut répéter le même processus en commençant par les termes ***cent-...*** puis ***deux-cent-..., trois-cent-..., ... , neuf-cent-...***

NUMÉRATION ÉCRITE

La numération occidentale chiffrée (numération écrite dite *arabe* ou *indo-arabe*) est fondée sur deux principes.

• Le principe décimal

Le principe décimal repose sur la réitération de groupements par dix. Au CP, les élèves ont découvert un premier groupement par dix, la dizaine. Au CE1, ils découvrent que la centaine est constituée de dix dizaines. Il est alors essentiel qu'ils comprennent que l'on peut constituer le groupement d'ordre supérieur en prenant dix fois le groupement précédent.

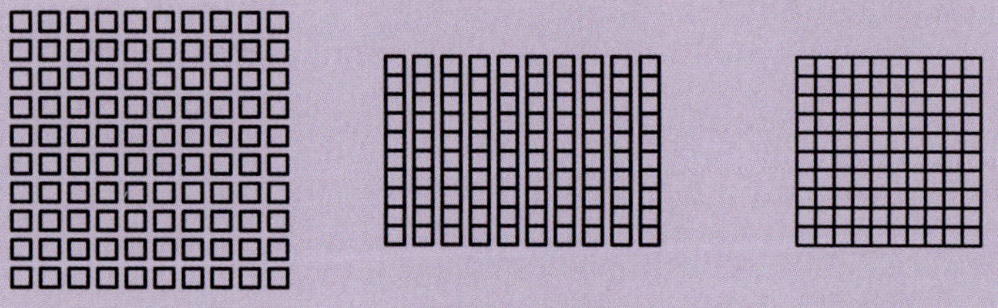

Au CE1, les élèves découvrent une nouvelle unité de numération, la centaine, qui est constituée de dix dizaines.

• Le principe de position

On utilise à l'écrit 10 signes pour écrire tous les nombres. La signification d'un chiffre dépend de sa position dans l'écriture du nombre. Le chiffre 2 n'a pas la même valeur dans les nombres 235 et 325. Sa valeur dépend de sa position dans l'écriture du nombre : dans 235, le 2 vaut 2 centaines, donc 200 tandis que dans 325, le 2 vaut 2 dizaines donc 20.

Les chiffres sont toujours positionnés de la même manière en les mettant en ligne par ordre croissant de droite à gauche. Il devient alors inutile d'indiquer les groupements (unités de numération), ainsi 5u 3c 2d s'écrit 325. Le chiffre 0 est utilisé pour indiquer une éventuelle absence d'une unité de numération.

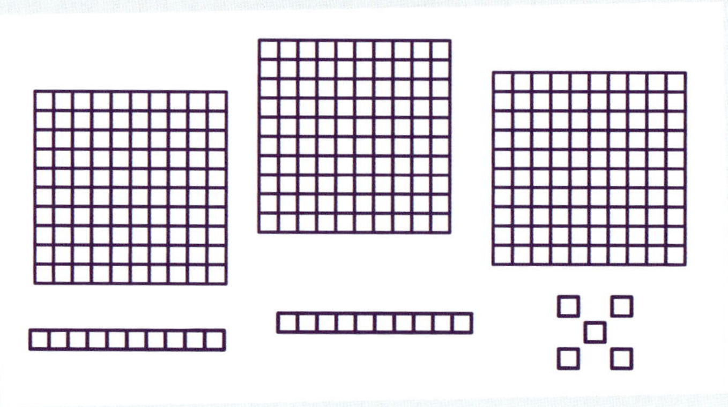

5u 3c 2d s'écrit 325.

LE LIEN ENTRE NUMÉRATION ORALE ET NUMÉRATION ÉCRITE

Les activités de dénombrement permettent de faire le lien entre les deux numérations. Les activités où il faut lire, dire, écrire les nombres permettent d'effectuer le passage d'une numération à une autre.

Progression

- Au CP, les élèves ont découvert un premier aspect du fonctionnement de la numération écrite pour les nombres à deux chiffres. Ce principe permet d'écrire le nombre de cubes d'une collection les organisant de façon maximale en dizaines et unités et d'en rendre compte par l'écriture de deux chiffres correctement ordonnés.
- Au CE1, l'enseignant introduit un nouvel aspect de la numération écrite, celui d'une nouvelle unité de numération obtenue en considérant 10 fois l'unité précédente. 10 dizaines sont groupées pour obtenir une centaine. Il s'agit de comprendre que 10d 3d 8u équivaut à 1c 3d 8u. Nous avons choisi de débuter par une première étude des nombres jusqu'à 199 pour bien assoir ce principe avant d'aborder les nombres jusqu'à 999.

Compositions, décompositions et conversions

MANIPULATIONS ET REPRÉSENTATIONS

L'apprentissage de la numération nécessite des temps importants de manipulation du matériel *Multibase* en lien avec l'utilisation de diverses désignations et représentations des nombres : écriture en unités de numération, écriture usuelle, écriture en chiffres et en lettres, nom à l'oral, écriture additive ou multiplicative, graduation sur une demi-droite.

DÉCOMPOSITIONS, RECOMPOSITIONS

- Composer un nombre consiste à passer d'une écriture en unités de numération à une écriture en chiffres.
  Exemple 3 centaines 2 dizaines 5 unités = 325.
- Décomposer un nombre consiste à passer d'une écriture en chiffres à une écriture en unités de numération.
  Exemple 325 = 3 centaines 2 dizaines 5 unités.

L'objectif de ces décompositions et recompositions est d'amener les élèves à comprendre que 325 c'est 3 centaines, 2 dizaines et 5 unités ou 325 unités ou 32 dizaines et 5 unités ou 3 centaines et 25 unités. Ces différentes écritures nécessitent de concevoir une centaine non seulement comme cent unités, mais aussi comme 10 dizaines d'unités.

Résoudre des problèmes pour comprendre le fonctionnement de notre système de numération

La résolution de problèmes numériques permet de contextualiser les activités de compositions, de décompositions et de conversions.

Résous le problème dans ton cahier.

Un chocolatier a préparé 328 chocolats. Il les vend par sachets de 10.

Combien de sachets le chocolatier peut-il préparer?

Résous le problème dans ton cahier.

Un directeur a besoin de 576 cartons d'invitation pour la fête de l'école. Les cartons sont vendus par boites de 100.

Combien de boites le directeur doit-il acheter?

L'enseignement du calcul

Dans *Maths au CE1*, les calculs sont menés sous quatre formes :
le calcul mental, le calcul en ligne, le calcul posé et le calcul instrumenté.

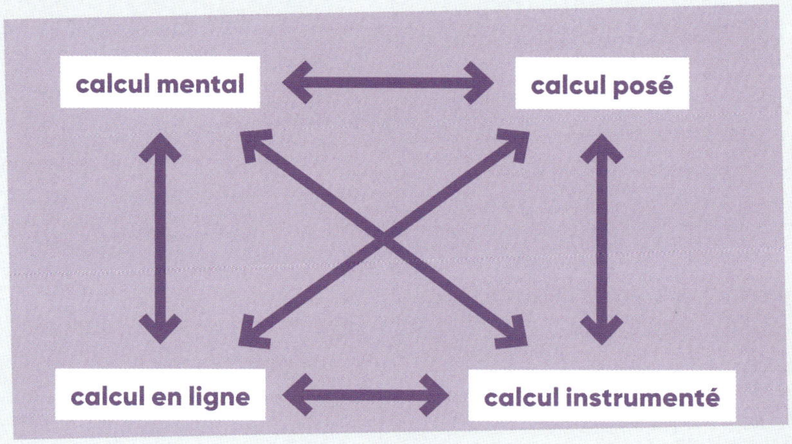

Ces 4 formes de calcul sont souvent utilisées en interaction et sont complémentaires les unes des autres.

Le calcul mental

Le calcul mental est une modalité de calcul sans recours à l'écrit si ce n'est, éventuellement, pour l'énoncé proposé par l'enseignant et la réponse fournie par l'élève. Il n'est pas exclu non plus que la correction, elle, soit écrite pour être discutée de façon collective.

*Le calcul mental fait l'objet d'une pratique quotidienne de **15 minutes**. Pour que les élèves abordent le calcul avec confiance et succès, cet apprentissage est organisé sous la forme de séquences qui leur laissent du temps, pour découvrir, chercher, s'approprier, mémoriser, s'entrainer et évaluer leurs progrès.*

Les 3 phases d'une séance de calcul mental

1 Phase de mise en activité — 1 min

- **Pour mettre les élèves en condition d'écoute et de concentration.**
- **Réponses des élèves immédiates oralement ou par écrit.**

Exemples Réciter la suite orale des nombres de 2 en 2 de 48 à 100, dictée de nombres, jeu où il faut mémoriser 3 nombres écrits au tableau.

2 Phase d'entrainement ou d'évaluation — 4 min

- **Pour consolider des connaissances ou des procédures découvertes dans les séances précédentes.**
- **Pour évaluer les progrès.**
- **Réponses rapides (moins de 10 secondes) ou immédiates oralement ou par écrit.**

Exemples Tables d'additions ou de multiplication connues, connaissance des doubles, procédure connue comme ajouter des dizaines entières.

3 Phase de découverte ou de réinvestissement — 10 min

- **Pour découvrir une nouvelle procédure.**
- **Pour résoudre des petits problèmes oraux.**
- **Réponses « lentes » (moins d'une minute) oralement ou par écrit.**

Exemples Découverte des moitiés ou des tables de multiplication, découverte d'une nouvelle procédure, résolution de petits problèmes oraux, jeux de calcul mental.

Le calcul en ligne

Le calcul en ligne est une modalité de calcul écrit ou partiellement écrit.

Il se distingue à la fois :

- **du calcul mental**, en donnant la possibilité à chaque élève, s'il en ressent le besoin, d'écrire des étapes de calcul intermédiaires qui seraient trop lourdes à garder en mémoire ;
- **du calcul posé**, dans le sens où il ne consiste pas en la mise en œuvre d'un algorithme, c'est-à-dire d'une succession d'étapes utilisées tout le temps dans le même ordre et de la même manière indépendamment des nombres en jeu.

L'énoncé est donné par l'enseignant à l'oral ou à l'écrit. Le résultat est donné par l'élève à l'écrit.

*Le calcul en ligne est travaillé dans **Maths au CE1**, d'une part en complément du calcul mental, pour faciliter l'apprentissage des démarches et la mémorisation des propriétés des nombres et des opérations, et d'autre part en amont de la découverte des techniques opératoires. Le calcul en ligne amène les élèves à effectuer, sans recours à un algorithme de calcul posé, des calculs trop complexes pour être intégralement traités mentalement.*

Exemples de calculs en ligne proposés

58 + 17 = ?
437 + 256 = ?
5 x 16 =
4 x 112 = ?

Le calcul posé

Le calcul posé est une modalité de calcul écrit consistant à l'application d'un algorithme opératoire.

*Pour la soustraction, nous avons choisi d'enseigner la technique par **cassage**, dite encore technique **des échanges** ou technique **anglo-saxonne**, qui est la technique la plus répandue dans le monde. Elle s'appuie exclusivement sur le principe de la numération de position en base dix et en particulier sur le principe décimal. Elle peut aisément être simulée et donc explicitée grâce à un matériel de numération (cubes, mais aussi monnaie ou abaques). Les élèves réinvestissent leur capacité à utiliser différentes écritures d'un même nombre à l'aide des unités de numération : 63, c'est 6 dizaines 3 unités, mais c'est aussi 5 dizaines 13 unités.*

Le calcul instrumenté

Le calcul instrumenté est un calcul effectué à l'aide d'un ou plusieurs instruments, appareils, ou logiciels : abaque, boulier, calculatrice, tableur...

*Dans **Maths au CE1**, la calculatrice est utilisée comme élément de différenciation pour permettre aux élèves de résoudre des problèmes multiplicatifs alors qu'ils ne connaissent pas encore la technique opératoire de la multiplication.*

Calcul mental, calcul en ligne, calcul posé

Les principaux apprentissages de l'année

La programmation de ***Maths au CE1*** dans le domaine du calcul privilégie l'alternance de séries de séances courtes (15 minutes) avec des séances longues (30 à 45 minutes) visant des apprentissages procéduraux spécifiques.

	Séances courtes 15 min	Séances longues 30 à 45 min
Période 1	**Calcul mental** • *Les doubles ≤ 10* • *Les compléments à 10* • *Les tables d'addition de 1 à 5 et de 10* • *Les sommes et les différences avec franchissement de la dizaine* **Calcul en ligne** • *Les sommes de 3 nombres*	
Période 2	**Calcul mental** • *Les doubles et les moitiés* • *Les compléments à 20* • *Les sommes du type 58 + 6 ou 145 + 7* • *Les différences du type 43 – 8 ou 163 – 7* • *Les tables d'addition de 6 à 9* • *Les compléments à la dizaine supérieure* • *Ajouter ou retrancher 10*	**Calcul en ligne** 15 *Sommes de deux nombres à 2 chiffres* **Calcul posé** 16 *Additions : nombres à 2 chiffres*
Période 3	**Calcul mental** • *Les tables de multiplication par 2, par 10 et par 5* • *Les compléments à 100 des dizaines entières* **Calcul en ligne** • *Les sommes de deux nombres à 3 chiffres* • *Les différences de deux nombres à 2 chiffres*	**Calcul posé** 32 *Additions : nombres à 3 chiffres* 35 *Soustractions : nombres à 2 chiffres*
Période 4	**Calcul mental** • *Les tables de multiplication par 5, par 3 et par 4* • *Les sommes du type 50 + 70* • *Les sommes du type 56 + 600 ou 134 + 500*	**Calcul posé** 41 *Soustractions : nombres à 3 chiffres*
Période 5	**Calcul mental** • *Les tables de multiplication par 2, par 5, par 10, par 3, par 4.* • *Les compléments à la dizaine supérieure -, à la centaine supérieure* • *Multiplier par 10* • *Les différences du type 894 – 6 ou 375 – 55 ou 876 – 572*	**Calcul en ligne** 52 *Calculer en ligne des sommes et des différences* 55 *Calculer en ligne des produits*

La progression en calcul mental de chaque période est proposée en pages 29, 87, 135, 187 et 235.

La mémorisation de faits numériques

Les faits numériques sont des résultats à mémoriser tels les compléments à 10, les résultats des tables d'addition et de multiplication, les doubles et les moitiés, quelques décompositions remarquables (100 = 60 + 40 par exemple).

Pour éviter que l'apprentissage des tables d'addition, de soustraction et de multiplication soit renvoyé aux familles, celui-ci fait l'objet d'un travail en classe qui allie un rythme assez soutenu et des réactivations très fréquentes. Chaque résultat est d'abord exploré et construit en classe, récité et réinvesti, noté dans le cahier de référence en mathématiques. Dans un deuxième temps seulement, un travail à la maison peut être demandé.

Progression utilisée pour l'apprentissage des tables

	Tables d'addition et de soustraction	Tables de multiplication
Période 1	**Les doubles ≤ 10** ***Exemples*** *3 + 3, 6 + 6, 8 + 8* **Les *presque doubles*** ***Exemples*** *3+4, 6+7, 8+9* **Les compléments à 10** ***Exemples*** *4 + ? = 10, ? + 7 = 10* **Les tables d'addition de 1 à 5 et de 10** ***Exemples*** *avec la table de +2 et de −2 :* *5+2=?, 9+2=?, 7−2=?, 11−2=?* **Les sommes et les différences avec franchissement de la dizaine** ***Exemples*** *8+6=? 5+9=? 13−5=?*	
Période 2	**Les tables d'addition de 6 à 9** ***Exemples*** *avec la table de +6 et de −6 :* *3+6=?, 9+6=?, 9−6=?, 15−6=?*	
Période 3		**La table de multiplication par 2** **La table de multiplication par 10** **La table de multiplication par 5**
Période 4		**La table de multiplication par 5** *(suite)* **La table de multiplication par 3** **La table de multiplication par 4**
Période 5		**Les tables de multiplication par 2, par 5, par 10, par 3, par 4**

Grandeurs et mesures

Les principaux apprentissages de l'année

Les élèves travaillent sur des grandeurs en commençant par les comparer (*plus long que, plus léger que, aussi cher que, plus tard que...*) pour appréhender le concept avant d'adopter les conventions usuelles. Ils apprennent ensuite à effectuer des mesures au moyen d'instruments adéquats en s'appropriant peu à peu les unités usuelles. Les différentes unités sont introduites et mises en relation progressivement au cours de chaque séquence. Les opérations sur les grandeurs sont menées en lien avec l'avancée des opérations sur les nombres, de la connaissance des unités et des relations entre elles.

Comprendre à quoi correspondent les grandeurs

Maths au CE1 a pour objectif de rendre les élèves capables de distinguer ce qui relève de la longueur, de la masse, de la contenance, de la durée, des prix. Ils sont amenés à caractériser une grandeur par des mots (par exemple sur la masse : *plus lourd que, plus léger que, kilogramme, peser...*), ou encore par des gestes (mimer l'acte de soupeser pour les masses, de transvaser pour les capacités...).

LA LONGUEUR

Les élèves consolident les comparaisons, les estimations et les mesures de longueur en cm. Puis le travail se poursuit en utilisant les unités m, dm et km. Ces unités sont mises en relation. Les élèves continuent à comparer des objets, des segments, des distances selon leur longueur en utilisant les unités cm, m, dm et km. Ils mettent ces unités en relation cm, dm, m et m, km.

LA MASSE

Les élèves consolident les comparaisons d'objets selon leur masse. Ils mesurent des masses exprimées en g et kg. Ils mettent en relation ces unités.

LA CONTENANCE

Les élèves comparent des objets selon leur contenance, en les observant et en les manipulant. Ils mesurent la contenance d'objets usuels. Ils découvrent que le litre (L) est une unité de contenance.

LA DURÉE

Les élèves apprennent à lire les heures entières puis les demi-heures sur une horloge à aiguilles. Ils utilisent les unités de durée h et min et les mettent en relation. Ils mettent en relation les unités j et h.

LE PRIX

Les élèves utilisent l'euro et les centimes d'euro dans des situations qui se complexifient progressivement.
Exemple Rendre la monnaie sur 2 € pour l'achat d'un produit qui coute 1 € 70 c puis 65 c.
Ils résolvent des problèmes impliquant ces données.

Construire des références

Pour passer du concept de grandeur à celui de mesure, les élèves construisent des éléments de référence issus de leur univers quotidien et adaptés à celui-ci.
Exemple Prendre pour référence du litre, une brique de lait, du mètre, la règle que l'enseignant utilise au tableau...

Espace et Géométrie

Les principaux apprentissages de l'année

Au cours de l'année de CE1, les élèves acquièrent à la fois des connaissances spatiales comme l'orientation et le repérage dans l'espace et des connaissances géométriques sur les solides et sur les figures planes. Apprendre à se repérer et se déplacer dans l'espace se fait en lien étroit avec le travail des domaines ***Questionner le monde*** et ***Éducation physique et sportive***. Tout au long de la scolarité obligatoire, les connaissances géométriques contribuent à la construction des concepts fondamentaux d'alignement, de distance, d'égalité de longueurs, de parallélisme, de perpendicularité, de symétrie.

Les solides

La connaissance des solides se développe à travers des activités de tri, d'assemblages et de fabrications d'objets. Les élèves apprennent à nommer ces solides (*cube, pavé droit, boule, cône, cylindre, pyramide*) et à les décrire en utilisant le vocabulaire adapté (*face, sommet, arête*). Ils construisent un cube avec des carrés ou avec des tiges que l'on peut assembler.

Les figures géométriques

Les notions de géométrie plane et les connaissances sur les figures usuelles s'acquièrent à partir de manipulations et de résolutions de problèmes (reproduction de figures, activité de tri et de classement, description de figures, reconnaissance de figures à partir de leur description). Les élèves consolident la reproduction d'un carré, d'un rectangle et d'un triangle, sur un support uni (une feuille blanche par exemple), connaissant la longueur des côtés, avec règle et équerre. Ils construisent des cercles sans contraintes, avec un instrument tel qu'une ficelle ou un compas.

Les notions d'alignement, d'angle droit, d'égalité de longueurs, de milieu, de symétrie

Les élèves consolident l'utilisation de la règle graduée comme outil de mesure et de report de longueur.

Les élèves utilisent l'équerre pour tracer ou reconnaitre des angles droits. Ils utilisent le compas pour tracer des cercles.

Les élèves consolident la perception d'éléments symétriques. Ils reconnaissent si une figure présente un axe de symétrie (à trouver), visuellement et/ou en utilisant du papier calque, des découpages, des pliages.

Le codage de déplacements sur quadrillage

L'acquisition de connaissances spatiales s'appuie sur des problèmes visant à décrire ou produire des déplacements dans l'espace réel. Les élèves sont amenés à coder en mode débranché des déplacements sur un quadrillage. Ils codent ensuite des déplacements à l'aide d'un logiciel de programmation adapté.

Votre contenu numérique

Le code unique de la page 2 de cet ouvrage vous donne accès aux compléments numériques nécessaires à la conduite de vos séances mathématiques.

Les exercices d'entraînement supplémentaires ou différenciés

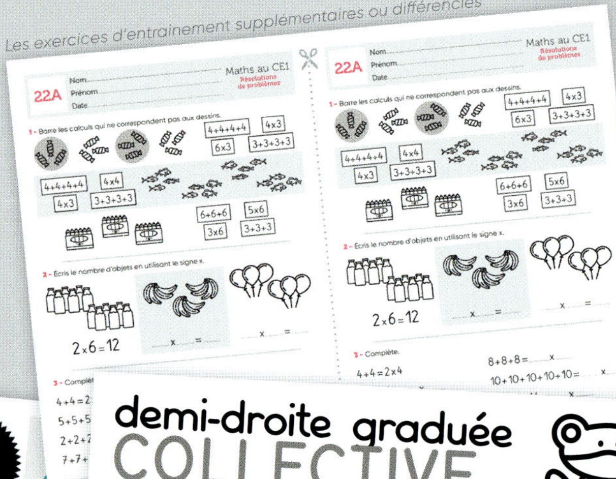

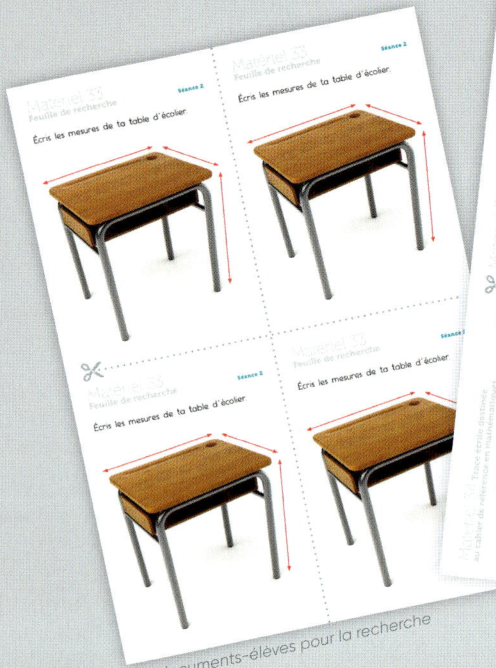

Les documents-élèves pour la recherche

Les traces écrites à coller dans le cahier de référence en mathématiques

La file numérique

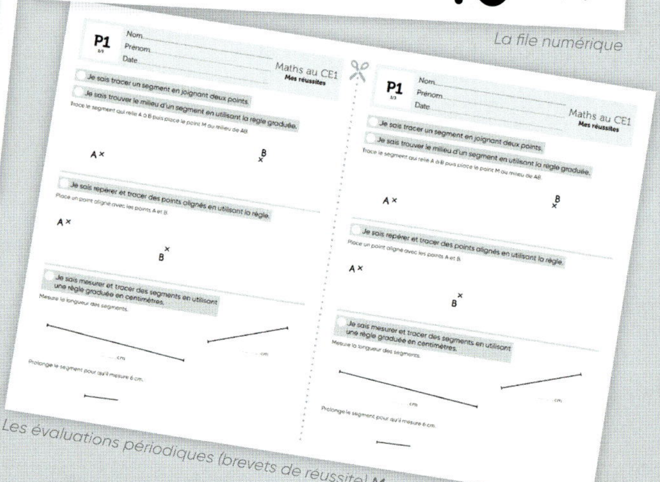

Les évaluations périodiques (brevets de réussite) Mes réussites

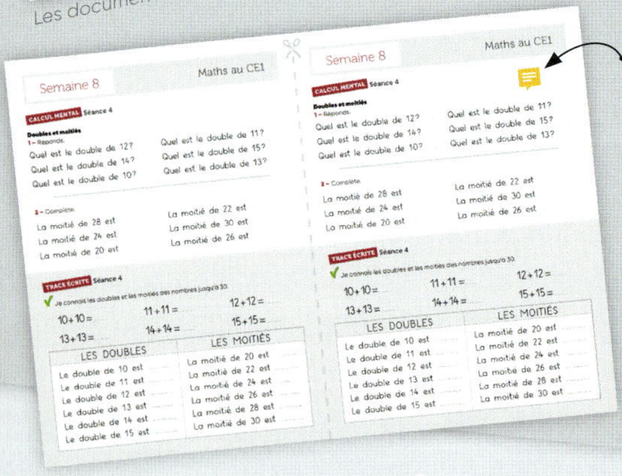

Annotation de pdf n'apparaissant pas à l'impression : en passant dessus avec la souris, elle vous indique votre besoin en photocopies.

+ de 300 pdf…

…et + de 40 animations à télécharger

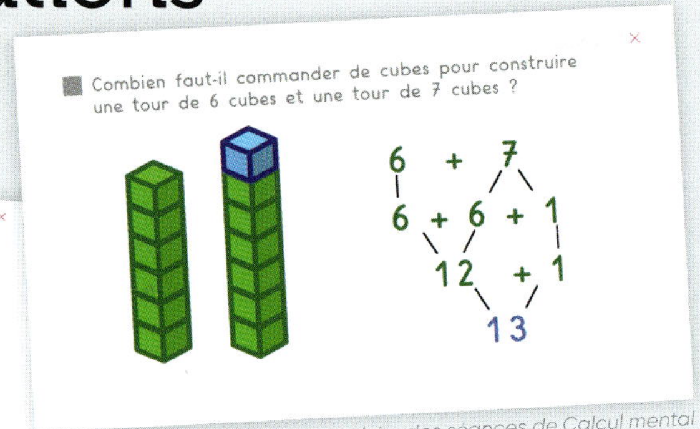

Des animations pour conduire des séances de Calcul mental

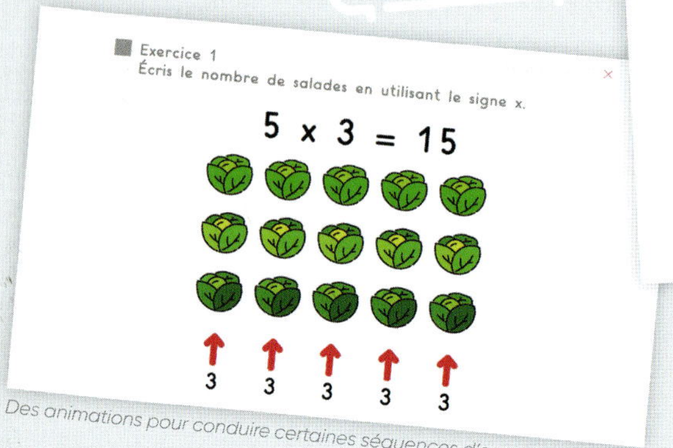

Des animations pour conduire certaines séquences d'apprentissage

En +

- la liste des compétences et des connaissances évaluées lors des brevets de réussite
- le sommaire, la programmation par période, la programmation annuelle modifiable (fichier Word)
- l'aide-mémoire du cahier de l'élève ***Maths au CE1*** à projeter…

Période 1

Nombres | Calculs | Résolution de problèmes | Grandeurs et mesures | Espace et Géométrie | Apprendre à chercher

Semaine 1 Calcul mental – Atelier problèmes p.30

1 Réaliser des tracés avec la règle p.32

2 Dénombrer en utilisant le groupement par 10 p.34

Semaine 2 Calcul mental – Atelier problèmes p.36

3 Utiliser des écritures chiffrées jusqu'à 99 p.38

4 Associer diverses écritures d'un nombre p.40

Semaine 3 Calcul mental – Atelier problèmes p.42

5 Résoudre des problèmes en une ou deux étapes : addition et soustraction (1) p.44

6 Lire et écrire les nombres jusqu'à 59 p.48

7 Utiliser les notions d'alignement et de milieu p.50

Semaine 4 Calcul mental – Atelier problèmes p.54

8 Lire et écrire les nombres jusqu'à 79 p.56

9 Mesurer des longueurs : le centimètre p.58

10 Résoudre des problèmes en une ou deux étapes : addition et soustraction (2) p.60

Semaine 5 Calcul mental – Atelier problèmes p.64

11 Lire et écrire les nombres jusqu'à 99 p.66

12 Comparer les nombres jusqu'à 99 p.70

Semaine 6 Calcul mental – Atelier problèmes p.74

13 Résoudre des problèmes en une ou deux étapes : addition et soustraction (3) p.76

Semaine 7 Calcul mental – Atelier problèmes p.80

14 Énigmes mathématiques (1) p.82

ORGANISATION DE LA PÉRIODE 1

Organisation 1

Annexe 2

Les principaux apprentissages de la période 1

Nombres	**Les nombres jusqu'à 99**
Calculs	**Calcul mental** • Les doubles des nombres ≤ 10 • Les tables d'addition de 1 à 5 et de 10 • Les compléments à 10 • Sommes et différences avec franchissement de la dizaine
	Calcul en ligne • Sommes de 3 nombres
Résolution de problèmes	**Résolution de problèmes en une ou deux étapes : addition et soustraction** • Problèmes de transformation : recherche de l'état final, recherche de la transformation • Problèmes de réunion : recherche du tout ou d'une partie
Grandeurs et mesures	**Mesure de longueurs : le cm**
Espace et Géométrie	**Notions d'alignement et de milieu**

Le plan de travail de la période 1

	Calcul mental 1 séance de 15 min/jour	Séquences d'apprentissage séances de 30 à 40 min			Atelier problèmes 1 atelier de 30 min/semaine
Semaine 1	- Dire la suite orale des nombres jusqu'à 60. - Connaitre les doubles des nombres ≤ 10.	1	RÉALISER DES TRACÉS À LA RÈGLE	Séances 1 2 3	Résoudre des problèmes additifs en une étape.
		2	DÉNOMBRER EN UTILISANT LE GROUPEMENT PAR 10	Séances 1 2	
		3	UTILISER LES ÉCRITURES CHIFFRÉES JUSQU'À 99	Séance 1	
Semaine 2	- Compter de 10 en 10 jusqu'à 60. - Écrire les nombres jusqu'à 20. - Calculer des sommes en prenant appui sur les doubles des nombres ≤ 10.			Séances 2 3	Résoudre des problèmes additifs en une étape.
		4	ASSOCIER DIVERSES ÉCRITURES D'UN NOMBRE	Séances 1 2 3	
		5	RÉSOUDRE DES PROBLÈMES EN UNE OU DEUX ÉTAPES : ADDITION ET SOUSTRACTION (1)	Séances 1 2	
Semaine 3	- Dire la suite orale des nombres jusqu'à 99. - Connaitre les compléments à 10.			Séance 3	Résoudre des problèmes additifs en une ou deux étapes en utilisant sa connaissance des doubles et des moitiés.
		6	LIRE ET ÉCRIRE LES NOMBRES JUSQU'À 59	Séances 1 2 3 4	
		7	UTILISER LES NOTIONS D'ALIGNEMENT ET DE MILIEU Horaires comptabilisés dans le domaine *Questionner le monde : espace*	Séances 1 2 3	
		8	LIRE ET ÉCRIRE LES NOMBRES JUSQU'À 79	Séances 1 2	
Semaine 4	- Compter de 10 en 10 jusqu'à 100. - Connaitre les tables d'addition de 1 à 5.			Séance 3 4	Résoudre des problèmes additifs en une ou deux étapes.
		9	MESURER DES LONGUEURS : LE CENTIMÈTRE	Séances 1 2 3	
		10	RÉSOUDRE DES PROBLÈMES EN UNE OU DEUX ÉTAPES : ADDITION ET SOUSTRACTION (2)	Séances 1 2	
Semaine 5	- Connaitre et retrouver rapidement la somme de nombres inférieurs à 10 : tables de 1 à 5. - Calculer la somme de plusieurs nombres en utilisant les compléments à 10.			Séance 3	Résoudre des problèmes additifs en une ou deux étapes en utilisant sa connaissance des doubles et des moitiés.
		11	LIRE ET ÉCRIRE LES NOMBRES JUSQU'À 99	Séances 1 2 3 4 5	
		12	COMPARER LES NOMBRES JUSQU'À 99	Séance 1	
Semaine 6	- Connaitre les tables d'addition de 1 à 5 et de 10. - Calculer la somme de deux nombres inférieurs à 10 avec franchissement de la dizaine.			Séances 2 3 4	Résoudre des problèmes additifs en une ou deux étapes.
		13	RÉSOUDRE DES PROBLÈMES EN UNE OU DEUX ÉTAPES : ADDITION ET SOUSTRACTION (3)	Séances 1 2 3 4	
Semaine 7	- Écrire les nombres jusqu'à 99. - Calculer des sommes et des différences avec franchissement de la dizaine.	14	ÉNIGMES MATHÉMATIQUES (1)	Séances 1 2 3	Résoudre des problèmes additifs en une ou deux étapes.
		P1	JE RÉVISE		
			Bilan des apprentissages Période 1		

Cette progression présente les activités proposées au cours de la période. Chaque séance de 15 minutes débute par un court moment de révision (de 2 à 5 minutes) qui est suivi d'un temps d'apprentissage plus long (de 10 à 13 minutes).

Progression 1Calcul

Annexe 2

	Objectifs	Exemples d'activités
Semaine 1	**Numération orale** Dire la suite orale des nombres jusqu'à 60.	Compter de 1 en 1 par ordre croissant de 8 à 56. Compter de 1 en 1 par ordre décroissant de 58 à 42.
	Faits numériques Connaitre les doubles des nombres ≤ 10.	6+6=? / 8+8=? / 10+10=? / 9+9=? *«Quel est le double de 8?» «14 est le double de?»* *«Un segment mesure le double de 9 cm.* ***Combien ce segment mesure-t-il?»*** *«Léo a 7 billes; Lili en a le double.* ***Combien de billes Lili a-t-elle?»*** *«Je lance deux dés et je fais un double 6.* ***Combien de points ai-je obtenus?»*** *«Lili a 8 ans. Son frère en a le double.* ***Quel âge a le frère de Lili?»*** *«La bande dessinée coute 8 euros, le livre de contes coute le double.* ***Quel est le prix du livre de contes?»***
Semaine 2	**Numération orale** Compter de 10 en 10 jusqu'à 60.	Compter de 10 en 10, en partant de 8 par ordre croissant jusqu'à 58. Compter de 10 en 10, en partant de 57 en reculant. De 10 en 10, en partant de 60 jusqu'à 0.
	Numération écrite Écrire les nombres jusqu'à 20.	Dictées de nombres ≤ 20: 17, 11, 9, 18, 20, 16.
	Procédures de calcul mental Calculer des sommes en prenant appui sur les doubles des nombres ≤ 10.	6+7=? / 3+4=? / 6+5=? / 8+9=? / 8+7=? / 3+?=7 / 5+?=11 / 7+?=15 *«Léo a 8 images. Il gagne 7 images.* ***Combien Léo a-t-il d'images maintenant?»*** *«Je lance deux dés et je fais un 5 et un 6.* ***Combien de points ai-je obtenus?»*** *«Aya a 7 ans. Son frère en a 6 de plus qu'elle.* ***Quel âge a le frère d'Aya?»***
Semaine 3	**Numération orale** Dire la suite orale des nombres jusqu'à 99.	Compter de 1 en 1 par ordre croissant de 58 à 99. Compter de 1 en 1 par ordre décroissant de 99 à 62.
	Faits numériques Connaitre les compléments à 10.	6+?=10 / 7+?=10 / 9+?=10 / 10+?=10 / 1+?=10 / 2+?=10 / 4+?=10 10−5=? / 10−2=? / 10−6=? / 10−10=? / 10−1=? / 10−7=? / 10−9=? Combien faut-il pour aller de 4 à 10? de 2 à 10? Combien faut-il ajouter à 6 pour avoir 10? *«Léo a 3 billes.* ***Combien de billes manque-t-il à Léo pour en avoir 10?»*** *«Je lance deux dés et j'obtiens un 6 et un 4.* ***Combien de points ai-je obtenus?»*** *«Lili a 10 ans. Son frère a 3 ans de moins.* ***Quel âge a le frère de Lili?»*** *«Léo a 4 ans et sa sœur Nina a 10 ans.* ***Quelle est leur différence d'âge?»***
Semaine 4	**Numération orale** Compter de 10 en 10 jusqu'à 100.	Compter de 10 en 10, en partant de 0 jusqu'à 100 puis de 2 jusqu'à 92. De 5 à 95. Compter de 10 en 10, en partant de 98 à 8. De 10 en 10, de 100 jusqu'à 0 puis de 87 à 7.
	Faits numériques Connaitre les tables d'addition de 1 à 5.	Tables de +1 et −1: 8+1=? / 9−1=? / 7−1=? / 10−1=? Tables de +2 et −2: 6+2=? / 9+2=? / 9−2=? / 11−2=? Tables de +3 et −3: 6+3=? / 9+3=? / 8−3=? / 12−3=? Tables de +4 et −4: 7+4=? / 9+4=? / 7−4=? / 13−4=? Tables de +5 et −5: 8+5=? / 10+5=? / 9−5=? / 14−5=?
Semaine 5	**Faits numériques** Connaitre et retrouver rapidement la somme de nombres inférieurs à 10: tables de 1 à 5.	Tables d'addition de 1 à 5: 7+4=? / 6+5=? / 9+3=? / 11+4=?
	Procédures de calcul mental Calculer la somme de plusieurs nombres en utilisant les compléments à 10.	Sommes de trois nombres: 3+8+7=? / 6+4+8=? Sommes de quatre nombres: 8+4+3+2=? / 5+4+5+1=?
Semaine 6	**Faits numériques** Connaitre les tables d'addition de 1 à 5 et de 10.	Tables de +10 et −10: 8+10=? / 19−10=? Tables d'addition de 1 à 5: 3+4=? / 9+5=?
	Procédures de calcul mental Calculer la somme de deux nombres inférieurs à 10 avec franchissement de la dizaine.	8+6=? / 5+8=? / 9+7=? *«Léo a 7 billes; Lili en a 5 de plus.* ***Combien Lili a-t-elle de billes?»*** *«Je lance deux dés et je fais un 5 et un 6.* ***Combien de points ai-je obtenus?»*** *«Lili a 14 ans. Elle a 5 ans de plus que son frère.* ***Quel âge a le frère de Lili?»*** *«Nina achète un jeu à 8 euros et un livre. Elle paie 15 euros.* ***Quel est le prix du livre?»***
Semaine 7	**Numération écrite** Écrire les nombres jusqu'à 99.	Dictées de nombres ≤ 99: 82, 88, 80, 92, 90, 95
	Procédures de calcul mental Calculer des sommes et des différences avec franchissement de la dizaine.	6+8=? / 8+7=? / 13−5=? / 14−8=? De 8 pour aller à 11? De 5 pour aller à 11? De 6 pour aller à 14?

15 min par jour

Calcul mental

- Dire la suite orale des nombres jusqu'à 60.
- Connaitre les doubles des nombres ≤ 10.

Séance 1

❶ Suite orale des nombres jusqu'à 60 — 5 min

Demi-droite graduée

En s'aidant de la demi-droite graduée, lister les familles de nombres jusqu'à 59 : la famille des nombres de 0 à 19, la famille des ***vingt***, des ***trente***, des ***quarante*** et des ***cinquante***.

Les élèves jouent au jeu du furet : à tour de rôle, ils disent chacun un nombre pour réciter la suite orale des nombres, de 1 en 1, en partant de 8 par ordre croissant jusqu'à 56.

❷ Doubles des nombres ≤ 10 : réactivation — 10 min

Consigne « Un enfant veut fabriquer des tours avec des cubes. Pour chaque modèle, calcule le nombre de cubes à commander pour construire deux tours identiques. Écris ta réponse sur l'ardoise. »

Calcul 1

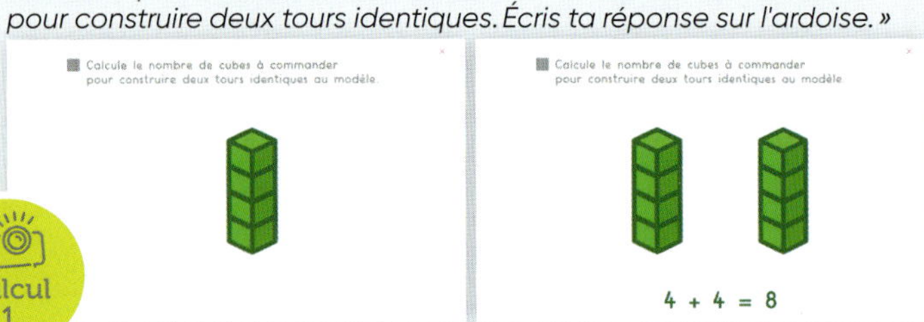

Extraits de l'animation **Calcul 1**

Inventorier les réponses et valider en construisant **deux tours de 4 cubes**. Faire verbaliser et représenter : *« 4 + 4 est égal à 8 »*, *« 8 est le double de 4 »*, *« 2 fois 4 cubes cela fait 8 cubes »*.
Reprendre la même démarche avec **deux tours de 5 cubes**.
Demander ensuite les doubles suivants : ***« le double de 3, c'est-à-dire 3 + 3 »***, ***« le double de 2 »***, ***« le double de 1 »***.

Les élèves essaient de répondre à ***« Quel est le double de 7 ? »*** puis cherchent les **doubles de 6, 8, 10 et 9**.

Mise en commun des procédures à privilégier pour les nombres > 5.
- Prendre appui sur la décomposition du nombre 7 avec le repère à 5 : *« 7 + 7, c'est pareil que 5 + 2 + 5 + 2 »*, *« le double de 7, c'est pareil que le double de 5 + le double de 2, c'est 10 + 4 »*.

Calcul 1

Extraits de l'animation **Calcul 1**
7 + 7, c'est pareil que 5 + 2 + 5 + 2.
Le double de 7, c'est pareil que le double de 5 + le double de 2.

- Prendre appui sur la connaissance des compléments à 10 : *« 7 + 7, c'est pareil que 7 + 3 + 4, c'est 10 + 4. »*

Reprendre la même démarche avec les doubles de 6, 8, 10 et 9.

Séance 2

❶ Suite orale des nombres jusqu'à 60 — 5 min

Réciter la suite orale des nombres de 1 en 1, en reculant à partir de 55 puis toujours en reculant de 1 en 1 de 58 à 42.

❷ Doubles des nombres ≤ 10 : mémorisation — 10 min

Les élèves écrivent leur réponse sur l'ardoise. ***« Quel est le double de 6, c'est-à-dire 6 + 6 ? »*** puis ***« quel est le double de 8, c'est à dire 8 + 8 ? »***. Finir avec ***« quel est le double de 5, de 10, de 4 et de 9 ? »***.

Résoudre des petits problèmes oraux sur l'ardoise en travaillant tous les doubles ≤ 10.
Exemples *« Je trace un segment qui mesure le double de 5 cm, c'est-à-dire 5 cm + 5 cm.* ***Combien ce segment mesure-t-il ? »***
« Quel est le double de 8 cm ? le double de 10 cm ? le double de 7 cm ? de 9 cm, de 6 cm ? »

Séance 3

❶ Suite orale des nombres jusqu'à 60 — 2 min

Lire les nombres écrits au tableau : 6, 26, 36, 46 et 56.
Réciter la suite orale des nombres de 1 en 1, en partant de 5 jusqu'à 58, sans dire les 5 nombres écrits au tableau : il faut les *sauter* et dire *« PAF »* à leur place.

❷ Doubles des nombres ≤ 10 : réinvestissement — 6 min

Résoudre des petits problèmes oraux sur l'ardoise en travaillant tous les doubles ≤ 10.
Exemples
« Léo a 7 billes ; Lili en a le double. ***Combien de billes Lili a-t-elle ? »***
« Je lance deux dés et je fais un double 6.
Combien de points ai-je obtenus ? »
« Lili a 8 ans. Son frère en a le double. ***Quel âge a le frère de Lili ? »***
« La bande dessinée coute 8 euros, le livre de contes coute le double.
Quel est le prix du livre de contes ? »

❸ Doubles des nombres ≤ 10 : trace écrite — 7 min

L'enseignant propose une série de calculs à effectuer dans le cahier de mathématiques qui constituera la trace écrite (**MaterielCalcul1.pdf**).

Matériel Calcul 1

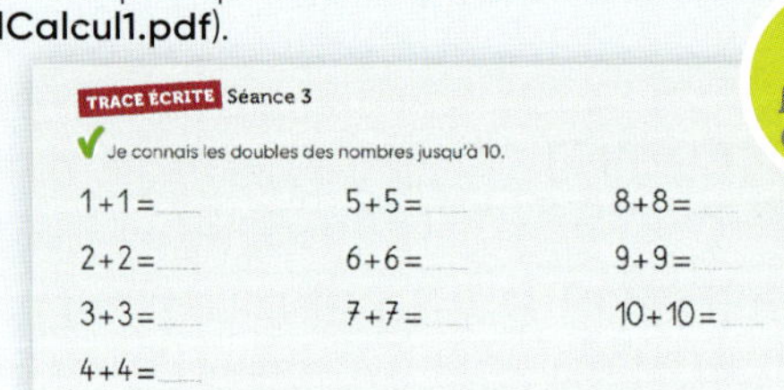
TRACE ÉCRITE Séance 3

✔ Je connais les doubles des nombres jusqu'à 10.

1+1=	5+5=	8+8=
2+2=	6+6=	9+9=
3+3=	7+7=	10+10=
4+4=		

Trace écrite dans le cahier de mathématiques

Séance 4

❶ Suite orale des nombres jusqu'à 60 — 2 min

Reprendre le jeu de la séance 3 avec les nombres 10, 20, 30, 40 et 50 écrits au tableau.
Réciter la suite orale des nombres de 1 en 1, en partant de 8 jusqu'à 59 en disant *« PIF »* à la place des 5 nombres écrits au tableau.

❷ Doubles des nombres ≤ 10 : évaluation — 13 min

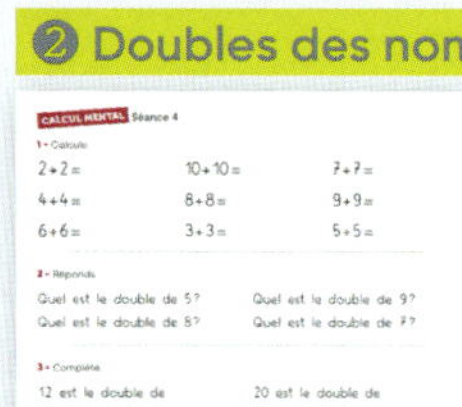

Série de calculs du document élève **MaterielCalcul1.pdf**.

Matériel Calcul 1

Atelier 1

30 min par semaine

Atelier problèmes

- Résoudre des problèmes additifs en une étape.

Prénom .... Date ....

Résous le problème avec le symbole ✖ puis résous les problèmes de ton choix. Essaie d'en résoudre le plus possible.

✖ Problème 1

Quel enfant a le plus de véhicules?

Lucas

Nina

Problème 2

Léo achète un livre qui coute 3 euros.
Il donne un billet de 10 euros au libraire.
Combien le libraire doit-il lui rendre?

Problème 3

Lili a rangé 2 images de chats
et 4 images de chiens dans une boite.
Combien d'images manque-t-il à Lili pour en avoir 10 dans la boite?

Problème 4

Quentin fête son anniversaire. Il a 11 ans.
Il y a déjà 5 bougies sur le gâteau.
Combien manque-t-il de bougies?

1 Réaliser des tracés avec la règle

Séance 1 — 30 min

Tracer avec la règle : problème de recherche

→ REPRÉSENTER

Utiliser la règle comme instrument de tracé.

MATÉRIEL ET SUPPORT
- Une règle plate, un crayon de papier et une feuille A4.
- Les documents élève (**Materiel1.pdf**, pages 1 et 2).

DÉROULEMENT DE LA SÉANCE

❶ Réactivation des connaissances Utiliser la règle pour tracer un segment reliant deux points.	10 min	**Manipulation** Écrit individuel
❷ Recherche Organiser sa recherche pour trouver tous les segments possibles.	10 min	**Expérimentation** Écrit individuel
❸ Mise en commun et synthèse Inventorier les différentes procédures utilisées et retenir la méthode qui permet de trouver toutes les solutions.	10 min	**Verbalisation** Oral collectif

❶ Réactivation des connaissances

Annoncer l'objectif de la séquence : utiliser la règle comme instrument de tracé. Rappeler la nécessité d'utiliser une règle plate en bon état et un crayon bien taillé.

Demander aux élèves de rappeler la méthode à utiliser et montrer au tableau les gestes à effectuer :
- positionnement de la règle en l'alignant avec les deux points à joindre,
- placement des doigts de la main qui maintient la règle en appuyant légèrement, doigts écartés et ne dépassant pas du bord de la règle,
- tracé avec le crayon le long de la règle en un seul trait sans trop appuyer.

Montrer que pour tracer un point, on trace une petite croix et que le point est placé au centre de la croix.
Expliquer que dans certains exercices, on trouve également des petits points (ou des petits traits).

Demander aux élèves de tracer deux points A et B sur une feuille et de tracer la droite qui passe par ces deux points.
Observer les droites obtenues qui peuvent être horizontales, verticales ou obliques.

Demander de tracer un point C puis de tracer la droite qui passe par B et C.
Faire enfin tracer la droite qui passe par A et C.
Faire observer que l'on obtient des triangles.
Rappeler qu'un triangle a trois sommets et 3 côtés.

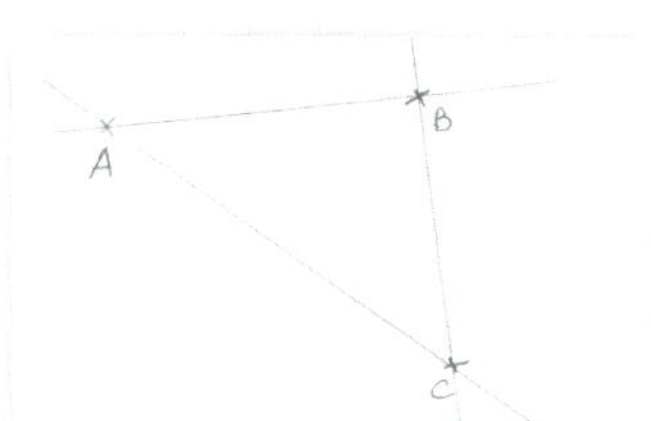

Production d'élève

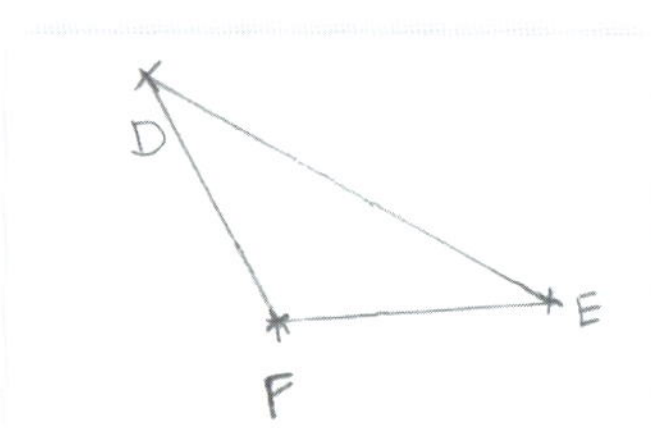

Production d'élève

Demander aux élèves de tracer les points D et E puis de tracer le segment qui relie ces deux points.
Expliquer qu'un segment, c'est un *morceau*, une *portion* de droite limitée par deux points.
Faire tracer le point F puis les segments qui relient D à F et E à F.

Faire observer que l'on obtient des triangles. Les découper et les afficher pour débuter une collection de triangles qui sera complétée au cours de l'année.

DIFFÉRENCIATION

- Si les élèves rencontrent des difficultés à effectuer leurs tracés, proposer les exercices du document élève **Materiel1.pdf**, page 1.

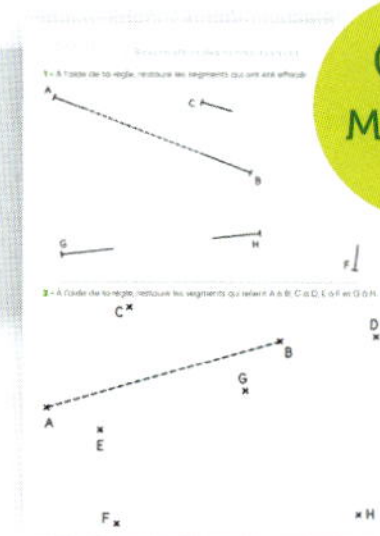

Matériel 1

❷ Recherche

Positionner trois points A, B et C au tableau et demander aux élèves de proposer des segments que l'on pourrait tracer : on peut tracer les segments qui relient A à B, B à C, A à C.
Ces trois possibilités sont représentées au tableau.

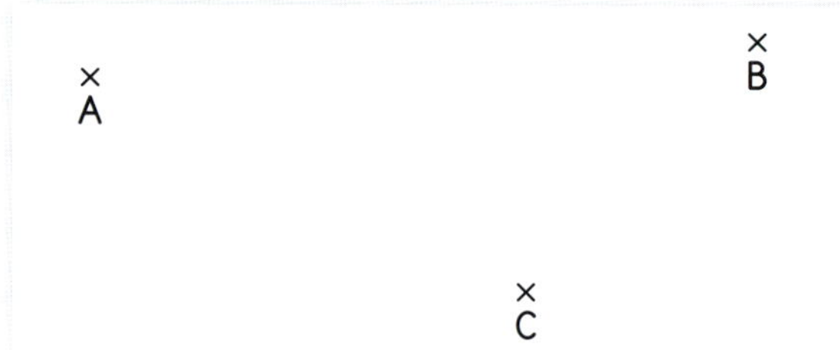

Recherche individuelle
Demander aux élèves d'effectuer leur recherche à main levée sur la feuille de recherche (**Materiel1.pdf**, page 2).

Consigne *« Cherche le plus possible de segments que l'on peut tracer pour relier les points A, B, C, D et E deux par deux. »*

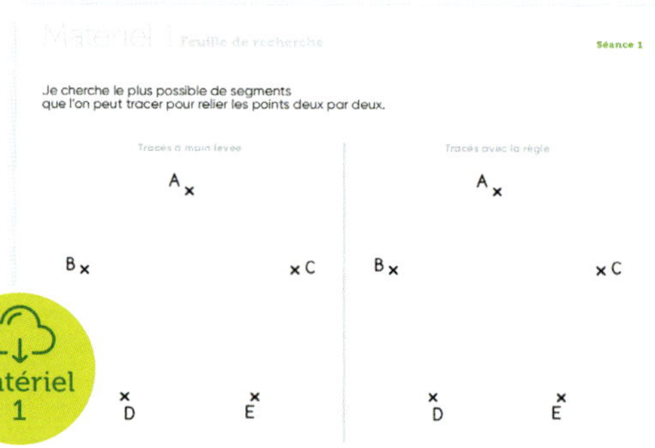
Matériel 1 Feuille de recherche — Séance 1

Je cherche le plus possible de segments que l'on peut tracer pour relier les points deux par deux.

Tracés à main levée — Tracés avec la règle

A B C D E — A B C D E

Matériel 1

DIFFÉRENCIATION

- L'enseignant apporte son aide aux élèves qui rencontrent des difficultés à organiser leur recherche. Il leur demande de chercher tous les segments possibles à partir du point A puis à partir du point B.

❸ Mise en commun et synthèse

Inventorier les procédures utilisées. Retenir que, pour ne pas oublier de possibilités, il faut chercher tous les segments que l'on peut tracer à partir de chaque point. Faire tracer les segments avec la règle.

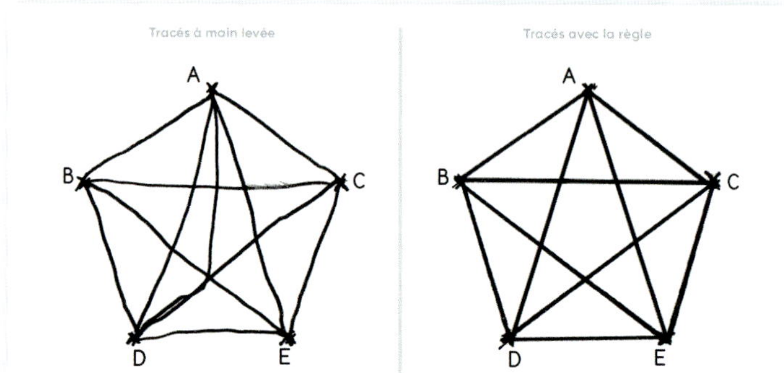

Production d'un élève

Séance 2 — 30 min

Analyser et reproduire des figures

→ **RAISONNER**

Raisonner sur des figures pour les reproduire sans les mesurer.

MATÉRIEL ET SUPPORT
- Une règle plate et un crayon de papier.
- Les feuilles de recherche (**Materiel1.pdf**, pages 3 et 4).

DÉROULEMENT DE LA SÉANCE

❶ Appropriation du problème Analyser et reproduire les modèles A et B en identifiant les segments qui le composent et en repérant les points à relier.	15 min	**Manipulation** Écrit individuel
❷ Recherche Analyser et reproduire les modèles C et D en élaborant une stratégie de reproduction en deux étapes.	15 min	**Expérimentation Manipulation** Écrit individuel

❶ Appropriation du problème

Matériel 1

Le **modèle A** permet de visualiser tous les points de repères du rectangle, notamment ses quatre sommets, pour tracer les diagonales. Constater que, pour ce modèle, on peut tracer les segments dans l'ordre que l'on veut.

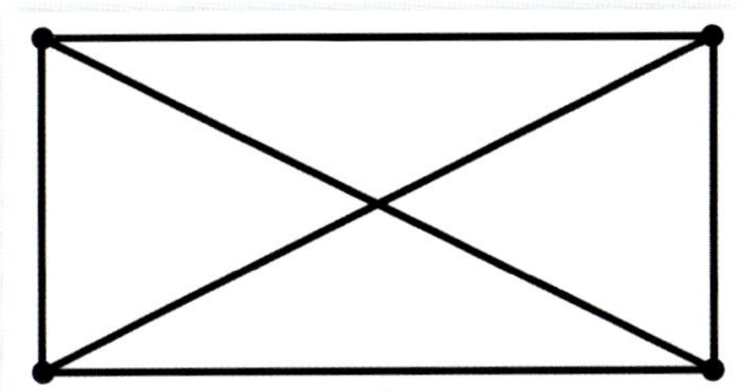
MODÈLE A

Le **modèle B** permet de découvrir de nouveaux points : les milieux des côtés.

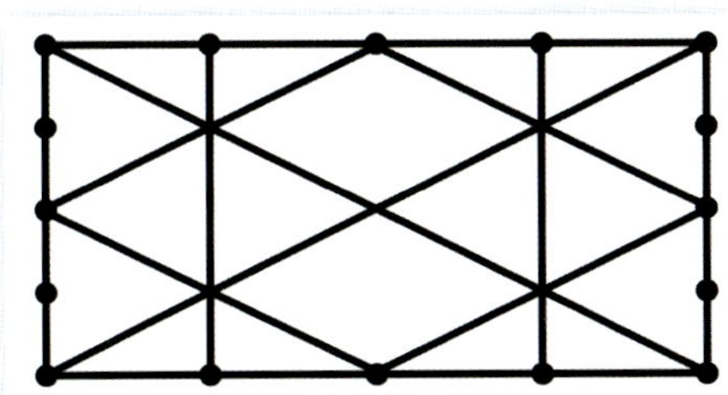
MODÈLE B

❷ Recherche

Matériel 1

Raisonner sur les figures des **modèles C et D** pour les reproduire avec la règle sans mesurer et sans gommer.
La reproduction de ces figures permet aux élèves de comprendre qu'il faut parfois respecter un ordre dans la réalisation des tracés.

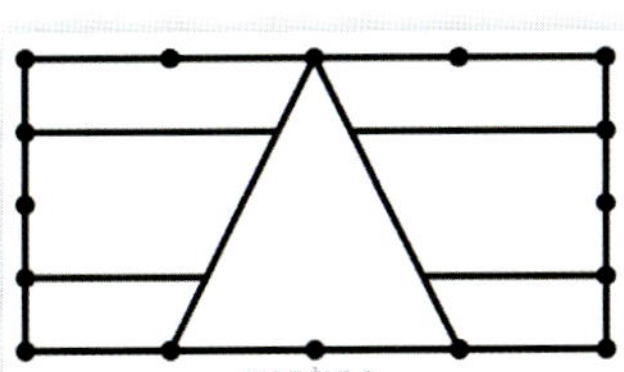
MODÈLE C

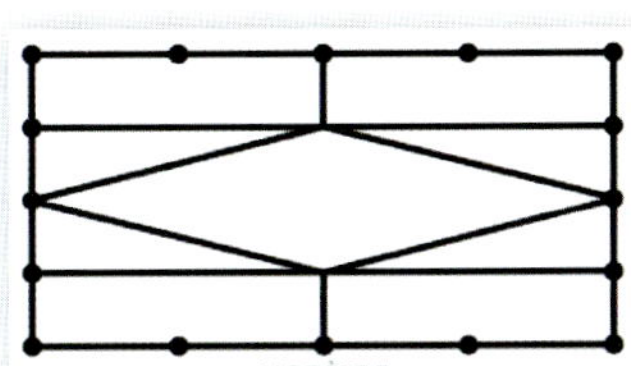
MODÈLE D

DIFFÉRENCIATION

- L'enseignant regroupe les élèves qui rencontrent des difficultés pour leur faire analyser et classer des erreurs sur des productions qu'il a réalisées lui-même : tracés non rectilignes, erreurs de tracés, erreurs dans l'ordre de la reproduction. Si besoin, un rappel des procédures à utiliser pour tracer des segments est effectué.

Synthèse

La règle permet de tracer des lignes droites et des segments. On peut l'utiliser pour reproduire des figures géométriques. Dans certains cas, il faut respecter un ordre précis dans la réalisation des tracés.

Exercices supplémentaires

Les exercices de **ExoSup1.pdf** sont utilisés en autonomie dans les moments de classe où les élèves effectuent leur travail personnel au cours de la semaine.

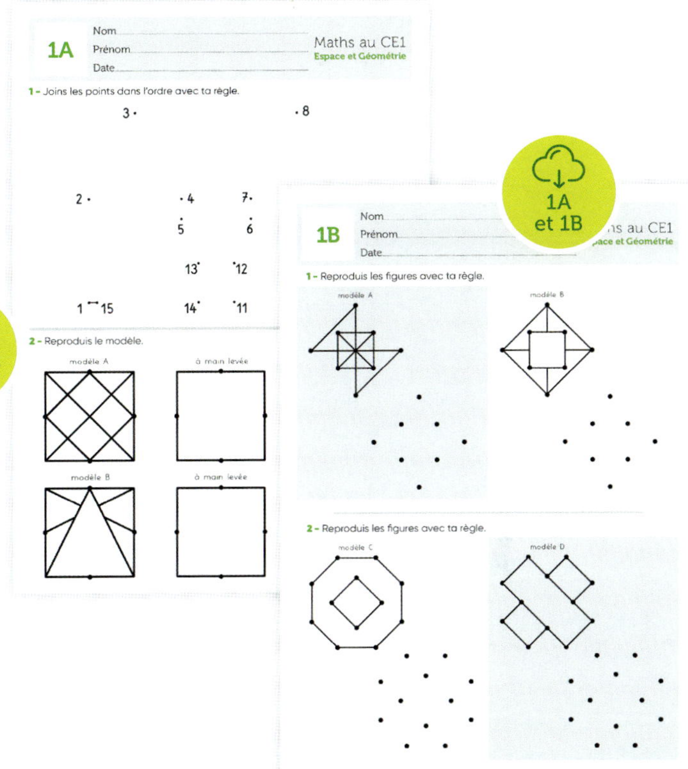

Séance 3 — 30 min

Synthèse de la séquence

Bilan des apprentissages
Valorisation des progrès

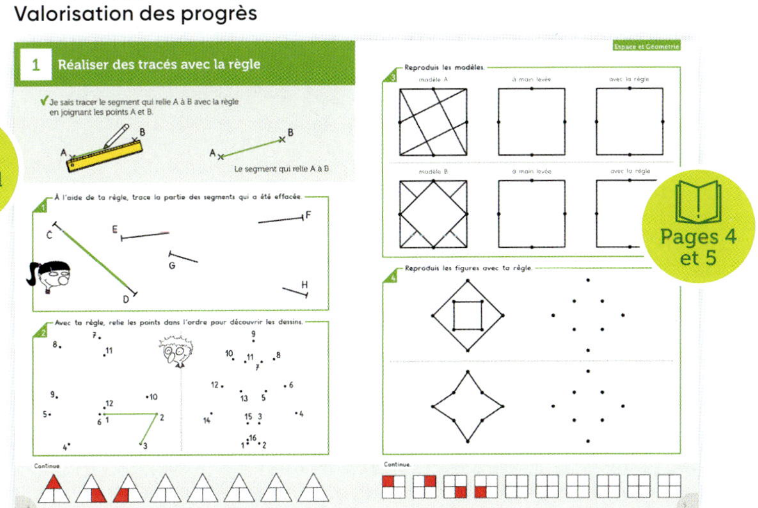

2 Dénombrer en utilisant le groupement par 10

Séance 1 — 30 min

Le jeu des messages

→ REPRÉSENTER

Constituer et dénombrer des collections en utilisant des groupements par 10.

MATÉRIEL ET SUPPORT
- Pour les préparateurs, le matériel « Cubes base 10 encastrables » de chez Celda (4 barres de 10 cubes et 9 cubes) ou le matériel de la **planche 1** prédécoupée (4 barres de 10 carrés et 9 carrés) accompagnant le cahier de l'élève ***Maths au CE1***.
- Des enveloppes contenant le message 1 pour chaque groupe de préparateurs (**Materiel2.pdf**, page 1).

DÉROULEMENT DE LA SÉANCE

1 Appropriation du jeu Comprendre le but à atteindre à l'aide d'un exemple.	5 min	**Verbalisation** **Manipulation** Oral collectif
2 Recherche Constituer et dénombrer une collection.	15 min	**Expérimentation** Groupes de 4
3 Mise en commun Comprendre l'aspect décimal de la numération écrite.	5 min	**Verbalisation** **Manipulation** **Abstraction** Oral collectif
4 Institutionnalisation Comprendre le principe décimal de la numération en chiffres.	5 min	**Verbalisation** **Abstraction** Oral collectif

1 Appropriation du jeu

La règle du jeu

Le jeu se pratique par équipe de 4, chacune étant constituée de deux binômes : un binôme émetteur, les **préparateurs**, et un binôme **récepteur**. Les préparateurs ouvrent une enveloppe dans laquelle ils découvrent un message où est représentée une collection de cartes à points. Ils doivent réaliser avec les cubes une collection qui a autant d'éléments que celle du message. Lorsque les préparateurs ont réalisé la collection, ils la mettent dans une boite et la portent aux récepteurs de leur équipe sans rien leur dire. Ces derniers, à partir de la collection réalisée, doivent chercher comment écrire un message avec le nombre correspondant à la quantité de cubes : écriture en unités de numération ou écriture chiffrée.

L'équipe a gagné si les deux messages représentent le même nombre.

Proposer un exemple.

Les 2 **émetteurs** reçoivent une enveloppe et découvrent un message sur lequel sont dessinées 8 cartes de 1 point. Ils préparent une collection de 8 cubes et la mettent dans une boite. Ils donnent cette boite aux 2 récepteurs.

Les 2 **récepteurs** dénombrent la collection reçue et écrivent le nombre 8 sur une petite feuille. La comparaison avec le message initial permet de valider la réponse et de savoir si l'équipe a gagné.

2 Recherche

Consigne *« Dans chaque équipe, les préparateurs devront constituer une collection de cubes correspondant au message. Les récepteurs devront savoir **rapidement** la dénombrer pour pouvoir essayer de trouver le message reçu par les préparateurs. »*

Les préparateurs de chaque équipe reçoivent le message 1 où sont représentées **2 dizaines de points et 17 points isolés**.

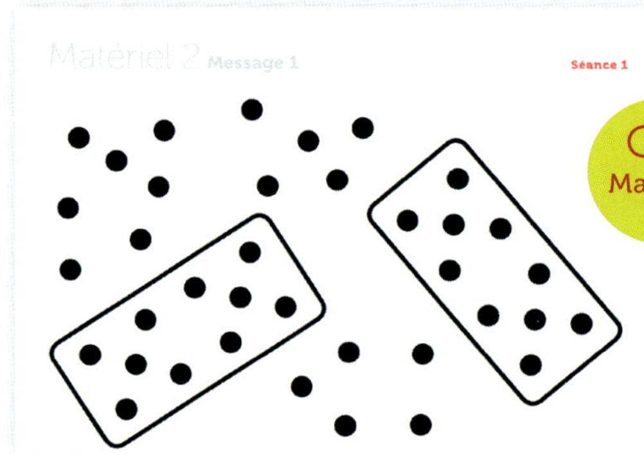

Matériel 2

Message 1 (2d et 17u)

Chaque groupe de préparateurs reçoit le message 1.

Un grand nombre d'élèves comprend que la collection est partiellement groupée. Il est plus efficace de terminer les groupements par 10.

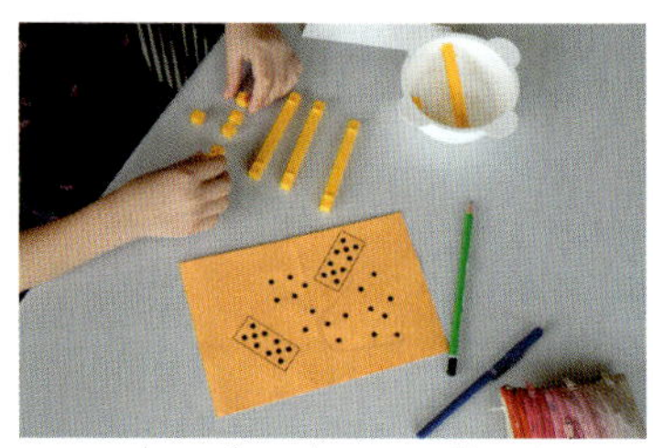

Les préparateurs constituent une collection de cubes qui a autant d'éléments que de points sur le message 1.

Les récepteurs dénombrent la collection de cubes qu'ils reçoivent des préparateurs et doivent écrire un message qui sera comparé avec le message 1.

! Cette situation vise la compréhension du principe décimal. La collection de points utilisée dans le message 1 n'est pas totalement groupée. Il reste certaines unités en nombre supérieur à 10. Les élèves « préparateurs » n'ont à leur disposition que 4 barres de 10 cubes et 9 cubes isolés. Ils ne peuvent donc pas constituer la collection de 2d 17u car il n'y a pas assez de cubes isolés. Cela amène les élèves à utiliser l'aspect décimal de la numération en réalisant la conversion de ces 17 unités en 1 dizaine et 7 unités. Ils obtiennent ainsi 3d 7u ou 37.

3 Mise en commun

Amener les élèves à expliquer qu'une collection organisée facilite le dénombrement.

Reprendre le message initial et le comparer avec les messages réalisés par les récepteurs.

Comprendre que l'on peut représenter un nombre de différentes façons et que, dans le message, la collection de points était partiellement groupée : il fallait convertir les 17 points non groupés en 1 dizaine et 7 unités.

4 Institutionnalisation

Pour dénombrer des objets plus rapidement, il est préférable de les grouper par 10.
Une dizaine de points, c'est 10 points groupés ou 10 points non groupés.
2 dizaines et 17 unités, c'est pareil que 3 dizaines et 7 unités : les 17 unités sont organisées en 1 dizaine et 7 unités seules.

Séance 2

30 min

Constituer des collections en utilisant des groupements par 10

→ REPRÉSENTER

Dénombrer des collections non groupées ou partiellement groupées.

MATÉRIEL ET SUPPORT
- Pour tous les groupes, le matériel identique à la séance 1.
- Les messages 2 et 3 pour chaque groupe de 2 élèves (**Materiel2.pdf**, page 2).

DÉROULEMENT DE LA SÉANCE

1 Nouvelle recherche Dénombrer une collection en utilisant le groupement par 10.	10 min	Verbalisation Manipulation Groupes de 2
2 Renforcement Constituer une collection de points à partir d'une collection de cubes partiellement groupés (message 3).	10 min	Verbalisation Manipulation Groupes de 2
3 Entraînement Organiser des collections en effectuant des groupements par 10.	10 min	Abstraction Écrit individuel

1 Nouvelle recherche

Pour cet exercice, distribuer le même message (message 2) à tous les groupes et leur demander de réaliser une quantité de cubes égale à la quantité de points dessinés dans le message 2.

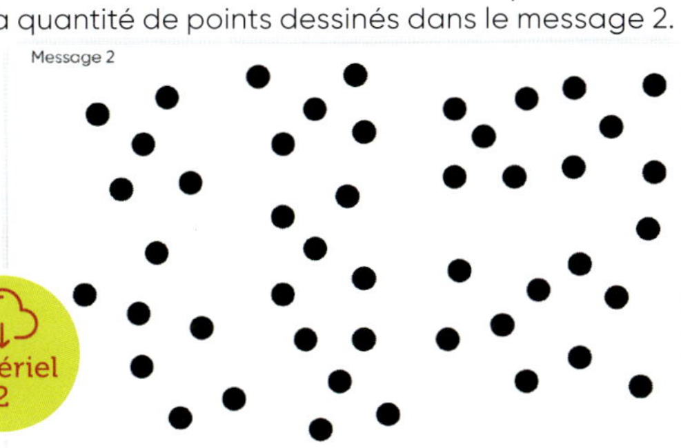

Matériel 2

Message 2 (47 u)

De nombreux élèves effectuent les groupements par 10.

Ils constituent ensuite une collection de cubes qui a autant d'éléments que de points sur le message 2 et écrivent 47 ou 4d 7u ou 47u.

Synthèse

Constater que la collection de points n'était pas organisée par groupements de 10. Comprendre l'intérêt de grouper par 10 pour dénombrer plus rapidement. Appréhender que le nombre d'éléments peut être désigné de différentes façons avec des écritures en unités de numération, les écrire au tableau : 47 unités, 4 dizaines et 7 unités et, si les élèves le proposent, 3 dizaines et 17 unités, 2 dizaines et 27 unités, 1 dizaine et 37 unités.

2 Renforcement

Suivre la même démarche avec le message 3.

Matériel 2

Message 3 (3d et 18u)

Dénombrement des points du message 3

Constitution d'une collection équipotente

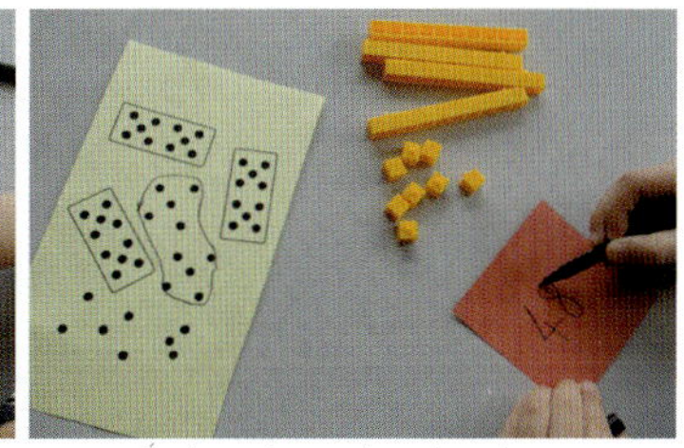

Écriture du nombre de cubes

Synthèse

Constater que la collection de points était partiellement groupée et que l'on peut aussi la représenter entièrement groupée. Comprendre qu'il faut convertir les 18 unités en 1 dizaine et 8 unités. Recenser au tableau toutes les écritures possibles pour ce nombre d'éléments : 3 dizaines et 18 unités, 4 dizaines et 8 unités, 48 unités et, si les élèves le proposent, 2 dizaines et 28 unités, 1 dizaine et 38 unités.

3 Entraînement

Exercices dans le cahier de l'élève

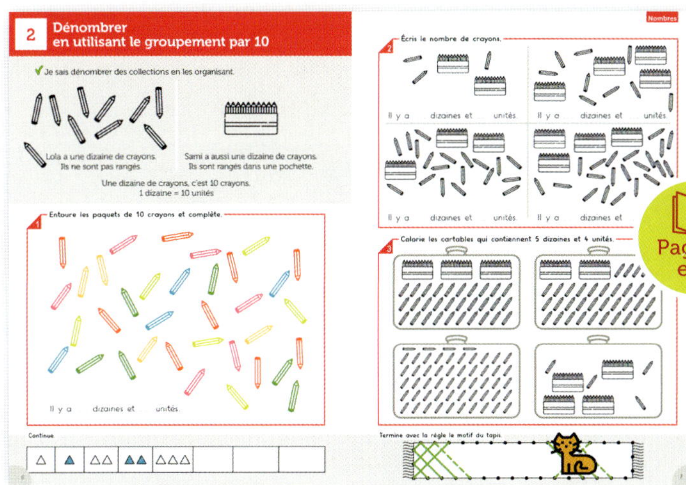

Pages 6 et 7

Exercices supplémentaires

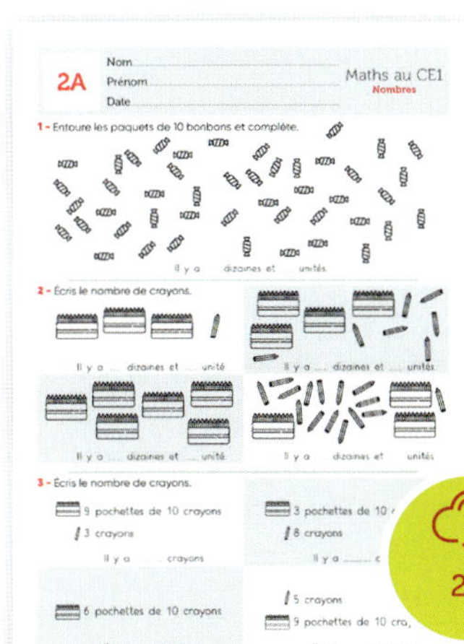

2A

Les exercices de **ExoSup2.pdf** sont utilisés en fonction des besoins repérés au cours de la phase de recherche. Ils peuvent être proposés avant le travail dans le cahier de l'élève ou pour consolider les apprentissages.

15 min par jour

Calcul mental

- Compter de 10 en 10 jusqu'à 60.
- Écrire les nombres jusqu'à 20.
- Calculer des sommes en prenant appui sur les doubles des nombres ≤ 10.

Séance 1

❶ Compter de 10 en 10 jusqu'à 60 — 5 min

Réciter la suite orale des nombres : de 10 en 10, en partant de 0 jusqu'à 60 puis de 10 en 10, en partant de 8 par ordre croissant jusqu'à 58.

❷ Appui sur les doubles : découverte — 10 min

L'enseignant propose les calculs un à un oralement sans contrainte de temps. Les élèves utilisent le carnet de recherche.
La validation s'effectue avec l'animation **Calcul 2**.

Calculs à effectuer

6+7 3+4 6+5 4+5 8+9 8+7.

Procédure à privilégier Prendre appui sur les doubles : 5 + 6 = 5 + 5 + 1

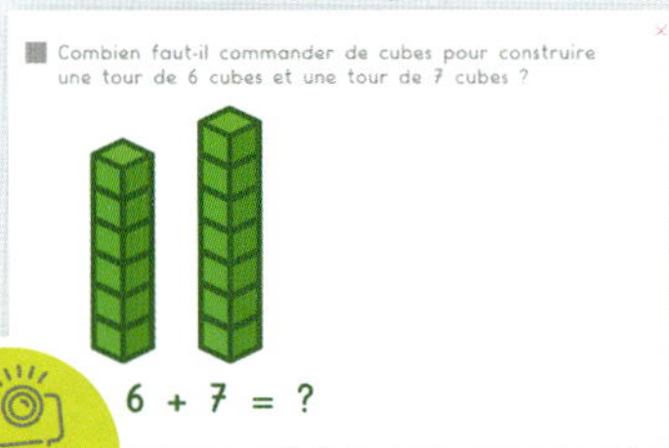

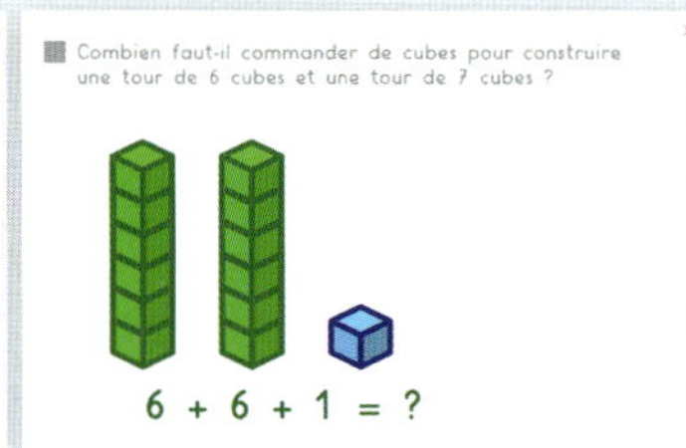

Calcul 2

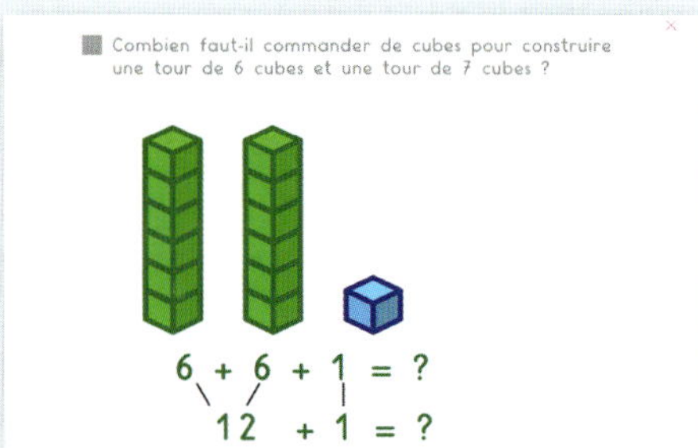

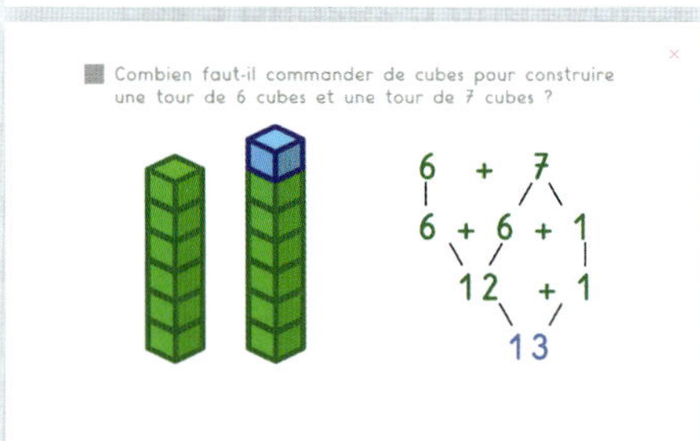

Séance 2

❶ Compter de 10 en 10 jusqu'à 60 — 5 min

Réciter la suite orale des nombres : de 10 en 10, en partant de 57 en reculant. De 10 en 10, en partant de 60 jusqu'à 0.

❷ Appui sur les doubles : entrainement — 10 min

L'enseignant propose oralement une série de calculs à effectuer sur l'ardoise. La correction est immédiate pour pouvoir rappeler à chaque calcul la procédure à privilégier.

3+3=	7+8=	3+?=6	7+?=14
3+4=	5+6=	3+?=7	7+?=15
5+5=	9+9=	5+?=10	8+?=16
4+5=	8+9=	5+?=11	8+?=17
7+7=	7+6=		

Séance 3

❶ Dictée de nombres — 3 min

Dictée de nombres sur l'ardoise **17, 11, 9, 18, 20, 16.**
Écrire les nombres en chiffres.

❷ Appui sur les doubles : réinvestissement — 7 min

Résoudre les petits problèmes oraux sur l'ardoise en travaillant tous les doubles ≤ 10.

Exemples de problèmes

« Léo a 8 images. Il gagne 7 images.
Combien Léo a-t-il d'images maintenant ? »

« Je lance deux dés et je fais un 5 et un 6.
Combien de points ai-je obtenus ? »

« Aya a 7 ans. Son frère en a 6 de plus qu'elle.
Quel âge a le frère d'Aya ? »

❸ Appui sur les doubles : trace écrite — 5 min

L'enseignant propose oralement une série de calculs à effectuer dans le cahier de mathématiques qui constituera la trace écrite (**MaterielCalcul2.pdf**, page 1).

Matériel Calcul 2

TRACE ÉCRITE Séance 3

✔ Je calcule des sommes en prenant appui sur les doubles.

5+6=?
Je calcule dans ma tête.
5+6, c'est pareil que 5+5+1.
Je connais le double de 5.
5+5 = 10 donc 5 + 6 = 11.

5 + 6
5 + 5 + 1
10 + 1
11

Complète.

	8+9=	6+7= .....
	7+6=	7+8= .....
8+7=	5+6=	9+8= .....

Trace écrite à coller dans le cahier de références en mathématiques

Séance 4

❶ Dictée de nombres — 5 min

Dictée de nombres sur l'ardoise **13, 15, 19, 14, 12.**
Écrire les nombres en chiffres.

❷ Appui sur les doubles : évaluation — 10 min

Série de calculs du document élève **MaterielCalcul2.pdf**, page2.

CALCUL MENTAL Séance 4

1 - Calcule.

5+6=	6+7=	5+4= .....
4+3=	9+8=	7+8= .....
9+9=	6+5=	8+8= .....

2 - Complète.

3+ ..... =5	9+ ..... =18	5+ ..... =11
5+ ..... =9	9+ ..... =17	7+ ..... =15
4+ ..... =7	6+ ..... =11	6+ ..... =13

Matériel Calcul 2

Atelier 2

30 min par semaine

Atelier problèmes

- Résoudre des problèmes additifs en une étape.

Prénom ……………………………… Date ………………

Résous les problèmes avec le symbole ✖ puis résous les problèmes de ton choix. Essaie d'en résoudre le plus possible.

✖ Problème 1

Nina a 17 billes.
Elle en gagne 9 à la récréation.

Combien de billes Nina a-t-elle maintenant ?

Problème 4

Il y avait 11 verres fragiles dans la cuisine.
Il n'en reste plus que 6.

Combien de verres ont été cassés ?

✖ Problème 2

Tom joue au jeu de l'oie. Il est sur la case 17.
Il doit reculer de 6 cases.

Sur quelle case Tom va-t-il arriver ?

Problème 5

Ma sœur a 22 ans.
Elle a 5 ans de plus que moi.

Quel est mon âge ?

Problème 3

Mon frère a 7 ans de plus que moi.
J'ai 6 ans.

Quel âge mon frère a-t-il ?

Problème 6

Lucas a 22 € dans son portemonnaie.
Il a 5 € de plus que Ninon.

Combien d'euros Ninon a-t-elle ?

3 Utiliser les écritures chiffrées jusqu'à 99

Séance 1 — 30 min

Comprendre les règles de la numération écrite

→ **REPRÉSENTER**

Comprendre le principe de position : connaitre la valeur des chiffres en fonction de leur rang dans l'écriture d'un nombre.

MATÉRIEL ET SUPPORT
- Des collections de petits objets : cubes emboitables, ou allumettes, buchettes...
- Des élastiques (si utilisation d'allumettes ou de buchettes).
- Des enveloppes contenant des messages différents pour chaque groupe (nombres écrits en chiffres : **45, 54, 30, 75, 59, 87, 91**).

DÉROULEMENT DE LA SÉANCE

1 Appropriation du problème Comprendre la règle du jeu à l'aide d'un exemple.	5 min	**Verbalisation** **Manipulation** Oral collectif
2 Recherche Constituer une collection dont le nombre d'éléments est désigné par l'écriture usuelle.	15 min	**Expérimentation** Groupes de 4
3 Mise en commun et synthèse Utiliser des écritures en unités de numération et comprendre leurs relations.	10 min	**Verbalisation** **Manipulation** **Abstraction** Oral collectif

1 Appropriation du problème

Le jeu se pratique par équipe de 4, chacune étant constituée de deux binômes : un binôme émetteur qui joue le rôle de **préparateurs** et un binôme **récepteur**.

Les **préparateurs** tirent au sort un message dans lequel ils découvrent un nombre écrit en chiffres.

Chaque groupe a un nombre différent. Il doit réaliser, à partir du matériel à sa disposition, la collection d'objets correspondant à ce nombre.

Lorsque les **préparateurs** ont réalisé la collection, ils la mettent dans une boite et la portent aux **récepteurs** de leur équipe sans rien leur dire. Ces derniers, à partir de la collection réalisée, doivent écrire le nombre d'objets correspondant sur une feuille.

L'équipe a gagné si le nombre écrit par les récepteurs est identique à celui donné initialement aux préparateurs.

Proposer un exemple avec un nombre inférieur à 10 : 7.
Ouvrir une enveloppe et découvrir le nombre 7 sur le message. Préparer une collection de 7 cubes et la mettre dans une boite. Donner cette boite à un élève qui a peu de temps (15 secondes) pour dénombrer cette collection et écrire le nombre correspondant sur une petite feuille. La comparaison avec le message initial permet de valider la réponse.

2 Recherche

Consigne *« Dans chaque équipe, les **préparateurs** devront constituer une collection d'objets correspondant au nombre inscrit sur le message. Les **récepteurs** devront pouvoir **rapidement** la dénombrer et écrire le nombre correspondant sur leur feuille. »*

Procédures observées
- Compte les dizaines en les nommant *« dix, vingt, trente, quarante, cinquante »* puis surcompte pour ajouter les unités *« cinquante-et-un, cinquante-deux, cinquante-trois, cinquante-quatre »*.
- Rend visible le plus possible de groupements de 10 puis code l'organisation de la collection obtenue à l'aide d'une écriture chiffrée.

3 Mise en commun et synthèse

Demander aux équipes qui ont *gagné* d'expliquer comment elles s'y sont prises pour que les binômes récepteurs dénombrent rapidement leur collection.
Amener les élèves à expliquer qu'une collection organisée en groupements par dizaines facilite le dénombrement.

Reprendre tous les nombres inscrits sur les messages, représenter les collections correspondantes au tableau et les écrire à l'aide des unités de numération (exemple pour 54 : 5d 4u ; 4u 5d ; 54u).

Associer les différentes représentations de ces nombres.
Exemples Pour la collection de 45 : 4d 5u, 5u 4d et 45u.
Pour la collection de 30 : 3d et 30u.
Pour la collection de 75 : 7d 5u, 5u 7d et 75u.
Pour la collection de 91 : 9d 1u, 1u 9d et 91u.

Séance 2

30 min

Utiliser les écritures chiffrées

→ REPRÉSENTER

Utiliser diverses représentations des nombres : écriture usuelle.

MATÉRIEL ET SUPPORT

- Pour chaque binôme, « Cubes base 10 encastrables » de chez Celda ou le matériel de la **planche 1** prédécoupée accompagnant le cahier de l'élève ***Maths au CE1*** : 9 barres de 10 carrés et 9 carrés isolés.

DÉROULEMENT DE LA SÉANCE

1 Consolidation Constituer une collection dont le nombre d'éléments est désigné par une écriture chiffrée.	15 min	**Manipulation Représentation** Groupes de 2
2 Entrainement Désigner le nombre d'éléments d'une collection avec son écriture chiffrée.	10 min	**Verbalisation Représentation** Écrit individuel
3 Institutionnalisation Connaitre la valeur des chiffres en fonction de leur rang dans l'écriture d'un nombre.	5 min	**Verbalisation Abstraction** Oral collectif

1 Consolidation

Annoncer que vous allez faire des commandes aux élèves. Ils devront préparer sur leur table le matériel commandé.

La commande est réalisée avec des « Cubes base 10 encastrables » de chez Celda.

Écrire successivement au tableau les nombres 36, 63, 76, 60, 87 puis demander aux élèves de réaliser, à l'aide du matériel, la collection correspondante en faisant bien apparaitre les dizaines.

Les élèves cherchent ensuite comment écrire 87 avec les unités de numération : 7u 8d, 8d 7u ou 87u.

Les élèves cherchent ensuite comment représenter les nombres avec d'autres écritures.

Exemples Pour la collection de **87** : **8d 7u** et **87u**.
Pour la collection de **60** : **6d** et **60u**.

! L'objectif de cet exercice est de comprendre la valeur des chiffres en fonction de leur rang dans l'écriture des nombres proposés. Si l'enseignant écrit 87 au tableau, les élèves réussissent l'exercice s'ils sont capables de constituer sur leur table une collection de 7 carrés et 8 dizaines de carrés.

2 Entrainement

Exercices de **ExoSup3.pdf** dans un contexte identique à la phase de consolidation puis différent (crayons).

Donner un exemple au préalable.

Consigne « Complète pour indiquer le nombre de dizaines et d'unités puis écris le nombre en chiffres. »

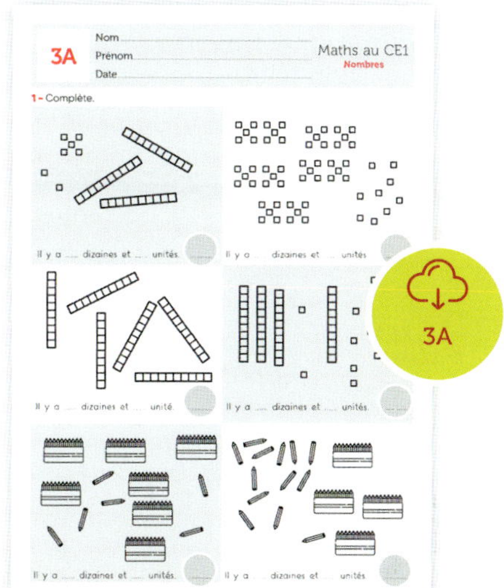

3 Institutionnalisation

J'ai 53 carrés. Dans le nombre 53, le chiffre de gauche indique le nombre de dizaines que je peux former. Le chiffre de droite indique le nombre de carrés que je ne peux pas grouper par 10.
53, c'est 5d 3u ou 3u 5d ou 53u.

Séance 3

30 min

Bilan des apprentissages

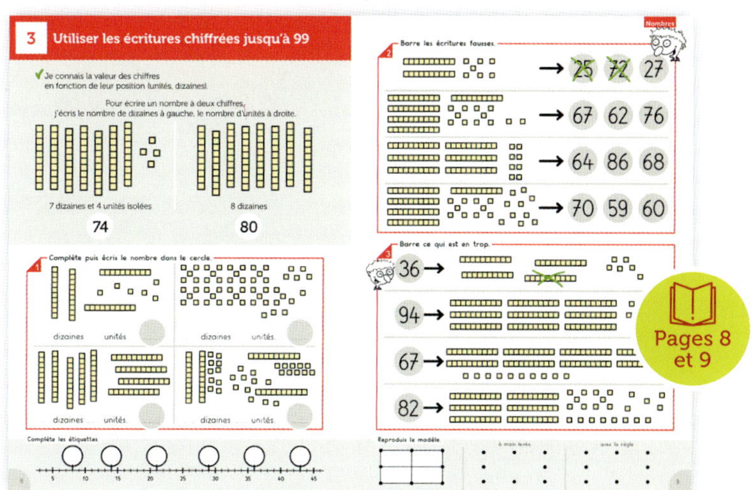

4 Associer diverses écritures d'un nombre

Séance 1 — 30 min

Connaitre et associer diverses représentations d'un nombre

→ REPRÉSENTER

Utiliser diverses représentations des nombres : écritures en unités de numération ou décompositions additives.

MATÉRIEL ET SUPPORT

- « Cubes base 10 encastrables » (Celda) : 7 barres de 10 cubes et 9 cubes isolés par binôme ou matériel de la **planche 1** prédécoupée accompagnant le cahier de l'élève *Maths au CE1*.

DÉROULEMENT DE LA SÉANCE

❶ Renforcement Constituer une collection dont le nombre d'éléments est désigné à l'aide d'unités de numération.	15 min	**Manipulation** **Représentation** Groupes de 2
❷ Réinvestissement Constituer une collection dont le nombre d'éléments est désigné à l'aide d'une décomposition additive.	15 min	

❶ Renforcement

Annoncer que vous allez faire des commandes aux élèves. Ils devront préparer le matériel commandé sur leur table.

Écrire successivement au tableau les écritures en unités de numération : 2d 7u — 4u 2d — 28u — 4d — 3d 19u — 6d 14u

Puis demander aux élèves de réaliser la collection correspondante en faisant bien apparaitre les dizaines à l'aide du matériel des « Cubes base 10 encastrables » ou des carrés de la **planche 1**.

Pour constituer la collection de **2d et 7u**, les élèves utilisent 2 barres de 10 et 7 carrés isolés. Par contre, pour réaliser la collection de **3d 19u**, ils doivent convertir les 19u en 1d 9u car ils n'ont pas assez de carrés isolés.

Valider les réponses au fur et à mesure en demandant ou donnant les explications nécessaires.

Synthèse

Associer les diverses représentations des nombres.
- **2d 7u** équivaut à **27u** et à **27.**
- **4u 2d** équivaut à **2d 4u,** à **24u** et à **24.**
- **28u** équivaut à **2d 8u,** à **28u** et à **28.**
- **4d** équivaut à **4d 0u,** à **40u** et à **40.**
- **3d 19u** équivaut à **4d 9u,** à **49u** et à **49.**
- **6d 14u** équivaut à **7d 4u** donc à **74.**

❷ Réinvestissement

Écrire successivement au tableau les écritures additives :

10 + 10 + 4 — 6 + 10 + 10 + 10 — 10 + 10 + 10 + 10 + 10 + 10 + 10 + 9

Demander aux élèves de réaliser, à l'aide des « Cubes base 10 encastrables » ou des carrés du matériel de la **planche 1** prédécoupée, la collection correspondante en faisant bien apparaitre les dizaines.

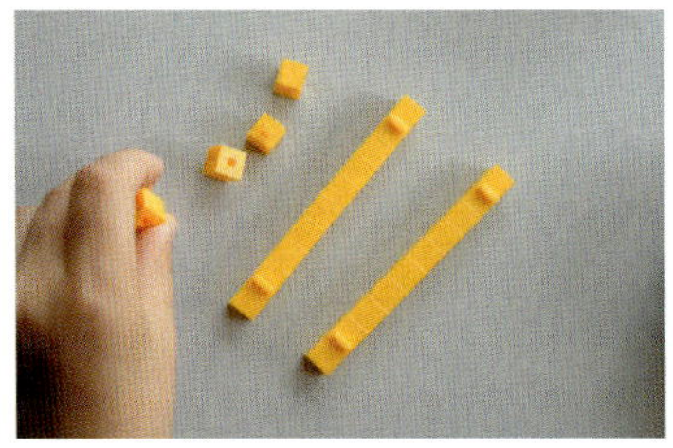

10 + 10 + 4

6 + 10 + 10 + 10

Synthèse

Associer les diverses représentations de ces nombres.
- 10 + 10 + 4, oraliser ***« Dix plus dix égale vingt. Vingt plus quatre, cela fait vingt-quatre ».*** Ce nombre peut aussi s'écrire **1d + 1d + 4u** ou **2d 4u** ou **24.**
- 6 + 10 + 10 + 10 peut aussi s'écrire **6u + 1d + 1d + 1d** ou **1d + 1d + 1d + 6u** ou **3d 6u** et **36.**
- 10 + 10 + 10 + 10 + 10 + 10 + 10 + 9 peut aussi s'écrire **1d + 1d + 1d + 1d + 1d + 1d + 1d + 9u** ou **7d 9u** ou **79** ou **60 + 19** ou **70 + 9.**

Séance 2 — 30 min

Associer diverses écritures d'un même nombre

→ REPRÉSENTER

Passer d'une représentation à une autre : écriture en unités de numération, écriture chiffrée et décomposition additive.

MATÉRIEL ET SUPPORT

- Les cartes du jeu des paires (**Materiel4.pdf**, pages 1 et 2) pour deux élèves (Phase 1).

DÉROULEMENT DE LA SÉANCE

❶ Recherche Associer diverses représentations d'un même nombre.	10 min	**Verbalisation** **Manipulation** Groupes de 2
❷ Jeu S'exercer dans le cadre d'un jeu de cartes.	20 min	

❶ Recherche

Consigne *« Vous allez, par groupes de deux, classer les cartes que je vais vous donner. Vous placerez sur une même ligne celles qui représentent un nombre identique. »*

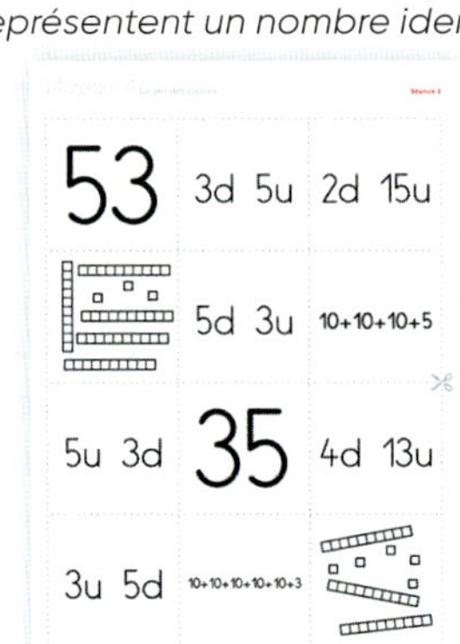

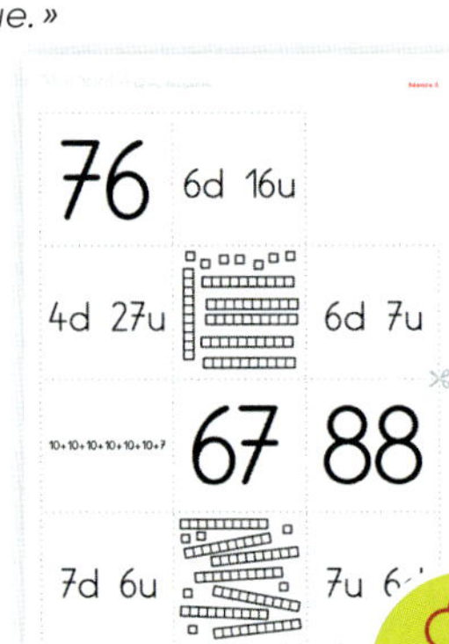

Matériel 4

Donner un exemple au tableau.
Montrer 3 cartes représentant le nombre **42** : 4 barres de 10 carrés et 2 carrés, 4d 2u et 10 + 10 + 10 + 10 + 2.
Demander aux élèves si *elles vont ensemble* et pourquoi.
Les élèves identifient les 3 représentations d'un même nombre et justifient le fait de les associer sur la même ligne.

❷ Jeu

Expliquer la règle du ***Jeu des paires.***

Le jeu se joue à deux.
Le but du jeu est de ne plus avoir de cartes à la fin de la partie.
On distribue toutes les cartes. Les deux joueurs posent leurs cartes sur la table pour chercher dans leur jeu s'ils peuvent faire une paire ou plusieurs avec leurs cartes. Ils les rangent alors de côté.
Quand toutes les paires possibles sont trouvées, les joueurs reprennent leurs cartes et le plus jeune joueur peut piocher dans le jeu de son camarade. Il regarde s'il peut former une paire avec cette nouvelle carte et une carte de sa main. Sinon il la garde et c'est à son camarade de tirer une carte dans son jeu.
Ainsi de suite jusqu'à épuisement des cartes.
Celui qui reste avec la carte 88 en main a perdu.

Séance 3

30 min

Synthèse de la séquence

Bilan des apprentissages

Chaque élève doit chercher sur son ardoise le plus de façons possibles d'écrire le nombre 67.
Recenser les différentes façons pour désigner ce nombre en les classant au tableau :
- avec des chiffres (**67**),
- avec des unités de numération (**6d 7u** ou **7u 6d** ou **5d 17u** ou **4d 27u**…)
- avec des décompositions additives (**60 + 7, 10 + 10 + 10 + 10 + 10 + 10 + 7, 50 + 10 + 7, 40 + 20 + 7**…)
- et si la classe le propose, avec des lettres (**soixante-sept**).

Valorisation des progrès

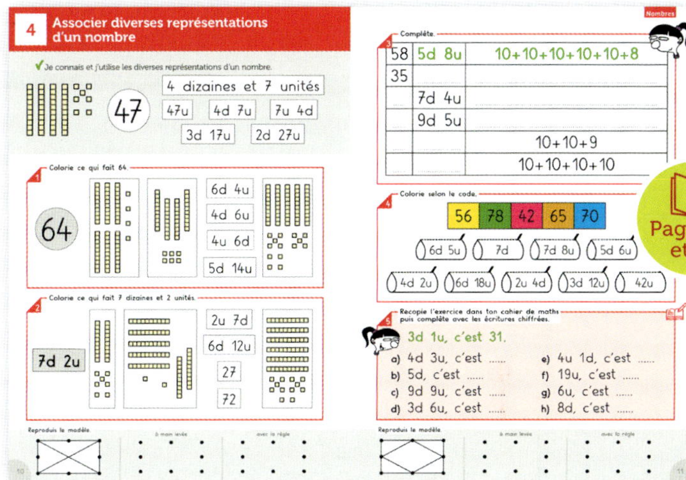
4 Associer diverses représentations d'un nombre

Je connais et j'utilise les diverses représentations d'un nombre.

47 — 4 dizaines et 7 unités — 47u — 4d 7u — 7u 4d — 3d 17u — 2d 27u

Colorie ce qui fait 64 : 6d 4u, 4d 6u, 4u 6d, 5d 14u

Colorie ce qui fait 7 dizaines et 2 unités : 7d 2u, 2u 7d, 6d 12u, 27, 72

Complète.

58	5d 8u	10+10+10+10+10+8
35		
	7d 4u	
	9d 5u	
		10+10+9
		10+10+10+10

Colorie selon le code. 56 78 42 65 70
6d 5u — 7d — 7d 8u — 5d 6u — 4d 2u — 6d 18u — 2u 4d — 3d 12u — 42u

Recopie l'exercice dans ton cahier de maths puis complète avec les écritures chiffrées.
3d 1u, c'est 31.
a) 4d 3u, c'est ……
b) 5d, c'est ……
c) 9d 9u, c'est ……
d) 3d 6u, c'est ……
e) 4u 1d, c'est ……
f) 19u, c'est ……
g) 6u, c'est ……
h) 8d, c'est ……

Reproduis le modèle.

Pages 10 et 11

Exercices supplémentaires (ExoSup4.pdf)

Les élèves qui ont besoin de renforcer leur capacité à désigner le nombre d'éléments d'une collection (**5d 6u** mais aussi **4d 16u** ou **6u 5d** pour **56**) sont rassemblés à une table pour travailler avec l'enseignant à partir des exercices du document **4A**.
Des collections de cubes sont manipulées pour comprendre le lien entre les différentes écritures et les collections dessinées.

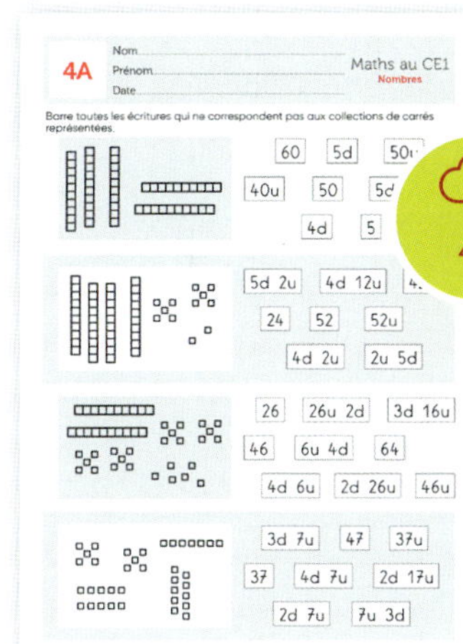
4A Nom Prénom Date — Maths au CE1 — Nombres

Barre toutes les écritures qui ne correspondent pas aux collections de carrés représentées.

60 5d 50u 40u 50 5d 4d 5
5d 2u 4d 12u 24 52 52u 4d 2u 2u 5d
26 26u 2d 3d 16u 46 6u 4d 64 4d 6u 2d 26u 46u
3d 7u 47 37u 37 4d 7u 2d 17u 2d 7u 7u 3d

4A

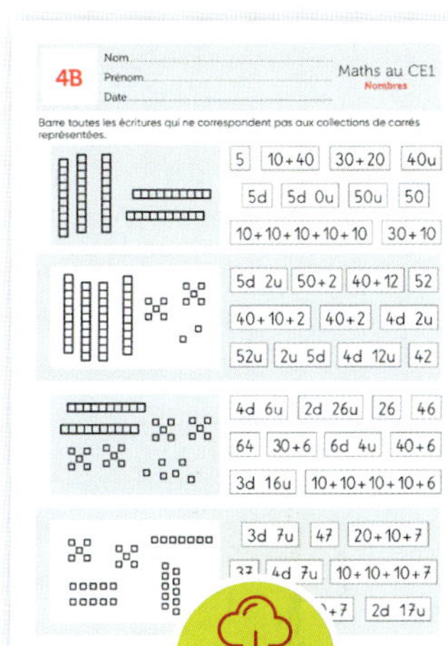
4B Nom Prénom Date — Maths au CE1 — Nombres

Barre toutes les écritures qui ne correspondent pas aux collections de carrés représentées.

5 10+40 30+20 40u 5d 5d 0u 50u 50 10+10+10+10+10 30+10
5d 2u 50+2 40+12 52 40+10+2 40+2 4d 2u 52u 2u 5d 4d 12u 42
4d 6u 2d 26u 26 46 64 30+6 6d 4u 40+6 3d 16u 10+10+10+10+6
3d 7u 47 20+10+7 37 4d 7u 10+10+10+7 2d 17u

4B

Les élèves qui ont besoin d'approfondir leur capacité à utiliser différentes façons de désigner des nombres travaillent en autonomie à partir des exercices du document **4B**.

15 min par jour

Calcul mental

- Dire la suite orale des nombres jusqu'à 99.
- Connaitre les compléments à 10.

Séance 1

❶ Suite orale des nombres jusqu'à 99 — 3 min

Demi-droite graduée

En s'aidant de la demi-droite graduée, inventorier les familles de nombres de 60 à 99 : famille des ***soixante*** de 60 à 79, famille des ***quatre-vingts*** de 80 à 99. Réciter la suite orale des nombres : de 1 en 1, en avançant, de 58 à 99.

❷ Compléments à 10 : réactivation — 7 min

Jeux de doigts Demander aux élèves de chercher comment retrouver les décompositions de 10 avec les doigts des deux mains.
Exemple « *Si 4 doigts sont levés, combien de doigts sont pliés ?* »
Les élèves écrivent sur l'ardoise toutes les décompositions du nombre 10 qu'ils ont trouvées. Lors de la mise en commun, écrire au tableau les réponses et faire remarquer que certaines solutions peuvent être trouvées à partir d'une autre (par commutativité) : 3 + 7 et 7 + 3.

❸ Compléments à 10 : trace écrite — 5 min

Matériel Calcul 3

Trace écrite

Demander d'observer la maison du nombre 10 (**MaterielCalcul3.pdf**, page 1) qui est vidéoprojetée afin de vérifier que tous les résultats ont été trouvés. Ce document sert de trace écrite dans le cahier de mathématiques.

Séance 2

❶ Suite orale des nombres jusqu'à 99 — 3 min

Réciter la suite orale des nombres : de 1 en 1, en reculant, de 99 à 62.

❷ Compléments à 10 : mémorisation — 10 min

Série de calculs donnés un par un oralement. Les élèves écrivent les réponses sur l'ardoise.

❸ Compléments à 10 : évaluation — 2 min

Série de plusieurs calculs donnés à l'écrit dans un temps limité. Cette évaluation sera proposée à plusieurs reprises pour permettre aux élèves de mesurer leur progrès (**MaterielCalcul3.pdf**, page 2). Avertir les élèves qu'il y a aussi des calculs avec des procédures découvertes lors des séances précédentes.

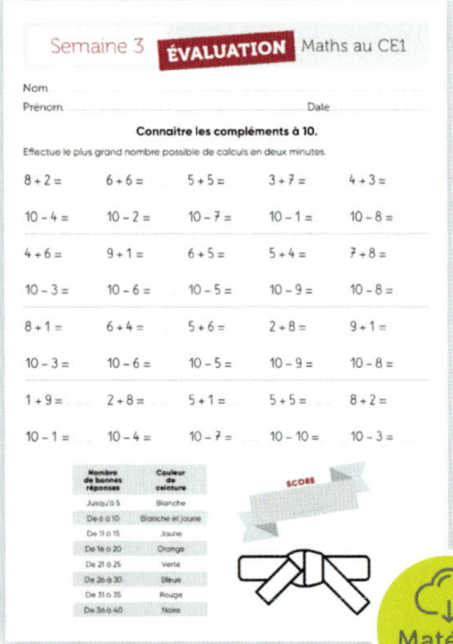

Semaine 3 **ÉVALUATION** Maths au CE1

Nom
Prénom Date

Connaitre les compléments à 10.

Effectue le plus grand nombre possible de calculs en deux minutes.

8 + 2 =	6 + 6 =	5 + 5 =	3 + 7 =	4 + 3 =
10 – 4 =	10 – 2 =	10 – 7 =	10 – 1 =	10 – 8 =
4 + 6 =	9 + 1 =	6 + 5 =	5 + 4 =	7 + 8 =
10 – 3 =	10 – 6 =	10 – 5 =	10 – 9 =	10 – 8 =
8 + 1 =	6 + 4 =	5 + 6 =	2 + 8 =	9 + 1 =
10 – 3 =	10 – 6 =	10 – 5 =	10 – 9 =	10 – 8 =
1 + 9 =	2 + 8 =	5 + 1 =	5 + 5 =	8 + 2 =
10 – 1 =	10 – 4 =	10 – 7 =	10 – 10 =	10 – 3 =

Nombre de bonnes réponses	Couleur de ceinture
Jusqu'à 5	Blanche
De 6 à 10	Blanche et jaune
De 11 à 15	Jaune
De 16 à 20	Orange
De 21 à 25	Verte
De 26 à 30	Bleue
De 31 à 35	Rouge
De 36 à 40	Noire

SCORE

Consigne : « *La feuille que je vais distribuer comporte de nombreuses questions. Tu vas avoir deux minutes pour y répondre. Le but est de répondre juste au plus grand nombre de questions possible. Tu vas obtenir un score qui sera le nombre de bonnes réponses que tu es capable de trouver en deux minutes.* »

Matériel Calcul 3

Séance 3

❶ Suite orale des nombres jusqu'à 99 — 3 min

Lire les nombres écrits au tableau : 64, 74, 84 et 94.
Réciter la suite orale des nombres de 1 en 1, en partant de 54 jusqu'à 99 sans dire ces 4 nombres, il faut les *sauter* et dire « *PAF* » à leur place.

❷ Compléments à 10 : réinvestissement — 5 min

Résoudre les petits problèmes oraux sur l'ardoise en travaillant les compléments à 10.

Exemples de problèmes

« *Léo a 3 billes.*
Combien de billes manque-t-il à Léo pour en avoir 10 ? »

« *Je lance deux dés et j'obtiens un 6 et un 4.*
Combien de points ai-je obtenus ? »

« *Lili a 10 ans. Son frère a 3 ans de moins.* ***Quel âge a le frère de Lili ?*** ».

« *Léo a 4 ans et sa sœur Nina a 10 ans.*
Quelle est leur différence d'âge ? »

❸ Compléments à 10 : consolidation — 5 min

L'enseignant propose oralement, un à un, des calculs à effectuer sur l'ardoise.

10 – 3 = ?	**10 – 5 = ?**	**10 – 8 = ?**	**10 – 2 = ?**
10 – 4 = ?	**10 – 7 = ?**	**10 – 6 = ?**	**10 – 9 = ?**

« Combien faut-il pour aller de 4 à 10 ? de 2 à 10 ? »
« Combien faut-il ajouter à 6 pour avoir 10 ? à 3 pour avoir 10 ? à 8 ? à 5 ? »

❹ Compléments à 10 : évaluation — 2 min

Série de calculs donnés à l'écrit dans un temps limité à 2 minutes : reprise de l'activité 3 de la séance 2 avec le document **MaterielCalcul3.pdf**, page 2.

Séance 4

❶ Suite orale des nombres jusqu'à 99 — 3 min

Reprendre le jeu de la séance 3 avec les nombres 60, 63, 70, 75, 80, 89, 90, 98 écrits au tableau.
Réciter la suite orale des nombres de 1 en 1, en partant de 55 jusqu'à 99 en disant « *PIF* » à la place des dizaines entières écrites au tableau et « *PAF* » à la place des autres nombres.

❷ Compléments à 10 : consolidation — 7 min

Série de calculs au tableau. Les élèves écrivent les réponses sur leur carnet de recherche.
Proposer des jetons aux élèves qui ont besoin d'aide.
En fonction des besoins repérés au cours de la semaine, proposer des calculs du type :

6 + ? = 10 **10 – 2 = ?**

« Combien pour aller de 4 à 10 ? »

❸ Compléments à 10 : évaluation — 5 min

Série de calculs donnés à l'écrit dans un temps limité à 2 minutes : reprise de l'activité 3 de la séance 2 avec le document **MaterielCalcul3.pdf**, page 2.

Échange sur les progrès effectués en calcul mental au cours de la semaine.

Matériel Calcul 3

Atelier 3

30 min par semaine

Atelier problèmes

- Résoudre des problèmes additifs en une ou deux étapes en utilisant sa connaissance des doubles et des moitiés.

Prénom .... Date ....

Résous le problème avec le symbole ✖ puis résous les problèmes de ton choix. Essaie d'en résoudre le plus possible.

✖ Problème 1

Lucas a 18 images dans une boite. La moitié de ses images sont des images de chevaux.

Combien Lucas a-t-il d'images de chevaux ?

✖ Problème 2

Fatou a 7 ans.
C'est la moitié de l'âge de sa grande sœur.

Quel âge a la grande sœur de Fatou ?

Problème 3

Maman a 12 euros dans son portemonnaie. Elle en dépense la moitié à la librairie pour acheter un livre.

Quel est le prix de ce livre ?

Problème 4

Nina lance des dés et obtient un double 6. Léo obtient 3 points de moins que Nina.

Combien de points Léo a-t-il obtenus ?

Problème 5

Au début de la récréation, Lili avait 8 billes. À la fin de la récréation, elle en a le double.

Que s'est-il passé pendant la récréation ?

Problème 6

Au début de la récréation, Léo avait 14 billes. À la fin de la récréation, il en a la moitié.

Que s'est-il passé pendant la récréation ?

5 Résoudre des problèmes en une ou deux étapes : addition et soustraction (1)

Problèmes de transformation : recherche de la quantité finale

Séance 1 — 30 min

Problèmes de transformation : recherche de la quantité finale

→ MODÉLISER

Résoudre des problèmes du champ additif en une étape : déterminer le résultat d'une augmentation ou d'une diminution.

MATÉRIEL ET SUPPORT

- Une boite fermée (ou un sac), des billes ou des jetons.
- La feuille de recherche et les traces écrites (**Materiel5.pdf**, pages 1 à 3).
- 2 grandes feuilles pour créer des affiches collectives.

DÉROULEMENT DE LA SÉANCE

❶ **Recherche** Chercher une procédure permettant de résoudre les problèmes A et B.	10 min	**Expérimentation** Écrit individuel puis groupes de 2
❷ **Mise en commun** Inventorier les différentes procédures utilisées.	5 min	**Verbalisation** **Manipulation** Oral collectif
❸ **Institutionnalisation** Utiliser des schémas et le calcul pour résoudre un problème.	5 min	**Représentation** **Verbalisation** Oral collectif
❹ **Trace écrite** Élaborer une trace écrite dans le cahier.	10 min	**Représentation** Écrit individuel

❶ Recherche

Prendre connaissance des problèmes sur la feuille de recherche.

Problème A
Mila avait 25 billes ce matin.
Elle a gagné 5 billes pendant la récréation.
Combien de billes Mila a-t-elle après la récréation ?

Matériel 5

Problème B
Léo avait 25 billes ce matin.
Il a perdu 5 billes pendant la récréation.
Combien de billes Léo a-t-il après la récréation ?

Après un temps de recherche individuelle, les élèves travaillent par groupes de deux pour proposer une solution commune pour chaque problème.

Présenter chaque problème avec le matériel sans que la solution soit visible.

DIFFÉRENCIATION

- Un groupe d'élèves ayant besoin de manipuler et d'une mise en scène avec des objets travaille avec l'enseignant.
Mimer la situation avec le matériel (ajouter 5 billes dans le sac de Mila, retirer 5 billes dans le sac de Léo).
Faire reformuler le problème en précisant ce que l'on doit chercher.

❷ Mise en commun

Demander à des élèves d'expliciter oralement leurs solutions.
Si possible, projeter avec un visualiseur les dessins et schémas de quelques élèves.

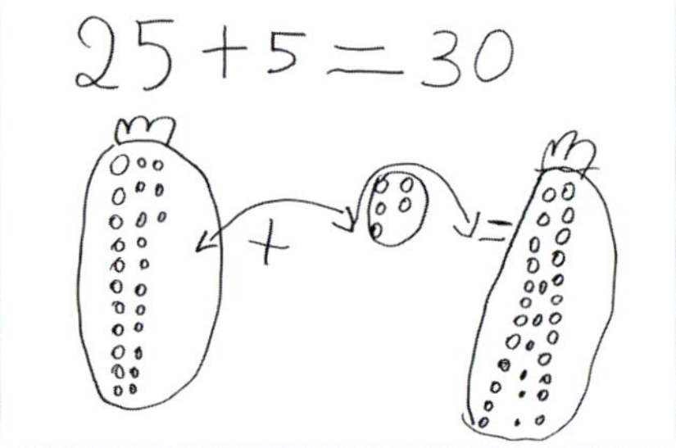

Production d'un élève

Amener les élèves à constater que Mila a plus de billes à la fin de la récréation et que Léo en a moins.
Demander à deux élèves de vérifier les calculs avec une calculatrice.

La validation s'effectue avec des billes (ou des jetons).

❸ Institutionnalisation

Des dessins et des schémas utilisés par les élèves sont vidéoprojetés et commentés.
Expliquer que l'année dernière des élèves de CE1 ont utilisé les schémas de l'animation **Séquence 5**. Les représenter au tableau ou les vidéoprojeter en demandant aux élèves de les observer et d'échanger afin de comprendre leur intérêt.

Problème A

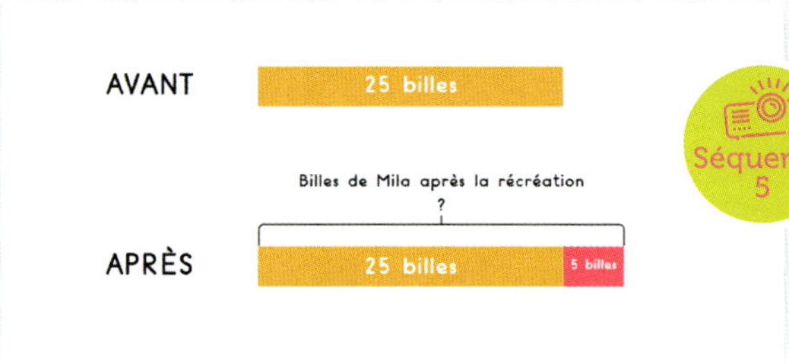

Schéma 1 pour le problème A

Pour aider les élèves à comprendre le schéma, expliquer que les billes sont rangées dans des boites.
Le nombre de billes est écrit sur chaque boite avec un post-it.

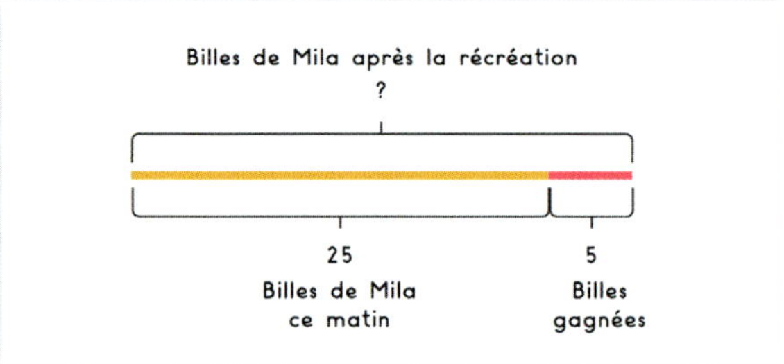

Schéma 2 pour le problème A

Le schéma ci-dessus a pour objectif de rendre visible qu'il s'agit d'un ensemble de billes partagé en deux parties. Le cardinal d'une partie (25 billes au départ) et celui de la seconde partie (5 billes gagnées) sont connus, le problème a pour objet de déterminer le cardinal de l'ensemble (les billes que Léo possède après la récréation). Pour aider les élèves à comprendre le second schéma, aligner des jetons rouges et bleus pour reproduire l'organisation du schéma.

Écrire au tableau le calcul **25 + 5 = 30** qui permet de résoudre le problème et faire verbaliser *« 25 plus 5 égale 30 »*.
Rappeler que c'est une ***addition*** et que l'on utilise le signe **+**.
Écrire la phrase-réponse au tableau : elle sera copiée dans la trace écrite distribuée en ❹.

> **Recodage du problème A**
> • Pour les élèves qui rencontrent des difficultés, recoder le problème sous la forme d'un problème de type ***parties-tout*** :
> *« Mila avait 25 billes rouges ce matin. Elle a gagné 5 billes bleues pendant la récréation*
> ***Combien de billes Mila a-t-elle en tout maintenant ? »***

Problème B

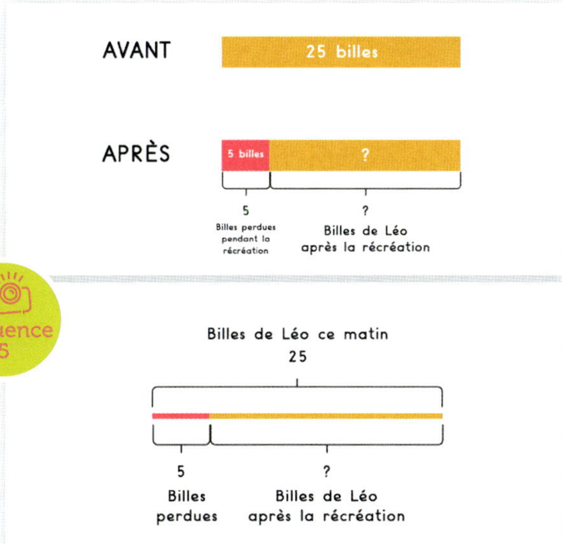

Séquence 5

Schémas pour le problème B

Le second schéma a pour objectif de rendre visible qu'il s'agit d'un ensemble de billes partagé en deux parties. Le cardinal du total (25 billes au départ) et celui d'une partie (5 billes perdues) sont connus, le problème a pour objet de déterminer le cardinal de la partie qui reste après la récréation.

> **Recodage du problème B**
> • *« Ce matin, Léo avait des billes rouges et des billes bleues. Il avait 25 billes. Il a perdu ses 5 billes bleues. Il ne lui reste que des billes rouges.*
> ***Combien de billes Léo a-t-il maintenant ? »***

Écrire au tableau le calcul **25 – 5 = 20** qui permet de résoudre le problème et verbaliser *« 25 moins 5 égale 20 »*.
Rappeler que c'est une ***soustraction*** et que l'on utilise le signe **-**.
Écrire la phrase-réponse au tableau pour qu'elle soit copiée dans la trace écrite.

❹ Trace écrite

Garder une trace du travail effectué dans le cahier de référence en mathématiques et créer un **affichage** spécifique.
Ces exemples-types serviront de référence systématique lors des résolutions de problèmes ultérieures (*« c'est comme... »*).

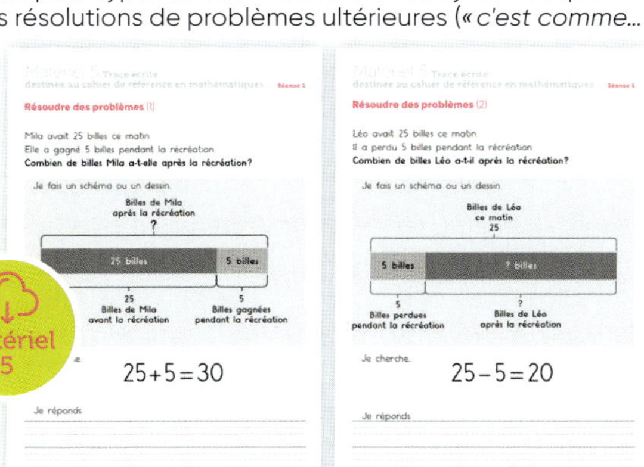

Matériel 5

Traces écrites avec des exemples-types

Séance 2 — 35 min

Résoudre des problèmes en une étape

→ **MODÉLISER**

Résoudre des problèmes du champ additif en une étape dans le même contexte.

MATÉRIEL ET SUPPORT
• Une boite fermée (ou un sac), 43 billes ou jetons.
• La feuille de recherche (**Materiel5.pdf**, page 4).
• 2 grandes feuilles pour créer des affiches collectives.

DÉROULEMENT DE LA SÉANCE

❶ **Consolidation** Chercher une procédure permettant de résoudre les deux problèmes C et D.	20 min	**Expérimentation** Écrit individuel puis groupes de 2
❷ **Mise en commun et schématisation** Inventorier les différentes procédures utilisées pour résoudre les problèmes C et D.	10 min	**Verbalisation** **Manipulation** **Représentation** Oral collectif
❸ **Institutionnalisation** Résoudre un problème en une étape.	5 min	**Verbalisation** Oral collectif

❶ Consolidation

Lire les problèmes sur la feuille de recherche.

Problème C
Léo avait 8 billes ce matin.
Il a gagné 13 billes pendant la récréation.
Combien de billes Léo a-t-il maintenant ?

Problème D
Tom avait 15 billes ce matin.
Il a perdu 7 billes pendant la récréation.
Combien de billes Tom a-t-il maintenant ?

Matériel 5

Après un temps de recherche individuelle, les élèves travaillent par groupes de 2 pour proposer des solutions communes.

Certains élèves ont besoin de manipuler pour comprendre et résoudre le problème C. Remplacer les billes par des cubes constitue une avancée vers l'abstraction.

> **Recodage des problèmes C et D**
> • Pour les élèves qui rencontrent des difficultés à modéliser, recoder les problèmes sous la forme d'un problème de type ***parties-tout*** :
> • *« Ce matin, Léo avait 8 billes rouges. Il a gagné 13 billes bleues.*
> ***Combien Léo a-t-il de billes en tout maintenant ? »***
> • *« Ce matin, Tom avait des billes rouges et des billes bleues. Il avait 15 billes. Il a perdu ses 7 billes rouges. Il ne lui reste que des billes bleues.*
> ***Combien reste-t-il de billes à Tom après la récréation ? »***

DIFFÉRENCIATION

1re option
• Regrouper les élèves qui ont besoin d'une aide.
Mimer la situation du problème D avec le matériel (retirer 7 billes dans le sac de Tom) et faire reformuler le problème en précisant ce que l'on doit chercher.

2e option
• Passer auprès de chaque élève pour relancer le travail de ceux qui sont bloqués en posant des questions pour les aider à s'approprier l'énoncé en le reformulant sans utiliser les nombres afin de raconter *l'histoire* de ce problème, en les invitant à faire un dessin ou un schéma ou si besoin en leur proposant du matériel à manipuler (cubes ou jetons).
• Accompagner plus longuement les élèves ayant des difficultés persistantes.
• La calculatrice est disponible pour les élèves qui rencontrent des difficultés liées au calcul. L'objectif ici est de comprendre le sens du problème. Le calcul ne doit donc pas être un obstacle.

5 Résoudre des problèmes en une ou deux étapes : addition et soustraction (1)

Un élève manipule des jetons pour résoudre le problème D.

❷ Mise en commun et schématisation

Projeter avec un visualiseur les productions de quelques élèves.
La validation s'effectue par dénombrement des billes dans la boite (ou le sac) de Tom (après retrait des 7 billes).
Amener les élèves à constater qu'il y a moins de billes à la fin de la récréation. Demander à deux élèves de vérifier le calcul avec une calculatrice.

Plusieurs élèves travaillent au tableau pendant que la classe essaie de résoudre le problème. Ce dispositif permet de gagner du temps lors de la correction. L'utilisation d'un visualiseur facilite encore davantage la gestion de la phase de mise en commun.

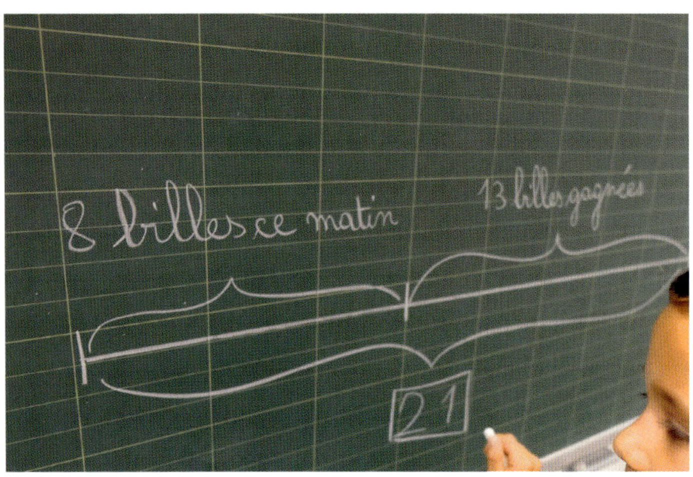

Les schémas des élèves et ceux proposés par l'enseignante sont explicites.

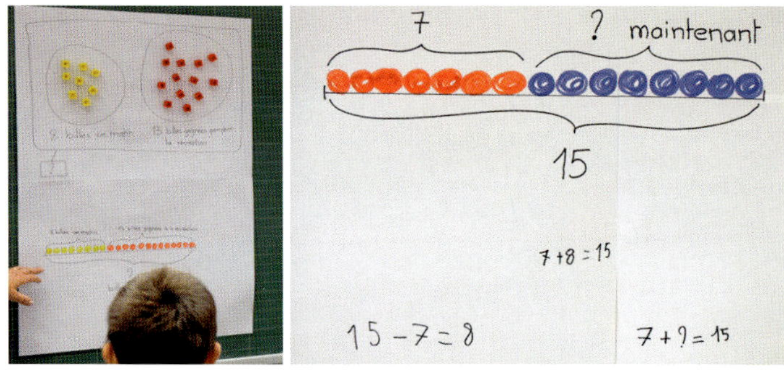

Traces écrites : des affiches sont créées pour servir de référence lors de la résolution de problèmes du même type.

❸ Institutionnalisation

Ce qu'il faut retenir

Dans un problème où je connais le nombre de billes qu'un enfant a au début de la récréation et le nombre de billes qu'il perd ou qu'il gagne, je peux trouver le nombre de billes à la fin de la récréation.

À quoi cela sert-il ?

À résoudre d'autres problèmes du même type.
Donner des exemples dans d'autres contextes que les billes.

Séance 3 — 30 min

Bilan de la séquence

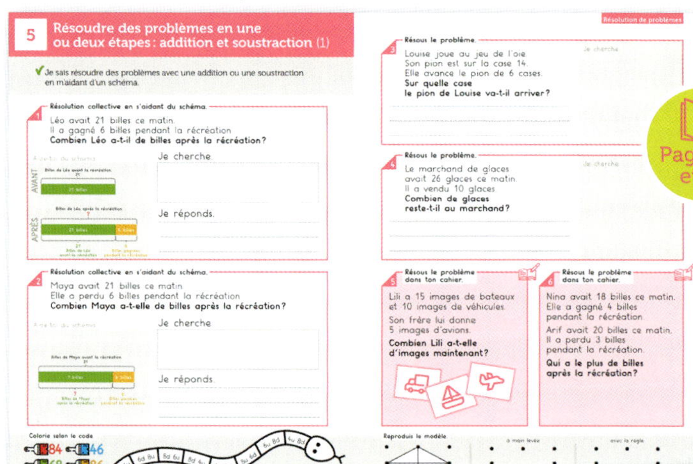

Résolution de problèmes

5 Résoudre des problèmes en une ou deux étapes : addition et soustraction (1)

✔ Je sais résoudre des problèmes avec une addition ou une soustraction en m'aidant d'un schéma.

1 Résolution collective en s'aidant du schéma.
Léo avait 21 billes ce matin.
Il a gagné 6 billes pendant la récréation.
Combien Léo a-t-il de billes après la récréation ?
Je cherche.
Je réponds.

2 Résolution collective en s'aidant du schéma.
Maya avait 21 billes ce matin.
Elle a perdu 6 billes pendant la récréation.
Combien Maya a-t-elle de billes après la récréation ?
Je cherche
Je réponds.

3 Résous le problème.
Louise joue au jeu de l'oie.
Son pion est sur la case 14.
Elle avance le pion de 6 cases.
Sur quelle case le pion de Louise va-t-il arriver ?
Je cherche

4 Résous le problème.
Le marchand de glaces avait 26 glaces ce matin.
Il a vendu 10 glaces.
Combien de glaces reste-t-il au marchand ?
Je cherche

5 Résous le problème dans ton cahier.
Lili a 15 images de bateaux et 10 images de véhicules.
Son frère lui donne 5 images d'avions.
Combien Lili a-t-elle d'images maintenant ?

6 Résous le problème dans ton cahier.
Nina avait 18 billes ce matin.
Elle a gagné 4 billes pendant la récréation.
Arif avait 20 billes ce matin.
Il a perdu 3 billes pendant la récréation.
Qui a le plus de billes après la récréation ?

Colorie selon le code
84 46 68 86

Reproduis le modèle.
à main levée — avec la règle

12

Pages 12 et 13

CROISEMENT ENTRE ENSEIGNEMENTS : MATHS-FRANÇAIS

Séance menée dans le temps réservé au domaine du français

Écrire des textes en commençant à s'approprier une démarche
Rédiger un énoncé de problème du même type que dans les séances 1 et 2.

Projet d'écriture Écrire un énoncé de problème pour une autre classe de CE1.
Consigne *« Écris l'énoncé du problème qui correspond à la situation présentée avec le matériel (billes ou jetons). »*

Critères de réussite Lister les critères de réussite de cette situation.
- L'énoncé doit correspondre à l'histoire.
- Une question doit être posée.

Mise en commun La lecture des productions permet de compléter la liste des critères de réussite de cette tâche d'écriture.
- Éviter les détails inutiles.
- Ne pas donner la solution du problème.

Synthèse Dictée à l'adulte d'un texte collectif qui est retenu comme énoncé de ce problème.
Le problème est résolu par les élèves. La solution est rédigée.
Tous ces éléments sont transmis à une autre classe de CE1 pour que les élèves résolvent le problème.

Matériel 5

Matériel 5 Trace écrite destinée au cahier de référence en mathématiques — Séance 1

Résoudre des problèmes (1)

Mila avait 25 billes ce matin.
Elle a gagné 5 billes pendant la récréation.
Combien de billes Mila a-t-elle après la récréation?

Je fais un schéma ou un dessin.

Je cherche. $25+5=30$

Je réponds.

Matériel 5 Trace écrite destinée au cahier de référence en mathématiques — Séance 1

Résoudre des problèmes (2)

Léo avait 25 billes ce matin.
Il a perdu 5 billes pendant la récréation.
Combien de billes Léo a-t-il après la récréation?

Je fais un schéma ou un dessin.

Je cherche. $25-5=20$

Je réponds.

Matériel 5 Feuille de recherche — Séance 1

Problème A

Mila avait 25 billes ce matin. Elle a gagné 5 billes pendant la récréation. **Combien de billes Mila a-t-elle après la récréation?**

Je cherche.

Problème B

Léo avait 25 billes ce matin. Il a perdu 5 billes pendant la récréation. **Combien de billes Léo a-t-il après la récréation?**

Je cherche.

Matériel 5 Feuille de recherche — Séance 2

Problème C

Léo avait 8 billes ce matin. Il a gagné 13 billes pendant la récréation. **Combien de billes Léo a-t-il maintenant?**

Je cherche.

Problème D

Tom avait 15 billes ce matin. Il a perdu 7 billes pendant la récréation. **Combien de billes Tom a-t-il maintenant?**

Je cherche.

6 Lire et écrire les nombres jusqu'à 59

Séance 1 — 30 min

Décomposer les nombres de 0 à 59

→ **REPRÉSENTER**

Représenter les nombres à l'aide des décompositions additives.

MATÉRIEL ET SUPPORT
- Une collection de 60 petits objets par groupes de 2 élèves : jetons, cubes, buchettes, trombones…

DÉROULEMENT DE LA SÉANCE

1 Appropriation du problème Comprendre le but à atteindre dans la recherche.	5 min	**Verbalisation Manipulation** Oral collectif
2 Recherche Trouver le plus possible d'écritures du nombre 48.	5 min	**Manipulation Représentation** Groupes de 2
3 Mise en commun Inventorier les réponses obtenues et expliquer les procédures utilisées.	5 min	**Verbalisation Représentation** Oral collectif
4 Nouvelle recherche Trouver le plus possible d'écritures des nombres : 24, 37, 52, 39, 50, 21.	10 min	**Manipulation Représentation** Groupes de 2
5 Entrainement Calculer des sommes et des différences.	5 min	**Représentation** Écrit individuel

1 Appropriation du problème

Demander aux élèves de donner différentes façons d'écrire le nombre 18. Écrire toutes leurs propositions au tableau.

Exemples dix-huit, 18, 1d 8u, 8u 1d, 10 + 8, 9 + 9, 19 – 1, 14 + 4, 20 – 2…

2 Recherche

Consignes « Prenez 48 objets dans votre barquette. Cherchez le plus de manières possibles d'écrire le nombre **48** *en utilisant le signe +. »*

Constituer une collection de 48 objets puis chercher diverses décompositions additives de 48 : 40 + 8, 20 + 28, 30 + 18.

3 Mise en commun

Inventorier les réponses des élèves au tableau.
Faire verbaliser : *« Dans 48, il y a 4 groupes de 10 et encore 8 unités. 4 dizaines, c'est 10 + 10 + 10 + 10, 4 fois 10, c'est 40 unités, c'est 40. »*
Écrire au tableau **48 = 10 + 10 + 10 + 10 + 8 = 40 + 8.**

4 Nouvelle recherche

Répartir des étiquettes avec les nombres **24, 37, 52, 39, 50, 21** et **15** entre les différents groupes.
Demander d'effectuer la même recherche qu'avec le nombre 48.

5 Entrainement

Écrire l'exercice au tableau. Les élèves le recopient et calculent.

10 + 10 + 10 + 10 + 6 = ……… 30 + 6 = ……… 6 + 50 = ………

10 + 10 + 10 = ……… 50 + 9 = ………

7 + 10 + 10 + 10 = ……… 7 + 40 = ………

Séance 2 — 40 min

Lire les nombres écrits en chiffres

→ **REPRÉSENTER**

Lire les nombres jusqu'à 59.

MATÉRIEL ET SUPPORT
- Les 2 documents élève (**Materiel6.pdf**, pages 1 et 2).
- Une partie du tableau des nombres collectif (**MaterielTableau.pdf**, pages 1 à 4).

DÉROULEMENT DE LA SÉANCE

1 Recherche Trouver les nombres effacés dans le tableau des nombres.	10 min	**Expérimentation** Écrit individuel
2 Mise en commun Comprendre le fonctionnement du tableau des nombres.	5 min	**Verbalisation Abstraction** Oral collectif
3 Nouvelle recherche Reconstituer des morceaux extraits du tableau des nombres de 0 à 59.	10 min	**Expérimentation** Écrit individuel puis collectif
4 Institutionnalisation Nommer, lire les nombres jusqu'à 59.	5 min	**Abstraction** Oral collectif
5 Entrainement Connaitre la valeur des chiffres en fonction de leur position.	10 min	**Abstraction** Écrit individuel

1 Recherche

Matériel 6

Lancer le défi d'essayer de retrouver les nombres qui se trouvent dans les cases grisées du tableau proposé dans le 1er document élève.

2 Mise en commun

Recenser les réponses. Demander aux élèves de présenter les procédures qu'ils ont utilisées.

Procédures utilisées
- Prend appui sur un nombre écrit dans le tableau et compte de 1 en 1 à partir de ce nombre.
- Prend appui sur un nombre écrit dans le tableau pour trouver le nombre en calculant + 1 ou – 1 dans les lignes ou + 10 ou – 10 dans les colonnes.
- Repère la colonne où se trouve le nombre et en déduit le chiffre des unités. Repère la ligne où se trouve le nombre et en déduit le chiffre des dizaines.

3 Nouvelle recherche

Matériel 6

Distribuer le 2e document élève. Expliquer que le tableau des nombres a été découpé en 6 bandes et qu'il va falloir le reconstituer.
Ces bandes sont découpées par familles : de 0 à 9, de 10 à 19, de 20 à 29, de 30 à 39, de 40 à 49 et de 50 à 59.

		32	33	34	35	36	37	38	39
		42	43	44	45	46	47	48	49
0	1	2	3	4	5	6	7	8	9
10	11	12	13	14	15	16	17	18	19
50	51	52	53	54	55	56	57	58	59
20	21	22	23	24	25	26	27	28	29

Cela facilite le repérage des familles de nombres avec les mots-clés : ***vingt***, ***trente***, ***quarante*** et ***cinquante***.

Mise en commun Appeler 6 élèves au tableau. Donner une ligne du tableau des nombres collectif, de 0 à 59 à chaque élève (vous aurez pris soin d'assembler chaque bande avant la séance). Aucun élève n'a le droit de montrer sa bande mais chacun doit expliquer à la classe ce qui est écrit.
Exemples *« Sur ma bande sont écrits les nombres de 40 à 49 », « … les nombres de la famille des* ***quarante*** *», « … la ligne qui commence par 40 ».*

Matériel Tableau

Pour réussir, les élèves doivent bien écouter les 5 élèves et prendre des notes. Quand les 5 élèves ont décrit leur bande, les autres doivent dire dans quel ordre reconstituer le tableau.
Exemple *« Il faut d'abord mettre la bande de Jamal parce qu'elle commence par 0 ». « Ensuite, il faut mettre celle de Louise parce que c'est la famille des* ***vingt*** *».*

Placer les bandes au tableau au fur et à mesure des propositions des élèves.

Rappeler le fonctionnement du tableau des nombres.
- Les nombres placés dans la même ligne ont tous le même chiffre des dizaines. Pour passer d'une case à l'autre, on avance ou on recule de 1.
- Les nombres placés dans la même colonne ont tous le même chiffre des unités. Pour passer d'une case à l'autre, on avance ou on recule de 10.

❹ Institutionnalisation

Ce qu'il faut retenir

Pour savoir à quelle famille appartient un nombre, il faut regarder le chiffre des dizaines.
- **Les nombres de deux chiffres qui commencent par 2 font partie de la famille des *vingt*.**
- **Si un nombre de deux chiffres commence par un 3, il fait partie de la famille des *trente*.**
- **Si un nombre a 4 comme chiffre des dizaines, il fait partie de la famille des *quarante*.**
- **La famille des *cinquante* comprend tous les nombres de deux chiffres qui débutent par un 5.**

Lire les nombres de chaque famille et écrire le nom de chaque famille à gauche de chaque début de ligne.

❺ Entrainement

Exercices du document **ExoSup6.pdf**.

6A

Séance 3

40 min

Écrire les nombres de 0 à 59 en lettres

→ **REPRÉSENTER**

Associer les noms des nombres à leurs écritures chiffrées.

MATÉRIEL ET SUPPORT
- Les étiquettes de **Materiel6.pdf**, page 3.

DÉROULEMENT DE LA SÉANCE

❶ Appropriation du problème Lire les 8 étiquettes et comprendre le but à atteindre dans la recherche.	5 min	**Verbalisation** Oral collectif
❷ Recherche Trouver le plus possible de nombres différents que l'on peut écrire avec les 8 étiquettes.	15 min	**Manipulation** **Représentation** Groupes de 2
❸ Mise en commun Inventorier les réponses obtenues et expliquer les procédures utilisées.	5 min	**Verbalisation** **Représentation** Oral collectif
❹ Institutionnalisation Écrire les nombres de 20 à 59 en utilisant les mots-clés : *vingt, trente, quarante* et *cinquante*.	5 min	**Abstraction** Oral collectif
❺ Entrainement Écrire les nombres en lettres.	10 min	**Représentation** Écrit individuel

❶ Appropriation du problème

Annoncer l'objectif de la séance : apprendre à écrire les nombres de 20 à 59 en lettres.
L'écriture des nombres de 0 à 19 a été révisée au cours des séances de calcul mental de la semaine 2.

❷ Recherche

Lire les 8 étiquettes qui serviront à la recherche.

un	vingt	sept	cinquante
et	trente	trois	quarante

Matériel 6

Consigne *« Trouvez le plus possible de nombres que l'on peut écrire avec les étiquettes. Vous pouvez utiliser une ou plusieurs étiquettes pour écrire un nombre en lettres. »*

Donner des exemples avec les étiquettes *vingt, seize, dix* et *huit*.

❸ Mise en commun

Recenser les nombres trouvés par la classe et les écrire au tableau. Demander aux élèves d'expliquer la méthode qu'ils ont utilisée.

❹ Institutionnalisation

Ce qu'il faut retenir

Pour écrire les nombres de 20 à 29 en lettres, il faut savoir écrire *vingt* et les nombres de *un à neuf*.
De la même façon, pour écrire les nombres de 30 à 59, il faut savoir écrire *trente, quarante, cinquante* et les nombres de *un à neuf*.

! Dans la nouvelle orthographe, les numéraux composés sont systématiquement reliés par des traits d'union.

❺ Entrainement

Dictée de nombres sur l'ardoise Écrire au tableau les mots *vingt, trente, quarante, cinquante, huit, quatre, cinq, neuf.*

Consigne *« Sur l'ardoise, écris en lettres le nombre que j'écris en chiffres au tableau (54, 49, 28, 30, 35, 55). »*

Séance 4

30 min

Bilan de la séquence

Bilan des apprentissages
Valorisation des progrès

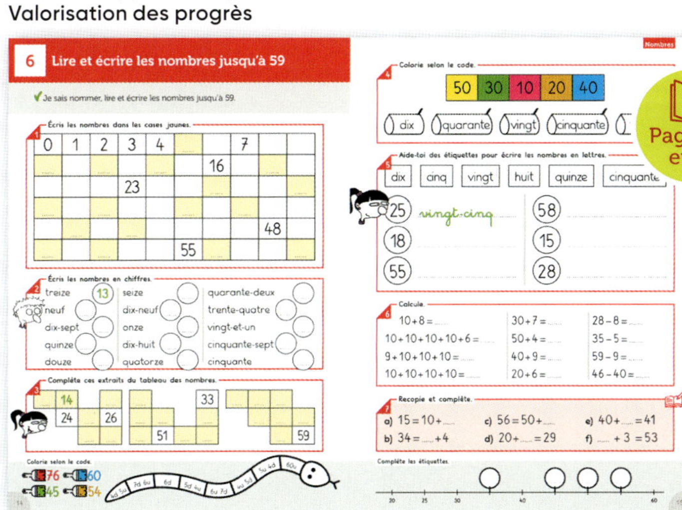

Pages 14 et 15

7 Utiliser les notions d'alignement et de milieu

Séances programmées dans les horaires dédiés au champ disciplinaire « Questionner le monde : l'espace »

Séance 1 — 40 min

Réaliser et vérifier un alignement de 5 objets

→ CHERCHER

Expérimenter des procédures pour produire et contrôler l'alignement de 5 objets.

MATÉRIEL ET SUPPORT
- Des objets de la classe : tubes de colle, taille-crayons, trousses, dictionnaires, gommes, règles, stylos, cubes.
- Des ficelles ou des cordelettes assez longues (5 à 6 mètres), la règle du tableau, des règles de différentes tailles, des objets longs pouvant faire office de règle (tasseaux de bois).

DÉROULEMENT DE LA SÉANCE

❶ Appropriation du problème Comprendre le but à atteindre dans un problème issu de la vie courante.	5 min	**Verbalisation** Oral collectif
❷ Recherche Produire un alignement de 5 objets.	15 min	**Manipulation Expérimentation** Groupes de 2
❸ Mise en commun et validation Inventorier les procédures utilisées pour produire et vérifier des alignements d'objets.	10 min	**Verbalisation Représentation** Oral collectif Écrit individuel
❹ Institutionnalisation Comprendre que des objets alignés sont tous situés sur une même droite.	10 min	**Verbalisation Abstraction** Oral collectif

❶ Appropriation du problème

Séquence 7

Faire observer la photographie et échanger autour des remarques formulées. Apporter le vocabulaire : arbres alignés, alignement d'arbres, ligne droite. Définir des objets alignés comme des objets qui sont situés sur une même ligne droite.

Animation **Séquence 7** Allee de marronniers

Présenter le problème oralement.
« Madame Duchêne veut planter cinq arbres dans son jardin. Elle veut que ces cinq arbres soient alignés et espacés car ils vont grandir et s'élargir. »

Consigne *« Cherchez comment réaliser un alignement de 5 arbres. Chaque groupe manipulera des objets (tubes de colle, trousses, taille-crayons…) qui représenteront les arbres de Madame Duchêne. Vous aurez aussi des outils à votre disposition pour vous aider dans votre recherche : des ficelles ou des cordelettes assez longues, la règle du tableau, des règles de différentes tailles, des objets longs pouvant faire office de règle (tasseaux de bois).*

Le matériel mis à disposition des élèves

❷ Recherche

Dans la mesure du possible, cette phase se déroule dans la cour ou une salle spacieuse sans lignes tracées au sol.
Demander à chaque groupe de placer les deux arbres qui seront aux extrémités de l'alignement et de les espacer le plus possible (au moins 3 mètres).

Consigne *« Placez les 3 arbres qui restent en les alignant bien avec les deux arbres déjà placés. »*

Les élèves placent les objets au jugé à l'aide d'une visée, en cherchant le positionnement approprié.

Certains groupes utilisent une grande règle pour placer les objets un à un.

Les élèves utilisent des objets longs et rectilignes combinés avec des cordelettes.

Les élèves tendent une ficelle pour vérifier l'alignement.

Ce groupe utilise un cordeau de jardinier.

Procédures observées

Perception seule
- Placent les objets au jugé par une simple appréciation des positions sans chercher à se déplacer pour améliorer le contrôle.
- Placent les objets au jugé à l'aide d'une visée, en cherchant le positionnement approprié.

À l'aide d'un instrument
- Contrôlent à l'aide d'un outil : fil tendu, cordeau de jardinage ou de maçonnerie, grande règle, tasseau de bois.

❸ Mise en commun et validation

Inventorier les procédures utilisées pour réaliser et vérifier les alignements d'objets.
Chercher comment se servir des outils qui n'ont pas été utilisés par les élèves.

La validation s'effectue avec un cordeau de maçon qui permet de tracer une ligne droite au sol.

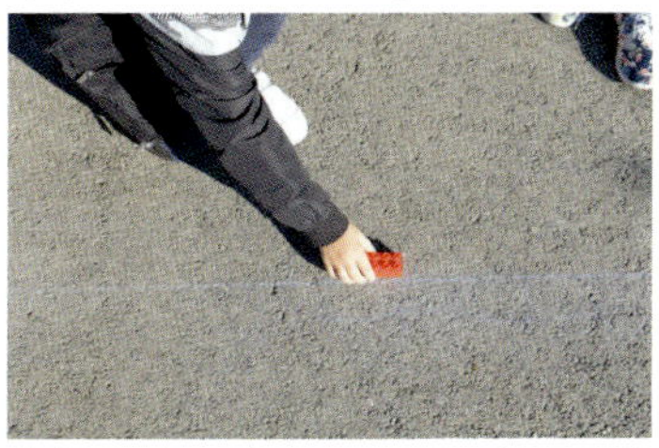

Les élèves déplacent les objets pour corriger leur position si besoin.

❹ Institutionnalisation

Ce qu'il faut retenir

Un objet est aligné avec d'autres objets s'ils sont tous situés sur une même ligne droite. Pour vérifier si des objets sont alignés, on peut le faire à l'œil nu mais c'est imprécis, on utilise une grande règle ou une grande cordelette tendue entre les deux objets situés aux extrémités de l'alignement…

À quoi cela sert-il ?

Les maçons ou les paysagistes utilisent un cordeau pour construire des murs ou des bordures en ligne droite. Les jardiniers utilisent un cordeau pour planter des salades ou effectuer des semis.

Trace écrite

Les élèves représentent la situation pour réaliser une affiche.

Séance 2 — 30 min

Utiliser la règle pour repérer et produire des alignements

→ **MODÉLISER**

Utiliser des outils mathématiques pour résoudre des problèmes concrets.

DÉROULEMENT DE LA SÉANCE

❶ **Recherche** Vérifier si des points sont alignés en utilisant la règle. Identifier dans un nuage de points les points alignés.	10 min	**Verbalisation** Oral collectif
❷ **Entrainement différencié** Compléter un alignement.	20 min	**Manipulation Expérimentation** Groupes de 2

❶ Recherche

Exercices 7A (ExoSup7.pdf)

Pour faire le lien avec la situation vécue en séance 1, expliquer que les points marqués par des croix représentent les emplacements où seront placés les objets à aligner.

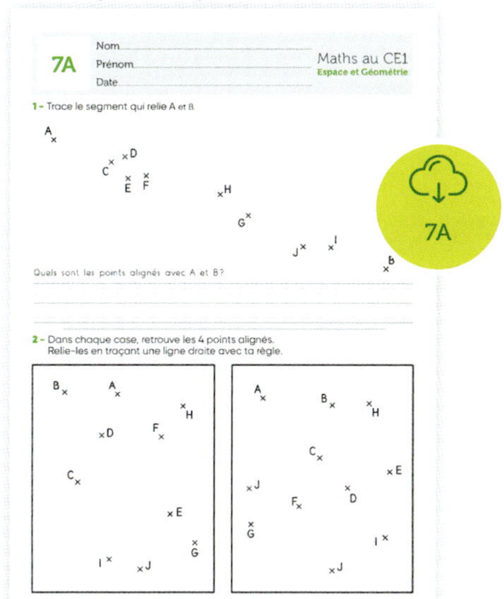
7A Nom Prénom Date Maths au CE1 Espace et Géométrie

1 - Trace le segment qui relie A et B.

Quels sont les points alignés avec A et B ?

2 - Dans chaque case, retrouve les 4 points alignés. Relie-les en traçant une ligne droite avec ta règle.

❷ Entrainement différencié

Exercices de **ExoSup7.pdf**

7B Exercice 1 Compléter un alignement.
7B Exercice 2 et **7C** Restaurer les figures avec une règle non graduée en repérant les points alignés et en déterminant l'ordre de reproduction.

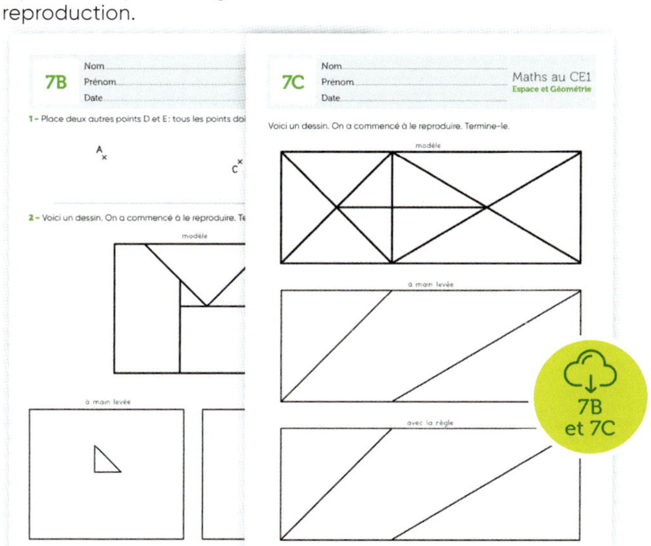
7B Nom Prénom Date

1 - Place deux autres points D et E : tous les points doi…

2 - Voici un dessin. On a commencé à le reproduire. Te…

modèle

à main levée

7C Nom Prénom Date Maths au CE1 Espace et Géométrie

Voici un dessin. On a commencé à le reproduire. Termine-le.

modèle

à main levée

avec la règle

7 Utiliser les notions d'alignement et de milieu

Séance 3 — 40 min

Utiliser la notion de milieu

→ MODÉLISER

Trouver le milieu d'un segment en utilisant la règle graduée.

MATÉRIEL ET SUPPORT
- Des morceaux de ficelle de 12 cm et de 18 cm pour chaque binôme.
- Le document élève (**Materiel7.pdf**).

DÉROULEMENT DE LA SÉANCE

1 Appropriation du problème Trouver comment partager une ficelle en deux morceaux de même longueur.	5 min	**Verbalisation** **Manipulation** Groupes de 2
2 Recherche Trouver le milieu d'un segment, comment partager une ficelle en deux ficelles de même longueur.	10 min	**Verbalisation** **Manipulation** Écrit individuel
3 Mise en commun et validation Comprendre la notion de milieu. Faire le lien avec les notions de doubles et de moitiés.	5 min	**Verbalisation** **Manipulation** Oral collectif
4 Entrainement Placer le milieu d'un segment.	5 min	**Abstraction** Écrit individuel
5 Synthèse de la séquence Réaliser un bilan des apprentissages.	15 min	

1 Appropriation du problème

Expliquer que vous devez couper une ficelle de 12 cm en deux parties égales. Distribuer un morceau de ficelle à chaque binôme.
Le découpage de la ficelle en deux parties permet de vérifier par juxtaposition si les deux morceaux sont de même longueur.

Procédures observées
- Plient la ficelle en deux.
- Situent le milieu approximativement.
- Utilisent la règle graduée pour mesurer la ficelle puis calculent la moitié de la mesure.

2 Recherche

Expliquer que vous avez une ficelle plus longue à couper en deux parties égales. Distribuer le document élève où est représentée la ficelle de 18 cm.
Rappeler que les points A à B correspondent aux deux extrémités du segment qui représente la ficelle.

Consigne « Place le point M (pour milieu) sur le segment pour montrer où tu envisages de couper la ficelle. »

Matériel 7

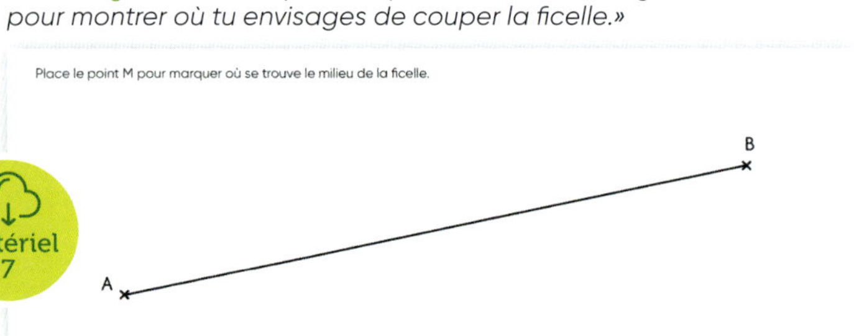

Le segment mesure 18 cm.

3 Mise en commun et validation

La mise en commun permet d'expliciter que le problème peut se résoudre en deux étapes.

1re étape
Je mesure la longueur du segment avec le double décimètre.

2e étape
Je calcule la moitié de 18 cm pour partager le segment en deux parties de même longueur. Je place le point sur le segment à une distance de 9 cm du point A et du point B.

La validation s'effectue avec une ficelle de 18 cm.

4 Entrainement

Exercices 7D (ExoSup7.pdf)

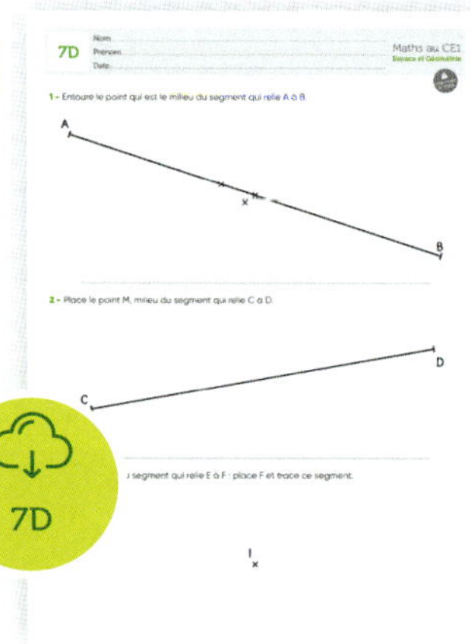

7D

5 Synthèse de la séquence

Bilan des apprentissages

Valorisation des progrès

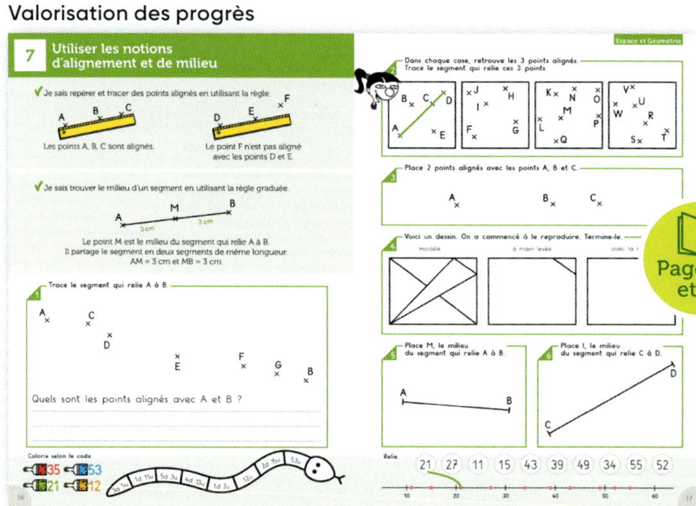

Pages 16 et 17

AU COIN MATHS

Des jeux sont utilisés pour réinvestir la notion d'alignement dans un contexte différent. L'objectif de ces jeux est d'amener les élèves à utiliser des stratégies pour réussir à créer un alignement de jetons ou d'objets.

Jeux utilisés
Puissance 4 – Tic-tac-toe – Le Morpion – Gobblet Globbers – La marelle

Ces jeux sont mis à disposition des élèves dans le *coin maths* et utilisés au cours de la période dans le cadre des activités en autonomie ou dans le cadre des ateliers différenciés : groupe de besoins, régulation, remédiation.

Le jeu de Gobblet Globbers

Lors des synthèses, les élèves expliquent comment ils vérifient les alignements et les stratégies utilisées pour gagner. Le vocabulaire est apporté en situation : jetons alignés en diagonale, en verticale ou en horizontale.

CROISEMENT ENTRE ENSEIGNEMENTS : MATHS-FRANÇAIS

Les textes des règles du jeu font l'objet de séance de français en lecture compréhension et langage oral : comprendre une règle du jeu et l'expliquer à ses camarades.

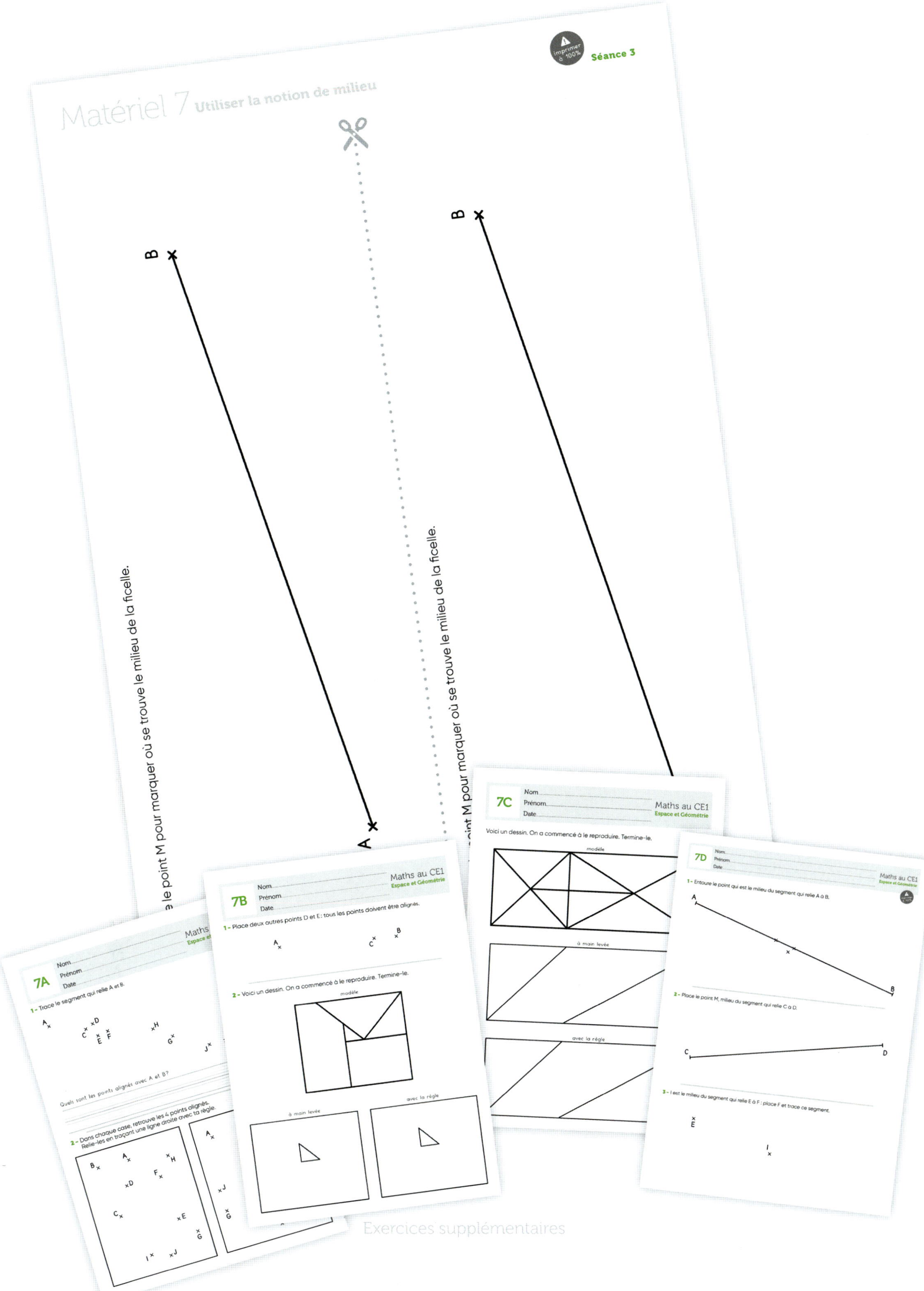

Exercices supplémentaires

15 min par jour

Calcul mental

- Compter de 10 en 10 jusqu'à 100.
- Connaitre les tables d'addition de 1 à 5.

Séance 1

❶ Compter de 10 en 10 jusqu'à 100 — 2 min

Demi-droite graduée

Jeu du furet Réciter la suite orale des nombres : de 10 en 10, en partant de 0 jusqu'à 100 puis de 10 en 10, en partant de 2 par ordre croissant jusqu'à 92 tout en visualisant le parcours du furet sur la *demi-droite graduée*.

❷ Tables d'addition de 1 et 2 : réactivation — 13 min

Table de + 1 et – 1

L'enseignant pose les questions une à une oralement sans contrainte de temps. Les élèves répondent oralement.

3 + 1 = ?	8 + 1 = ?	9 – 1 = ?	10 – 1 = ?
5 + 1 = ?	6 + 1 = ?	7 – 1 = ?	

La mise en commun permet de verbaliser que lorsque l'on ajoute 1, on obtient le nombre qui suit et lorsqu'on retire 1, on obtient le nombre qui précède.

Tables de + 2 et – 2

L'enseignant pose les questions une à une oralement sans contrainte de temps. Les élèves répondent sur l'ardoise.

4 + 2 = ?	3 + 2 = ?	5 + 2 = ?	2 + 2 = ?
6 + 2 = ?	7 + 2 = ?	1 + 2 = ?	

Après chaque série de calculs, une synthèse permet de rappeler les procédures de calcul à privilégier.

*« **4 + 2**, c'est pareil que 4 + 1 + 1 » ; « **3 + 2**, je sais que 2 + 2 est égal à 4 donc 3 + 2 = 5 » ; « **2 + 2**, c'est le double de 2. »*
*« Pour **8 + 2**, j'utilise la connaissance des compléments à 10. »*
*« **9 + 2** = 9 + 1 + 1 = 10 + 1 : sur la demi-droite graduée, j'avance de 1 jusqu'à 10 et encore de 1. »*
*« **10 + 2**, c'est une dizaine et 2 unités ; je peux écrire 1d et 2u. »*

*« Pour **9 – 2, 5 – 2, 7 – 2, 8 – 2, 6 – 2** et **4 – 2**, je retire 1 et encore 1. »*
*« **10 – 2**, j'utilise la connaissance des compléments à 10. »*
*« **12 – 2**, c'est 1d 2u – 2u = 1d. »*
*« **11 – 2**, c'est pareil que 11 – 1 – 1. Sur la demi-droite graduée, je recule de 1 jusqu'à 10 et encore de 1. »*

Séance 2

❶ Compter de 10 en 10 jusqu'à 100 — 2 min

Demi-droite graduée

Jeu du furet Réciter la suite orale des nombres de 10 en 10, en partant de 98, en reculant. Puis de 10 en 10, en partant de 100 jusqu'à 0. Visualiser le parcours du furet sur la *demi-droite graduée*.

❷ Tables d'addition de 3 : réactivation — 10 min

L'enseignant pose les questions une à une oralement sans contrainte de temps. Les élèves répondent sur l'ardoise.

Après chaque série de calculs, une synthèse permet de rappeler les procédures de calcul à privilégier.

*« **1 + 3**, c'est pareil que 3 + 1. »*
*« Pour **3 + 3, 4 + 3** et **2 + 3**, je m'appuie sur la connaissance de 3 + 3. »*
*« Pour **6 + 3** et **5 + 3**, je m'appuie sur la connaissance des résultats de 5 + 2 et de 6 + 2 (6 + 3, c'est pareil que 6 + 2 + 1) ou je prends appui sur la connaissance des compléments à 10 pour 6 + 3 (6 + 4 = 10 donc 6 + 3 = 9 car c'est 1 de moins). »*
*« Pour **7 + 3**, j'utilise la connaissance des compléments à 10. »*
*« Pour **8 + 3** et **9 + 3**, je visualise le passage de la dizaine sur la demi-droite graduée : j'avance de 2 (ou 1) jusqu'à 10 et encore de 1 (ou 2) donc 8 + 3 = 8 + 2 + 1 = 10 + 1 et 9 + 3 = 9 + 1 + 2 = 10 + 2. »*
*« **10 + 3**, c'est une dizaine et 3 unités, j'écris 1d et 3u, ce qui fait 13. »*

4 – 3, 8 – 3, 3 – 3, 6 – 3, 5 – 3, 7 – 3, 9 – 3 *« Par exemple, pour **9 – 3**, j'utilise la connaissance de 6 + 3 = 9 donc 9 – 3 = 6. »*
*« Pour **10 – 3**, j'utilise la connaissance des compléments à 10. »*
*« **13 – 3**, c'est 1d 3u – 3u = 1d. »*
*« Pour **11 – 3** et **12 – 3**, je visualise le passage de la dizaine sur la demi-droite graduée : je recule de 1 (de 2) et encore de 2 (de 1). »*

❸ Trace écrite — 3 min

Compléter les tables de 1, 2 et 3 sur **MaterielCalcul4.pdf**, page 1.

Matériel Calcul 4

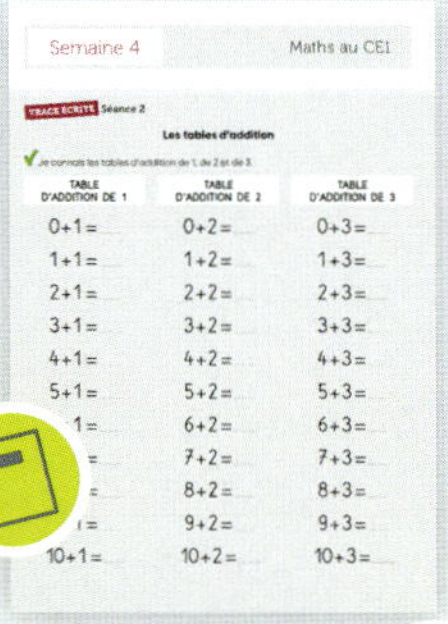

Séance 3

❶ Compter de 10 en 10 jusqu'à 100 — 3 min

Demi-droite graduée

Jeu du furet Réciter la suite orale des nombres de 10 en 10, en partant de 87, en reculant. Puis de 10 en 10, en avançant, de 5 jusqu'à 95 tout en visualisant le parcours du furet sur la *demi-droite graduée*.

❷ Tables d'addition de 4 : réactivation — 12 min

L'enseignant pose les questions une à une oralement sans contrainte de temps. Les élèves répondent sur l'ardoise.

Après chaque série de calculs, une synthèse permet de rappeler les procédures de calcul à privilégier.

Utiliser la commutativité : ***1 + 4, 2 + 4*** *(« 2 + 4 c'est pareil que 4 + 2. »)*
Utiliser la connaissance des doubles : ***4 + 4, 3 + 4, 5 + 4*** *(« 4 + 4 = 8 donc 5 + 4 = 9. »)*
Utiliser la connaissance des compléments à 10 : ***6 + 4.***
Utiliser les unités de numération : ***10 + 4*** *(« C'est 1d et 4u. »)*
Visualiser le passage de la dizaine sur la *demi-droite graduée* : ***9 + 4, 8 + 4, 7 + 4*** *(« 9 + 4 = 9 + 1 + 3 = 10 + 3, j'avance de 1 jusqu'à 10 et encore de 3 »).*

8 – 4, 6 – 4, 4 – 4, 5 – 4, 7 – 4, 9 – 4
Utiliser la connaissance de 5 + 4 = 9 : ***9 – 4*** *(« donc 9 – 4 = 5. »)*
Utiliser la connaissance des compléments à 10 : ***10 – 4.***
Utiliser les unités de numération : ***14 – 4*** *(« C'est 1d 4u – 4u = 1d. »)*
Visualiser le passage de la dizaine sur la *demi-droite graduée* : ***11 – 4, 13 – 4, 12 – 4*** *(« Pour calculer 13 – 4, je recule de 3 et encore de 1. »)*

Séance 4

❶ Compter de 10 en 10 jusqu'à 100 — 3 min

Jeu du furet

a) Réciter la suite orale des nombres en alternant ***avancer de 10*** et ***avancer de 1***.
Exemple Partir de 6, faire + 10, puis + 1, puis + 10, puis + 1… jusqu'à 93.

b) De 10 en 10, en reculant et en alternant ***reculer de 10*** et ***reculer de 1***. **Exemple** Partir de 89, reculer de 10, puis reculer de 1, puis reculer de 10… jusqu'à 2.

❷ Tables d'addition de 5 : réactivation — 7 min

Reprendre la même démarche qu'en séances 2 et 3 avec les calculs suivants.

Utiliser la commutativité : ***1 + 5, 2 + 5, 3 + 5.***
Utiliser la connaissance des doubles : ***5 + 5, 4 + 5, 6 + 5.***
Utiliser les unités de numération : ***10 + 5*** (1d et 5u).
Passer par la dizaine : ***9 + 5, 8 + 5, 7 + 5*** (9 + 5 = 9 + 1 + 4 = 10 + 4 = 14).

5 – 5, 6 – 5, 7 – 5, 8 – 5, 9 – 5, 10 – 5
Utiliser la connaissance des compléments à 10 : ***10 – 5.***
Écrire en unités de numération : ***15 – 5*** (1d 5u – 5u = 1d).
Passer par la dizaine : ***11 – 5, 13 – 5, 12 – 5, 14 – 5***
(« Pour calculer 13 – 5, je recule de 3 et encore de 2. »).

❸ Trace écrite — 5 min

Compléter les tables de 4 et 5 sur **MaterielCalcul4.pdf**, page 2.

Matériel Calcul 4

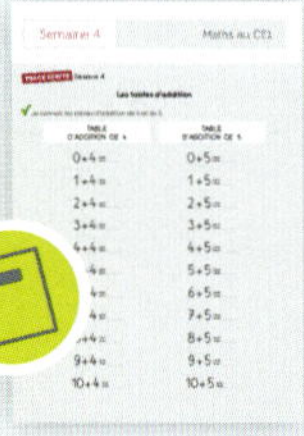

Atelier 4

30 min par semaine

Atelier problèmes

- Résoudre des problèmes additifs en une ou deux étapes.

Prénom .... Date ....

Résous les problèmes avec le symbole ✖ puis résous les problèmes de ton choix. Essaie d'en résoudre le plus possible.

✖ Problème 1

Dans la ferme, il y a sept vaches, deux chevaux, trois cochons et dix moutons.

Combien y a-t-il d'animaux dans la ferme ?

✖ Problème 2

Anita a 32 images. Elle en perd 7.
Tom donne 10 images à Anita.

Combien d'images Anita a-t-elle maintenant ?

Problème 3

Tom a gagné 11 billes pendant la récréation. Maintenant, il en a 17.

Combien de billes Tom avait-il avant la récréation ?

Problème 4

Ma sœur a 4 ans de moins que moi. J'ai 13 ans.

Quel âge ma sœur a-t-elle ?

Problème 5

Pour l'anniversaire de leur maman, Lili, Tom et Alice cueillent des fleurs afin de lui offrir un énorme bouquet. Lili cueille 14 fleurs rouges, Tom cueille 9 fleurs jaunes et Alice cueille 6 fleurs blanches.

Combien y a-t-il de fleurs dans le bouquet ?

8 Lire et écrire les nombres jusqu'à 79

Séance 1 — 30 min

Décomposer les nombres de 0 à 79

→ REPRÉSENTER

Interpréter les nombres à l'aide des unités de numération et des écritures additives.

MATÉRIEL ET SUPPORT
- Une barquette contenant une collection de 80 petits objets par groupes de 2 élèves : jetons, cubes, buchettes, pions, trombones...
- Le document élève (**Materiel8.pdf**, page 1).

DÉROULEMENT DE LA SÉANCE

❶ Recherche Trouver le plus possible d'écritures des nombres 67 et 76.	5 min	**Manipulation Représentation** Groupes de 2
❷ Mise en commun Inventorier les réponses obtenues et expliquer les procédures utilisées.	5 min	**Verbalisation Représentation** Oral collectif
❸ Consolidation Décomposer les nombres de 60 à 79.	20 min	**Manipulation Abstraction** Groupes de 2

❶ Recherche

Demander aux élèves de donner oralement différentes façons d'écrire le nombre 57.
Écrire toutes leurs propositions au tableau.
Exemples cinquante-sept, 57, 5d 7u, 7u 5d, 50 + 7, 30 + 20 + 7, 58 – 1, 54 + 3, 50 + 5 + 2, 59 – 2.

Écrire **67** et **76** au tableau.
Consignes « Prenez 67 objets dans votre barquette. Organisez cette collection en faisant apparaitre les dizaines. Cherchez le plus possible de façons différentes d'écrire le nombre 67. »

Faire ensuite la même chose avec le nombre 76.

❷ Mise en commun

Demi-droite graduée

Écrire les réponses des élèves au tableau.
Rappeler que tous les nombres de deux chiffres qui commencent par le chiffre 6 et le chiffre 7 font partie de la famille des ***soixante***.
Écrire le mot *soixante* au tableau.
Faire dire la suite orale des nombres de 60 à 79. Repérer ces nombres sur la demi-droite graduée de la classe. Expliquer qu'au mot *soixante*, on accole la comptine de *1 à 19* pour aller jusqu'à *soixante-dix-neuf*.

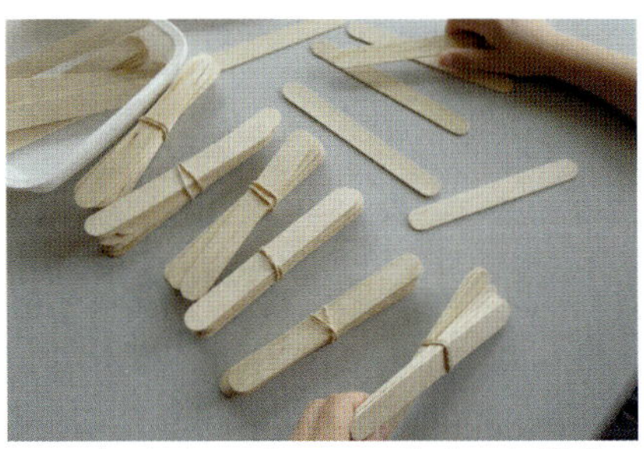

Le groupe cherche à constituer une collection de 67 bâtonnets.

Le groupe vérifie qu'il a bien réalisé une collection de 76 jetons.

❸ Consolidation

Demander aux élèves de constituer une collection de 60 objets puis de dicter à l'enseignant ce qu'il doit écrire au tableau pour obtenir les écritures en unités de numération et écritures additives du nombre 60. Puis ajouter 1 objet et dicter à l'enseignant ce qu'il doit noter au tableau pour écrire le nombre 61.

60	6d 0u	10 + 10 + 10 + 10 + 10 + 10	60 + 0
61	6d 1u	10 + 10 + 10 + 10 + 10 + 10 + 1	60 + 1
62	6d 2u	10 + 10 + 10 + 10 + 10 + 10 + 2	60 + 2
63			

Cette liste est complétée collectivement au tableau jusqu'à 69.

Quand les différentes façons d'écrire le nombre 69 ont été trouvées, ajouter un objet et demander aux élèves d'écrire les différentes façons d'écrire le nombre obtenu (70).

Lors de la synthèse, faire le lien entre l'oral *soixante-dix* et l'écriture additive 60 + 10 ou 6d +1d qui devient 7d.

Les élèves complètent ensuite par écrit le tableau des nombres de 70 à 79 en constituant une collection d'objets pour chaque nombre sur le document élève.

70	7d 0u	10 + 10 + 10 + 10 + 10 + 10 + 10	60 + 10	70 + 0
71	7d 1u	10 + 10 + 10 + 10 + 10 + 10 + 10 + 1		
72				70 + 2
73			60 + 13	
	7d 4u		60 + 14	
	7d 5u			
	7d 6u			
		10 + 10 + 10 + 10 + 10 + 10 + 10 + 7	60 + 17	
			60 + 18	
			60 + 19	

Matériel 8

Séance 2 — 30 min

Lire les nombres écrits en chiffres

→ REPRÉSENTER

Associer les noms des nombres de 60 à 79 à leurs écritures chiffrées.

MATÉRIEL ET SUPPORT
- Le document élève (**Materiel8.pdf**, page 2).
- Le matériel collectif : lignes soixante du tableau des nombres (**MaterielTableau.pdf**, pages 5 et 6) préassemblées.

DÉROULEMENT DE LA SÉANCE

❶ Recherche Trouver les nombres effacés dans le tableau des nombres.	10 min	**Expérimentation** Écrit individuel
❷ Mise en commun Organiser le tableau des nombres de 60 à 79.	5 min	**Verbalisation Abstraction** Oral collectif
❸ Institutionnalisation Lire les nombres de 0 à 79.	5 min	**Abstraction** Oral collectif
❹ Entrainement Associer les noms des nombres à leurs écritures chiffrées.	10 min	**Expérimentation** Écrit individuel

❶ Recherche

Demander aux élèves de retrouver les nombres qui se trouvent dans les cases grisées des tableaux proposés dans les exercices du document élève.

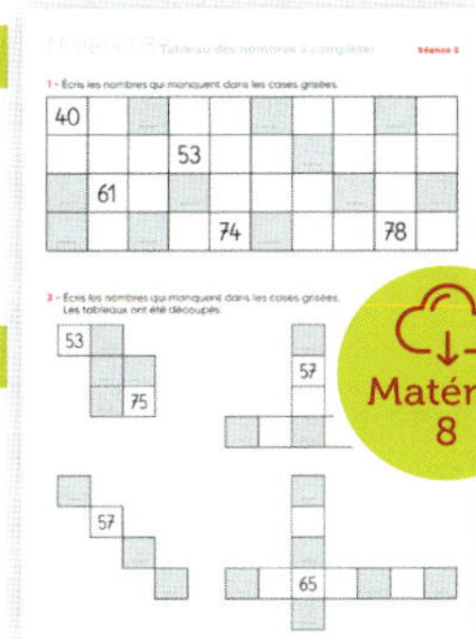

Matériel 8

❷ Mise en commun

Recenser les réponses.
Demander aux élèves de présenter les procédures qu'ils ont utilisées.

Matériel Tableau

Ajouter les bandes des nombres de la famille des ***soixante*** dans le tableau des nombres affiché dans la classe.
Écrire le mot-clé *soixante* à gauche des deux lignes où sont écrits les nombres de 60 à 79.

❸ Institutionnalisation

Demi-droite graduée

Ce qu'il faut retenir

Les nombres à deux chiffres qui commencent par un 6 et ceux qui commencent par un 7 font partie de la famille des *soixante*.

Pour les nombres à deux chiffres qui commencent par un 6, ceux qui ont 6 dizaines, après le mot *soixante*, on entend les mots *un, deux, trois, quatre, cinq, six, sept, huit* et *neuf* (nommer et pointer les nombres de 60 à 69 sur la demi-droite graduée).

Pour ceux qui commencent par un 7, après le mot *soixante*, on entend *dix, onze, douze, treize, quatorze, quinze, seize, dix-sept, dix-huit, dix-neuf* (lire et pointer les nombres de 70 à 79 sur la demi-droite graduée).

À quoi cela sert-il ?

À pouvoir lire, nommer et écrire tous les nombres jusqu'à 79.

❹ Entrainement

Exercices différenciés

Proposer les exercices en fonction des besoins constatés.
Regrouper et apporter une aide particulière aux élèves qui rencontrent des difficultés.

8A et 8B

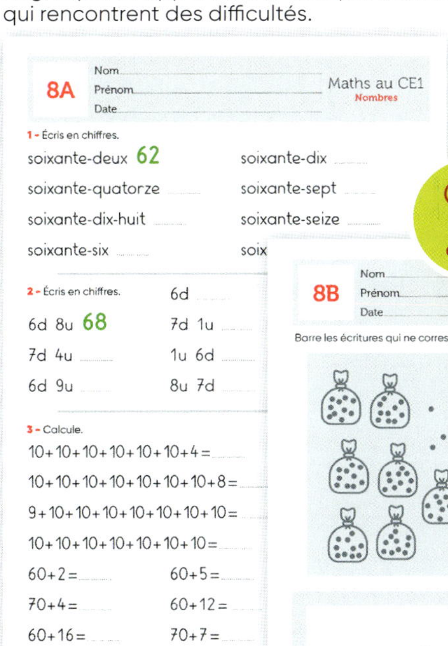
8A — Nom / Prénom / Date — Maths au CE1 Nombres

1 - Écris en chiffres.
soixante-deux 62 — soixante-dix
soixante-quatorze — soixante-sept
soixante-dix-huit — soixante-seize
soixante-six — soix…

2 - Écris en chiffres.
6d 8u 68 — 6d
7d 4u — 7d 1u
6d 9u — 1u 6d
8u 7d

3 - Calcule.
10+10+10+10+10+10+4 =
10+10+10+10+10+10+10+8 =
9+10+10+10+10+10+10+10 =
10+10+10+10+10+10+10 =
60+2 = — 60+5 =
70+4 = — 60+12 =
60+16 = — 70+7 =

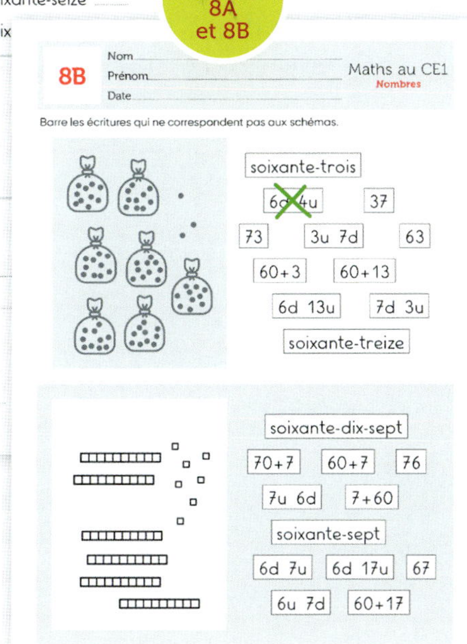
8B — Nom / Prénom / Date — Maths au CE1 Nombres

Barre les écritures qui ne correspondent pas aux schémas.

soixante-trois — 6d 4u — 37 — 73 — 3u 7d — 63 — 60+3 — 60+13 — 6d 13u — 7d 3u — soixante-treize

soixante-dix-sept — 70+7 — 60+7 — 76 — 7u 6d — 7+60 — soixante-sept — 6d 7u — 6d 17u — 67 — 6u 7d — 60+17

Séance 3 ⌛ 40 min

Écrire les nombres en lettres

→ **REPRÉSENTER**

Écrire les nombres de 60 à 79 en lettres.

MATÉRIEL ET SUPPORT
- La feuille de recherche (**Materiel8.pdf**, page 3).

DÉROULEMENT DE LA SÉANCE

❶ Appropriation du problème Lire les 8 étiquettes et comprendre le but à atteindre dans la recherche.	5 min	**Verbalisation** Oral collectif
❷ Recherche Trouver le plus possible de nombres différents que l'on peut écrire avec les étiquettes.	15 min	**Manipulation** **Représentation** Groupes de 2
❸ Mise en commun Inventorier les réponses obtenues et expliquer les procédures utilisées.	5 min	**Verbalisation** **Représentation** Oral collectif
❹ Institutionnalisation Écrire les nombres de 60 à 79 en utilisant le mot-clé *soixante* et la suite des nombres de 1 à 19.	5 min	**Abstraction** Oral collectif
❺ Entrainement Écrire les nombres en lettres.	10 min	**Représentation** Écrit individuel

❶ Appropriation du problème

treize	soixante	onze	
et	un	quinze	neuf	s

Matériel 8

Annoncer l'objectif de la séance.
Lire les étiquettes qui serviront à la recherche.

❷ Recherche

Consigne « Trouvez le plus possible de nombres de 60 à 79 que l'on peut écrire avec les étiquettes. Vous pouvez utiliser une ou plusieurs étiquettes pour écrire un nombre en lettres. »

❸ Mise en commun

Recenser les nombres trouvés par la classe et les écrire au tableau.
Demander aux élèves d'expliquer la méthode qu'ils ont utilisée.

❹ Institutionnalisation

Ce qu'il faut retenir

Pour écrire les nombres de 60 à 79, il faut savoir écrire le mot *soixante* et le nom des nombres de 1 à 19.

À quoi cela sert-il ?

À comprendre comment on écrit les nombres de la famille des *soixante*.

❺ Entrainement

Dictée de nombres sur l'ardoise.
Pour aider les élèves, écrire au tableau les mots *soixante, quatorze, dix, seize, huit, quatre, cinq.*
Faire écrire en lettres les nombres énoncés à l'oral puis écrits en chiffres au tableau par l'enseignant (64, 74, 78, 65, 76, 70, 60).

Séance 4 ⌛ 30 min

Bilan des apprentissages

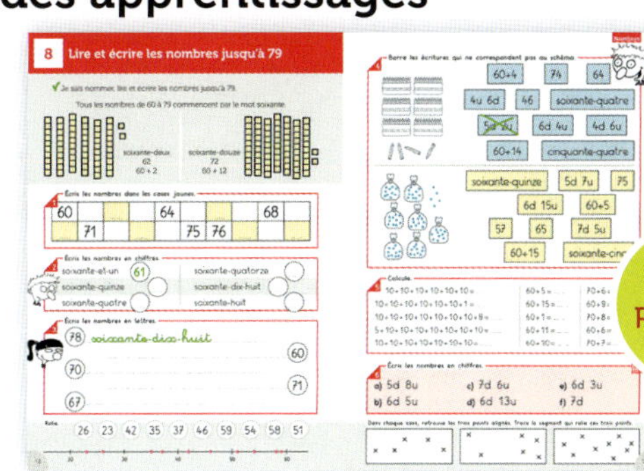
8 Lire et écrire les nombres jusqu'à 79

Pages 18 et 19

9 Mesurer des longueurs : le centimètre

Séance 1 — 30 min

Découvrir le centimètre

→ CHERCHER

Comparer des longueurs.

MATÉRIEL ET SUPPORT

- La feuille de recherche (**Materiel9.pdf**).
- Les gabarits de longueurs de la **planche 3** prédécoupée livrée avec le cahier de l'élève ***Maths au CE1*** ou des bandes de papier de 20 cm environ.
- Les règles bleue, rouge et blanche de la **planche 3** prédécoupée livrée avec le cahier de l'élève ***Maths au CE1***.

DÉROULEMENT DE LA SÉANCE

1 Recherche Expérimenter une procédure proposée par les élèves.	5 min	**Expérimentation Manipulation** Travail individuel
2 Nouvelle recherche Comprendre la nécessité d'une unité de mesure commune.	15 min	
3 Institutionnalisation Connaitre les unités de mesure de longueur : le centimètre.	10 min	**Verbalisation** Oral collectif

1 Recherche

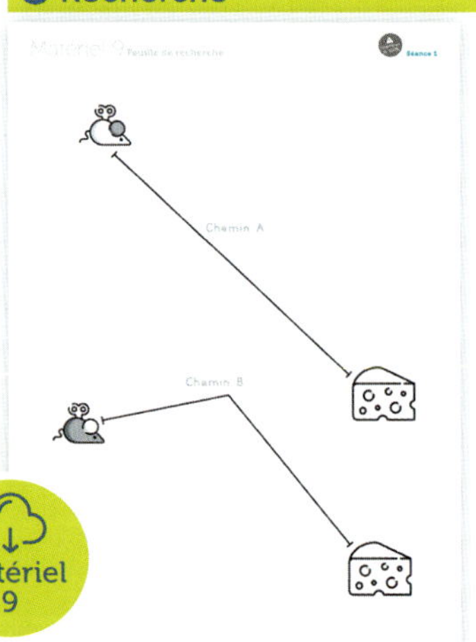

Matériel 9

Présenter la feuille de recherche agrandie, fixée au tableau ou vidéoprojetée.

Expliquer que chaque souris veut suivre un chemin qui la mènera à un morceau de fromage. Parcourir les deux chemins avec le doigt.

Consigne
« Trouve le chemin le plus court. »

Procédures proposées par les élèves
- Utiliser une bande de papier.
- Mesurer à l'aide de la règle.

Les deux chemins sont de même longueur (15 cm).

Dans un premier temps, les élèves vont expérimenter la première procédure citée.

Consigne « Je vais distribuer des bandes de papier (20 cm environ). Tu vas utiliser des bandes et répondre à la question : quel chemin est le plus court ? Tu devras être capable d'expliquer comment tu as fait. »

Procédures utilisées
- Trace des marques pour reporter la longueur de chaque chemin sur la bande.
- Ne reporte que la longueur de la ligne brisée et la compare avec le premier chemin.

Conclure que les deux chemins ont la même longueur.

2 Nouvelle recherche

Rappeler aux élèves qu'ils avaient proposé d'utiliser une règle. Distribuer la règle bleue de la **planche 3** à une partie de la classe et la règle rouge à l'autre partie.

*La règle bleue (u= 1,5 cm) à détacher dans la **planche 3***

*La règle rouge (u= 3 cm) à détacher dans la **planche 3***

Amener les élèves à distinguer le début de la règle de l'origine des graduations.

Faire constater que les mesures obtenues sont différentes alors que les deux chemins sont de longueur égale.

Amener les élèves à réaliser qu'une unité commune est nécessaire. Demander aux élèves de tracer un nouveau chemin de 6 unités en ligne droite avec la règle bleue puis avec la règle rouge. Faire constater que le tracé avec la règle rouge est beaucoup plus long. Amener les élèves à comprendre la nécessité d'une unité commune dans le cadre d'une commande par exemple.

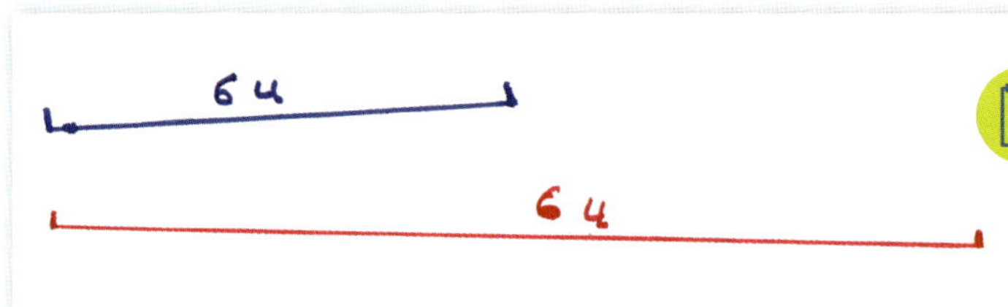

Production d'un élève

3 Institutionnalisation

Expliquer qu'autrefois, chaque région, ville ou même village avait son unité de mesure. Pour éviter les problèmes du type de celui que nous venons de rencontrer, tout le monde s'est mis d'accord pour définir une unité de mesure commune.
Aujourd'hui, en France et presque partout dans le monde, on mesure des petites longueurs comme celle de ce segment, en centimètres. Écrire le mot au tableau ainsi que son abréviation ***cm***.

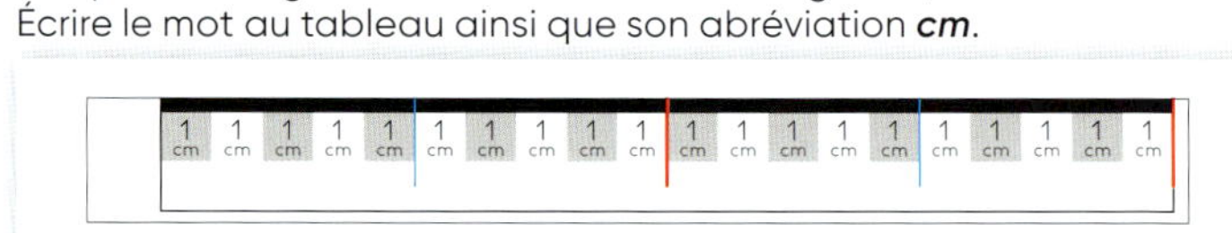

*Règle blanche à détacher dans la **planche 3** prédécoupée*

Distribuer aux élèves la règle blanche graduée en centimètres. Leur demander de montrer un centimètre à divers endroits de la règle. Cette règle est connue des élèves, elle a été utilisée au CP.

Utiliser la règle pour mesurer les chemins A et B du document élève de la séance 1. Constater qu'ils mesurent tous les deux 15 cm.

Demander ensuite de chercher des objets qui se mesurent en centimètres.
Faire constater qu'un stylo mesure environ 15 cm, le côté d'un carreau d'une page de cahier un peu moins de 1 cm...

Ce qu'il faut retenir
La mesure d'une longueur est différente selon l'unité choisie.
L'unité que tout le monde utilise est le *centimètre*.
Pour aller plus vite, on écrit *cm*.

Séance 2 — 30 min

Utiliser le double décimètre

→ **MODÉLISER**

Utiliser une règle graduée en *cm* pour mesurer des segments.

MATÉRIEL ET SUPPORT
- La règle blanche de la **planche 3** prédécoupée livrée avec le cahier de l'élève ***Maths au CE1***.
- Le double décimètre.

DÉROULEMENT DE LA SÉANCE

❶ Renforcement Mesurer des segments en utilisant une règle graduée en *cm*.	10 min	**Manipulation** Travail individuel
❷ Entrainement Positionner correctement un double décimètre pour mesurer une longueur.	20 min	

❶ Renforcement

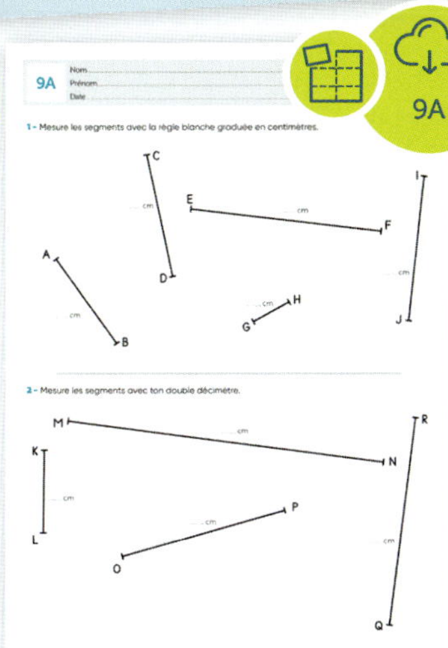

Utiliser la règle blanche de la **planche 3** pour mesurer les segments de l'**exercice 1**. L'objectif est de comprendre comment utiliser une règle sur laquelle les graduations sont repérées par des traits espacés tous les centimètres.

Demander ensuite aux élèves de comparer la règle blanche avec leur double décimètre. Utiliser le double décimètre pour mesurer les segments de l'**exercice 2**.

Faire constater les différences du double décimètre avec la règle blanche.
- Les graduations en *cm* sont numérotées de 0 à 20 : on peut lire directement la mesure sans compter les espaces (après avoir placé le ***0*** à l'origine du segment).
- Les petites graduations (millimètres) : elles seront étudiées au CE2.

❷ Entrainement

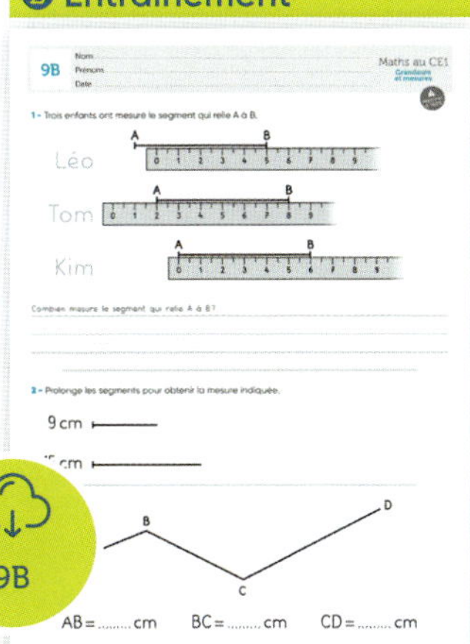

L'objectif de l'**exercice 1** est de comprendre comment positionner le double décimètre pour mesurer un segment. *« Kim positionne correctement sa règle. Tom ne la positionne pas correctement mais il peut trouver la mesure du segment en calculant ce qu'il faut additionner à 2 cm pour obtenir 8 cm : si on retire les 2 cm à 8 cm, on obtient 6 cm. »*

L'**exercice 2** permet d'évaluer comment les élèves positionnent le double décimètre pour tracer un segment de longueur donnée en nombre entier d'unité (cm).

L'**exercice 3** est la première étape d'un travail pour amener les élèves à être capables de mesurer en cm une ligne brisée. Leur faire remarquer que le calcul est plus facile si on additionne dans l'ordre suivant : 3 cm + 7 cm + 5 cm = 10 cm + 5 cm = 15 cm.

Demander aux élèves de tracer une ligne brisée de 20 cm sur le carnet de recherche. Constater la diversité des lignes obtenues et lister les différentes possibilités trouvées.
Exemple 4 cm + 10 cm + 3 cm + 3 cm.

Séance 3 — 30 min

Comparer des longueurs en utilisant l'unité centimètre

→ **MODÉLISER**

Utiliser l'unité *centimètre* et la règle graduée pour mesurer, comparer, tracer des segments.

DÉROULEMENT DE LA SÉANCE

❶ Consolidation Mesurer des segments en utilisant une règle graduée en cm.	10 min	**Abstraction** Travail individuel
❷ Synthèse de la séquence Mesurer des longueurs en cm.	20 min	

❶ Consolidation

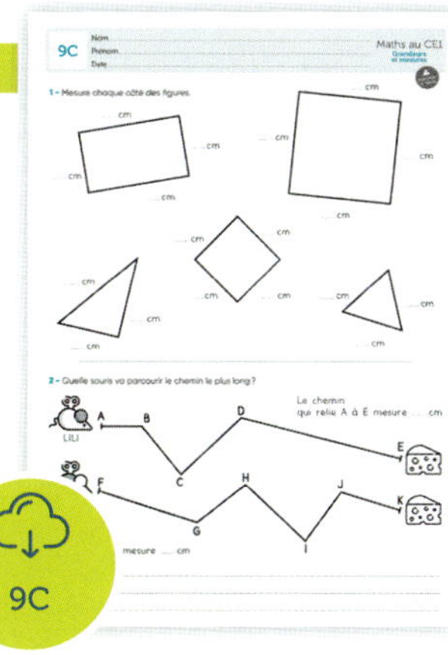

L'objectif de l'**exercice 1** est d'apprendre à mesurer les côtés d'une figure et à les comparer pour commencer à faire des remarques sur les propriétés du carré, du rectangle et du triangle.

L'**exercice 2** permet d'apprendre à organiser les étapes d'un problème où il faut comparer la longueur de deux lignes brisées.

❷ Synthèse de la séquence

Bilan des apprentissages

Valorisation des progrès

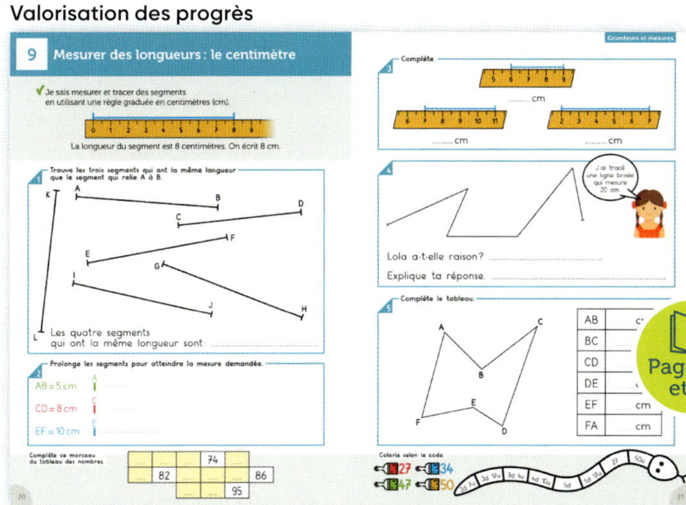

Pages 20 et 21

10 Résoudre des problèmes en une ou deux étapes : addition et soustraction (2)

Problèmes de transformation : recherche de la transformation

Séance 1 — 30 min

Problème de transformation : recherche de la valeur de l'augmentation

→ MODÉLISER

Dans des situations où une quantité subit une augmentation, déterminer, en utilisant des procédures personnelles, la valeur de l'augmentation.

MATÉRIEL ET SUPPORT
- Une boite, des billes ou des jetons.
- La feuille de recherche du problème A et sa trace écrite (**Materiel10.pdf**, pages 1 et 2)

DÉROULEMENT DE LA SÉANCE

❶ Recherche Chercher une procédure permettant de résoudre le problème A.	10 min	**Expérimentation** Écrit individuel puis groupes de 2
❷ Mise en commun et validation Inventorier les différentes procédures utilisées.	5 min	**Verbalisation** **Manipulation** Oral collectif
❸ Institutionnalisation Utiliser des schémas et le calcul pour résoudre un problème.	5 min	**Représentation** **Verbalisation** Oral collectif
❹ Trace écrite Élaborer une trace écrite dans le cahier de mathématiques.	10 min	**Représentation** Écrit individuel

❶ Recherche

Matériel 10

Lire le problème A sur la feuille de recherche.

Problème A
Au début de la récréation, Léo avait 34 billes.
À la fin de la récréation, Léo a 42 billes.
Combien de billes Léo a-t-il gagnées pendant la récréation ?

Après un temps de recherche individuelle, les élèves travaillent par groupes de deux pour proposer des solutions communes.

Dans ce type de problème, au début du CE1, il n'est pas attendu que les élèves utilisent obligatoirement une opération : addition à trou ou soustraction. Ils peuvent le résoudre à l'aide de procédures personnelles (dessin, schéma, comptage).

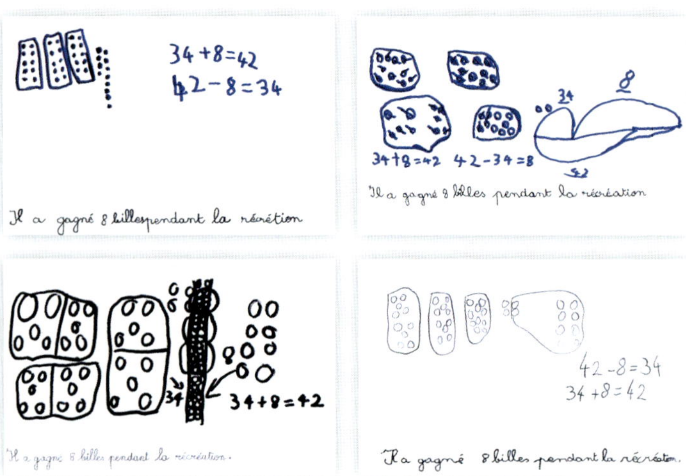

Productions d'élèves

Procédures observées
- Dessine 34 billes puis en dessine jusqu'à 42.
- Surcompte sur ses doigts de 34 à 42.
- Calcule 34 + ? = 42.

☆ DIFFÉRENCIATION

- Un groupe d'élèves ayant besoin de manipuler et de mettre en scène des objets travaille avec l'enseignant. Mimer la situation avec le matériel. Faire reformuler le problème en précisant ce que l'on doit chercher.

❷ Mise en commun et validation

Projeter avec un visualiseur les dessins et les schémas réalisés par quelques élèves. Amener les élèves à se questionner pour savoir si Léo a plus ou moins de billes après la récréation.
Chercher ensuite combien de billes Léo a gagné pour obtenir 42 billes.

La validation s'effectue avec des billes ou des jetons. Constater avec les objets que si on retire les 34 billes de départ aux 42 billes de la fin, on obtient ce que Léo a gagné au cours de la récréation.

❸ Institutionnalisation

Des dessins et des schémas utilisés par les élèves sont vidéoprojetés et commentés.
Expliquer que l'année dernière des élèves de CE1 ont utilisé les schémas de l'animation **Séquence 10**. Comprendre grâce au schéma que ce problème peut aussi se résoudre à l'aide d'une soustraction. Constater que si on enlève ou si on cache sur le schéma les 34 billes que Léo avait au début de la récréation, on obtient ce qu'il a gagné au cours de la récréation.

Écrire **42 − 34 = ?**

Séquence 10

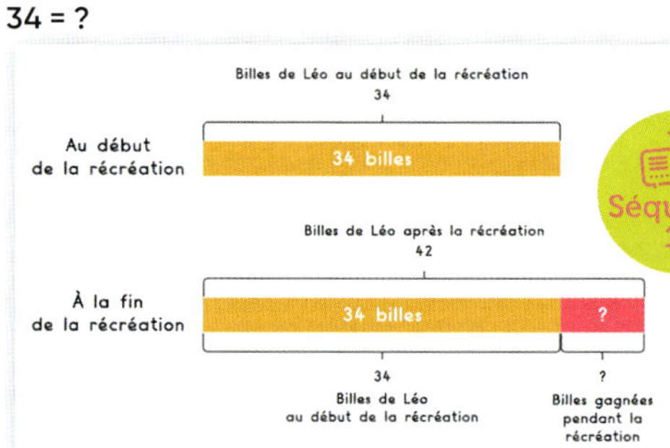

Schéma 1 du problème A

Pour aider les élèves à comprendre le schéma 1, utiliser des boites dans lesquelles sont rangées des billes ou des jetons. La quantité de billes contenue dans chaque boite est indiquée sur la boite.

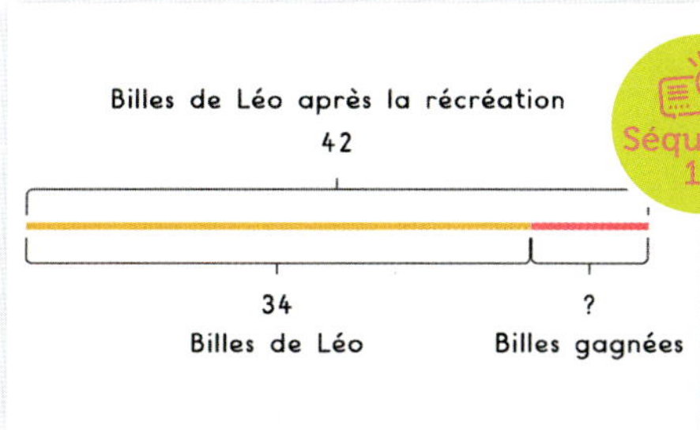

Schéma 2 du problème A

Pour aider les élèves à comprendre le schéma 2, aligner des jetons rouges et bleus pour reproduire l'organisation du schéma.

Recodage du problème A

- Recoder le problème sous la forme d'un problème de type ***parties-tout*** : *« À la fin de la récréation, Léo a en tout 42 billes, les 34 billes qu'il avait ce matin et les billes qu'il a gagnées.*
  Combien de billes Léo a-t-il gagnées ? »
- Recoder également sous la forme d'un problème de recherche d'écart ou de la différence. Le but est de montrer que la soustraction permet de résoudre des problèmes de ce type contrairement à la connaissance intuitive des élèves qui l'associe le plus souvent à une situation de retrait :
  « Quel est la différence entre les 34 billes avant la récréation et les 42 billes après la récréation ? »

Écrire au tableau le calcul **34 + ? = 42** qui permet de résoudre le problème et faire verbaliser *« 34 plus combien égale 42 »*.
Écrire **34 + 8 = 42**.
Rappeler que l'on peut aussi trouver le résultat en calculant **42 − 34 = 8**.
Écrire la phrase-réponse au tableau pour qu'elle soit copiée dans la trace écrite.

❹ Trace écrite

Un exemple type est placé dans le cahier de référence en mathématiques.
Cet exemple servira de référence systématique lors des résolutions de problèmes ultérieures où les enfants trouveront des analogies avec cet exemple type (*« c'est comme... »*).

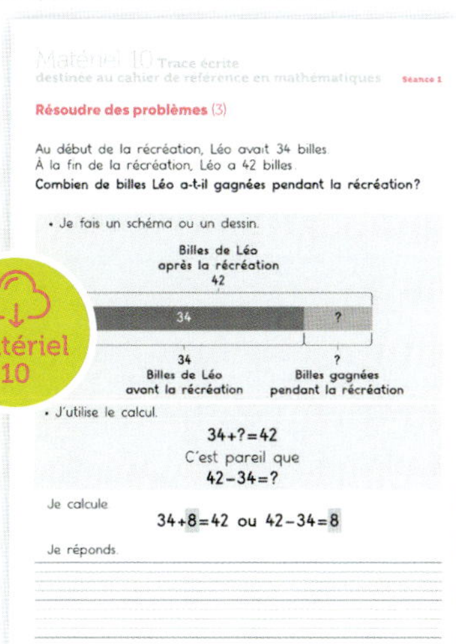

Matériel 10 Trace écrite destinée au cahier de référence en mathématiques — Séance 1

Résoudre des problèmes (3)

Au début de la récréation, Léo avait 34 billes.
À la fin de la récréation, Léo a 42 billes.
Combien de billes Léo a-t-il gagnées pendant la récréation?

• Je fais un schéma ou un dessin.

Billes de Léo après la récréation
42
34 | ?
34 Billes de Léo avant la récréation — ? Billes gagnées pendant la récréation

• J'utilise le calcul.

34+?=42
C'est pareil que
42−34=?

Je calcule
34+8=42 ou 42−34=8

Je réponds.

Matériel 10

Séance 2

30 min

Problème de transformation : recherche de la valeur de la diminution

→ MODÉLISER

Dans des situations où une quantité subit une diminution, déterminer, en utilisant des procédures personnelles, la valeur de la diminution.

MATÉRIEL ET SUPPORT
- Une boite fermée (ou un sac), 27 billes ou jetons.
- La feuille de recherche du problème B et sa trace écrite (**Materiel10.pdf**, pages 3 et 4).

DÉROULEMENT DE LA SÉANCE

❶ **Recherche** Chercher une procédure permettant de résoudre le problème B.	10 min	**Expérimentation** Écrit individuel puis groupes de besoins
❷ **Mise en commun** Inventorier les différentes procédures utilisées.	5 min	**Verbalisation** **Manipulation** Oral collectif
❸ **Institutionnalisation** Utiliser des schémas et le calcul pour résoudre un problème.	5 min	**Représentation** **Verbalisation** Oral collectif
❹ **Trace écrite** Élaborer une trace écrite dans le cahier de mathématiques.	10 min	**Représentation** Écrit individuel

❶ Recherche

Matériel 10

Problème B
Au début de la récréation, Maya avait 27 billes.
À la fin de la récréation, Maya a 19 billes.
Combien de billes Maya a-t-elle perdues pendant la récréation ?

Après un temps de recherche individuelle, les élèves travaillent par groupes de deux pour proposer des solutions communes.

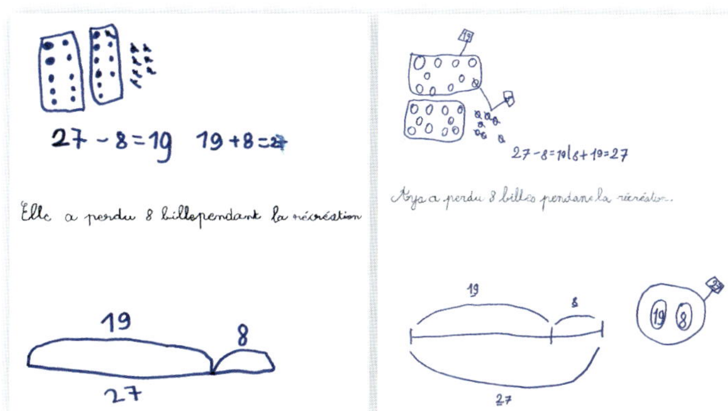

Productions d'élèves

❷ Mise en commun

Amener les élèves à se questionner pour savoir si Maya a plus ou moins de billes à la fin de la récréation.
Chercher ensuite combien de billes il faut retirer aux 27 billes pour obtenir 19 billes dans le sac.

Constater avec les objets que si on retire les 19 billes des 27 billes du début, on obtient ce que Maya a perdu au cours de la récréation, c'est-à-dire la différence ou l'écart entre les deux nombres.

10 Résoudre des problèmes en une ou deux étapes : addition et soustraction (2)

❸ Institutionnalisation

Des schémas utilisés par les élèves et ceux de l'animation **Séquence 10** sont vidéoprojetés et commentés.

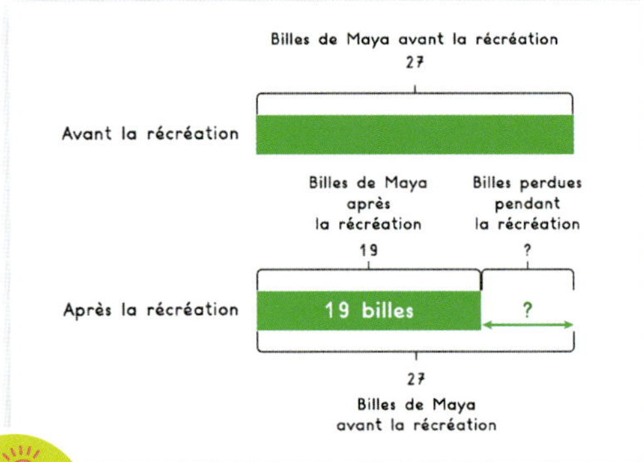

Séquence 10

Schéma 1 du problème B

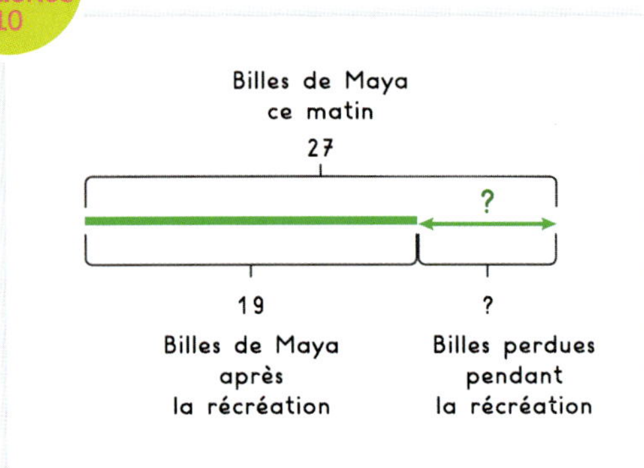

Schéma 2 du problème B

Faire constater que si on enlève ou si on cache sur le schéma les 19 billes que Maya possède à la fin de la récréation, on obtient ce qu'elle a perdu au cours de la récréation.
Le schéma permet de comprendre que la résolution *par soustraction* est équivalente à la résolution *par complément*. On peut trouver la différence entre les deux collections en calculant **27 – 19** (cacher l'équivalent de 19 billes sur la ligne de 27 billes pour constater que l'on obtient la différence).

Demi-droite graduée

Le calcul de la soustraction est difficile à cette période de l'année : on peut l'effectuer à la calculatrice. On peut calculer en allant de 19 à 27 en visualisant les étapes du calcul sur la demi-droite graduée : j'ajoute 1 pour aller à 20 puis 7 pour arriver à 27.

❹ Trace écrite

Un exemple type est placé dans le cahier de référence en mathématiques.
Cet exemple servira de référence systématique lors des résolutions de problèmes ultérieures (*« c'est comme... »*).

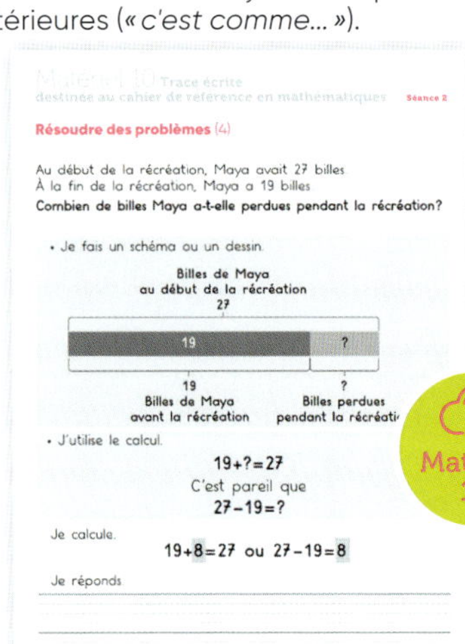

Matériel 10 Trace écrite destinée au cahier de référence en mathématiques — Séance 2

Résoudre des problèmes (4)

Au début de la récréation, Maya avait 27 billes.
À la fin de la récréation, Maya a 19 billes.
Combien de billes Maya a-t-elle perdues pendant la récréation?

- Je fais un schéma ou un dessin.

Billes de Maya au début de la récréation 27 — 19 — ? — 19 Billes de Maya avant la récréation — ? Billes perdues pendant la récréati[on]

- J'utilise le calcul.

19+?=27
C'est pareil que
27−19=?

Je calcule. 19+8=27 ou 27−19=8

Je réponds.

Matériel 10

Un élève écrit la phrase-réponse au tableau. Elle est recopiée sur la trace écrite.

Séance 3 — 30 min

Bilan de la séquence

Une banque de problèmes est proposée sur la page de droite du cahier de l'élève. Le but est d'amener les élèves à résoudre un large éventail de problèmes choisis en fonction de leurs besoins. Cette organisation permet à l'enseignant de mettre en œuvre des éléments de différenciation : formation de groupes de besoins, mise en place de tutorats, groupe de régulation. Les élèves travaillent dans un cahier de recherche ou dans leur cahier du jour selon le choix de l'enseignant.

Répartition des problèmes

Problèmes en une étape
Ex 1, ex 2, ex 3, ex 4, ex 5, ex 6, ex 7, ex 8.
Problèmes en deux étapes
Ex 9, ex 10

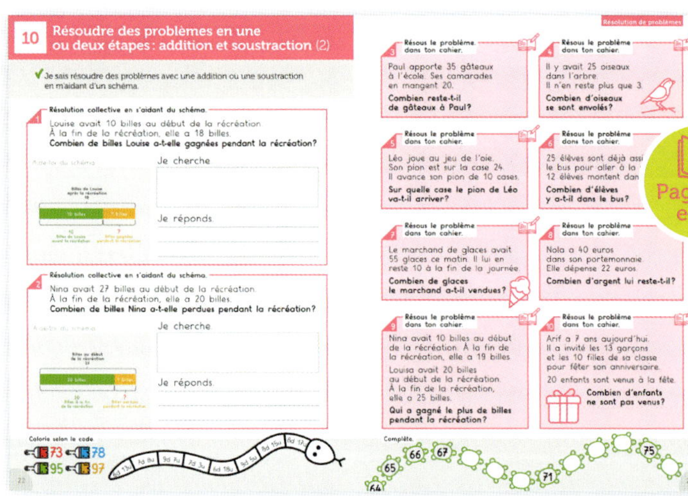

Pages 22 et 23

DIFFÉRENCIATION

- La calculatrice est disponible pour les élèves qui rencontrent des difficultés liées au calcul.
L'objectif ici est de comprendre le sens du problème et de reconnaître l'opération à effectuer. Le calcul ne doit donc pas être un obstacle.

Matériel 10

Matériel 10
Feuille de recherche
Séance 1
Problème A
Au début de la récréation, Léo avait 34 billes. À la fin de la récréation, Léo a 42 billes. Combien de billes Léo a-t-il gagnées pendant la récréation?
Je cherche.
Matériel 10 Trace écrite
destinée au cahier de référence en mathématiques
Résoudre des problèmes (3)
Au début de la récréation, Léo avait 34 billes.
À la fin de la récréation, Léo a 42 billes.
Combien de billes Léo a-t-il gagnées pendant la récréation?
• Je fais un schéma ou un dessin.
Billes de Léo après la récréation
42
34
?
34
Billes de Léo avant la récréation
?
Billes gagnées pendant la récréation
• J'utilise le calcul.
34+?=42
C'est pareil que
42−34=?
Je calcule.
34+8=42 ou 42−34=8
Je réponds.
Séance 2
Problème B
Au début de la récréation, Maya avait 27 billes. À la fin de la récréation, Maya a 19 billes. Combien de billes Maya a-t-elle perdues pendant la récréation?
Je cherche.
Résoudre des problèmes (4)
Au début de la récréation, Maya avait 27 billes.
À la fin de la récréation, Maya a 19 billes.
Combien de billes Maya a-t-elle perdues pendant la récréation?
• Je fais un schéma ou un dessin.
Billes de Maya au début de la récréation
27
19
?
19
Billes de Maya avant la récréation
?
Billes perdues pendant la récréation
• J'utilise le calcul.
19+?=27
C'est pareil que
27−19=?
Je calcule.
19+8=27 ou 27−19=8
Je réponds.

15 min par jour

Calcul mental

- Connaitre et retrouver rapidement la somme de nombres inférieurs à 10 : tables de 1 à 5.
- Calculer la somme de plusieurs nombres en utilisant les compléments à 10.

Séance 1

❶ Tables d'addition de 1 à 5 : entrainement — 5 min

Série de calculs donnés un par un oralement.
Les élèves écrivent les réponses sur l'ardoise.

4+2 6+1 5+3 6+5 8+4 9+3 7+5.

❷ Sommes de 3 nombres : réactivation — 10 min

Écrire le problème suivant au tableau.
Dans le bouquet, il y a 6 fleurs blanches, 9 fleurs rouges et 4 fleurs jaunes. **Combien de fleurs composent le bouquet ?**

Demander aux élèves de le résoudre sur l'ardoise.

La mise en commun permet d'expliciter la procédure de calcul qui réorganise les termes d'une somme de plus de deux termes pour faciliter son calcul.
Manipuler et déplacer des cubes de couleur qui symbolisent les fleurs pour verbaliser que l'on peut changer l'ordre des termes de l'addition : *« 6 fleurs blanches + 9 fleurs rouges + 4 fleurs jaunes, c'est pareil que 6 fleurs blanches + 4 fleurs jaunes + 9 fleurs rouges. »*

6 + 9 + 4 = 6 + 4 + 9 = 10 + 9 = 19

Utiliser un arbre de calcul.

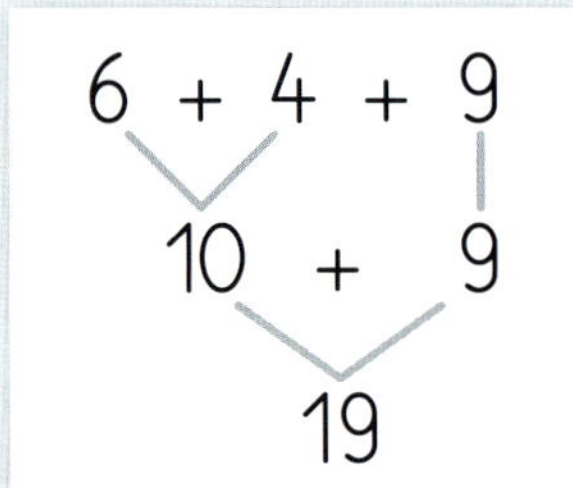

Valider en manipulant et dénombrant les cubes. Grouper 6 cubes et 4 cubes pour former la dizaine.

Séance 2

❶ Tables d'addition de 1 à 5 : entrainement — 5 min

Série de calculs donnés un par un oralement.
Les élèves écrivent les réponses sur l'ardoise.

4+3 6+3 8+3 9+5 8+5 9+4 7+4.

❷ Sommes de 3 nombres : entrainement — 10 min

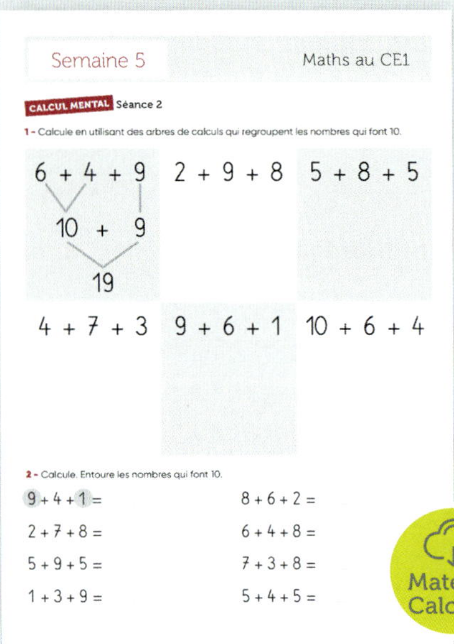

Proposer le calcul **3 + 8 + 7** au tableau pour rappeler la procédure à privilégier.

Proposer ensuite le calcul **5 + 3 + 4** pour montrer qu'il n'est pas toujours possible de regrouper deux termes pour obtenir 10.

Donner ensuite la série de calculs de **MaterielCalcul5.pdf** (page 1) à effectuer dans le cahier de mathématiques pour consolider l'apprentissage de la procédure visée.

Matériel Calcul 5

Séance 3

❶ Tables d'addition de 1 à 5 : évaluation — 3 min

Série de calculs donnés à l'écrit dans un temps limité à deux minutes (**MaterielCalcul5.pdf**, page 2).
Cette évaluation sera proposée à plusieurs reprises pour permettre aux élèves de mesurer leur progrès.

Matériel Calcul 5

❷ Sommes de 4 nombres : entrainement — 7 min

Proposer le calcul **3 + 2 + 6 + 7** au tableau pour rappeler la procédure à privilégier.

Proposer une série de calculs au tableau à effectuer dans le cahier de mathématiques.

3+2+5+7=	**2+5+8+4=**	**6+3+5+5=**
4+9+2+1=	**6+5+4+5=**	

❸ Trace écrite — 5 min

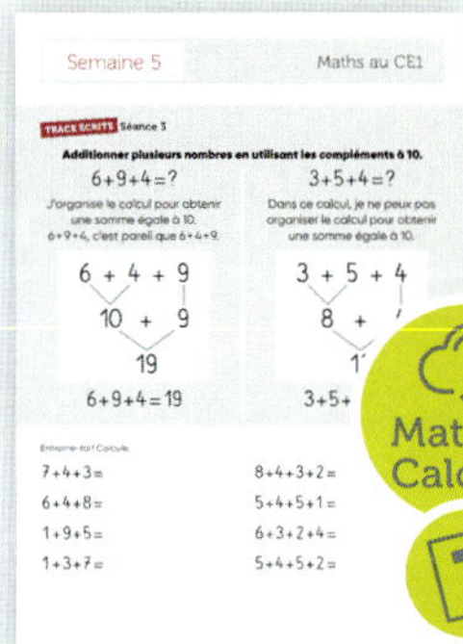

Matériel Calcul 5

*Trace écrite dans le cahier de mathématiques (**MaterielCalcul5.pdf**, page 3)*

Séance 4

❶ Tables d'addition de 1 à 5 : évaluation — 5 min

Série de calculs identique à celle de la séance 3, donnés à l'écrit dans un temps limité à deux minutes (**MaterielCalcul5.pdf**, page 2). Chaque élève peut mesurer ses progrès en comparant à son score de la séance 3.

Matériel Calcul 5

❷ Sommes de plusieurs nombres : évaluation — 10 min

Effectuer les calculs de la série **MaterielCalcul5.pdf**, page 4.

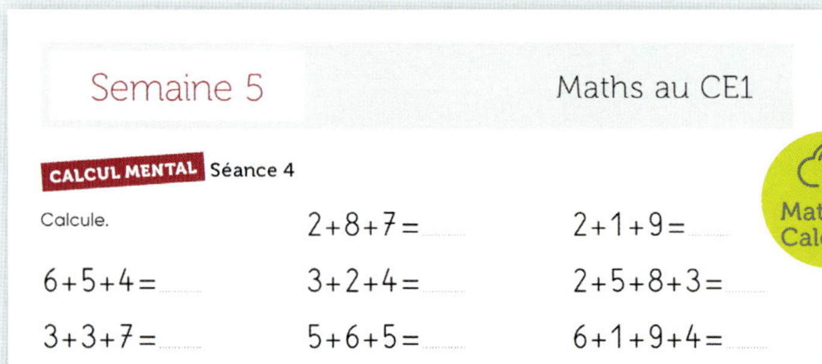

Matériel Calcul 5

Atelier 5

30 min par semaine

Atelier problèmes

- Résoudre des problèmes additifs en une ou deux étapes en utilisant sa connaissance des doubles et des moitiés.

Prénom .... Date ....

Résous les problèmes avec le symbole ✖ puis résous les problèmes de ton choix. Essaie d'en résoudre le plus possible.

✖ Problème 1

Le fleuriste a 65 roses.
Il en vend 22 pendant la journée.

Combien de roses le fleuriste a-t-il à la fin de la journée?

✖ Problème 2

Un parking contient 58 places de stationnement.
35 voitures sont déjà garées.

Combien de voitures peuvent encore se garer?

Problème 3

Dans la bibliothèque de la classe, il y a 53 livres.
La directrice en apporte 15 de plus.
Les élèves en empruntent 21.

Combien y a-t-il de livres dans la bibliothèque de la classe maintenant?

Problème 4

Dans le panier, il y a huit pommes, cinq bananes, 2 poires et 4 oranges.

Combien y a-t-il de fruits dans le panier?

Problème 5

Dans un train, il y a 21 passagers dans le premier wagon, 20 passagers dans le deuxième wagon et 17 dans le troisième wagon.

Combien de passagers y a-t-il au total dans ce train?

Problème 6

Dans un bus, il y a 37 enfants.
Au premier arrêt, 12 enfants descendent.
Au deuxième arrêt, 7 enfants montent.

Combien d'enfants y a-t-il dans le bus maintenant?

11 Lire et écrire les nombres jusqu'à 99

Séance 1 — 35 min

Décomposer les nombres de 80 à 89

→ REPRÉSENTER

Interpréter les nombres à l'aide des écritures additives.

MATÉRIEL ET SUPPORT
- Une barquette contenant une collection de 89 petits objets par groupes de 2 élèves : jetons, cubes, buchettes, pions, trombones…
- Des feuilles A3.

DÉROULEMENT DE LA SÉANCE

❶ Recherche Trouver le plus possible d'écritures du nombre 82.	10 min	Manipulation Représentation Groupes de 2
❷ Mise en commun Passer d'une représentation du nombre 82 à une autre.	10 min	Verbalisation Représentation Oral collectif
❸ Consolidation Décomposer les nombres de 80 à 89.	10 min	Manipulation Représentation Groupes de 2l
❹ Institutionnalisation Lire les nombres de 80 à 89.	5 min	Abstraction Oral collectif

❶ Recherche

Écrire le nombre **82** au tableau et demander à chaque groupe de préparer sur sa table une collection de 82 objets en l'organisant pour faire apparaitre les groupes de 10 objets.

Consigne *« Sur votre carnet, notez le plus possible de façons différentes d'écrire le nombre 82. »*

❷ Mise en commun

Inventorier toutes les écritures proposées par les élèves.
Classer les écritures proposées au tableau.

Exemples
- Écritures en unités de numération : 8d 2u, 2u 8d.
- Écritures additives :
10 + 10 + 10 + 10 + 10 + 10 + 10 + 10 + 2 ; 80 + 2 ; 40 + 40 + 2 ; 50 + 30 + 2 ; 81 + 1 ; 83 – 1 ; 85 – 3…
- Écritures en lettres : quatre-vingt-deux.

Demander aux élèves de rappeler pourquoi on dit *« quatre-vingts »*.

Manipuler les objets pour former des vingtaines dans la collection de 82 objets.

Utiliser un arbre de calculs pour expliquer.

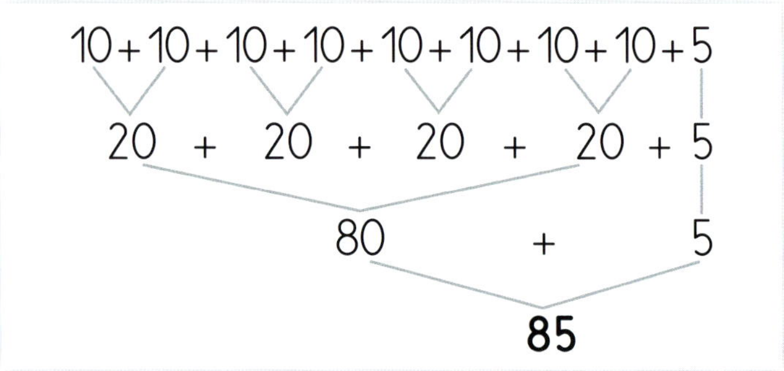

Constater que l'on entend *« 4 »* et *« 20 »* dans *« quatre-vingt-deux »* parce que *« 80 = 20 + 20 + 20 + 20, c'est 4 fois 20 »*.
Donc *« 82, c'est 4 fois 20 plus 2 »*.

❸ Consolidation

Chaque groupe est chargé de trouver différentes façons d'écrire un nombre compris entre 80 et 89 en s'aidant de l'exemple précédent avec le nombre 82.

❹ Institutionnalisation

Demi-droite graduée

Ce qu'il faut retenir

Les nombres à deux chiffres qui commencent par un 8 font partie de la famille des *quatre-vingts*.
Après les mots *quatre-vingts*, on entend les mots *un, deux, trois, quatre, cinq, six, sept, huit* et *neuf*.
(Nommer et pointer les nombres de 80 à 89 sur la demi-droite graduée ou dans le tableau des nombres.)

À quoi cela sert-il ?
À pouvoir lire, nommer et écrire tous les nombres jusqu'à 89.

Séance 2 — 35 min

Décomposer les nombres de 90 à 99

→ REPRÉSENTER

Interpréter les nombres à l'aide des unités de numération et des écritures additives.

MATÉRIEL ET SUPPORT
- Une barquette contenant une collection de 99 petits objets par groupes de 2 élèves : jetons, cubes, buchettes, pions, kapla®, trombones, noix, marrons…
- Des feuilles A3.
- La trace écrite (**Materiel11.pdf**, page 1).

DÉROULEMENT DE LA SÉANCE

❶ Recherche Trouver le plus possible d'écritures du nombre 98.	10 min	Manipulation Représentation Groupes de 2
❷ Mise en commun Passer d'une représentation du nombre 98 à une autre.	10 min	Verbalisation Représentation Oral collectif
❸ Consolidation Décomposer les nombres de 90 à 99.	10 min	Manipulation Représentation Groupes de 2
❹ Institutionnalisation Lire les nombres de 90 à 99.	5 min	Abstraction Oral collectif

❶ Recherche

Écrire le nombre 98 au tableau et demander à chaque groupe de préparer sur sa table une collection de 98 objets en l'organisant pour faire apparaitre les groupes de 10 objets.

Consigne *« Sur votre carnet, notez le plus possible de façons différentes d'écrire le nombre 98. »*

Constituer une collection de 98 objets.

❷ Mise en commun

Inventorier toutes les écritures proposées par les élèves.
Classer les écritures proposées au tableau.

Exemples

- Écritures en unités en numération : 9d 8u, 8u 9d.
- Écritures additives : 10 + 10 + 10 + 10 + 10 + 10 + 10 + 10 + 10 + 8 ; 90 + 8 ; 50 + 40 + 8 ; 60 + 30 + 8 ; 97 + 1 ; 99 – 1...
- Écritures en lettres : quatre-vingt-dix-huit.

Demander aux élèves de rappeler pourquoi on dit *« quatre-vingt-dix-huit »*.

Manipuler les objets pour former des vingtaines dans la collection de 98 objets.

Utiliser un arbre de calculs pour expliquer.

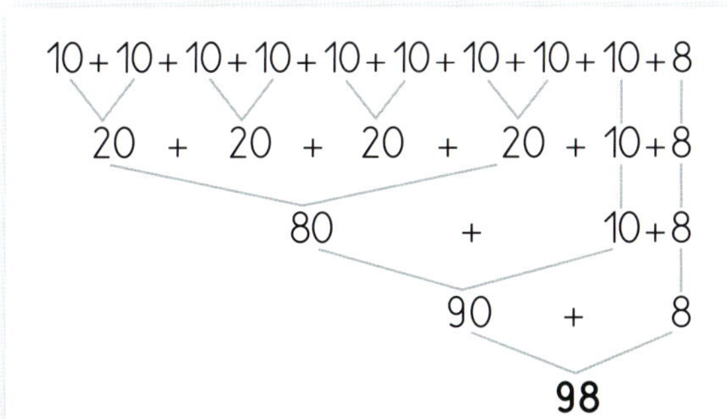

❸ Consolidation

Chaque groupe est chargé de trouver différentes façons d'écrire un nombre compris entre 90 et 99 en s'aidant de l'exemple précédent avec le nombre 98. Répartir les nombres entre les différents groupes. Chaque groupe réalise une affiche pour présenter ses travaux.

❹ Institutionnalisation

Demi-droite graduée

Ce qu'il faut retenir

Les nombres à deux chiffres qui commencent par un 8 et ceux qui commencent par un 9 font partie de la famille des *quatre-vingts*.

Pour les nombres à deux chiffres qui commencent par un 8, ceux qui ont 8 dizaines, après les mots « quatre-vingt », on entend les mots un, deux, trois, quatre, cinq, six, sept, huit et neuf (nommer et pointer les nombres de 80 à 89 sur la demi-droite graduée).

Pour ceux qui commencent par un 9, après les mots *« quatre-vingt »*, on entend *« dix, onze, douze, treize, quatorze, quinze, seize, dix-sept, dix-huit, dix-neuf »* (lire et pointer les nombres de 90 à 99 sur la demi-droite graduée).

À quoi cela sert-il ?

À pouvoir lire, nommer et écrire tous les nombres jusqu'à 99.

Trace écrite

La trace écrite est collée dans le cahier de référence en mathématiques.

Matériel 11

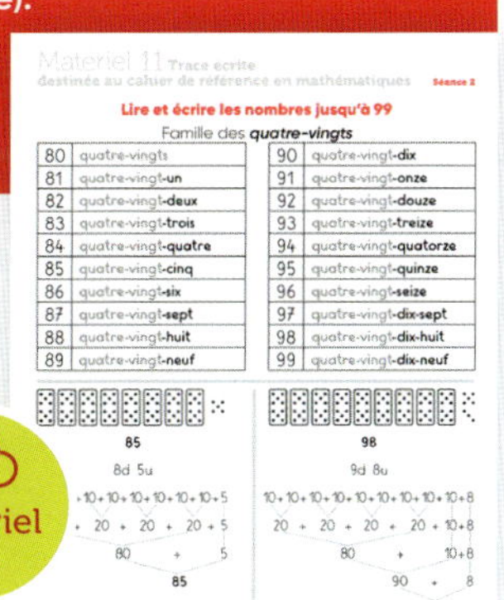
Lire et écrire les nombres jusqu'à 99

Famille des *quatre-vingts*

80	quatre-vingts	90	quatre-vingt-dix
81	quatre-vingt-un	91	quatre-vingt-onze
82	quatre-vingt-deux	92	quatre-vingt-douze
83	quatre-vingt-trois	93	quatre-vingt-treize
84	quatre-vingt-quatre	94	quatre-vingt-quatorze
85	quatre-vingt-cinq	95	quatre-vingt-quinze
86	quatre-vingt-six	96	quatre-vingt-seize
87	quatre-vingt-sept	97	quatre-vingt-dix-sept
88	quatre-vingt-huit	98	quatre-vingt-dix-huit
89	quatre-vingt-neuf	99	quatre-vingt-dix-neuf

85 — 8d 5u — 10+10+10+10+10+10+10+10+5 — 20 + 20 + 20 + 20 + 5 — 80 + 5 — 85

98 — 9d 8u — 10+10+10+10+10+10+10+10+10+8 — 20 + 20 + 20 + 20 + 10+8 — 80 + 10+8 — 90 + 8 — 98

Séance 3

45 min

Écrire les nombres de 80 à 99 en lettres

→ **REPRÉSENTER**

Associer les noms des nombres à leurs écritures chiffrées.

MATÉRIEL ET SUPPORT

- Le document élève et les étiquettes (**Materiel11.pdf**, pages 2 et 3).
- Les bandes des ***quatre-vingts*** du tableau des nombres (**MaterielTableau.pdf**, pages 7 et 8).

DÉROULEMENT DE LA SÉANCE

❶ **Recherche** Trouver les nombres effacés dans le tableau des nombres.	10 min	**Expérimentation** Écrit individuel
❷ **Mise en commun** Organiser le tableau des nombres de 0 à 99.	5 min	**Verbalisation** **Représentation** Oral collectif
❸ **Nouvelle recherche** Trouver le plus possible de nombres différents que l'on peut écrire avec les 6 étiquettes.	15 min	**Expérimentation** Écrit individuel
❹ **Institutionnalisation** Écrire les nombres de 80 à 99.	5 min	**Représentation** **Abstraction** Oral collectif
❺ **Entrainement** S'exercer à écrire les nombres de 80 à 99.	10 min	**Représentation** Écrit individuel

❶ Recherche

Demander aux élèves de retrouver les nombres qui se trouvent dans les cases grisées des tableaux proposés dans le document élève.

Matériel 11

❷ Mise en commun

Recenser les réponses.
Demander aux élèves de présenter les procédures qu'ils ont utilisées.

Ajouter les bandes des nombres de la famille des ***quatre-vingts*** dans le tableau des nombres qui est affiché dans la classe.

Matériel Tableau

❸ Nouvelle recherche

Consigne « Trouve le plus possible de nombres de 80 à 99 que l'on peut écrire avec les étiquettes. Tu peux utiliser une ou plusieurs étiquettes pour écrire un nombre en lettres. »

Recenser les nombres trouvés par la classe et les écrire au tableau.

Matériel 11

quatre	onze	dix
vingt	sept	un

Demander aux élèves d'expliquer la méthode qu'ils ont utilisée.

! Dans la nouvelle orthographe, les numéraux composés sont systématiquement reliés par des traits d'union.

❹ Institutionnalisation

Ce qu'il faut retenir

Pour écrire les nombres de 80 à 99, il faut savoir écrire *quatre-vingt* et les nombres de 1 à 19.

À quoi cela sert-il ?

À comprendre comment on écrit les nombres de la famille des *quatre-vingts*.

❺ Entrainement

Dictée de nombres

Afficher de grandes étiquettes au tableau avec les mots *quatorze, dix, vingt, huit, quatre, neuf.*

Faire écrire en lettres les nombres énoncés à l'oral : 84, 94, 90, 80, 99.

11 Lire et écrire les nombres jusqu'à 99

Séance 4 — 30 min

Entrainement différencié

→ REPRÉSENTER

Associer diverses représentations des nombres de 80 à 99 : écriture additive, écriture en unités de numération, écriture chiffrée et écriture en lettres.

DÉROULEMENT DE LA SÉANCE

❶ Consolidation Réciter la suite des nombres de 80 à 99. Écrire les nombres en chiffres et en lettres jusqu'à 99.	5 min	**Verbalisation** **Représentation** Oral collectif
❷ Entrainement différencié Connaitre et associer différentes représentations des nombres de 80 à 99.	25 min	**Manipulation** **Représentation** Groupes de besoins

❶ Consolidation

Réciter la suite orale des nombres de 80 à 99.

Dictée

- Faire écrire avec des chiffres les nombres **86, 90, 89, 94, 8d 7u, 80, 9d 1u.**
- Faire écrire en lettres les nombres du tableau **82, 96, 99.**

❷ Entrainement différencié

Constituer des groupes de besoins.

Groupe 1 Renforcement en présence de l'enseignant

En fonction des besoins constatés

- **Manipuler** des collections de cubes ou de petits objets pour répondre aux commandes 81, 92, 89, 98, 95, 87, 99 écrites au tableau par l'enseignant puis aux commandes orales *« quatre-vingts », « quatre-vingt-trois », « quatre-vingt-dix », quatre-vingt-dix-sept ».*

Constituer une collection de 92 cubes.

- **Constituer une collection** de 80 cubes puis ajouter 1 cube, verbaliser *« quatre-vingt-un, 8 dizaines et une unité »* et écrire 80 + 1 = 81.

Poursuivre ce travail jusqu'à 99.

- **Écrire et lire** la suite des nombres de 80 à 99.

- Exercices 11A de **ExoSup11.pdf.**

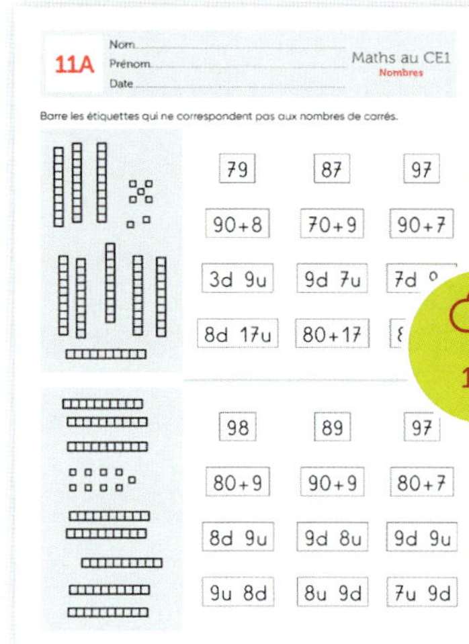
11A — Nom / Prénom / Date — Maths au CE1 — Nombres

Barre les étiquettes qui ne correspondent pas aux nombres de carrés.

79	87	97
90+8	70+9	90+7
3d 9u	9d 7u	7d 9u
8d 17u	80+17	[illegible]
98	89	97
80+9	90+9	80+7
8d 9u	9d 8u	9d 9u
9u 8d	8u 9d	7u 9d

Groupe 2 Approfondissement

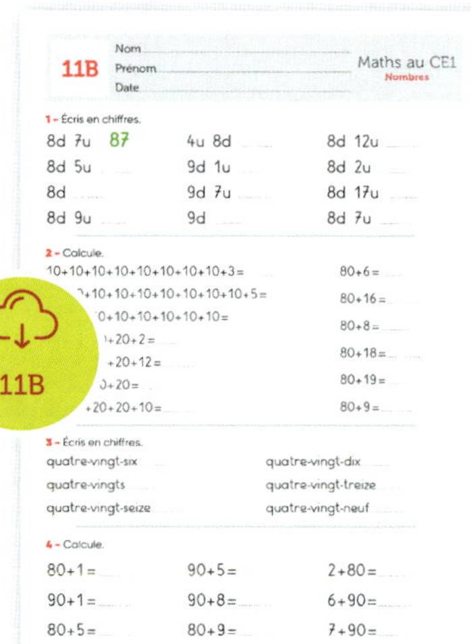
11B — Nom / Prénom / Date — Maths au CE1 — Nombres

1 - Écris en chiffres.

8d 7u 87 — 4u 8d — 8d 12u
8d 5u — 9d 1u — 8d 2u
8d — 9d 7u — 8d 17u
8d 9u — 9d — 8d 7u

2 - Calcule.

10+10+10+10+10+10+10+10+3 = — 80+6 =
80+16 =
80+8 =
80+18 =
80+19 =
80+9 =

3 - Écris en chiffres.

quatre-vingt-six — quatre-vingt-dix
quatre-vingts — quatre-vingt-treize
quatre-vingt-seize — quatre-vingt-neuf

4 - Calcule.

80+1 = — 90+5 = — 2+80 =
90+1 = — 90+8 = — 6+90 =
80+5 = — 80+9 = — 7+90 =

Séance 5 — 30 min

Bilan des apprentissages réalisés

Exercices dans le cahier de l'élève

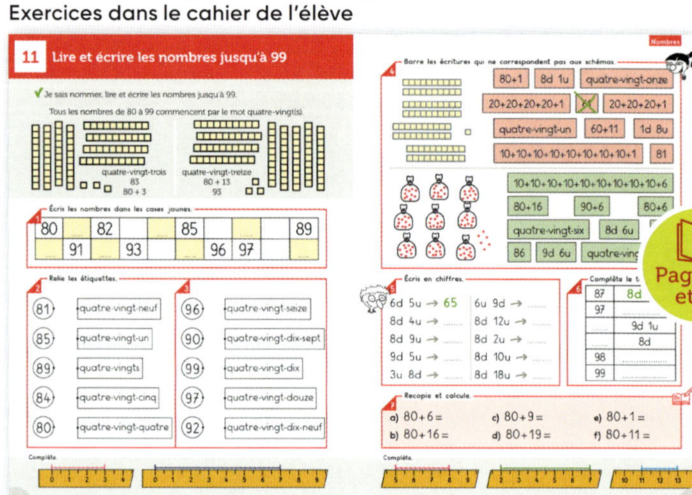

Pages 24 et 25

Matériel 11

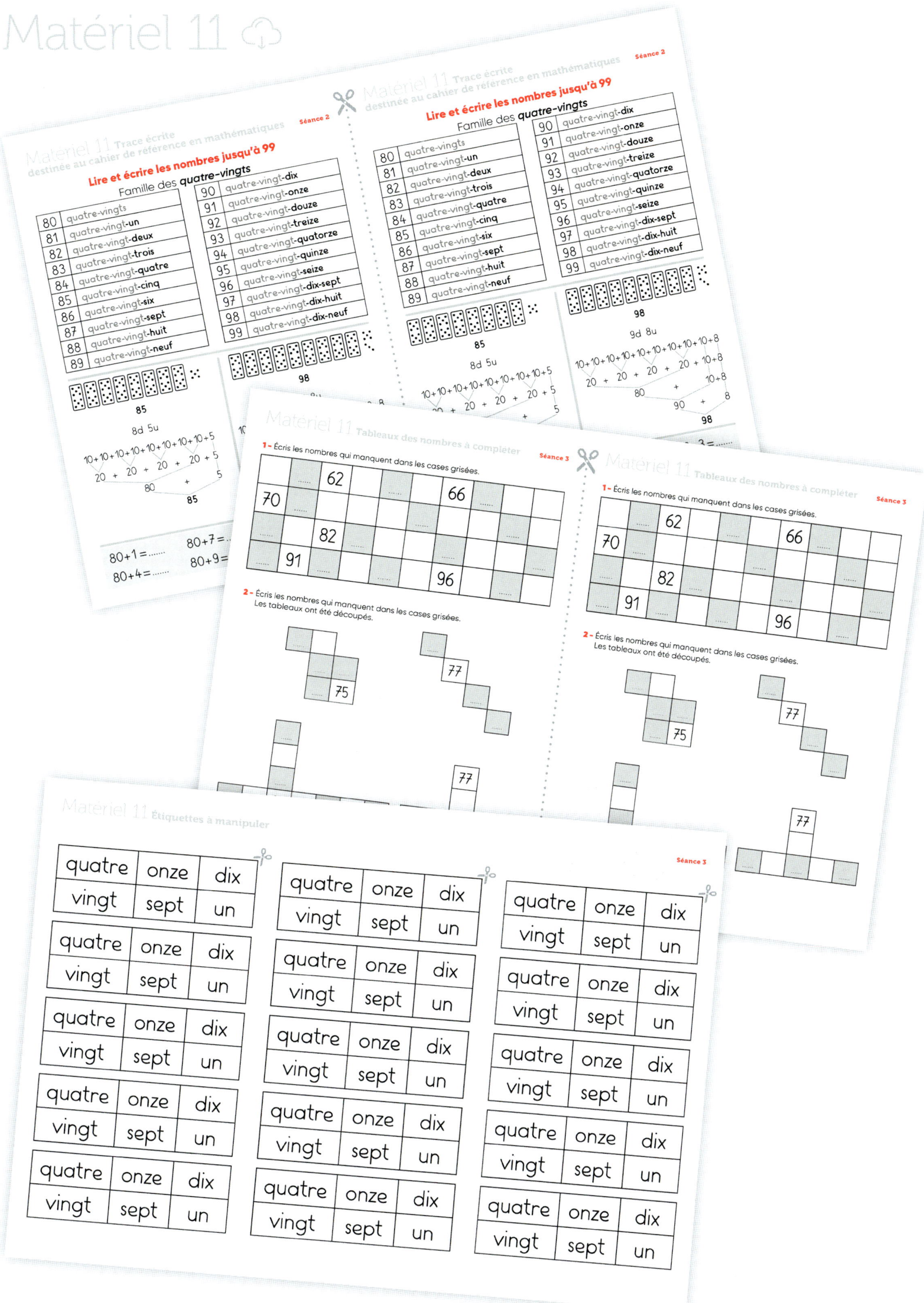
Matériel 11 Trace écrite destinée au cahier de référence en mathématiques — Séance 2

Lire et écrire les nombres jusqu'à 99

Famille des quatre-vingts

80	quatre-vingts
81	quatre-vingt-un
82	quatre-vingt-deux
83	quatre-vingt-trois
84	quatre-vingt-quatre
85	quatre-vingt-cinq
86	quatre-vingt-six
87	quatre-vingt-sept
88	quatre-vingt-huit
89	quatre-vingt-neuf

90	quatre-vingt-dix
91	quatre-vingt-onze
92	quatre-vingt-douze
93	quatre-vingt-treize
94	quatre-vingt-quatorze
95	quatre-vingt-quinze
96	quatre-vingt-seize
97	quatre-vingt-dix-sept
98	quatre-vingt-dix-huit
99	quatre-vingt-dix-neuf

85
8d 5u
10+10+10+10+10+10+10+10+5
20 + 20 + 20 + 20 + 5
80 + 5
85

98
9d 8u
10+10+10+10+10+10+10+10+10+8
20 + 20 + 20 + 20 + 10+8
80 + 10+8
90 + 8
98

80+1 = ... 80+7 = ...
80+4 = ... 80+9 = ...

Matériel 11 Tableaux des nombres à compléter — Séance 3

1 - Écris les nombres qui manquent dans les cases grisées.

62, 66, 70, 82, 91, 96

2 - Écris les nombres qui manquent dans les cases grisées.
Les tableaux ont été découpés.

75, 77, 77

Matériel 11 Étiquettes à manipuler — Séance 3

quatre	onze	dix
vingt	sept	un

(étiquettes répétées 15 fois)

12 Comparer les nombres jusqu'à 99

Séance 1 — 40 min

Le jeu des cerceaux

→ RAISONNER

Anticiper le résultat d'une manipulation.

MATÉRIEL ET SUPPORT
- Une barquette contenant une collection de 89 petits objets par groupe de 2 élèves : jetons, cubes, buchettes, pions, kapla®, trombones…
- Le document élève et la trace écrite (**Materiel12.pdf**, pages 1 et 2).
- Des feuilles A3.

DÉROULEMENT DE LA SÉANCE

❶ Appropriation du problème Rappeler le sens des signes < et >.	5 min	**Manipulation Verbalisation** Oral collectif
❷ Recherche Comparer deux quantités de cubes dessinées et non groupées.	10 min	**Représentation Expérimentation** Travail individuel
❸ Mise en commun et validation Découvrir la procédure à privilégier.	5 min	**Abstraction** Oral collectif
❹ Nouvelle recherche Comparer deux quantités de cubes : une collection dessinée et une écriture chiffrée.	10 min	**Représentation Expérimentation** Travail individuel
❺ Institutionnalisation Connaitre deux méthodes pour comparer des nombres.	10 min	**Abstraction** Oral collectif

Dans le cadre d'une séance d'EPS portant sur les jeux d'adresse, les enfants ont participé à l'atelier du *Jeu des cerceaux*. Deux équipes sont formées. Chaque équipe choisit une couleur de cerceau et se place à cinq mètres de son cerceau. Chaque équipe reçoit une collection de cubes (par exemple : 40 cubes par équipe). À tour de rôle, chaque joueur essaie de lancer ses cubes dans le cerceau de son équipe. L'équipe qui totalise le plus de cubes dans son cerceau gagne la partie.

❶ Appropriation du problème

Rappeler le sens des signes > et < à l'aide des deux exemples de l'animation **Séquence 12**. Expliquer que le côté le plus ouvert est situé du côté du nombre le plus grand.
Verbaliser *« 6 est plus grand que 3 »* et *« 2 est plus petit que 5 »*.

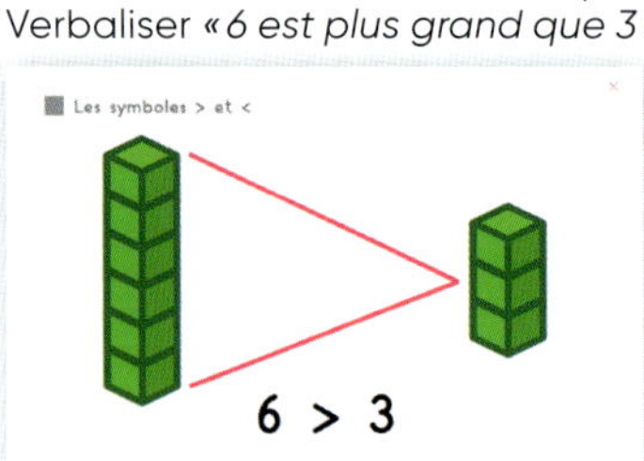

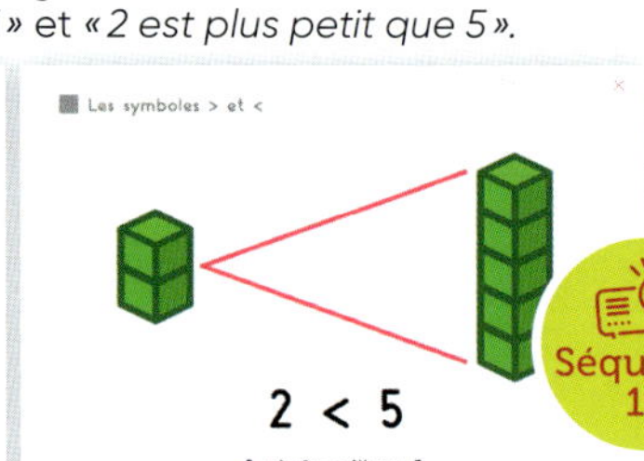

Séquence 12

Demander aux élèves d'écrire avec ces signes que 5 est plus grand que 3 ou que 3 est plus petit que 5. Constater qu'on peut écrire 3 < 5 ou 5 > 3.

Annoncer que deux équipes ont joué au jeu des cerceaux. Les deux cerceaux sont dessinés sur la feuille de recherche. Donner un exemple avec deux collections de 4 et 7 cubes.

Consigne *« Écris le nombre de cubes puis compare les deux nombres en utilisant les signes < ou >. »*

❷ Recherche

Matériel 12

Consigne 1 *« Écris les scores de l'équipe rouge et de l'équipe jaune puis compare les deux nombres pour savoir quelle équipe a gagné. »*

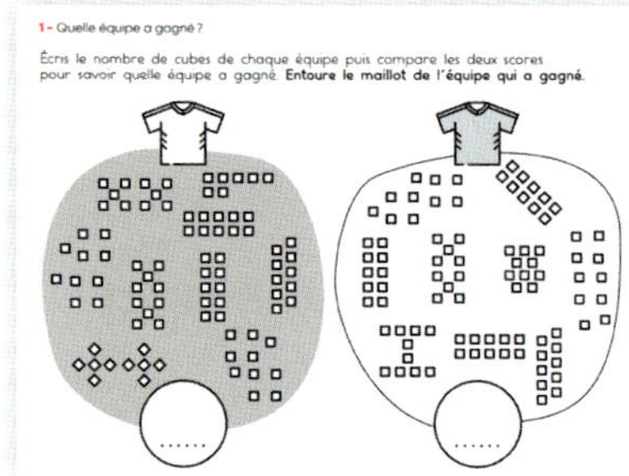

Exercice 1

Présenter les deux collections de cubes (90 et 87 cubes, ne pas annoncer ces deux nombres aux élèves). Ce matériel sera utilisé pour valider les réponses des élèves.

DIFFÉRENCIATION
- Aider les élèves qui rencontrent des difficultés à organiser le dénombrement en rappelant la possibilité de former des dizaines. Donner des exemples de groupes de 5 qui peuvent être associés pour former une dizaine.

❸ Mise en commun et validation

Demi-droite graduée

Confronter les réponses des élèves.
Demander aux élèves d'expliquer leurs procédures.
Rappeler les risques d'erreurs liées au comptage un à un.

Procédures à privilégier
- Organiser la collection en groupes de 10 cubes pour parvenir à l'écriture du nombre en dizaines et unités.
- Comparer les deux nombres en commençant par la comparaison des chiffres des dizaines.

La validation s'effectue par la manipulation des cubes. Des élèves se chargent d'organiser les collections de cubes en formant les dizaines.

La validation permet de remarquer que l'écriture chiffrée apporte les informations suffisantes pour connaitre le nombre le plus grand. Il suffit de regarder le chiffre des dizaines en premier sans avoir à chercher le nom de chaque nombre. Sur cet exemple, on constate qu'un nombre comme 90 avec 9 dizaines et 0 unité est plus grand que tous les nombres avec 8 dizaines quel que soit le chiffre des unités.

Constater que 90 vient après 87 dans la suite orale des nombres, sur la demi-droite graduée et dans le tableau des nombres de 0 à 99.

❹ Nouvelle recherche

Présenter une collection de 56 cubes dans un cerceau (ne pas donner le nombre de cubes) et une étiquette où est écrit 58 cubes.

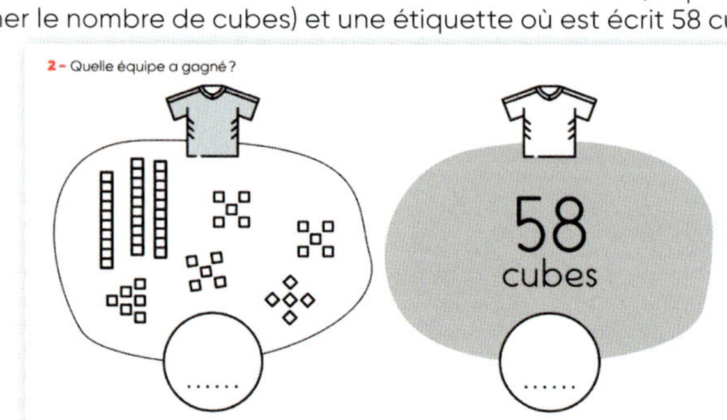

Exercice 2

Consigne 2 *« Écris le score de l'équipe rouge puis compare les deux nombres pour savoir quelle équipe a gagné. »*

❺ Institutionnalisation

Demi-droite graduée

Ce qu'il faut retenir

Comparer deux nombres, c'est chercher quel nombre est le plus petit et quel nombre est le plus grand.

Il y a deux méthodes pour comparer des nombres.

1) On compare leur position dans la suite orale des nombres. 56 est plus petit que 73 car il vient avant 73 dans la suite des nombres. On peut le vérifier en repérant ces deux nombres sur la demi-droite graduée.

2) On compare le chiffre des dizaines de chaque nombre.
Exemple 78 est plus grand que 54.
En cas d'égalité au niveau des chiffres des dizaines, on compare le chiffre des unités de chaque nombre.
Exemple 75 est plus grand que 73.

À quoi cela sert-il ?

Donner des exemples concrets où on compare des nombres : scores de deux équipes de basket ou de rugby pour connaitre le vainqueur, comparaison de prix pour un même objet pour acheter le moins cher, comparaison de la taille de deux objets ou de deux personnes.

Trace écrite

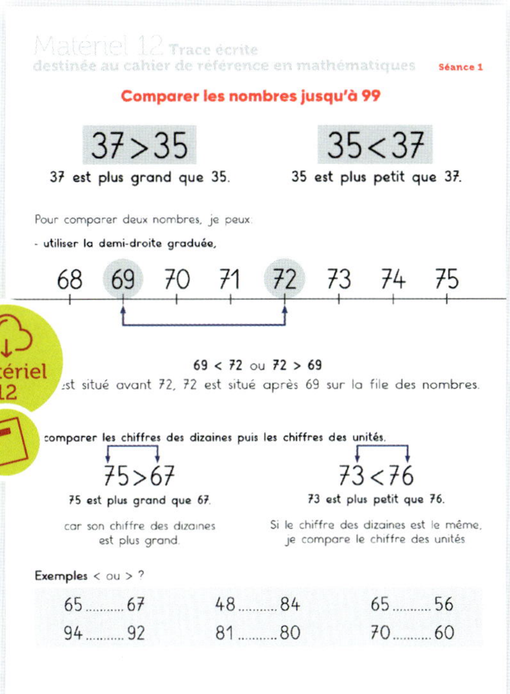
Matériel 12 Trace écrite destinée au cahier de référence en mathématiques — Séance 1

Comparer les nombres jusqu'à 99

37>35 — 37 est plus grand que 35.
35<37 — 35 est plus petit que 37.

Pour comparer deux nombres, je peux
- utiliser la demi-droite graduée,

68 69 70 71 72 73 74 75

69 < 72 ou 72 > 69
…st situé avant 72, 72 est situé après 69 sur la file des nombres.

…comparer les chiffres des dizaines puis les chiffres des unités.

75>67 — 75 est plus grand que 67, car son chiffre des dizaines est plus grand
73<76 — 73 est plus petit que 76. Si le chiffre des dizaines est le même, je compare le chiffre des unités

Exemples < ou > ?

65 .... 67 — 48 .... 84 — 65 56
94 .... 92 — 81 .... 80 — 70 60

Matériel 12

Séance 2

30 min

Ranger des nombres à deux chiffres

→ RAISONNER

Anticiper le résultat d'une manipulation.

MATÉRIEL ET SUPPORT
- La feuille de recherche et la trace écrite (**Materiel12.pdf**, page 3).

DÉROULEMENT DE LA SÉANCE

❶ Appropriation du problème Comprendre ce qu'il faut trouver.	5 min	Manipulation Verbalisation Oral collectif
❷ Recherche Ranger 6 nombres de 2 chiffres par ordre croissant.	10 min	Expérimentation Écrit individuel
❸ Mise en commun et validation Connaitre une méthode pour résoudre des problèmes de ce type.	5 min	Verbalisation Manipulation Oral collectif
❹ Entrainement Ranger des nombres dans l'ordre croissant et décroissant.	10 min	Expérimentation Écrit individuel

❶ Appropriation du problème

Annoncer que 6 équipes ont joué au jeu des cerceaux.
Il va falloir ranger les scores obtenus pour savoir qui a gagné, qui est deuxième…

Présenter le matériel (sans nommer les nombres) :
- le cerceau rouge contient une collection de 80 cubes non groupés,
- le cerceau bleu contient 78 cubes partiellement groupés,
- le cerceau jaune contient une collection de 93 cubes où tous les groupements de 10 ont été réalisés,
- une étiquette où est écrit 91,
- une étiquette où est écrit 9u 7d,
- une étiquette où est écrit 6d 29u.

❷ Recherche

Consigne « Écris le nombre de cubes gagnés par chaque équipe puis range ces nombres par ordre croissant, c'est-à-dire du plus petit au plus grand. »

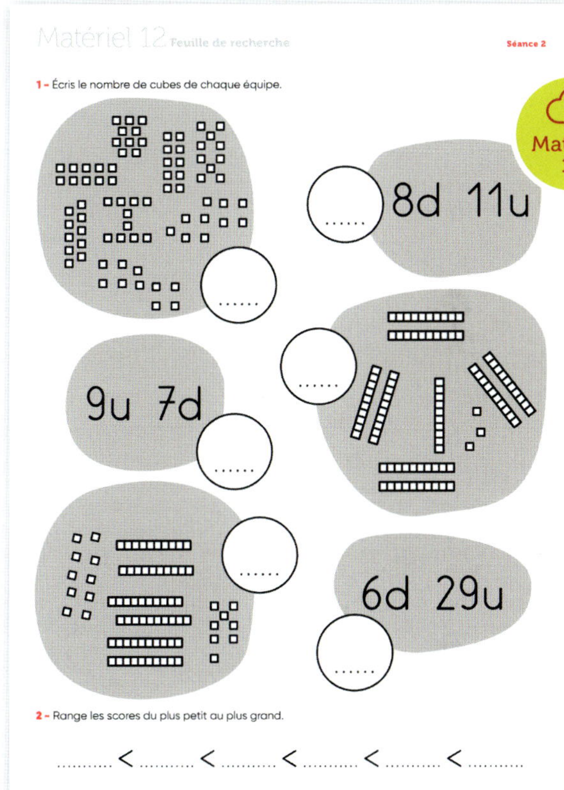
Matériel 12 Feuille de recherche — Séance 2

1 - Écris le nombre de cubes de chaque équipe.

2 - Range les scores du plus petit au plus grand.

.... < .... < .... < .... < .... < ....

Matériel 12

❸ Mise en commun et validation

Mutualiser les procédures utilisées pour résoudre ce type de problème. La validation s'effectue à l'aide de cubes.

Procédures à privilégier
- Représenter chaque nombre avec une écriture chiffrée, cherche dans la liste le nombre le plus petit (ou le plus grand) en comparant les chiffres des dizaines puis celui des unités, si les chiffres des dizaines sont les mêmes.
- Lire chaque nombre puis cherche tous les nombres de la famille des 70, tous ceux de la famille des 80 et enfin ceux de la famille des 90 et range les nombres dans chaque famille.
- Barrer les nombres au fur et à mesure du rangement.

❹ Entrainement

Exercices présentés au tableau pour réalisation sur l'ardoise.

Exercice 1
Range les nombres du plus petit au plus grand.
a) 98, 56, 47, 65, 89.
b) 90, 93, 98, 89, 86.

Exercice 2
Range les nombres du plus grand au plus petit.
a) 60, 80, 50, 70, 90.
b) 43, 63, 83, 53, 93, 73.

12 Comparer les nombres jusqu'à 99

Séance 3 — 35 min

Intercaler et encadrer les nombres jusqu'à 99

→ **REPRÉSENTER**

Appréhender différents systèmes de représentations : la demi-droite graduée.

MATÉRIEL ET SUPPORT
- La trace écrite (**Materiel12.pdf**, page 4).

DÉROULEMENT DE LA SÉANCE

1 Appropriation du problème Ranger les dizaines entières sur une droite.	5 min	Manipulation Verbalisation Oral collectif
2 Recherche Intercaler des nombres entre deux dizaines entières qui se suivent.	15 min	Expérimentation Représentation Écrit individuel
3 Entrainement Se repérer sur la demi-droite graduée.	5 min	Représentation Écrit individuel
4 Institutionnalisation Comprendre la signification des verbes ranger, intercaler et encadrer.	10 min	Verbalisation Oral collectif

1 Appropriation du problème

Appeler 10 élèves au tableau et donner à chacun une carte avec une écriture chiffrée (0, 10, 20, ... 90).

Consigne *« Rangez-vous dans l'ordre croissant. »*

Lire les nombres dans l'ordre croissant.

2 Recherche

- **Phase 1**

Distribuer à dix autres élèves une carte avec une écriture chiffrée : 7, 15, 23, 38, 46, 54, 67, 72, 89, 91.

Consigne *« Chaque élève va venir se placer, s'intercaler, entre deux camarades avec les dizaines entières et justifier pourquoi il s'intercale entre ces deux nombres. »*

- **Phase 2**

Tracer une droite sur toute la longueur du tableau. Placer et fixer les cartes avec les dizaines entières sur cette droite en veillant à bien les espacer.

Distribuer de nouvelles cartes aux élèves qui ne sont pas allés au tableau. Leur demander de venir positionner leur carte sur la droite.

- **Phase 3**

Consigne *« Cherchez deux nombres qui peuvent encadrer le nombre 45. »*

..... < 45 < ....

Constater que de nombreuses solutions sont possibles :
- Le nombre juste avant et le nombre juste après : 44 < 45 < 46.
- La dizaine juste avant et la dizaine juste après : 40 < 45 < 50.
- D'autres nombres : 21 < 45 < 67, 32 < 45 < 78.

- **Phase 4**

Consigne *« Cherchez un nombre qui peut s'intercaler entre le nombre 56 et 62. »*

56 < ... < 62

Lister les différentes possibilités. Utiliser les erreurs pour rappeler comment ranger des nombres et la signification des signes < et > (notion de strictement inférieur ou supérieur).

3 Entrainement

Jouer au jeu du portrait. Les élèves répondent sur l'ardoise.

Exemples

- *« C'est un nombre plus grand que 30 et plus petit que 40. Son chiffre des unités est 5.* ***Quel est ce nombre ?*** *»*
- *« C'est un nombre compris entre 50 et 60. Son chiffre des unités est 9.* ***Quel est ce nombre ?*** *»*
- *« C'est un nombre compris entre 65 et 72 Son chiffre des unités est 8.* ***Quel est ce nombre ?*** *»*

4 Institutionnalisation

La trace écrite est complétée avec les élèves.

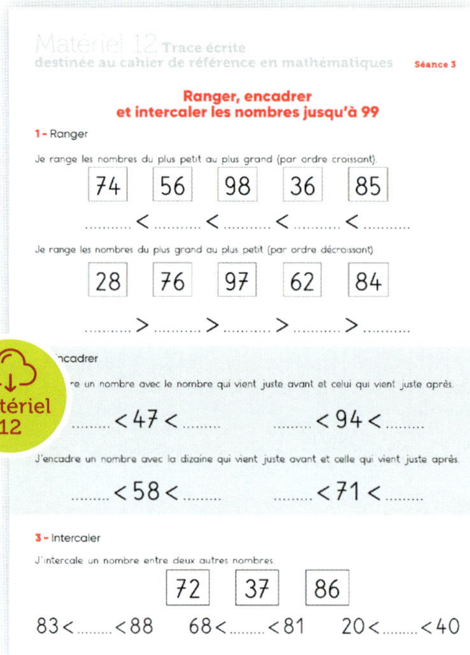
Matériel 12 Trace écrite destinée au cahier de référence en mathématiques — Séance 3

Ranger, encadrer et intercaler les nombres jusqu'à 99

1 - Ranger

Je range les nombres du plus petit au plus grand (par ordre croissant).

74 56 98 36 85

.... < .... < .... < .... < ....

Je range les nombres du plus grand au plus petit (par ordre décroissant).

28 76 97 62 84

.... > .... > .... > .... > ....

...ncadrer

...e un nombre avec le nombre qui vient juste avant et celui qui vient juste après.

.... < 47 < .... < 94 < ....

J'encadre un nombre avec la dizaine qui vient juste avant et celle qui vient juste après.

.... < 58 < .... < 71 < ....

3 - Intercaler

J'intercale un nombre entre deux autres nombres.

72 37 86

83 < .... < 88 68 < .... < 81 20 < .... < 40

Matériel 12

Séance 4 — 30 min

Bilan de la séance

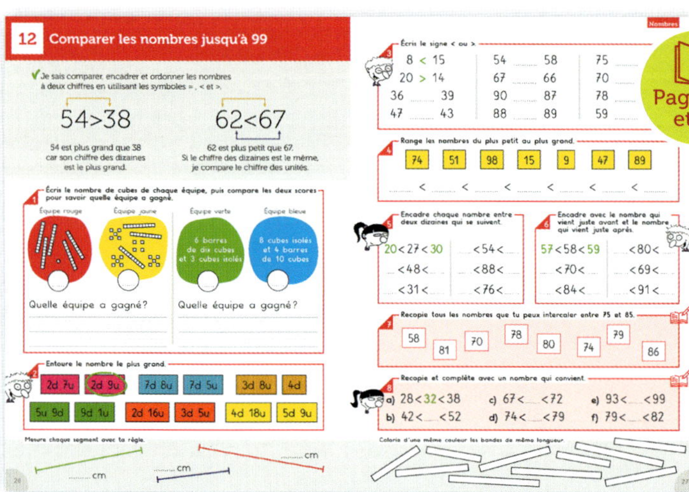

Pages 26 et 27

Matériel 12

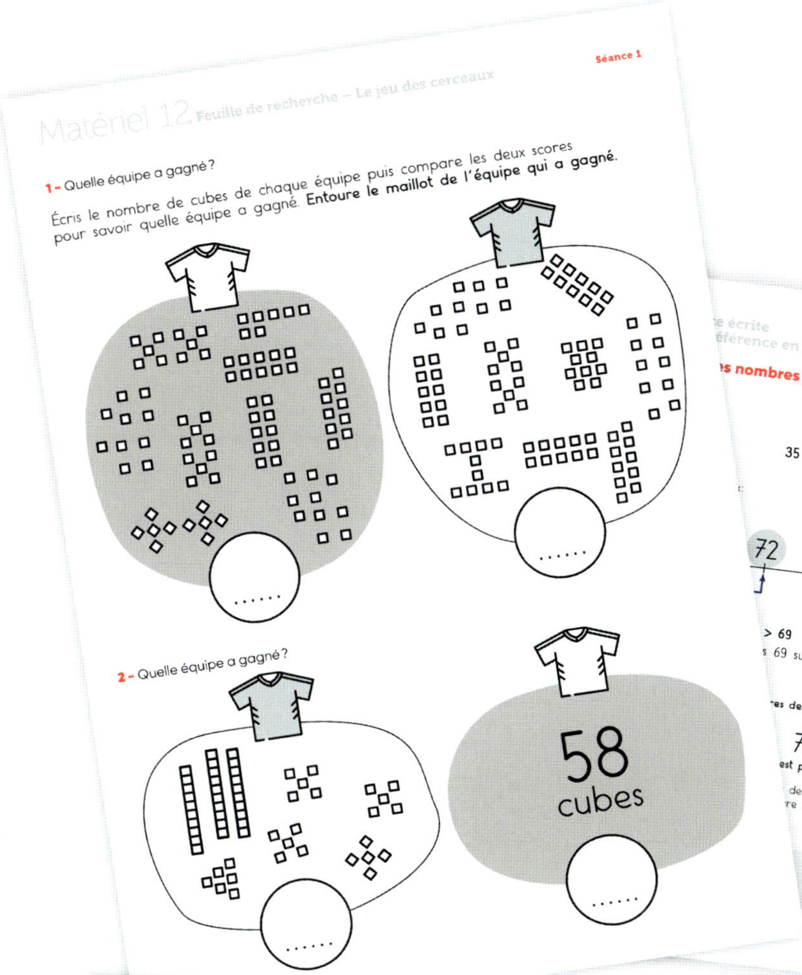
Matériel 12 Feuille de recherche – Le jeu des cerceaux

Séance 1

1 - Quelle équipe a gagné ?

Écris le nombre de cubes de chaque équipe puis compare les deux scores pour savoir quelle équipe a gagné. **Entoure le maillot de l'équipe qui a gagné.**

2 - Quelle équipe a gagné ?

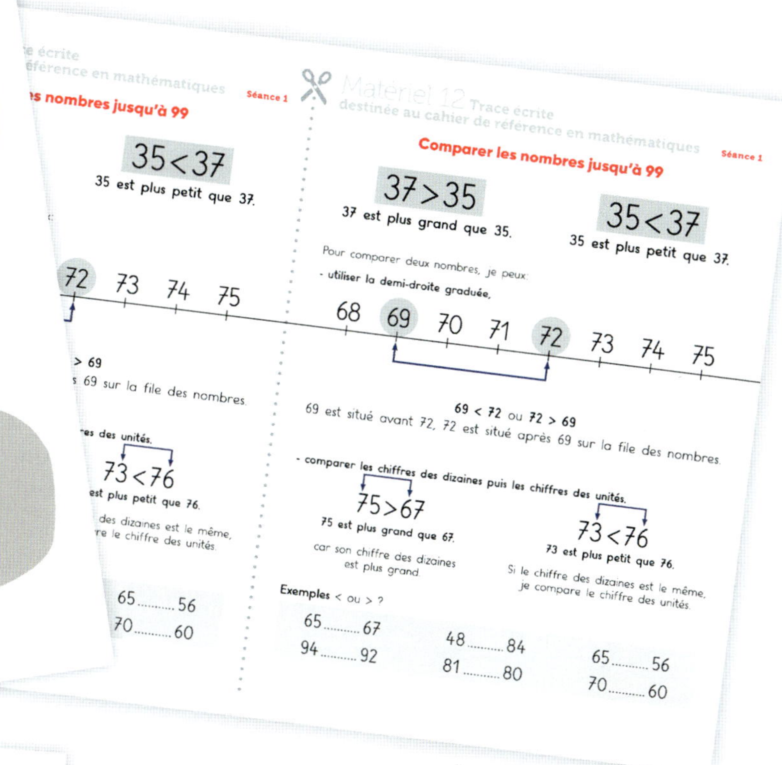
Matériel 12 Trace écrite destinée au cahier de référence en mathématiques

Séance 1

Comparer les nombres jusqu'à 99

37 > 35
37 est plus grand que 35.

35 < 37
35 est plus petit que 37.

Pour comparer deux nombres, je peux :

- **utiliser la demi-droite graduée.**

69 < 72 ou **72 > 69**

69 est situé avant 72, 72 est situé après 69 sur la file des nombres.

- **comparer les chiffres des dizaines puis les chiffres des unités.**

75 > 67
75 est plus grand que 67,
car son chiffre des dizaines est plus grand.

73 < 76
73 est plus petit que 76.
Si le chiffre des dizaines est le même, je compare le chiffre des unités.

Exemples < ou > ?

65 67   48 84   65 56

94 92   81 80   70 60

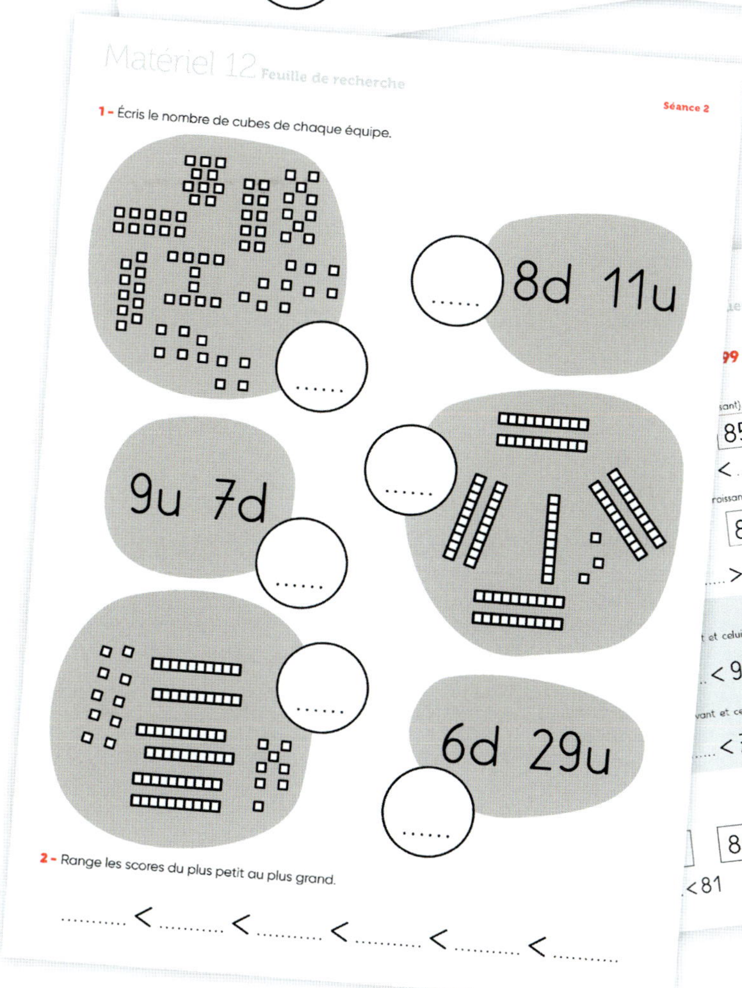
Matériel 12 Feuille de recherche

Séance 2

1 - Écris le nombre de cubes de chaque équipe.

2 - Range les scores du plus petit au plus grand.

.... < .... < .... < .... < .... < ....

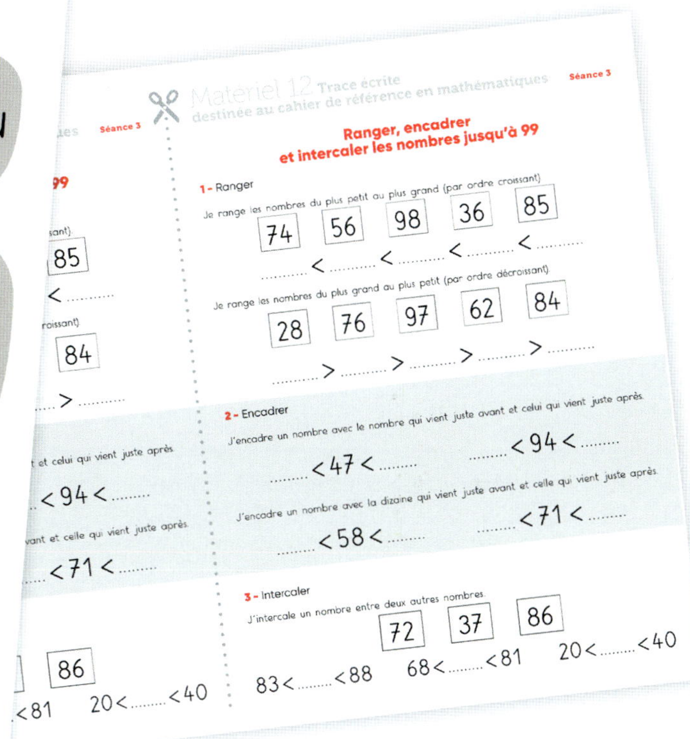
Matériel 12 Trace écrite destinée au cahier de référence en mathématiques

Séance 3

Ranger, encadrer et intercaler les nombres jusqu'à 99

1 - Ranger

Je range les nombres du plus petit au plus grand (par ordre croissant)

74 56 98 36 85

.... < .... < .... < .... < ....

Je range les nombres du plus grand au plus petit (par ordre décroissant)

28 76 97 62 84

.... > .... > .... > .... > ....

2 - Encadrer

J'encadre un nombre avec le nombre qui vient juste avant et celui qui vient juste après.

.... < 47 < .... < 94 < ....

J'encadre un nombre avec la dizaine qui vient juste avant et celle qui vient juste après.

.... < 58 < .... < 71 < ....

3 - Intercaler

J'intercale un nombre entre deux autres nombres.

72 37 86

83 < .... < 88   68 < .... < 81   20 < .... < 40

15 min par jour

Calcul mental

- Connaitre les tables d'addition de 1 à 5 et de 10.
- Calculer la somme de deux nombres inférieurs à 10 avec franchissement de la dizaine.

Séance 1

❶ Table d'addition de 10 : réactivation — 3 min

Série de calculs donnés un par un oralement.
Les élèves écrivent les réponses sur l'ardoise.

4 + 10	6 + 10	5 + 10	9 + 10
8 + 10	1 + 10	7 + 10	10 + 10

❷ Sommes du type 6 + 8 : découverte — 7 min

Proposer le calcul **6 + 8** qui est écrit au tableau.

Procédure à privilégier lors de la mise en commun

- Positionner le plus grand nombre en premier pour obtenir le calcul 8 + 6.
- Décomposer additivement le nombre 6 pour calculer plus facilement en utilisant sa connaissance des compléments à 10 : 8 + 6 = 8 + 2 + 4.

La procédure 6 + 8 = 6 + 4 + 4 = 10 + 4 = 14 est plus rare chez les élèves mais mérite d'être explicitée également.

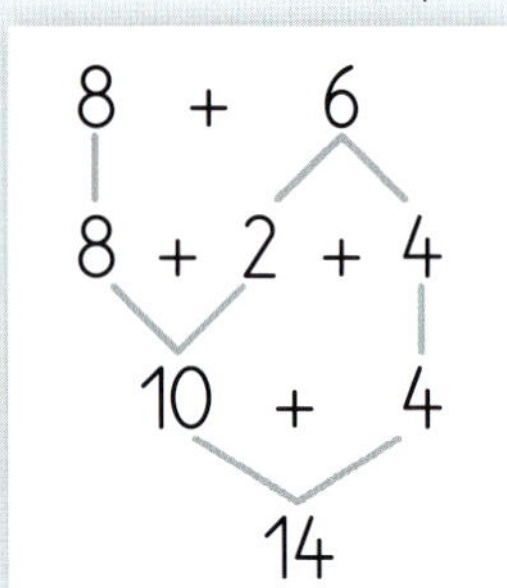

Visualiser les étapes du calcul avec un arbre de calculs puis sur la demi-droite graduée.

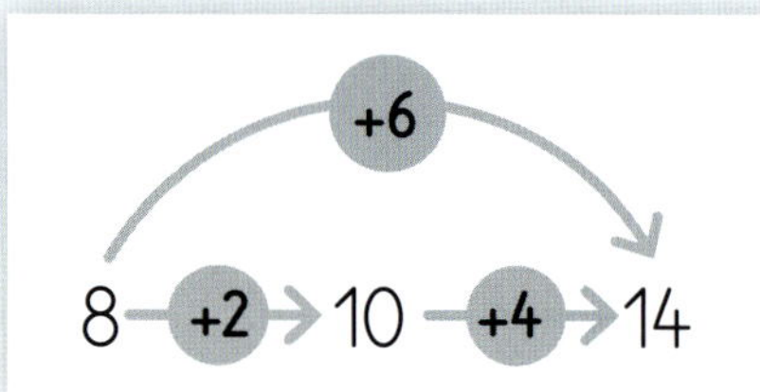

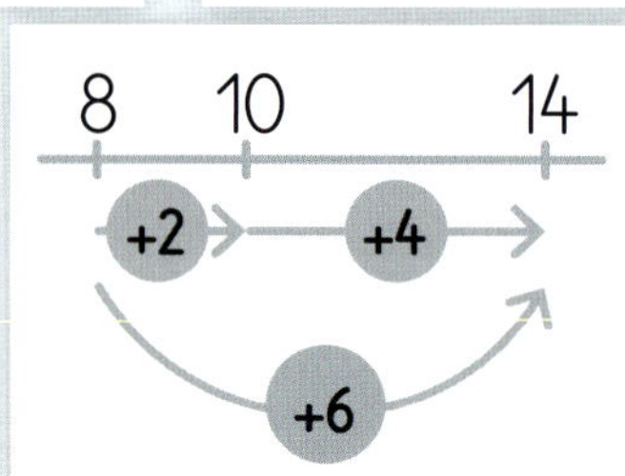

Écrire au tableau les étapes du calcul en ligne.

6+8, c'est pareil que 8+6.
8+6, c'est pareil que 8+2+4.
8+2+4=10+4
10+4=14
donc 6+8=14.

❸ Trace écrite — 5 min

Verbaliser les étapes du calcul.
Lire la trace écrite (**MaterielCalcul6.pdf**, page 1) et la placer dans le cahier de mathématiques.

Matériel Calcul 6

Séance 2

❶ Table de soustraction de 10 : réactivation — 3 min

Série de calculs donnés un par un oralement.
Les élèves écrivent les réponses sur l'ardoise.

14 – 10 10 – 10 15 – 10 19 – 10 18 – 10 11 – 10 17 – 10

❷ Sommes du type 6 + 8 : entrainement — 5 min

Série de calculs donnés un par un oralement.
Les élèves écrivent les réponses sur l'ardoise.

4 + 9 7 + 8 6 + 7 5 + 8 8 + 9 4 + 10

❸ Sommes du type 6 + 8 : renforcement — 7 min

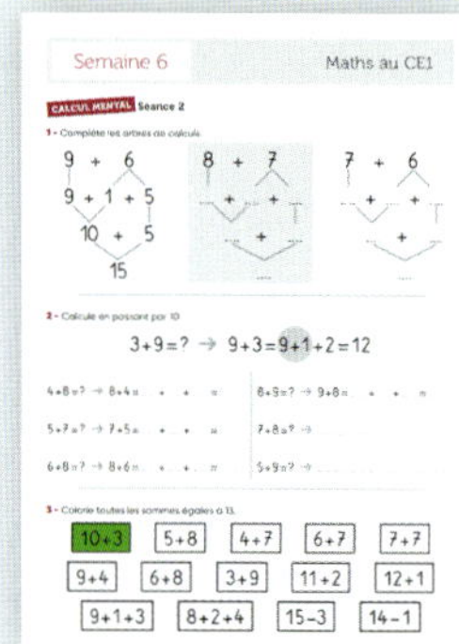

Donner ensuite la série de calculs du **MaterielCalcul6.pdf**, page 2 : à effectuer dans le cahier de mathématiques pour consolider l'apprentissage de la procédure visée.

Matériel Calcul 6

Séance 3

❶ Tables d'addition de 1 à 5 : consolidation — 5 min

Série de calculs donnés un par un oralement.
Les élèves écrivent les réponses sur l'ardoise.

6 + 3 7 + 2 8 + 2 4 + 5 3 + 4 7 + 2 3 + 5

❷ Sommes du type 6 + 8 : évaluation — 10 min

Série de plusieurs calculs donnés à l'écrit (**MaterielCalcul6.pdf**, page 3) dans un temps limité à deux minutes.

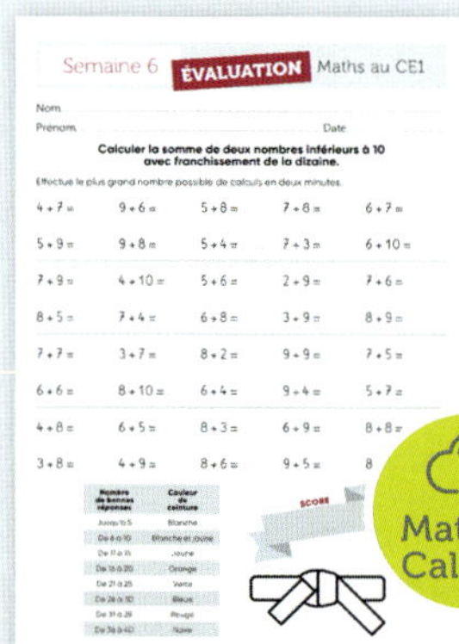

Matériel Calcul 6

Séance 4

❶ Tables d'addition de 1 à 5 : consolidation — 3 min

Série de calculs donnés un par un oralement.
Les élèves écrivent les réponses sur l'ardoise.

6 + 3 7 + 4 8 + 5 9 + 3 8 + 4 7 + 5 9 + 5

❷ Sommes du type 6 + 8 : évaluation — 2 min

Série de calculs du document de la séance 3 dans un temps limité à deux minutes (**MaterielCalcul6.pdf**, page 3).
Chaque élève peut mesurer ses progrès en comparant à son score de la séance 3.

Matériel Calcul 6

❸ Sommes du type 6 + 8 : réinvestissement — 10 min

Résoudre les petits problèmes oraux sur l'ardoise.

« Léo a 7 billes ; Lili en a 5 de plus.
Combien Lili a-t-elle de billes ? »

« Je lance deux dés et je fais un 5 et un 6.
Combien de points ai-je obtenus ? »

« Lili a 14 ans. Elle a 5 ans de plus que son frère.
Quel âge a le frère de Lili ? »

« Nina achète un jeu à 8 euros et un livre. Elle paie 15 euros.
Quel est le prix du livre ? »

Atelier 6

30 min par semaine

Atelier problèmes

- Résoudre des problèmes additifs en une ou deux étapes.

Prénom .... Date ....

Résous les problèmes avec le symbole ✖ puis résous les problèmes de ton choix. Essaie d'en résoudre le plus possible.

✖ Problème 1

Il y avait 26 oiseaux dans l'arbre.
Il n'en reste plus que 11.

Combien d'oiseaux se sont envolés ?

✖ Problème 2

Dans la boite, il y avait des bonbons.
J'en ai mangé 5 et il en reste encore 22.

Combien de bonbons y avait-il dans la boite avant que j'en mange ?

Problème 3

Louise joue au jeu de l'Oie.
Elle est sur la case 54 et doit reculer de 7 cases puis elle doit reculer de 5 cases.

Sur quelle case Louise va-t-elle poser son pion ?

Problème 4

Lina a 53 euros dans son portemonnaie.
Elle achète un livre à 7 euros.

Combien d'argent reste-t-il à Lina ?

Problème 5

Léo a 53 euros dans son portemonnaie.
Il achète une trottinette à 46 euros.

Combien d'argent reste-t-il à Léo ?

Problème 6

Fatou a 24 euros dans son portemonnaie.
Elle achète un stylo à 6 euros et une trousse à 5 euros.

Combien d'argent reste-t-il à Fatou ?

13 Résoudre des problèmes en une ou deux étapes : addition et soustraction (3)

Problèmes de réunion : recherche du tout ou d'une partie

Séance 1 — 30 min

Résoudre des problèmes de réunion en une étape

→ MODÉLISER

Résoudre des problèmes additifs : recherche du tout dans un problème de réunion ou recherche d'une partie en connaissant le tout et l'autre partie.

MATÉRIEL ET SUPPORT
- Une boite fermée (ou un sac), des billes ou des jetons.
- La feuille de recherche et les traces écrites (**Materiel13.pdf**, pages 1 à 3).

DÉROULEMENT DE LA SÉANCE

1 Recherche Déterminer le tout dans un problème de réunion.	5 min	**Expérimentation** Écrit individuel puis groupes de 2
2 Mise en commun Utiliser le calcul ou un schéma pour résoudre le problème.	10 min	**Verbalisation** **Manipulation** **Représentation** Oral collectif
3 Nouvelle recherche Déterminer une partie en connaissant le tout et l'autre partie.	10 min	**Expérimentation** Écrit individuel
4 Trace écrite Élaborer une trace écrite dans le cahier de mathématiques.	5 min	**Représentation** **Abstraction** Écrit individuel

1 Recherche

Matériel 13

Lire le problème A sur la feuille de recherche.

Problème A
Marius a 29 billes. Tom a 8 billes.
Combien de billes Marius et Tom ont-ils à eux deux ?

Après un temps de recherche individuelle, les élèves travaillent par groupes de deux pour proposer une solution commune.

DIFFÉRENCIATION
- Un groupe d'élèves ayant besoin de manipuler et de mettre en scène avec des objets travaille avec l'enseignant. Mimer la situation avec le matériel. Faire reformuler le problème en précisant ce que l'on doit chercher.

2 Mise en commun

La mise en commun des procédures utilisées permet de faire un rappel de la procédure de calcul mental utilisant le passage de la dizaine.

La validation s'effectue par le dénombrement des billes.

Schémas utilisés pour le problème A

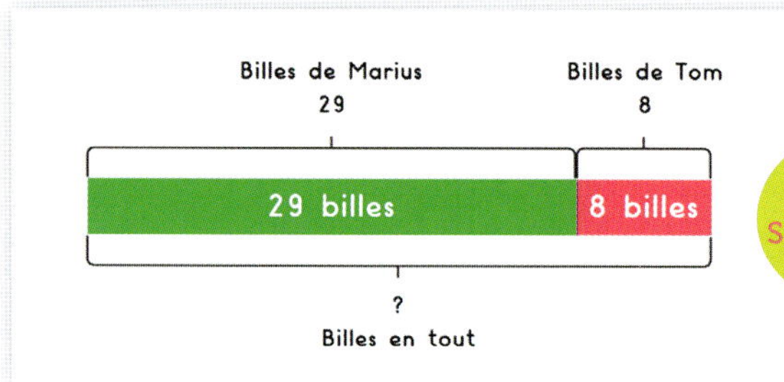

Séquence 13

Schéma 1 Expliquer que les billes sont rangées dans des boites. Le nombre de billes est écrit sur chaque boite.

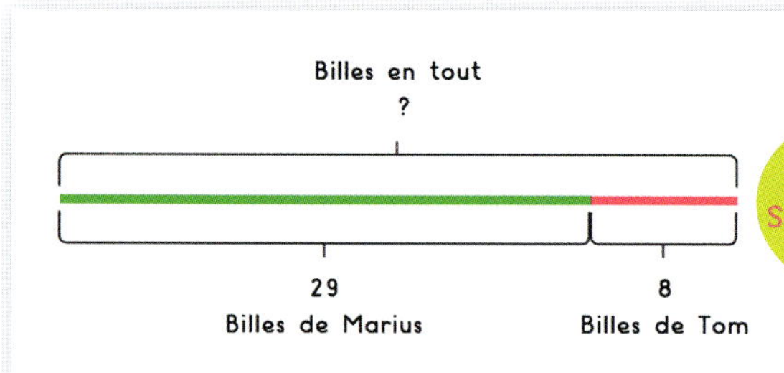

Séquence 13

Schéma 2

Les schémas ci-dessus ont pour objectif de rendre visible qu'il s'agit d'un ensemble de billes partagé en deux parties. Le cardinal de chaque partie est connu. Il s'agit de déterminer le cardinal de l'ensemble.

Synthèse
« Dans ce problème, il s'agissait de trouver combien il y a de billes en tout, connaissant le nombre de billes de Tom et celui de Marius. Vous avez ajouté le nombre de billes de Marius et le nombre de billes de Tom. »

Écrire le calcul : **29 + 8 = 37**.

3 Nouvelle recherche

Matériel 13

La démarche est reconduite avec le problème B.

Problème B
Lili et Léo ont 33 billes à eux deux.
Léo a 6 billes.
Combien Lili a-t-elle de billes ?

DIFFÉRENCIATION
- La calculatrice est disponible pour les élèves qui rencontrent des difficultés liées au calcul. L'objectif ici est de comprendre le sens du problème et de reconnaitre l'opération à effectuer. Le calcul ne doit donc pas être un obstacle.

Schémas utilisés pour le problème B

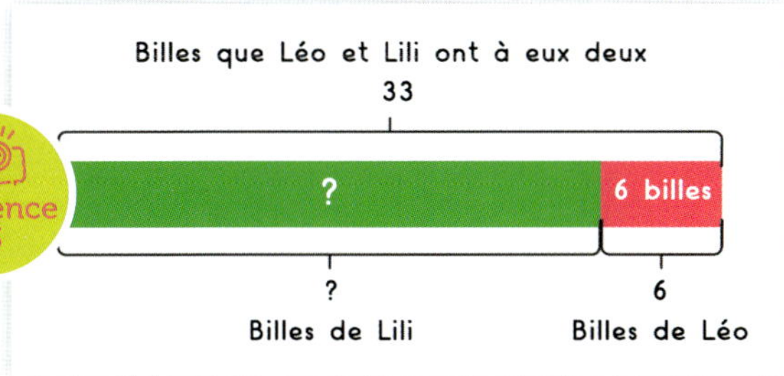

Schéma 1

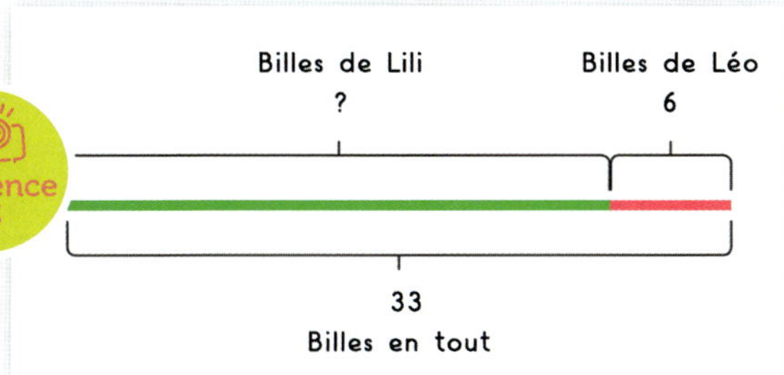

Schéma 2

Dans le problème B, c'est comme dans le problème A, il y avait deux parties : les billes de Léo et les billes de Lili. Mais dans le problème B, on connait le nombre total de billes et le nombre de billes de Léo. Il s'agit de trouver l'une des deux parties : le nombre de billes de Lili.

Avec les schémas et le matériel, faire observer que, si on retire les 6 billes de Léo (on les cache sur le schéma) du total (33 billes), on obtient les billes de Lili.
Montrer l'équivalence entre l'addition à trou et la soustraction.

Écrire le calcul : **33 – 6 = 27**.

❹ Trace écrite

Placer les deux exemples-types (problèmes A et B) dans le cahier de référence en mathématiques, les afficher dans l'espace réservé aux mathématiques.
Écrire la phrase-réponse pour chaque problème.

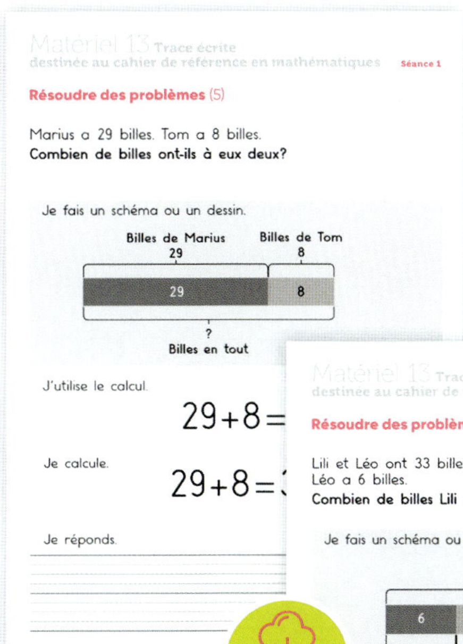

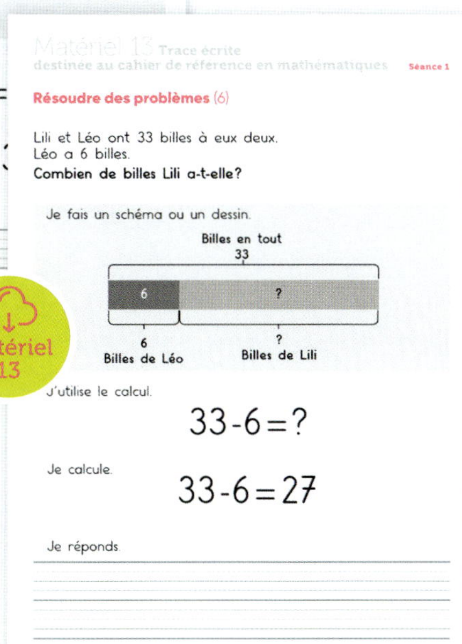

Matériel 13

Séance 2

30 min

Résoudre des problèmes additifs variés en une étape

→ **MODÉLISER**

Résoudre des problèmes additifs variés en une étape.

MATÉRIEL ET SUPPORT
- La feuille de problèmes (**Materiel13.pdf**, page 4).

DÉROULEMENT DE LA SÉANCE

❶ **Entrainement** Comprendre le but à atteindre dans un problème issu de la vie courante.	20 min	**Verbalisation** Oral collectif
❷ **Synthèse** Effectuer des analogies avec les problèmes de référence.	10 min	**Verbalisation** **Abstraction** Oral collectif

❶ Entrainement

Chaque élève essaie de résoudre un maximum de problèmes en 20 minutes.

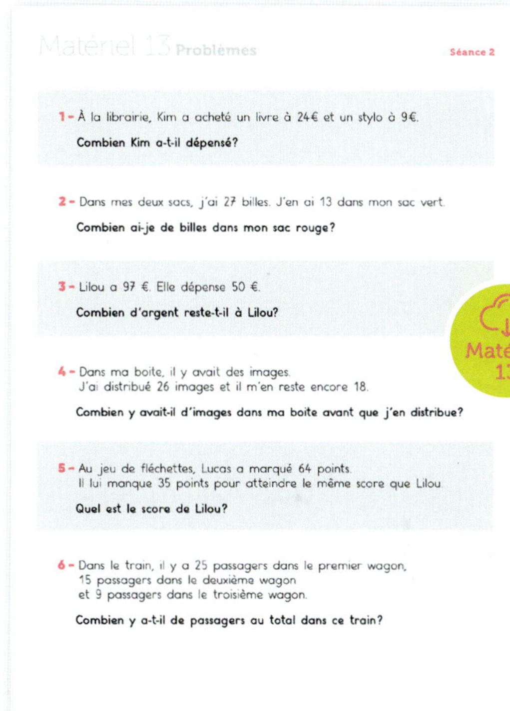

Matériel 13

DIFFÉRENCIATION

- L'enseignant circule dans les rangs pour apporter une aide personnalisée aux élèves les plus fragiles.

❷ Synthèse

Tous les problèmes traités n'ont pas nécessairement besoin de faire l'objet d'une mise en commun en fin de séance. Réserver le moment de correction à deux problèmes. En effet, si tous les élèves ont réussi à traiter de façon satisfaisante un problème donné, la validation des réponses dans les cahiers en circulant dans les rangs est suffisante. Une action spécifique auprès des élèves qui ont rencontré des difficultés est plus efficace qu'un échange en classe entière.

Lors de la phase de verbalisation, développer les raisonnements prenant appui sur la reconnaissance des analogies avec le problème de référence.
Exemple « *C'est comme dans le problème où il fallait chercher combien il y avait de billes en tout.* »

Faire référence aux traces écrites élaborées au cours des séances précédentes dans le domaine de la résolution de problèmes : cahier de mathématiques ou affichages. Utiliser un visualiseur pour projeter et analyser les schémas utilisés par les élèves.

13 Résoudre des problèmes en une ou deux étapes : addition et soustraction (3)

Séance 3 — 30 min

Résoudre des problèmes additifs en deux étapes

→ MODÉLISER

Résoudre des problèmes additifs variés en deux étapes.

MATÉRIEL ET SUPPORT
- La feuille de problèmes (**Materiel13.pdf**, page 5).

DÉROULEMENT DE LA SÉANCE

❶ Recherche Utiliser le calcul ou un schéma pour résoudre les problèmes en deux étapes.	20 min	Expérimentation Écrit individuel puis groupes de 2
❷ Synthèse Établir le bilan de ce qui a été appris au cours de la séance.	10 min	Verbalisation Abstraction Oral collectif

❶ Recherche

Après un temps de recherche individuelle, les élèves travaillent par groupes de 2 pour proposer des solutions communes.
Les élèves résolvent un maximum de problèmes en 20 minutes.

Matériel 13 **Résoudre des problèmes additifs en deux étapes** — **Séance 3**

1 - Dans sa tirelire, Lili a 30€. Elle achète un jeu à 15 € et un livre à 8€.
Combien d'argent reste-t-il à Lili?

2 - Dans mon sac, j'ai 58 billes. J'ai 13 billes vertes et 12 billes rouges.
Combien ai-je de billes jaunes?

3 - Dans la classe de Lucas, il y a 14 filles et 10 garçons.
Ce matin, 6 enfants sont absents.
Combien y a-t-il d'élèves présents ce matin?

4 - Alice a 60 euros sur son compte en banque.
Elle achète un livre à 10 euros, un jeu à 30 euros et un stylo à 3 euros.
Combien d'argent reste-t-il à Alice?

5 - Au jeu de fléchettes, Nina obtient 20 points et 15 points avec deux fléchettes lancées.
Il lui manque 10 points pour avoir le même score que Tom.
Quel est le score de Tom?

6 - Léo trace un segment de 14 cm sur une feuille.
Comme il le trouve trop court, il trace 13 cm supplémentaires.
Cette fois, il le trouve trop long: il gomme 6 cm.
Combien le segment mesure-t-il au final?

Matériel 13

DIFFÉRENCIATION
- Passer auprès de chaque élève pour relancer le travail de ceux qui sont bloqués en posant des questions pour les aider à s'approprier l'énoncé en le reformulant sans utiliser les nombres afin de raconter *l'histoire* de ce problème, en les invitant à faire un dessin ou un schéma ou, si besoin, en leur proposant du matériel à manipuler (cubes ou jetons).
- Accompagner plus longuement les élèves ayant des difficultés persistantes.
- La calculatrice est disponible pour les élèves qui rencontrent des difficultés liées au calcul. L'objectif ici est de comprendre le sens du problème. Le calcul ne doit donc pas être un obstacle.

❷ Synthèse

La correction de deux problèmes est effectuée collectivement.
La représentation à l'aide d'un schéma permet d'expliciter les étapes de la résolution.
Le bilan de la séance permet de remarquer les analogies entre tous les problèmes traités: il fallait les résoudre en deux étapes. Chaque étape correspond à un problème basique qu'il faut identifier parmi les problèmes de référence de la classe.

Séance 4 — 30 min

Bilan de la séquence

Les problèmes proposés dans la page de droite du cahier de l'élève ont pour objectif d'amener les élèves à résoudre un large éventail de problèmes choisis en fonction des besoins de chacun. Cette organisation permet à l'enseignant de mettre en œuvre des éléments de différenciation: formation de groupes de besoins, mise en place de tutorats, groupe de régulation.

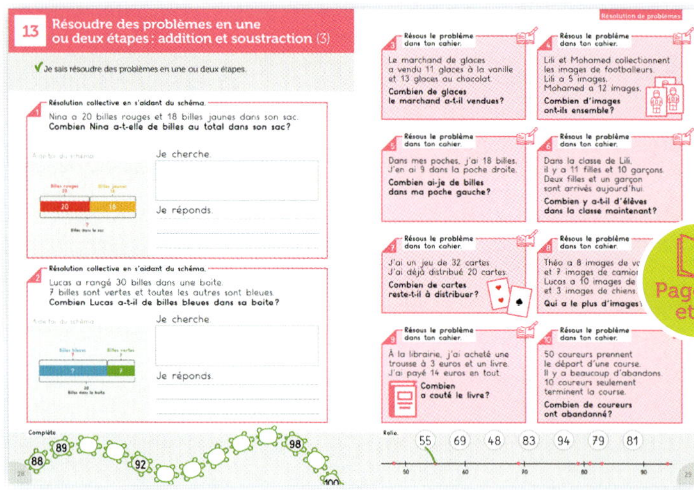
13 Résoudre des problèmes en une ou deux étapes : addition et soustraction (3)

✓ Je sais résoudre des problèmes en une ou deux étapes.

1 Résolution collective en s'aidant du schéma.
Nina a 20 billes rouges et 18 billes jaunes dans son sac.
Combien Nina a-t-elle de billes au total dans son sac?
Je cherche.
Je réponds.

2 Résolution collective en s'aidant du schéma.
Lucas a rangé 30 billes dans une boite.
7 billes sont vertes et toutes les autres sont bleues.
Combien Lucas a-t-il de billes bleues dans sa boite?
Je cherche.
Je réponds.

Complète. 88 89 92 98 100

Résolution de problèmes

3 Résous le problème dans ton cahier.
Le marchand de glaces a vendu 11 glaces à la vanille et 13 glaces au chocolat.
Combien de glaces le marchand a-t-il vendues?

4 Résous le problème dans ton cahier.
Lili et Mohamed collectionnent les images de footballeurs.
Lili a 5 images.
Mohamed a 12 images.
Combien d'images ont-ils ensemble?

5 Résous le problème dans ton cahier.
Dans mes poches, j'ai 18 billes.
J'en ai 9 dans la poche droite.
Combien ai-je de billes dans ma poche gauche?

6 Résous le problème dans ton cahier.
Dans la classe de Lili, il y a 11 filles et 10 garçons.
Deux filles et un garçon sont arrivés aujourd'hui.
Combien y a-t-il d'élèves dans la classe maintenant?

7 Résous le problème dans ton cahier.
J'ai un jeu de 32 cartes.
J'ai déjà distribué 20 cartes.
Combien de cartes reste-t-il à distribuer?

8 Résous le problème dans ton cahier.
Théo a 8 images de vo[...] et 7 images de camion[...]
Lucas a 10 images de [...] et 3 images de chiens.
Qui a le plus d'images?

9 Résous le problème dans ton cahier.
À la librairie, j'ai acheté une trousse à 3 euros et un livre.
J'ai payé 14 euros en tout.
Combien a couté le livre?

10 Résous le problème dans ton cahier.
50 coureurs prennent le départ d'une course.
Il y a beaucoup d'abandons.
10 coureurs seulement terminent la course.
Combien de coureurs ont abandonné?

Relie. 55 69 48 83 94 79 81
50 60 70 80 90

Pages 28 et 29

Matériel 13

Matériel 13 Feuille de recherche
Séance 1
Problème A
Marius a 29 billes. Tom a 8 billes.
Combien de billes ont-ils à eux deux?
Je cherche.
Problème B
Lili et Léo ont 33 billes à eux deux.
Léo a 6 billes.
Combien de billes Lili a-t-elle?
Je cherche.

Matériel 13 Trace écrite destinée au cahier de référence en mathématiques
Séance 1
Résoudre des problèmes (5)
Marius a 29 billes. Tom a 8 billes.
Combien de billes ont-ils à eux deux?
Je fais un schéma ou un dessin.

J'utilise le calcul
29+8=?
Je calcule.
29+8=37
Je réponds.

Matériel 13 Trace écrite destinée au cahier de référence en mathématiques
Séance 1
Résoudre des problèmes (6)
Lili et Léo ont 33 billes à eux deux.
Léo a 6 billes.
Combien de billes Lili a-t-elle?
Je fais un schéma ou un dessin.

J'utilise le calcul.
33-6=?
Je calcule.
33-6=27
Je réponds.

Matériel 13 Problèmes
Séance 2
1 - À la librairie, Kim a acheté un livre à 24€ et un stylo à 9€.
Combien Kim a-t-il dépensé?
2 - Dans mes deux sacs, j'ai 27 billes. J'en ai 13 dans mon sac vert.
Combien ai-je de billes dans mon sac rouge?
3 - Lilou a 97 €. Elle dépense 50 €.
Combien d'argent reste-t-il à Lilou?
4 - Dans ma boîte, il y avait des images.
J'ai distribué 26 images et il m'en reste encore 18.
Combien y avait-il d'images dans ma boîte avant que j'en distribue?
5 - Au jeu de fléchettes, Lucas a marqué 64 points.
Il lui manque 35 points pour atteindre le même score que Lilou.
Quel est le score de Lilou?
6 - Dans le train, il y a 25 passagers dans le premier wagon,
15 passagers dans le deuxième wagon
et 9 passagers dans le troisième wagon.
Combien y a-t-il de passagers au total dans ce train?

Matériel 13 Résoudre des problèmes additifs en deux étapes
Séance 3
1 - Dans sa tirelire, Lili a 30€. Elle achète un jeu à 15 € et un livre à 8€.
Combien d'argent reste-t-il à Lili?
2 - Dans mon sac, j'ai 58 billes. J'ai 13 billes vertes et 12 billes rouges.
Combien ai-je de billes jaunes?
3 - Dans la classe de Lucas, il y a 14 filles et 10 garçons.
Ce matin, 6 enfants sont absents.
Combien y a-t-il d'élèves présents ce matin?
4 - Alice a 60 euros sur son compte en banque.
Elle achète un livre à 10 euros, un jeu à 30 euros
et un stylo à 3 euros.
Combien d'argent reste-t-il à Alice?
5 - Au jeu de fléchettes, Nina obtient 20 points et 15 points
avec deux fléchettes lancées.
Il lui manque 10 points pour avoir le même score que Tom.
Quel est le score de Tom?
6 - Léo trace un segment de 14 cm sur une feuille.
Comme il le trouve trop court, il trace 13 cm supplémentaires.
Cette fois, il le trouve trop long: il gomme 6 cm.
Combien le segment mesure-t-il au final?

15 min par jour

Calcul mental

- Écrire les nombres jusqu'à 99.
- Calculer des sommes et des différences avec franchissement de la dizaine.

Séance 1

❶ Dictée de nombres — 3 min

Dictée de nombres sur l'ardoise **23, 34, 49, 40, 56, 50**.

Repérer les familles de nombres sur le tableau des nombres de 0 à 99 : famille des ***vingt***, des ***trente***, des ***quarante***, des ***cinquante*** ».

❷ Sommes du type 6 + 8 : consolidation — 5 min

Série de calculs donnés un par un oralement.
Les élèves écrivent les réponses sur l'ardoise.

4 + 9   7 + 8   6 + 7   5 + 8   8 + 9   4 + 10

❸ Sommes du type 6 + 8 : réinvestissement — 7 min

Proposer le problème à l'oral : *« Un pion est sur le 8. Il doit avancer jusqu'au 14.* ***De combien le pion doit-il avancer pour arriver sur le 14 ? »***

Reformuler pour faire le lien avec la recherche du complément : ***« Que faut-il ajouter à 8 pour aller à 14 ? »***

Représenter le calcul sur la demi-droite graduée.

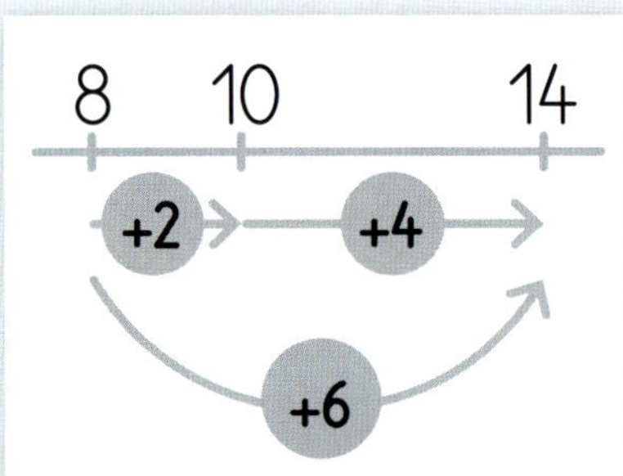

Séance 2

❶ Dictée de nombres — 3 min

Dictée de nombres sur l'ardoise **60, 66, 67, 70, 73, 77**.

Repérer les familles de nombres sur le tableau des nombres de 0 à 99 : famille des ***soixante*** de 60 à 79.

❷ Sommes du type 6 + 8 : consolidation — 5 min

Série de calculs donnés un par un oralement.
Les élèves écrivent les réponses sur l'ardoise.

De 8 pour aller à 11 ?
De 9 pour aller à 12 ?
De 7 pour aller à 13 ?
De 8 pour aller à 13 ?
De 9 pour aller à 11 ?
De 5 pour aller à 11 ?
De 6 pour aller à 14 ?
De 7 pour aller à 11 ?

❸ Différences du type 13 – 5 : réactivation — 7 min

Le but de cette activité est de calculer des différences en réinvestissant les procédures acquises pour calculer des sommes en franchissant la dizaine.

Proposer le calcul **13 – 5 = ?**

Représenter le calcul sur la demi-droite graduée.

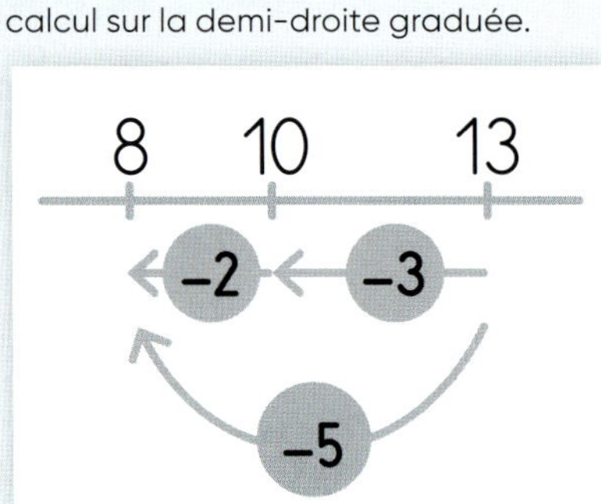

Séance 3

❶ Dictée de nombres — 3 min

Dictée de nombres sur l'ardoise **82, 88, 80, 92, 90, 95**.

Repérer les familles de nombres sur le tableau des nombres de 0 à 99 : famille de ***quatre-vingt*** de 80 à 99.

❷ Différences du type 13 – 5 : réactivation — 7 min

Série de calculs donnés un par un oralement.
Les élèves écrivent les réponses sur l'ardoise.

12 – 3   15 – 6   13 – 7   11 – 4   12 – 4   11 – 6

❸ Trace écrite — 5 min

Lire et compléter la trace écrite.

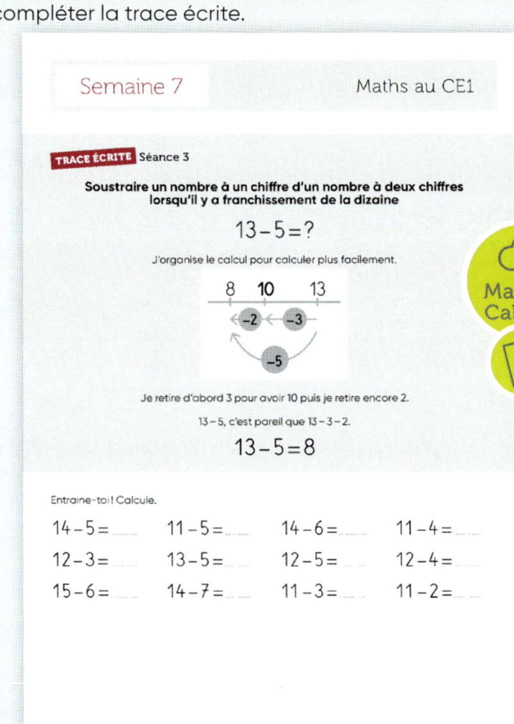
Semaine 7 — Maths au CE1

TRACE ÉCRITE Séance 3

Soustraire un nombre à un chiffre d'un nombre à deux chiffres lorsqu'il y a franchissement de la dizaine

13 – 5 = ?

J'organise le calcul pour calculer plus facilement.

Je retire d'abord 3 pour avoir 10 puis je retire encore 2.

13 – 5, c'est pareil que 13 – 3 – 2.

13 – 5 = 8

Entraîne-toi ! Calcule.

14 – 5 = ...	11 – 5 = ...	14 – 6 = ...	11 – 4 = ...
12 – 3 = ...	13 – 5 = ...	12 – 5 = ...	12 – 4 = ...
15 – 6 = ...	14 – 7 = ...	11 – 3 = ...	11 – 2 = ...

Matériel Calcul 7

Séance 4

❶ Dictée de nombres — 5 min

Dictée de nombres sur l'ardoise **59, 69, 79, 89, 99, 96**.

❷ Synthèse de la période — 10 min

Série de calculs donnés un par un oralement.
Les élèves écrivent les réponses sur l'ardoise.

Un rappel de la procédure à privilégier est effectué si besoin pour chaque type de calcul.

Connaissance des doubles
7 + 7   9 + 9

Sommes en prenant appui sur les doubles
7 + 8

Connaissance des compléments à 10
7 + ? = 10   1 + ? = 10

Tables d'addition et de soustraction
5 + 3   7 – 4

Calculs de sommes et de différences avec franchissement de la dizaine
9 + 4   de 9 pour aller à 14   12 – 3

Atelier 7

30 min par semaine

Atelier problèmes

- Résoudre des problèmes additifs en une ou deux étapes.

Prénom .... Date ....

Résous les problèmes avec le symbole ✖ puis résous les problèmes de ton choix. Essaie d'en résoudre le plus possible.

✖ Problème 1

Dans un parking, il y a 40 places de stationnement.
25 voitures sont déjà garées.

Combien de voitures peuvent encore se garer?

✖ Problème 2

Le boulanger a fabriqué 40 gâteaux.
Il en vend 25 pendant la journée.

Combien le boulanger a-t-il de gâteaux à la fin de la journée?

Problème 3

Nina a dépensé 40 euros: elle a acheté un pantalon à 15 euros et un blouson.

Quel est le prix du blouson?

Problème 4

Dans la boite, il y avait des gâteaux.
J'en ai mangé 15 et il en reste encore 25.

Combien de gâteaux y avait-il avant que j'en mange?

Problème 5

Dans un bus, il y a 30 personnes.
10 descendent et 7 montent.

Combien de personnes y a-t-il dans le bus maintenant?

Problème 6

Fatou joue au jeu de l'Oie.
Elle est sur la case 32 et doit reculer de 4 cases puis elle doit avancer de 11 cases.

Sur quelle case Fatou va-t-elle poser son pion?

14 Énigmes mathématiques (1)

Séance 1 — 30 min

La course cycliste

→ CHERCHER

Organiser sa recherche.

MATÉRIEL ET SUPPORT
- 3 images de coureurs cyclistes (**Materiel14.pdf**) à colorier en vert, jaune et rouge ou des figurines.

DÉROULEMENT DE LA SÉANCE

1 Appropriation du problème Comprendre ce qu'il faut chercher à travers un exemple.	5 min	Manipulation Verbalisation Oral collectif
2 Recherche Chercher le maximum de possibilités d'arrivée dans une course de 3 coureurs.	10 min	Expérimentation Groupes de 2
3 Mise en commun Inventorier les différentes solutions et expliquer comment on a procédé.	5 min	Verbalisation Abstraction Oral collectif
4 Institutionnalisation Connaitre une méthode pour résoudre des problèmes de ce type.	10 min	Verbalisation Oral collectif

1 Appropriation du problème

Matériel 14

Présenter les 3 images de coureurs cyclistes ou les 3 figurines. Demander aux élèves de les décrire et de les distinguer par leur couleur : un rouge, un jaune et un vert.

Demander aux élèves de proposer un ordre d'arrivée possible si ces 3 coureurs font une course (il n'y pas d'ex æquo).

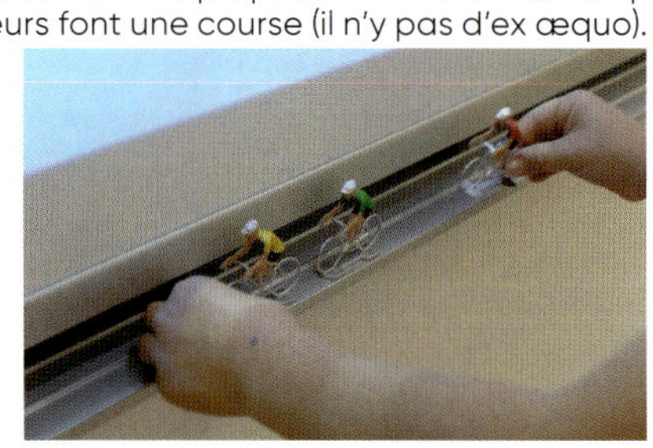

2 Recherche

Présenter le problème oralement : « *Trois cyclistes ont participé à une course. Je ne sais plus dans quel ordre ils sont arrivés mais je me souviens qu'il n'y a pas eu d'ex æquo. Pour m'aider à retrouver l'ordre d'arrivée, cherchez le plus de solutions possibles.* »

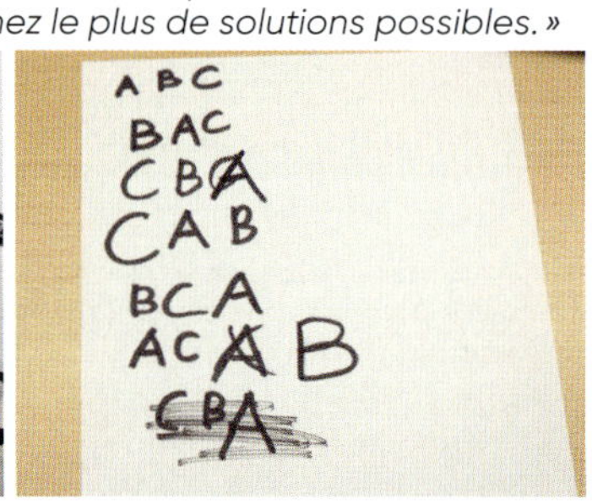

Productions d'élèves

DIFFÉRENCIATION

- Les élèves manipulent les images des coureurs mises en couleur ou des jetons rouge, vert et jaune qui représentent les trois coureurs.

Procédures observées
- Procèdent par tâtonnement.
- Organisent leur recherche à partir d'un coureur : 1er le coureur rouge puis recherchent des différentes possibilités pour les places de 2e et 3e.

Solutions Les coureurs sont désignés par les lettres A, B, C : ABC (ici, le coureur A arrive 1er), ACB, BAC, BCA, CAB, CBA.

3 Mise en commun

Confronter les réponses des élèves.
Demander aux élèves d'expliquer leurs procédures.

4 Institutionnalisation

Ce qu'il faut retenir

Dans ce problème, il fallait organiser sa recherche pour trouver le plus possible de solutions. Une des méthodes possibles est de chercher toutes les solutions avec le coureur rouge qui arrive premier puis avec le vert premier et enfin avec le jaune premier.

À quoi cela sert-il ?

À résoudre des problèmes et des énigmes du même type.

Séance 2

30 min

La cible

→ CHERCHER

Organiser sa recherche.

MATÉRIEL ET SUPPORT

- Une cible est représentée au tableau avec 20 points au centre, puis 10 points, 5 points et 1 point.

DÉROULEMENT DE LA SÉANCE

1 Appropriation du problème Comprendre ce qu'il faut trouver.	5 min	**Verbalisation** Oral collectif
2 Recherche Chercher le plus possible de façons différentes d'obtenir plus de 11 points avec deux fléchettes.	15 min	**Expérimentation** Écrit individuel
3 Mise en commun Expliquer comment on a organisé sa recherche.	5 min	**Verbalisation** **Manipulation** Oral collectif
4 Institutionnalisation Connaitre une méthode pour résoudre des problèmes de ce type.	5 min	**Verbalisation** **Abstraction** Oral collectif

1 Appropriation du problème

Présenter la cible au tableau.

Demander aux élèves de lister quelques lancers possibles avec deux flèches en précisant que les deux flèches atteignent la cible.

Exemple *« Une flèche dans la partie 20 points et une flèche dans la partie 5 points. »*

2 Recherche

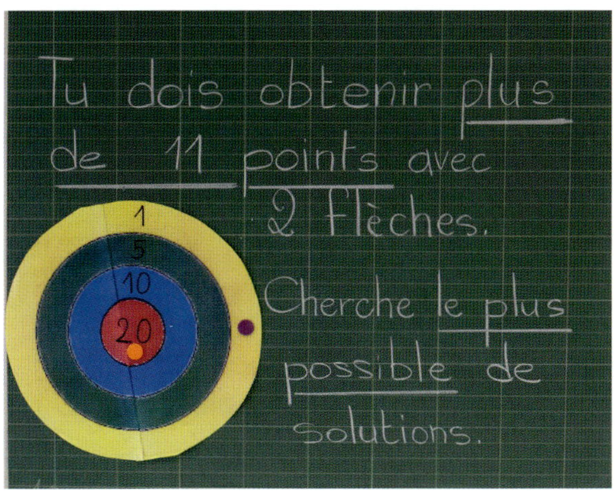

Consigne *« Cherche le plus possible de façons différentes d'obtenir plus de 11 points avec deux flèches. »*

Donner un exemple qui respecte la consigne (10 points + 5 points) et un exemple qui ne respecte pas la contrainte fixée (1 point + 5 points).

Deux élèves effectuent leur recherche au tableau.

3 Mise en commun

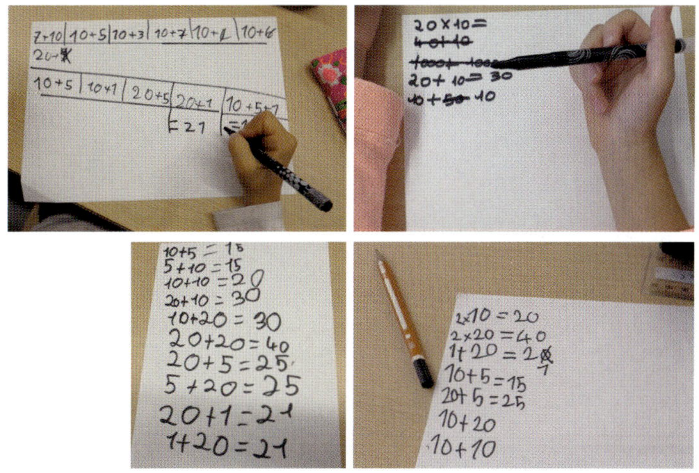

Production d'élèves

La mise en commun a pour objectif de répondre aux difficultés rencontrées par plusieurs élèves à mémoriser les contraintes du problème. Elle vise également l'apprentissage de la prise en compte de deux contraintes : la valeur des points de la cible et le minimum de 11 points à atteindre.

4 Institutionnalisation

Ce qu'il faut retenir

Dans ce problème, il fallait organiser sa recherche pour trouver le plus possible de sommes de deux nombres supérieures à 11.

Une des méthodes possibles est de chercher toutes les solutions avec une flèche qui atteint la zone qui vaut 1 point et une flèche dans une autre zone. La même démarche est reconduite avec les autres zones de la cible.

On peut obtenir plus de 11 points avec deux flèches dans la même zone si elles atteignent toutes les deux la zone des 10 points ou des 20 points. Deux flèches dans la zone des 5 points ne suffisent pas.

À quoi cela sert-il ?

À résoudre des problèmes et des énigmes du même type.

Séance 3

30 min

Bilan des apprentissages

→ CHERCHER

Organiser sa recherche.

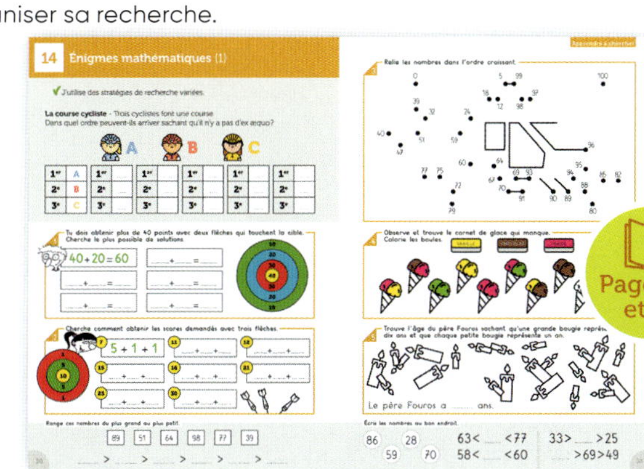

Pages 30 et 31

Les problèmes proposés dans la page de gauche sont des problèmes du même type que ceux proposés au cours des séances 1 et 2. Le problème des cyclistes permet de garder un exemple de problème résolu où il faut chercher toutes les possibilités.

Les énigmes de la page de droite conduisent les élèves à observer, à faire des essais, à organiser leur recherche dans des contextes différents.

Dans l'exercice 2, il faut obtenir exactement le score demandé avec 3 flèches. Donner l'exemple en vert, pour obtenir 7 avec 3 flèches, la solution est 5 + 1 + 1.

Matériel 14

Matériel 14 Images de cyclistes
Séance 1
Matériel 14 Images de cyclistes
Séance 1

Période 2

Nombres | Calculs | Résolution de problèmes | Grandeurs et mesures | Espace et Géométrie | Apprendre à chercher

Semaine 8 Calcul mental - Atelier problèmes p. 88

15 Calculer en ligne la somme de deux nombres p. 90

16 Poser et calculer des additions en colonnes p. 92

Semaine 9 Calcul mental - Atelier problèmes p. 94

17 Dénombrer en utilisant le groupement par 100 p. 96

18 Utiliser les écritures chiffrées jusqu'à 199 p. 98

Semaine 10 Calcul mental - Atelier problèmes p. 100

19 Associer diverses écritures d'un nombre jusqu'à 199 p. 102

20 Lire et écrire les nombres jusqu'à 199 p. 104

21 Comparer les nombres jusqu'à 199 p. 106

Semaine 11 Calcul mental - Atelier problèmes p. 110

22 Comprendre le sens de la multiplication (1) p. 112

23 Comprendre le sens de la multiplication (2) p. 114

Semaine 12 Calcul mental - Atelier problèmes p. 116

24 Comprendre le sens de la multiplication (3) p. 118

Semaine 13 Calcul mental - Atelier problèmes p. 122

25 Encadrer et intercaler les nombres jusqu'à 199 p. 124

26 Reconnaitre un polygone p. 126

Semaine 14 Calcul mental - Atelier problèmes p. 128

27 Énigmes mathématiques (2) p. 130

ORGANISATION DE LA PÉRIODE 2

Organisation 2
Annexe 2

Les principaux apprentissages de la période 2

Nombres	Les nombres jusqu'à 199
Calculs	**Calcul mental** • Doubles et moitiés • Sommes du type 58 + 6, 145 + 7 • Les tables d'addition de 6 à 9 • Ajouter ou retrancher 10 à un nombre à deux chiffres • Les compléments à 20 • Différences du type 43 − 8, 163 − 7 • Les compléments à la dizaine supérieure
	Calcul en ligne • Sommes de deux nombres à deux chiffres
	Calcul posé • Poser une addition avec retenue
Résolution de problèmes	La multiplication
	Résolution de problèmes variés • Problèmes additifs en une ou deux étapes • Problèmes où il faut utiliser sa connaissance de la numération (principe décimal) • Problèmes multiplicatifs en une ou deux étapes
Espace et Géométrie	Les polygones

Le plan de travail de la période 2

	Calcul mental 1 séance de 15 min/jour	Séquences d'apprentissage séances de 30 à 40 min			Atelier problèmes 1 atelier de 30 min/semaine
Semaine 8	- Dire la suite orale des nombres jusqu'à 199. - Connaitre les moitiés (nombres pairs ≤ 30) et les doubles (nombres ≤ 15).	15	CALCULER EN LIGNE LA SOMME DE DEUX NOMBRES	Séances 1 2 3	Résoudre des problèmes additifs en une ou deux étapes.
		16	POSER ET CALCULER DES ADDITIONS AVEC DES NOMBRES A DEUX CHIFFRES	Séances 1 2 3	
		17	DÉNOMBRER EN UTILISANT LE GROUPEMENT PAR 100	Séance 1	
Semaine 9	- Dire la suite orale des nombres jusqu'à 199. - Connaitre les tables d'addition et de soustraction de 6 et de 7.			Séances 2 3	Résoudre des problèmes additifs en une ou deux étapes.
		18	UTILISER LES ÉCRITURES CHIFFRÉES JUSQU'À 199	Séances 1 2 3	
		19	ASSOCIER DIVERSES ÉCRITURES D'UN NOMBRE JUSQU'À 199	Séances 1 2	
Semaine 10	- Consolider les tables d'addition et de soustraction de 6 et de 7. - Connaitre les tables d'addition et de soustraction de 8 et de 9.			Séance 3	Résoudre des problèmes additifs en une ou deux étapes.
		20	LIRE ET ÉCRIRE LES NOMBRES JUSQU'À 199	Séances 1 2 3	
		21	COMPARER LES NOMBRES JUSQU'À 199	Séances 1 2 3	
Semaine 11	- Écrire les nombres en chiffres jusqu'à 199. - Connaitre les compléments à 20.			Séance 4	Résoudre des problèmes en utilisant sa connaissance de la numération: principe décimal.
		22	COMPRENDRE LE SENS DE LA MULTIPLICATION (1)	Séances 1 2 3 4	
		23	COMPRENDRE LE SENS DE LA MULTIPLICATION (2)	Séances 1 2	
Semaine 12	- Connaitre les compléments à la dizaine supérieure.			Séances 3 4	Résoudre des problèmes multiplicatifs en une ou deux étapes.
		24	COMPRENDRE LE SENS DE LA MULTIPLICATION (3)	Séances 1 2 3 4	
		25	ENCADRER ET INTERCALER LES NOMBRES JUSQU'À 199	Séance 1	
Semaine 13	- Ajouter ou retrancher 10 à un nombre à deux ou trois chiffres. - Consolider la connaissance des compléments à la dizaine supérieure.			Séances 2 3	Résoudre des problèmes additifs en deux étapes.
		26	RECONNAITRE UN POLYGONE	Séances 1 2 3	
Semaine 14	- Calculer des sommes d'un nombre à deux ou trois chiffres et d'un nombre à un chiffre du type: 58 + 6, 145 + 7. - Calculer des différences du type: 43 − 8, 163 − 7.	27	ÉNIGMES MATHÉMATIQUES (2)	Séances 1 2 3	Résoudre des problèmes multiplicatifs en une ou deux étapes.
		P2	JE RÉVISE		
			Bilan des apprentissages Période 2		

Cette progression présente les activités proposées au cours de la période. Chaque séance de 15 minutes débute par un court moment de révision (de 2 à 5 minutes) qui est suivi d'un temps d'apprentissage plus long (de 10 à 13 minutes).

Progression 2Calcul

Annexe 2

	Objectifs	Exemples d'activités
Semaine 8	**Numération orale** Dire la suite orale des nombres jusqu'à 199. Dire la suite orale des nombres de 2 en 2 jusqu'à 50 et jusqu'à 100.	Réciter la suite orale des nombres : de 1 en 1, en partant de 100 par ordre croissant jusqu'à 143, en partant de 164 par ordre croissant jusqu'à 199.
	Faits numériques Connaitre les moitiés (nombres pairs ≤ 30) et les doubles (nombres ≤ 15).	Connaitre les moitiés. *« Quelle est la moitié de 24 ? » « Quelle est la moitié de 20 ? » « Quelle est la moitié de 28 ? » « Quelle est la moitié de 22 ? » « Quelle est la moitié de 26 ? » « Quelle est la moitié de 30 ? ».* Connaitre les doubles. *« Quel est le double de 15 ? » « Quel est le double de 11 ? » « Quel est le double de 14 ? » « Quel est le double de 12 ? » « Quel est le double de 10 ? » « Quel est le double de 13 ? ».* Résoudre les petits problèmes oraux sur l'ardoise. *« Lili a 30 euros dans son portemonnaie. Elle en dépense la moitié pour acheter un livre.* ***Quel est le prix de ce livre ?*** *».*
Semaine 9	**Numération orale** Dire la suite orale des nombres jusqu'à 199. Dire la suite orale des nombres de 2 en 2 jusqu'à 100.	Réciter la suite orale des nombres : de 1 en 1, en partant de 167 par ordre croissant jusqu'à 199. Réciter la suite orale des nombres : de 2 en 2, en partant de 48 par ordre croissant jusqu'à 100.
	Faits numériques Connaitre les tables d'addition et de soustraction de 6 et 7.	Connaitre les tables d'addition de 6 et 7 : 3 + 6 = ? / 5 + 7 = ? / 4 + ? = 11 / 7 + ? = 13 / 14 - 6 = ? / 12 - 7 = ? / *« Combien pour aller de 5 à 11 ? »*
Semaine 10	**Faits numériques** Consolider les tables d'addition et de soustraction de 6 et 7. Connaitre les tables d'addition et de soustraction de 8 et 9.	Connaitre les tables d'addition de 6 et 7 : 9 + 7 = ? / 8 + ? = 14 / ? + 8 = 13 / *« Combien pour aller de 8 à 15 ? » « Combien pour aller de 5 à 11 ? ».* Connaitre les tables d'addition de 8 et 9 : 6 + 8 = ? / 5 + 9 = ? / 11 - 9 = ? / 14 - 8 = ?
Semaine 11	**Numération écrite** Écrire les nombres jusqu'à 199.	Dictée de nombres sur l'ardoise : 163, 173, 182, 192, 199. Écrire les nombres en chiffres.
	Faits numériques Consolider les tables d'addition et de soustraction de 8 et 9. Connaitre les compléments à 20.	Connaitre les tables d'addition de 8 et 9 : 7 + 9 = ? / 15 - 6 = ? / 9 + ? = 18 / 4 + ? = 12 Connaitre les compléments à 20 : 6 + ? = 20 / 2 + ? = 20 / *« de 1 pour aller à 20 ? » « de 4 pour aller à 20 ? »*
Semaine 12	**Numération orale** Dire la suite orale des nombres jusqu'à 300.	Réciter la suite orale des nombres : de 1 en 1, en avançant, de 199 à 250.
	Faits numériques Connaitre les compléments à la dizaine supérieure.	Connaitre les compléments à la dizaine supérieure : 25 + ? = 30 / 42 + ? = 50 / 96 + ? = 100 / *« Combien faut-il ajouter à 67 pour avoir 70 ? »* 30 - 27 = ? / 60 - 54 = ? / 50 - 48 = ?
Semaine 13	**Faits numériques** Consolider la connaissance des compléments à la dizaine supérieure.	Proposer oralement les calculs suivants : 55 + ? = 60 / 93 + ? = 100 / 68 + ? = 70 / *« Combien faut-il ajouter à 64 pour avoir 70 ? »* Proposer oralement les problèmes suivants : *« Lilou joue aux fléchettes. Elle a déjà marqué 96 points.* ***Combien de points manque-t-il à Lilou pour en avoir 100 ?*** *»* *« Le boucher doit préparer 80 saucisses. Il a en déjà fabriqué 75.* ***Combien de saucisses manque-t-il au boucher ?*** *»*
	Procédures de calcul mental Ajouter ou retrancher 10 à un nombre à deux ou trois chiffres.	Proposer les calculs suivants : 185 + 10 = ? / 10 + 157 = ? / 172 - 10 = ? / 198 - 10 = ? Proposer oralement les problèmes suivants : *« Louise a 34 ans.* ***Quel âge Louise aura-t-elle dans dix ans ?*** *»* *« Tom joue au jeu de l'Oie. Il est sur la case 57. Il doit reculer de 10 cases.* ***Sur quelle case Tom va-t-il arriver ?*** *»* *« Lucas a 82 € dans son portemonnaie. Il a 10 € de moins que Ninon.* ***Combien d'euros Ninon a-t-elle ?*** *»* *« Jeanne a 74 ans. Elle a 10 ans de plus que Léon.* ***Quel âge a Léon ?*** *»* *« Dans l'avion, il y a 168 passagers. 10 passagers sont des enfants.* ***Combien de passagers adultes y a-t-il dans cet avion ?*** *»*
Semaine 14	**Numération orale** Compter de 10 en 10 jusqu'à 200.	Réciter la suite orale des nombres : de 10 en 10, en partant de 0 jusqu'à 200 puis de 10 en 10, en partant de 187 par ordre décroissant jusqu'à 17.
	Procédures de calcul mental Calculer des sommes d'un nombre à deux ou trois chiffres avec un nombre à un chiffre : 58 + 6, 145 + 7. Calculer des différences : 43 - 8, 163 - 7.	Proposer oralement la série de calculs suivants : 187 + 5 = ? / 7 + 189 = ? / 105 - 5 = ? / 192 - 4 = ?

15 min par jour

Calcul mental

- Dire la suite orale des nombres jusqu'à 199.
- Connaitre les moitiés et les doubles.

Séance 1

❶ Suite orale des nombres jusqu'à 199 — 5 min

Réciter la suite orale des nombres : de 1 en 1, en partant de 100 par ordre croissant jusqu'à 143.

Remarquer que pour dire les nombres jusqu'à 143, il suffit de dire les nombres jusqu'à 43 précédés du mot *cent*. En fait, il y a *« une fois cent et 43 »*. À partir de 200, il y aura *« deux cents »*.

❷ Moitiés des nombres pairs ≤ 20 : réactivation — 10 min

Reconnaitre les doubles
Demander aux élèves si le nombre 8 est un double et pourquoi.
Rappeler que 8 est le double de 4 car 4 + 4 = 8.
Verbaliser que 4 est la moitié de 8.

Demander si 9 est un double.
Faire constater que l'on ne peut pas additionner deux nombres identiques pour obtenir 9 : *« 9 n'est pas un double »*.

Écrire les nombres suivants au tableau : **13 16 18 17 15.**

Consigne *« Recopie du tableau sur l'ardoise les nombres qui sont des doubles. Si ce sont des doubles, tu dois pouvoir dire quelle est leur moitié. »*

Exemple *« 6 est un double car 3 + 3 = 6. 3 est la moitié de 6. »*

Connaitre les moitiés
Terminer la séance avec un exercice sur l'ardoise.
Demander ***« le double de 10 ? »*** ***« le double de 9 ? »***
« la moitié de 10 ? » ***« la moitié de 14 ? »*** ***« la moitié de 18 ? »***
« la moitié de 16 ? » ***« la moitié de 12 ? »*** ***« la moitié de 20 ? »***
« la moitié de 15 ? » (Faire dire aux élèves que ce n'est pas un double et que l'on ne peut pas trouver sa moitié.)

Séance 2

❶ Suite orale des nombres jusqu'à 199 — 5 min

Réciter la suite orale des nombres : de 1 en 1, en partant de 164 par ordre croissant jusqu'à 199.

❷ Doubles des nombres ≤ 15 : découverte — 10 min

Chercher le double de 13
Écrire au tableau : **Quel est le double de 13 ?**
Les élèves écrivent leur réponse sur l'ardoise.

Procédures à privilégier
- Calculer 13 + 13 en décomposant les deux nombres 13 en 10 + 3. Cela revient à calculer 10 + 10 + 3 + 3.
- Calculer 13 + 13 en décomposant un nombre en dizaines et unités : 13 + 10 + 3 = 23 + 3 = 26.

Verbaliser que *« 26 est le double de 13 »* et que *« 13 est la moitié de 26 »*.

Connaitre les doubles jusqu'à 15

Calcul 8

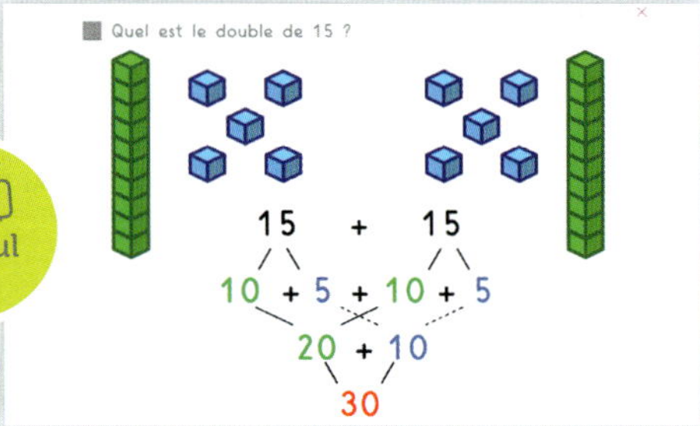

« Quel est le double de 15 ? » Correction

Poser une à une les questions à l'aide de l'animation **Calcul 8** :
« Quel est le double de 15 ? » ***« Quel est le double de 11 ? »***
« Quel est le double de 14 ? » ***« Quel est le double de 12 ? »***
« Quel est le double de 10 ? » ***« Quel est le double de 13 ? »***.

Les élèves écrivent leur réponse sur l'ardoise.

Séance 3

❶ Suite orale des nombres de 2 en 2 jusqu'à 50 — 2 min

Réciter la suite orale des nombres : de 2 en 2, en partant de 0 par ordre croissant jusqu'à 50.

❷ Moitiés des nombres pairs ≤30 : découverte — 13 min

Reconnaitre les doubles
Demander aux élèves si le nombre 22 est un double et pourquoi.
Lors de la synthèse, visualiser avec le matériel de numération que 22 est le double de 11 car 11 + 11 = 22.
Verbaliser que *« 11 est la moitié de 22 »*.

Demander si 21 est un double.
Faire constater que l'on ne peut pas additionner deux nombres identiques pour obtenir 21 : *« 21 n'est pas un double »*.

Écrire les nombres suivants au tableau : **23 26 28 27 25.**

Consigne *« Recopie du tableau sur l'ardoise les nombres qui sont des doubles. Si ce sont des doubles, tu dois pouvoir dire quelle est leur moitié. »*

Connaitre les moitiés
Poursuivre la séance avec un exercice sur l'ardoise.
Demander ***« Quelle est la moitié de 24 ? »*** ***« Quelle est la moitié de 20 ? »***
« Quelle est la moitié de 28 ? » ***« Quelle est la moitié de 22 ? »***
« Quelle est la moitié de 26 ? » ***« Quelle est la moitié de 30 ? »***.

Résoudre les petits problèmes oraux sur l'ardoise
« Léo et Mila se partagent un paquet de 24 images. Chaque enfant doit recevoir le même nombre d'images.
Combien d'images aura chaque enfant ? »

« Lili a 30 euros dans son portemonnaie. Elle en dépense la moitié pour acheter un livre.
Quel est le prix de ce livre ? »

Séance 4

❶ Suite orale des nombres de 2 en 2 jusqu'à 100 — 2 min

Réciter la suite orale des nombres : de 2 en 2, en partant de 52 par ordre croissant jusqu'à 100.

❷ Doubles et moitiés : entrainement — 5 min

Série de calculs à l'écrit du document **MaterielCalcul8.pdf**.

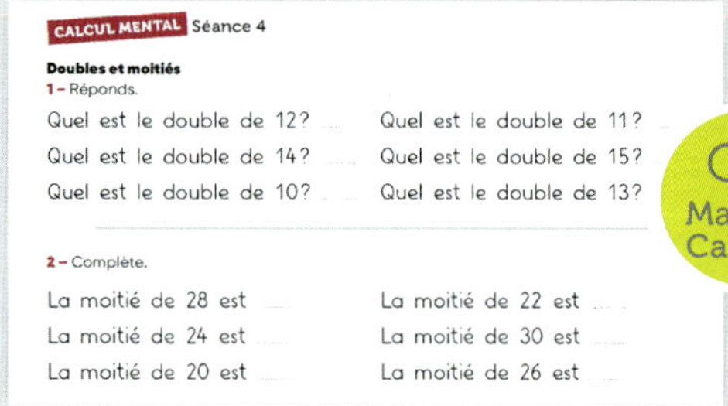

CALCUL MENTAL Séance 4

Doubles et moitiés

1 – Réponds.

Quel est le double de 12 ? .... Quel est le double de 11 ? ....
Quel est le double de 14 ? .... Quel est le double de 15 ? ....
Quel est le double de 10 ? .... Quel est le double de 13 ? ....

2 – Complète.

La moitié de 28 est .... La moitié de 22 est ....
La moitié de 24 est .... La moitié de 30 est ....
La moitié de 20 est .... La moitié de 26 est ....

Matériel Calcul 8

❸ Doubles et moitiés : trace écrite — 8 min

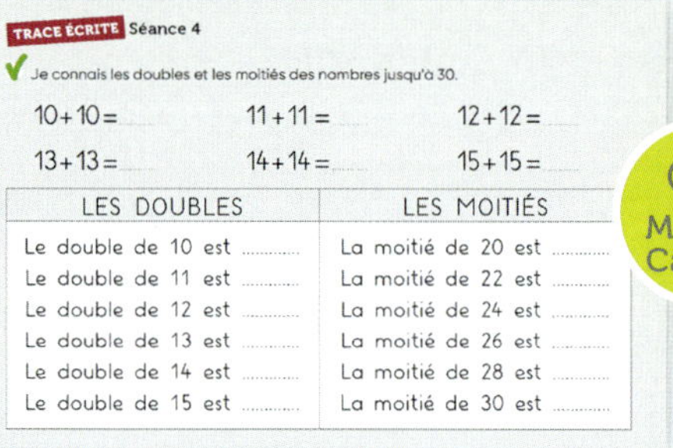

TRACE ÉCRITE Séance 4

✔ Je connais les doubles et les moitiés des nombres jusqu'à 30.

10 + 10 = ... 11 + 11 = ... 12 + 12 = ...
13 + 13 = ... 14 + 14 = ... 15 + 15 = ...

LES DOUBLES	LES MOITIÉS
Le double de 10 est	La moitié de 20 est ....
Le double de 11 est	La moitié de 22 est ....
Le double de 12 est	La moitié de 24 est ....
Le double de 13 est	La moitié de 26 est ....
Le double de 14 est	La moitié de 28 est ....
Le double de 15 est	La moitié de 30 est ....

Matériel Calcul 8

Trace écrite à compléter et à coller dans le cahier de référence en mathématiques

30 min par semaine

Atelier problèmes

- Résoudre des problèmes additifs en une et deux étapes.

Prénom .... Date ....

Résous les problèmes avec le symbole ✕ puis résous les problèmes de ton choix. Essaie d'en résoudre le plus possible.

✕ Problème 1

Dans une classe, il y a 23 élèves dont 11 garçons.

Quel est le nombre de filles ?

✕ Problème 2

Dans une classe, il y a 21 élèves.
4 élèves sont absents.

Quel est le nombre d'élèves présents ?

Problème 3

Dans une école, il y a 34 filles et 45 garçons.

Quel est le nombre d'élèves de l'école ?

Problème 4

Dans une école, il y a 48 filles et 36 garçons.

Quel est le nombre d'élèves de l'école ?

Problème 5

Dans une école, il y a 86 élèves.
36 sont des garçons.

Combien y a-t-il de filles ?

Problème 6

Dans une école, 6 élèves sont inscrits au CP, 18 au CE1, 10 au CE2, 4 au CM1 et 10 au CM2.
3 élèves sont absents.

Quel est le nombre d'élèves présents ?

15 Calculer en ligne la somme de deux nombres

Séance 1 — 30 min

Utiliser un arbre de calculs

→ **CALCULER**

Calculer en ligne des sommes de deux termes en utilisant un arbre de calculs.

MATÉRIEL ET SUPPORT
- Deux boites.
- Des cubes emboitables.

DÉROULEMENT DE LA SÉANCE

❶ **Recherche** Calculer en ligne 38 + 56.	5 min	**Expérimentation** Écrit individuel
❷ **Mise en commun** Utiliser un arbre de calculs.	5 min	**Verbalisation** **Représentation** Oral collectif
❸ **Validation** Valider avec le matériel et comprendre les étapes du calcul.	5 min	**Manipulation** **Verbalisation** Oral collectif
❹ **Entrainement** Calculer en ligne des sommes avec ou sans retenue.	15 min	**Abstraction** Écrit individuel

❶ Recherche

Présenter la situation avec le matériel : deux boites et des cubes. Montrer que les deux boites sont vides au départ.
Placer **38** chocolats dans une boite (38 cubes) et **56** chocolats (56 cubes) dans l'autre boite.

Écrire les données du problème au tableau.
Demander d'anticiper ce qu'il faut chercher et parvenir à la question : *« Combien y a-t-il de chocolats en tout ? ».*

Faire trouver le calcul à effectuer et l'écrire en grand au tableau.

*Consigne « Calcule **38 + 56** avec la méthode de ton choix. »*

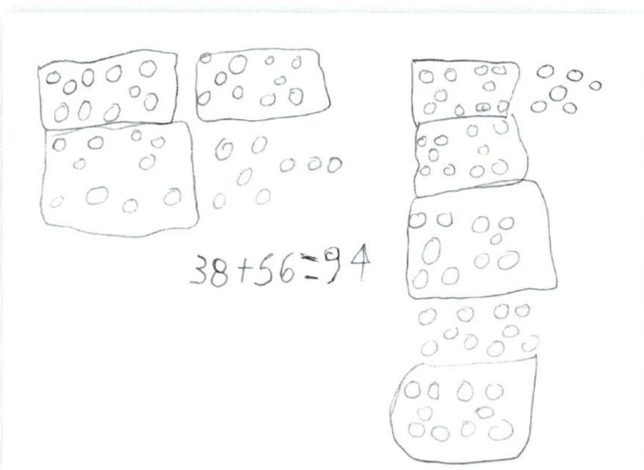

Schématisation des dizaines et des unités puis dénombrement

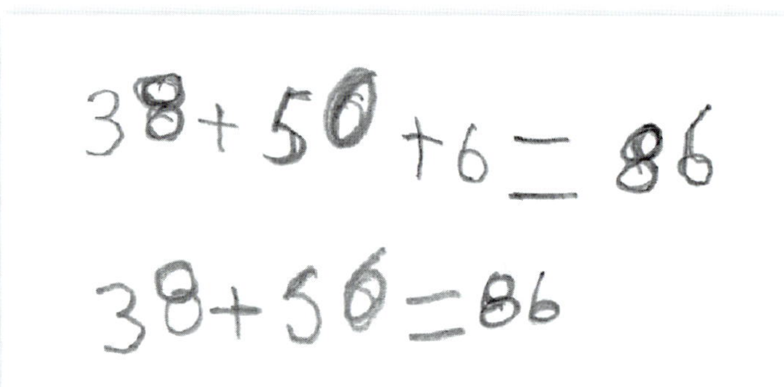

Décomposition additive de 56 puis calcul avec une erreur

Procédures observées
- Utilise les cubes pour obtenir le résultat.
- Dessine les cubes puis les dénombre (long) un par un ou par dizaine si les groupements sont réalisés.
- Schématise les dizaines avec des rectangles et les unités avec des carrés puis dénombre les dizaines et les unités.
- Décompose les nombres : 30 + 8 et 50 + 6 puis calcule 30 + 50 + 8 + 6 ou 38 + 50 + 6.

DIFFÉRENCIATION
- Proposer des cubes aux élèves qui ont besoin de manipuler.

❷ Mise en commun

Inventorier les procédures utilisées par les élèves.
Expliciter les erreurs à éviter.

Présenter une procédure utilisant un arbre de calculs avec les unités de numération afin de préparer les élèves à la technique opératoire de l'addition.

Une affiche reproduisant cet arbre de calculs est réalisée pour servir de référent aux élèves.

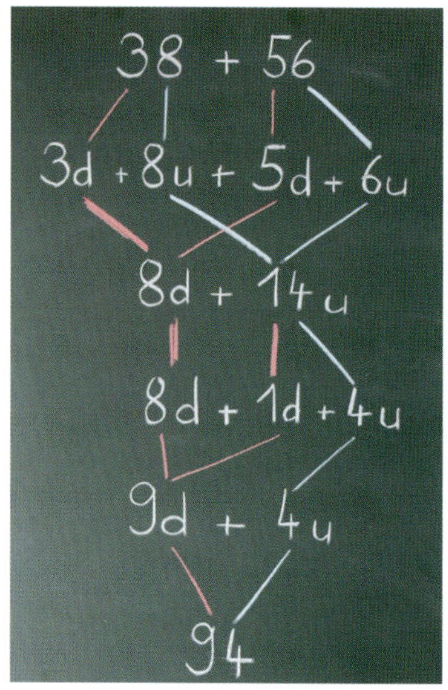

❸ Validation

La validation s'effectue par la manipulation de cubes regroupés par dizaines.

Amener les élèves à visualiser et à comprendre que 8u + 6u = 14u et que 14u, c'est aussi 1d 4u.

Une affiche reproduisant cette manipulation est réalisée pour servir de référent aux élèves.

❹ Entrainement

De nouveaux calculs sont proposés à la classe en utilisant l'ardoise. Les élèves font l'arbre de calculs ou le schéma sur l'ardoise et lèvent l'ardoise. Entre chaque calcul la correction est menée au tableau par l'enseignant qui refait le schéma attendu.

Trois calculs sans retenue et trois calculs avec retenue sont proposés :

42 + 35 = ?	56 + 26 = ?	37 + 48 = ?
53 + 46 = ?	42 + 28 = ?	32 + 56 = ?

Séance 2

30 min

Consolidation de la procédure découverte

→ CALCULER

Calculer en ligne des sommes de deux termes en écrivant des calculs intermédiaires.

MATÉRIEL ET SUPPORT
- La trace écrite (**Materiel15.pdf**).

DÉROULEMENT DE LA SÉANCE

❶ **Consolidation** Calculer en ligne en écrivant uniquement les calculs intermédiaires.	15 min	**Abstraction** Oral collectif
❷ **Renforcement** Calculer mentalement ou en ligne plus rapidement.	10 min	**Abstraction** Écrit individuel
❸ **Institutionnalisation** Reformuler et garder une trace écrite de la procédure de calcul à privilégier.	5 min	**Verbalisation** **Représentation** Oral collectif

❶ Consolidation

De nouveaux calculs sont proposés à la classe.
L'enseignant indique aux élèves qu'à partir de maintenant, ils peuvent ne pas utiliser tout le schéma, ils peuvent écrire seulement les deux nombres intermédiaires, puis ensuite le résultat. Ils peuvent aussi n'écrire que le résultat.

Six calculs sont proposés dont trois sans retenue en travaillant comme la séance précédente avec une correction détaillée au tableau pour les calculs avec retenue. Pour les autres calculs sans retenue, la correction est orale seulement.

Calculs proposés :

58 + 33 = ?	**55 + 43 = ?**	**37 + 47 = ?**
83 + 14 = ?	**72 + 18 = ?**	**23 + 75 = ?**

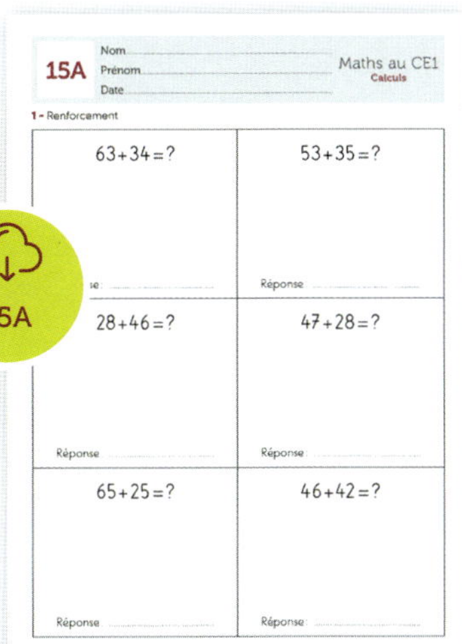
15A Nom Prénom Date — Maths au CE1 — Calculs
1 - Renforcement

63+34=?	53+35=?
28+46=?	47+28=?
65+25=?	46+42=?

15A

❷ Renforcement

Expliquer que, grâce à la méthode apprise, les élèves peuvent maintenant calculer rapidement les sommes de deux nombres.

L'enseignant présente une feuille avec 6 calculs à effectuer en moins de 3 minutes (**ExoSup15.pdf**, page 1).
Le temps fixé est respecté même si quelques élèves n'ont pas terminé afin de les encourager à abandonner la procédure suivie si ce n'est pas celle visée ou à améliorer leur mémorisation des sommes de nombres inférieurs à 10 si celle-ci fait défaut.

La correction est menée avec un crayon d'une autre couleur ou en échangeant la feuille avec le voisin. Les élèves prennent note de ce premier score, qu'ils pourront améliorer lors de la séance suivante.

❸ Institutionnalisation

Trace écrite

La trace écrite est placée dans le cahier de référence en mathématiques.

Matériel 15

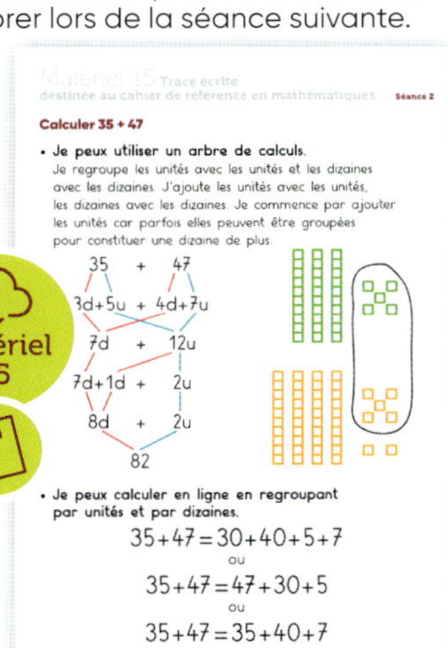
Matériel 15 Trace écrite destinée au cahier de référence en mathématiques — Séance 2

Calculer 35 + 47

- **Je peux utiliser un arbre de calculs.** Je regroupe les unités avec les unités et les dizaines avec les dizaines. J'ajoute les unités avec les unités, les dizaines avec les dizaines. Je commence par ajouter les unités car parfois elles peuvent être groupées pour constituer une dizaine de plus.

- **Je peux calculer en ligne en regroupant par unités et par dizaines.**

35+47 = 30+40+5+7
ou
35+47 = 47+30+5
ou
35+47 = 35+40+7

Séance 3

30 min

Renforcement et évaluation

→ REPRÉSENTER

Calculer en ligne toute somme de deux termes dont le résultat est inférieur à 100.

DÉROULEMENT DE LA SÉANCE

❶ **Renforcement** Calculer mentalement ou en ligne plus rapidement.	10 min	**Verbalisation** **Abstraction** Écrit individuel
❷ **Évaluation** Établir un bilan des apprentissages et valoriser les progrès réalisés.	20 min	

❶ Renforcement

Effectuer le plus de calculs possibles en moins de 3 minutes (**ExoSup15.pdf**, page 2).

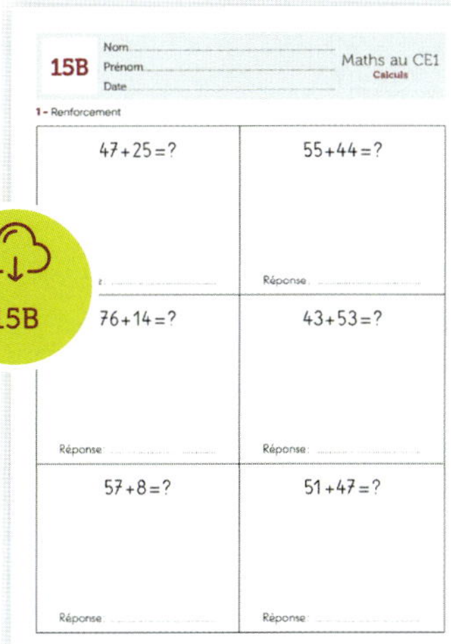
15B Nom Prénom Date — Maths au CE1 — Calculs
1 - Renforcement

47+25=?	55+44=?
76+14=?	43+53=?
57+8=?	51+47=?

15B

❷ Évaluation

Bilan des apprentissages

Valorisation des progrès

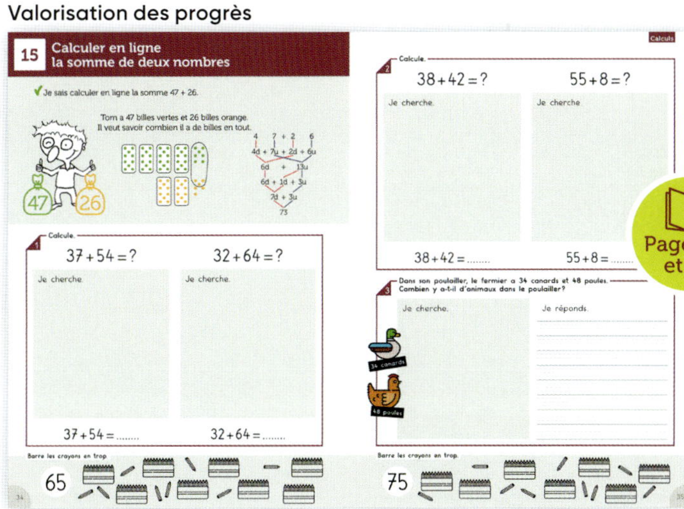

Pages 34 et 35

16 Poser et calculer des additions en colonnes

Séance 1 — 30 min

Découvrir la technique de l'addition en colonnes avec retenue

→ **CALCULER**

Calculer des sommes de deux termes en utilisant le calcul posé.

MATÉRIEL ET SUPPORT
- Deux boites.
- Des cubes emboitables.

DÉROULEMENT DE LA SÉANCE

❶ Réactivation Comprendre la signification des chiffres dans une addition posée.	5 min	**Verbalisation Abstraction** Oral collectif
❷ Mise en commun Poser et calculer une addition en colonnes pour les nombres à deux chiffres.	5 min	**Verbalisation Représentation** Oral collectif
❸ Validation et institutionnalisation Valider avec le matériel et comprendre les étapes du calcul.	5 min	**Manipulation Verbalisation** Oral collectif
❹ Entrainement S'entrainer à poser et calculer des additions en colonnes pour les nombres à deux chiffres.	15 min	**Abstraction** Écrit individuel

❶ Réactivation

Présenter la situation avec le matériel : deux boites et des cubes. Montrer que les deux boites sont vides au départ.

Placer **34** chocolats dans une boite (34 cubes) et **48** chocolats (48 cubes) dans l'autre boite
Écrire les données du problème au tableau.
Demander d'anticiper ce qu'il faut chercher et parvenir à la question : *« Combien y a-t-il de chocolats en tout ? »*.

Chercher le calcul qu'il faut effectuer et l'écrire en grand au tableau :
48 + 34 = ?

Expliquer que des élèves d'une autre classe ont posé l'opération mais ne trouvent pas tous le même résultat. Trois opérations sont reproduites au tableau.

A	B	C
retenue 1	retenue 1	
4 8	4 8	4 8
+ 3 4	+ 3 4	+ 3 4
5 1 4	8 2	7 1 2

Consigne « Écris sur l'ardoise la lettre qui correspond à l'opération qui est correcte. »

DIFFÉRENCIATION
- Proposer des cubes aux élèves qui ont besoin de manipuler.

❷ Mise en commun

Amener les élèves à justifier leur choix et à l'expliciter avec le calcul en ligne en utilisant un arbre de calculs.
La signification et le placement des chiffres sont explicités. Rappeler que le trait remplace le signe **=** en séparant le calcul de la réponse.
Associer le chiffre ***2*** du résultat à 2 unités et la retenue à une dizaine qu'il faut placer dans la colonne avec les autres dizaines à additionner.
Expliquer les termes *retenue* et *je retiens*.

Associer le chiffre 8 du résultat à 8 dizaines :
« 1 dizaine + 4 dizaines + 3 dizaines ».

❸ Validation et institutionnalisation

La validation s'effectue par la manipulation de cubes regroupés par dizaines.
Amener les élèves à visualiser et à comprendre que 8u + 4u = 12u et que 12u, c'est aussi 1d 2u.

Une affiche reproduisant cette manipulation est réalisée pour servir de référent aux élèves.

❹ Entrainement

De nouvelles additions posées avec et sans retenue sont proposées à la classe en utilisant l'ardoise. Entre chaque calcul, la correction est menée au tableau.

Exercice 1
Effectue les opérations.

3 6	5 4	4 6
+ 2 6	+ 3 2	+ 2 4

Exercice 2
Pose et effectue les additions.

56 + 33 =   44 + 47 =   18 + 76 =

La correction permet de reformuler les étapes à suivre au fur et à mesure de la mise en œuvre de l'algorithme.
La validation est effectuée en parallèle au tableau avec des cubes.
Distinguer les opérations avec ou sans retenue.
Vérifier que les élèves ont bien compris le sens de chaque chiffre de l'opération dont la retenue.

Séance 2 — 30 min

Poser et calculer une addition de trois nombres

→ **CALCULER**

Poser et calculer des additions de trois nombres à un ou deux chiffres.

MATÉRIEL ET SUPPORT
- Trois boites.
- Des cubes emboitables.

DÉROULEMENT DE LA SÉANCE

1 Recherche Résoudre un problème nécessitant l'addition de trois nombres.	10 min	**Expérimentation** Travail individuel
2 Mise en commun Analyser les réponses proposées et valider celles qui conviennent.	5 min	**Verbalisation** **Manipulation** Oral Collectif
3 Entrainement Réinvestir la technique opératoire de l'addition pour additionner trois nombres.	15 min	**Abstraction** Écrit individuel

1 Recherche

Présenter la situation avec le matériel : trois boites et des cubes. Montrer que les trois boites sont vides au départ.

Placer **23** chocolats dans une boite (23 cubes), **8** chocolats (8 cubes) dans une autre boite et **35** chocolats (35 cubes) dans la dernière boite.
Écrire les données du problème au tableau.
Parvenir à la question : *« Combien y a-t-il de chocolats en tout ? »*.

Demander de poser et calculer l'addition **23 + 8 + 35.**

2 Mise en commun

Confronter les productions de plusieurs groupes.
Expliciter les étapes du calcul posé, la signification et le placement des chiffres.

Faire constater que les principes utilisés pour poser et calculer des additions en colonnes ne changent pas.

Veiller à ce que les élèves comprennent pourquoi le chiffre ***8*** est placé dans la colonne des unités.

Valider avec le matériel en visualisant les étapes du calcul.

3 Entrainement

S'exercer avec **ExoSup16.pdf**.

16A

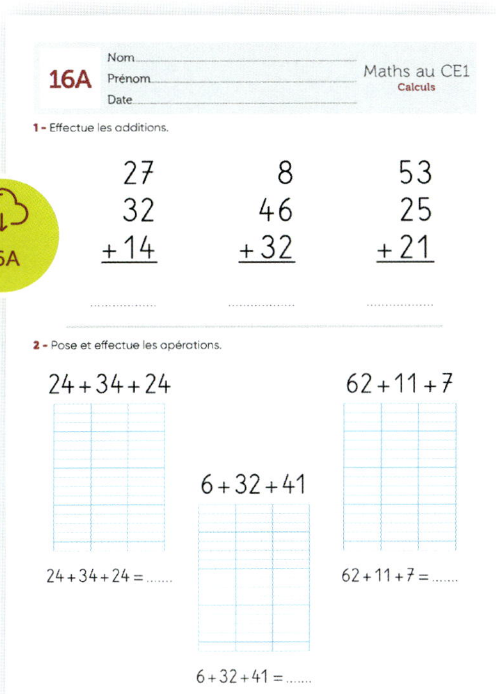
16A — Nom — Prénom — Date — Maths au CE1 — Calculs

1 - Effectue les additions.

27	8	53
32	46	25
+ 14	+ 32	+ 21

2 - Pose et effectue les opérations.

24 + 34 + 24 — 6 + 32 + 41 — 62 + 11 + 7

24 + 34 + 24 = ... 6 + 32 + 41 = ... 62 + 11 + 7 = ...

Séance 3 — 30 min

Renforcement et évaluation

→ **CALCULER**

Avec des nombres donnés, savoir poser l'addition (unités sous unités, dizaines sous dizaines) et la calculer.

DÉROULEMENT DE LA SÉANCE

1 Renforcement Effectuer des additions de deux ou trois nombres à un ou deux chiffres.	10 min	**Verbalisation** **Abstraction** Écrit Individuel
2 Évaluation Établir un bilan des apprentissages et valoriser les progrès réalisés.	20 min	

1 Renforcement

Demander de poser et calculer sur l'ardoise **45 + 52** puis **37 + 5 + 54**.

DIFFÉRENCIATION
- Proposer des « Cubes base 10 encastrables » de chez Celda (ou les cartes unités et dizaines de la **planche 1**) aux élèves qui ont besoin de manipuler.
- Donner des additions posées pour alléger la tâche.
- Permettre l'utilisation des tables d'addition.

La correction collective permet de rappeler les étapes à suivre pour réussir cette tâche.

Exemple pour l'addition 45 + 52
- Placer chaque chiffre dans un carreau.
- Placer les chiffres des unités (5 et 2) les uns sous les autres dans la même colonne.
- Placer les chiffres des dizaines (4 et 5) les uns sous les autres dans la même colonne.
- Tracer le trait un interligne en dessous du nombre 52.
- Effectuer les calculs sans erreur.
- Écrire la retenue en haut en plus petit.
- Écrire le résultat en respectant les colonnes.

2 Évaluation

Bilan des apprentissages

Valorisation des progrès réalisés

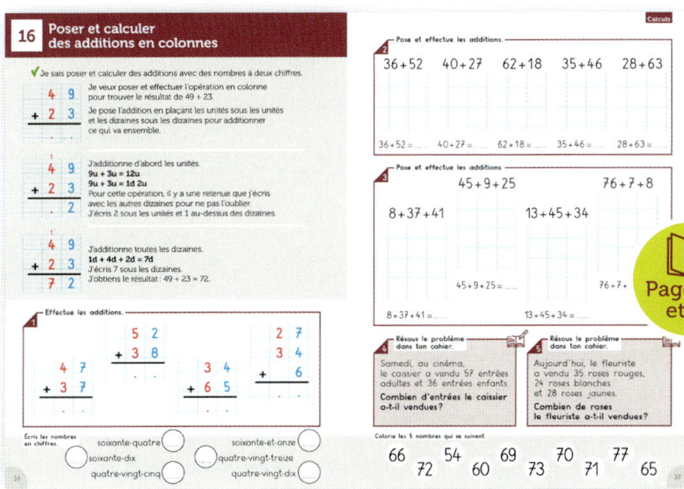
16 Poser et calculer des additions en colonnes

Je sais poser et calculer des additions avec des nombres à deux chiffres.

Je veux poser et effectuer l'opération en colonne pour trouver le résultat de 49 + 23.
Je pose l'addition en plaçant les unités sous les unités et les dizaines sous les dizaines pour additionner ce qui va ensemble.

J'additionne d'abord les unités.
9u + 3u = 12u
9u + 3u = 1d 2u
Pour cette opération, il y a une retenue que j'écris avec les autres dizaines pour ne pas l'oublier.
J'écris 2 sous les unités et 1 au-dessus des dizaines.

J'additionne toutes les dizaines.
1d + 4d + 2d = 7d
J'écris 7 sous les dizaines.
J'obtiens le résultat : 49 + 23 = 72.

1 Effectue les additions.
47 + 37 ; 52 + 38 ; 34 + 65 ; 27 + 34 + 6

Écris les nombres en chiffres. soixante-quatre ; soixante-dix ; quatre-vingt-cinq ; soixante-et-onze ; quatre-vingt-treize ; quatre-vingt-dix

Calculs

2 Pose et effectue les additions.
36 + 52 ; 40 + 27 ; 62 + 18 ; 35 + 46 ; 28 + 63

3 Pose et effectue les additions.
45 + 9 + 25 ; 76 + 7 + 8 ; 8 + 37 + 41 ; 13 + 45 + 34

4 Résous le problème dans ton cahier.
Samedi, au cinéma, le caissier a vendu 57 entrées adultes et 36 entrées enfants.
Combien d'entrées le caissier a-t-il vendues ?

5 Résous le problème dans ton cahier.
Aujourd'hui, le fleuriste a vendu 35 roses rouges, 24 roses blanches et 28 roses jaunes.
Combien de roses le fleuriste a-t-il vendues ?

Colorie les 5 nombres qui se suivent.
66 72 54 60 69 73 70 71 77 65

Pages 36 et 37

15 min par jour

Calcul mental

- Dire la suite orale des nombres jusqu'à 199.
- Connaitre les tables d'addition et de soustraction de 6 et de 7.

Séance 1

❶ Suite orale des nombres jusqu'à 199 — 2 min

Réciter la suite orale des nombres : de 1 en 1, en partant de 167 par ordre croissant jusqu'à 199.

❷ Tables d'addition de 6 : réactivation — 13 min

L'enseignant pose les questions une à une oralement sans contrainte de temps. Les élèves répondent sur l'ardoise. Après chaque série de calculs, une synthèse permet de rappeler les procédures de calcul à privilégier.

Calculs du type 3 + 6 Mettre le nombre le plus grand en premier.
4 + 6 Appui sur la connaissance des compléments à 10.
5 + 6, 7 + 6, 6 + 6 Appui sur la connaissance du double et des *presque doubles*.
10 + 6 Appui sur la connaissance de la numération : « *C'est une dizaine et 6 unités* », écrire 1d et 6u.
Calculs du type 9 + 6 Appui sur la procédure de passage de la dizaine : 9 + 6 = 9 + 1 + 5 = 10 + 5 = 15.

Utiliser l'animation **Calcul 9** pour réactiver les procédures de calcul mental de passage de la dizaine avec le calcul **8 + 6**.

Utiliser sa connaissance des compléments à 10 pour comprendre que « *8 + 6, c'est pareil que 8 + 2 + 4 = 10 + 4 = 14* ».

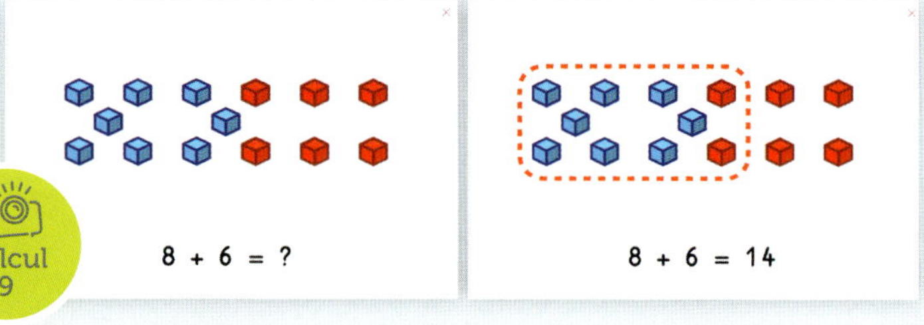

Calcul 9

Comprendre la procédure de calcul en la visualisant avec le matériel de numération.

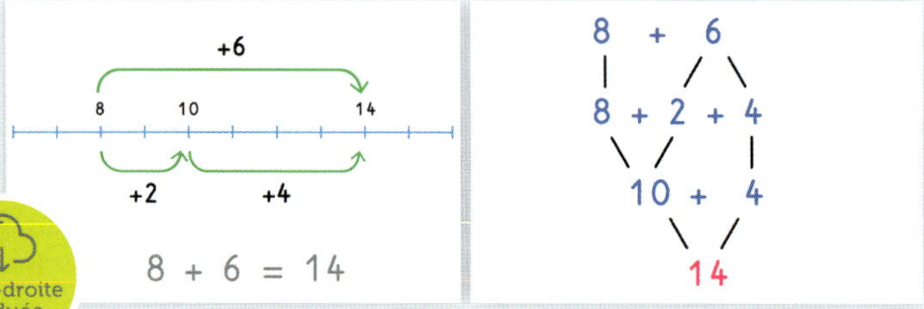

Demi-droite graduée

Utiliser la demi-droite graduée et un arbre de calculs pour rappeler la procédure de passage de la dizaine.

Séance 2

❶ Suite orale des nombres jusqu'à 199 — 2 min

Réciter la suite orale des nombres : de 1 en 1, en partant de 196 par ordre décroissant jusqu'à 152.

❷ Tables de soustraction de 6 : réinvestissement — 13 min

L'enseignant pose les questions une à une oralement sans contrainte de temps. Les élèves répondent sur l'ardoise.
Après chaque série de calculs, une synthèse permet de rappeler les procédures de calcul à privilégier.

6 − 6, 7 − 6, 8 − 6

9 − 6 Chercher le complément : « *Combien faut-il ajouter à 6 pour obtenir 9 ?* ». Utiliser la connaissance de 6 + 3 = 9, en déduire que 9 − 6 = 3.

10 − 6 Appui sur la connaissance des compléments à 10.

16 − 6 Appui sur la connaissance de la numération : 1d 6u − 6u = 1d.

11 − 6, 12 − 6, 13 − 6, 14 − 6, 15 − 6 Par exemple, pour 11 − 6, comprendre que c'est équivalent à chercher le complément de 6 pour aller à 11 : « *combien faut-il ajouter à 6 pour obtenir 11 ?* ». « *De 6 pour aller à 10, il faut 4 et encore 1 pour aller à 11. En tout, il faut 5.* »

Séance 3

❶ Suite orale des nombres de 2 à 2 jusqu'à 100 — 2 min

Réciter la suite orale des nombres : de 2 en 2, en partant de 48 par ordre croissant jusqu'à 100.

❷ Tables d'addition de 7 : réactivation — 8 min

Démarche identique à la séance 1.

Calculs du type 1 + 7, 2 + 7, 4 + 7, 5 + 7 Mettre le nombre le plus grand en premier.
3 + 7 Appui sur la connaissance des compléments à 10.
7 + 7, 6 + 7, 8 + 7 Appui sur la connaissance du double et des *presque doubles*.
10 + 7 Appui sur la connaissance de la numération.
9 + 7, 8 + 7, 4 + 7, 5 + 7 Appui sur la procédure de passage de la dizaine : 9 + 7 = 9 + 1 + 6 = 10 + 6 = 16.

❸ Tables de soustraction de 7 : réinvestissement — 5 min

Démarche identique à la séance 2.

7 − 7, 9 − 7, 8 − 7 Pour 9 − 7, utiliser la connaissance de 7 + 2 = 9 : en déduire que 9 − 7 = 2. « *De 7 pour aller à 9, il faut ajouter 2.* »

10 − 7 Appui sur la connaissance des compléments à 10.

14 − 7 Appui sur la connaissance du double : 7 + 7 = 14.

17 − 7 Connaissance de la numération : 1d 7u − 7u = 1d.

11 − 7, 13 − 7, 12 − 7, 15 − 7 Par exemple, pour 11 − 7, « *combien faut-il ajouter à 7 pour obtenir 11 ?* », « *de 7 pour aller à 10, il faut 3 puis encore 1 pour aller à 11. En tout, il faut 4.* »

Séance 4

❶ Suite orale des nombres de 2 en 2 — 2 min

Réciter la suite orale des nombres : de 2 en 2, en partant de 100 par ordre décroissant jusqu'à 0.

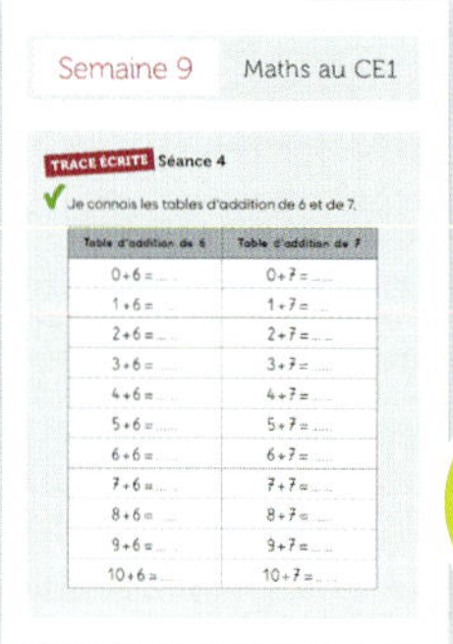

Semaine 9 — Maths au CE1

TRACE ÉCRITE Séance 4

✔ Je connais les tables d'addition de 6 et de 7.

Table d'addition de 6	Table d'addition de 7
0 + 6 = ...	0 + 7 = ...
1 + 6 = ...	1 + 7 = ...
2 + 6 = ...	2 + 7 = ...
3 + 6 = ...	3 + 7 = ...
4 + 6 = ...	4 + 7 = ...
5 + 6 = ...	5 + 7 = ...
6 + 6 = ...	6 + 7 = ...
7 + 6 = ...	7 + 7 = ...
8 + 6 = ...	8 + 7 = ...
9 + 6 = ...	9 + 7 = ...
10 + 6 = ...	10 + 7 = ...

❷ Tables d'addition de 7 : trace écrite — 8 min

Compléter les tables d'addition de 6 et 7 (**MaterielCalcul9.pdf**, page 1).

Matériel Calcul 9

❸ Tables d'addition de 6 et de 7 : évaluation — 5 min

Semaine 9 — ÉVALUATION — Maths au CE1

Nom ...
Prénom ... Date ...

Connaitre les tables d'addition de 1 à 7.

Effectue le plus grand nombre possible de calculs en deux minutes.

5 + 3 =	7 + 2 =	2 + 4 =	3 + 6 =	4 + 5 =
4 + 3 =	5 + 2 =	6 + 3 =	5 + 6 =	2 + 7 =
4 + 6 =	9 + 5 =	6 + 7 =	4 + 7 =	8 + 7 =
7 + 5 =	8 + 6 =	5 + 7 =	9 + 7 =	8 + 5 =
9 + 6 =	10 + 7 =	2 + 6 =	7 + 6 =	1 + 7 =
7 + 7 =	4 + 7 =	10 + 6 =	6 + 6 =	5 + 5 =
4 + ... = 10	7 + ... = 9	6 + ... = 11	9 + ... = 12	4 + ... = 11
9 − 4 =	12 − 5 =	15 − 7 =	13 − 6 =	14 − 7 =

Nombre de bonnes réponses	Couleur de ceinture
Jusqu'à 5	Blanche
De 6 à 10	Blanche et jaune
De 11 à 15	Jaune
De 16 à 20	Orange
De 21 à 25	Verte
De 26 à 30	Bleue
De 31 à 35	Rouge
De 36 à 40	Noire

SCORE

Consigne « *La feuille que je vais distribuer comporte de nombreux calculs. Tu auras deux minutes pour y répondre. Le but est d'effectuer le plus possible de calculs. Je reproposerai cet exercice plus tard pour que tu puisses mesurer tes progrès.* »

(**MaterielCalcul9.pdf**, page 2).

Matériel Calcul 9

30 min par semaine

Atelier problèmes

- Résoudre des problèmes additifs en une étape ou deux étapes.

Prénom .... Date ....

Résous le problème avec le symbole ✖ puis résous les problèmes de ton choix. Essaie d'en résoudre le plus possible.

Problème 1

Il y a 32 enfants dans un bus.
7 enfants montent dans le bus.

Combien y a-t-il d'enfants dans le bus maintenant?

Problème 3

Il y a 63 passagers dans un bus.
Au premier arrêt de bus, 3 passagers descendent.
Au second arrêt, 8 passagers montent.

Combien y a-t-il de passagers dans le bus maintenant?

✖ Problème 2

Dans le bus, il y a 26 élèves de CP et 37 élèves de CE1.

Combien y a-t-il d'élèves dans le bus?

Problème 4

Il y a 78 passagers dans un train.
À la gare, 18 passagers descendent.

Combien y a-t-il de passagers dans le train maintenant?

Problème 5

Il y a 57 personnes dans un train. À la gare, 15 personnes montent et 2 descendent du train.

Combien y a-t-il de personnes dans le train maintenant?

17 Dénombrer en utilisant le groupement par 100

Séance 1 — 30 min

Dénombrer une collection de cubes ou de carrés (> à 100)

→ REPRÉSENTER

Dénombrer des collections en utilisant des groupements par 100.

MATÉRIEL ET SUPPORT
- Une collection de 136 cubes emboitables (13 barres de dix cubes et 6 cubes) pour chaque groupe de 2 élèves ou les carrés de la **planche 1** (13 barres de dix carrés et 6 carrés) prédécoupée livrée avec le cahier de l'élève ***Maths au CE1***.
- Une collection de 4 cubes ou de 4 carrés qui sera distribuée à chaque groupe lors de la nouvelle recherche.

DÉROULEMENT DE LA SÉANCE

❶ Recherche Dénombrer une collection de 136 cubes et la désigner par une écriture chiffrée.	10 min	**Expérimentation Manipulation** Groupes de 2
❷ Mise en commun Comprendre que 13d 6u peut s'écrire 1c 3d 6u ou 136.	5 min	**Verbalisation Abstraction** Oral Collectif
❸ Nouvelle recherche Dénombrer une collection de 140 cubes et la désigner par une écriture chiffrée.	5 min	**Expérimentation Manipulation** Groupes de 2
❹ Mise en commun Comprendre que 14d peut s'écrire 1c 4d 0u ou 140	5 min	**Verbalisation Abstraction** Oral collectif
❺ Institutionnalisation Savoir qu'une centaine, c'est dix dizaines.	5 min	

❶ Recherche

Expliquer aux élèves que, cette fois, c'est l'enseignant(e) qui a reçu un message et qui a préparé la collection d'objets correspondante.

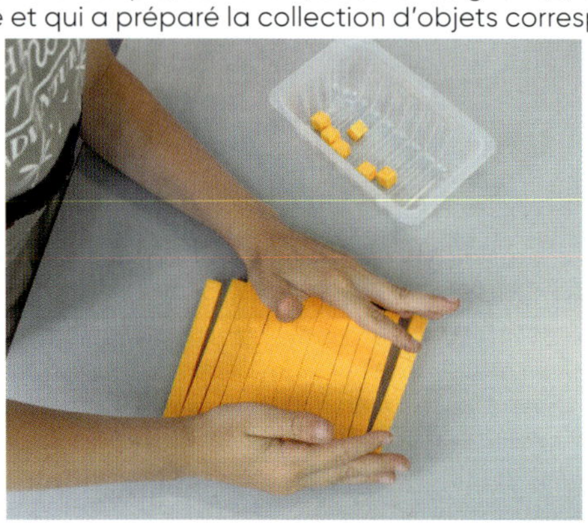

Chaque groupe doit dénombrer une collection constituée de 13 barres de 10 cubes et de 6 cubes.

Consigne « Chaque équipe de deux élèves va recevoir une collection de cubes qui correspond au message que j'ai reçu. Vous allez devoir trouver le nombre de cubes et écrire ce nombre sur une petite feuille. »

Composer les équipes et distribuer le matériel.

Chaque groupe écrit le nombre de cubes et vient placer sa production au tableau pour la mise en commun.

Productions d'élèves

❷ Mise en commun

Comparer les écritures et faire le lien avec la manière dont les groupes ont organisé leur collection.

Amener les élèves à comprendre que 13d 6u peut s'écrire **136** ou **136u**.

Commencer à introduire la notion de centaine et écrire ce nombre **1c 3d 6u**.
Montrer que la collection était partiellement groupée et qu'il faut terminer les groupements. Faire grouper les 10 barres de 10 cubes pour obtenir une plaque de 100 cubes.
Conclure qu'une plaque de dix dizaines, c'est une centaine.

❸ Nouvelle recherche

Demander aux élèves de fermer les yeux et d'ajouter 4 cubes aux 136 qu'ils ont déjà sur leur table.

Les élèves doivent dénombrer cette nouvelle collection et écrire le nombre de cubes sur une nouvelle feuille.

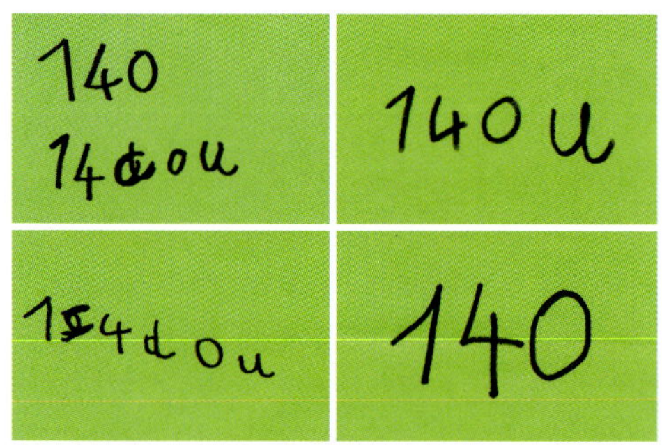

Productions d'élèves

❹ Mise en commun

Comparer les écritures et faire le lien avec la manière dont les groupes d'élèves ont organisé leur collection.

Amener les élèves à comprendre que **14d** peut s'écrire **140** ou **140u**.

Faire grouper les 10 barres de 10 cubes pour obtenir une plaque de 100 cubes. Rappeler que 10 dizaines de cubes, c'est une plaque de cent cubes, c'est une centaine de cubes.
Former une plaque de 10 dizaines pour obtenir une plaque de cent.
Écrire ce nombre **1c 4d 0u**.

❺ Institutionnalisation

Ce qu'il faut retenir

Si j'assemble dix barres de dix, j'obtiens une plaque de cent.
Dès que j'ai dix dizaines, je peux les grouper pour obtenir une centaine.

13 dizaines et 6 unités,
c'est 1 centaine 3 dizaines et 6 unités
c'est 136.

Remarquer que 136 a trois chiffres : le chiffre des centaines, le chiffre des dizaines et celui des unités.

Séance 2 — 30 min

Dénombrer une collection de cubes ou de carrés représentés

→ **REPRÉSENTER**

Dénombrer des collections en utilisant des groupements par 100.

MATÉRIEL ET SUPPORT
- La feuille de recherche (**Materiel17.pdf**).

DÉROULEMENT DE LA SÉANCE

1 Entrainement Dénombrer des collections de cubes partiellement ou non groupées et les désigner par une écriture chiffrée.	15 min	**Abstraction** Écrit individuel
2 Renforcement Dénombrer des collections de cubes où apparait une plaque de 100 cubes.	15 min	

1 Entrainement

Matériel 17

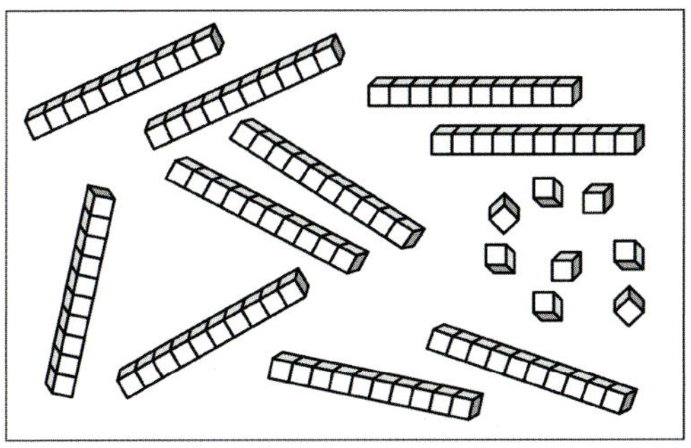

Les élèves doivent dénombrer la collection de **108** cubes représentée puis écrire le nombre de cubes.

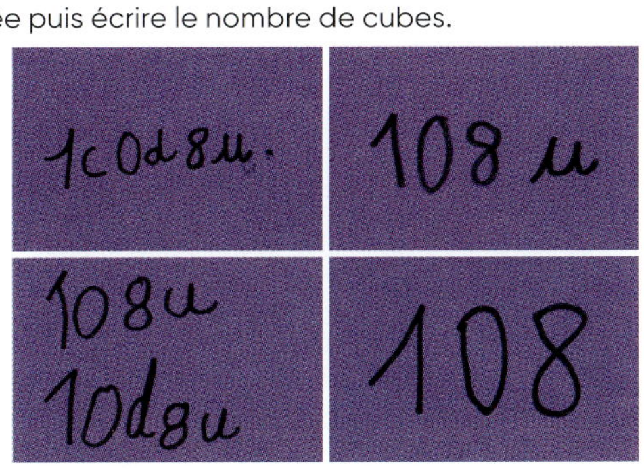

Productions d'élèves

Lors de la mise en commun, comprendre que **10d 8u** peut s'écrire **1c 0d 8u** ou **108**.

Exploiter les erreurs du type : 18 au lieu de 108 (rôle du 0).

Au tableau, faire compléter la phrase :
Il y a …. centaine …. dizaine …. unités.

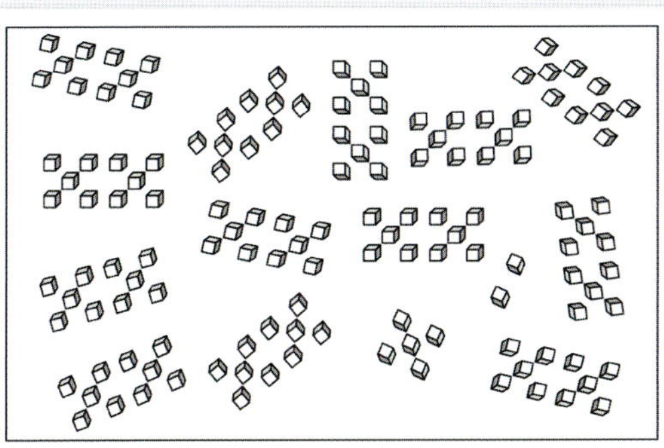

Les élèves doivent dénombrer la collection de **137** cubes représentée puis écrire le nombre de cubes. Compléter la phrase au tableau :

Il y a …. centaine …. dizaines …. unités.

2 Renforcement

17A

Exercice 1 (ExoSup17.pdf)

Les élèves doivent dénombrer la collection de **162** cubes représentée puis écrire le nombre de cubes.

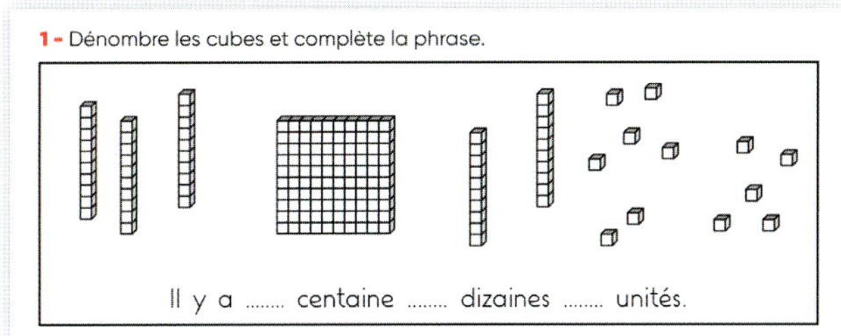

Comprendre que la collection est partiellement groupée et qu'il faut entourer les dix cubes isolés pour former une dizaine.

Exercice 2

Les élèves doivent dénombrer la collection de **194** cubes.

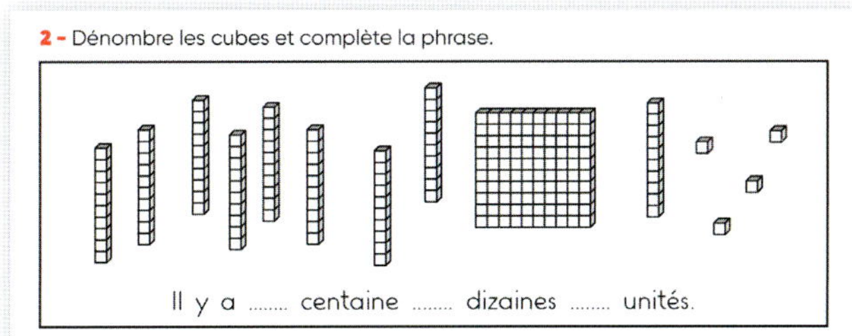

Comprendre que la collection est entièrement groupée.

Exercice 3

Les élèves doivent dénombrer la collection de **150** mouchoirs en utilisant les informations portées sur les paquets.

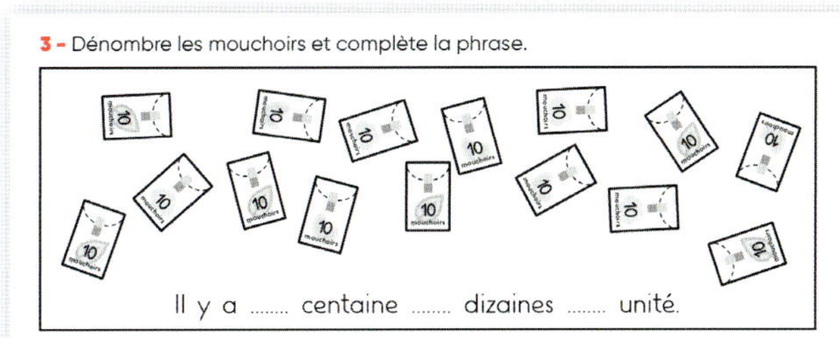

Traduire que 10, c'est une dizaine et comprendre que 10 paquets de 10 mouchoirs forment une centaine de mouchoirs.

Séance 3 — 30 min

Bilan des apprentissages

Valorisation des progrès

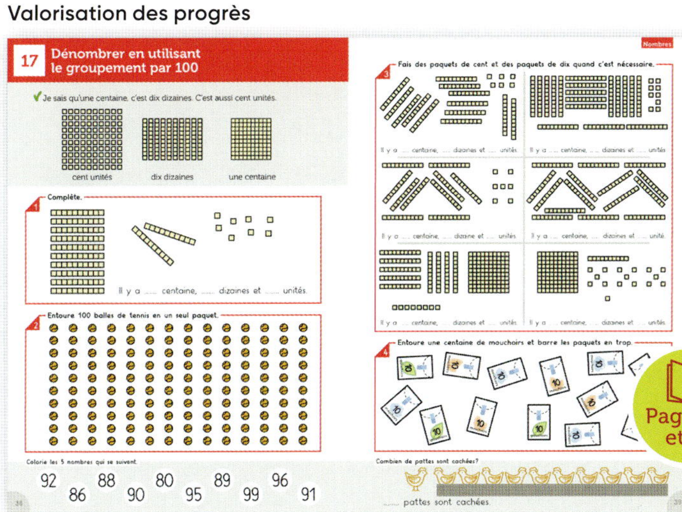

Pages 38 et 39

18 Utiliser les écritures chiffrées jusqu'à 199

Séance 1 — 30 min

Décoder les écritures chiffrées usuelles

→ **REPRÉSENTER**

Comprendre l'aspect positionnel et le principe décimal de notre numération.

MATÉRIEL ET SUPPORT
- Pour chaque groupe de 2 élèves : « Cubes base 10 encastrables » (Celda) ou matériel de la **planche 1** (2 plaques de 100 carrés, 9 barres de 10 et 9 carrés isolés) ou autres petits objets : bâtonnets regroupés avec un élastique, cubes emboitables, jetons dans des sachets plastiques.

DÉROULEMENT DE LA SÉANCE

1 Consolidation Comprendre l'aspect positionnel de notre numération.	10 min	**Manipulation** **Représentation** Groupes de 2
2 Recherche Comprendre que 100, c'est une centaine, 10 dizaines ou 100 unités.	10 min	**Abstraction** Écrit individuel
3 Entrainement Comprendre le principe décimal et l'aspect positionnel de notre numération.	10 min	**Verbalisation** **Abstraction** Oral collectif

1 Consolidation

*La commande est réalisée avec des « Cubes base 10 encastrables » ou avec le matériel de la **planche 1**.*

Annoncer que vous allez faire des commandes aux élèves. Ils devront préparer sur la table le matériel commandé.

Écrire successivement au tableau les nombres **178, 150, 102, 100, 194** et **158** puis demander aux élèves de réaliser, à l'aide du matériel, la collection correspondante en faisant bien apparaitre les centaines et les dizaines.

Les élèves cherchent ensuite comment écrire les nombres avec les unités de numération : **1c 7d 8u**, **8u 7d 1c** ou **178u.**

Lire le nombre *« cent-soixante-dix-huit »* en séparant la plaque de cent des 78 cubes pour montrer que l'on dit d'abord le nombre de centaines.

Constituer des collections de **150** et **102** objets permet de comprendre le rôle du zéro. Faire coder des nombres avec les unités de numération :
150, c'est **1c 5d 0u** puis **1c 5d** ou **5d 0u 1c** ou **5d 1c 0u** ou **150u**.
102, c'est **1c 0d 2u** ou **1c 2u** ou **2u 1c 0d** ou **102u**.

Lire les nombres explicitant la procédure :
150, c'est 100 et 50, donc *« cent-cinquante »*.
102, c'est 100 et 2 donc *« cent-deux »*.

2 Recherche

Constituer une collection de **100** cubes permet d'associer les différentes façons de coder ce nombre : **1c 0d 0u** puis **1c** ou **10d** ou **100u**.

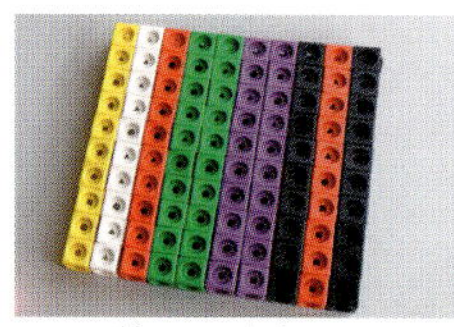

Une centaine

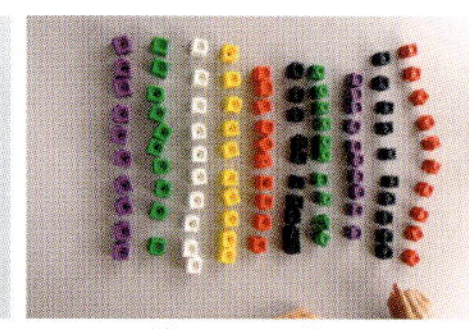

Une centaine, c'est 100 unités.

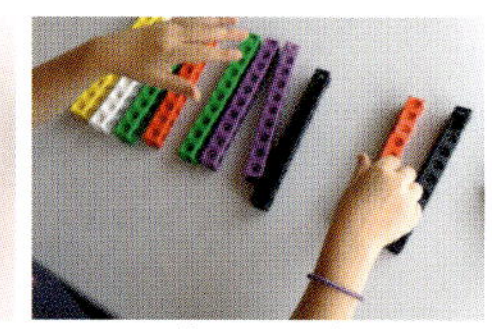

Une centaine, c'est 10 dizaines.

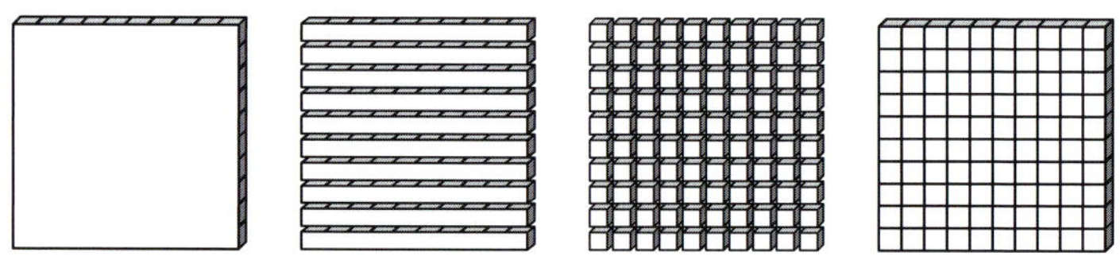

Une centaine, c'est aussi dix dizaines, c'est aussi cent unités et c'est tout cela à la fois.

Manipuler le matériel pour amener les élèves à comprendre qu'une centaine, c'est une plaque de dix dizaines ou 100 unités. Écrire au tableau que 100, c'est aussi 100 unités ou 10 dizaines ou 1 centaine.

Demander d'ajouter une collection de 27 objets et lire ce nombre *« cent-vingt-sept »*, c'est 100 et 27, c'est 100 + 27.

3 Entrainement

Poursuivre ce travail avec les nombres **191, 158** et **107**.

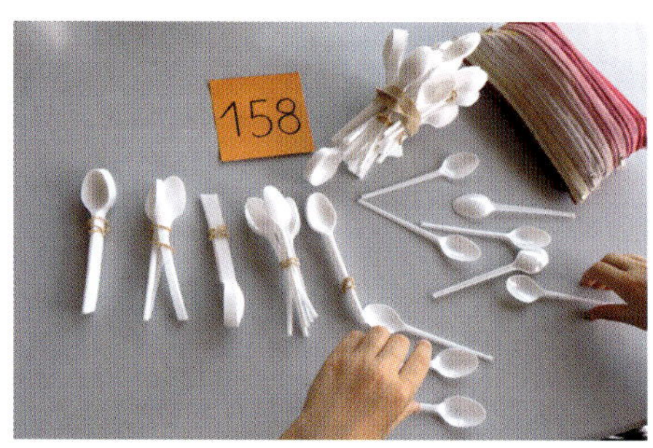

Séance 2 — 30 min

Organiser et coder des collections

→ REPRÉSENTER

Organiser, dénombrer des collections et coder avec les écritures chiffrées usuelles.

MATÉRIEL ET SUPPORT
- La feuille de recherche (**Materiel18.pdf**).

DÉROULEMENT DE LA SÉANCE

❶ Entrainement Dénombrer des collections de cubes partiellement ou non groupées et les désigner par une écriture chiffrée.	15 min	**Abstraction** Écrit individuel
❷ Renforcement Dénombrer des collections de cubes partiellement groupées ou totalement groupées.	15 min	

❶ Entrainement

Matériel 18

Les élèves doivent organiser la collection de **148** cubes partiellement groupée, terminer les groupements puis coder avec une écriture chiffrée.

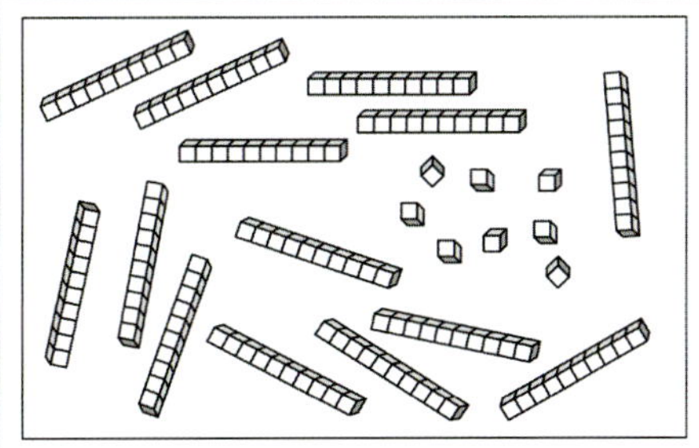

Lors de la mise en commun, comprendre que 14d 8u peut s'écrire **1c 4d 8u** ou **148u**.

Compléter les phrases écrites au tableau :
Il y a .... **dizaines et** .... **unités.** (14d 8u)
Il y a .... **centaine** .... **dizaines et** .... **unités.** (1c 4d 8u)
Il y a .... **unités.** (148u)
Il y a .... **cubes.** (148 cubes)

Suivre une démarche identique avec la collection de **106** cubes non groupée.

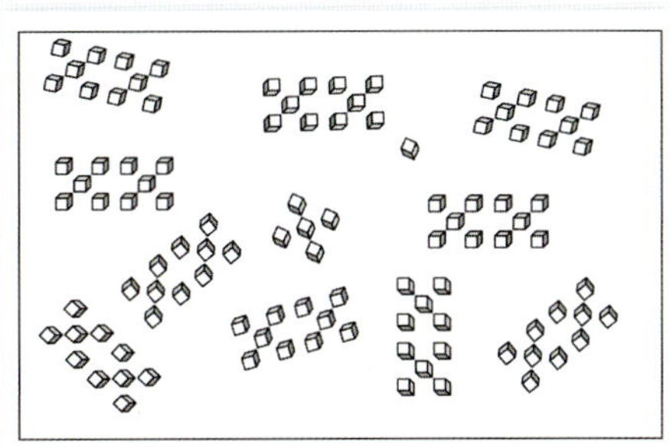

❷ Renforcement

18A

Exercice 1 (ExoSup18.pdf)

Les élèves doivent dénombrer la collection de **184** cubes représentée puis écrire le nombre de cubes.

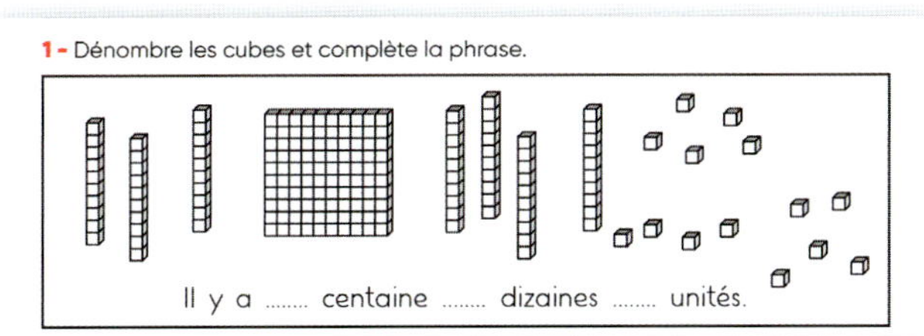

Comprendre que la collection est partiellement groupée et qu'il faut commencer par l'organiser en entourant les dix cubes isolés pour former une dizaine.

Exercice 2

Les élèves doivent dénombrer la collection de **197** cubes.

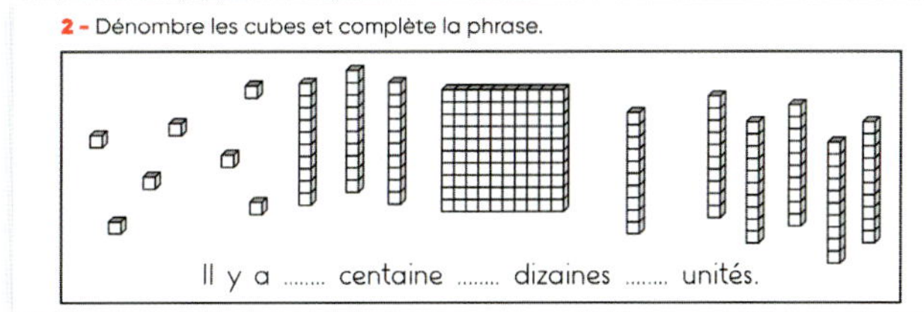

Comprendre que la collection est entièrement groupée.

Exercice 3

Les élèves doivent dénombrer la collection de **126** balles non groupées.

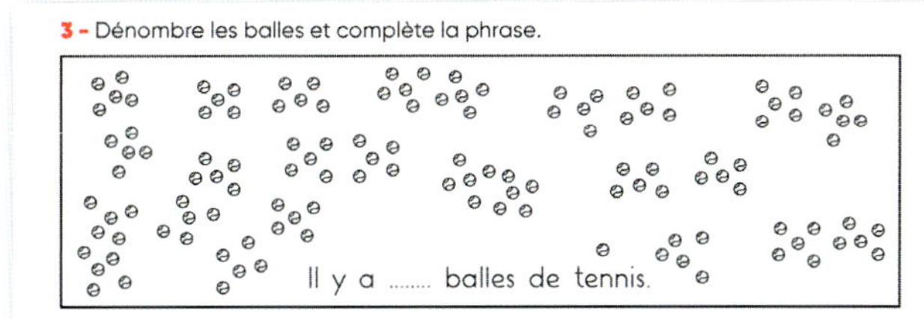

Comprendre qu'il faut organiser la collection en commençant par former les dizaines puis grouper 10 dizaines pour obtenir une centaine.

Exercice 4

Résoudre le problème en utilisant ses connaissances sur le principe décimal de notre numération.

4 - La directrice d'une école veut commander 140 mouchoirs.
Combien de paquets de 10 mouchoirs doit-elle acheter ?

Traduire que **140** mouchoirs, c'est 14 dizaines donc 14 paquets de 10 mouchoirs.

Séance 3 — 30 min

Bilan des apprentissages

Valorisation des progrès effectués

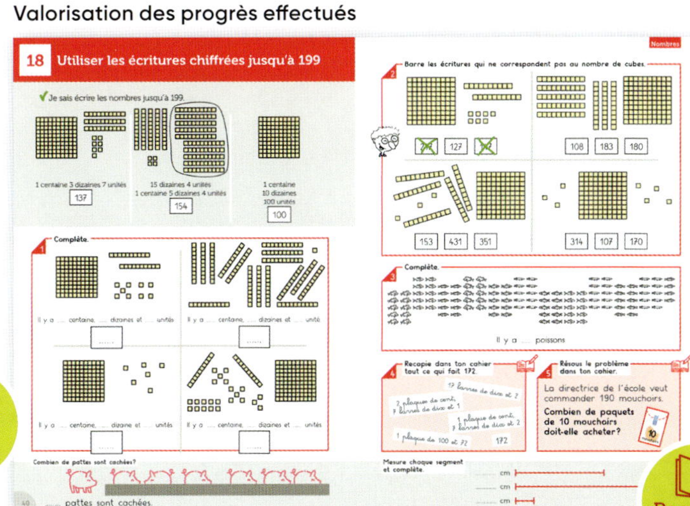

Pages 40 et 41

15 min par jour

Calcul mental

- Consolider la connaissance des tables d'addition de 6 et de 7.
- Connaitre les tables d'addition de 8 et de 9.

Séance 1

❶ Tables d'addition de 6 et 7 : consolidation — 5 min

Le but est de consolider les résultats les plus difficiles à mémoriser. Poser les questions une à une oralement sans contrainte de temps. Les élèves répondent sur l'ardoise. En cas de difficulté avec un calcul, rappeler la procédure de calcul à mobiliser.

Calculs proposés **8 + 7, 7 + 6, 5 + 7, 8 + 6, 9 + 7**.

❷ Tables d'addition de 8 : réactivation — 10 min

Poser les questions une à une oralement sans contrainte de temps. Les élèves répondent sur l'ardoise.

Après chaque série de calculs, une synthèse permet de rappeler les procédures de calcul à privilégier.
Calculs du type 4 + 8 Mettre le nombre le plus grand en premier.
2 + 8 Appui sur la connaissance des compléments à 10.
9 + 8, 7 + 8, 8 + 8 Appui sur la connaissance du double et des *presque doubles*.
10 + 8 Appui sur la connaissance de la numération.
Pour les calculs du type 6 + 8 ou 5 + 8 Appui sur la procédure de passage de la dizaine.

Séance 2

❶ Tables d'addition de 6 et 7 : évaluation — 5 min

Proposer à nouveau l'évaluation de la semaine 9 pour permettre aux élèves de mesurer leurs progrès (**MaterielCalcul10.pdf**, page 1).

Semaine 10 **ÉVALUATION** Maths au CE1

Nom ....

Prénom .... Date ....

Connaitre les tables d'addition de 1 à 7.

Effectue le plus grand nombre possible de calculs en deux minutes.

5 + 3 = ...	7 + 2 = ...	2 + 4 = ...	3 + 6 = ...	4 + 5 = ...
4 + 3 = ...	5 + 2 = ...	6 + 3 = ...	5 + 6 = ...	2 + 7 = ...
4 + 6 = ...	9 + 5 = ...	6 + 7 = ...	4 + 7 = ...	8 + 7 = ...
7 + 5 = ...	8 + 6 = ...	5 + 7 = ...	9 + 7 = ...	8 + 5 = ...
9 + 6 = ...	10 + 7 = ...	2 + 6 = ...	7 + 6 = ...	1 + 7 = ...
7 + 7 = ...	4 + 7 = ...	10 + 6 = ...	6 + 6 = ...	5 + 5 = ...
4 + ... = 10	7 + ... = 9	6 + ... = 11	9 + ... = 12	4 + ... = 11
9 − 4 = ...	12 − 5 = ...	15 − 7 = ...	13 − 6 = ...	14 − 7 = ...

Nombre de bonnes réponses	Couleur de ceinture
Jusqu'à 5	Blanche
De 6 à 10	Blanche et jaune
De 11 à 15	Jaune
De 16 à 20	Orange
De 21 à 25	Verte
De 26 à 30	Bleue
De 31 à 35	Rouge
De 36 à 40	Noire

SCORE ....

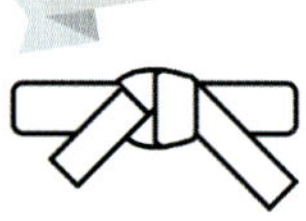

Matériel Calcul 10

❷ Tables de soustraction de 8 : réinvestissement — 10 min

L'enseignant pose les questions une à une oralement sans contrainte de temps. Les élèves répondent sur l'ardoise.

Après chaque série de calculs, une synthèse permet de rappeler les procédures de calcul à privilégier.
8 - 8, 9 - 8
10 - 8 Appui sur la connaissance des compléments à 10.
18 - 8 Appui sur connaissance de la numération.
16 - 8 Appui sur connaissance du double.
11 - 8, 13 - 8, 15 - 6, 14 - 8, 17 - 8, 12 - 8 Par exemple, pour 11 - 8, chercher le complément : *« combien faut-il ajouter à 8 pour obtenir 11 ? ». « De 8 pour aller à 10, il faut 2 et encore 1 pour aller à 11. En tout, il faut 3. »*

Séance 3

❶ Tables d'addition de 6 et 7 : consolidation — 5 min

Le but est de consolider les résultats les plus difficiles à mémoriser. Poser les questions une à une oralement sans contrainte de temps. Les élèves répondent sur l'ardoise. En cas de difficulté avec un calcul, rappeler la procédure de calcul à mobiliser.

Calculs proposés : **8 + ? = 14** **7 + ? = 14** **? + 6 = 13**
« Combien pour aller de 6 à 12 ? » ***« Combien pour aller de 8 à 15 ? »***
« Combien pour aller de 5 à 11 ? »

❷ Tables d'addition de 9 : réactivation — 10 min

Poser les questions une à une oralement sans contrainte de temps. Les élèves répondent sur l'ardoise.

Après chaque série de calculs, une synthèse permet de rappeler les procédures de calcul à privilégier.
Calculs du type 7 + 9 Mettre le nombre le plus grand en premier.
1 + 9 Appui sur la connaissance des compléments à 10.
9 + 9, 8 + 9 Appui sur la connaissance du double et des *presque doubles*.
10 + 9 Appui sur la connaissance de la numération.
Pour les calculs du type 6 + 9 Appui sur la procédure de passage de la dizaine et présentation par l'enseignant de la procédure *additionner 10 puis retirer 1* si les élèves ne la proposent pas.

Séance 4

❶ Tables d'addition de 6 et 7 : évaluation — 2 min

Proposer à nouveau l'évaluation de la séance 2 pour permettre aux élèves de mesurer leurs progrès (**MaterielCalcul10.pdf**, page 1).

❷ Tables d'addition de 8 et 9 : trace écrite — 5 min

Compléter les tables d'addition de 8 et 9 (**MaterielCalcul10.pdf**, page 2).

TRACE ÉCRITE Séance 4

✔ Je connais les tables d'addition de 8 et de 9.

Table d'addition de 8	Table d'addition de 9
0 + 8 = ...	0 + 9 = ...
1 + 8 = ...	1 + 9 = ...
2 + 8 = ...	2 + 9 = ...
3 + 8 = ...	3 + 9 = ...
4 + 8 = ...	4 + 9 = ...
5 + 8 = ...	5 + 9 = ...
6 + 8 = ...	6 + 9 = ...
7 + 8 = ...	7 + 9 = ...
8 + 8 = ...	8 + 9 = ...
9 + 8 = ...	9 + 9 = ...
10 + 8 = ...	10 + 9 = ...

Matériel Calcul 10

❸ Tables de soustraction de 9 : réinvestissement — 8 min

L'enseignant pose les questions une à une oralement sans contrainte de temps. Les élèves répondent sur l'ardoise.

9 - 9

10 - 9 Appui sur la connaissance des compléments à 10.

19 - 9 Appui sur connaissance de la numération.

18 - 9 Appui sur connaissance du double.

11 - 9, 13 - 9, 15 - 9, 14 - 9, 17 - 9, 12 - 9, 16 - 9 Par exemple, pour 13 – 9, chercher le complément : *« combien faut-il ajouter à 9 pour obtenir 13 ? ». « De 9 pour aller à 10, il faut 1 et encore 3 pour aller à 13. En tout, il faut 4. »*

Atelier 10

30 min par semaine

Atelier problèmes

- Résoudre des problèmes additifs en une et deux étapes.

Prénom ……………………………………………… Date ……………………

Résous le problème avec le symbole ✖ puis résous les problèmes de ton choix. Essaie d'en résoudre le plus possible.

Problème 1

Lila était à la page 52 de son livre.
Ce matin, elle a lu 25 pages.

À quelle page Lila est-elle maintenant?

✖ Problème 2

Dans la bibliothèque de la classe, il y a 58 livres.
Le professeur apporte 25 livres de plus.

Combien y a-t-il de livres maintenant?

Problème 3

J'avais 27 pages à lire, j'en ai déjà lues 13.

Combien de pages me reste-t-il à lire?

Problème 4

Léo était à la page 31 de son livre. Ce matin, il a lu 16 pages et 8 pages cet après-midi.

À quelle page du livre Léo est-il maintenant?

Problème 5

Tom a emprunté un livre de 100 pages à la bibliothèque. Il a lu 28 pages lundi, 32 pages mardi et 30 pages mercredi.

Combien de pages reste-t-il à lire à Tom?

Problème 6

Dans la bibliothèque de classe, j'ai rangé 76 livres. Il y a 24 albums et 32 bandes dessinées. Les autres sont des livres documentaires.

Combien y a-t-il de livres documentaires?

19 Associer diverses écritures d'un nombre jusqu'à 199

Séance 1 — 30 min

Associer diverses représentations d'un nombre

→ REPRÉSENTER

Associer diverses représentations d'un nombre : écritures en unités de numération et écritures usuelles.

MATÉRIEL ET SUPPORT
- « Cubes base 10 encastrables » (Celda) : 2 plaques de 100 cubes, 9 barres de 10 cubes et 9 cubes isolés pour chaque groupe de 2 élèves ou la **planche 1** prédécoupée livrée avec le cahier de l'élève ***Maths au CE1*** : 2 plaques de 100 carrés, 9 barres de 10 carrés et 9 carrés isolés.

DÉROULEMENT DE LA SÉANCE

❶ Recherche Constituer une collection dont le nombre d'éléments est désigné à l'aide d'une écriture en unités de numération.	15 min	**Manipulation** **Représentation** Groupes de 2
❷ Renforcement Associer diverses représentations d'un même nombre.	15 min	

❶ Recherche

Annoncer que vous allez faire des commandes de cubes aux élèves. Ils devront préparer sur la table le matériel commandé.

Commande 1 : écrire au tableau **16d 3u**.

Pour constituer la collection de **16d 3u**, les élèves n'ont que 9 barres de dix cubes à leur disposition. Ils doivent convertir les 16 dizaines en 1 centaine et 6 dizaines. Ils utilisent une plaque de cent cubes et 6 barres de 10 cubes.
Demander aux élèves d'écrire ce nombre en chiffres sur l'ardoise.

Dire le nombre **163** en montrant avec le matériel que c'est *cent* et *soixante-trois* cubes.

Reformuler que 163, c'est 16 dizaines et 3 unités.
Montrer que la plaque *centaine*, c'est 10 dizaines.
163, c'est aussi 1 centaine 6 dizaines et 3 unités ou 163 unités.

Commande 2 : écrire au tableau **1c 8d 4u**.

Écrire ce nombre en chiffres sur l'ardoise.
Chercher ensuite comment représenter ce nombre avec d'autres écritures en unités de numération et vérifier avec le matériel.

Dire le nombre **184** en montrant avec le matériel que c'est *cent* et *quatre-vingt-quatre* cubes.

Reformuler que 184, c'est 18 dizaines et 4 unités.
Rappeler que la plaque centaine, c'est 10 dizaines.
184, c'est aussi 1 centaine 8 dizaines et 4 unités ou 184 unités.

Écrire **184**, c'est **1c 8d 4u**, c'est aussi **18d 4u** ou **184u** ou **1c 84u**.

❷ Renforcement

Proposer des exercices du même type avec d'autres écritures en unités de numération. Constituer des collections qui correspondent aux écritures en unités de numération : **1c 28u**, **1c 1d**, **1c 5u**.

1c 28u, c'est aussi 1c 2d 8u ou 12d 8u, c'est 128 qui se lit « cent-vingt-huit ».

1c 1d c'est aussi 11d ou 110u, c'est 110 qui se lit « cent-dix ».

1c 5u, c'est aussi 10d 5u ou 105u, c'est 105 qui se lit « cent-cinq ».

Au cours de la synthèse, rappeler qu'une centaine est égale à 10 dizaines ou cent unités. Demander combien on a de dizaines si on a 1 plaque de cent et 8 barres de dix cubes.

Séance 2 — 30 min

Entrainement et résolution de problèmes

→ REPRÉSENTER

Résoudre des problèmes en utilisant sa connaissance de la numération.

MATÉRIEL ET SUPPORT
- 199 cubes ou jetons.
- 20 paquets de 10 mouchoirs.

DÉROULEMENT DE LA SÉANCE

❶ **Entrainement différencié** Comprendre le principe décimal de la numération.	15 min	**Manipulation** Groupes de besoins
❷ **Recherche** Résoudre des problèmes en contexte en utilisant sa connaissance du principe décimal de la numération.	15 min	**Manipulation** **Abstraction** Groupes de 2 Écrit individuel

❶ Entrainement différencié

Groupe 1

Les élèves de ce groupe, à accompagner en priorité car ils ont besoin de renforcer leur capacité à désigner le nombre d'éléments d'une collection, sont rassemblés autour d'une table avec l'enseignant. Ils effectuent des manipulations.
Présenter une collection de **18 barres de 10 cubes et 5 cubes**.
Demander de terminer l'organisation de cette collection en groupant 10 dizaines. On obtient 1 centaine 8 dizaines et 5 unités.
Noter les écritures que l'on peut associer à cette collection : **18d 5u, 1c 8d 5u, 185.**

Reprendre la même activité en présentant de nouvelles collections d'objets (bâtonnets, jetons) : **17d 9u, 10d 4u, 19d, 123u.**

Groupe 2

Les élèves qui ont besoin d'approfondir leur capacité à associer différentes façons de désigner des nombres travaillent en autonomie à partir des exercices du document 19A de **ExoSup19.pdf**, page 1.

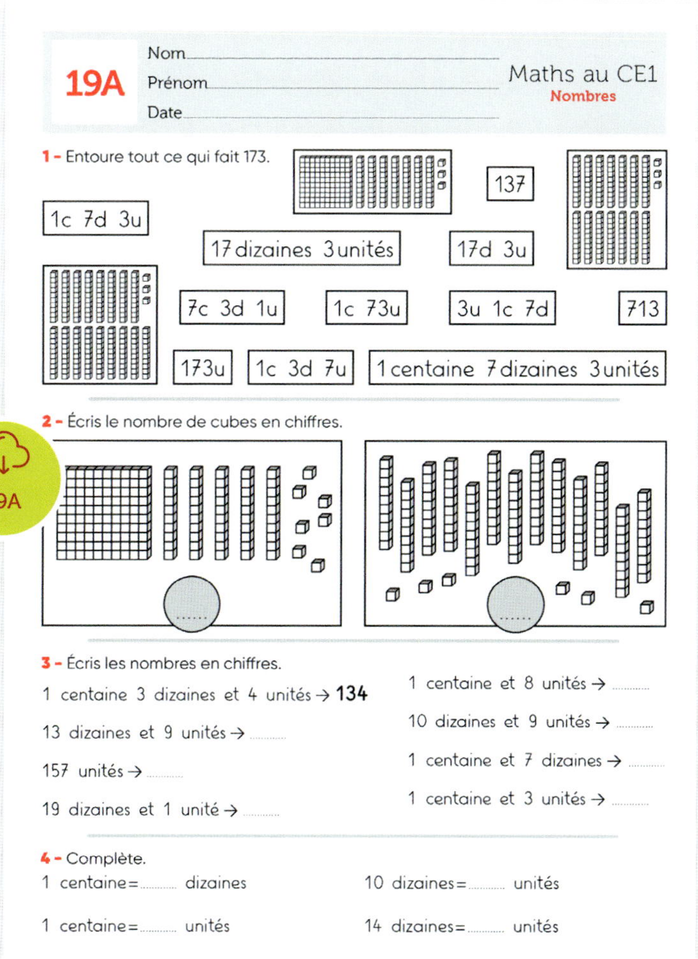
19A — Nom / Prénom / Date — Maths au CE1 — Nombres

1 - Entoure tout ce qui fait 173.

1c 7d 3u — 17 dizaines 3 unités — 137 — 17d 3u — 7c 3d 1u — 1c 73u — 3u 1c 7d — 713 — 173u — 1c 3d 7u — 1 centaine 7 dizaines 3 unités

2 - Écris le nombre de cubes en chiffres.

3 - Écris les nombres en chiffres.

1 centaine 3 dizaines et 4 unités → 134
13 dizaines et 9 unités → ……
157 unités → ……
19 dizaines et 1 unité → ……
1 centaine et 8 unités → ……
10 dizaines et 9 unités → ……
1 centaine et 7 dizaines → ……
1 centaine et 3 unités → ……

4 - Complète.

1 centaine = …… dizaines
1 centaine = …… unités
10 dizaines = …… unités
14 dizaines = …… unités

19A

❷ Recherche

Problème 1

Présenter le problème oralement.
« Un pâtissier a fabriqué 194 biscuits.
Il veut les vendre dans des sachets de 10 biscuits.
Combien de sachets peut-il préparer ? »

La recherche s'effectue individuellement sur l'ardoise puis les élèves se concertent par groupes de 2 pour parvenir à une réponse commune.

Un élève est chargé de résoudre le problème avec le matériel pendant la recherche de ses camarades.
Ce travail sera utilisé pour valider la solution.
Les jetons représentent les biscuits.

Comprendre qu'on ne peut constituer que 19 paquets de 10 gâteaux.
Les 4 gâteaux qui restent ne suffisent pas pour former un sachet de 10.

Problème 2

La recherche s'effectue individuellement (**ExoSup19.pdf**, page 2).

19B — Nom / Prénom / Date — Maths au CE1 — Nombres

Résous le problème.

Un pâtissier a fabriqué 178 biscuits.
Il veut les vendre dans des sachets de 10 biscuits.
Combien de sachets le pâtissier peut-il préparer?

Je cherche.

Je réponds.

19B

Séance 3 — 30 min

Bilan des apprentissages

Valorisation des progrès

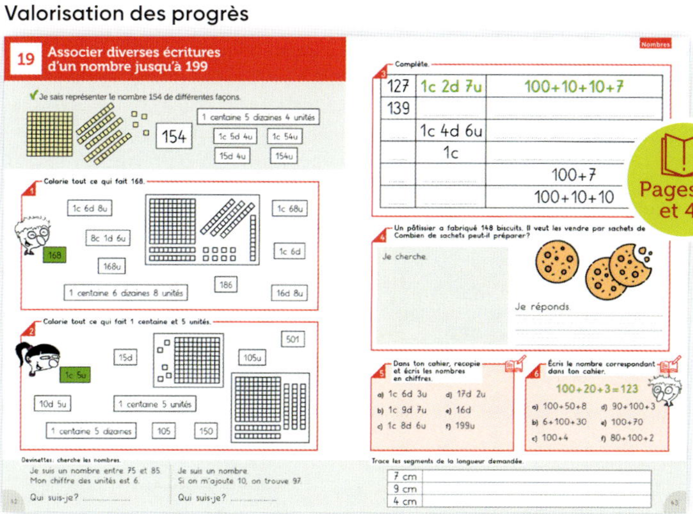
19 Associer diverses écritures d'un nombre jusqu'à 199 — Nombres

✔ Je sais représenter le nombre 154 de différentes façons.
154 — 1 centaine 5 dizaines 4 unités — 1c 5d 4u — 1c 54u — 15d 4u — 154u

1 Colorie tout ce qui fait 168.
1c 6d 8u — 8c 1d 6u — 168 — 168u — 1 centaine 6 dizaines 8 unités — 186 — 1c 68u — 1c 6d — 16d 8u

2 Colorie tout ce qui fait 1 centaine et 5 unités.
15d — 1c 5u — 10d 5u — 1 centaine 5 unités — 1 centaine 5 dizaines — 105 — 150 — 105u — 501

Devinettes : cherche les nombres.
Je suis un nombre entre 75 et 85. Mon chiffre des unités est 6. Qui suis-je? ……
Je suis un nombre. Si on m'ajoute 10, on trouve 97. Qui suis-je? ……

3 Complète.

127	1c 2d 7u	100+10+10+7
139		
	1c 4d 6u	
	1c	
		100+7
		100+10+10

4 Un pâtissier a fabriqué 148 biscuits. Il veut les vendre par sachets de … Combien de sachets peut-il préparer?
Je cherche. — Je réponds.

5 Dans ton cahier, recopie et écris les nombres en chiffres.
a) 1c 6d 3u b) 1c 9d 7u c) 1c 8d 6u d) 17d 2u e) 16d f) 199u

6 Écris le nombre correspondant dans ton cahier.
100+20+3 = 123
a) 100+50+8 b) 6+100+30 c) 100+4 d) 90+100+3 e) 100+70 f) 80+100+2

Trace les segments de la longueur demandée.
7 cm — 9 cm — 4 cm

Pages 42 et 43

20 Lire et écrire les nombres jusqu'à 199

Séance 1 — 30 min

Décomposer les nombres jusqu'à 199

→ REPRÉSENTER

Décomposer des nombres en centaines, dizaines et unités.

DÉROULEMENT DE LA SÉANCE

❶ **Recherche** Résoudre un problème du champ additif en utilisant sa connaissance de la numération.	20 min	Verbalisation Abstraction Écrit individuel
❷ **Entrainement** Décomposer les nombres en écritures additives.	10 min	Abstraction Écrit individuel

❶ Recherche

Séquence 20

La recherche s'effectue individuellement sur l'ardoise. Chaque élève doit calculer le nombre de points obtenus par des enfants à un jeu de fléchettes.

Problème 1

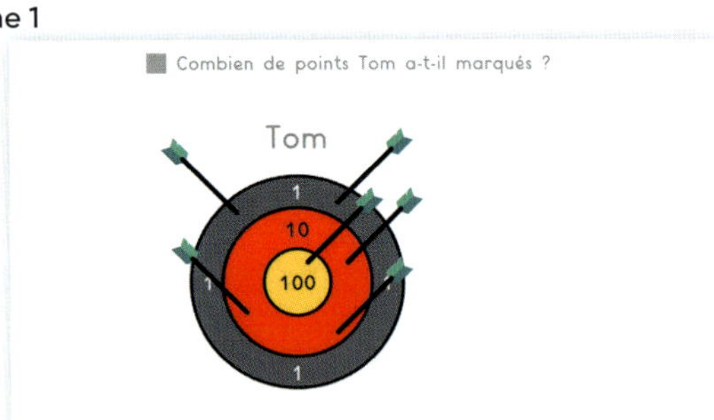

La synthèse permet d'écrire une décomposition additive de **132**.

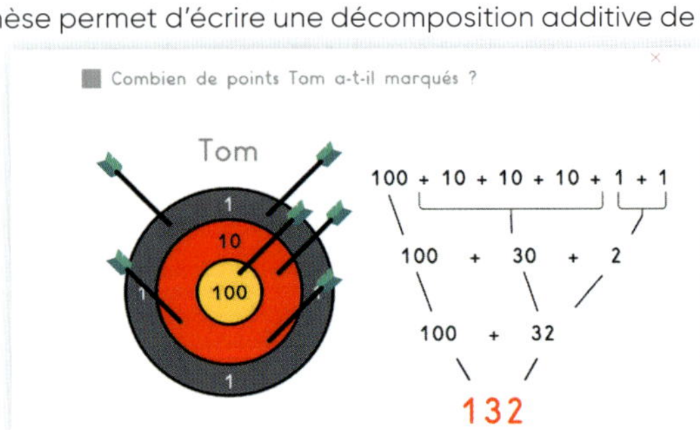

Écrire **100 + 30 + 2 = 100 + 32 = 132**.

Former une collection de **132** cubes (Celda ou planche 1).

Lire le nombre 132, en mettant de côté la centaine pour montrer que l'on dit d'abord le mot *« cent »* puis *« trente-deux »*.

Problème 2

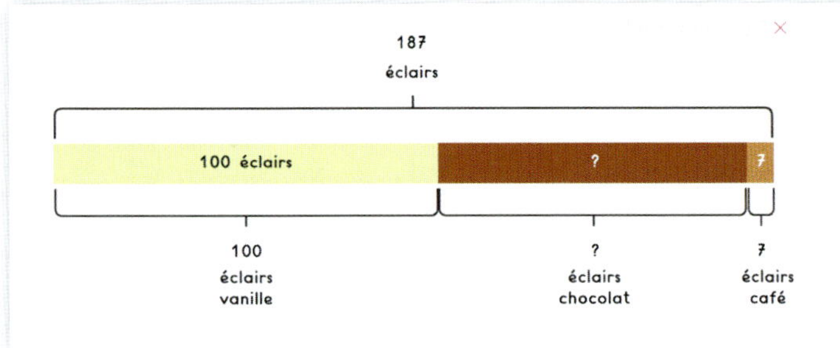

Lors de la synthèse, si nécessaire, utiliser le schéma ci-dessus pour faire apparaitre la structure du problème en 3 parties et un tout.

Écrire au tableau **100 + ... + 7 = 187**.

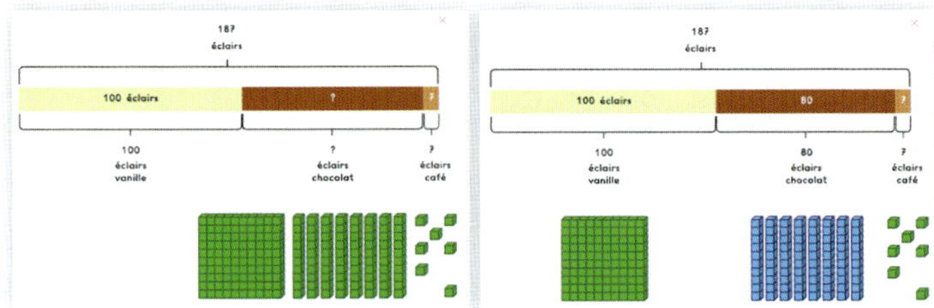

*Un clic permet de placer d'un côté la plaque centaine et de l'autre le reste de la collection pour visualiser que **187** c'est **« cent »** et **« quatre-vingt-sept »**.*

Présenter l'animation ci-dessus où est représentée une collection de 187 cubes.

187 se lit *« cent-quatre-vingt-sept »*.

Faire constater qu'il y a 100 d'un côté et 87 de l'autre.

187, c'est ***« cent »*** et ***« quatre-vingt-sept »***.

Amener les élèves à verbaliser que leur connaissance de la numération suffisait pour résoudre ce problème.

On entend la solution en lisant à haute voix le nombre 187.

187, c'est 100 + **80** + 7, il a donc fabriqué 80 éclairs au chocolat.

❷ Entrainement

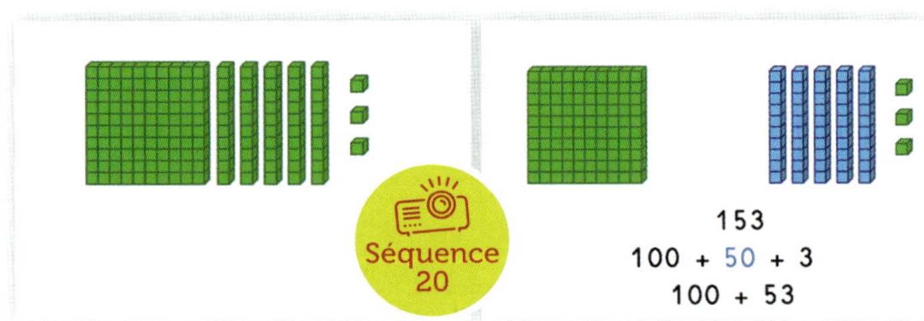

Comprendre la consigne de l'exercice 1 de **ExoSup20.pdf**, page 1 à travers l'exemple présenté dans l'animation **Séquence 20**.

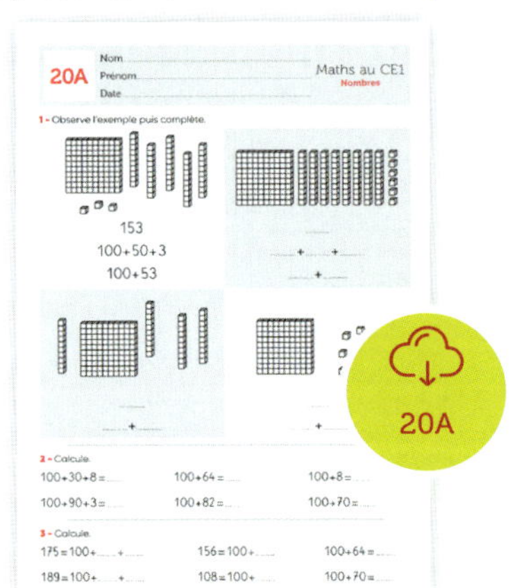

Lors de la correction, expliciter que **175** se dit **« cent-soixante-quinze »** car c'est 100 + 75.

Séance 2

30 min

Écrire en lettres les nombres jusqu'à 199

→ REPRÉSENTER

Lire et écrire en chiffres et en lettres les nombres jusqu'à 199.

MATÉRIEL ET SUPPORT

- Une boite contenant 1 plaque de cent cubes, 9 barres de dix cubes et 15 cubes pour chaque groupe de 4 élèves.

DÉROULEMENT DE LA SÉANCE

❶ **Recherche** Écrire en chiffres et en lettres le nombre de cubes d'une collection.	20 min	**Manipulation** Écrit individuel Groupes de 4
❷ **Entrainement** Associer diverses représentations d'un nombre de 100 à 199.	10 min	**Abstraction** Écrit individuel

❶ Recherche

Distribuer à chaque groupe la boite contenant le matériel.

Demander à chaque groupe de placer la plaque de cent sur la table.
Demander à chaque élève d'écrire le nombre *cent* en chiffres et en lettres sur l'ardoise.

Demander d'ajouter 4 cubes à la collection initiale.
Faire écrire le nombre **104** en chiffres et en lettres sur l'ardoise.

Faire ajouter 2 barres de dix cubes.
Demander d'écrire le nombre **124** en chiffres et en lettres sur l'ardoise.

Demander d'ajouter 6 cubes.

Faire constater qu'on peut assembler ces 6 cubes avec les 4 cubes isolés pour former une barre de 10.

Écrire le nombre **130** en chiffres et en lettres sur l'ardoise.

Ajouter 5 barres de dix cubes.
Écrire le nombre **180** en chiffres et en lettres sur l'ardoise.

Ajouter 1 barre de dix cubes et 4 cubes isolés.
Écrire le nombre **194** en chiffres et en lettres sur l'ardoise.

❷ Entrainement

S'exercer avec **ExoSup20.pdf**, page 2.

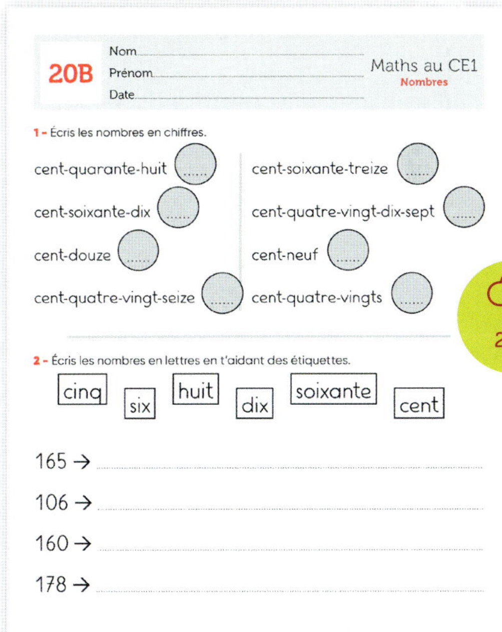

20B Nom ……… Prénom ……… Date ……… Maths au CE1 Nombres

1 - Écris les nombres en chiffres.

cent-quarante-huit (……)
cent-soixante-dix (……)
cent-douze (……)
cent-quatre-vingt-seize (……)
cent-soixante-treize (……)
cent-quatre-vingt-dix-sept (……)
cent-neuf (……)
cent-quatre-vingts (……)

2 - Écris les nombres en lettres en t'aidant des étiquettes.

cinq | six | huit | dix | soixante | cent

165 → ………
106 → ………
160 → ………
178 → ………

20B

Séance 3

30 min

Bilan des apprentissages

Valorisation des progrès

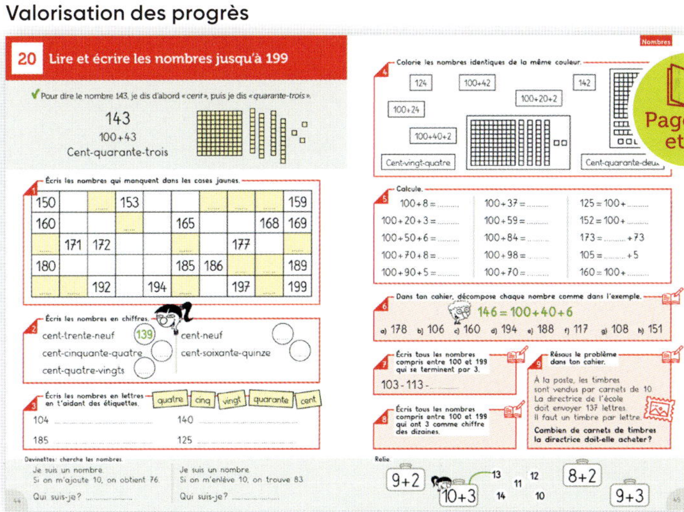

20 Lire et écrire les nombres jusqu'à 199

Pour dire le nombre 143, je dis d'abord « *cent* », puis je dis « *quarante-trois* ».

143
100 + 43
Cent-quarante-trois

1 Écris les nombres qui manquent dans les cases jaunes.

150			153						159
160					165			168	169
	171	172					177		
180					185	186			189
		192		194			197		199

2 Écris les nombres en chiffres.

cent-trente-neuf (139)
cent-cinquante-quatre (……)
cent-quatre-vingts (……)
cent-neuf (……)
cent-soixante-quinze (……)

3 Écris les nombres en lettres en t'aidant des étiquettes. quatre | cinq | vingt | quarante | cent

104 ……… 140 ………
185 ……… 125 ………

Devinettes : cherche les nombres.
Je suis un nombre. Si on m'ajoute 10, on obtient 76. Qui suis-je ? ………
Je suis un nombre. Si on m'enlève 10, on trouve 83. Qui suis-je ? ………

Nombres

4 Colorie les nombres identiques de la même couleur.
124 | 100+42 | 142 | 100+20+2 | 100+24 | 100+40+2 | Cent-vingt-quatre | Cent-quarante-deux

5 Calcule.

100 + 8 = ……… 100 + 37 = ……… 125 = 100 + ………
100 + 20 + 3 = ……… 100 + 59 = ……… 152 = 100 + ………
100 + 50 + 6 = ……… 100 + 84 = ……… 173 = ……… + 73
100 + 70 + 8 = ……… 100 + 98 = ……… 105 = ……… + 5
100 + 90 + 5 = ……… 100 + 70 = ……… 160 = 100 + ………

6 Dans ton cahier, décompose chaque nombre comme dans l'exemple.
146 = 100 + 40 + 6
a) 178 b) 106 c) 160 d) 194 e) 188 f) 117 g) 108 h) 151

7 Écris tous les nombres compris entre 100 et 199 qui se terminent par 3.
103 - 113 - ………

8 Écris tous les nombres compris entre 100 et 199 qui ont 3 comme chiffre des dizaines.

9 Résous le problème dans ton cahier.
À la poste, les timbres sont vendus par carnets de 10. La directrice de l'école doit envoyer 137 lettres. Il faut un timbre par lettre.
Combien de carnets de timbres la directrice doit-elle acheter ?

Relie.
9+2 | 10+3 | 8+2 | 9+3 | 13 | 11 | 12 | 14 | 10

Pages 44 et 45

21 Comparer les nombres jusqu'à 199

Séance 1 ⌛ 30 min

Comparer des collections représentées

→ RAISONNER

Anticiper le résultat d'une manipulation.

MATÉRIEL ET SUPPORT
- Les feuilles de recherche (**Materiel21.pdf**, pages 1 et 2).

DÉROULEMENT DE LA SÉANCE

❶ Recherche Comparer deux quantités de cubes dessinées.	20 min	**Abstraction** Travail individuel
❷ Nouvelle recherche Comparer deux quantités de cubes.	10 min	

❶ Recherche

Matériel 21

Exercice 1

Consignes « Écris le nombre de cubes de Léo et de Tom dans les ronds et le signe < ou > dans les carrés pour comparer les deux nombres. Réponds à la question. »

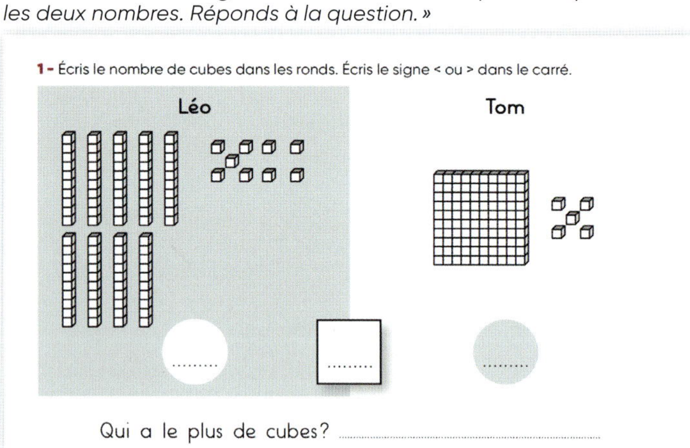

! Procédure visée

Il est important de développer les procédures qui s'intéressent à la valeur de chaque chiffre. *99* est plus petit que *105* car il ne comporte pas de centaine.
La procédure qui compare le nombre de chiffres de chaque nombre ne fonctionnera plus au cycle 3 avec les nombres décimaux. Il faut donc éviter de dire que *« 99 a deux chiffres et donc il est plus petit que 105 car celui-ci a trois chiffres ».*
Exemple de comparaison où cette procédure ne fonctionne pas: *7,5 > 7,34* alors que 7,5 ne comporte que deux chiffres.

La validation avec le matériel permet de constater que 99 est le nombre le plus petit car c'est moins qu'une centaine. Essayer de faire former une plaque de 100 avec les cubes de Léo pour montrer qu'il lui manque 1 cube pour avoir une centaine.

Utiliser un tableau de numération pour expliquer que l'on compare les chiffres de chaque nombre en commençant par les centaines.

c	d	u
	9	9

c	d	u
1	0	5

Écrire au tableau: **99 < 105.**
Dire et faire dire: *« 105 est plus grand que 99. 105 est supérieur à 99. »*
« 99 est plus petit que 105. 99 est inférieur à 105. »

Exercice 2

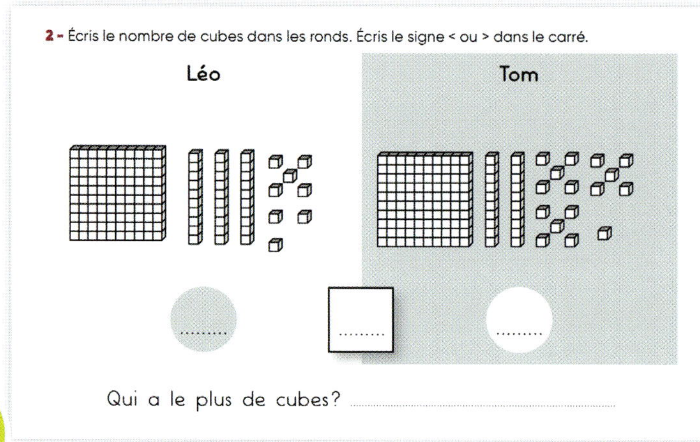

Procédure visée

138 et 136 ont autant de centaines et autant de dizaines l'un que l'autre, le plus grand est celui qui a le plus d'unités.

Lors de la mise en commun, terminer l'organisation de la collection de Tom en entourant dix cubes isolés pour former une dizaine.

Valider le résultat par la manipulation du matériel. Constater que chaque enfant a une plaque centaine puis constater que chaque enfant a autant de dizaines et enfin que Léo a plus d'unités.

Utiliser un tableau de numération pour expliquer que l'on compare les chiffres en commençant par les centaines.

c	d	u
1	3	8

c	d	u
1	3	6

Écrire au tableau: **138 > 136.**
Dire et faire dire: *« 138 est plus grand que 136. 138 est supérieur à 136. »*
« 136 est plus petit que 138. 136 est inférieur à 138. »

❷ Nouvelle recherche

Matériel 21

Exercice 3

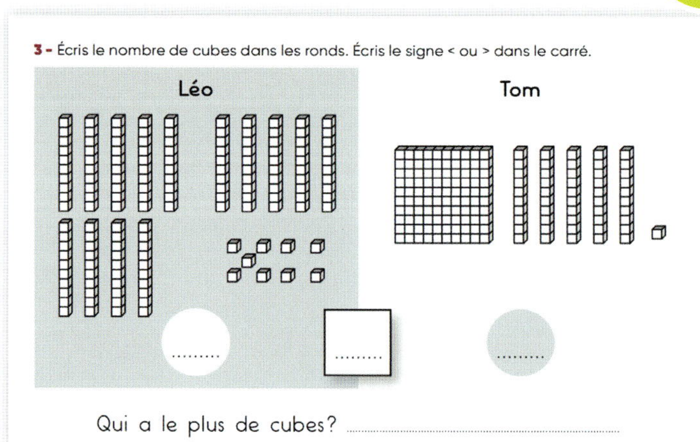

Procédure visée

149 et 151 ont autant de centaines l'un que l'autre, par contre le plus grand est celui qui a le plus de dizaines.

Lors de la mise en commun, terminer l'organisation de la collection de Léo en entourant dix dizaines pour former une centaine.

Utiliser un tableau de numération pour expliquer que l'on compare les chiffres en commençant par les centaines puis les dizaines et enfin les unités.

c	d	u
1	4	9

c	d	u
1	5	1

Écrire au tableau : **149 < 151**.
Dire et faire dire : *« 151 est plus grand que 149. 151 est supérieur à 149. »*
« 149 est plus petit que 151. 149 est inférieur à 151. »
Valider le résultat par la manipulation du matériel.

Exercice 4

4 - Écris le nombre de cubes dans les ronds. Écris le signe < ou > dans le carré.

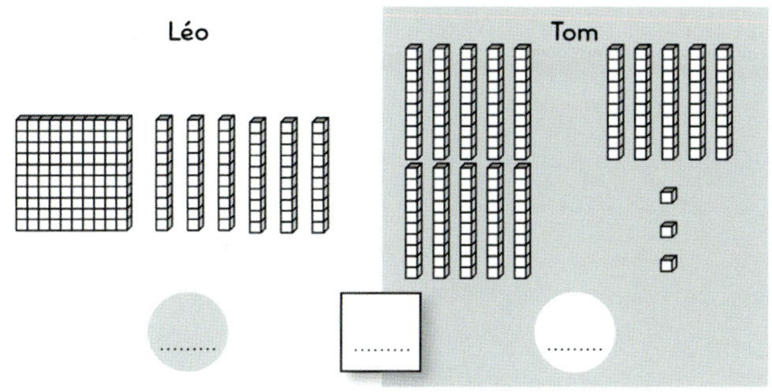

Qui a le plus de cubes ? ....

Procédure visée
160 et 153 ont autant de centaines l'un que l'autre, le plus grand est celui qui a le plus de dizaines.

Lors de la mise en commun, terminer l'organisation de la collection de Tom en entourant dix dizaines pour former une centaine.

Utiliser un tableau de numération pour expliquer que l'on compare les chiffres en commençant par les centaines puis les dizaines et enfin les unités.

c	d	u
1	6	0

c	d	u
1	5	3

Écrire au tableau : **160 > 153**.
Dire et faire dire : *« 160 est plus grand que 153. 160 est supérieur à 153. »*
« 153 est plus petit que 160. 153 est inférieur à 160. »
Valider le résultat par la manipulation du matériel.

Séance 2 — 30 min

Comparer des nombres inférieurs à 200

→ **RAISONNER**

Comparer des nombres entiers en utilisant les symboles < ou >.

MATÉRIEL ET SUPPORT
- Les problèmes du document élève (**Materiel21.pdf**, page 3).

DÉROULEMENT DE LA SÉANCE

❶ Entrainement Comparer des nombres en utilisant les signes < ou >.	10 min	**Représentation Abstraction** Écrit Individuel
❷ Institutionnalisation Connaitre une méthode pour comparer des nombres jusqu'à 199.	5 min	**Verbalisation Abstraction** Oral collectif
❸ Renforcement Résoudre des problèmes de comparaison.	15 min	**Représentation Manipulation** Groupes de 2

❶ Entrainement

L'exercice est écrit au tableau pour un travail dans un cahier.

Complète avec < ou >.

56 ... 78	134 ... 89	123 ... 132
109 ... 190	118 ... 117	170 ... 167

❷ Institutionnalisation

Ce qu'il faut retenir

Pour comparer deux nombres, il faut commencer par comparer le chiffre des centaines. En cas d'égalité au niveau des chiffres des centaines, on compare le chiffre des dizaines. Si les chiffres des dizaines sont égaux, on compare le chiffre des unités.

À quoi cela sert-il ?

À donner des exemples concrets où on compare des nombres : scores de deux équipes de basket (exemple de score : 119 à 112) pour connaitre le vainqueur, comparaison de prix pour un même objet pour acheter le moins cher, comparaison de la hauteur de deux objets en cm.

❸ Renforcement

Matériel 21

Dans le **problème 1,** les élèves doivent comprendre qu'il faut chercher le magasin qui vend le *Téléscope XP 230* le moins cher.

Problème 1
Tom veut acheter le téléscope XP 230.
Il compare les prix dans trois magasins.

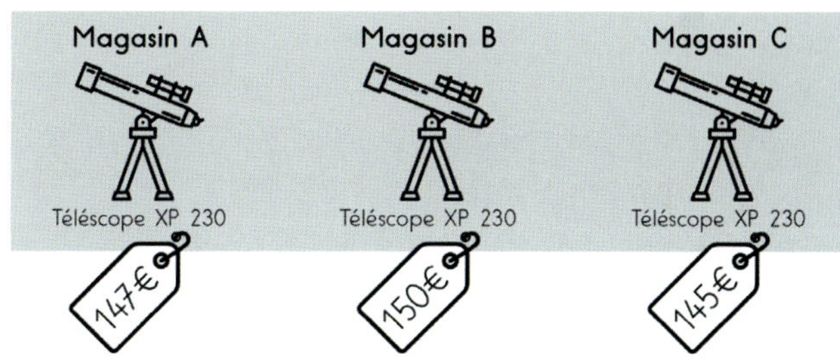

Dans quel magasin va-t-il acheter le téléscope ? ....
Explique pourquoi. ....

DIFFÉRENCIATION
- Accompagner les élèves qui rencontrent des difficultés en leur demandant de raconter l'histoire sans les nombres : *« C'est l'histoire de Tom qui cherche dans quel magasin il doit se rendre pour acheter le téléscope au prix le plus bas. »*

Dans le **problème 2**, les élèves doivent apprendre à s'organiser pour comparer 4 nombres.

Problème 2
Quatre enfants jouent aux fléchettes.
Alice a obtenu 156 points, Anna a obtenu 106 points, Fatou a obtenu 165 points et Rémi a obtenu 163 points.

Qui a gagné la partie ? ....

Le **problème 3** va être résolu en deux étapes par de nombreux élèves car il faut d'abord convertir les **16d et 8u** de Léo en **1c 6d 8u** puis **168** avant de comparer avec les 165 billes de Tom.

Problème 3
Léo et Tom collectionnent les billes.
Léo a 16 sacs de 10 billes et 8 billes.
Tom a une boite de 100 billes, 6 sacs de 10 billes et 5 billes.

Qui a le plus de billes ? ....
Explique pourquoi. ....

21 Comparer les nombres jusqu'à 199

Séance 3 — 30 min

Ordonner les nombres jusqu'à 199

→ **RAISONNER**

Ordonner des nombres dans l'ordre croissant ou décroissant.

MATÉRIEL ET SUPPORT
- La feuille de recherche **(Materiel21.pdf**, page 4).

DÉROULEMENT DE LA SÉANCE

❶ **Recherche** Résoudre un problème du champ additif en deux étapes.	20 min	**Représentation** **Verbalisation** Groupes de 2
❷ **Entrainement** Comparer et ranger des nombres jusqu'à 199.	10 min	**Représentation** **Abstraction** Travail individuel

❶ Recherche

Matériel 21

Annoncer que 4 enfants ont joué aux fléchettes. Il va falloir ranger les scores obtenus pour savoir qui a gagné, qui est deuxième…

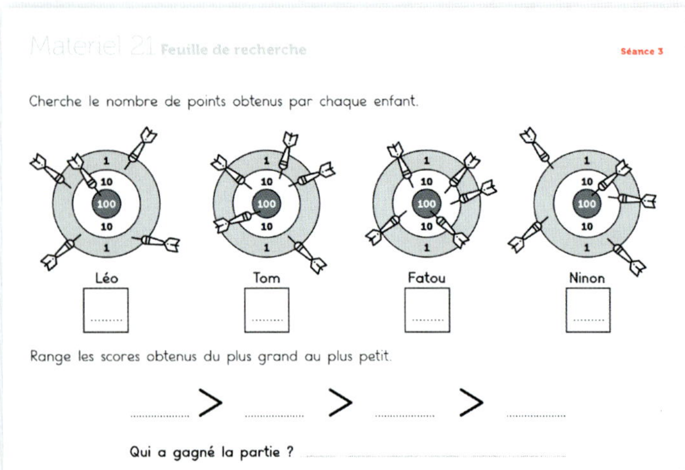

Les élèves doivent d'abord calculer ou écrire directement le nombre de points obtenus par chaque élève puis les ordonner du plus grand au plus petit.

Consignes *« Écrivez le nombre de points obtenus par chaque enfant. Rangez les nombres par ordre décroissant, c'est-à-dire du plus grand au plus petit. »*

Lors de la mise en commun, amener les élèves à comparer des scores écrits sous la forme de décompositions (centaines, dizaines et unités) :

- **100 + 4 < 100 + 40** puis écrire **1c 4u < 1c 4d** et **104 < 140.**
- **100 + 30 + 1 > 100 + 10 + 3** puis écrire **1c 3d 1u > 1c 1d 3u** et **131 > 113.**

❷ Entrainement

S'exercer avec **ExoSup21.pdf**.

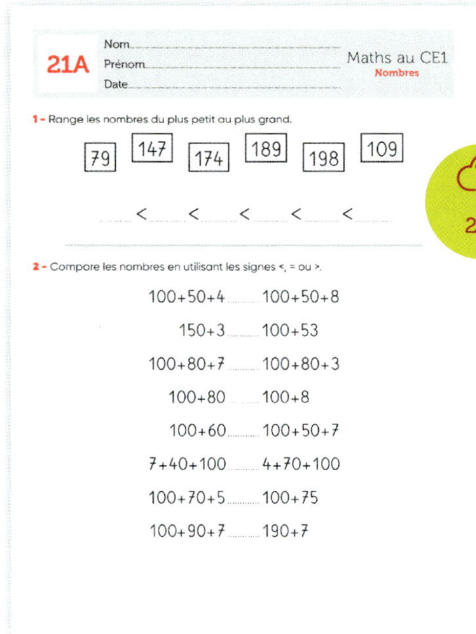

21A

La phase de correction est menée uniquement avec les élèves qui en ont besoin et qui sont regroupés dans un espace de travail. L'enseignant a aussi une autre option en ciblant la correction sur deux ou trois questions afin de permettre aux élèves d'expliciter leurs procédures.

Séance 4 — 30 min

Bilan de la séquence

Valorisation des progrès

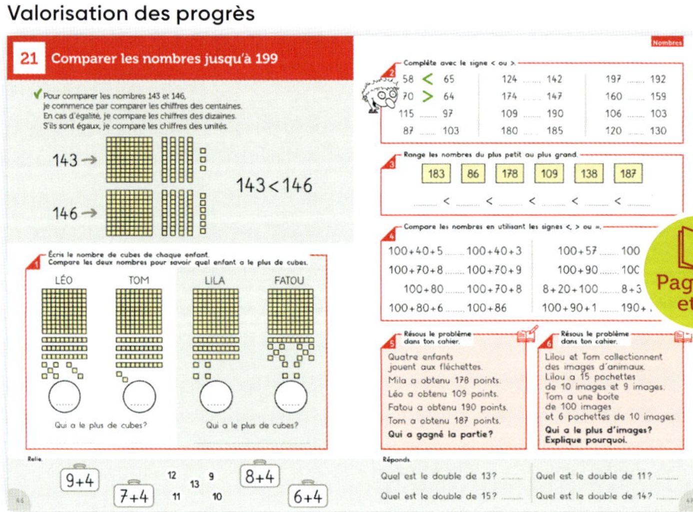

Pages 46 et 47

Matériel 21

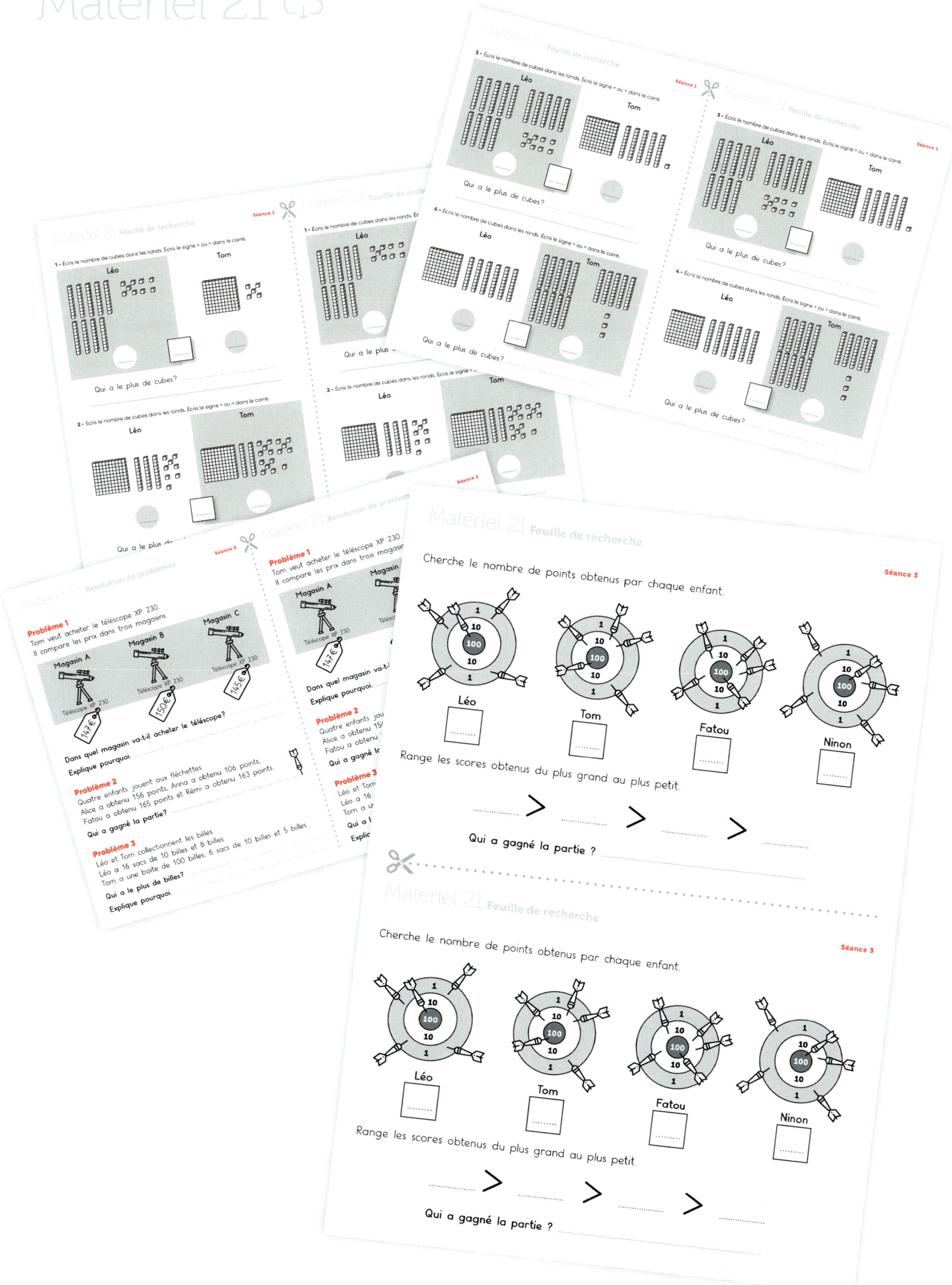

Matériel 21 Feuille de recherche
Séance 1
1 - Écris le nombre de cubes dans les ronds. Écris le signe < ou > dans le carré.
Léo
Tom
Qui a le plus de cubes?
2 - Écris le nombre de cubes dans les ronds. Écris le signe < ou > dans le carré.
3 - Écris le nombre de cubes dans les ronds. Écris le signe < ou > dans le carré.
4 - Écris le nombre de cubes dans les ronds. Écris le signe < ou > dans le carré.
Matériel 21 Résolution de problèmes
Séance 2
Problème 1
Tom veut acheter le téléscope XP 230.
Il compare les prix dans trois magasins.
Magasin A
Magasin B
Magasin C
Téléscope XP 230
147€
150€
145€
Dans quel magasin va-t-il acheter le téléscope?
Explique pourquoi.
Problème 2
Quatre enfants jouent aux fléchettes.
Alice a obtenu 156 points, Anna a obtenu 106 points,
Fatou a obtenu 165 points et Rémi a obtenu 163 points.
Qui a gagné la partie?
Problème 3
Léo et Tom collectionnent les billes.
Léo a 16 sacs de 10 billes et 8 billes.
Tom a une boite de 100 billes, 6 sacs de 10 billes et 5 billes.
Qui a le plus de billes?
Explique pourquoi.
Matériel 21 Feuille de recherche
Séance 3
Cherche le nombre de points obtenus par chaque enfant.
1
10
100
Léo
Tom
Fatou
Ninon
Range les scores obtenus du plus grand au plus petit.
>
Qui a gagné la partie ?

15 min par jour

Calcul mental

- Écrire les nombres en chiffres jusqu'à 199.
- Connaitre les compléments à 20.

Séance 1

❶ Dictée de nombres — 3 min

Dictée de nombres sur l'ardoise **124, 103, 145, 154, 150.**
Écrire les nombres en chiffres.

❷ Tables d'addition de 8 et de 9 : évaluation — 5 min

Consignes *« Tu vas avoir deux minutes pour effectuer les calculs* (**MaterielCalcul11.pdf**, page 1).
Le but est d'effectuer correctement le plus de calculs possible. »

Corriger uniquement deux calculs.
Pour la table d'addition de 9, rappeler la procédure *+ 10 – 1.*

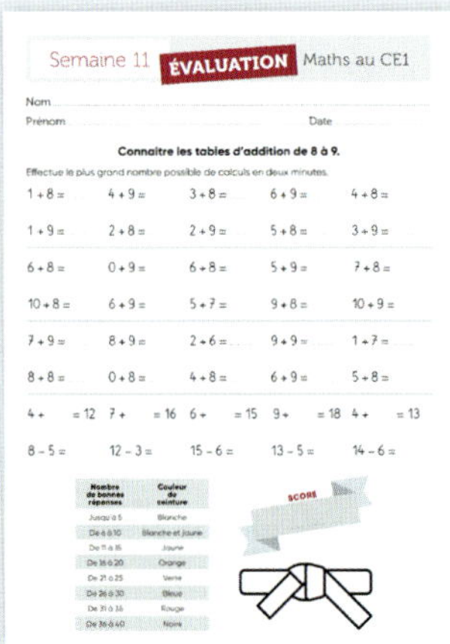

Matériel Calcul 11

❸ Compléments à 20 : découverte — 7 min

Proposer oralement le problème suivant :
« Lili a 8 images.
Combien lui manque-t-il d'images pour en avoir 20 ? »
Les élèves répondent sur l'ardoise.

Procédure à privilégier
8 + ? = 20 ou *« de 8 pour aller à 20*, il faut d'abord calculer de 8 pour aller à 10 puis de 10 pour aller à 20. »

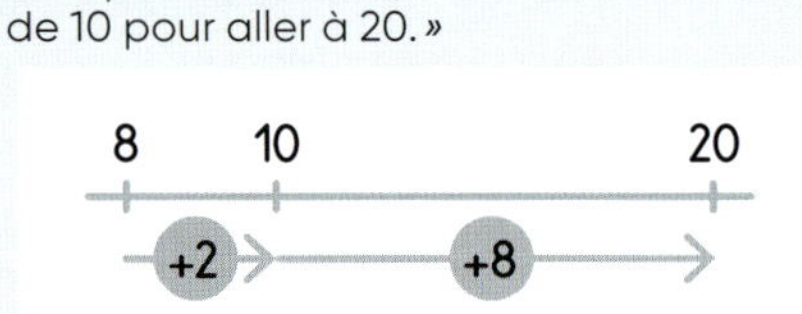

Visualiser cette procédure sur la demi-droite graduée.

Annoncer que l'objectif est d'apprendre les compléments à 20 pour les nombres inférieurs à 10.
Proposer oralement les calculs suivants : ***« 5 + ? = 20 »*** ***« de 3 pour aller à 20 ? »*** ***« de 9 pour aller à 20 ? ».***

Séance 2

❶ Dictée de nombres — 3 min

Dictée de nombres sur l'ardoise **100, 109, 130, 110, 140.**
Écrire les nombres en chiffres.

❷ Tables d'addition de 8 et de 9 : entrainement — 5 min

Matériel Calcul 11

Proposer à nouveau le document élève **MaterielCalcul11.pdf**, page 1 utilisé lors de la séance 1 pour consolider la connaissance des tables d'addition de 8 et 9.

Corriger uniquement deux calculs.
Pour la table d'addition de 9, rappeler la procédure *+ 10 – 1.*

❸ Compléments à 20 : entrainement — 7 min

Proposer par écrit au tableau les calculs 6 + ? = 20 2 + ? = 20 **« de 1 pour aller à 20 ? »** **« de 4 pour aller à 20 ? ».**

Séance 3

❶ Dictée de nombres — 3 min

Dictée de nombres sur l'ardoise **163, 173, 182, 192, 199.**
Écrire les nombres en chiffres.

❷ Tables d'addition de 8 et de 9 : évaluation — 5 min

Distribuer à nouveau le document **MaterielCalcul11.pdf**, page 1 utilisé en séance 1.

Consigne *« Tu vas avoir deux minutes pour répondre. Le but est d'effectuer correctement le plus de calculs possible. »*

❸ Compléments à 20 : entrainement — 7 min

Annoncer que l'objectif est d'apprendre les compléments à 20 pour les nombres supérieurs à 10.

Proposer oralement les calculs suivants : ***« 17 + ? = 20 »***
« 10 + ? = 20 » ***« 16 + ? = 20 »*** ***« de 19 pour aller à 20 ? »***
« de 15 pour aller à 20 ? » ***« de 12 pour aller à 20 ? ».***

Procédures à privilégier
- Utiliser les résultats des compléments à 10.
« Chercher combien il faut ajouter à 13 pour obtenir 20, c'est pareil que pour aller de 3 à 10. Je cherche ce qui manque à 3 pour fabriquer une nouvelle dizaine : 3 + 7 = 10 donc 13 + 7 = 20. »

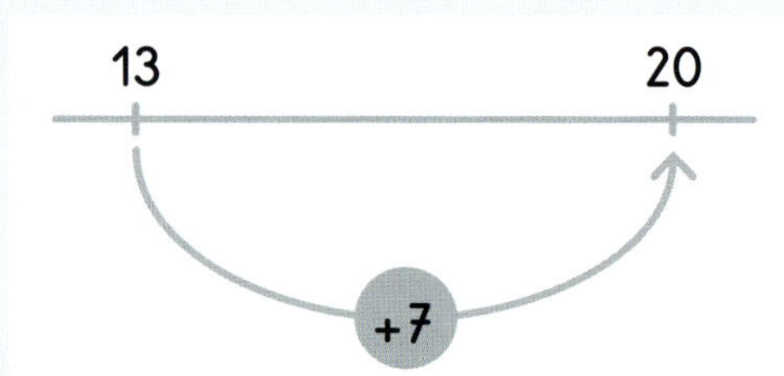

Visualiser cette procédure sur la demi-droite graduée.

- Calculer l'addition à trou 13 + ? = 20, c'est pareil que calculer la soustraction 20 - 13 = ?

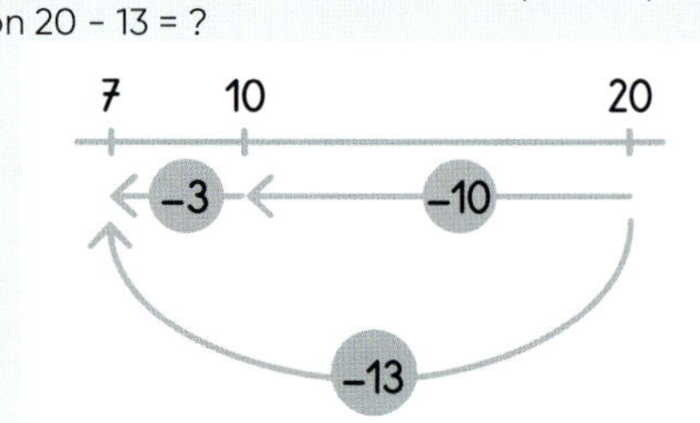

Visualiser cette procédure sur la demi-droite graduée.

Séance 4

❶ Dictée de nombres — 3 min

Dictée de nombres sur l'ardoise **160, 170, 180, 190, 195.**
Écrire les nombres en chiffres.

❷ Compléments à 20 : trace écrite — 12 min

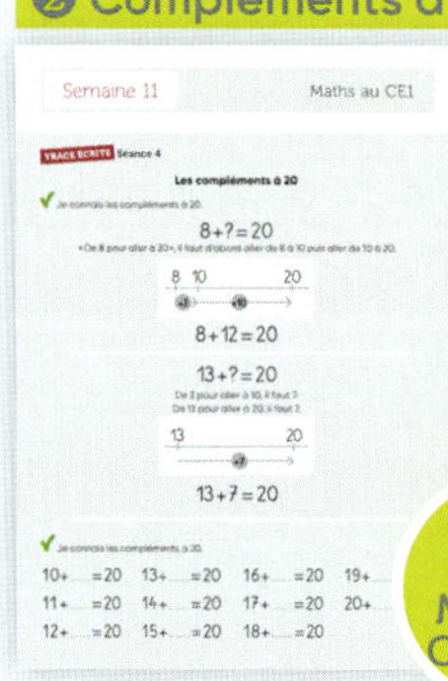

Matériel Calcul 11

Proposer oralement les calculs suivants :
« 16 + ? = 20 » ***« 2 + ? = 20 »*** ***« 18 + ? = 20 »***
« de 6 pour aller à 20 ? »
« de 16 pour aller à 20 ? »
« de 12 pour aller à 20 ? ».

Compléter la trace écrite (**MaterielCalcul11.pdf**, page 2).

Atelier 11

30 min par semaine

Atelier problèmes

- Résoudre des problèmes en utilisant sa connaissance de la numération : principe décimal.

Prénom .... Date ....

Résous les problèmes avec le symbole ✖ puis résous les problèmes de ton choix. Essaie d'en résoudre le plus possible.

Problème 1

Léo a acheté des ballons de baudruche pour fêter son anniversaire.
Il a acheté 14 boites de 10 ballons et 8 ballons.

Combien de ballons Léo a-t-il achetés ?

Problème 2

Un restaurateur a besoin de 150 verres.
Les verres sont vendus dans des boites de 10.

Combien de boites le restaurateur doit-il commander ?

✖ Problème 3

Un boulanger a fabriqué 134 biscuits.
Il veut les vendre par sachets de 10.

Combien de sachets le boulanger peut-il préparer ?

Problème 4

À la poste, les timbres sont vendus par carnet de 10.
Le directeur de l'école doit envoyer 123 lettres.
Il faut un timbre par lettre.

Combien de carnets le directeur doit-il acheter ?

✖ Problème 5

Dans la salle de cantine de l'école, il y a 8 tables pour les élèves.
À chaque table, 10 élèves peuvent s'asseoir pour manger.
Dans cette école, il y a 37 filles et 45 garçons qui mangent à la cantine.

Est-ce que tous les élèves peuvent manger en même temps dans la salle de la cantine ? Explique pourquoi.

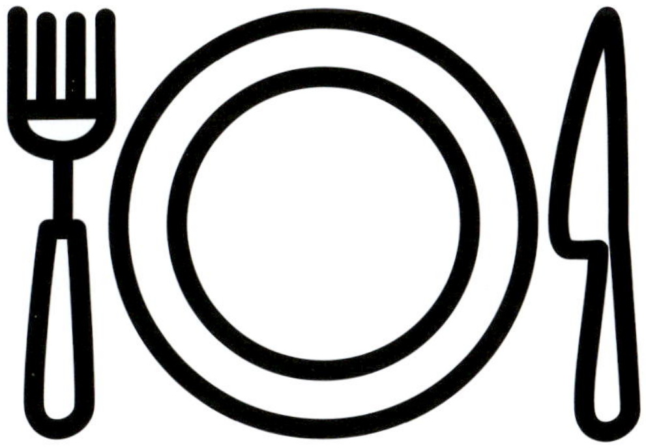

22 Comprendre le sens de la multiplication (1)

Séance 1 — 30 min

Connaitre le lien entre addition répétée et multiplication

→ MODÉLISER

Réaliser que certains problèmes relèvent de situations multiplicatives (itération d'addition).

MATÉRIEL ET SUPPORT
- 20 cubes emboitables par groupes de 2 élèves.

DÉROULEMENT DE LA SÉANCE

❶ Recherche Utiliser l'addition répétée pour résoudre un problème du champ multiplicatif.	20 min	**Expérimentation Manipulation** Groupes de 2
❷ Mise en commun Introduire le signe x.	8 min	**Verbalisation** Oral collectif
❸ Institutionnalisation Connaitre le lien entre addition répétée et multiplication.	2 min	

❶ Recherche

Présenter une collection de fusées réalisées avec des cubes emboitables :
3 fusées de 6 cubes.

En juxtaposant ces 3 fusées, on constate qu'elles ont la même hauteur car elles comptent le même nombre de cubes.

Annoncer que chaque groupe va construire des fusées en utilisant des cubes. Toutes les fusées devront avoir le même nombre de cubes.

Montrer une fusée de 5 cubes.

Consigne *« Trouvez combien chaque groupe doit commander de cubes pour construire 4 fusées de 5 cubes. »*

Écrire au tableau **4 fusées de 5 cubes**.

Lancer les binômes sur les recherches.

❷ Mise en commun

Inventorier les procédures qui ont permis de trouver la bonne réponse. Les valider en construisant les fusées.

Faire verbaliser : *« 5 cubes et encore 5 cubes et encore 5 cubes et encore 5 cubes, cela fait 20 cubes en tout. »*
Écrire au tableau : **5 + 5 + 5 + 5 = 20.**

Faire verbaliser : *« on a additionné 4 fois le nombre 5, cela fait 20 en tout », « 4 fois 5 est égal à 20 ».* Demander si les élèves connaissent le signe qui correspond à *fois*, introduire le signe *x* et écrire au tableau : **4 x 5 = 20.** Faire verbaliser : *« 4 multiplié par 5 égale 20 ».*

❸ Institutionnalisation

Ce qu'il faut retenir

Quand on additionne plusieurs fois le même nombre, on peut faire une multiplication.

Exemple 5 + 5 + 5 + 5 = 20 ou 4 x 5 = 20.

Séance 2 — 30 min

Connaitre le sens du signe x

→ MODÉLISER

Comprendre et utiliser les mots *fois* et *multiplié par*.

MATÉRIEL ET SUPPORT
- 20 cubes emboitables par groupes de 2 élèves.

DÉROULEMENT DE LA SÉANCE

❶ Nouvelle recherche Résoudre un problème du champ multiplicatif.	10 min	**Expérimentation Manipulation** Groupes de 2
❷ Mise en commun Comprendre l'usage des mots *fois* et *multiplié par*.	5 min	**Verbalisation** Oral collectif
❸ Entrainement Représenter une situation multiplicative avec du matériel (groupements de cubes).	15 min	**Manipulation** Groupes de 2

❶ Nouvelle recherche

Présenter une fusée de 3 cubes. Chaque groupe doit trouver le nombre de cubes qu'il faut commander à l'enseignante pour que la classe puisse construire 6 fusées de 3 cubes chacune.

Écrire au tableau
6 fusées de 3 cubes
Demander aux élèves d'écrire une réponse du type **« Nous avons besoin de .... cubes. »**

Validation
Les élèves reçoivent les cubes commandés et construisent les fusées pour vérifier.

❷ Mise en commun

Faire verbaliser :
« 3 cubes et encore 3 cubes et encore 3 cubes et encore 3 cubes et encore 3 cubes et encore 3 cubes, cela fait 18 cubes en tout. »

Écrire au tableau :
3 + 3 + 3 + 3 + 3 + 3 = 18
et **6 x 3 = 18**.

Faire verbaliser :
« on a additionné 6 fois le nombre 3, cela fait 18 en tout », « 6 fois 3 est égal à 18 ».
Écrire : **6 x 3 = 18** et verbaliser *« 6 multiplié par 3 égale 18 ».*

❸ Entrainement

Faire construire sur la table avec les cubes les fusées commandées par l'enseignant.

Exemple *« Je commande 4 fusées de 3 cubes ».*

Quand les élèves ont fabriqué les 4 fusées, faire verbaliser que *« 3 cubes et encore 3 cubes et encore 3 cubes et encore 3 cubes, cela fait 12 cubes en tout. »*
Écrire au tableau : **3 + 3 + 3 + 3 = 12** et **4 x 3 = 12.**

Faire verbaliser : *« on a additionné 4 fois le nombre 3 cela fait 12 en tout », « 4 fois 3 est égal à 12 ».*
Écrire : **4 x 3 = 12** et faire verbaliser *« 4 multiplié par 3 égale 12 ».*

Reprendre cette situation avec les commandes suivantes.
- **3 fusées de 4 cubes** et constater que **3 x 4 = 12** et **4 x 3 = 12.**
- **5 fusées de 2 cubes.**
- **2 fusées de 5 cubes.**

Séance 3

30 min

Comprendre l'intérêt de la multiplication

→ MODÉLISER

Comprendre que la multiplication est un moyen plus économique que l'addition répétée.

MATÉRIEL ET SUPPORT
- Une calculatrice simple pour chaque élève ou chaque groupe de 2.
- La trace écrite (**Materiel22.pdf**).

DÉROULEMENT DE LA SÉANCE

❶ **Appropriation de la calculatrice** Effectuer des calculs avec la calculatrice.	5 min	
❷ **Recherche** Calculer en ligne puis avec la calculatrice 6 + 6 + 6 + 6 + 6 + 6 + 6 + 6 + 6 + 6 + 6 + 6 + 6 + 6 + 6 Comparer avec le calcul 15 x 6 avec la calculatrice.	10 min	**Manipulation** **Verbalisation** Groupes de 2
❸ **Institutionnalisation** Comprendre que la multiplication permet de calculer plus rapidement une addition répétée.	5 min	**Verbalisation** **Représentation** Oral collectif
❹ **Entrainement** Traduire des additions répétées par une multiplication	10 min	**Abstraction** Écrit individuel

❶ Appropriation de la calculatrice

Si cela est nécessaire, faire découvrir les touches de la calculatrice.

Demander aux élèves ce qu'ils savent faire avec la calculatrice.

Expliquer comment effectuer certains calculs.

5 + 7 = ?   7 - 4 = ?

5 + 5 + 5 = ?

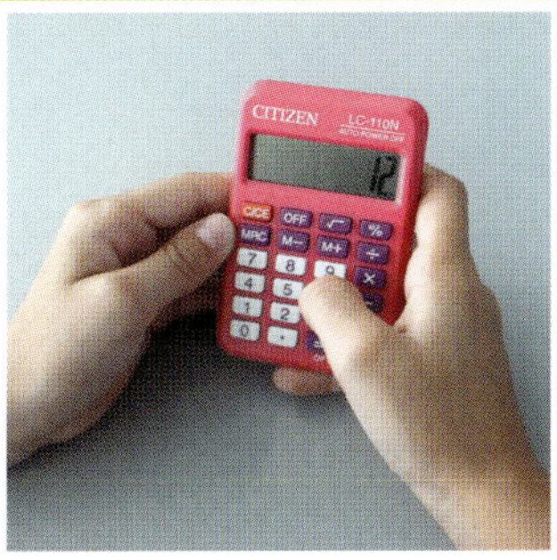

Découverte de la calculatrice

❷ Recherche

*Consigne « Calculez le nombre de cubes à commander pour construire **15 fusées de 6 cubes.** »*

Écrire au tableau :

6 + 6 + 6 + 6 + 6 + 6 + 6 + 6 + 6 + 6 + 6 + 6 + 6 + 6 + 6.

1re étape

Demander aux élèves d'effectuer le calcul en ligne (sans la calculatrice) :

6 + 6 + 6 + 6 + 6 + 6 + 6 + 6 + 6 + 6 + 6 + 6 + 6 + 6 + 6

Erreur de calcul qui témoigne de la difficulté à effectuer l'addition répétée.

2e étape

Vérifier le calcul de l'addition répétée avec la calculatrice.

Mettre en commun les difficultés rencontrées lors de ce calcul.
Le calcul écrit de l'addition répétée est long et génère de nombreuses erreurs. C'est la même chose avec la calculatrice car saisir 15 fois le nombre 6 est long et fastidieux.

3e étape

Présenter la touche **x** et demander aux élèves de calculer **15 x 6** avec la calculatrice.

Constater que le calcul est plus rapide avec la multiplication et qu'il y a beaucoup moins d'erreurs.
Tous les élèves trouvent le même résultat.

La réussite est largement majoritaire en utilisant la multiplication.

❸ Institutionnalisation

Ce qu'il faut retenir

Pour trouver combien il faut commander de cubes pour construire **15 fusées de 6 cubes,**

- je peux additionner 15 fois le nombre 6

6 + 6 + 6 + 6 + 6 + 6 + 6 + 6 + 6 + 6 + 6 + 6 + 6 + 6 + 6 = 90

OU

- je peux utiliser la multiplication : 15 x 6 = 90.

Je peux dire *« 15 fois 6 égale 90 »* **OU** *« 15 multiplié par 6 égale 90 ».*

À quoi cela sert-il ?

La multiplication permet de calculer plus rapidement une addition répétée d'un même nombre.

Trace écrite

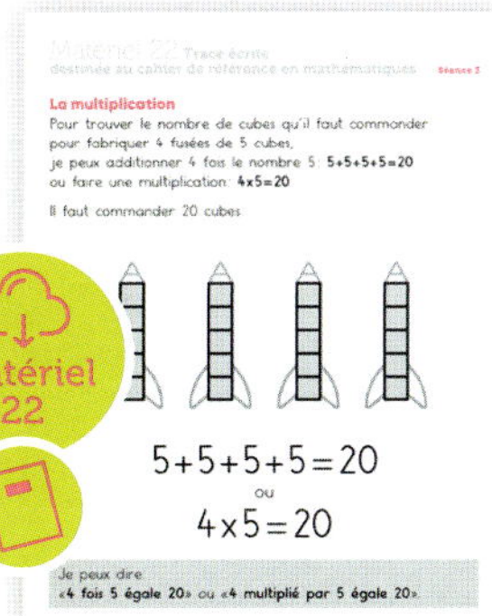
La multiplication
Pour trouver le nombre de cubes qu'il faut commander pour fabriquer 4 fusées de 5 cubes,
je peux additionner 4 fois le nombre 5 : 5+5+5+5=20
ou faire une multiplication : 4x5=20
Il faut commander 20 cubes.
5+5+5+5=20
ou
4x5=20
Je peux dire « 4 fois 5 égale 20 » ou « 4 multiplié par 5 égale 20 ».

Matériel 22

❹ Entrainement

S'exercer avec **ExoSup22.pdf**.

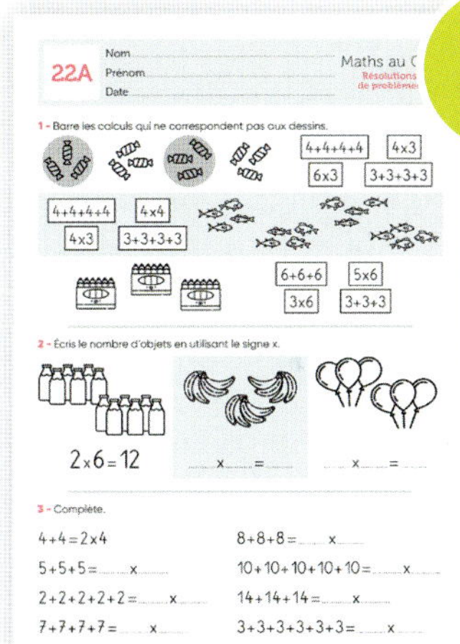
22A
1 - Barre les calculs qui ne correspondent pas aux dessins.
4+4+4+4 | 4x3 | 6x3 | 3+3+3+3
4+4+4+4 | 4x4 | 4x3 | 3+3+3+3
6+6+6 | 5x6 | 3x6 | 3+3+3
2 - Écris le nombre d'objets en utilisant le signe x.
2x6=12 | ... x ... = ... | ... x ... = ...
3 - Complète.
4+4=2x4 | 8+8+8= ... x ...
5+5+5= ... x ... | 10+10+10+10+10= ... x ...
2+2+2+2+2= ... x ... | 14+14+14= ... x ...
7+7+7+7= ... x ... | 3+3+3+3+3+3= ... x ...

Séance 4

30 min

Bilan des apprentissages

Valorisation des progrès de chaque élève

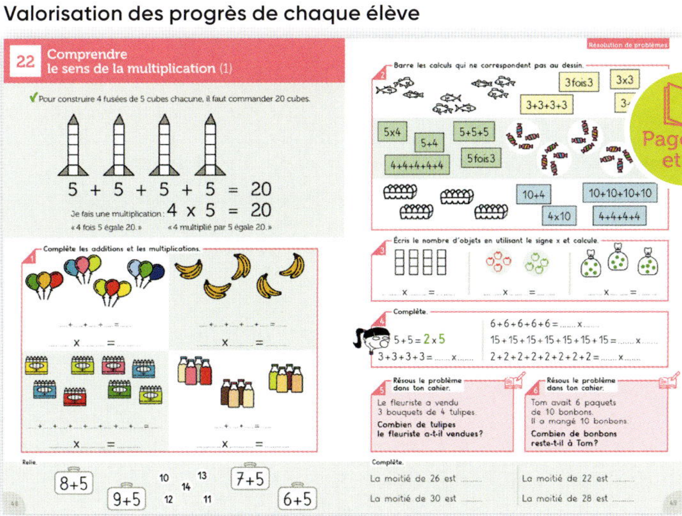
22 Comprendre le sens de la multiplication (1)
Pour construire 4 fusées de 5 cubes chacune, il faut commander 20 cubes.
5 + 5 + 5 + 5 = 20
Je fais une multiplication 4 x 5 = 20
« 4 fois 5 égale 20 » « 4 multiplié par 5 égale 20 »
Complète les additions et les multiplications.
Barre les calculs qui ne correspondent pas au dessin.
Écris le nombre d'objets en utilisant le signe x et calcule.
Complète.
5+5=2x5 | 6+6+6+6+6= ... x ...
3+3+3+3= ... x ... | 15+15+15+15+15+15+15= ... x ...
2+2+2+2+2+2+2+2+2= ... x ...
Résous le problème dans ton cahier.
La fleuriste a vendu 3 bouquets de 4 tulipes. Combien de tulipes la fleuriste a-t-il vendues ?
Résous le problème dans ton cahier.
Tom avait 6 paquets de 10 bonbons. Il a mangé 10 bonbons. Combien de bonbons reste-t-il à Tom ?
Complète.
La moitié de 26 est ... | La moitié de 22 est ...
La moitié de 30 est ... | La moitié de 28 est ...

Pages 48 et 49

23 Comprendre le sens de la multiplication (2)

Séance 1 — 40 min

Décomposer un nombre sous la forme d'un produit

→ CALCULER

Commencer à prendre conscience d'une propriété fondamentale de la multiplication : la commutativité.

MATÉRIEL ET SUPPORT
- 16 cubes emboitables par groupes de 2 élèves puis 24 cubes emboitables par groupes de 2 élèves.

DÉROULEMENT DE LA SÉANCE

1 Recherche Trouver en manipulant plusieurs décompositions multiplicatives pour le nombre 16.	10 min	**Manipulation Verbalisation** Groupes de 2
2 Mise en commun Vérifier que les contraintes du problème sont comprises.	10 min	**Verbalisation** Oral collectif
3 Nouvelle recherche Trouver sans manipuler plusieurs décompositions multiplicatives pour le nombre 24.	10 min	**Expérimentation** Groupes de 2
4 Mise en commun et validation Comprendre que si je sais que 4 x 6 = 24 alors je sais aussi que 6 x 4 = 24.	5 min	**Verbalisation** Oral collectif
5 Institutionnalisation Commencer à prendre conscience d'une propriété fondamentale de la multiplication : la commutativité.	5 min	**Abstraction** Oral collectif

1 Recherche

Distribuer une collection de 16 cubes à chaque groupe.

Consigne *« Cherchez combien de fusées identiques on peut construire avec 16 cubes. »*

Rappeler les contraintes :
- tous les cubes doivent être utilisés,
- les fusées doivent toutes avoir le même nombre de cubes.

Faire reformuler qu'il faut chercher le plus possible de manières de construire des fusées avec 16 cubes.

! La résolution s'effectue par la manipulation, il ne s'agit donc pas d'une situation-problème.

2 Mise en commun

Vérifier pour chaque solution que les contraintes fixées ont été respectées.

Solutions *2 fusées de 8 cubes, 8 fusées de 2 cubes, 4 fusées de 4 cubes, 1 fusée de 16 cubes, 16 fusées de 1 cube.*

Commencer à construire le répertoire multiplicatif en notant les résultats sur une affiche.

Constater que **2 x 8** et **8 x 2** donnent le même résultat (commutativité). Expliciter que *« si je connais 2 x 8 = 16 alors je connais aussi 8 x 2 = 16 ».*

3 Nouvelle recherche

Présenter une collection de 24 cubes mais ne pas les distribuer aux élèves. Écrire 24 cubes au tableau. Demander aux élèves de résoudre ce nouveau problème sans recours à la manipulation.

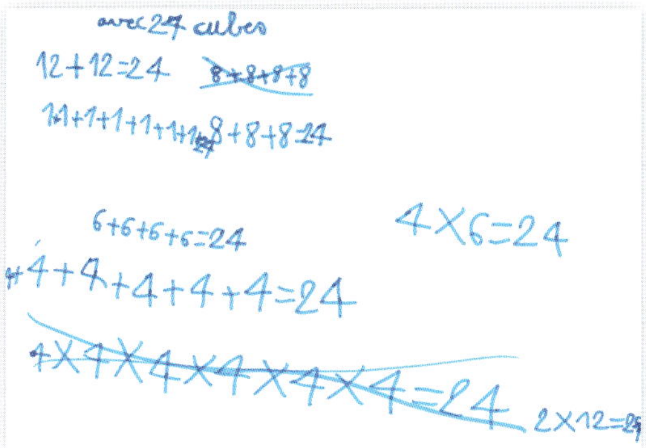

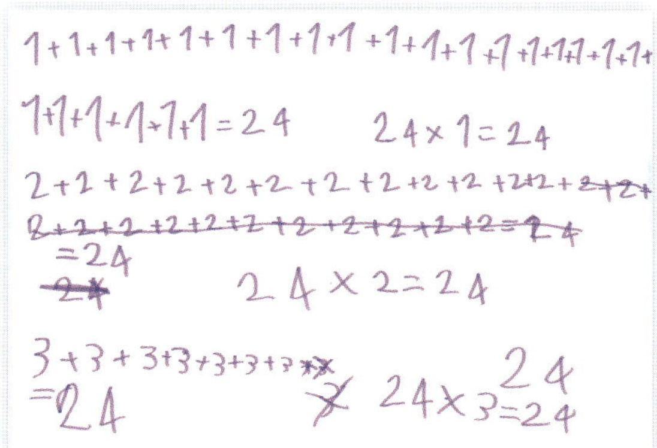

Consigne *« Vous allez chercher combien de fusées identiques on peut construire avec 24 cubes. Tous les cubes doivent être utilisés. Il y a plusieurs possibilités. »*

4 Mise en commun et validation

Inventorier les procédures et valider avec le matériel.

Commencer à construire le répertoire multiplicatif en notant les résultats sur une affiche.

Constater que **2 x 12** et **12 x 2** donnent le même résultat.
Montrer par la manipulation que l'on peut transformer deux barres de 12 cubes en 12 paquets de 2 cubes.

Démarche identique pour
1 x 24 et **24 x 1**,
3 x 8 et **8 x 3**,
6 x 4 et **4 x 6**.

5 Institutionnalisation

Ce qu'il faut retenir

Si je connais **4 x 6 = 24** alors je connais aussi **6 x 4 = 24.**

4 x 6 = 6 x 4 = 24

Séance 2 — 20 min

Résoudre des petits problèmes oraux

→ REPRÉSENTER

Représenter une situation multiplicative avec du matériel (groupements de jetons).

MATÉRIEL ET SUPPORT
- 25 jetons pour chaque groupe de 2 élèves.

DÉROULEMENT DE LA SÉANCE

1 Recherche Effectuer des groupements de jetons correspondant aux situations décrites.	10 min	**Manipulation** **Verbalisation** Groupes de 2
2 Entrainement Résoudre des petits problèmes oraux.	10 min	

1 Recherche

Proposer plusieurs manipulations avec les jetons en travaillant avec des petits nombres. Effectuer une commande de 4 groupes de 3 jetons et demander combien cela fait de jetons en tout.

Consigne « *Préparez sur votre table* ***4 groupes de 3 jetons.*** »

Les élèves doivent comprendre qu'il faut répéter l'addition de plusieurs quantités égales.

Relancer l'activité avec des commandes de **4 paquets de 4 bouteilles** puis de **3 bouquets de 5 fleurs**.

Relancer l'activité avec des commandes sous la forme de calculs. Chercher le résultat de **2 x 3, 4 x 5, 6 x 8, 4 x 10, 3 x 12**.

2 Entrainement

Résoudre les problèmes présentés à l'oral.

« *Mila achète 2 sachets de 5 pommes.*
Combien Mila a-t-elle acheté de pommes ? »

« *Tom a trouvé deux pochettes avec 4 images de voitures.*
Combien Tom a-t-il trouvé d'images ? »

Séance 3 — 30 min

Résoudre des problèmes multiplicatifs à une étape

→ CHERCHER

Résoudre des problèmes en utilisant la calculatrice.

MATÉRIEL ET SUPPORT
- Une calculatrice simple pour 2 élèves.
- Le document élève (**Materiel23.pdf**).

DÉROULEMENT DE LA SÉANCE

1 Recherche Résoudre des problèmes du champ multiplicatif en effectuant les calculs avec la calculatrice.	10 min	**Expérimentation** Travail individuel puis groupes de 2
2 Entrainement Résoudre des problèmes qui mettent en jeu un produit.	20 min	**Abstraction** Écrit individuel

1 Recherche

Matériel 23

Résoudre le **problème 1**. Expliquer que les élèves peuvent effectuer les calculs avec la calculatrice.

Après un temps de recherche individuelle, les élèves travaillent par groupes de deux pour proposer une solution commune.

Problème 1

Mila a fabriqué 5 colliers
de 9 perles chacun.

Combien Mila a-t-elle utilisé de perles?

Lors de la correction, écrire les calculs possibles :
9 + 9 + 9 + 9 + 9 = 45 ou **5 x 9 = 45**.

Manipuler des jetons pour visualiser les 5 groupes de 9 perles.

2 Entrainement

Matériel 23

Résoudre les problèmes 2 et 3.

Problème 2
Dans un restaurant,
il y a 12 tables de 4 personnes.
Combien ce restaurant peut-il recevoir de clients?

Problème 3
Tom achète 5 boites de 6 œufs.
Combien d'œufs Tom achète-t-il?

Séance 4 — 30 min

Bilan des apprentissages

Valorisation des progrès de chaque élève

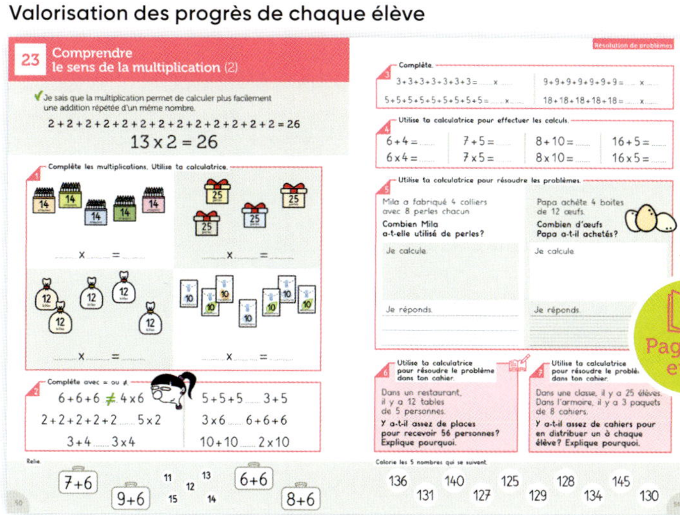
23 Comprendre le sens de la multiplication (2)

Je sais que la multiplication permet de calculer plus facilement une addition répétée d'un même nombre.

2 + 2 + 2 + 2 + 2 + 2 + 2 + 2 + 2 + 2 + 2 + 2 + 2 = 26

13 x 2 = 26

Pages 50 et 51

15 min par jour

Calcul mental

- Connaitre les compléments à la dizaine supérieure.

Séance 1

❶ Suite orale des nombres jusqu'à 300 3 min

Réciter la suite orale des nombres : de 1 en 1, en avançant, de 199 à 250. Faire constater que l'on indique d'abord le nombre de centaines, on dit *« deux »* avant le mot *« cent »*.
Dans 234, il y a 2 x 100 + 34.

❷ Compléments à la dizaine supérieure : découverte 12 min

Proposer oralement le problème suivant :
« Lili a 22 images.
Combien lui manque-t-il d'images pour en avoir 30 ? »
Les élèves répondent sur l'ardoise.

Procédure à privilégier
22 + ? = 30 Utiliser les résultats des compléments à 10.
« Chercher combien il faut ajouter à 22 pour obtenir 30, c'est pareil que pour aller de 2 à 10. Je cherche ce manque à 2 pour fabriquer une nouvelle dizaine : 2 + 8 = 10 donc 22 + 8 = 30. »

Annoncer que l'objectif est d'apprendre les compléments à la dizaine supérieure pour les nombres inférieurs à 100.

Proposer oralement les calculs suivants :
« 25 + ? = 30 » « 42 + ? = 50 » « 96 + ? = 100 » « de 34 pour aller à 40 ? » « de 58 pour aller à 60 ? » « combien faut-il ajouter à 67 pour avoir 70 ? » « combien faut-il ajouter à 85 pour avoir 90 ? » « combien faut-il ajouter à 93 pour avoir 100 ? ».

Séance 2

❶ Suite orale des nombres jusqu'à 300 3 min

Réciter la suite orale des nombres : de 1 en 1, en avançant, de 250 à 300.

❷ Compléments à la dizaine supérieure : entrainement 7 min

Proposer la série de calculs de **MaterielCalcul12.pdf**, page 1 (haut).
Corriger seulement deux calculs pour rappeler la procédure visée.

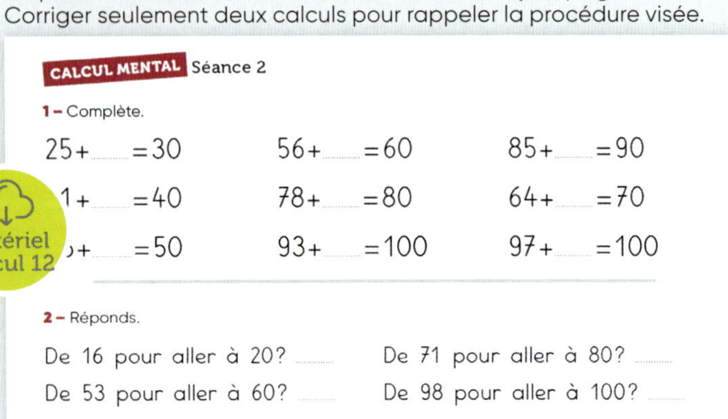
CALCUL MENTAL Séance 2

1 – Complète.

25+ ..... =30	56+ ..... =60	85+ ..... =90
1+ ..... =40	78+ ..... =80	64+ ..... =70
)+ ..... =50	93+ ..... =100	97+ ..... =100

2 – Réponds.

De 16 pour aller à 20 ? ...... De 71 pour aller à 80 ? ......
De 53 pour aller à 60 ? ...... De 98 pour aller à 100 ? ......

Matériel Calcul 12

❸ Compléments à la dizaine supérieure : réinvestissement 5 min

Chaque problème est présenté oralement puis les élèves doivent le résoudre sur l'ardoise.

« Lila joue aux fléchettes. Elle a déjà marqué 94 points.
Combien manque-t-il de points à Lila pour en avoir 100 ? »

« Le boulanger doit préparer 90 croissants. Il en a déjà fabriqué 82.
Combien manque-t-il de croissants au boulanger ? »

Séance 3

❶ Suite orale des nombres jusqu'à 300 3 min

Réciter la suite orale des nombres : de 1 en 1, en reculant de 293 à 256.

❷ Compléments à la dizaine supérieure : découverte 12 min

Poser les questions une à une sans contrainte de temps. Les élèves répondent sur l'ardoise.
Après chaque calcul, mettre en commun les procédures : **30 - 27 = ? 60 - 54 = ? 50 - 48 = ? 100 - 95 = ? 80 - 79 = ? 70 - 63 = ?**

Procédure visée
- Utiliser les résultats des compléments à la dizaine supérieure.
- Pour calculer une différence, utiliser une addition à trou.
  Exemple 30 - 27 = ? devient 27 + ? = 30.

Proposer la série de calculs **MaterielCalcul12.pdf**, page 1 (bas).
Corriger seulement deux calculs pour rappeler la procédure visée.

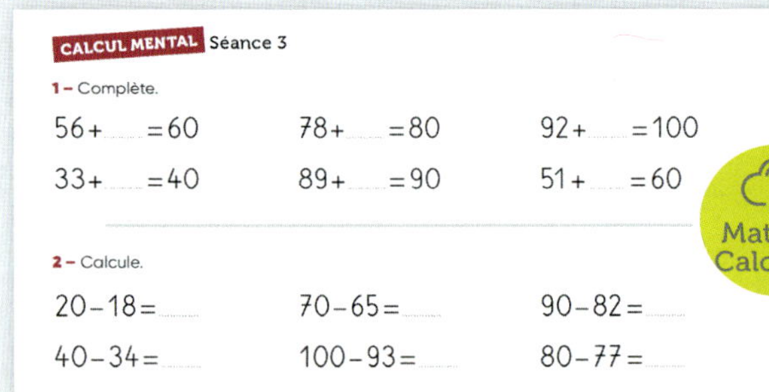
CALCUL MENTAL Séance 3

1 – Complète.

56+ ..... =60	78+ ..... =80	92+ ..... =100
33+ ..... =40	89+ ..... =90	51+ ..... =60

2 – Calcule.

20–18=	70–65=	90–82= .....
40–34=	100–93=	80–77= .....

Matériel Calcul 12

Séance 4

❶ Suite orale des nombres jusqu'à 300 3 min

Réciter la suite orale des nombres : de 1 en 1, en reculant de 300 à 270.

❷ Compléments à la dizaine supérieure : trace écrite 7 min

Rappeler la procédure à privilégier avec la question **57 + ? = 60**.
(**MaterielCalcul12.pdf**, page 2).

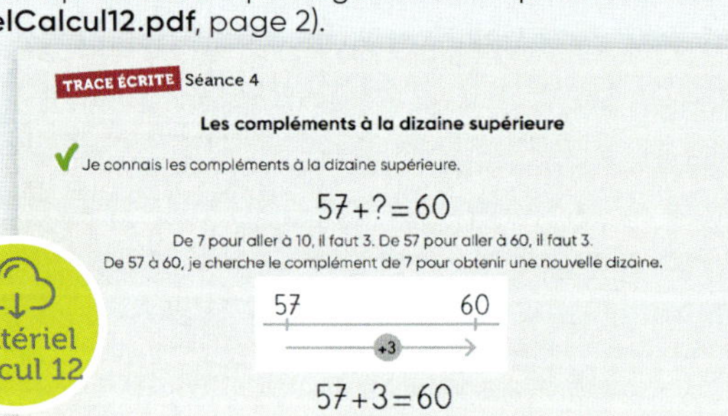
TRACE ÉCRITE Séance 4

Les compléments à la dizaine supérieure

✔ Je connais les compléments à la dizaine supérieure.

57+?=60

De 7 pour aller à 10, il faut 3. De 57 pour aller à 60, il faut 3.
De 57 à 60, je cherche le complément de 7 pour obtenir une nouvelle dizaine.

57+3=60

Matériel Calcul 12

❸ Compléments à la dizaine supérieure : évaluation 5 min

Semaine 12 ÉVALUATION Maths au CE1

Nom ......
Prénom ...... Date ......

Connaitre les compléments à la dizaine supérieure.

Effectue le plus grand nombre possible de calculs en deux minutes.

1+ ... =10	5+ ... =10	8+ ... =10	2+ ... =10	... +9=10
0+ ... =10	... +3=10	4+ ... =10	... +6=10	7+ ... =10
6+ ... =20	0+ ... =20	3+ ... =20	2+ ... =20	7+ ... =20
... +5=20	... +4=20	... +9=20	... +1=20	... +8=20
54+ ... =60	67+ ... =70	32+ ... =40	78+ ... =80	24+ ... =30
78+ ... =80	44+ ... =50	91+ ... =100	85+ ... =90	83+ ... =90
40–35=	80–72=	100–97=	60–58=	90–85=
100–99=	100–92=	100–98=	20–15=	70–61=

Nombre de bonnes réponses	Couleur de ceinture
Jusqu'à 5	Blanche
De 6 à 10	Blanche et jaune
De 11 à 15	Jaune
De 16 à 20	Orange
De 21 à 25	Verte
De 26 à 30	Bleue
De 31 à 35	Rouge
De 36 à 40	Noire

Consigne « Tu as deux minutes pour effectuer les calculs. Le but est d'effectuer correctement le plus de calculs possible. »
(**MaterielCalcul12.pdf**, page 3).

Matériel Calcul 12

30 min par semaine

Atelier problèmes

- Résoudre des problèmes multiplicatifs en une étape ou deux étapes.

Prénom	Date ....

Résous les problèmes avec le symbole ✖ puis résous les problèmes de ton choix. Essaie d'en résoudre le plus possible. **Tu peux utiliser la calculatrice.**

✖ Problème 1

Le fleuriste a vendu 3 bouquets de 5 roses.

Combien de roses le fleuriste a-t-il vendues ?

✖ Problème 2

Léo a reçu 3 pochettes de 5 images de chats et 1 pochette de 4 images de chiens.

Combien d'images Léo a-t-il reçues ?

Problème 3

Léo a reçu 2 pochettes de 6 images.

Combien d'images Léo a-t-il reçues ?

Problème 4

Lilou a acheté 2 paquets de 5 stylos rouges et 3 paquets de 5 stylos bleus.

Combien de stylos Lilou a-t-elle ?

Problème 5

Tom avait 4 paquets de 10 bonbons.
Il a mangé 5 bonbons.

Combien de bonbons reste-t-il à Tom ?

Problème 6

Sur la table, il y a 5 piles de 4 livres.

Y a-t-il assez de livres pour les 19 élèves de la classe ? Explique pourquoi.

Problème 7

Il y a 23 élèves dans une classe.
Dans l'armoire, il y a 4 paquets de 5 cahiers.

Y a-t-il assez de cahiers pour en distribuer un à chaque élève ? Explique pourquoi.

24 Comprendre le sens de la multiplication (3)

Séance 1 — 30 min

Utiliser la commutativité de la multiplication (1)

→ MODÉLISER

Réaliser que certains problèmes relèvent de situations multiplicatives (éléments organisés en lignes et colonnes régulières).

MATÉRIEL ET SUPPORT
- Des bandes de carton ou de papier sur lesquelles sont fixés des jetons (utiliser de l'adhésif repositionnable) : des bandes de 4, de 5, de 6, de 7 et de 8 jetons.
- Un quadrillage 6 x 4 représentant les compartiments d'une boite de gâteaux vide (**Materiel24.pdf**, page 1).

DÉROULEMENT DE LA SÉANCE

❶ **Appropriation du problème** Comprendre le but à atteindre.	10 min	**Verbalisation** Oral collectif
❷ **Recherche** Chercher une procédure permettant de répondre à la question posée.	10 min	**Expérimentation** Groupes de 2
❸ **Mise en commun et validation** Inventorier les procédures, les justifier, les valider.	5 min	**Verbalisation** **Manipulation** Oral collectif
❹ **Institutionnalisation** Utiliser la commutativité de la multiplication.	5 min	**Abstraction** Oral collectif

❶ Appropriation du problème

Montrer aux élèves le quadrillage représentant une boite de gâteaux avec son présentoir à compartiments. Présenter ensuite les bandes de jetons et expliquer que les jetons représentent des gâteaux.

Afficher une bande de chaque type au tableau et écrire sous chacune d'elles : 4 gâteaux, 5 gâteaux, 6 gâteaux, 7 gâteaux et 8 gâteaux.
Cacher les autres bandes.

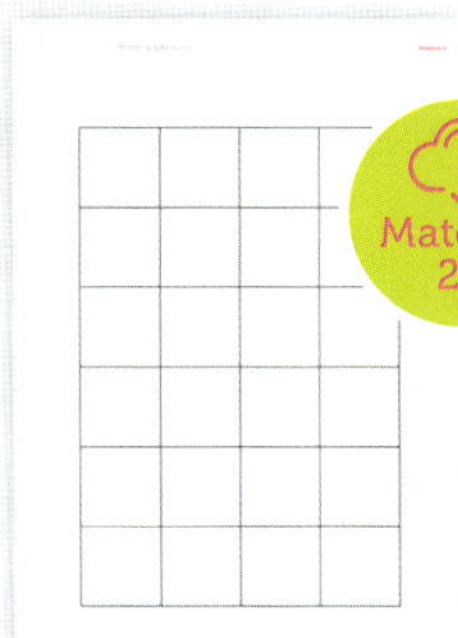

Matériel 24

Quadrillage de 6 x 4 (ou 4 x 6) emplacements pour les gâteaux

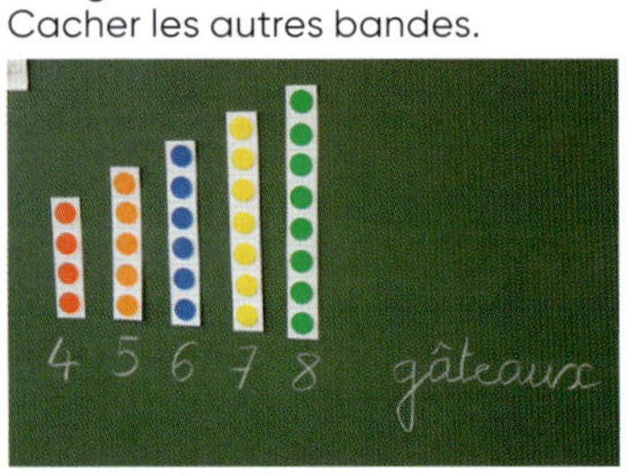

Consigne *« Chaque binôme va devoir commander des bandes de gâteaux pour remplir exactement la boite. Il ne doit ni en manquer ni y en avoir en trop. Les bandes ne pourront pas être coupées. »*

❷ Recherche

Les élèves disposent du quadrillage pour écrire leur bon de commande. Ils ne peuvent pas avoir recours aux bandes de jetons.

La relation entre les nombres 24, 6 et 4 est perçue par de nombreux élèves. Ce qui permet d'écrire 6 x 4 = 24.

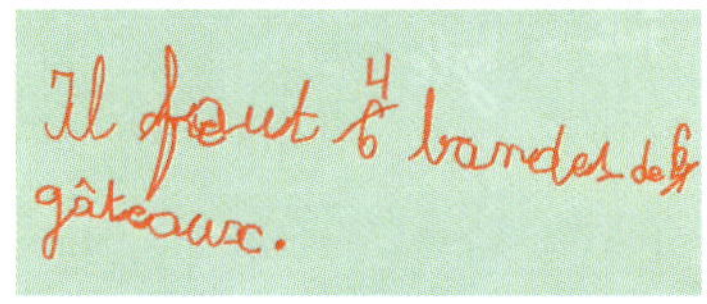

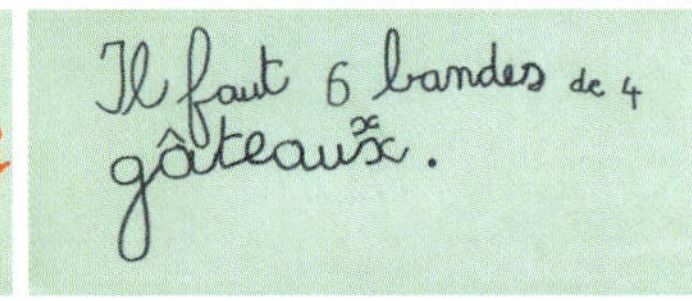

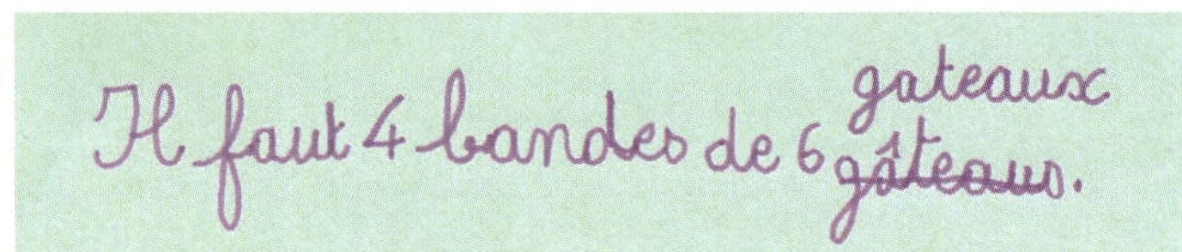

De nombreuses productions permettront d'aborder la commutativité de la multiplication lors de la mise en commun.
Écrire : **6 x 4 = 4 x 6 = 24.**

Les erreurs à éviter sont explicitées au cours de la mise en commun.

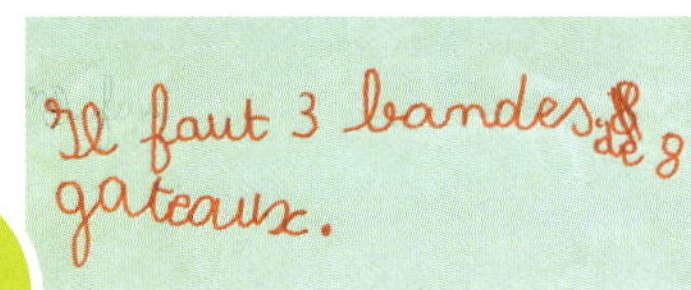

Procédures observées
- Dénombre les emplacements sur le quadrillage puis cherche combien il faut de bandes de 6 ou de 4 pour obtenir 24.
- Dénombre les emplacements sur une ligne.
- Dénombre les emplacements sur une colonne.

❸ Mise en commun et validation

Lors de la validation, reprendre les bandes de jetons et les disposer sur le quadrillage pour le recouvrir.

Constater qu'il y a deux réponses possibles : 4 bandes de 6 jetons ou 6 bandes de 4 jetons.

Formulations orales et écrites

Je fais une addition.
4 + 4 + 4 + 4 + 4 + 4 = 24 ou 6 + 6 + 6 + 6 = 24
« J'additionne 6 fois le nombre 4 ou j'additionne 4 fois le nombre 6 »

ou je fais une multiplication.
6 x 4 = 24 ou 4 x 6 = 24
« 6 fois 4 égale 24 » « 4 fois 6 égale 24 »
« 6 multiplié par 4 égale 24 » « 4 multiplié par 6 égale 24 ».

Garder une trace de ces résultats sur une affiche.

Écrire au tableau **6 x 4 = 24** et **4 x 6 = 24**

Faire constater que **6 x 4 = 4 x 6 = 24**. Le montrer également en faisant pivoter le quadrillage sur lequel sont posés les jetons (feuille A4 quadrillée orientée *paysage* puis *portrait*). *« Je peux calculer le nombre de gâteaux dans la boite en mettant les deux nombres dans l'ordre que je veux, cela ne change pas le résultat. »*

❹ Institutionnalisation

Ce qu'il faut retenir

Lorsque des objets sont disposés en lignes et en colonnes (régulières) comme dans notre boite de gâteaux, je peux calculer le nombre d'objets avec une multiplication.

Je peux mettre les deux nombres dans l'ordre que je veux car j'obtiens le même résultat.

6 x 4 = 4 x 6 = 24

À quoi cela sert-il ?

Nous allons apprendre les tables de multiplication au CE1. Si je sais que 6 x 4 = 24 alors je sais aussi que 4 x 6 = 24. J'ai moins de résultats à mémoriser.

Séance 2 — 30 min

Utiliser la commutativité de la multiplication (2)

→ **MODÉLISER**

Résoudre des problèmes du champ multiplicatif (éléments organisés en lignes et colonnes régulières).

MATÉRIEL ET SUPPORT

- Des bandes de carton ou de papier sur lesquelles sont fixés des jetons (utiliser de l'adhésif repositionnable) : des bandes de 4, de 5, de 6, de 7 et de 8 jetons.
- Un quadrillage 5 x 7 représentant les compartiments d'une boite de biscuits vide (**Materiel24.pdf**, page 2).
- Des jetons « en vrac ».
- La feuille de recherche pour la phase de représentation (**Materiel24.pdf**, page 3).

DÉROULEMENT DE LA SÉANCE

❶ **Recherche** Chercher une procédure permettant de répondre à la question posée.	5 min	**Expérimentation** Groupes de 2
❷ **Mise en commun et validation** Inventorier les procédures, les justifier, les valider.	10 min	**Verbalisation** **Manipulation** **Abstraction** Oral collectif
❸ **Entrainement** Organiser des jetons en respectant la consigne donnée.	15 min	**Verbalisation** **Manipulation** Travail individuel

❶ Recherche

Évoquer le problème de la séance 1. Expliquer qu'il va falloir commander des bandes de biscuits pour remplir exactement une nouvelle boite.

Les élèves disposent d'un quadrillage 7 x 5 mais ne peuvent avoir recours aux bandes de jetons. Les élèves les plus rapides peuvent chercher plusieurs solutions.

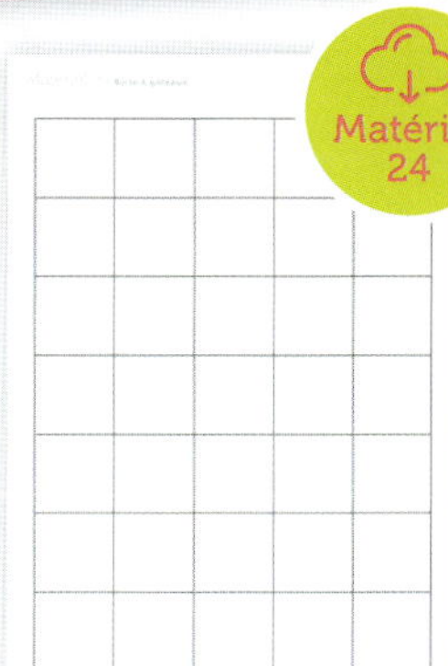

Matériel 24

Quadrillage de 7 x 5 (ou 5 x 7) emplacements pour les gâteaux

❷ Mise en commun et validation

Lors de la validation, reprendre les bandes de jetons et les disposer sur le quadrillage pour le recouvrir.

Choisir les bandes qui conviennent. Dans ce cas, il faut prendre des bandes de 7 jetons ou de 5 jetons. Il faut prendre des bandes qui ont toutes le même nombre de jetons.

La validation s'effectue en posant les bandes sur le quadrillage. Constater qu'il y a deux réponses possibles : 5 bandes de 7 jetons ou 7 bandes de 5 jetons.

Vérifier le résultat avec la calculatrice.

❸ Entrainement

a) Phase de manipulation

Sur la table, organiser les jetons pour représenter la boite de gâteaux demandée par l'enseignant puis écrire le calcul à effectuer pour connaitre le nombre de gâteaux.

Demander aux élèves de former une boite avec **5 lignes de 4 gâteaux**.

Lors de la correction, rappeler que pour trouver le nombre de gâteaux dans la boite, je peux faire une addition :
4 + 4 + 4 + 4 + 4 = 20 ou une multiplication : **5 x 4 = 20**.
Constater en tournant la tête que, dans cette boite, on peut aussi dire que l'on a 4 colonnes de 5 gâteaux, **4 x 5**.
Écrire : **5 x 4 = 4 x 5 = 20**.

Proposer de nouvelles manipulations en demandant d'organiser des collections de jetons qui correspondent aux multiplications suivantes : **4 x 2** **3 x 3** (remarquer qu'on obtient une forme carrée) **3 x 5** **6 x 3**.

La commutativité de la multiplication est mise en évidence dans chaque cas. Un élève est chargé de trouver le résultat de la multiplication avec la calculatrice.

24 Comprendre le sens de la multiplication (3)

b) Phase de représentation

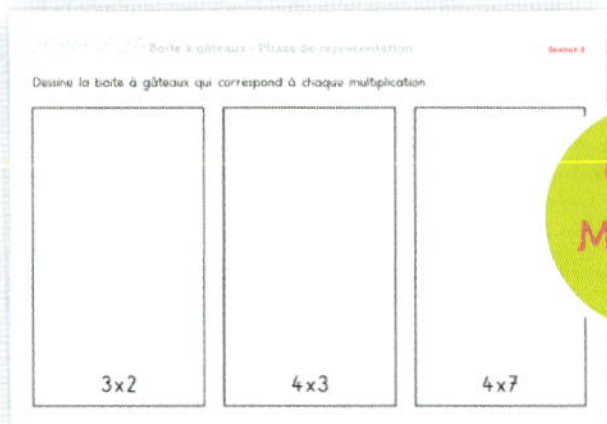

Matériel 24

Faire représenter les boites de gâteaux qui correspondent à chaque multiplication. Calculer le nombre de gâteaux contenus dans la boite avec une multiplication en utilisant la calculatrice.

Productions d'élèves

DIFFÉRENCIATION
- Permettre la manipulation de jetons aux élèves qui en ont besoin.

Séance 3 — 30 min

Utiliser la commutativité de la multiplication (3)

→ MODÉLISER

Résoudre des problèmes du champ multiplicatif (éléments organisés en lignes et colonnes régulières).

DÉROULEMENT DE LA SÉANCE

1 Consolidation Consolider la compréhension de la commutativité de la multiplication.	5 min	**Abstraction Verbalisation** Oral collectif
2 Renforcement Comprendre le sens de la multiplication.	5 min	
3 Réinvestissement Résoudre des problèmes du champ multiplicatif relevant du produit de mesures (disposition lignes-colonnes) en s'aidant de la calculatrice.	20 min	**Abstraction** Écrit individuel

1 Consolidation

Séquence 24

Exercices 1 et 2

Écrire le nombre de salades en utilisant une multiplication. Calculer le nombre de salades à l'aide d'une calculatrice.

2 Renforcement

Exercices 3 et 4

Écrire les lettres des boites de chocolats correspondant au calcul **2 x 3**.

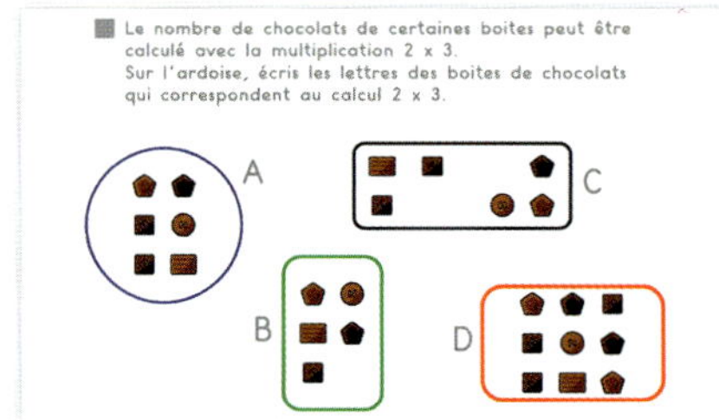

Écrire le calcul qu'il faut utiliser pour calculer le nombre de chocolats.

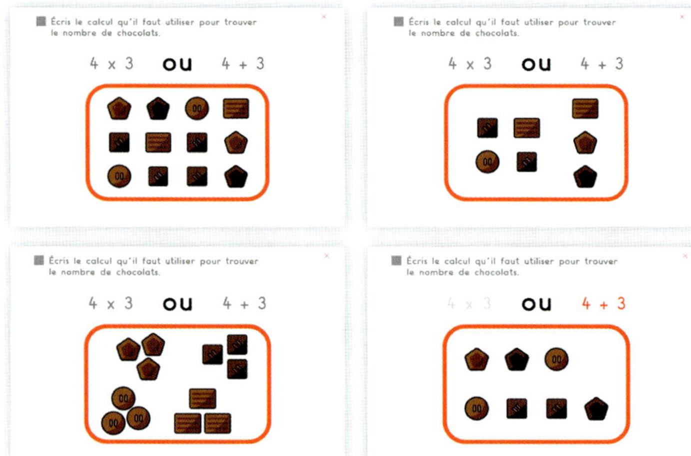

3 Réinvestissement

Résoudre les 2 problèmes proposés dans **ExoSup24.pdf**. (24A)

Expliquer que les élèves doivent effectuer les calculs avec la calculatrice car ils n'ont pas encore appris les tables de multiplication.

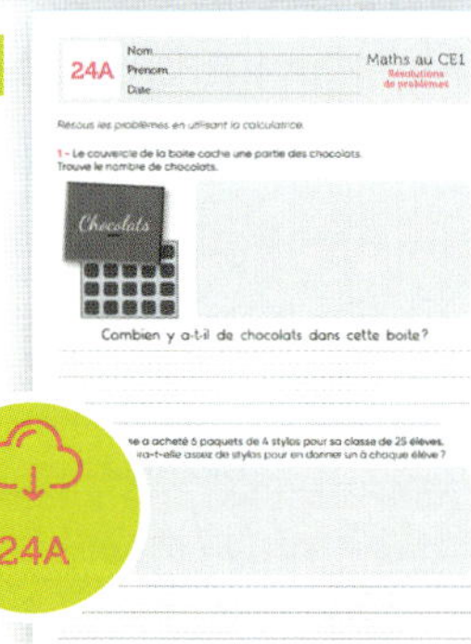

24A

Séance 4 — 30 min

Bilan de la séquence

Valorisation des apprentissages

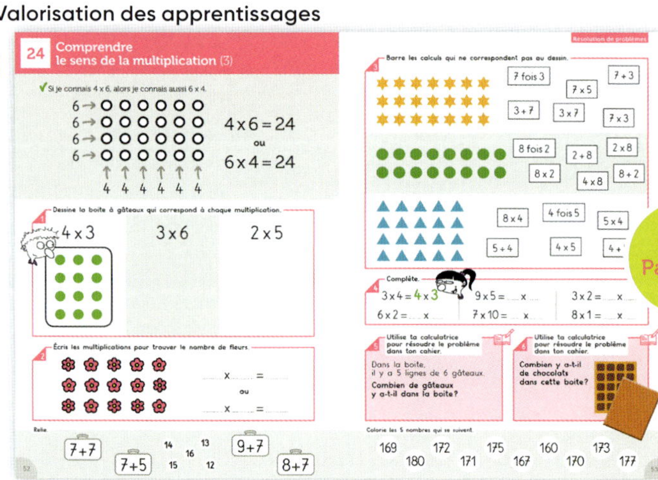

Pages 52 et 53

Matériel 24

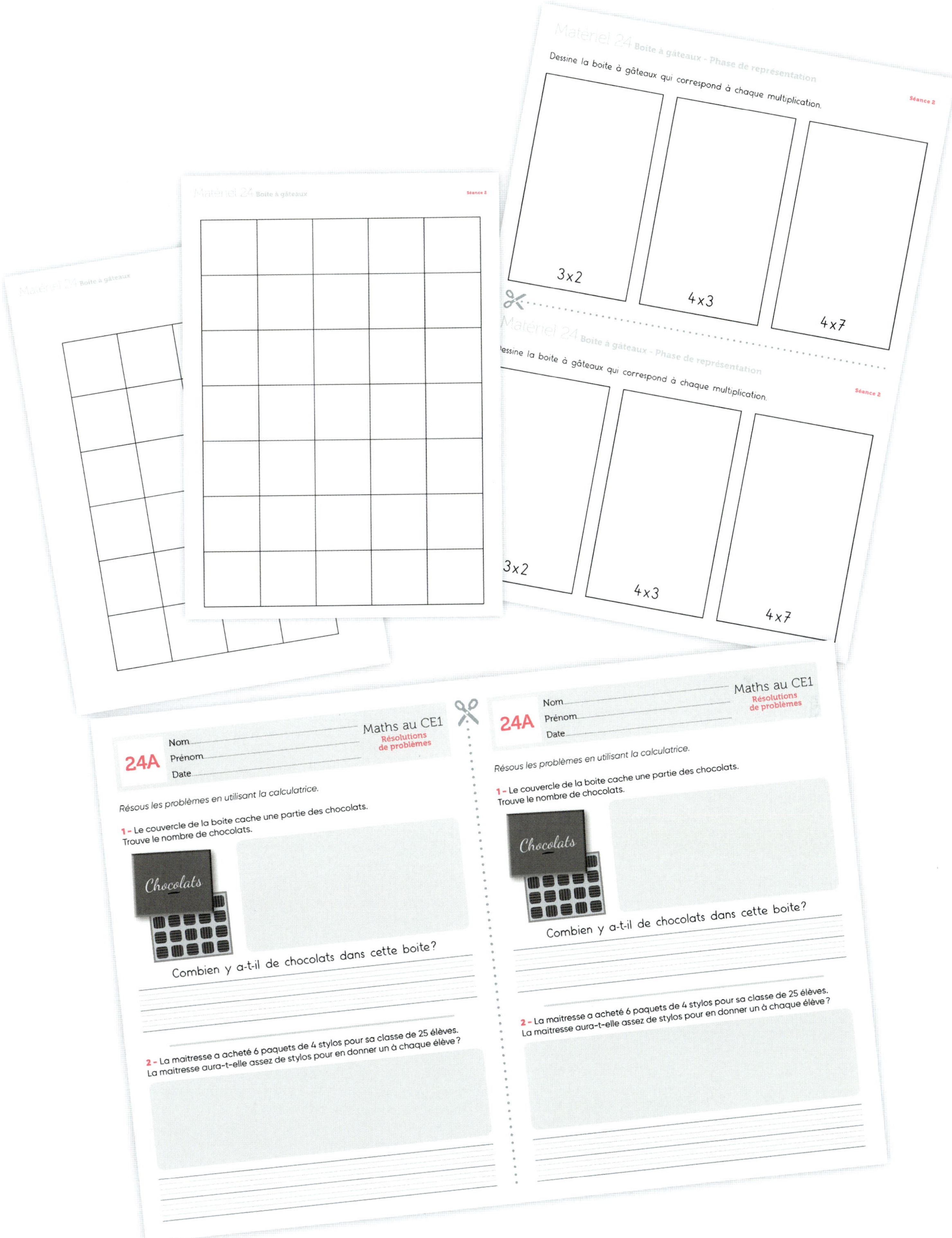

Matériel 24 Boite à gâteaux - Phase de représentation
Dessine la boite à gâteaux qui correspond à chaque multiplication.
Séance 2
3 x 2
4 x 3
4 x 7
Matériel 24 Boite à gâteaux
24A
Nom
Prénom
Date
Maths au CE1
Résolutions de problèmes
Résous les problèmes en utilisant la calculatrice.
1 - Le couvercle de la boite cache une partie des chocolats.
Trouve le nombre de chocolats.
Chocolats
Combien y a-t-il de chocolats dans cette boite?
2 - La maitresse a acheté 6 paquets de 4 stylos pour sa classe de 25 élèves.
La maitresse aura-t-elle assez de stylos pour en donner un à chaque élève?

15 min par jour

Calcul mental

- Ajouter ou retrancher 10 à un nombre à deux ou trois chiffres.
- Consolider la connaissance des compléments à la dizaine supérieure.

Séance 1

❶ Compléments à la dizaine supérieure : consolidation — 5 min

Proposer oralement les calculs suivants : « ***55 + ? = 60*** ***72 + ? = 80*** ***93 + ? = 100*** ***68 + ? = 70.*** »

❷ Ajouter ou retrancher 10 à un nombre à deux chiffres : découverte — 10 min

Présenter une boite contenant 3 barres de 10 cubes et 6 cubes. Ajouter une barre de dix cubes. Demander aux élèves de calculer sur l'ardoise le nombre de cubes contenus dans la boite.
Lors de la mise en commun, écrire **36 + 10 = 46** et 3d 6u + 1d = 4d 6u.

Procédure à privilégier
« 36 + 10, c'est 3 dizaines et 6 unités auxquelles on ajoute 1 dizaine. »

Proposer les calculs suivants.

43 + 10 = ?	**67 + 10 = ?**	**84 + 10 = ?**	**10 + 78 = ?**
34 - 10 = ?	**62 - 10 = ?**	**74 - 10 = ?**	**98 - 10 = ?**

Calcul 13

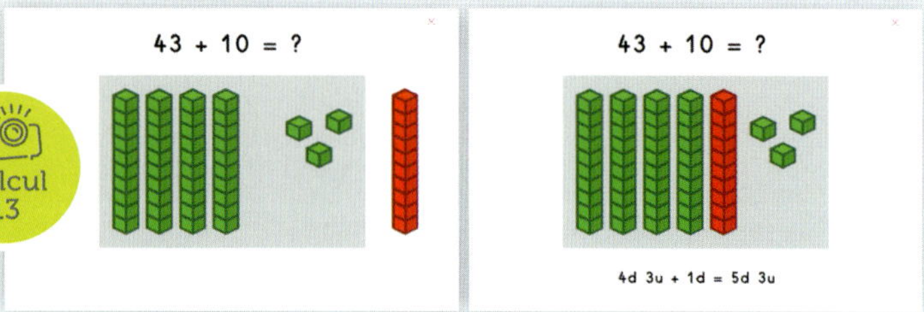

Utiliser l'animation **Calcul 13** pour expliciter la procédure à privilégier pour les questions 43 + 10 = ? et 74 - 10 = ?

Séance 2

❶ Compléments à la dizaine supérieure : consolidation — 5 min

Proposer oralement les calculs suivants.
« Combien faut-il ajouter à 64 pour avoir 70 ? »
« Combien faut-il ajouter à 81 pour avoir 90 ? »
« Combien faut-il ajouter à 97 pour avoir 100 ? »

Proposer oralement le problème suivant.
« Nicolas fête son anniversaire. Il a 50 ans. Il y a déjà 42 bougies sur le gâteau. ***Combien manque-t-il de bougies ?*** *»*

❷ Ajouter ou retrancher 10 à un nombre à trois chiffres : découverte — 10 min

Présenter une boite contenant 14 barres de 10 cubes et 3 cubes. Demander aux élèves d'écrire sur l'ardoise le nombre de cubes contenus dans la boite : 14d et 3u, c'est 1c 4d 3u, il y a 143 cubes.

Ajouter une barre de dix cubes. Demander aux élèves de calculer le nombre de cubes contenus dans la boite.

Lors de la mise en commun, écrire au tableau : 143 + 10 = 153.
Faire verbaliser et écrire « 14 d 3 u + 1d = 15d 3u, ce qui correspond à 1c 5d 3u ».

Proposer les calculs suivants.

124 + 10 = ?	**161 + 10 = ?**	**185 + 10 = ?**	**10 + 157 = ?**
125 - 10 = ?	**172 - 10 = ?**	**198 - 10 = ?**	**176 - 10 = ?**

Calcul 13

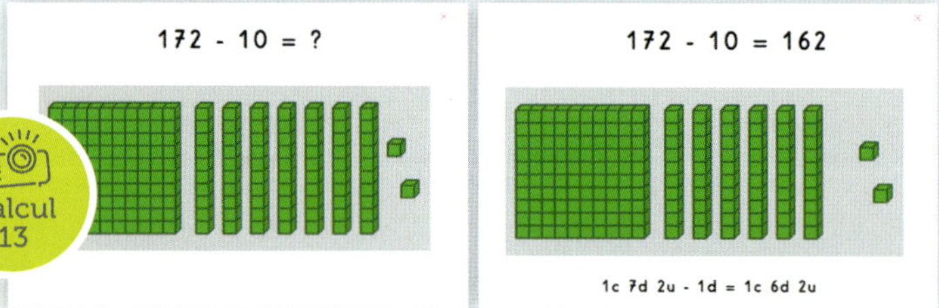

Utiliser l'animation **Calcul 13** pour expliciter la procédure à privilégier pour les questions : 124 + 10 = ? et 172 - 10 = ?

Séance 3

❶ Compléments à la dizaine supérieure : consolidation — 5 min

Proposer oralement les problèmes suivants.
« Il y avait 70 verres fragiles dans la cuisine. Il n'en reste plus que 61. ***Combien de verres ont été cassés ?*** *»*
« Lilou joue aux fléchettes. Elle a déjà marqué 96 points. ***Combien de points manque-t-il à Lilou pour en avoir 100 ?*** *»*
« Le boucher doit préparer 80 saucisses. Il en a déjà fabriqué 75. ***Combien de saucisses manque-t-il au boucher ?*** *»*

❷ Ajouter ou retrancher 10 à un nombre à trois chiffres : entrainement — 10 min

Proposer la série de calculs du document-élève **MaterielCalcul13.pdf**.

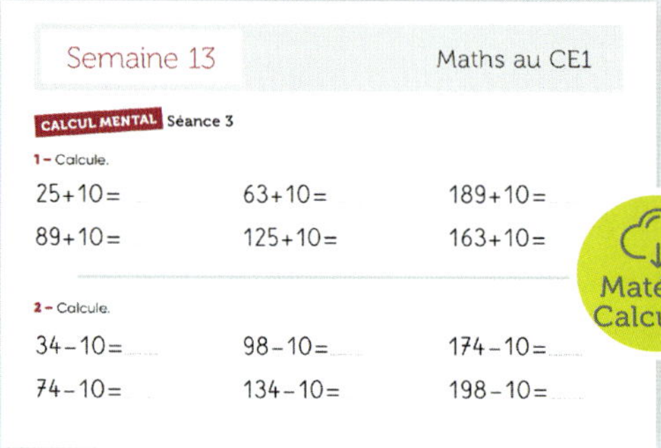
Semaine 13 — Maths au CE1

CALCUL MENTAL Séance 3

1 - Calcule.

25+10=	63+10=	189+10=
89+10=	125+10=	163+10=

2 - Calcule.

34-10=	98-10=	174-10=
74-10=	134-10=	198-10=

Matériel Calcul 13

Corriger seulement deux calculs pour rappeler la procédure visée.

Séance 4

❶ Compléments à la dizaine supérieure : évaluation — 5 min

Proposer une évaluation identique à celle de la semaine 12 (séance 4) pour permettre aux élèves de mesurer leurs progrès.

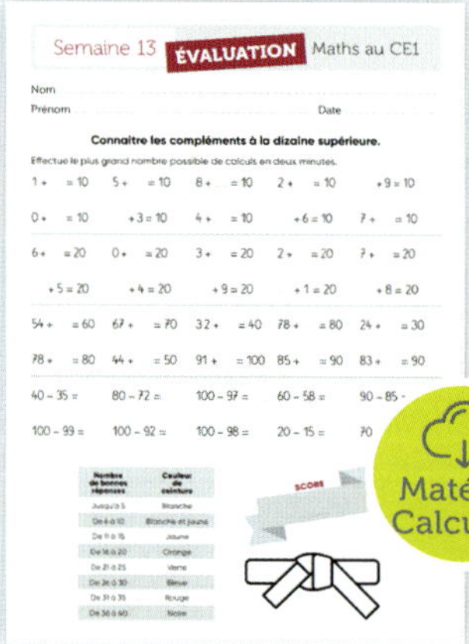
Semaine 13 ÉVALUATION Maths au CE1

Connaître les compléments à la dizaine supérieure.

Matériel Calcul 13

Consigne « Tu as deux minutes pour répondre. Le but est d'effectuer correctement le plus de calculs possible. »

❷ Ajouter ou retrancher 10 à un nombre à trois chiffres : consolidation — 10 min

Proposer oralement les problèmes suivants.
« Louise a 34 ans. ***Quel âge Louise aura-t-elle dans dix ans ?*** *»*
« Tom joue au jeu de l'Oie. Il est sur la case 57. Il doit reculer de 10 cases. ***Sur quelle case Tom va-t-il arriver ?*** *»*
« Lucas a 82 € dans son portemonnaie. Il a 10 € de moins que Ninon. ***Combien d'euros Ninon a-t-elle ?*** *»*
« Jeanne a 74 ans. Elle a 10 ans de plus que Léon. ***Quel âge a Léon ?*** *»*
« Dans l'avion, il y a 168 passagers. 10 passagers sont des enfants. ***Combien de passagers adultes y a-t-il dans cet avion ?*** *»*

Atelier 13

30 min par semaine

Atelier problèmes

- Résoudre des problèmes additifs en deux étapes.

Prénom .... Date ....

Résous les problèmes avec le symbole ✖ puis résous les problèmes de ton choix. Essaie d'en résoudre le plus possible.

✖ Problème 1

Le fleuriste a 85 tulipes à vendre.
Il en vend 30 le matin et 40 l'après-midi.

Combien de tulipes reste-t-il au fleuriste le soir ?

✖ Problème 2

Le boulanger a fabriqué 85 croissants.
Il en vend 30 le matin et 40 l'après-midi.

Combien de croissants reste-t-il au boulanger le soir ?

Problème 3

L'escargot doit parcourir 45 cm pour arriver jusqu'à une salade. Il avance de 25 cm le matin et de 10 cm l'après-midi.

Quelle distance l'escargot doit-il encore parcourir pour atteindre la salade ?

Problème 4

Lilou a 45 images.
Elle en donne 25 à Tom et 10 à Léo.

Combien d'images reste-t-il à Lilou ?

Problème 5

Dans le bus, il y a 56 places.
Les 14 élèves de CP et les 26 élèves de CE1 sont déjà installés.

Reste-t-il assez de places pour les 22 élèves de CE2 ? Explique pourquoi.

25 Encadrer et intercaler les nombres jusqu'à 199

Séance 1 — 30 min

Placer des nombres sur un axe

→ REPRÉSENTER

Se repérer et placer des nombres sur une droite graduée.

MATÉRIEL ET SUPPORT
- Les exercices sur les droites graduées (**Materiel25.pdf**).

DÉROULEMENT DE LA SÉANCE

1 Recherche Placer des nombres sur un axe gradué de 20 en 20.	10 min	**Manipulation** **Verbalisation** Oral collectif
2 Entrainement Nommer un nombre identifié sur un axe.	10 min	**Représentation** Écrit individuel
3 Renforcement Repérer et placer les nombres jusqu'à 199 sur une droite graduée.	10 min	

1 Recherche

Séquence 25

Appeler dix élèves au tableau et donner à chacun une carte avec une écriture chiffrée: **0, 20, 40, 60, 80, 100, 120, 140, 160, 180.**

Consigne « Rangez-vous dans l'ordre croissant. »

Lire les nombres dans l'ordre croissant.

Tracer une droite au tableau et placer les étiquettes sur la droite.

Projeter la droite représentée dans l'animation **Séquence 25**. Chercher l'écart entre chaque graduation. Comprendre que la droite est graduée de 20 en 20.

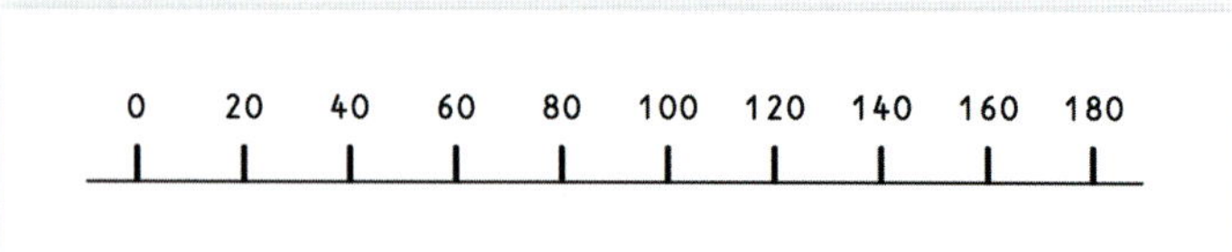

Distribuer à dix autres élèves une carte avec une écriture chiffrée: **81, 50, 70, 179, 150, 130, 145, 105, 10, 35.**

Consigne « Chaque élève doit estimer où se trouve son nombre sur la droite graduée puis venir placer sa carte sur la droite en expliquant son raisonnement. »

Procédure visée

Pour placer la carte 150, l'élève doit comprendre que ce nombre est situé entre 140 et 160. Comme l'écart entre chaque graduation est de 20, 150 est placé au milieu du segment qui relie 140 à 160. Marquer un trait sur la droite pour indiquer l'emplacement exact de 150.

2 Entrainement

Séquence 25

Demander aux élèves d'écrire sur l'ardoise le nombre dont l'emplacement est indiqué par une flèche.

Repérer que l'écart entre deux graduations est de 1 puis placer le nombre 124.

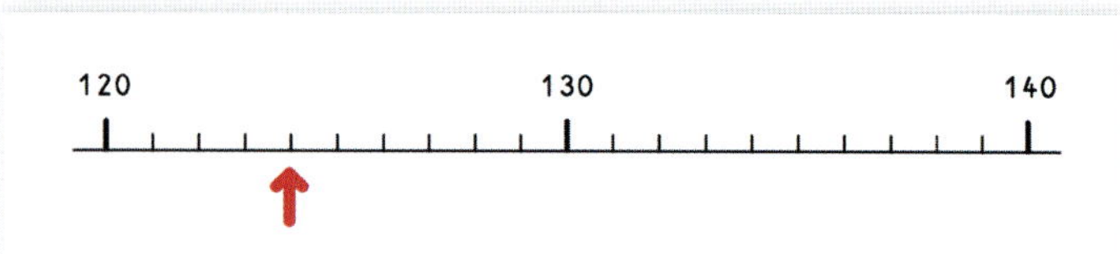

Trouver quel nombre indique la flèche rouge.

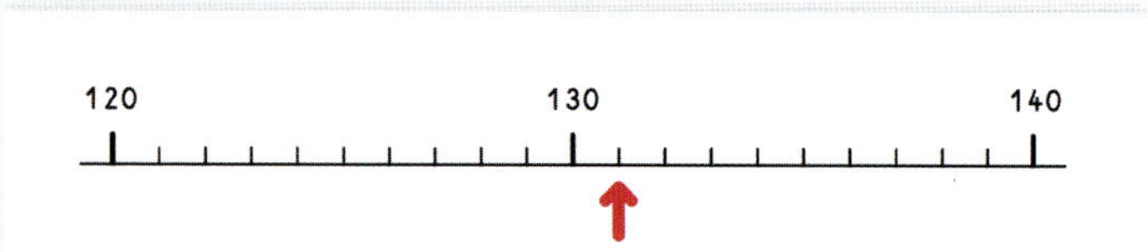

Repérer que l'écart entre deux graduations est de 5 et que le nombre recherché est situé au milieu du segment qui relie 140 à 150. Écrire le nombre 145 sous la flèche rouge puis demander aux élèves de montrer où se trouvent les nombres 141 puis 134 et 142.

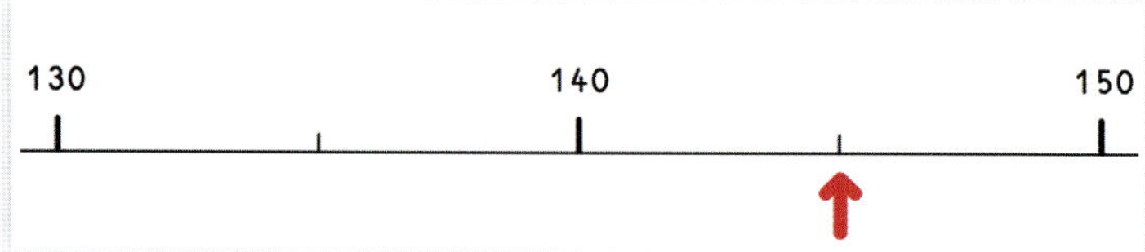

Repérer que l'écart entre deux graduations est de 5 et que le nombre recherché est situé au milieu du segment qui relie 180 à 190. Écrire le nombre 185 sous la flèche rouge puis demander aux élèves de montrer où se trouvent les nombres 175 puis 187 et 173.

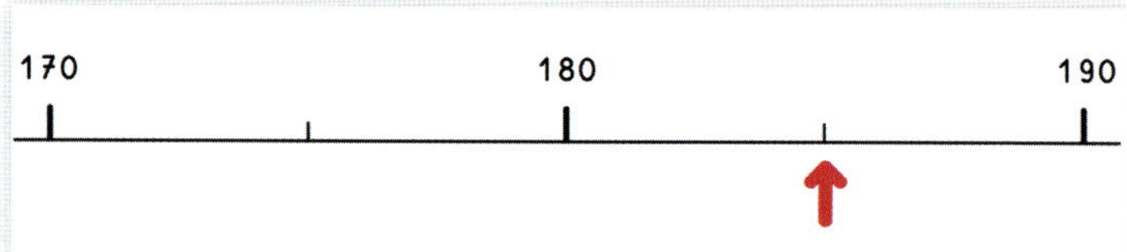

Repérer que l'écart entre deux graduations est de 10. Écrire le nombre 160 sous la flèche rouge puis demander aux élèves de montrer où se trouvent les nombres 175 puis 180 et 181.

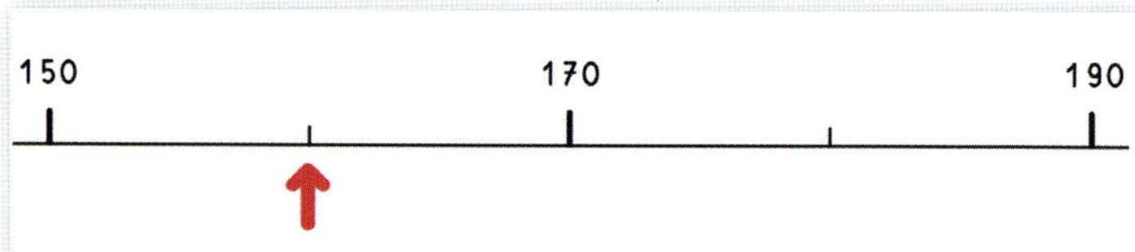

Repérer que l'écart entre deux graduations est de 10. Écrire le nombre 140 sous la flèche rouge puis demander aux élèves de montrer où se trouvent les nombres 170 puis 180 et 160.

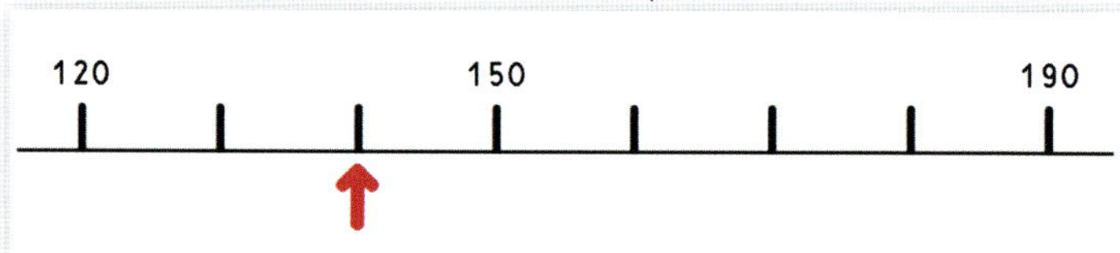

3 Renforcement

Les exercices du document élève sont reproduits dans l'animation **Séquence 25** afin de faciliter la conduite de la phase de correction.

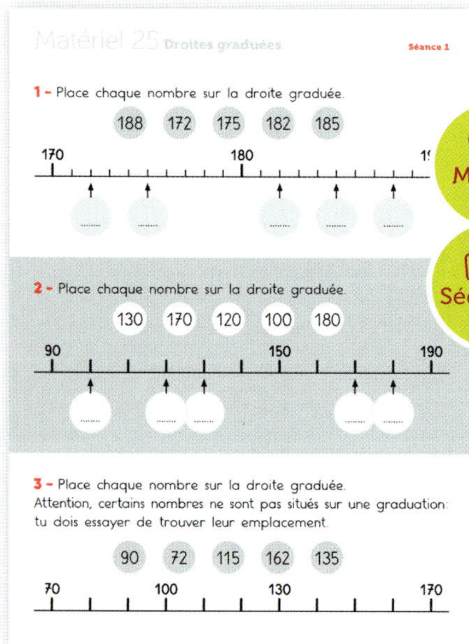
Matériel 25 Droites graduées — Séance 1

1 - Place chaque nombre sur la droite graduée.

188 172 175 182 185

170 180

2 - Place chaque nombre sur la droite graduée.

130 170 120 100 180

90 150 190

3 - Place chaque nombre sur la droite graduée.
Attention, certains nombres ne sont pas situés sur une graduation: tu dois essayer de trouver leur emplacement.

90 72 115 162 135

70 100 130 170

Matériel 25

Séquence 25

Séance 2

30 min

Intercaler et encadrer les nombres jusqu'à 199

→ **REPRÉSENTER**

Comparer, encadrer, intercaler des nombres entiers en utilisant les symboles < et >.

DÉROULEMENT DE LA SÉANCE

1 Recherche Intercaler et encadrer des nombres en utilisant les signes < et >.	10 min	**Représentation Verbalisation** Oral collectif
2 Entraînement Ordonner un ensemble de nombres dans l'ordre croissant.	10 min	**Représentation** Écrit individuel
3 Renforcement Résoudre des problèmes en utilisant ses connaissances sur l'ordre des nombres.	10 min	

1 Recherche

Tracer une droite au tableau et placer les nombres 140 et 160.

Phase 1

Afficher 10 cartes avec une écriture chiffrée :
142, 150, 123, 138, 146, 154, 167, 172, 159, 91.

Consigne *« Écris sur l'ardoise tous les nombres que l'on peut intercaler entre 140 et 160. »*

Lors de la correction, amener les élèves à formuler qu'il fallait trouver tous les nombres plus grands que 140 et plus petits que 160 c'est-à-dire supérieurs à 140 et inférieurs à 160.
Ordonner les nombres sur la droite.

Phase 2

Consigne *« Écris sur l'ardoise un nombre qui peut s'intercaler entre le nombre 176 et 182. »*

Écrire au tableau : **176 < .... < 182.**

Lister les différentes possibilités. Utiliser les erreurs pour rappeler la signification des signes < et > (notion de strictement inférieur ou supérieur).

Reprendre cet exercice avec **189 < .... < 191** et **138 < .... < 140**. Faire constater qu'une seule solution est possible dans ces deux cas.

Phase 3

Consigne *« Cherche deux nombres qui peuvent encadrer le nombre 167. »*

Écrire au tableau : .... **< 167 <** ....

Faire constater que de nombreuses solutions sont possibles :
- le nombre juste avant et juste après : 166 < 167 < 168,
- la dizaine juste avant et la dizaine après : 160 < 167 < 170,
- d'autres nombres : 162 < 167 < 178, 94 < 167 < 186...

2 Entraînement

S'exercer avec **ExoSup25.pdf**, page 1.

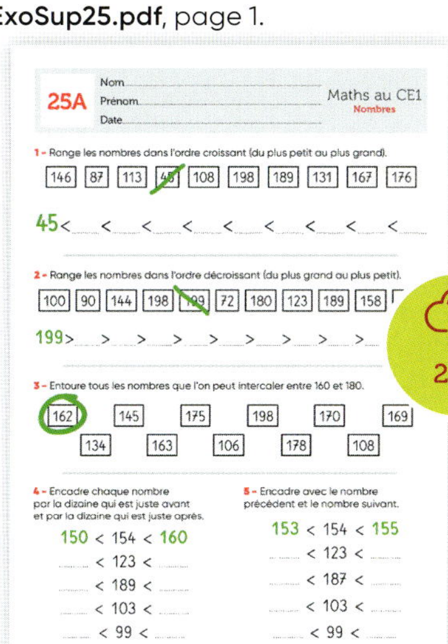

25A

3 Renforcement

25B

Résoudre les deux problèmes en mobilisant ses connaissances sur l'ordre des nombres jusqu'à 199 (**ExoSup25.pdf**, page 2).

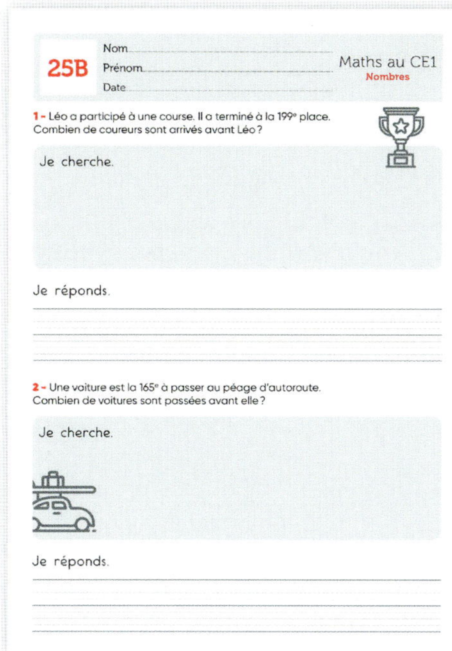

DIFFÉRENCIATION

- Modifier la taille des nombres de l'énoncé pour accompagner les élèves qui rencontrent des difficultés à résoudre le problème :
  Léo a participé à une course. Il a terminé à la 9e place.
  Combien de coureurs sont arrivés avant Léo ?
- Demander à l'élève de raconter l'histoire du problème sans les nombres.
- Simuler une course avec 11 élèves. **Combien sont arrivés avant le 9e ?**

Séance 3

30 min

Bilan de la séquence

Valorisation des progrès

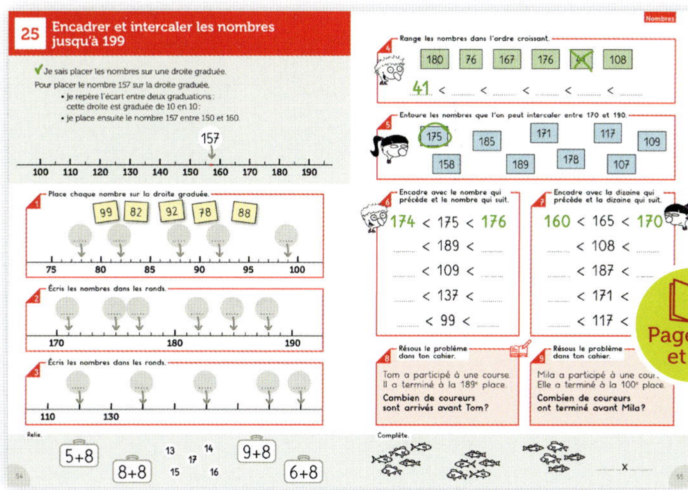

Pages 54 et 55

26 Reconnaitre un polygone

Séance 1 — 30 min

Construire un polygone

→ CHERCHER

Utiliser le vocabulaire approprié pour décrire des figures planes : polygone, côté, sommet.

MATÉRIEL ET SUPPORT
- La forme de **Materiel26.pdf**, page 1 reproduite sur du papier de couleur (format A5), une règle, un feutre noir et une paire de ciseaux par élève.
- La trace écrite (**Materiel26.pdf**, page 2).

DÉROULEMENT DE LA SÉANCE

❶ Recherche Obtenir par découpage une figure qui n'a que des côtés droits.	15 min	**Manipulation** **Verbalisation** Oral collectif
❷ Mise en commun Classer les polygones selon le nombre de côtés.	10 min	**Verbalisation** Oral collectif
❸ Institutionnalisation Définir ce qu'est un polygone.	5 min	**Abstraction** Écrit individuel

❶ Recherche

Matériel 26

Découper la forme du document-élève pour qu'elle n'ait que des côtés droits. Repasser sur les côtés droits au feutre noir.

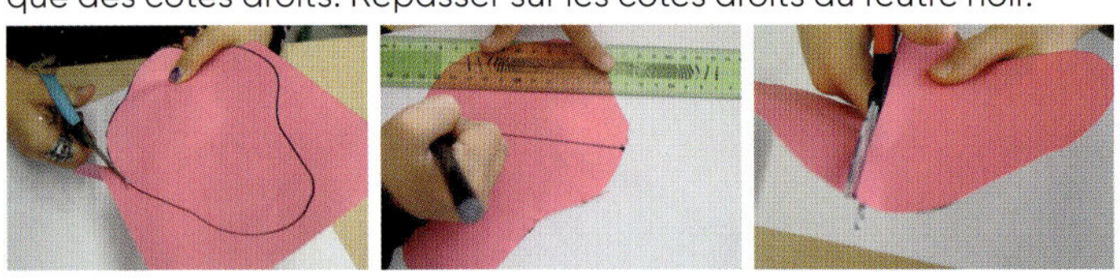

Chaque élève effectue les différentes étapes de la manipulation en suivant les consignes successives de l'enseignant.

Consignes

« Découpe la forme. Remarque qu'elle n'a aucun côté droit. »

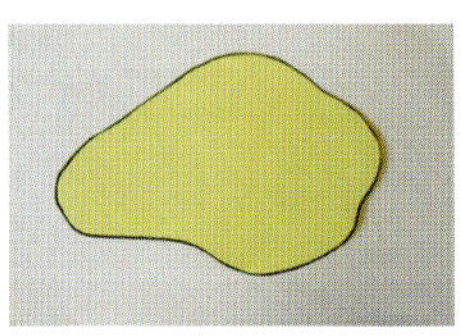

« Place deux points sur le contour de cette forme. Relie ces points par un segment tracé à la règle. Découpe en suivant ce segment. Jette le plus petit morceau. »

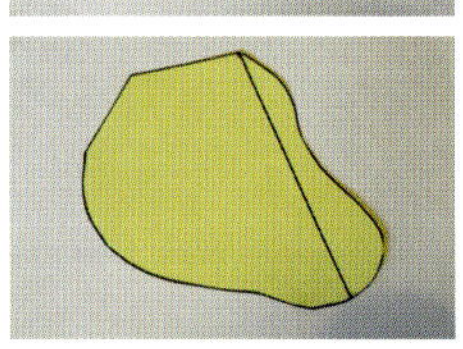

« Place deux nouveaux points sur le contour de la forme obtenue. Trace le segment qui relie ces deux points et découpe. »

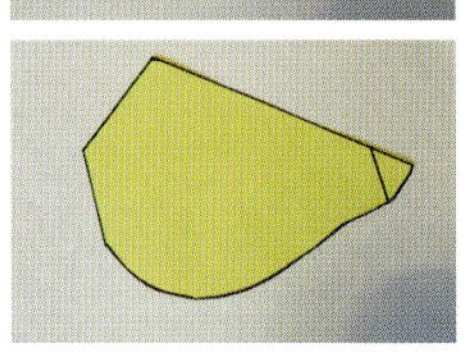

« Reconduis cette procédure jusqu'à obtenir une figure n'ayant que des côtés droits. »

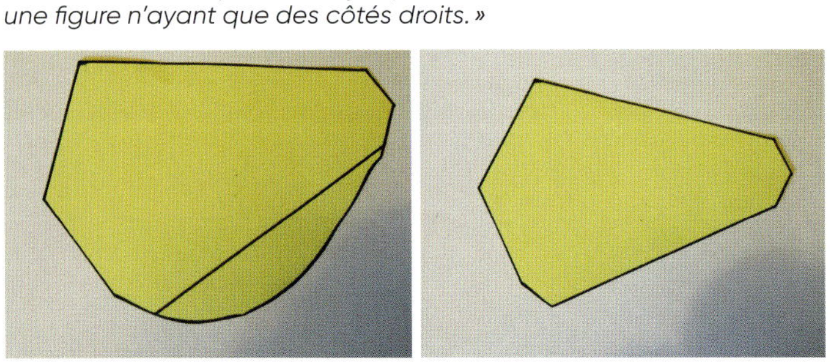

❷ Mise en commun

Collecter les différentes figures obtenues et valider celles répondant à la consigne. Les réunir au tableau. Expliquer aux élèves que toutes ces figures qui n'ont que des côtés droits s'appellent des *polygones*.

Montrer les angles d'un polygone et introduire le terme *sommet*. Les sommets sont les extrémités des segments formant les côtés d'un polygone.

Faire remarquer que toutes les figures obtenues n'ont pas le même nombre de côtés. Faire dénombrer les côtés et classer les polygones sur une affiche.

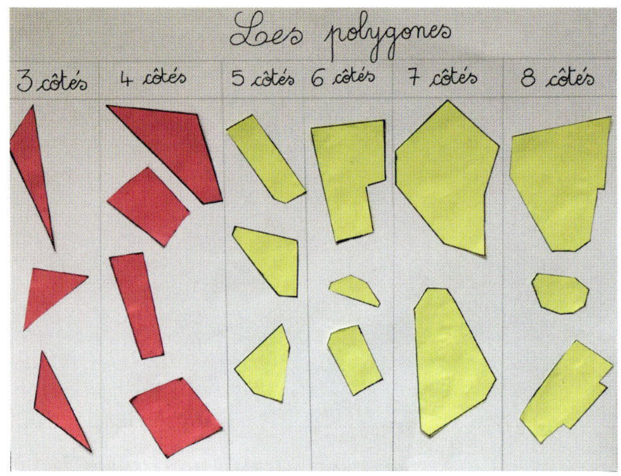

Si nécessaire, construire de nouveaux polygones pour compléter les colonnes vides.

❸ Institutionnalisation

Matériel 26

Ce qu'il faut retenir

Un polygone est une figure fermée dont tous les côtés sont tracés à la règle.

À quoi cela sert-il ?

Expliquer que cette connaissance sera utile pour résoudre des problèmes en géométrie où il faudra reconnaitre ou décrire des figures.

Trace écrite

Chaque élève colle la trace écrite et le polygone qu'il a construit dans son cahier de mathématiques.

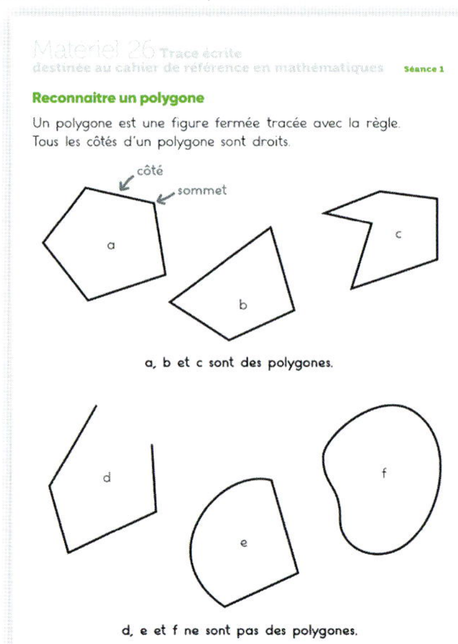
Matériel 26 Trace écrite destinée au cahier de référence en mathématiques — Séance 1

Reconnaitre un polygone

Un polygone est une figure fermée tracée avec la règle.
Tous les côtés d'un polygone sont droits.

a, b et c sont des polygones.

d, e et f ne sont pas des polygones.

Séance 2 — 30 min

Décrire un polygone : côté, sommet

→ COMMUNIQUER

Décrire un polygone en utilisant le vocabulaire approprié : sommet, côté.

MATÉRIEL ET SUPPORT

- Les 16 figures de la **planche 4** prédécoupée livrée avec le cahier de l'élève ***Maths au CE1*** (polygones et non polygones).
- Le tableau des polygones (**Materiel26.pdf**, page 3).

DÉROULEMENT DE LA SÉANCE

❶ Consolidation Reconnaitre les polygones dans une collection de figures.	10 min	**Manipulation** Groupe de 2
❷ Recherche Dénombrer les côtés et les sommets d'un polygone.	15 min	**Manipulation** Écrit individuel
❸ Mise en commun Établir la relation entre nombre de côtés et nombre de sommets.	5 min	**Verbalisation** Oral collectif

❶ Consolidation

Demander aux élèves de rappeler ce qu'est un polygone puis de trier les polygones dans la collection de figures de la **planche 4**.

Écrire au tableau les lettres des polygones.

Conserver les polygones **a, d, f, k, l** et **m** pour mener la recherche qui suit.

❷ Recherche

Distribuer le document élève. Rappeler ce qu'est un côté et un sommet.

Consigne *« Vous allez maintenant dénombrer les côtés et les sommets de ces 6 polygones et compléter ce tableau. »*

Dénombrer les côtés et les sommets des 6 polygones a, d, f, k, l et m de la ***planche 4****.*

Polygone	a	d	f	k	l	m
Nombre de côtés						
Nombre de sommets						

Matériel 26

Tableau des polygones

❸ Mise en commun

Faire remarquer que pour chaque figure, le nombre de côtés est égal au nombre de sommets. En déduire que *« si je connais le nombre de côtés d'un polygone, je connais le nombre de ses sommets. »*

Demander aux élèves de réunir tous les polygones qui ont 4 côtés. Introduire le terme de *quadrilatère*.
« Un quadrilatère est un polygone qui a quatre côtés. »
Faire remarquer que tous les quadrilatères n'ont pas la même forme.

Demander aux élèves de réunir les polygones qui ont 3 côtés. Introduire le terme de *triangle*.
« Un triangle est un polygone qui a trois côtés. »
Faire remarquer que tous les triangles n'ont pas la même forme.

Séance 3 — 30 min

Décrire un polygone : longueur des côtés

→ COMMUNIQUER

Décrire un polygone en comparant les longueurs de ses côtés.

MATÉRIEL ET SUPPORT

- Des bandes de papier de 10 cm environ avec une extrémité en biseau.
- La feuille de recherche (**Materiel26.pdf**, page 4).

DÉROULEMENT DE LA SÉANCE

❶ Recherche Comparer les longueurs des côtés d'un triangle.	5 min	**Manipulation** Travail individuel
❷ Mise en commun et validation Inventorier les réponses, les vérifier, les valider.	5 min	**Verbalisation** Oral collectif
❸ Synthèse de la séquence Reconnaitre des polygones.	20 min	**Abstraction** Travail individuel

❶ Recherche

Matériel 26

Consignes *« Entoure tous les triangles qui ont deux côtés et seulement deux côtés de même longueur en utilisant les bandes de papier que je vais distribuer. Comme dans l'exemple, barre les deux côtés qui sont de même longueur. »*

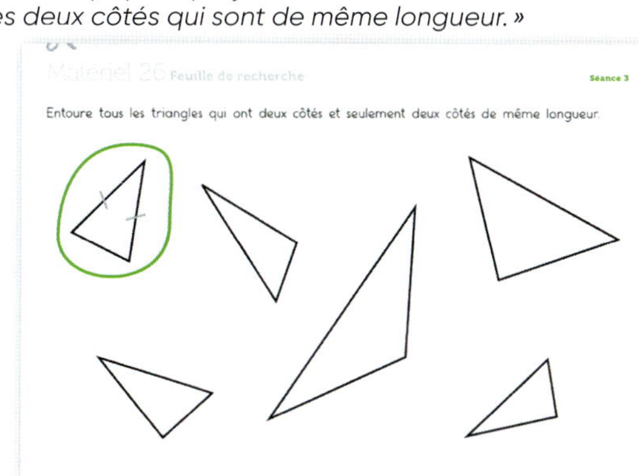

Chaque élève dispose de bandes de papier de 10 cm environ avec une extrémité en biseau pour comparer les longueurs des côtés des triangles.

❷ Mise en commun et validation

Confronter les réponses des élèves en vérifiant avec la bande.

Lister au tableau les triangles qui ont deux et seulement deux côtés de même longueur.

❸ Synthèse de la séquence

Bilan de la séquence

Valorisation des apprentissages

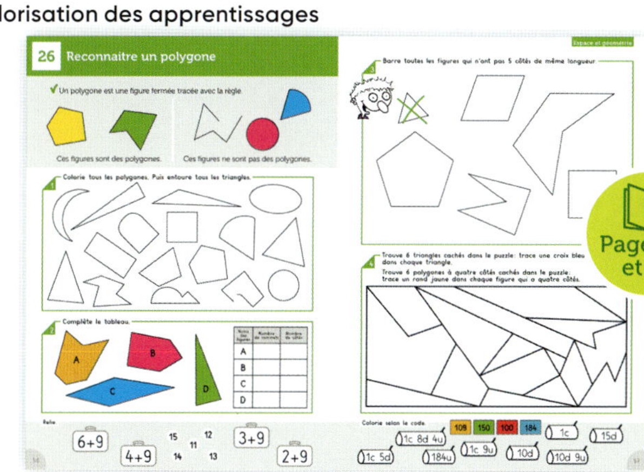

Pages 56 et 57

15 min par jour

Calcul mental

- Calculer des sommes d'un nombre à deux ou trois chiffres et d'un nombre à un chiffre.
- Calculer des différences du type 43 – 8.

Séance 1

❶ Compter de 10 en 10 jusqu'à 200 — 5 min

Réciter la suite orale des nombres : de 10 en 10, en partant de 0 jusqu'à 200 puis de 10 en 10, en partant de 8 par ordre croissant jusqu'à 198.

❷ Sommes du type 6 + 58 : découverte — 10 min

Proposer le calcul **6 + 58** qui est écrit au tableau.

Calcul 14

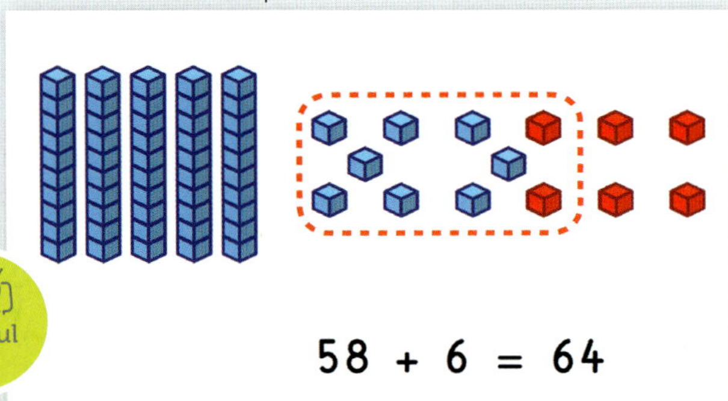

Procédure à privilégier lors de la mise en commun
- Positionner le plus grand nombre en premier pour obtenir le calcul 58 + 6,
- Décomposer additivement le nombre 6 pour calculer plus facilement en utilisant sa connaissance des compléments à 10 : 58 + 6 = 58 + 2 + 4.

La procédure 6 + 58 = 6 + 4 + 54 = 10 + 54 = 64 est plus rare chez les élèves mais mérite d'être explicitée également.

Visualiser les étapes du calcul avec un arbre de calculs puis sur la demi-droite graduée.

Calcul 14

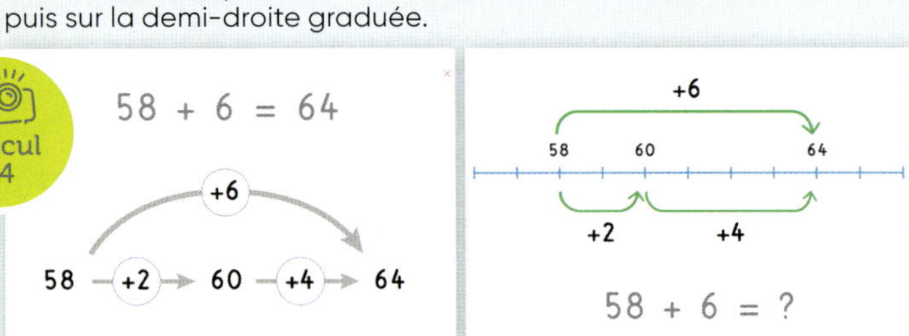

Proposer oralement la série de calculs suivants.

67 + 4 = ? **6 + 89 = ?** **35 + 8 = ?**
128 + 3 = ? **7 + 156 = ?**

Les élèves répondent sur l'ardoise.

Séance 2

❶ Compter de 10 en 10 jusqu'à 200 — 5 min

Réciter la suite orale des nombres : de 10 en 10, en partant de 0 jusqu'à 200 puis de 10 en 10, en partant de 15 par ordre croissant jusqu'à 195.

❷ Sommes du type 6 + 58 : entrainement — 10 min

Proposer le calcul **8 + 167** qui est écrit au tableau.
Rappeler la procédure à privilégier lors de la mise en commun.

Proposer oralement la série de calculs suivants.

187 + 5 = ? **7 + 189 = ?** **138 + 7 = ?**
183 + 8 = ? **7 + 165 = ?**

Les élèves répondent sur l'ardoise.

Séance 3

❶ Compter de 10 en 10 jusqu'à 200 — 5 min

Réciter la suite orale des nombres : de 10 en 10, en partant de 187 par ordre décroissant jusqu'à 17.

❷ Différences du type 43 - 8 : découverte — 10 min

Le but de cette activité est de calculer des différences en réinvestissant les procédures acquises pour calculer des sommes en franchissant la dizaine.

Proposer le calcul **43 - 8 = ?**

Représenter au tableau le calcul sur la demi-droite graduée.

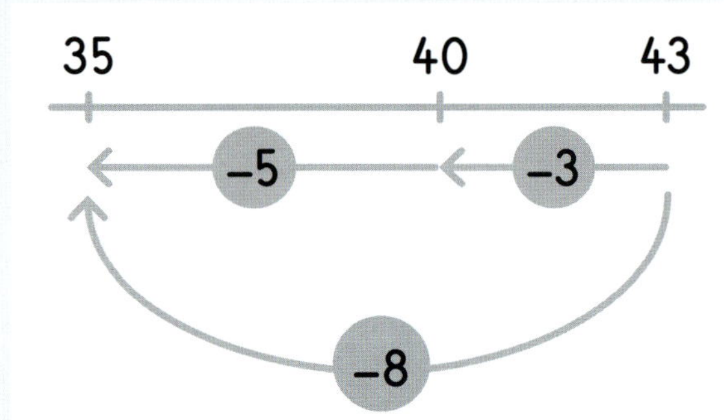

Série de calculs donnés un par un oralement.
Les élèves écrivent les réponses sur l'ardoise.

62 - 3 **55 - 6** **163 - 7** **105 - 5** **192 - 4** **101 - 6**

Séance 4

❶ Compter de 10 en 10 jusqu'à 200 — 5 min

Réciter la suite orale des nombres : de 10 en 10, en partant de 192 par ordre décroissant jusqu'à 42.

❷ Différences du type 43 - 8 : entrainement — 5 min

Proposer oralement la série de calculs suivants.

103 - 7 = ? **136 - 8 = ?** **195 - 8 = ?** **172 - 6 = ?**

Les élèves répondent sur l'ardoise.

❸ Différences du type 43 - 8 : trace écrite — 5 min

Lire et compléter la trace écrite.

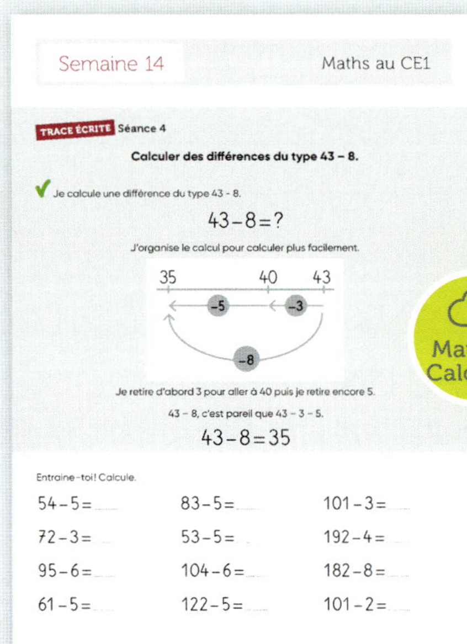

Semaine 14 — Maths au CE1

TRACE ÉCRITE Séance 4

Calculer des différences du type 43 – 8.

✔ Je calcule une différence du type 43 - 8.

43–8=?

J'organise le calcul pour calculer plus facilement.

Je retire d'abord 3 pour aller à 40 puis je retire encore 5.

43 – 8, c'est pareil que 43 – 3 – 5.

43–8=35

Entraine-toi ! Calcule.

54–5= ___	83–5= ___	101–3= ___
72–3= ___	53–5= ___	192–4= ___
95–6= ___	104–6= ___	182–8= ___
61–5= ___	122–5= ___	101–2= ___

Matériel Calcul 14

30 min
par semaine

Atelier problèmes

- Résoudre des problèmes multiplicatifs en une et deux étapes.

Prénom .... Date ....

Résous les problèmes avec le symbole ✖ puis résous les problèmes de ton choix. Essaie d'en résoudre le plus possible.

✖ Problème 1

Dans la boite, il y a 8 lignes de 6 gâteaux.

Combien de gâteaux y a-t-il dans la boite?

Problème 2

Dans un restaurant, il y a 15 tables de 4 personnes.

Combien ce restaurant peut-il recevoir de clients?

Problème 3

Lili achète 4 boites de 6 œufs.

Combien Lili a-t-elle acheté d'œufs?

Problème 4

Lila veut fabriquer 3 colliers de 6 perles.
Elle a 20 perles

Lila aura-t-elle assez de perles? Explique pourquoi.

Problème 5

Le couvercle de la boite cache une partie des chocolats.

Combien y a-t-il de chocolats dans cette boite?

✖ Problème 6

Le jardinier a planté 8 rangées de 5 salades.
Les limaces ont mangé 10 salades.

Combien reste-t-il de salades?

27 Énigmes mathématiques (2)

Séance 1 — 30 min

Casse-tête

→ RAISONNER

Mettre en œuvre un raisonnement déductif.

MATÉRIEL ET SUPPORT
- Les documents élèves (**Materiel27.pdf**, pages 1 et 2).

DÉROULEMENT DE LA SÉANCE

❶ Appropriation du problème Comprendre ce qu'il faut chercher à travers un exemple.	5 min	**Manipulation** **Verbalisation** Oral collectif
❷ Recherche Chercher les nombres qui manquent dans la croix pour obtenir la somme demandée.	15 min	**Expérimentation** Groupes de 2 **Verbalisation** Oral collectif
❸ Entrainement Réinvestir les procédures découvertes dans des exercices du même type.	10 min	**Représentation** Travail individuel

❶ Appropriation du problème

Matériel 27

Faire découper les 5 jetons noirs du bas du document, page 1.

Faire positionner les 5 jetons sur la croix de l'exercice 1.

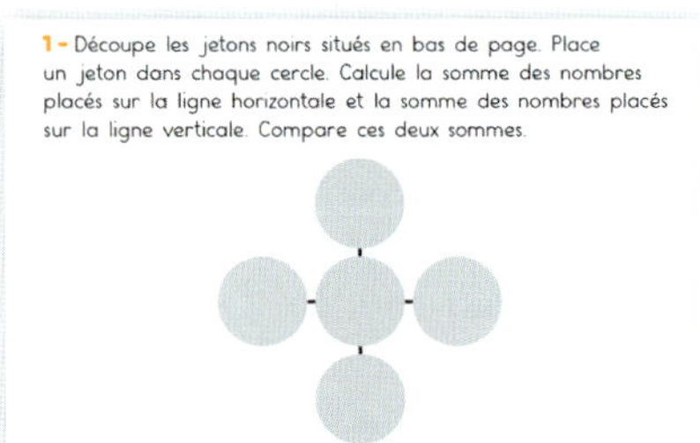
1 - Découpe les jetons noirs situés en bas de page. Place un jeton dans chaque cercle. Calcule la somme des nombres placés sur la ligne horizontale et la somme des nombres placés sur la ligne verticale. Compare ces deux sommes.

Demander aux élèves de calculer la somme des nombres placés sur la ligne horizontale et la somme des nombres placés sur la ligne verticale puis de comparer ces deux sommes.

Exemple au tableau

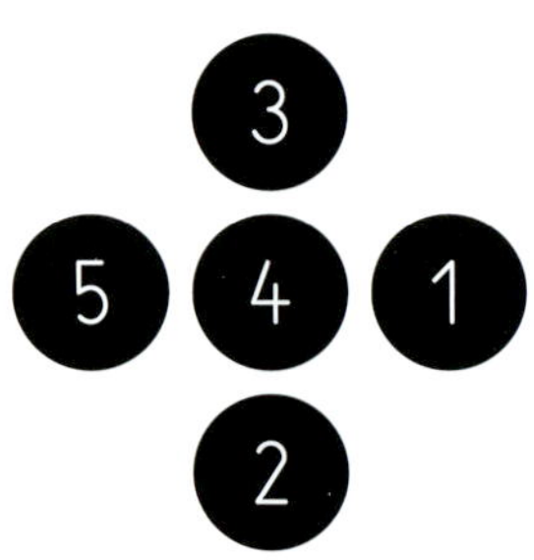

Faire constater comme dans cet exemple que la somme fait 9 verticalement et 10 horizontalement.
Faire remarquer que certains élèves obtiennent le même résultat sur la ligne verticale et la ligne horizontale.
Expliciter si besoin les procédures de calcul les plus efficaces.

❷ Recherche

Matériel 27

Exercice 2a

Consigne *« Placez les nombres de 1 à 5 pour que les sommes effectuées sur la ligne verticale et sur la ligne horizontale soient égales à 8. »*
Les groupes de 2 manipulent les jetons sur la croix de l'exercice 1 puis notent le résultat.

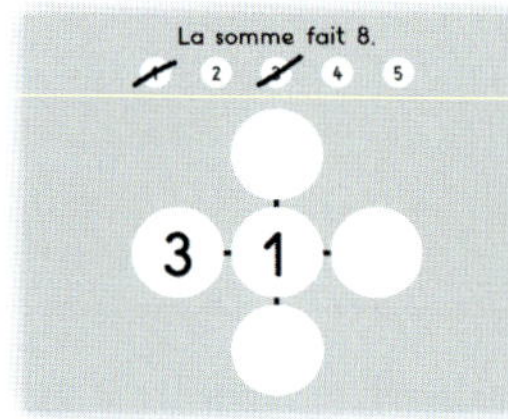

La mise en commun permet d'expliciter qu'il faut commencer par chercher le nombre qui manque sur la ligne horizontale.
Écrire **3 + 1 + ... = 8** c'est-à-dire **4 + ... = 8**.
Les élèves en concluent qu'il faut mettre le **4** dans la ligne horizontale et qu'il reste les nombres **2** et **5** à placer.

Les élèves constatent qu'il y a deux solutions à ce casse-tête.

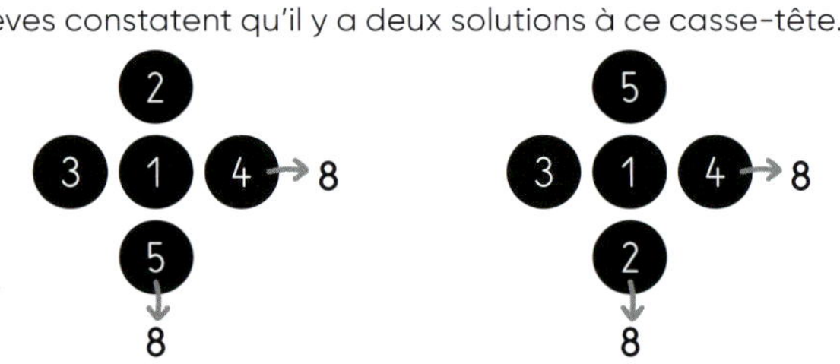

Proposer un raisonnement identique avec une croix similaire à l'exercice 1 où le **5** remplace le **1** et où les sommes sont égales à **10**.

Exercice 2b

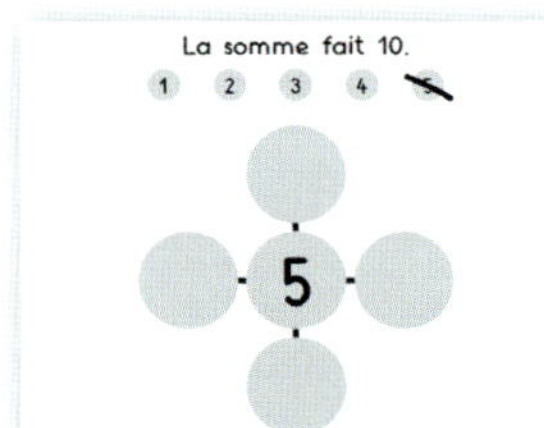

Cet exercice est plus complexe. Il faut comprendre qu'il faut trouver deux nombres qui ajoutés à 5 donnent une somme égale à 10.

Écrire **.... + 5 + ... = 10** puis changer l'ordre des nombres **5 + ... + ... = 10.**
« Il faut trouver ce qui manque à 5 pour aller à 10. La somme des deux nombres qui manquent sur chaque ligne doit donc être égale à 5 : on a 2 possibilités **2 + 3 = 5** *et* **1 + 4 = 5.** *»*
Il y a alors différentes possibltés : placer le 2 et le 3 de part et d'autre du 5 et inversement. Pareil pour le 1 et le 4.

Exemples de solutions possibles

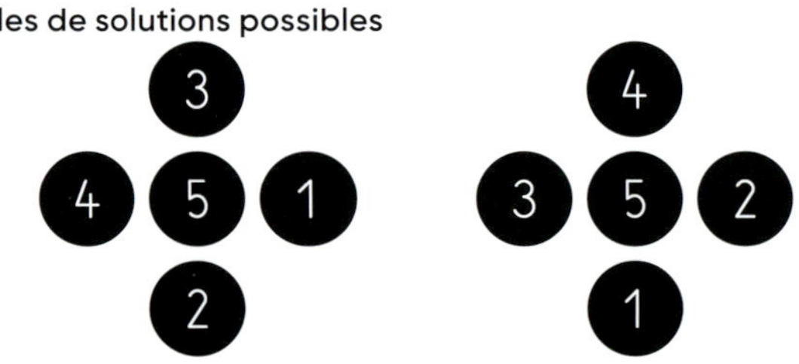

❸ Entrainement

Matériel 27

Réinvestir la procédure découverte dans les deux exercices proposés en page 2 de **Materiel26.pdf**.

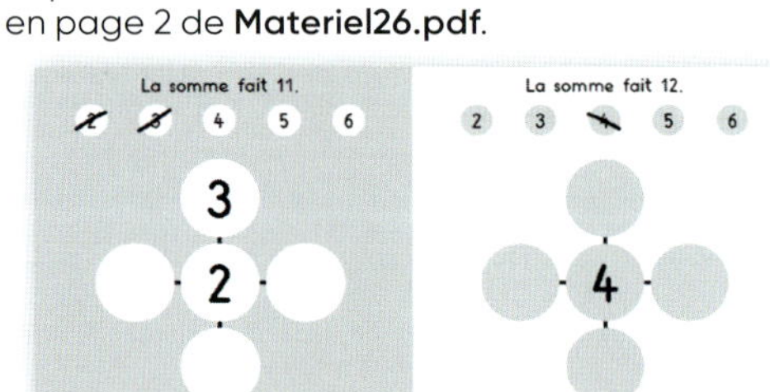

Les élèves doivent placer les nombres de 2 à 6 en utilisant un raisonnement logique.

Séance 2

30 min

Le triangle magique

→ RAISONNER

Mettre en œuvre un raisonnement déductif.

MATÉRIEL ET SUPPORT
• Le document élève (**Materiel27.pdf**, page 3).

DÉROULEMENT DE LA SÉANCE

❶ **Appropriation du problème** Comprendre ce qu'il faut chercher à travers un exemple.	10 min	**Expérimentation** Groupes de 2
❷ **Recherche** Chercher les nombres qui manquent dans le triangle croix pour obtenir la même somme sur chaque côté du triangle.	10 min	**Expérimentation** Écrit individuel
❸ **Mise en commun** Expliquer son raisonnement pour trouver les nombres qui manquent.	5 min	**Verbalisation** **Abstraction** Oral collectif
❹ **Institutionnalisation** Connaitre une méthode pour résoudre des problèmes de ce type.	5 min	

❶ Appropriation du problème

Matériel 27

Exercice 1

Consigne « Place les nombres de 1 à 6 pour que les sommes effectuées sur chaque côté du triangle soient les mêmes. »

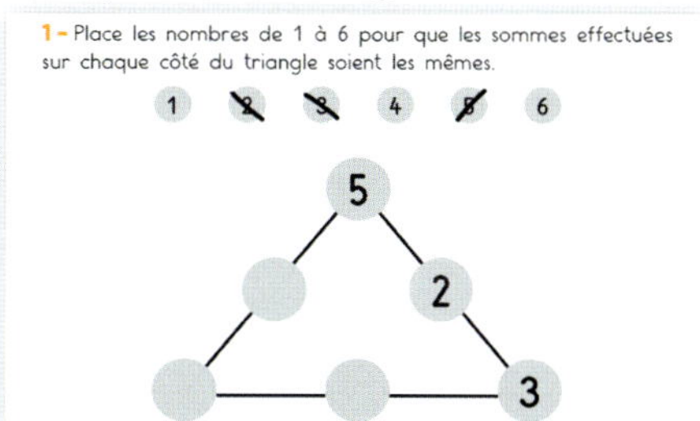

Comprendre qu'il faut commencer par calculer la somme **5 + 2 + 3** pour connaitre la somme à trouver dans les deux autres côtés du triangle. En déduire que le nombre **6** ne peut pas être placé sur le même côté que le nombre 5 car la somme de ces deux nombres dépasse 10.
Tester les différentes positions possibles du nombre **6** pour comprendre cette contrainte.

Solution

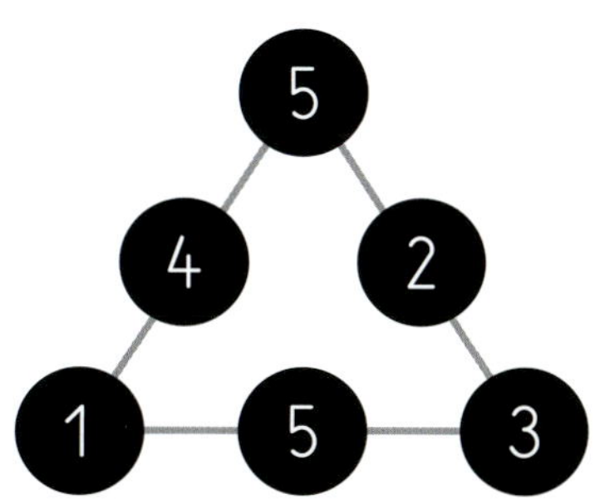

❷ Recherche

Exercice 2

Consigne « Pour ce nouveau triangle, écrivez les nombres qui manquent pour que la somme des nombres de chaque côté soit égale à 9. »

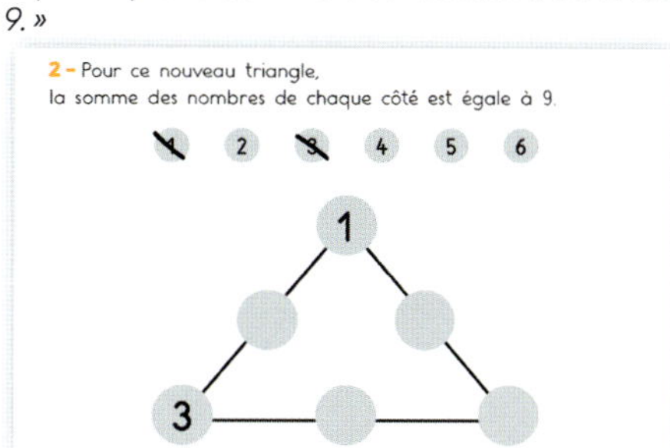

❸ Mise en commun

Expliciter que ce problème se résout en deux étapes.
Il faut commencer par chercher le nombre qui manque sur le côté où se trouvent les nombres 1 et 3.

❹ Institutionnalisation

Ce qu'il faut retenir

Dans les problèmes de ce type, il faut organiser sa recherche par étapes. Il faut réfléchir en utilisant un raisonnement logique.

À quoi cela sert-il ?

À résoudre des problèmes, des énigmes du même type.

Séance 3

30 min

Bilan des apprentissages

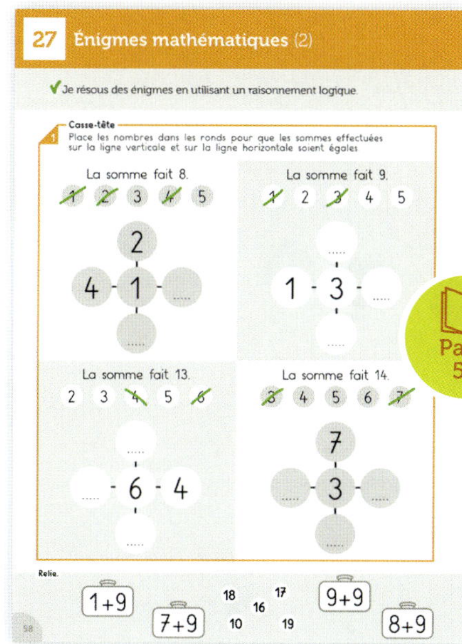

Page 58

Les problèmes proposés dans la page 58 sont des problèmes du même type que ceux proposés au cours des séances 1 et 2.

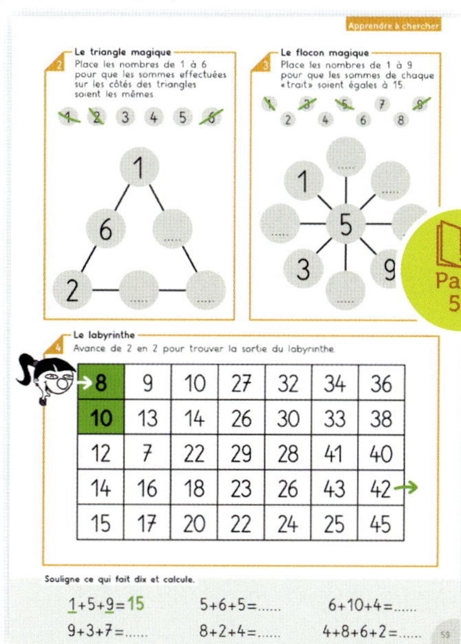

Page 59

Les énigmes de la page 59 conduisent les élèves à observer, à faire des essais, à organiser leur recherche dans des contextes variés.

Matériel 27

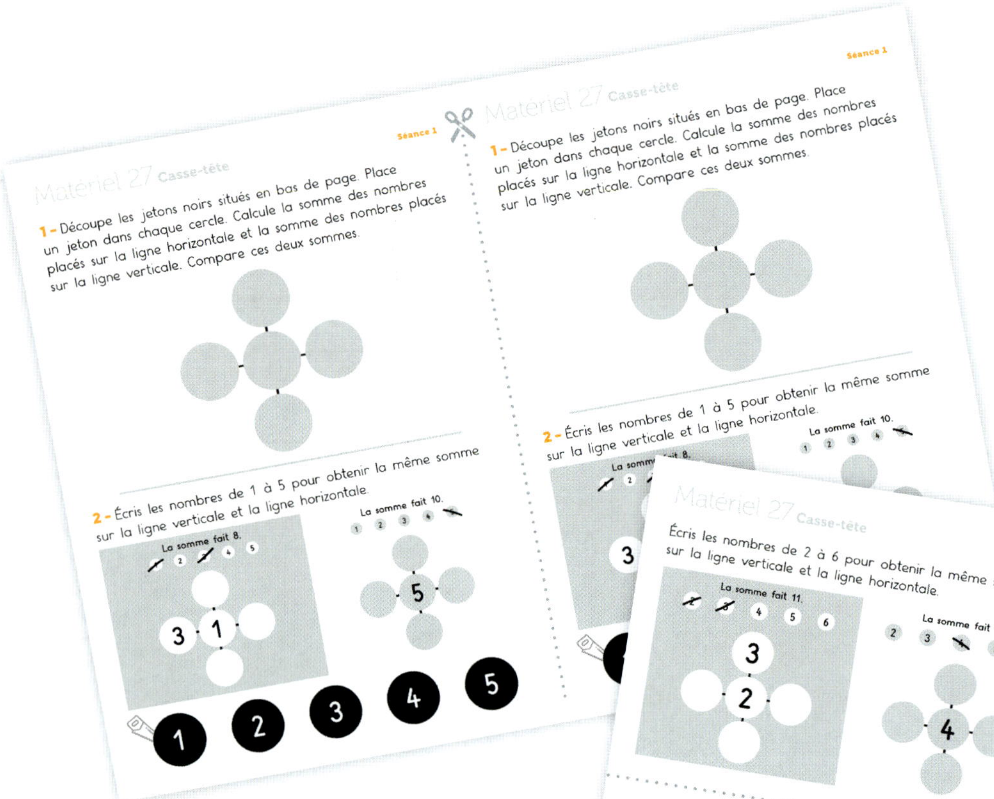
Matériel 27 Casse-tête

Séance 1

1 - Découpe les jetons noirs situés en bas de page. Place un jeton dans chaque cercle. Calcule la somme des nombres placés sur la ligne horizontale et la somme des nombres placés sur la ligne verticale. Compare ces deux sommes.

2 - Écris les nombres de 1 à 5 pour obtenir la même somme sur la ligne verticale et la ligne horizontale.

La somme fait 8.

La somme fait 10.

Matériel 27 Casse-tête

Séance 1

1 - Découpe les jetons noirs situés en bas de page. Place un jeton dans chaque cercle. Calcule la somme des nombres placés sur la ligne horizontale et la somme des nombres placés sur la ligne verticale. Compare ces deux sommes.

2 - Écris les nombres de 1 à 5 pour obtenir la même somme sur la ligne verticale et la ligne horizontale.

La somme fait 8.

La somme fait 10.

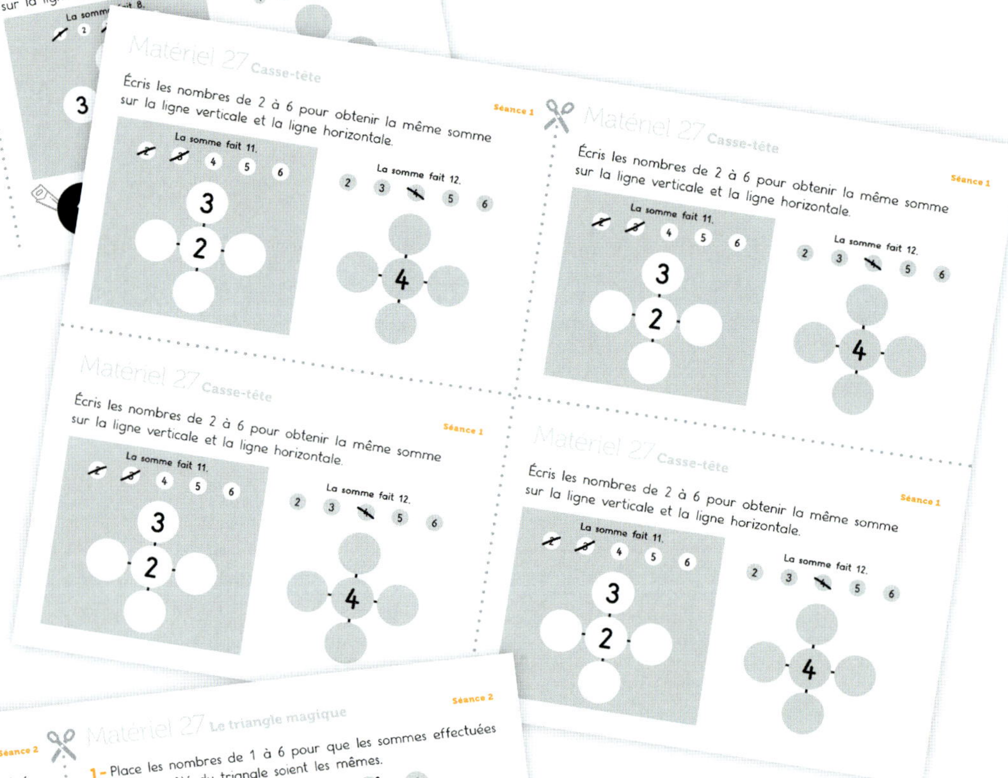
Matériel 27 Casse-tête

Séance 1

Écris les nombres de 2 à 6 pour obtenir la même somme sur la ligne verticale et la ligne horizontale.

La somme fait 11.

La somme fait 12.

Matériel 27 Casse-tête

Séance 1

Écris les nombres de 2 à 6 pour obtenir la même somme sur la ligne verticale et la ligne horizontale.

La somme fait 11.

La somme fait 12.

Matériel 27 Casse-tête

Séance 1

Écris les nombres de 2 à 6 pour obtenir la même somme sur la ligne verticale et la ligne horizontale.

La somme fait 11.

La somme fait 12.

Matériel 27 Casse-tête

Séance 1

Écris les nombres de 2 à 6 pour obtenir la même somme sur la ligne verticale et la ligne horizontale.

La somme fait 11.

La somme fait 12.

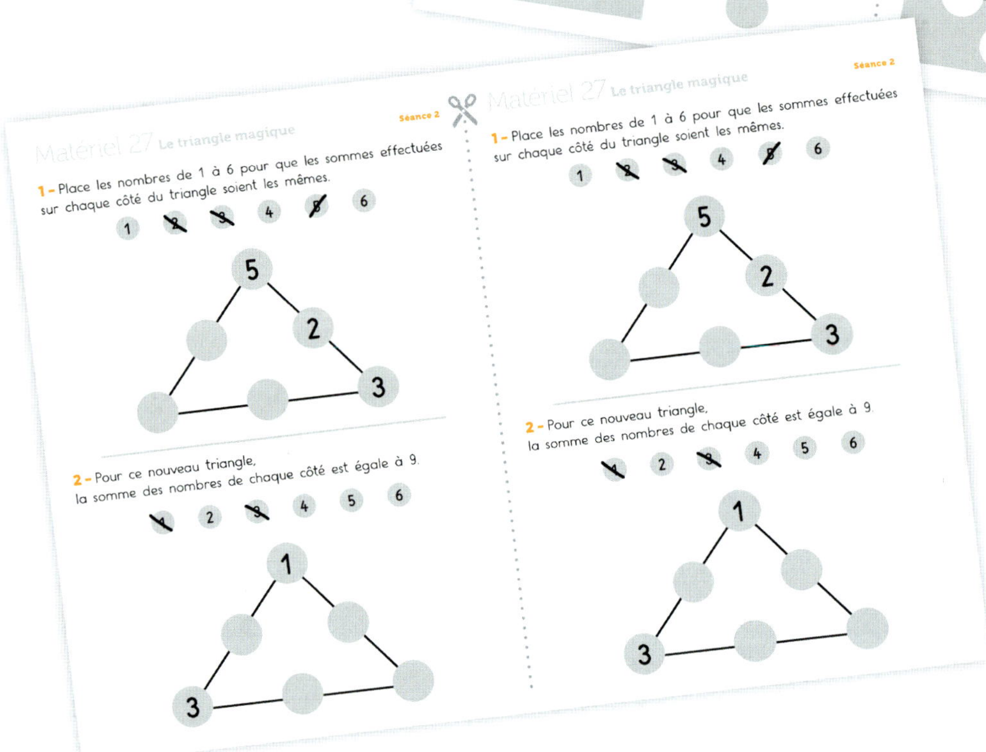
Matériel 27 Le triangle magique

Séance 2

1 - Place les nombres de 1 à 6 pour que les sommes effectuées sur chaque côté du triangle soient les mêmes.

2 - Pour ce nouveau triangle, la somme des nombres de chaque côté est égale à 9.

Matériel 27 Le triangle magique

Séance 2

1 - Place les nombres de 1 à 6 pour que les sommes effectuées sur chaque côté du triangle soient les mêmes.

2 - Pour ce nouveau triangle, la somme des nombres de chaque côté est égale à 9.

Période 3

Nombres | Calculs | Résolution de problèmes | Grandeurs et mesures | Espace et Géométrie | Apprendre à chercher

Semaine 15 Calcul mental - Atelier problèmes p. 136

28 Résoudre des problèmes en une ou deux étapes : addition et soustraction (4) p. 138

29 Utiliser les écritures chiffrées jusqu'à 999 p. 142

Semaine 16 Calcul mental - Atelier problèmes p. 144

30 Associer diverses écritures d'un nombre jusqu'à 999 p. 146

31 Lire et écrire les nombres jusqu'à 999 p. 148

Semaine 17 Calcul mental - Atelier problèmes p. 150

32 Poser et calculer des additions avec des nombres à trois chiffres p. 152

33 Mesurer des longueurs : mètre et centimètre p. 154

Semaine 18 Calcul mental - Atelier problèmes p. 158

34 Mesurer des longueurs : mètre, décimètre et centimètre p. 160

35 Poser et calculer des soustractions en colonnes avec des nombres à deux chiffres p. 162

Semaine 19 Calcul mental - Atelier problèmes p. 166

36 Comparer les nombres jusqu'à 999 p. 168

37 Reconnaitre un carré : longueurs des côtés et angles droits p. 170

Semaine 20 Calcul mental - Atelier problèmes p. 174

38 Repérer des angles droits p. 176

39 Reconnaitre un rectangle p. 178

Semaine 21 Calcul mental - Atelier problèmes p. 180

40 Énigmes mathématiques (3) p. 182

ORGANISATION DE LA PÉRIODE 3

Organisation 3

Annexe 2

Les principaux apprentissages de la période 3

Nombres	Les nombres jusqu'à 999
Calculs	**Calcul mental** • Les tables de multiplication de 2, 10 et 5 • Les compléments à 100 des dizaines entières
	Calcul en ligne • Sommes de deux nombres à 3 chiffres • Différences de deux nombres à 2 chiffres
	Calcul posé • Additions posées en colonnes : nombres à 3 chiffres • Soustractions en colonnes
Résolution de problèmes	**Résolution de problèmes en une ou deux étapes : addition et soustraction** • Problèmes additifs en une ou deux étapes : comparaison • Problèmes multiplicatifs en une ou deux étapes
Grandeurs et mesures	Mesure de longueurs : m, dm et cm
Espace et Géométrie	Le carré Repérage de l'angle droit Le rectangle

Le plan de travail de la période 3

	Calcul mental 1 séance de 15 min/jour	Séquences d'apprentissage séances de 30 à 40 min			Atelier problèmes 1 atelier de 30 min/semaine
Semaine 15	- Dire la suite orale des nombres de 200 à 300. - Ajouter ou retrancher entre elles des dizaines entières.	28	RÉSOUDRE DES PROBLÈMES EN UNE OU DEUX ÉTAPES : ADDITION ET SOUSTRACTION (4)	Séances 1 2 3 4	Résoudre des problèmes additifs en ajoutant ou en retranchant des dizaines entières.
		29	UTILISER LES ÉCRITURES CHIFFRÉES JUSQU'À 999	Séances 1 2 3	
Semaine 16	- Dire la suite orale des nombres de 200 à 999. - Additionner des nombres à deux ou trois chiffres et des dizaines entières. - Soustraire des dizaines entières d'un nombre.	30	ASSOCIER DIVERSES ÉCRITURES D'UN NOMBRE JUSQU'À 999	Séances 1 2 3	Résoudre des problèmes additifs en utilisant sa connaissance de la numération (principe décimal).
		31	LIRE ET ÉCRIRE LES NOMBRES JUSQU'À 999	Séances 1 2 3	
Semaine 17	- Compter de 2 en 2 d'un nombre pair jusqu'à 100. - Connaitre les compléments à 100 des dizaines entières.			Séance 4	Résoudre des problèmes additifs en une étape : comparaison.
		32	POSER ET CALCULER DES ADDITIONS AVEC DES NOMBRES À TROIS CHIFFRES	Séances 1 2 3	
		33	MESURER DES LONGUEURS : MÈTRE ET CENTIMÈTRE	Séances 1 2	
Semaine 18	- Compter de 10 en 10 jusqu'à 990. - Connaitre la table de multiplication par 2.			Séances 3 4	Résoudre des problèmes additifs en une étape.
		34	MESURER DES LONGUEURS : MÈTRE, DÉCIMÈTRE ET CENTIMÈTRE	Séances 1 2 3	
		35	POSER ET CALCULER DES SOUSTRACTIONS EN COLONNES AVEC DES NOMBRES À DEUX CHIFFRES	Séance 1	
Semaine 19	- Compter de 5 en 5 jusqu'à 100. - Connaitre la table de multiplication par 2.			Séances 2 3 4	Résoudre des problèmes additifs en une étape.
		36	COMPARER LES NOMBRES JUSQU'À 999	Séances 1 2 3	
		37	RECONNAITRE UN CARRÉ : LONGUEURS DES CÔTÉS ET ANGLES DROITS	Séance 1	
Semaine 20	- Connaitre la table de multiplication par 10. - Consolider et évaluer la connaissance de la table de multiplication par 2.			Séances 2 3 4	Résoudre des problèmes multiplicatifs en une ou deux étapes.
		38	REPÉRER DES ANGLES DROITS	Séances 1 2	
		39	RECONNAITRE UN RECTANGLE	Séances 1 2	
Semaine 21	- Connaitre la table de multiplication par 5. - Consolider et évaluer la connaissance des tables de multiplication par 2 et par 10.	40	ÉNIGMES MATHÉMATIQUES (3)	Séances 1 2 3	Résoudre des problèmes multiplicatifs ou additifs en une étape.
		P3	JE RÉVISE		
			Bilan des apprentissages Période 3		

Cette progression présente les activités proposées au cours de la période. Chaque séance de 15 minutes débute par un court moment de révision (de 2 à 5 minutes) qui est suivi d'un temps d'apprentissage plus long (de 10 à 13 minutes).

Progression 3Calcul

Annexe 2

	Objectifs	Exemples d'activités
Semaine 15	**Numération orale** Dire la suite orale des nombres de 200 à 300.	Réciter la suite orale des nombres : de 1 en 1, en partant de 200 jusqu'à 300 par ordre croissant et décroissant.
	Procédures de calcul mental Ajouter ou retrancher entre elles des dizaines entières.	Proposer les calculs du type 30 + 60 = ? / 40 + 50 = ? / 30 + 30 = ? / 70 - 60 = ? / 40 - 20 = ? / 50 - 30 = ? / 90 - 50 = ? / 80 - 40 = ? / 30 - 30 = ? / 130 + 60 = ? / 140 + 50 = ? / 110 + 60 = ? / 150 + 20 = ? / 130 + 30 = ? / 120 + 30 = ?
Semaine 16	**Numération orale** Dire la suite orale des nombres de 200 à 999.	Réciter la suite orale des nombres : de 1 en 1, en partant de 300 par ordre croissant jusqu'à 999.
	Procédures de calcul mental Additionner des nombres à deux ou trois chiffres et des dizaines entières. Soustraire des dizaines entières à un nombre.	Proposer les calculs du type 151 + 20 = ? / 245 + 40 = ? / 304 + 50 = ? / 518 + 80 = ? / 31 + 40 = ? / 50 + 145 = ? / 140 + 30 = ? / 458 + 30 = ? / 520 + 60 = ? Proposer les calculs du type 78 - 20 = ? / 96 - 70 = ? / 58 - 50 = ?
Semaine 17	**Numération orale** Compter de 2 en 2 d'un nombre pair jusqu'à 100.	Réciter la suite orale des nombres de 2 en 2, en partant de 0 par ordre croissant jusqu'à 100 et par ordre décroissant de 100 à 0.
	Faits numériques Connaitre les compléments à 100 des dizaines entières.	Proposer les calculs du type 60 + ? = 100 / 50 + ? = 100 / 10 + ? = 100 / ? + 30 = 100 / ? + 80 = 100 / 100 - 50 = ? / 100 - 30 = ? *« Combien faut-il ajouter à 70 pour aller à 100 ? » « Combien faut-il ajouter à 20 pour aller à 100 ? » « De 10 pour aller à 100 ? »* Proposer des problèmes oralement. *« Au jeu des fléchettes, Léo a marqué 60 points.* ***Combien de points Léo doit-il encore marquer pour obtenir 100 points ?*** *»* *« Un parking peut accueillir 100 voitures. 30 voitures sont déjà garées.* ***Combien de places libres reste-t-il ?*** *»*
Semaine 18	**Numération orale** Compter de 10 en 10 jusqu'à 990.	Réciter la suite orale des nombres : de 10 en 10, jusqu'à 990 par ordre croissant et décroissant.
	Faits numériques Connaitre la table de multiplication par 2.	Connaitre les résultats suivants : 1 x 2 / 2 x 2 / 3 x 2 / 4 x 2 / 6 x 2 / 8 x 2 / 10 x 2.
Semaine 19	**Numération orale** Compter de 5 en 5 jusqu'à 100.	Réciter la suite orale des nombres : de 5 en 5, jusqu'à 100 par ordre croissant et décroissant.
	Faits numériques Connaitre la table de multiplication par 2.	Consolider les résultats suivants : 1 x 2 / 2 x 2 / 3 x 2 / 4 x 2 / 6 x 2 / 8 x 2 / 10 x 2. Proposer les calculs oralement, les élèves répondent sur l'ardoise. *« Dans 6, combien de fois 2 ? » « Dans 12, combien de fois 2 ? » « Dans 8, combien de fois 2 ? » « Dans 16, combien de fois 2 ? »* Connaitre les résultats suivants : 5 x 2 / 7 x 2 / 9 x 2. Proposer des problèmes oralement. *« Lili a 4 enveloppes. Dans chaque enveloppe, elle a mis 2 images d'animaux.* ***Combien Lili a-t-elle d'images au total ?*** *»* *« J'ai 12 images. Je veux les ranger dans des enveloppes. Dans chaque enveloppe, il doit y avoir 2 images.* ***Combien d'enveloppes dois-je préparer ?*** *»*
Semaine 20	**Faits numériques** Connaitre la table de multiplication par 10. Consolider et évaluer la connaissance de la table de multiplication par 2.	Automatiser les résultats de la table de multiplication par 2 en variant les types de questions. 7 x 2 = ? / ? x 2 = 18 / *« Combien de fois 2 pour faire 4 ? » « Dans 14, combien de fois 2 ? »* Connaitre tous les résultats de la table de multiplication par 10. Proposer les calculs oralement, les élèves répondent en moins de 10 secondes sur l'ardoise. *« Dans 10, combien de fois 2 ? » « Dans 20, combien de fois 2 ? » « Dans 16, combien de fois 2 ? » « Dans 18, combien de fois 2 ? »*
Semaine 21	**Faits numériques** Connaitre la table de multiplication par 5. Consolider et évaluer la connaissance des tables de multiplication par 2 et par 10.	Connaitre les résultats suivants : 1 x 5 / 2 x 5 / 3 x 5 / 0 x 5 / 4 x 5 / 6 x 5 / 8 x 2 / 10 x 5. Proposer les calculs oralement, les élèves répondent immédiatement sur l'ardoise. 8 x 2 = ? / 5 x 10 = ? / 7 x 2 = ? *« Combien de fois 10 pour faire 90 ? » « Combien de fois 2 pour faire 16 ? » « Dans 70, combien de fois 10 ? » « Dans 16, combien de fois 2 ? » « Dans 14, combien de fois 2 ? »*

15 min par jour

Calcul mental

- Dire la suite orale des nombres de 200 à 999.
- Ajouter ou retrancher entre elles des dizaines entières.

Séance 1

❶ Suite orale des nombres jusqu'à 300 — 3 min

Réciter la suite orale des nombres : de 1 en 1, en partant de 200 par ordre croissant jusqu'à 250.
Remarquer que pour dire les nombres jusqu'à 250, il suffit de dire les nombres jusqu'à 50 précédés des mots « *deux* » et « *cent* » car il y a deux centaines.

Exemple « *Dans 243, j'ai deux centaines et 43.* »
« *Deux fois cent plus 43.* »

❷ Ajouter et retrancher entre elles des dizaines entières : découverte — 12 min

Proposer le calcul **30 + 50 = ?** écrit au tableau.
Les élèves répondent sur l'ardoise.

Reprendre avec le calcul **70 + 20 = ?**

Procédure à privilégier lors de la mise en commun
« *30 + 50 c'est pareil que 50 + 30. C'est 5 dizaines + 3 dizaines, cela donne 8 dizaines, ce qui fait 80. 30 + 50 = 80.* »

Valider avec l'animation **Calcul 15**.

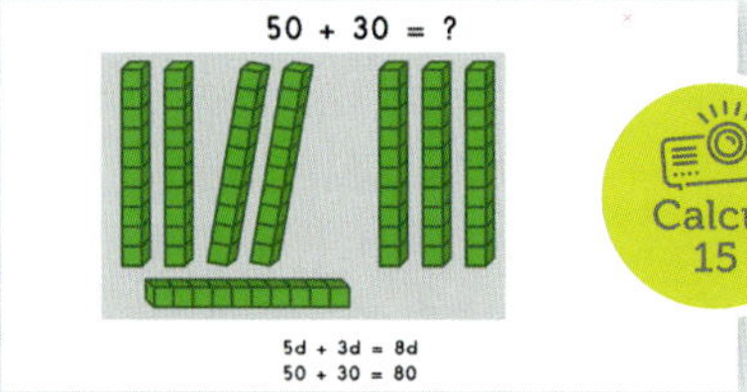

Proposer oralement les calculs

		30 + 60 = ?	**40 + 50 = ?**
10 + 60 = ?	**50 + 20 = ?**	**40 + 40 = ?**	**30 + 30 = ?**

Proposer le calcul **80 - 60 = ?** écrit au tableau.
Les élèves répondent sur l'ardoise.

Procédure à privilégier lors de la mise en commun
« *80 – 60, c'est 8 dizaines - 6 dizaines, cela donne 2 dizaines, ce qui fait 20. 80 - 60 = 20.* »

Consignes identiques avec des calculs du même type

70 - 60 = ?	**40 - 20 = ?**	**50 - 30 = ?**
90 - 50 = ?	**80 - 40 = ?**	**30 - 30 = ?**

Séance 2

❶ Suite orale des nombres jusqu'à 300 — 3 min

Réciter la suite orale des nombres : de 1 en 1, en partant de 250 par ordre croissant jusqu'à 300.

❷ Ajouter et retrancher entre elles des dizaines entières : entrainement — 12 min

Proposer la série de calculs du document-élève **MaterielCalcul15.pdf**.

Corriger seulement deux calculs dans chaque exercice pour rappeler la procédure visée.

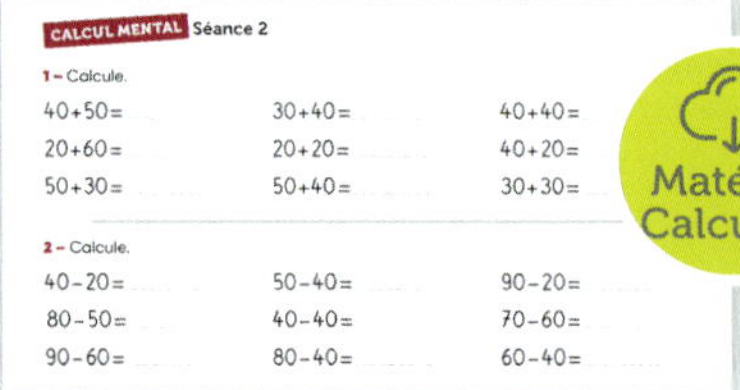

CALCUL MENTAL Séance 2

1 – Calcule.

40+50=	30+40=	40+40=
20+60=	20+20=	40+20=
50+30=	50+40=	30+30=

2 – Calcule.

40-20=	50-40=	90-20=
80-50=	40-40=	70-60=
90-60=	80-40=	60-40=

Matériel Calcul 15

Séance 3

❶ Suite orale des nombres jusqu'à 300 — 3 min

Réciter la suite orale des nombres : de 1 en 1, en partant de 300 par ordre décroissant jusqu'à 250.

❷ Ajouter et retrancher entre elles des dizaines entières : réinvestissement — 12 min

Proposer les calculs **120 + 30 = ?** et **150 + 40 = ?** écrits au tableau.
Les élèves répondent sur l'ardoise.

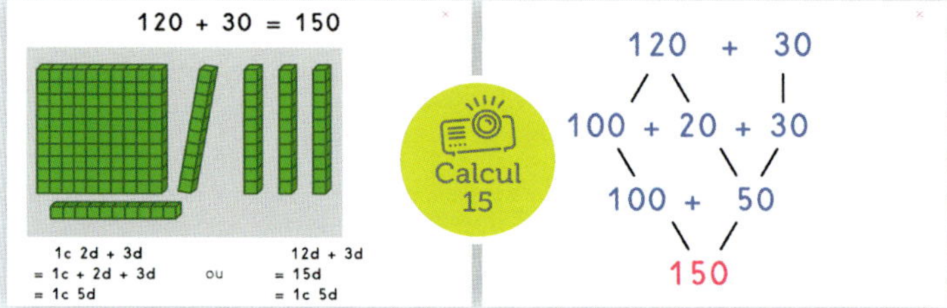

Procédure à privilégier lors de la mise en commun avec l'animation
« *120 + 30, c'est 12 dizaines + 3 dizaines, cela donne 15 dizaines. 15 dizaines, c'est 10 dizaines + 5 dizaines donc 1 centaine et 5 dizaines ce qui s'écrit 150.* »

Consignes identiques avec des calculs du même type

130 + 60 = ?	**140 + 50 = ?**	**110 + 60 = ?**
150 + 20 = ?	**130 + 30 = ?**	**120 + 30 = ?**

Séance 4

❶ Suite orale des nombres jusqu'à 300 — 3 min

Réciter la suite orale des nombres : de 1 en 1, en partant de 250 par ordre décroissant jusqu'à 200.

❷ Retrancher entre elles des dizaines entières : consolidation et trace écrite — 12 min

Faire la synthèse des procédures découvertes au cours de la séquence.
Faire reformuler les procédures présentées dans la trace écrite et proposer la série de calculs du document-élève **MaterielCalcul15.pdf** à coller dans le cahier de références en mathématiques.

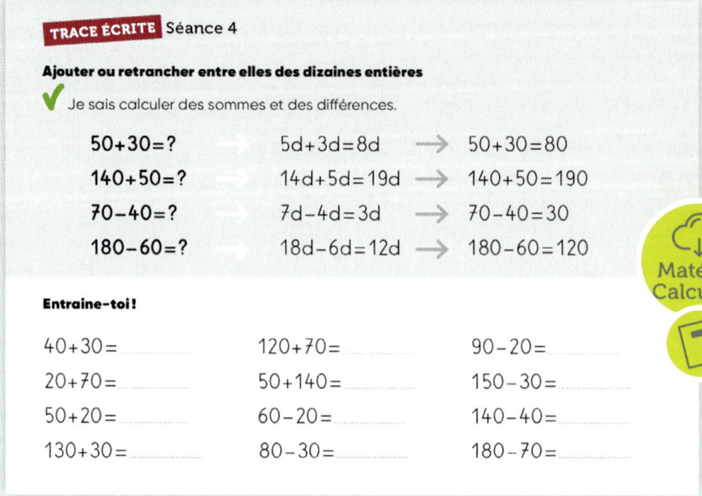

TRACE ÉCRITE Séance 4

Ajouter ou retrancher entre elles des dizaines entières

✓ Je sais calculer des sommes et des différences.

50+30=?	→	5d+3d=8d	→	50+30=80
140+50=?	→	14d+5d=19d	→	140+50=190
70−40=?	→	7d−4d=3d	→	70−40=30
180−60=?	→	18d−6d=12d	→	180−60=120

Entraine-toi !

40+30=	120+70=	90−20=
20+70=	50+140=	150−30=
50+20=	60−20=	140−40=
130+30=	80−30=	180−70=

Matériel Calcul 15

30 min par semaine

Atelier problèmes

- Résoudre des problèmes additifs en ajoutant ou retranchant des dizaines entières.

Prénom ....

Date ....

Résous le problème avec le symbole ✗ puis résous les problèmes de ton choix. Essaie d'en résoudre le plus possible.

Problème 1

La maitresse a rangé 80 stylos dans l'armoire. Il y a 30 stylos verts. Les autres sont bleus.

Combien y a-t-il de stylos bleus?

Problème 2

Il y avait 90 animaux dans le zoo. Il n'en reste plus que 70.

Combien d'animaux se sont échappés?

Problème 3

Mila a 60 images, 40 dans la poche droite, les autres dans la poche gauche.

Combien Mila a-t-elle d'images dans la poche gauche?

✗ Problème 4

La maman de Tom achète un manteau à 60 euros, un pull à 20 euros et un pantalon. Elle paie 98 euros.

Combien coute le pantalon?

Problème 5

Je veux acheter une chemise à 23 €, un pull à 20 € et un bonnet à 9 €.

Combien vais-je payer en tout?

Problème 6

42 enfants et 8 adultes sont montés dans un bus de 60 places.

Reste-t-il encore assez de places pour un groupe de 7 enfants? Explique pourquoi.

28 Résoudre des problèmes en une ou deux étapes : addition et soustraction (4)

Problèmes de comparaison

Séance 1 — 30 min

Situation de comparaison (1)

→ MODÉLISER

Dans une situation de comparaison, trouver une des deux quantités.

MATÉRIEL ET SUPPORT
- Une boite, des cubes emboitables.
- La trace écrite (**Materiel28.pdf**, page 1).

DÉROULEMENT DE LA SÉANCE

❶ **Recherche** Chercher une procédure permettant de résoudre le problème A.	10 min	**Expérimentation** Écrit individuel puis groupes de 2
❷ **Mise en commun** Inventorier les différentes procédures utilisées.	5 min	**Verbalisation Manipulation** Oral collectif
❸ **Institutionnalisation** Utiliser des schémas et le calcul pour résoudre un problème.	5 min	**Représentation Verbalisation** Oral collectif
❹ **Trace écrite** Élaborer une trace écrite dans le cahier de mathématiques.	10 min	**Représentation** Écrit individuel

❶ Recherche

Le texte du problème est écrit au tableau.
Après un temps de recherche individuelle, les élèves travaillent par groupes de deux pour proposer des solutions communes.

Problème A
Tom a 24 cubes dans sa boite. Il a 8 cubes de plus que Mila.
Combien de cubes Mila a-t-elle ?

Production d'élève

Procédures observées
- Dessine 24 cubes puis barre 8 cubes.
- Compte sur ses doigts de 24 à 16.
- Calcule 24 - 8 = 16.

DIFFÉRENCIATION

- Un groupe d'élèves ayant besoin de manipuler et de mettre en scène avec des objets travaille avec l'enseignant. Mimer la situation avec le matériel.
- Faire raconter l'histoire qui correspond à ce problème sans utiliser les nombres : *« Tom a des cubes dans une boite. Il a plus de cubes que Mila. Il faut chercher combien de cubes a Mila. »*
- Modifier l'énoncé du problème en remplaçant les nombres par des nombres plus petits.

❷ Mise en commun

Projeter avec un visualiseur les dessins et les schémas réalisés par quelques élèves. Amener les élèves à se questionner pour savoir si Tom a plus ou moins de cubes que Mila ou si Mila a plus ou moins de cubes que Tom.

Mettre en évidence que la procédure qui permet de trouver la quantité de cubes de Mila est une soustraction malgré la présence du mot *plus* dans l'énoncé. Reformuler que *« Mila a 8 cubes de moins que Tom »* et donc qu'*« il faut faire la soustraction 24 – 8 »*.

Valider avec les cubes : construire une *chenille* avec les 24 cubes de Tom et une *chenille* avec les 16 cubes de Mila.
Comparer les longueurs des deux *chenilles*.

Faire verbaliser : *« Tom a 8 cubes de plus que Mila »* ou *« Mila a 8 cubes de moins que Tom »*. Constater que les deux phrases décrivent la même situation et signifient la même chose.

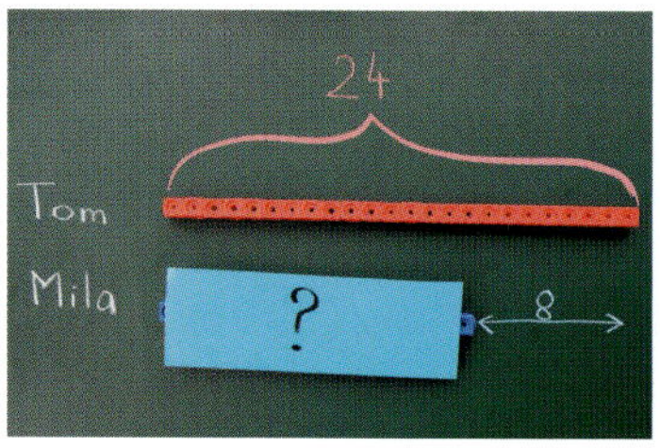

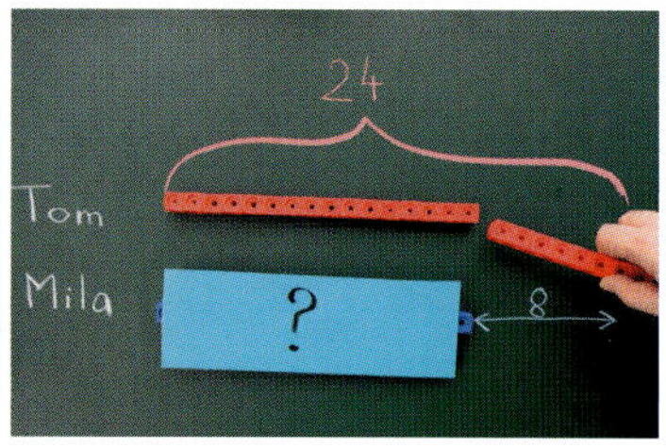

Repérer l'écart entre les deux quantités de cubes.
Faire verbaliser qu'*« il y a 8 cubes de différence ou 8 cubes d'écart entre les deux chenilles »*.

❸ Institutionnalisation

Des dessins et des schémas utilisés par les élèves sont vidéoprojetés et commentés. Expliquer que l'année dernière des élèves de CE1 ont utilisé les schémas de l'animation **Séquence 28**.

Comprendre grâce à la manipulation et au schéma que ce problème peut aussi se résoudre à l'aide d'une soustraction.
Il faut retirer 8 à 24 pour obtenir le nombre de cubes de Mila car Mila a 8 cubes de moins que Tom.

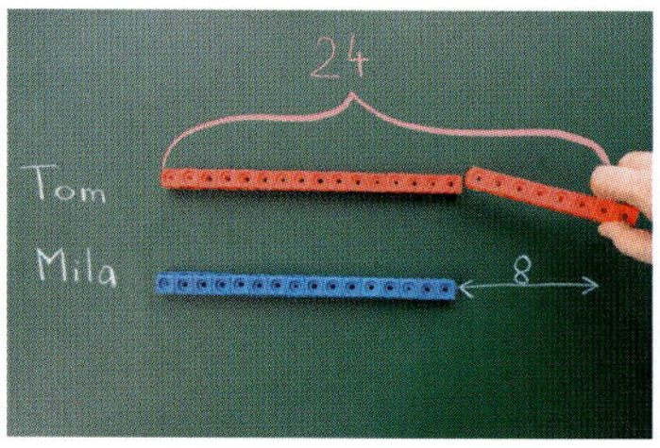

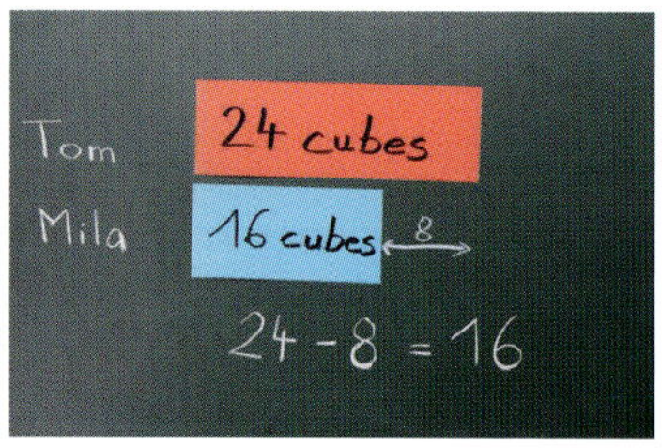

Pour aider les élèves à comprendre le schéma en barres, utiliser des bandes de papier plastifiées ou l'animation **Séquence 28**.

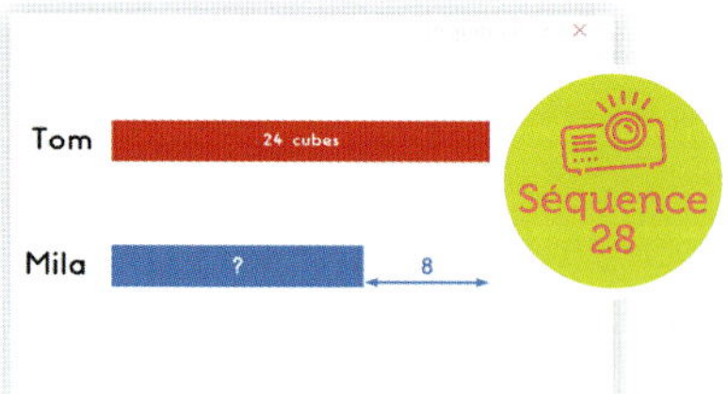

Écrire au tableau le calcul **24 - 8 = 16** qui permet de résoudre le problème. Écrire la phrase-réponse au tableau pour qu'elle soit copiée dans la trace écrite.

❹ Trace écrite

Un exemple-type est placé dans le cahier de référence en mathématiques (**Materiel28.pdf**, page 1).
Cet exemple servira de référence systématique lors des résolutions de problèmes ultérieures où les enfants trouveront des analogies avec cet exemple-type (*« c'est comme… »*).

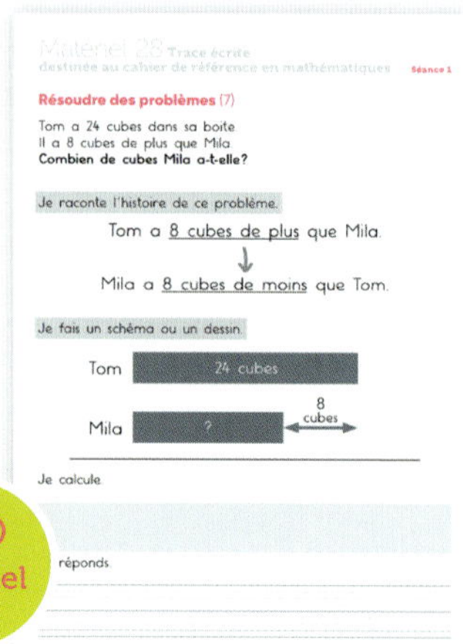

Matériel 28

Séance 2 ⏳ 30 min

Situation de comparaison (2)

→ MODÉLISER

Dans une situation de comparaison, trouver une des deux quantités.

MATÉRIEL ET SUPPORT
- Une boite, des cubes emboitables.
- La trace écrite (**Materiel28.pdf**, page 2).
- Les problèmes d'entrainement (**Materiel28.pdf**, page 3).

DÉROULEMENT DE LA SÉANCE

❶ Recherche Chercher une procédure permettant de résoudre le problème B.	5 min	**Expérimentation** Écrit individuel puis groupes de 2
❷ Mise en commun Inventorier les différentes procédures utilisées.	5 min	**Verbalisation** **Manipulation** Oral collectif
❸ Institutionnalisation Utiliser des schémas et le calcul pour résoudre un problème.	5 min	**Représentation** **Verbalisation** Oral collectif
❹ Entrainement Résoudre des problèmes de comparaison variés.	15 min	**Représentation** Écrit individuel

❶ Recherche

Le texte du problème est écrit au tableau.
Après un temps de recherche individuelle, les élèves travaillent par groupes de deux pour proposer des solutions communes.

Problème B
Léo a 18 cubes dans sa boite. Il a 11 cubes de moins que Rémi.
Combien de cubes Rémi a-t-il ?

❷ Mise en commun

Amener les élèves à se questionner pour savoir si Léo a plus ou moins de cubes que Rémi ou si Rémi a plus ou moins de cubes que Léo.

Faire verbaliser : *« Léo a 11 cubes de moins que Rémi »* ou *« Rémi a 11 cubes de plus que Léo »*. Faire constater que les deux phrases décrivent la même situation et signifient la même chose.

Valider avec les cubes.

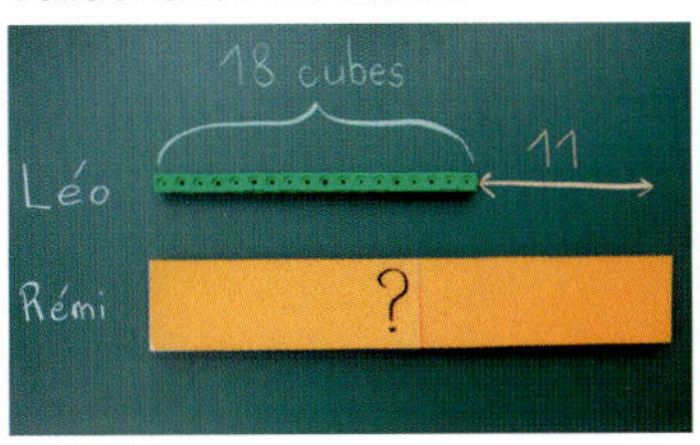

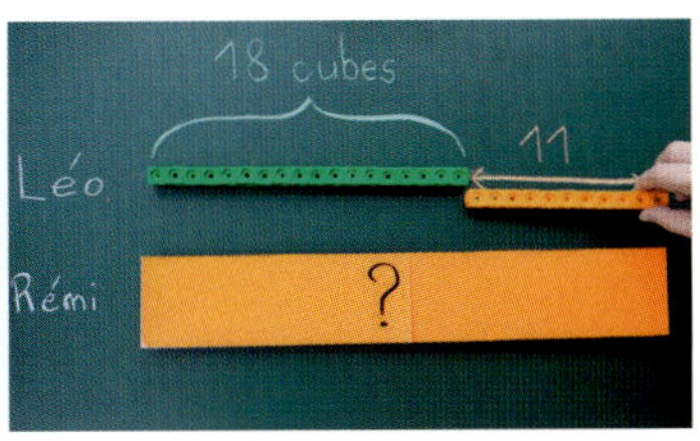

Mettre en évidence que la procédure qui permet de trouver la quantité de cubes de Rémi est une addition malgré la présence du mot *moins* dans l'énoncé. Faire reformuler que *« Rémi a 11 cubes de plus que Léo »* et donc qu'*« il faut faire l'addition 18 + 11 »*.

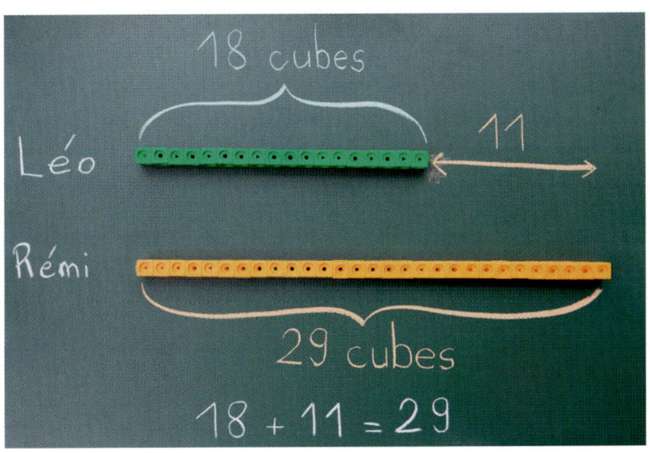

Repérer l'écart entre les deux quantités de cubes.
Faire verbaliser qu'*« il y a 11 cubes de différence ou 11 cubes d'écart entre les deux chenilles »*.

❸ Institutionnalisation

Séquence 28

Pour aider les élèves à comprendre le schéma, utiliser des bandes de papier plastifiées ou l'animation **Séquence 28**.

Écrire au tableau le calcul 18 + 11 = 29 qui permet de résoudre le problème.

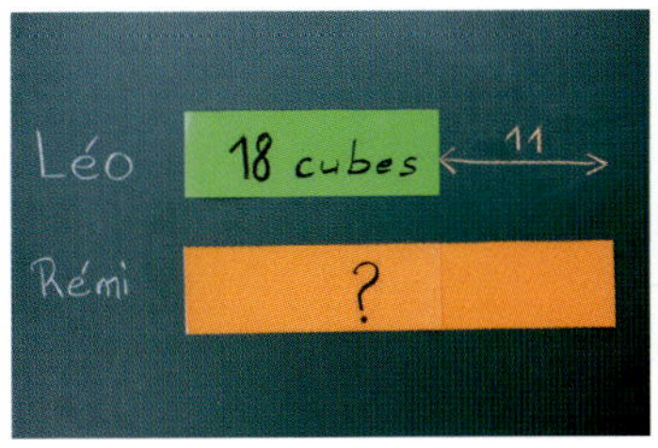

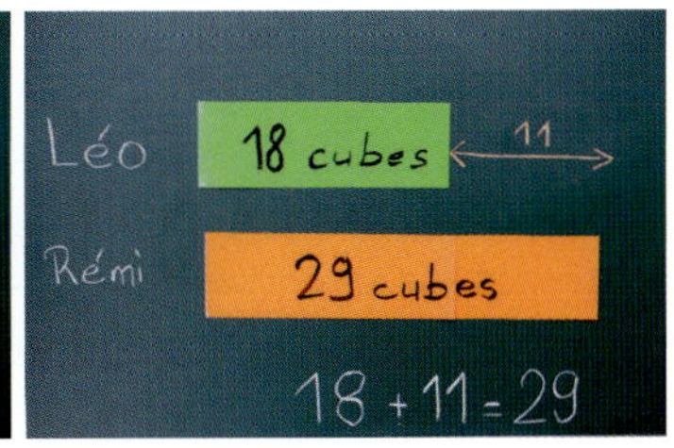

Écrire la phrase-réponse au tableau pour qu'elle soit copiée dans la trace écrite.

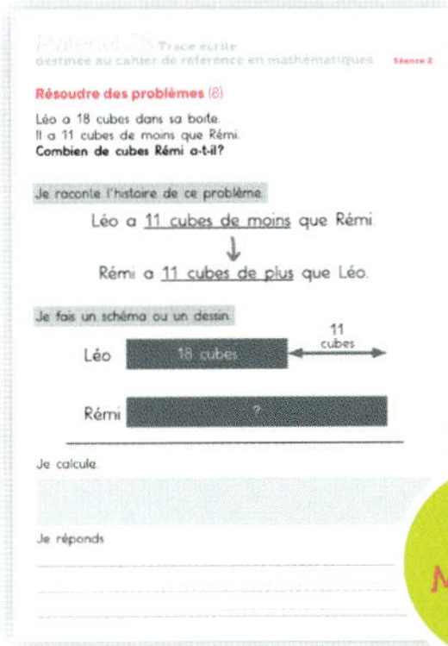
Matériel 28 Trace écrite destinée au cahier de référence en mathématiques — Séance 2

Résoudre des problèmes (8)

Léo a 18 cubes dans sa boite.
Il a 11 cubes de moins que Rémi.
Combien de cubes Rémi a-t-il?

Je raconte l'histoire de ce problème.

Léo a 11 cubes de moins que Rémi.
↓
Rémi a 11 cubes de plus que Léo.

Je fais un schéma ou un dessin.

Léo 18 cubes — 11 cubes
Rémi ?

Je calcule

Je réponds

Trace écrite

Un exemple-type est placé dans le cahier de référence en mathématiques (**Materiel28.pdf**, page 2).
Cet exemple servira de référence systématique lors des résolutions de problèmes ultérieures où les enfants trouveront des analogies avec cet exemple-type (*« c'est comme… »*).

Matériel 28

❹ Entrainement

Demander aux élèves de résoudre les problèmes du document-élève (**Materiel28.pdf**, page 3).

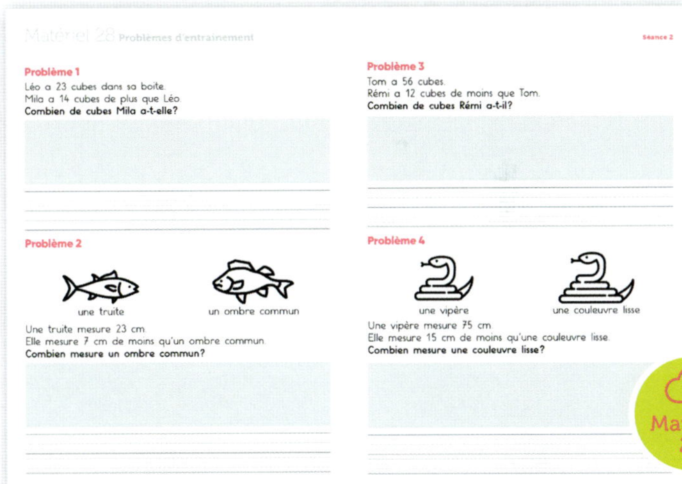
Matériel 28 Problèmes d'entrainement — Séance 2

Problème 1
Léo a 23 cubes dans sa boite.
Mila a 14 cubes de plus que Léo.
Combien de cubes Mila a-t-elle?

Problème 2
une truite — un ombre commun
Une truite mesure 23 cm.
Elle mesure 7 cm de moins qu'un ombre commun.
Combien mesure un ombre commun?

Problème 3
Tom a 56 cubes.
Rémi a 12 cubes de moins que Tom.
Combien de cubes Rémi a-t-il?

Problème 4
une vipère — une couleuvre lisse
Une vipère mesure 75 cm.
Elle mesure 15 cm de moins qu'une couleuvre lisse.
Combien mesure une couleuvre lisse?

Matériel 28

Passer auprès de chaque élève pendant la résolution en utilisant les aides proposées dans la rubrique **DIFFÉRENCIATION**.

DIFFÉRENCIATION

Pendant leur recherche, accompagner les élèves individuellement en privilégiant trois types d'aide.
- Faire raconter l'histoire du problème sans utiliser de nombres.
- Simplifier l'énoncé en le modifiant avec des nombres plus petits.
- Faire manipuler des cubes pour comprendre la situation.

Effectuer une mise en commun pour un seul des quatre problèmes. Les autres sont corrigés par l'enseignant.

28 Résoudre des problèmes en une ou deux étapes : addition et soustraction (4)

Séance 3 — 30 min

Situation de comparaison (3)

→ MODÉLISER

Dans une situation de comparaison, trouver l'écart entre deux quantités.

MATÉRIEL ET SUPPORT
- Une boite, des cubes emboitables.
- La trace écrite (**Materiel28.pdf**, page 4).

DÉROULEMENT DE LA SÉANCE

❶ **Recherche** Chercher une procédure permettant de résoudre le problème C.	5 min	**Expérimentation** Écrit individuel puis groupes de 2
❷ **Mise en commun** Inventorier les différentes procédures utilisées.	5 min	**Verbalisation** **Manipulation** Oral collectif
❸ **Institutionnalisation** Utiliser des schémas et le calcul pour résoudre un problème.	5 min	**Représentation** **Verbalisation** Oral collectif
❹ **Nouvelle recherche** Résoudre un problème en deux étapes.	15 min	**Expérimentation** Écrit individuel puis groupes de 2

❶ Recherche

Le texte du problème est écrit au tableau.
Après un temps de recherche individuelle, les élèves travaillent par groupes de deux pour proposer des solutions communes.

Problème C
Léo a 34 cubes dans sa boite. Rémi a 22 cubes dans sa boite.
Combien de cubes Léo a-t-il de plus que Rémi ?

❷ Mise en commun

Amener les élèves à se questionner pour savoir si Léo a plus ou moins de cubes que Rémi ou si Rémi a plus ou moins de cubes que Léo.

Faire verbaliser : « *il faut trouver combien de cubes Léo a de plus que Rémi* » ou « *il faut trouver combien de cubes Rémi a de moins que Léo* ». Faire constater que les deux phrases décrivent la même situation et signifient la même chose.

Mettre en évidence que la procédure qui permet de trouver la différence ou l'écart entre les deux quantités est une addition à trou **22 + ? = 34** ou une soustraction **34 - 22 = ?**

Faire valider avec les cubes : construire une *chenille* avec les cubes de Léo et une *chenille* avec les cubes de Rémi, comparer leur taille en les juxtaposant, vérifier que l'écart entre les deux quantités est de 12 cubes.

❸ Institutionnalisation

Des schémas utilisés par les élèves et ceux de l'animation **Séquence 28** sont vidéoprojetés avec un visualiseur et commentés.

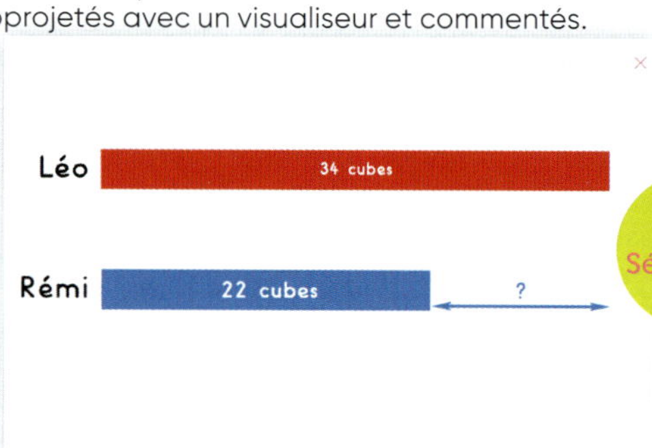

Séquence 28

Écrire au tableau les calculs **22 + ? = 34** et **34 - 22 = ?**
Rappeler qu'ils permettent tous les deux de calculer la différence entre 34 et 22.

Expliciter comment effectuer ces deux calculs. Écrire la phrase-réponse au tableau pour qu'elle soit copiée dans la trace écrite.

Trace écrite

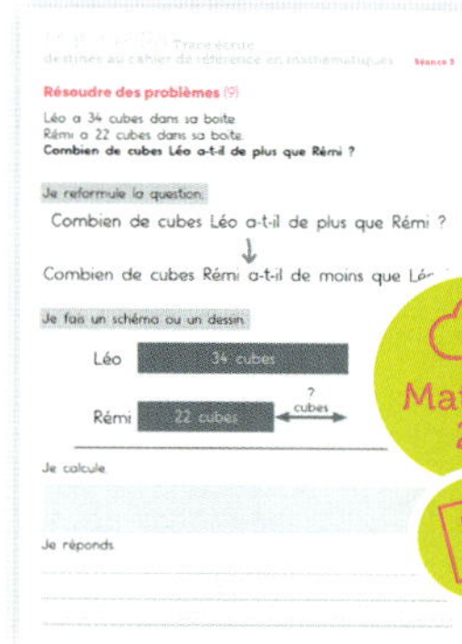

Matériel 28

❹ Nouvelle recherche

Le texte du problème est écrit au tableau.
Après un temps de recherche individuelle, les élèves travaillent par groupes de deux pour proposer des solutions communes.

Problème D
Tom a 7 cubes. Il a 12 cubes de moins que Mila.
Ils rangent leurs cubes dans la même boite.
Combien de cubes y a-t-il dans la boite ?

La mise en commun permet d'expliciter que deux étapes sont nécessaires pour résoudre ce problème :
- trouver la quantité de cubes de Mila,
- trouver la quantité de cubes qu'ils ont à eux deux.

Des schémas utilisés par les élèves et ceux de l'animation **Séquence 28** sont vidéoprojetés et commentés.

Séquence 28

Séance 4 — 30 min

Bilan de la séquence

Demander aux élèves de résoudre le plus possible de problèmes de la page de droite du cahier de l'élève *Maths au CE1*.

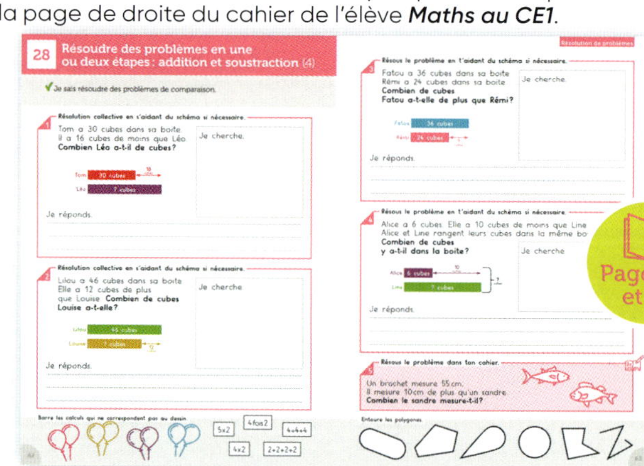

Pages 62 et 63

Passer auprès de chaque élève pendant la résolution en utilisant les aides proposées dans la rubrique **DIFFÉRENCIATION**.

DIFFÉRENCIATION

Pendant leur recherche, accompagner les élèves individuellement en privilégiant trois types d'aide.
- Faire raconter l'histoire du problème sans utiliser de nombres.
- Simplifier l'énoncé en le modifiant avec des nombres plus petits.
- Faire manipuler des cubes pour comprendre la situation.

Matériel 28 Trace écrite destinée au cahier de référence en mathématiques — Séance 1

Résoudre des problèmes (7)

Tom a 24 cubes dans sa boite.
Il a 8 cubes de plus que Mila.
Combien de cubes Mila a-t-elle?

Je raconte l'histoire de ce problème.

Tom a 8 cubes de plus que Mila.
↓
Mila a 8 cubes de moins que Tom.

Je fais un schéma ou un dessin.

Tom | 24 cubes
Mila | ? | 8 cubes

Je calcule.

Je réponds.

Matériel 28 Trace écrite destinée au cahier de référence en mathématiques — Séance 1
Résoudre des problèmes (7)
Tom a 24 cubes dans sa boite.
Il a 8 cubes de plus que Mila.
Combien de cubes Mila a-t-elle?
Je raconte l'histoire de ce problème.
Tom a 8 cubes de plus que Mila.
Mila a 8 cubes de moins que Tom.
Je fais un schéma ou un dessin.
Tom | 24 cubes
Mila | ? | 8 cubes
Je calcule.
Je réponds.

Matériel 28 Trace écrite destinée au cahier de référence en mathématiques — Séance 2

Résoudre des problèmes (8)

Léo a 18 cubes dans sa boite.
Il a 11 cubes de moins que Rémi.
Combien de cubes Rémi a-t-il?

Je raconte l'histoire de ce problème.

Léo a 11 cubes de moins que Rémi.
↓
Rémi a 11 cubes de plus que Léo.

Je fais un schéma ou un dessin.

Léo | 18 cubes | 11 cubes
Rémi | ?

Je calcule.

Je réponds.

Matériel 28 Trace écrite destinée au cahier de référence en mathématiques — Séance 2
Résoudre des problèmes (8)
Léo a 18 cubes dans sa boite.
Il a 11 cubes de moins que Rémi.
Combien de cubes Rémi a-t-il?
Je raconte l'histoire de ce problème.
Léo a 11 cubes de moins que Rémi.
Rémi a 11 cubes de plus que Léo.
Je fais un schéma ou un dessin.
Léo | 18 cubes | 11 cubes
Rémi | ?
Je calcule.
Je réponds.

Matériel 28 Trace écrite destinée au cahier de référence en mathématiques — Séance 3

Résoudre des problèmes (9)

Léo a 34 cubes dans sa boite.
Rémi a 22 cubes dans sa boite.
Combien de cubes Léo a-t-il de plus que Rémi ?

Je reformule la question.

Combien de cubes Léo a-t-il de plus que Rémi ?
↓
Combien de cubes Rémi a-t-il de moins que Léo ?

Je fais un schéma ou un dessin.

Léo | 34 cubes
Rémi | 22 cubes | ? cubes

Je calcule.

Je réponds.

Matériel 28 Trace écrite destinée au cahier de référence en mathématiques — Séance 3
Résoudre des problèmes (9)
Léo a 34 cubes dans sa boite.
Rémi a 22 cubes dans sa boite.
Combien de cubes Léo a-t-il de plus que Rémi ?
Je reformule la question.
Combien de cubes Léo a-t-il de plus que Rémi ?
Combien de cubes Rémi a-t-il de moins que Léo ?
Je fais un schéma ou un dessin.
Léo | 34 cubes
Rémi | 22 cubes | ? cubes
Je calcule.
Je réponds.

Matériel 28 — Séance 2

Problème 1

Léo a 23 cubes dans sa boite.
Mila a 14 cubes de plus que Léo.
Combien de cubes Mila a-t-elle?

Problème 2

une truite

un ombre commun

Une truite mesure 23 cm.
Elle mesure 7 cm de moins qu'un ombre commun.
Combien mesure un ombre commun?

Problème 3

Tom a 56 cubes.
Rémi a 12 cubes de moins que Tom.
Combien de cubes Rémi a-t-il?

Problème 4

une vipère

une couleuvre lisse

Une vipère mesure 75 cm.
Elle mesure 15 cm de moins qu'une couleuvre lisse.
Combien mesure une couleuvre lisse?

29 Utiliser les écritures chiffrées jusqu'à 999

Séance 1

30 min

Constituer une collection ayant un cardinal donné

→ REPRÉSENTER

Connaitre et utiliser la relation entre dizaines et centaines.

MATÉRIEL ET SUPPORT

- Par binôme, une collection de 6 plaques de 100 cubes emboitables, 9 barres de 10 cubes et 9 cubes ou les carrés de la **planche 1** prédécoupée fournie avec le cahier de l'élève ***Maths au CE1*** (6 plaques de 100 carrés, 9 barres de 10 carrés et 9 carrés).

DÉROULEMENT DE LA SÉANCE

❶ Recherche Constituer une collection de 25 dizaines de cubes et 7 unités et la désigner par une écriture chiffrée.	10 min	**Expérimentation Manipulation** Groupes de 2
❷ Mise en commun Comprendre que 25d 7u peut s'écrire 2c 5d 7u ou 257.	5 min	**Verbalisation Abstraction** Oral Collectif
❸ Nouvelle recherche Constituer une collection de 499 cubes, ajouter 1 cube et écrire le nombre obtenu.	5 min	**Expérimentation Manipulation** Groupes de 2
❹ Mise en commun Organiser et coder la collection de 499 cubes + 1 cube.	5 min	**Verbalisation Abstraction** Oral collectif
❺ Institutionnalisation Comprendre la signification des chiffres d'un nombre de 3 chiffres.	5 min	

❶ Recherche

Écrire la commande de cubes au tableau : **25d 7u**.

À partir de cette commande, demander aux élèves de constituer la collection de cubes (ou de carrés) correspondante puis d'écrire le nombre sur l'ardoise.

Les élèves ne disposent que de 6 plaques de 100, 9 dizaines et 9 unités. Ils doivent comprendre que pour constituer 25 dizaines, il faut utiliser 2 plaques de 100 et 5 barres de 10.

Constituer une collection de cubes ayant pour cardinal 25d 7u.

Écrire le nombre qui correspond.

❷ Mise en commun

Rappeler qu'il faut grouper 10 barres de 10 cubes pour obtenir une plaque de 100 cubes. Inversement, une plaque d'une centaine, c'est 10 dizaines. Donc, pour avoir 25 dizaines, il faut prendre deux plaques d'une centaine et 5 barres d'une dizaine.

Écrire au tableau les étapes de la conversion

25d 7u, c'est pareil que :
20d + 5d + 7u
10d + 10d + 5d + 7u
1c + 1c + 5d + 7u
2c 5d 7u

Amener les élèves à comprendre que **25d 7u** peut s'écrire **2c 5d 7u** ou **257u** ou **257**.

❸ Nouvelle recherche

Demander aux élèves de constituer une collection de 499 cubes (ou 499 carrés).

Vérifier la bonne compréhension de la valeur des chiffres en fonction de leur position (unités, dizaines, centaines).

Écrire *quatre-cent-quatre-vingt-dix-neuf.*

Faire ajouter un cube (ou un carré) à cette collection, puis organiser la collection en effectuant tous les groupements possibles et coder avec un nombre à 3 chiffres, le nombre 500.

1 cube a été ajouté à la collection de 499 cubes.

Grouper les dix cubes pour former une dizaine.

Constater que chaque groupe obtient 4 plaques de 100 et 10 barres de 10 cubes.

Grouper les dix dizaines pour obtenir une plaque d'une centaine. Constater que la collection est organisée maintenant avec 5 plaques de 100 cubes.

❹ Mise en commun

Comprendre que le nombre obtenu peut s'écrire **5c 0d 0u** ou **5c** ou **50d** ou **500u** ou **500**.

❺ Institutionnalisation

Ce qu'il faut retenir

Dès que j'ai 10 dizaines, je peux les grouper pour obtenir une centaine.

1 centaine = 10 dizaines

Si j'ai 20 dizaines, je peux les grouper pour obtenir 2 centaines car c'est 10 dizaines + 10 dizaines.
C'est donc 1 centaine + 1 centaine.

2 centaines = 20 dizaines

Si j'ai 60 dizaines, je peux les grouper pour obtenir 6 centaines car c'est 6 fois 10 dizaines, c'est donc 6 fois 1 centaine.

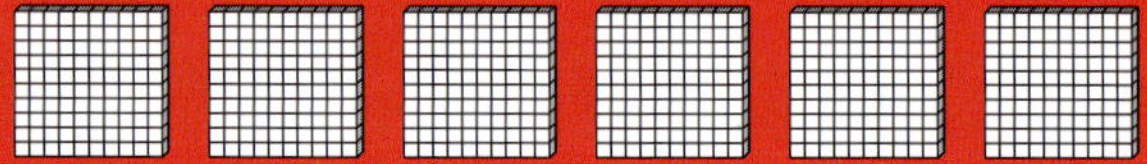

6 centaines = 60 dizaines

Séance 2 — 30 min

Dénombrer une collection de cubes représentés

→ REPRÉSENTER

Dénombrer des collections en utilisant des groupements par 100 et par 10.

MATÉRIEL ET SUPPORT
- Les feuilles d'entrainement et de renforcement (**MATERIEL29.pdf**, pages 1 et 2).
- Les cartes 1c, 1d et 1u collectives (**MATERIEL29.pdf**, page 3).

DÉROULEMENT DE LA SÉANCE

1 Entrainement Dénombrer des collections de cubes partiellement ou entièrement groupées et les désigner par une écriture chiffrée.	10 min	**Abstraction** Écrit individuel
2 Renforcement Résoudre des problèmes liés à la compréhension du fonctionnement de notre numération.	20 min	

1 Entrainement

Les élèves doivent dénombrer des collections de cubes entièrement ou partiellement groupées puis écrire le nombre de cubes.

Matériel 29

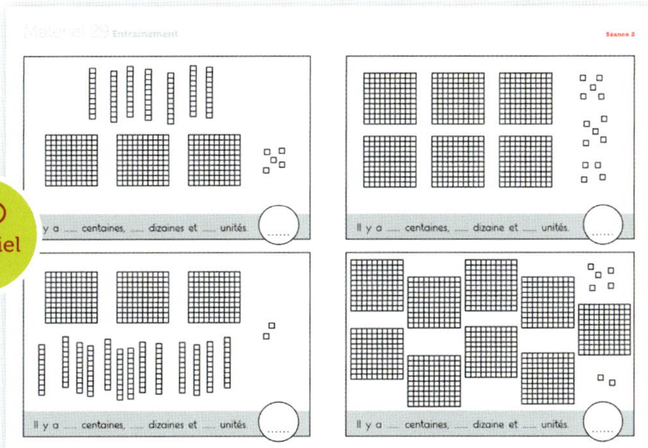

Lors de la synthèse, dans les collections partiellement groupées, terminer les groupements (principe décimal).

Rappeler la valeur des chiffres selon leur position.

2 Renforcement

Matériel 29

Exercice 1

Présenter un exemple au tableau avec des cartes collectives (**Materiel29.pdf**, page 3) : 3 cartes 1c, 5 cartes 1d et 4 cartes 1u.

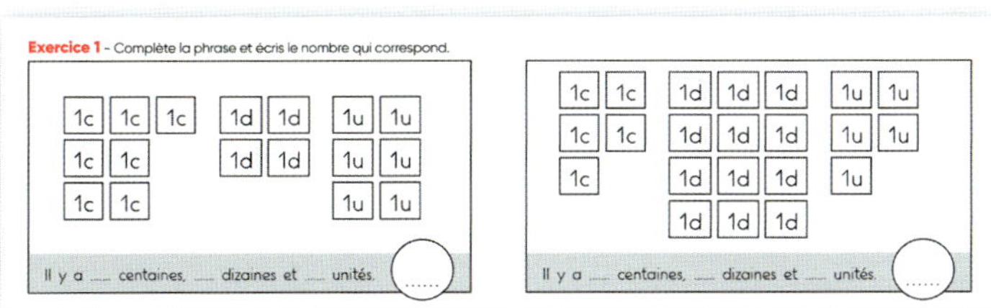

Collectivement avec les cartes, écrire au tableau :
Il y a 3 centaines 5 dizaines 4 unités.
354

Individuellement, dénombrer les deux collections représentées.

Lors de la correction, mettre en évidence que la seconde collection est partiellement groupée et qu'il faut entourer les dix dizaines de cubes isolés pour former une centaine.

Pour chaque collection, faire verbaliser pour mettre en évidence les décompositions des nombres.

Exemple Verbaliser que *« 746, c'est 7 fois 100 + 4 fois 10 + 6 fois 1 »*.
Écrire **746 = 7 x 100 + 4 x 10 + 6 x 1** puis **746 = 700 + 40 + 6**.
Lire *« sept-cent-quarante-six »*, expliquer que *« c'est* ***7 x 100 + 46*** *»*.

Exercice 2

Ce problème revient à chercher combien il y a *de fois 10* dans 500. Pour avoir 100 mouchoirs, il faut commander 10 paquets de 10 donc pour avoir 500, il faut 10 + 10 + 10 + 10 + 10 paquets donc 50 paquets de 10. 500, c'est aussi 50 dizaines.

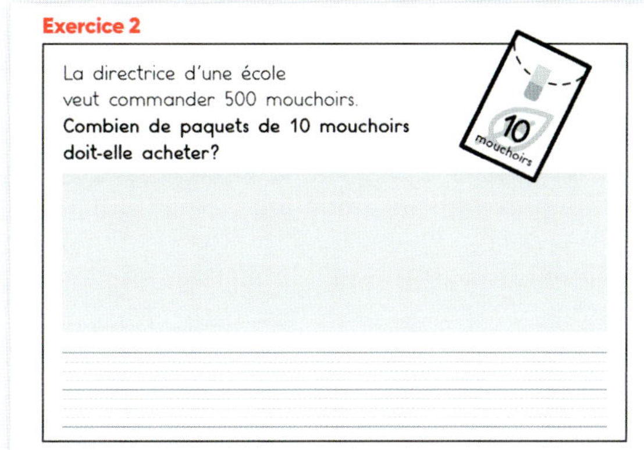

Exercice 3

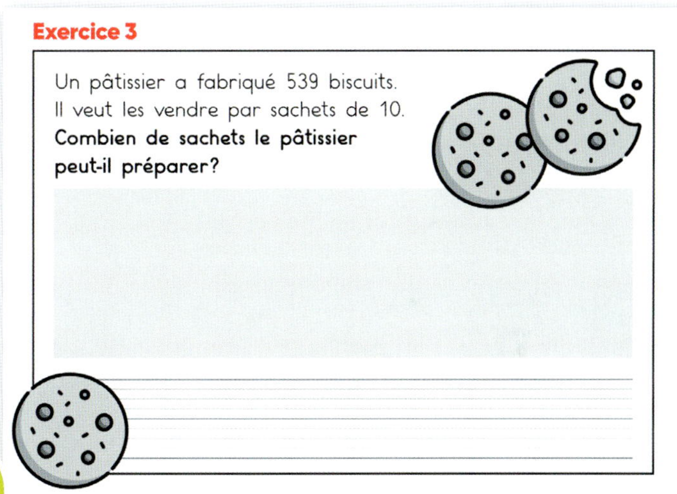

Séance 3 — 30 min

Bilan des apprentissages

Valorisation des progrès

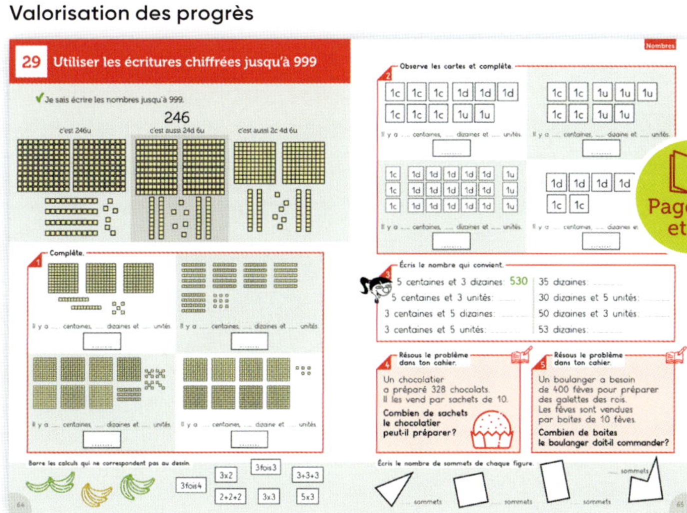

Pages 64 et 65

15 min par jour

Calcul mental

- Additionner des nombres à deux ou trois chiffres et des dizaines entières.
- Soustraire des dizaines entières d'un nombre.

Séance 1

❶ Suite orale des nombres de 200 à 999 — 3 min

Réciter la suite orale des nombres : de 1 en 1, en partant de 300 par ordre croissant jusqu'à 350. Remarquer que pour dire les nombres jusqu'à 350, il suffit de dire les nombres jusqu'à 50 précédés des mots *« trois »* et *« cent »* car il y a trois centaines.

Exemple « Dans 327, j'ai trois centaines et 27. »
« Trois fois cent plus 27. »

❷ Sommes d'un nombre à deux ou trois chiffres et de dizaines entières : découverte — 12 min

Proposer le calcul **56 + 20 = ?** écrit au tableau.
Les élèves répondent sur l'ardoise.

Lors de la mise en commun privilégier les procédures présentées dans l'animation **Calcul 16**.

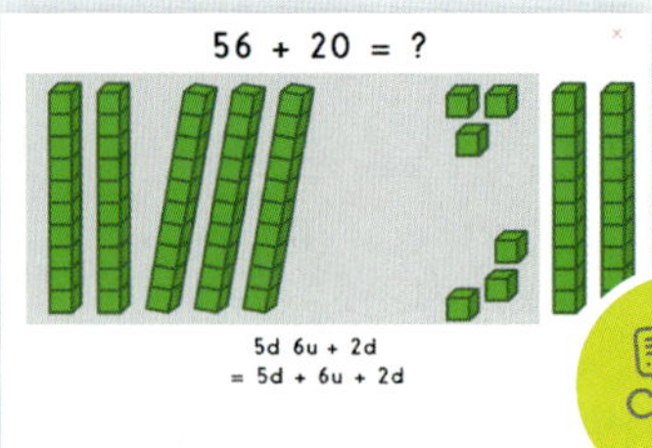

Calcul 16

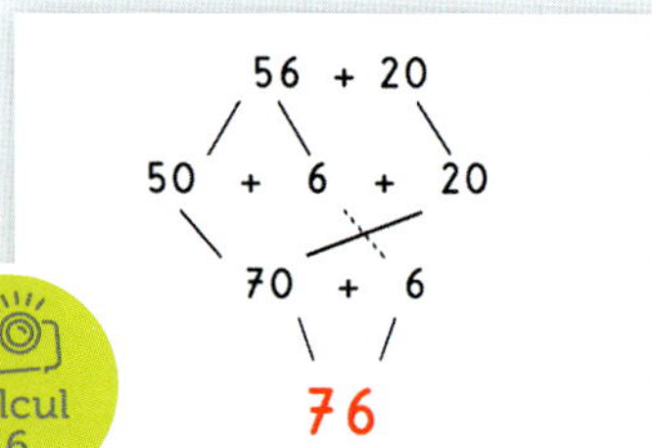

Proposer oralement les calculs
47 + 30 = ? **28 + 60 = ?** **42 + 50 = ?** **34 + 60 = ?**

Proposer le calcul **113 + 80 = ?** écrit au tableau.
Les élèves répondent sur l'ardoise.

Lors de la mise en commun privilégier les procédures présentées dans l'animation **Calcul 16**.

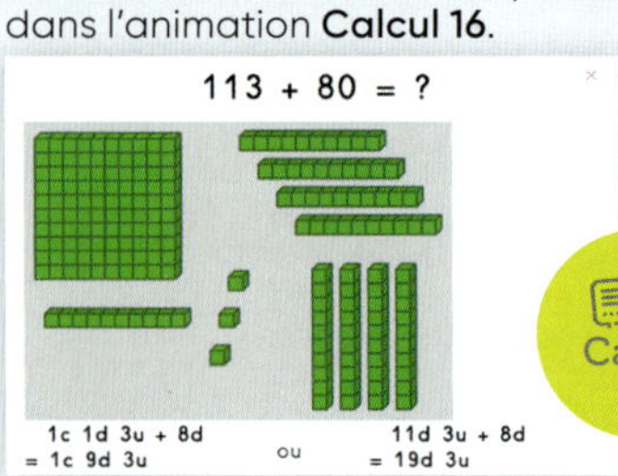

Calcul 16

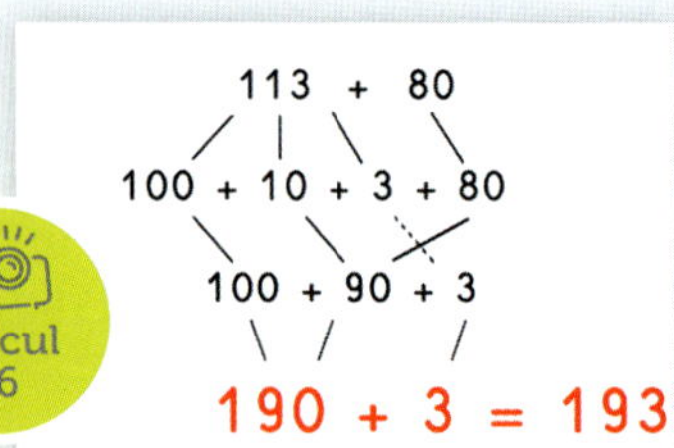

Proposer oralement les calculs
151 + 20 = ? **245 + 40 = ?** **304 + 50 = ?** **518 + 80 = ?**

Séance 2

❶ Suite orale des nombres de 200 à 999 — 3 min

Réciter la suite orale des nombres : de 1 en 1, en partant de 456 par ordre croissant jusqu'à 506.

❷ Sommes d'un nombre à deux ou trois chiffres et de dizaines entières : entrainement — 12 min

Poser les questions oralement une à une sans contrainte de temps.
Les élèves répondent sur l'ardoise.
31 + 40 = ? **50 + 145= ?** **140 + 30= ?**
458 + 30= ? **520 + 60= ?**

Proposer la série de calculs du document-élève **MaterielCalcul16.pdf**.
Corriger seulement deux calculs pour rappeler la procédure visée.

CALCUL MENTAL Séance 2

Calcule.

42+50=	60+30=	60+129= ....
153+20=	410+60=	40+710= ....
370+20=	547+50=	230+50= ....

Matériel Calcul 16

Séance 3

❶ Suite orale des nombres de 200 à 999 — 3 min

Réciter la suite orale des nombres : de 1 en 1, en partant de 675 par ordre croissant jusqu'à 825.

❷ Soustraire des dizaines entières d'un nombre : découverte — 12 min

Proposer le calcul **86 – 60 = ?** écrit au tableau.
Les élèves répondent sur l'ardoise.
Valider avec l'animation **Calcul 16**.

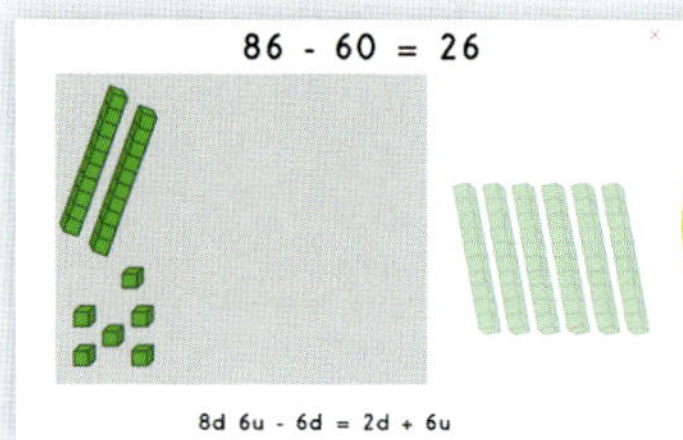

Calcul 16

Proposer oralement les calculs
78 – 20 = ? **96 – 70 = ?** **58 – 50 = ?**

Proposer le calcul **165 – 40 = ?** écrit au tableau.
Les élèves répondent sur l'ardoise.
Valider avec l'animation **Calcul 16**.

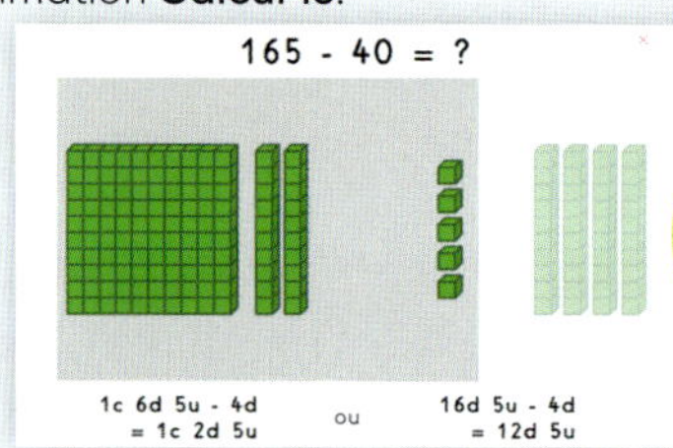

Calcul 16

Proposer oralement les calculs
170 – 40 = ? **165 – 40 = ?** **398 – 70 = ?** **798 – 90 = ?**

Séance 4

❶ Suite orale des nombres de 200 à 999 — 3 min

Réciter la suite orale des nombres : de 1 en 1, en partant de 882 par ordre croissant jusqu'à 932.

❷ Soustraire des dizaines entières d'un nombre : entrainement et trace écrite — 12 min

Proposer la série de calculs du document-élève **MaterielCalcul16.pdf**.

CALCUL MENTAL Séance 4

Calcule.

67–50=	660–50=	960–60= ....
183–80=	480–80=	890–10= ....
590–20=	540–20=	780–60= ....

Matériel Calcul 16

Corriger seulement deux calculs pour rappeler la procédure visée.
Coller la trace écrite dans le cahier de références mathématiques.

TRACE ÉCRITE Séance 4

Sommes d'un nombre à deux ou trois chiffres et de dizaines entières

✔ Je sais calculer des sommes du type : 56 + 40 = ? ou 137 + 60 = ?

57+40=? → 5d7u+4d=9d7u → 57+40=97
146+30=? → 14d6u+3d=17d6u → 146+30=176

Soustraire des dizaines entières d'un nombre

✔ Je sais soustraire des dizaines entières d'un nombre : 67 – 40 = ? ou 280 – 50 = ?

75–50=? → 7d5u–5d=2d5u → 75–50=25
481–60=? → 48d1u–6d=42d1u → 481–60=421

Matériel Calcul 16

30 min par semaine

Atelier problèmes

- Résoudre des problèmes additifs en utilisant sa connaissance de la numération (principe décimal).

Prénom .... Date ....

Résous le problème avec le symbole ✖ puis résous les problèmes de ton choix. Essaie d'en résoudre le plus possible.

Problème 1

60 enfants participent à une rencontre sportive dans un gymnase. Les professeurs veulent former des équipes de 10 enfants.

Combien d'équipes peuvent-ils former?

✖ Problème 2

À la poste, les timbres sont vendus par carnet de 10. Le directeur de l'école doit envoyer 109 lettres. Il faut un timbre par lettre.

Combien de carnets le directeur doit-il acheter?

Problème 3

Un chocolatier a fabriqué 186 chocolats.
Il veut les vendre par sachets de 10.

Combien de sachets le chocolatier peut-il préparer?

Problème 4

Madame Lima retire 120 € à un distributeur de billets qui ne délivre que des billets de 10€.

Combien de billets de 10€ Madame Lima reçoit-elle?

Problème 5

Le directeur a acheté des ballons de baudruche pour la fête de l'école. Il a acheté 18 boites de 10 ballons et un sachet de 6 ballons.

Le directeur aura-t-il assez de ballons pour donner un ballon à chacun des 184 élèves de l'école? Explique ta réponse.

Problème 6

Un boulanger a fabriqué 135 biscuits.
Il veut les vendre par boites de 10.

Combien de boites le boulanger peut-il préparer?

30 Associer diverses écritures d'un nombre jusqu'à 999

Séance 1 — 30 min

Associer diverses représentations d'un nombre

→ REPRÉSENTER

Associer diverses représentations d'un nombre : écritures en unités de numération et écritures usuelles.

MATÉRIEL ET SUPPORT
- Par binôme, « Cubes base 10 encastrables » (Celda) : 9 plaques de 100 cubes, 9 barres de 10 cubes et 9 cubes isolés ou matériel de la **planche 2** prédécoupée fournie avec le cahier de l'élève ***Maths au CE1*** : 9 plaques de 100 carrés, 9 barres de 10 carrés et 9 carrés isolés.

DÉROULEMENT DE LA SÉANCE

1 Renforcement Constituer une collection dont le nombre d'éléments est désigné à l'aide d'une écriture en unités de numération.	10 min	**Manipulation Représentation** Groupes de 2
2 Entrainement Associer diverses représentations d'un même nombre.	20 min	

1 Renforcement

Annoncer que vous allez faire des commandes de cubes aux élèves. Ils devront écrire le nombre de cubes commandés sur l'ardoise puis préparer sur la table le matériel commandé.

Commander **52 dizaines et 7 unités**.

Pour constituer la collection de **52d 7u**, les élèves n'ont que 9 barres de 10 cubes à leur disposition. Ils doivent convertir les 52 dizaines en 5 centaines et 2 dizaines.

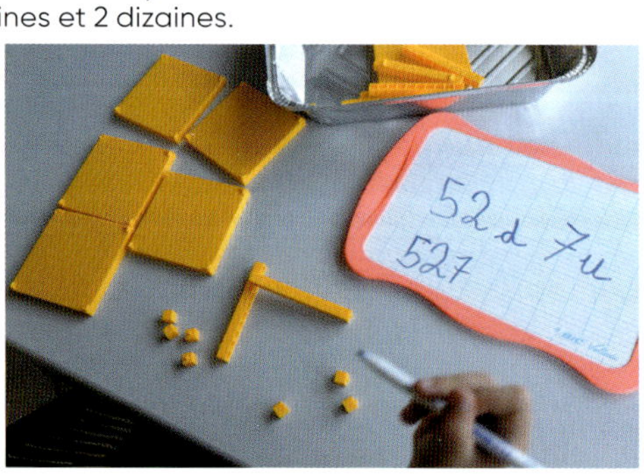

Ils utilisent 5 plaques de 100 cubes, 2 barres de 10 cubes et 7 unités. Demander aux élèves d'écrire ce nombre en chiffres sur l'ardoise. Lire le nombre **527** en montrant avec le matériel que c'est *« 5 fois 100 + 2 fois 10 + 7 fois 1 »*.

Écrire
527 = 5 x 100 + 2 x 10 + 7 x 1
527 = 500 + 20 + 7

527 se lit *cinq-cent-vingt-sept*, c'est 5 x 100 + 27.

Chercher ensuite comment représenter ce nombre avec d'autres écritures en unités de numération et vérifier avec le matériel.

52d 7u peut aussi s'écrire **5c 2d 7u** ou **527u** ou **5c 27u** ou **527**.

2 Entrainement

Proposer des exercices du même type avec d'autres écritures en unités de numération. Constituer des collections qui correspondent aux écritures en unités de numération :
24d 6u **6c 45u** **2c 8u** **9c 9d** **78d**

24d 6u peut s'écrire 2c 4d 6u ou 2c 46u.
C'est 246 qui se lit « deux-cent-quarante-six ».

Au cours de la synthèse, rappeler qu'une centaine est égale à 10 dizaines.

Séance 2 — 45 min

Résoudre des problèmes liés au thème de la séquence

→ REPRÉSENTER

Résoudre des problèmes en utilisant sa connaissance de la numération.

MATÉRIEL ET SUPPORT
- 38 barres de 10 cubes et 9 cubes (Celda) ou l'équivalent en carrés des **planches 1 et 2** prédécoupées du cahier de l'élève ***Maths au CE1***.
- Les problèmes pour la recherche (**Materiel30.pdf**).

DÉROULEMENT DE LA SÉANCE

1 Entrainement différencié Comprendre le principe décimal de la numération.	20 min	**Manipulation** Groupes de besoins
2 Recherche Résoudre des problèmes en contexte en utilisant sa connaissance du principe décimal de la numération.	25 min	**Manipulation Abstraction** Groupes de 2 Écrit individuel

1 Entrainement différencié

Groupe 1
Ce groupe rassemble les élèves à accompagner en priorité car ils ont des difficultés à désigner le nombre d'éléments d'une collection. Ils effectuent des manipulations avec l'aide de l'enseignant.

Présenter une collection de **38 barres de 10 cubes et 9 cubes**. Demander de terminer l'organisation de cette collection en groupant 10 dizaines. On obtient **3 centaines, 8 dizaines et 9 unités**.

Faire écrire sur l'ardoise les écritures que l'on peut associer à cette collection **38d 9u** **3c 8d 9u** **3 c 89u** **389 u** **389**.

Demander aux élèves d'écrire les nombres qui correspondent aux écritures **97d 6u** **80d 4u** **59d** **783u.**

La validation s'effectue en manipulant des plaques de 100 cubes, des barres de 10 et des unités.

Exemple pour 97d 6u : prendre 9 plaques de 100, 7 barres de 10 et 6 unités et vérifier qu'il y a bien 97 dizaines et 6 unités car dans une plaque de 100, il y a 10 dizaines.

Groupe 2

Les élèves qui ont besoin d'approfondir leur capacité à associer différentes façons de désigner des nombres travaillent en autonomie à partir des exercices du document **ExoSup30.pdf**.

L'exercice 1 permet d'établir des égalités entre diverses écritures du nombre 803 : **8c 0d 3u** ; **80 dizaines et 3 unités** ; **8c 3u** ; **80d 3u** ; **803 u.**

1 - Entoure tout ce qui fait 803.

8c 0d 3u | 380 | 80 dizaines et 3 unités | 803u | 8c 3u | 8c 3d 0u | 3u 0d 8c | 1c 73u | 803 | 3u 8c | 8c 3d | 80d 3u | 8 centaines 3 unités

30A

L'exercice 2 permet de mobiliser à la fois le principe décimal et le principe positionnel de notre numération.

2 - Écris les nombres en chiffres.

5 centaines, 6 dizaines et 4 unités → 564

83 dizaines et 9 unités → .... 79 dizaines et 5 unités → ....

951 unités → .... 7 unités, 6 centaines 5 dizaines → ....

6 centaines et 4 unités → .... 70 dizaines et 9 unités → ....

5 centaines et 9 dizaines → .... 4 centaines et 7 unités → ....

8 unités, 5 dizaines et 3 centaines → ....

L'exercice 3 a pour objectif de consolider la compréhension du principe décimal de notre numération.

3 - Complète.

1 centaine = ... dizaines	60 dizaines = ... centaines
2 centaines = ... dizaines	80 dizaines = ... centaines
3 centaines = ... dizaines	50 dizaines = ... centaines
9 centaines = ... dizaines	70 dizaines = ... centaines
3 centaines = ... unités	40 dizaines = ... unités
8 centaines = ... unités	80 dizaines = ... unités
5 centaines = ... unités	90 dizaines = ... unités

❷ Recherche

Éviter un temps de passation de consignes trop long afin de mettre rapidement les élèves en recherche.

Les élèves résolvent le plus possible de problèmes en 20 minutes. Un temps de 5 minutes est réservé à la correction collective du problème 1 afin de permettre aux élèves d'avoir le temps d'échanger et d'expliciter leur procédure. L'enseignant corrige en différé les autres problèmes collés dans le cahier.

Problème 1

Un élève est chargé de résoudre le problème avec le matériel pendant la recherche de ses camarades. Des cubes (ou les carrés des **planches 1 et 2** du cahier de l'élève ***Maths au CE1***) représentent les chocolats. Cette manipulation sera utilisée pour valider la solution.

Problème 1

Un chocolatier a fabriqué 968 chocolats. Il veut les vendre dans des sachets de 10.
Combien de sachets peut-il préparer?

Matériel 30

Problème 2

Problème 2

Le boulanger a besoin de 458 fèves pour préparer des galettes des rois. Les fèves sont vendues uniquement par boites de 100.
Combien de boites le boulanger doit-il commander?

Problème 3

Problème 3

Dans une salle de cinéma, il y a 23 rangées de fauteuils. Dans chaque rangée, il y a 10 fauteuils. 234 personnes font la queue pour voir un film dans cette salle.
Est-ce que toutes ces personnes auront une place? Explique pourquoi.

DIFFÉRENCIATION

- Passer auprès de chaque élève pour valoriser les réussites et relancer le travail de ceux qui sont bloqués.
- Demander de raconter *l'histoire* de chaque problème sans utiliser de nombres.
- Inviter à faire un dessin ou un schéma.
- Proposer si besoin du matériel à manipuler (cubes ou carrés de la **planche 1**).
- Accompagner plus longuement les élèves ayant des difficultés persistantes.

Séance 3 — 30 min

Bilan des apprentissages

Valorisation des progrès

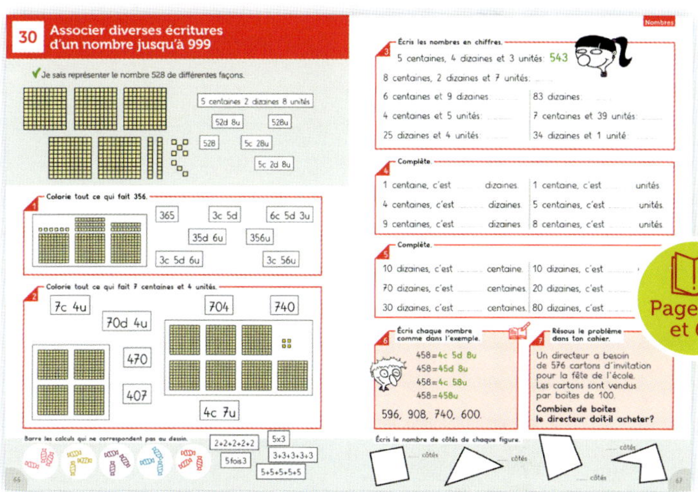

Pages 66 et 67

31 Lire et écrire les nombres jusqu'à 999

Séance 1 — 30 min

Ajouter ou retirer des dizaines ou des centaines entières

→ CALCULER

Renforcer la compréhension de notre système de numération.

MATÉRIEL ET SUPPORT
- Pour chaque groupe de 4 élèves, une boite contenant 9 plaques de cent cubes, 9 barres de dix cubes et 9 cubes.

DÉROULEMENT DE LA SÉANCE

❶ Recherche Ajouter ou soustraire des dizaines et des centaines entières à un nombre inférieur à 1000.	20 min	**Manipulation** Groupes de 4
❷ Entrainement S'approprier des stratégies de calcul liées à la numération décimale.	10 min	**Abstraction** Écrit individuel

❶ Recherche

Distribuer la boite contenant le matériel à chaque groupe de 4 élèves. Chaque élève travaille sur l'ardoise.

Consigne1 « Prenez 6 plaques de 100 cubes, 3 barres de 10 cubes et 2 cubes. Écrivez le nombre de cubes sur l'ardoise. » Donc **632**.

Consigne2 « Ajoutez 1 plaque de 100 cubes et écrivez le nombre de cubes qu'il y a maintenant. » Donc **732**. Faire constater qu'il y a une centaine de plus donc + 1 pour le chiffre des centaines.

Consigne3 « Ajouter 1 barre de 10 cubes et écrivez le nombre de cubes qu'il y a maintenant. » Donc **742**. Faire constater qu'il y a une dizaine de plus donc + 1 pour le chiffre des dizaines.

Consigne4 « Ajoutez 2 plaques de 100 cubes et écrivez le nombre de cubes qu'il y a maintenant. » Donc **942**.

Consigne5 « Retirez 4 barres de 10 cubes et écrivez le nombre de cubes qu'il y a maintenant. » Donc **902**.

Consigne6 « Retirez 5 plaques de 100 cubes et écrivez le nombre de cubes qu'il y a maintenant » Donc **402**.

Consigne7 « Retirez 1 barre de 10 cubes et écrivez le nombre de cubes qu'il y a maintenant. » Donc **392**.
Expliciter que 402 peut s'écrire 40d 2u. Il y a 40 dizaines et 2 unités. Si on retire 1 dizaine, il reste donc 39 dizaines et 2 unités.

❷ Entrainement

S'exercer avec **ExoSup31.pdf**, page 1.

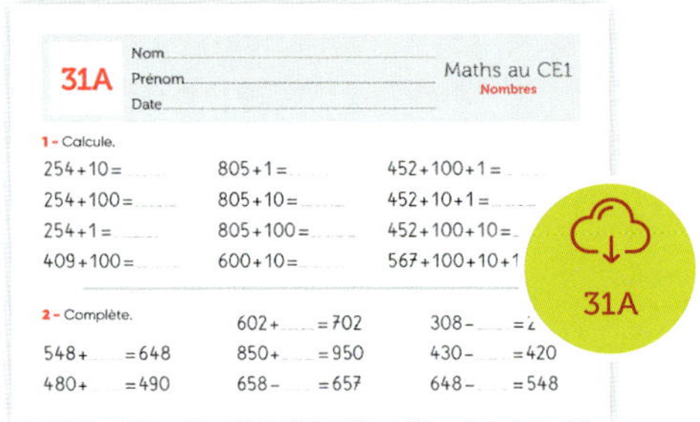
31A Nom Prénom Date — Maths au CE1 — Nombres

1 - Calcule.

254 + 10 =	805 + 1 =	452 + 100 + 1 =
254 + 100 =	805 + 10 =	452 + 10 + 1 =
254 + 1 =	805 + 100 =	452 + 100 + 10 =
409 + 100 =	600 + 10 =	567 + 100 + 10 + 1

2 - Complète.

	602 + … = 702	308 – … = 2
548 + … = 648	850 + … = 950	430 – … = 420
480 + … = 490	658 – … = 657	648 – … = 548

Séance 2 — 30 min

Écrire en lettres les nombres jusqu'à 999

→ REPRÉSENTER

Lire et écrire en chiffres et en lettres les nombres jusqu'à 999.

DÉROULEMENT DE LA SÉANCE

❶ Entrainement Écrire les nombres jusqu'à 999 en chiffres et en lettres.	15 min	**Abstraction** Écrit individuel
❷ Consolidation Accompagner les élèves qui rencontrent des difficultés dans le cadre d'un groupe de besoins.	15 min	

❶ Entrainement

Les élèves travaillent sur l'ardoise.

Écrire en chiffres les nombres qui s'affichent en lettres dans l'animation **Séquence 31**.

deux-cent-soixante-seize
↓
276

Écrire en lettres les nombres qui s'affichent en chiffres dans l'animation **Séquence 31**.

487
↓
quatre-cent-quatre-vingt-sept

Séquence 31

❷ Consolidation

S'exercer avec **ExoSup31.pdf**, page 2.

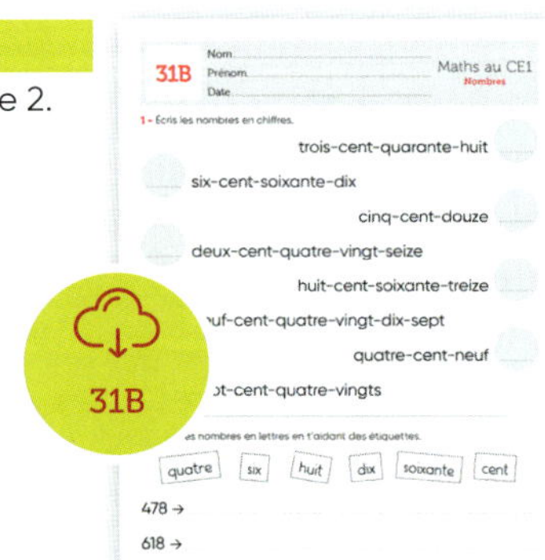
31B Nom Prénom Date — Maths au CE1 — Nombres

1 - Écris les nombres en chiffres.

trois-cent-quarante-huit
six-cent-soixante-dix
cinq-cent-douze
deux-cent-quatre-vingt-seize
huit-cent-soixante-treize
…uf-cent-quatre-vingt-dix-sept
quatre-cent-neuf
…t-cent-quatre-vingts

…es nombres en lettres en t'aidant des étiquettes.

quatre | six | huit | dix | soixante | cent

478 →
618 →
860 →

DIFFÉRENCIATION

- L'enseignant regroupe les élèves qui rencontrent des difficultés pour les accompagner dans la réalisation des deux exercices.
  Exercice 1 Manipuler des cubes pour constituer des collections.
  Exercice 2 Manipuler les étiquettes avec les mots-nombres.

Séance 3 — 45 min

Décomposer les nombres jusqu'à 999

→ **REPRÉSENTER**

Associer diverses représentations des nombres jusqu'à 999 : décomposition en centaines, dizaines et unités (400 + 20 + 8) et en produit (4 x 100 + 2 x 10 + 8 x 1).

MATÉRIEL ET SUPPORT
- Par binôme, les cartes de la **planche 5** prédécoupée fournie avec le cahier de l'élève *Maths au CE1*.

DÉROULEMENT DE LA SÉANCE

❶ Recherche Connaître et utiliser les décompositions additives c, d, u.	10 min	**Manipulation Verbalisation** Groupes de 2
❷ Mise en commun Expliciter les procédures de calcul à privilégier.	5 min	**Verbalisation Abstraction** Oral collectif
❸ Jeu Utiliser les procédures découvertes pour jouer à un jeu de la bataille.	10 min	**Manipulation Abstraction** Groupes de 2
❹ Entrainement Associer diverses représentations des nombres jusqu'à 999.	20 min	**Abstraction** Écrit individuel

❶ Recherche

Présentation de la règle du jeu
Ce **jeu de bataille** se joue à deux. Chaque groupe de 2 élèves utilise les cartes d'une seule **planche 5** soit 30 cartes.
Les cartes sont mélangées puis distribuées.
Chaque joueur reçoit 9 cartes. Il les étale devant lui puis écrit sur l'ardoise le nombre de points obtenus.
Celui qui a le plus grand nombre de points remporte la bataille.
Les cartes sont à nouveau mélangées pour une nouvelle bataille.

Recherche
Proposer oralement le problème de l'animation **Séquence 31**.

Séquence 31

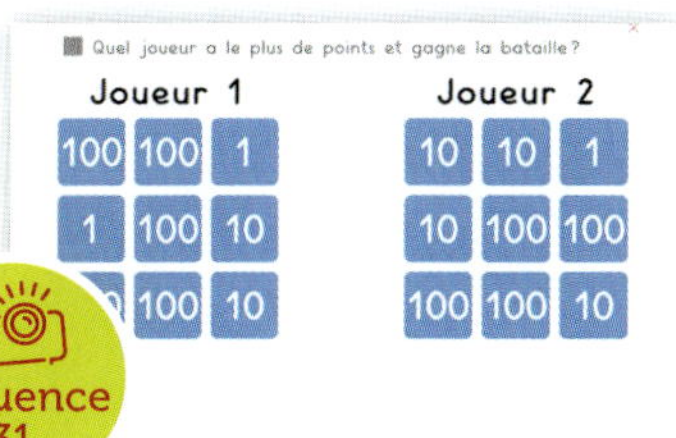

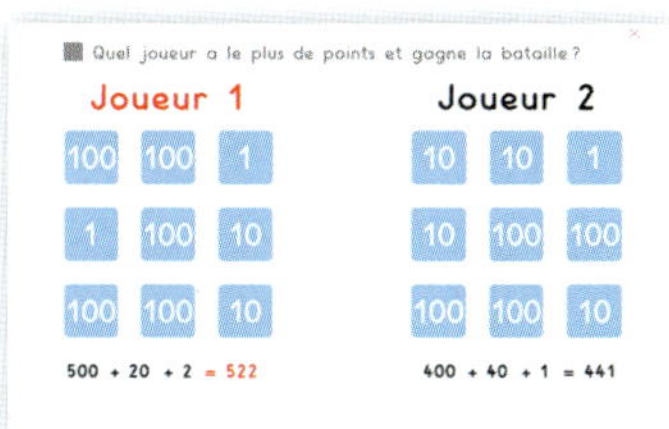

« Quel joueur a le plus de points et gagne la bataille ? »

❷ Mise en commun

Écrire les décompositions additives correspondant à ces deux nombres.

Exemple avec 522
100 + 100 + 100 + 100 + 100 + 10 + 10 + 1 + 1 = ?

Faire verbaliser que *« cent + cent, cela fait deux-cents »*, *« deux-cents plus cent, cela fait trois-cents »*, *« trois-cents plus cent, cela fait quatre-cents »* et *« quatre-cents plus cent, cela fait cinq-cents »*.

Donc 100 + 100 + 100 + 100 + 100 + 10 + 10 + 1 + 1 = 500 + 20 + 2 et 500 + 20 + 2 = 522

Faire verbaliser que *« 100 + 100 + 100 + 100 + 100 + 10 + 10 + 1 + 1, c'est 5 centaines + 2 dizaines + 2 unités »*.

C'est (5 x 100) + (2 x 10) + (2 x 1).
Expliquer que les parenthèses fonctionnent comme une boite contenant un calcul à effectuer.
On commence par effectuer les calculs dans les boites.

Le joueur 1 remporte la bataille car il a **522** points tandis que le joueur 2 n'obtient que **441** points.

❸ Jeu

Jouer à deux au **jeu de bataille** présenté au début de la séance.

❹ Entrainement

S'exercer avec **ExoSup31.pdf**, page 3.

Les **exercices 1 et 2** permettent de consolider la compréhension de notre système de numération où la valeur d'un chiffre dans un nombre dépend de la position où il se trouve.

1 - Écris le nombre de points obtenus avec les cartes.

100	10	1		1	1	100		100	10	100		100	100	100
10	10	100		1	1	10		10	10	100		1	100	100
100	100	1		100	10	1		100	100	10		100	100	1
	....				....				....				....	

2 - Complète les cartes pour obtenir le nombre demandé.

531 :

100	....	....
10	....	100
100	100	1

702 :

100	....	....
....	....	100
100	....	1

31C

Les **exercices 3 et 4** ont pour objectif d'associer diverses représentations des nombres inférieurs à 1000 : écriture en chiffres, décompositions en centaines, dizaines et unités, produits.

3 - Calcule.

200+30+8 = ... 60+900+4 = ... 800+9 = ...
50+600+3 = ... 300+80+2 = ... 500+70 = ...

4 - Calcule.

(3x100)+(7x10)+(5x1) = ... (5x100)+(3x1) = ...
(3x10)+(7x100)+(4x1) = ... (9x100)+(2x10)+(4x1) = ...
(8x100)+(5x10)+(7x1) = ... (3x100)+(8x10) = ...
(8x10)+(2x100)+(7x1) = ... (4x100)+(6x10)+(5x1) = ...

31C

Séance 4 — 30 min

Bilan des apprentissages

Valorisation des progrès

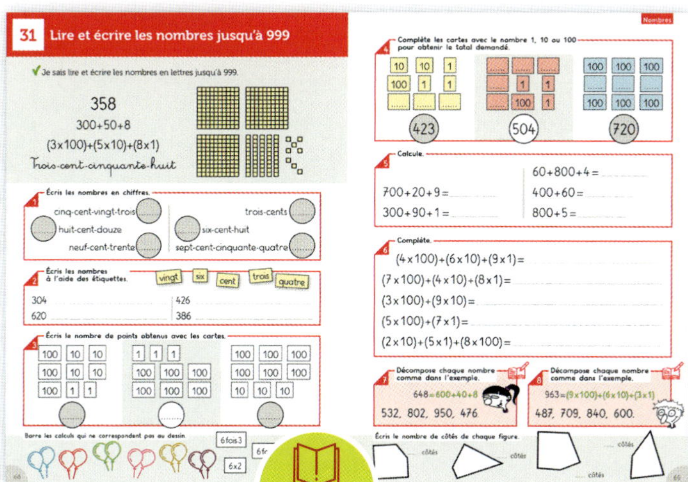

Pages 68 et 69

15 min par jour

Calcul mental

- Compter de 2 en 2 d'un nombre pair jusqu'à 100.
- Connaitre les compléments à 100 des dizaines entières.

Séance 1

❶ Compter de 2 en 2 d'un nombre pair jusqu'à 100 — 2 min

Réciter la suite orale des nombres de 2 en 2, en partant de 0 par ordre croissant jusqu'à 40.

❷ Connaitre les compléments à 100 des dizaines entières : découverte — 13 min

Chercher le plus possible de décompositions du nombre 100 avec des dizaines entières en manipulant une collection de dix dizaines de cubes (cubes emboitables ou matériel multibase) ou de dix dizaines de carrés (matériel de la **planche 2** prédécoupée livrée avec le cahier de l'élève ***Maths au CE1***).

Les élèves décomposent le nombre 100 avec des dizaines entières en manipulant des barres de 10 cubes. Ils notent les différentes décompositions trouvées.

Lors de la mise en commun, répertorier au tableau les décompositions de 100 en dizaines entières. Utiliser les unités de numération pour expliciter les procédures de calcul : *« 100 unités, c'est aussi 10 dizaines. 3 dizaines et 7 dizaines, cela fait 10 dizaines. 30 + 70 = 100. »*

Exemples 10 + 10 + 10 + 10 + 10 + 10 + 10 + 10 + 10 + 10, 40 + 60, 4d + 6d = 10d, 80 + 20, 8d + 2d = 10d, 20 + 30 + 50, 20 + 20 + 20 + 20 + 20.

Proposer oralement les calculs

50 + ? = 100 **10 + ? = 100** **60 + ? = 100** **30 + ? = 100**
90 + ? = 100 **20 + ? = 100** **80 + ? = 100** **70 + ? = 100**
40 + ? = 100

Les élèves répondent sur l'ardoise.

Faire prendre connaissance de la trace écrite **MaterielCalcul17.pdf**, page 1 et la coller dans le cahier de référence de mathématiques.

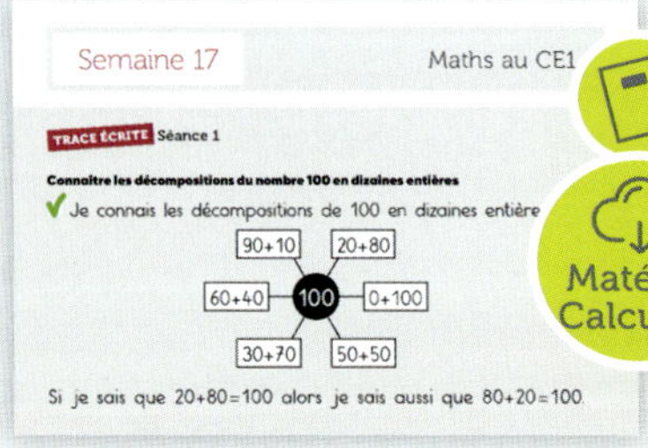

Semaine 17 — Maths au CE1

TRACE ÉCRITE Séance 1

Connaitre les décompositions du nombre 100 en dizaines entières

✔ Je connais les décompositions de 100 en dizaines entière

Si je sais que 20+80=100 alors je sais aussi que 80+20=100

Matériel Calcul 17

Séance 2

❶ Compter de 2 en 2 d'un nombre pair jusqu'à 100 — 2 min

Réciter la suite orale des nombres de 2 en 2, en partant de 40 par ordre décroissant jusqu'à 0.

❷ Connaitre les compléments à 100 des dizaines entières : entrainement — 13 min

Poser les questions oralement une à une sans contrainte de temps. Les élèves répondent sur l'ardoise.

60 + ? = 100 **? + 30 = 100** **? + 80 = 100** **100 - 50 = ?**
100 - 30 = ? **100 - 10 = ?** **100 - 60 = ?**

« Combien faut-il ajouter à 70 pour aller à 100 ? »
« Combien faut-il ajouter à 20 pour aller à 100 ? »
« De 10 pour aller à 100 ? »

Proposer les problèmes oralement :

« Au jeu des fléchettes, Léo a marqué 60 points.
Combien de points Léo doit-il encore marquer pour obtenir 100 points ? »

« Un parking peut accueillir 100 voitures.
30 voitures sont déjà garées.
Combien de places libres reste-t-il ? »

Séance 3

❶ Compter de 2 en 2 d'un nombre pair jusqu'à 100 — 3 min

Réciter la suite orale des nombres de 2 en 2, en partant de 20 par ordre croissant jusqu'à 50.

❷ Connaitre les compléments à 100 des dizaines entières : évaluation et consolidation — 12 min

Évaluer la connaissance des compléments à 100 à l'aide du document **MaterielCalcul17.pdf**, page 2.

Semaine 17 — ÉVALUATION — Maths au CE1

Nom ....
Prénom .... Date ....

Connaitre les compléments à 100.

Effectue le plus grand nombre possible de calculs en trois minutes.

70+ .... =100	.... +50=100	90+ .... =100	40+ .... =100	20+ .... =100
0+ .... =100	.... +80=100	60+ .... =100	30+ .... =100	10+ .... =100
100−50=	100−10=	100−30=	100−60=	100−90= ....
100−20=	100−40=	100−80=	100−100=	100−70= ....
70+20=	50+30=	70+30=	80+20=	30+20= ....
60+40=	20+20=	90+10=	40+60=	10+90= ....
100−20=	90−10=	70−30=	100−60=	100−10= ....
80−50=	100−50=	100−80=	70−10=	90−10= ....

Nombre de bonnes réponses	Couleur de ceinture
Jusqu'à 5	Blanche
De 6 à 10	Blanche et jaune
De 11 à 15	Jaune
De 16 à 20	Orange
De 21 à 25	Verte
De 26 à 30	Bleue
De 31 à 35	Rouge
De 36 à 40	Noire

SCORE ....

Matériel Calcul 17

Observer les élèves pendant cet exercice et noter les résultats où ils rencontrent des difficultés.

En s'appuyant sur les résultats de l'évaluation, reprendre uniquement les résultats les plus difficiles à mémoriser.

Séance 4

❶ Compter de 2 en 2 d'un nombre pair jusqu'à 100 — 5 min

Réciter la suite orale des nombres de 2 en 2, en partant de 100 par ordre décroissant jusqu'à 50.

❷ Connaitre les compléments à 100 des dizaines entières : réinvestissement — 10 min

Proposer les problèmes oralement.

« Au jeu des fléchettes, Léo a marqué 20 points.
Combien de points Léo doit-il encore marquer pour obtenir 100 points ? »

« Au jeu des fléchettes, Léo a marqué 60 points et Lili 100 points.
Combien de points Lili a-t-elle de plus que Léo ? »

« 100 coureurs participent à une course à pied.
30 coureurs ont abandonné.
Combien de coureurs ont terminé la course ? »

« 100 coureurs participent à une course à pied.
Des coureurs ont abandonné. 90 coureurs terminent la course.
Combien de coureurs ont abandonné ? »

30 min par semaine

Atelier problèmes

- Résoudre des problèmes additifs en une étape : comparaison.

Prénom .... Date ....

Résous le problème avec le symbole ✖ puis résous les problèmes de ton choix. Essaie d'en résoudre le plus possible.

✖ Problème 1

Mila a 23 € dans son portemonnaie.
Elle a 8 € de plus que Léo.

Combien d'euros Léo a-t-il ?

Problème 2

Dans la classe de CE1, il y a 25 élèves.
Il y a 6 élèves de moins dans la classe de CP.

Combien y a-t-il d'élèves dans la classe de CP ?

Problème 3

J'ai 8 ans et mon frère a 12 ans.

Combien d'années mon frère a-t-il de plus que moi ?

Problème 4

Kim a 34 images. Il en a 25 de moins que Rémi.

Combien d'images Rémi a-t-il ?

Problème 5

Louise a pêché une truite qui mesure 23 cm.
La truite de Louise mesure 8 cm de plus que celle pêchée par Tom.

Combien mesure la truite de Tom ?

Problème 6

Voici le score du match de basket France - Italie.

Combien de points l'équipe de France a-t-elle marqués de plus que l'équipe d'Italie ?

32 Poser et calculer des additions avec des nombres à trois chiffres

Séance 1 — 30 min

Passer du calcul en ligne à l'addition posée

→ CALCULER

Calculer la somme de deux nombres à 3 chiffres en utilisant des procédures variées : calcul en ligne, arbre de calculs, addition posée.

MATÉRIEL ET SUPPORT
- Deux boites, des cubes emboitables « Cubes base 10 encastrables » de chez Celda ou le matériel de la **planche 1** prédécoupée fournie avec le cahier de l'élève ***Maths au CE1***.

DÉROULEMENT DE LA SÉANCE

❶ Recherche Calculer en ligne 438 + 254.	5 min	Expérimentation Écrit individuel
❷ Mise en commun Utiliser un arbre de calculs puis une addition posée.	10 min	Verbalisation Représentation Oral collectif
❸ Nouvelle recherche Calculer en ligne 293 + 534.	5 min	Expérimentation Écrit individuel
❹ Mise en commun Utiliser un arbre de calculs puis une addition posée.	10 min	Verbalisation Représentation Oral collectif

❶ Recherche

Présenter la situation avec le matériel : deux boites et des cubes.
Montrer que les deux boites sont vides au départ.
Annoncer qu'il y a **438** chocolats dans une boite (438 cubes) et **254** chocolats (254 cubes) dans l'autre boite.

Écrire les données du problème au tableau.
Demander d'anticiper ce qu'il faut chercher et parvenir à la question : *« Combien y a-t-il de chocolats en tout ? »*.
Faire chercher le calcul qu'il faut effectuer et l'écrire au tableau.

Consigne *« Calcule **438 + 254** avec la méthode de ton choix. »*

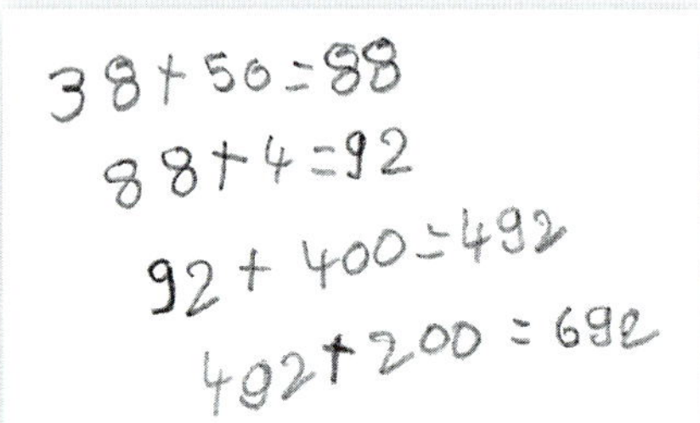

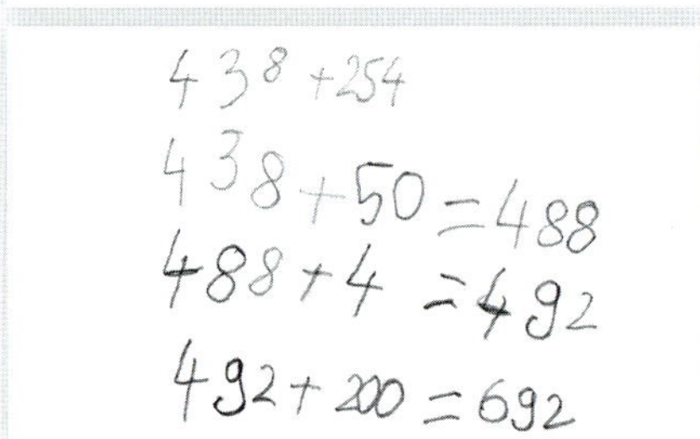

Productions d'élèves

Procédures observées
- Utilise les cubes pour obtenir le résultat.
- Schématise les centaines avec de grands carrés, les dizaines avec des rectangles et les unités avec de petits carrés puis dénombre les centaines, les dizaines et les unités.
- Décompose les nombres : 400 + 30 + 8 et 200 + 50 + 4 puis calcule 400 + 200 + 30 + 50 + 8 + 4.
- Calcule 438 + 200 = 638 puis 638 + 50 = 688 puis 688 + 4= 692.

DIFFÉRENCIATION
- Proposer des cubes aux élèves qui ont besoin de manipuler.

❷ Mise en commun

Inventorier les procédures utilisées par les élèves.
Expliciter les erreurs à éviter.

Présenter une procédure utilisant une additon posée avec les unités de numération.

Présenter une procédure utilisant la technique de l'addition posée.

```
 c d u
   1
 4 3 8
+2 5 4
------
 6 9 2
```

❸ Nouvelle recherche

Consigne *« Calcule **293 + 534** avec la méthode de ton choix. »*

❹ Mise en commun

Manipuler des cubes pour comprendre la technique opératoire.

Former une collection de **293** cubes et une autre collection de **534** cubes.

Rassembler les deux collections de cubes. On obtient **7c 12d 7u**.

Rappeler que 10 dizaines, c'est 1 centaine : 12d, c'est 10d + 2d donc 1c et 2d.

Faire grouper 10 barres de 10 cubes pour obtenir une plaque de 100 cubes et faire constater que l'on obtient **8c 2d 7u**.
Coder le nombre obtenu avec une écriture chiffrée : 827.

Présenter une procédure utilisant une additon posée avec les unités de numération.

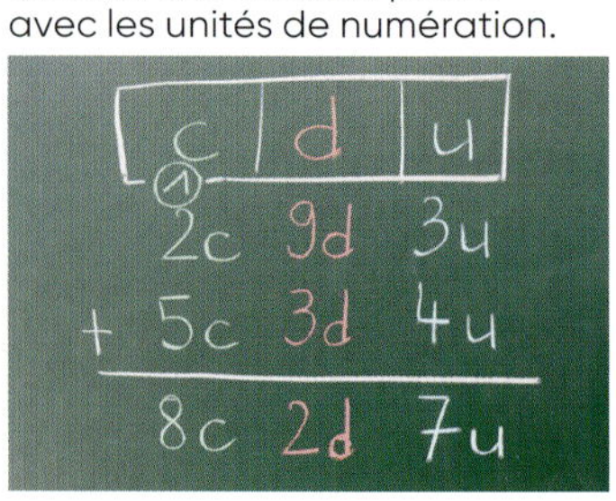

Présenter une procédure utilisant la technique de l'addition posée.

```
 c d u
 1
 2 9 3
+5 3 4
------
 8 2 7
```

Séance 2

30 min

Poser et calculer des additions de deux nombres à trois chiffres

→ **CALCULER**

Maitriser l'utilisation de la retenue.

DÉROULEMENT DE LA SÉANCE

1 Recherche Poser et calculer 534 + 236 et 289 + 132.	5 min	**Expérimentation** Travail individuel
2 Institutionnalisation Analyser les réponses proposées et valider celles qui conviennent.	10 min	**Verbalisation** Oral collectif
3 Entrainement S'entrainer à poser et calculer des additions en colonnes.	15 min	**Abstraction** Écrit individuel

1 Recherche

Faire additionner en colonnes **534 + 236** et **289 + 132**.

DIFFÉRENCIATION

- Proposer des « Cubes base 10 encastrables » (ou les cartes unités et dizaines de la **planche 1**) aux élèves qui ont besoin de manipuler.
- Permettre l'utilisation des tables d'addition.
- Accompagner individuellement les élèves les plus fragiles.

Procédures visées

$$\begin{array}{r} {\scriptstyle 1} \\ 534 \\ +\,236 \\ \hline 770 \end{array} \qquad \begin{array}{r} {\scriptstyle 1\,1} \\ 289 \\ +\,132 \\ \hline 421 \end{array}$$

2 Institutionnalisation

La correction permet de suivre et de verbaliser les étapes à suivre dans la mise en œuvre de l'algorithme.
La signification et le placement des chiffres sont explicités.
Les erreurs à éviter sont répertoriées.

Exemple pour 289 + 132

1ᵉ étape **Ajout des unités**
*« On commence par ajouter les unités : 9 + 2 = 11.
9 unités + 2 unités, cela fait 11 unités, c'est 1 dizaine et 1 unité.
J'écris 1 dans la colonne des unités et je retiens 1 dizaine dans la colonne des dizaines pour ne pas l'oublier. »*

2ᵉ étape **Ajout des dizaines**
*« Puis il faut ajouter les dizaines 1 + 8 + 3 = 12.
1 dizaine + 8 dizaines + 3 dizaines, cela fait 12 dizaines, c'est 1 centaine et 2 dizaines.
J'écris 2 dans la colonne des dizaines et je retiens 1 dans la colonne des centaines. »*

3ᵉ étape **Ajout des centaines**
*« On termine en ajoutant les centaines 1 + 2 + 1 = 4.
1 centaine + 2 centaines + 1 centaine, cela fait 4 centaines.
J'écris 4 dans la colonne des centaines. »*

3 Entrainement

S'exercer avec **ExoSup32.pdf**.

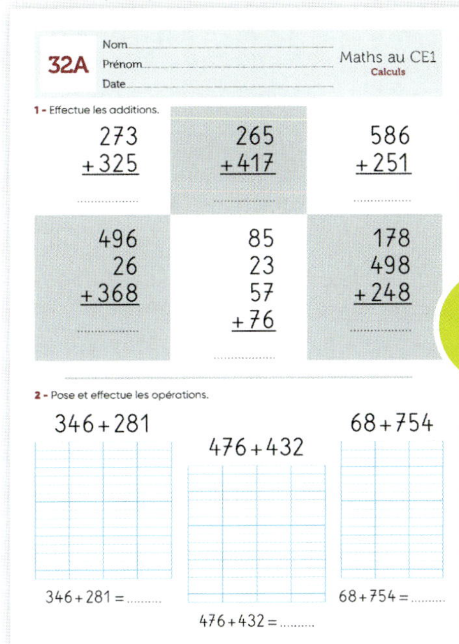
32A Nom ... Prénom ... Date ... Maths au CE1 Calculs

1 - Effectue les additions.

273 + 325 ; 265 + 417 ; 586 + 251 ; 496 + 26 + 368 ; 85 + 23 + 57 + 76 ; 178 + 498 + 248

2 - Pose et effectue les opérations.

346 + 281 ; 476 + 432 ; 68 + 754

346 + 281 = ... ; 476 + 432 = ... ; 68 + 754 = ...

32A

Séance 3

30 min

Renforcement et évaluation

→ **CALCULER**

Avec des nombres donnés, savoir poser l'addition (unités sous unités, dizaines sous dizaines) et la calculer.

DÉROULEMENT DE LA SÉANCE

1 Renforcement Effectuer des additions de deux ou trois nombres à deux ou trois chiffres.	10 min	**Verbalisation** **Abstraction** Écrit individuel
2 Évaluation Établir un bilan des apprentissages et valoriser les progrès réalisés.	20 min	

1 Renforcement

Demander de poser et calculer sur l'ardoise **345 + 565** puis **37 + 783** puis **238 + 129 + 456**.

La correction collective permet d'expliciter les étapes à suivre et les erreurs à éviter.

2 Évaluation

Bilan des apprentissages

Valorisation des progrès

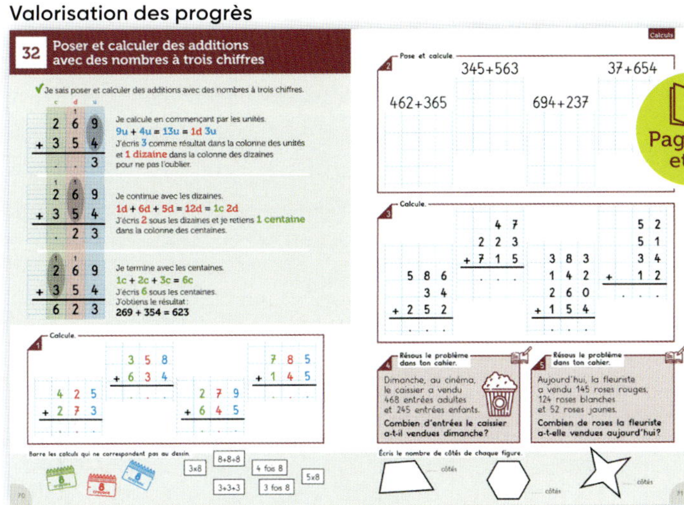
32 Poser et calculer des additions avec des nombres à trois chiffres

Je sais poser et calculer des additions avec des nombres à trois chiffres.

Je calcule en commençant par les unités. 9u + 4u = 13u = 1d 3u. J'écris 3 comme résultat dans la colonne des unités et 1 dizaine dans la colonne des dizaines pour ne pas l'oublier.

Je continue avec les dizaines. 1d + 6d + 5d = 12d = 1c 2d. J'écris 2 sous les dizaines et je retiens 1 centaine dans la colonne des centaines.

Je termine avec les centaines. 1c + 2c + 3c = 6c. J'écris 6 sous les centaines. J'obtiens le résultat : 269 + 354 = 623

1 Calcule. 425 + 273 ; 358 + 634 ; 279 + 645 ; 785 + 145

Barre les calculs qui ne correspondent pas au dessin. 3x8 ; 8+8+8 ; 4 fois 8 ; 5x8 ; 3+3+3 ; 3 fois 8

Calculs

2 Pose et calcule. 462+365 ; 345+563 ; 694+237 ; 37+654

3 Calcule. 586 + 34 + 252 ; 47 + 223 + 715 ; 383 + 142 + 260 + 154 ; 52 + 51 + 34 + 12

4 Résous le problème dans ton cahier. Dimanche, au cinéma, le caissier a vendu 468 entrées adultes et 245 entrées enfants. **Combien d'entrées le caissier a-t-il vendues dimanche ?**

5 Résous le problème dans ton cahier. Aujourd'hui, la fleuriste a vendu 145 roses rouges, 124 roses blanches et 52 roses jaunes. **Combien de roses la fleuriste a-t-elle vendues aujourd'hui ?**

Écris le nombre de côtés de chaque figure. .... côtés ; .... côtés ; .... côtés

Pages 70 et 71

33 Mesurer des longueurs : mètre et centimètre

Séance 1 — 45 min

Découvrir le mètre et la relation entre cm et m

→ RAISONNER

Anticiper le résultat d'une mesure.

MATÉRIEL ET SUPPORT
- Pour la classe, une cordelette de 2,90 m, une bande de 10 cm graduée en cm, 3 règles de tableau de 1 mètre.
- La trace écrite (**Materiel33.pdf**, page 1).

DÉROULEMENT DE LA SÉANCE

❶ Recherche Estimer la longueur du *serpent*.	5 min	Verbalisation Expérimentation Oral collectif
❷ Mise en commun Recenser les réponses. Éliminer collectivement les mesures *impossibles*. Vérifier en mesurant.	15 min	Expérimentation Verbalisation Oral collectif
❸ Institutionnalisation Trace écrite : ce qu'il faut retenir.	10 min	Verbalisation Abstraction Oral collectif
❹ Entrainement Choisir l'unité de longueur (cm ou m) correspondant le mieux pour exprimer une longueur.	15 min	Verbalisation Abstraction Écrit individuel

❶ Recherche

Mise en situation

Une ligne sinueuse est matérialisée au tableau à l'aide d'une corde. Expliquer aux élèves que la corde représente un *serpent* et qu'ils vont devoir trouver combien il mesure.

Consigne *« Écrivez sur l'ardoise une estimation de la mesure de la longueur du* ***serpent****. Pour cela, réfléchissez pour trouver la bonne réponse parmi les 5 propositions qui sont présentées au tableau. »*

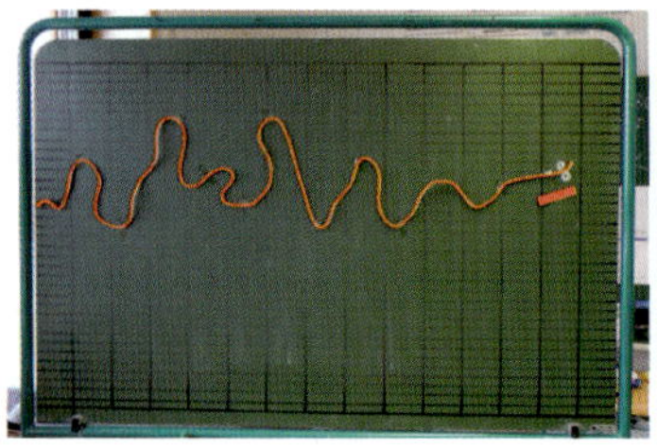
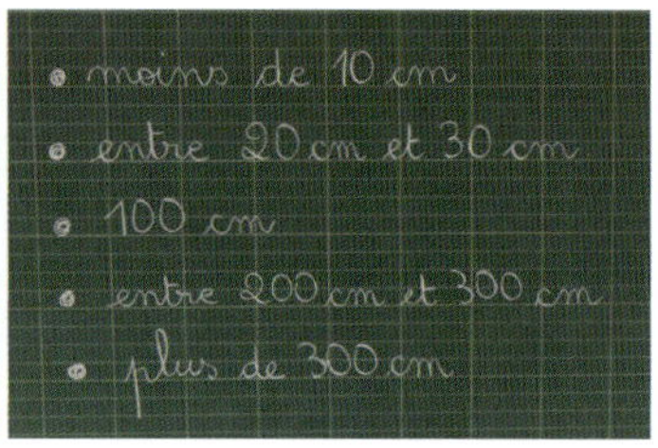

Estimer la longueur du ***serpent*** *à partir des propositions de l'enseignant.*

❷ Mise en commun

Prendre chaque proposition l'une à la suite de l'autre et trouver les arguments qui permettent ou non de la valider.

• ***Moins de 10 cm***

Les élèves peuvent se référer au double décimètre qui mesure 20 cm. 10 cm, c'est la moitié de 20 cm. Il n'est pas possible que le *serpent* mesure moins de 10 cm. Placer une bande de papier de 10 cm sous le serpent pour permettre aux élèves de bien visualiser les proportions.

Cette proposition est éliminée.

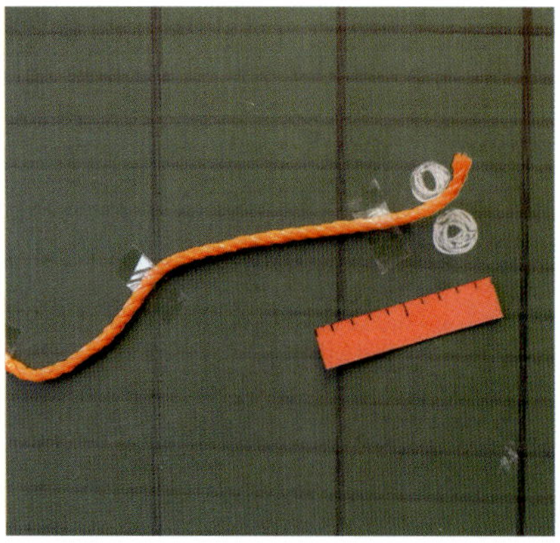

• ***Entre 20 et 30 cm***

La référence peut encore être le double décimètre et/ou le triple décimètre que certains élèves possèdent. Ces règles placées sous le *serpent* permettent également ***d'éliminer cette proposition.***

• ***100 cm***

Demander aux élèves où on peut trouver 100 cm dans la classe. Si les élèves ne le proposent pas, montrer la règle de tableau. Expliquer et montrer que le mètre est gradué jusqu'à 100. Appeler un élève pour qu'il vienne mesurer quelques graduations avec son double décimètre. Chaque graduation mesure 1 cm. Dans un mètre, il y a 100 centimètres.

Écrire au tableau : **1 mètre = 100 centimètres** **1 m = 100 cm**

Placer le mètre à tableau sous le *serpent* permet à nouveau ***d'éliminer cette proposition.***

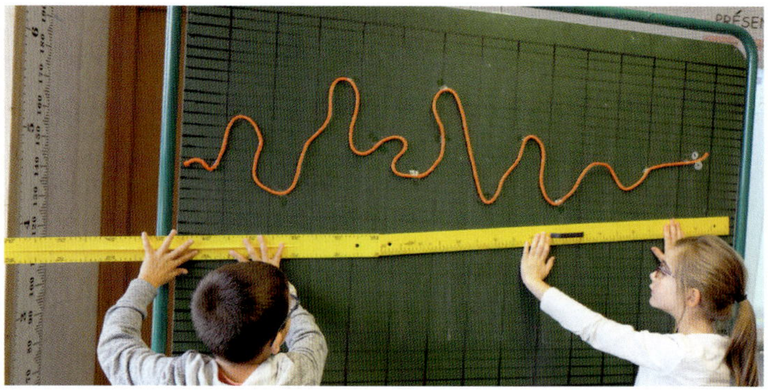

• ***Entre 100 cm et 200 cm***

Si 1 m = 100 cm alors 200 cm correspondent à 2 m.
Placer si possible 2 règles de tableau bout à bout ou tracer par report un segment de 2 m sous le *serpent* pour pouvoir comparer les longueurs. Le serpent est plus long.

Cette proposition est également éliminée.

• ***Entre 200 cm et 300 cm*** et ***plus de 300 cm***

Si 1 m = 100 cm alors 300 cm correspondent à 3 m.
Placer si possible 3 règles de tableau bout à bout ou tracer par report un segment de 3 m sous le *serpent* pour pouvoir comparer les longueurs.

À ce stade, on a du mal à trancher entre les deux dernières propositions (peut-être même, pour certains élèves, entre les trois dernières).

Pour savoir qui a raison, il faut mesurer.
Amener les élèves à comprendre qu'il faut tendre la corde qui représente le *serpent*. Le mesurage à l'aide de la règle de tableau que l'on reporte permet de valider la bonne réponse.

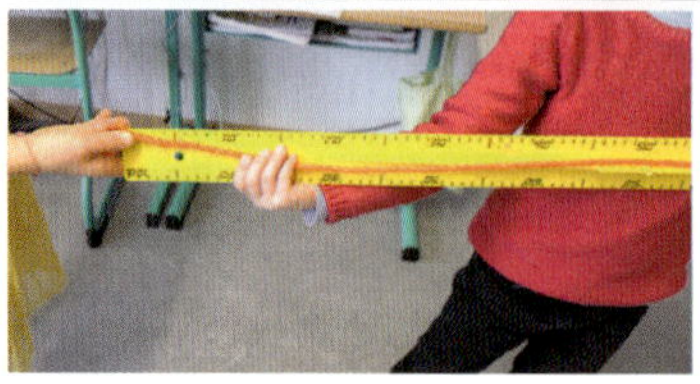

Synthèse

Le serpent mesure 2 m et 90 cm, soit 290 cm. La mesure est écrite au tableau. La bonne réponse était donc : entre 200 et 300 cm.

❸ Institutionnalisation

Ce qu'il faut retenir

Le mètre mesure des longueurs.

Un mètre, c'est 100 centimètres. 1 m = 100 cm

Le *serpent* mesure 2 m et 90 cm.

2 m 90 cm = 200 cm + 90 cm = 290 cm

Trace écrite

Matériel 33 Trace écrite destinée au cahier de référence en mathématiques — Séance 1

Le mètre (m)

Un grand pas mesure environ 1 mètre.

La règle de tableau mesure 1 mètre.

Dans un mètre, il y a 100 centimètres

1 m = 100 cm

Matériel 33

❹ Entraînement

La règle d'un mètre est fixée au tableau avec la correspondance entre m et cm : **1 mètre = 100 centimètres** **1 m = 100 cm**

Recherche avec les objets de la classe

Chercher dans la classe des objets qui mesurent environ un mètre. Effectuer la validation avec la règle.

Choisir l'unité qui convient.

Annoncer la mesure de divers objets sans en préciser l'unité. Les élèves indiquent s'il s'agit de mètres ou de centimètres. Ils écrivent ***m*** ou ***cm*** sur **ExoSup33.pdf,** page 1.

Exemple Un crayon mesure 15 ***cm*** de long.

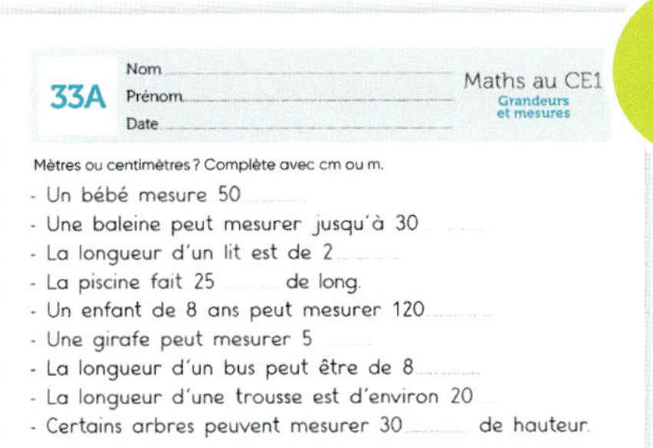

33A Nom .... Prénom .... Date .... Maths au CE1 Grandeurs et mesures

Mètres ou centimètres ? Complète avec cm ou m.

- Un bébé mesure 50 ....
- Une baleine peut mesurer jusqu'à 30 ....
- La longueur d'un lit est de 2 ....
- La piscine fait 25 .... de long.
- Un enfant de 8 ans peut mesurer 120 ....
- Une girafe peut mesurer 5 ....
- La longueur d'un bus peut être de 8 ....
- La longueur d'une trousse est d'environ 20 ....
- Certains arbres peuvent mesurer 30 .... de hauteur.

33A

Séance 2 — 30 min

Fabriquer un mètre ruban gradué tous les 10 cm

→ **MODÉLISER**

Fabriquer et utiliser un mètre ruban.

MATÉRIEL ET SUPPORT

- Un ruban d'un mètre de long par élève (utiliser un rouleau de Kraft gommé brun 200 m x 24 mm).
- Le double décimètre par élève et la règle de tableau.
- La feuille de recherche (**Materiel33.pdf**, page 2).

DÉROULEMENT DE LA SÉANCE

❶ **Appropriation du problème** Fabriquer un mètre ruban en le graduant tous les 10 cm.	15 min	**Manipulation** Écrit individuel
❷ **Recherche** Utiliser le mètre ruban pour mesurer la table.	10 min	**Expérimentation** Écrit individuel
❸ **Mise en commun** Recenser les réponses et valider les réponses justes.	5 min	**Verbalisation** Oral collectif

❶ Appropriation du problème

Présenter différents mètres aux élèves : une règle de tableau, un mètre de menuisier, un mètre à enrouler, un mètre ruban (mètre de couturière).

Expliquer aux élèves qu'ils vont fabriquer un mètre ruban qui leur permettra de mesurer divers objets de la classe. Pour obtenir des mesures plus précises, ce mètre sera gradué tous les 10 cm.

Montrer un ruban d'un mètre. Le fixer au tableau et montrer comment marquer des repères avec le double décimètre : placer le *0* du double décimètre au début du ruban puis marquer les repères *10* et *20*.

Reporter le *0* du double décimètre sur le repère *20* et répéter l'opération autant de fois que nécessaire.

Ajouter les graduations chiffrées. Vérifier ensuite en positionnant le ruban gradué sous la règle de tableau.

Chaque élève fabrique un mètre ruban.

Chaque élève gradue son mètre ruban tous les 10 cm.

Chaque élève valide son travail en comparant la longueur de son mètre ruban avec le mètre du tableau.

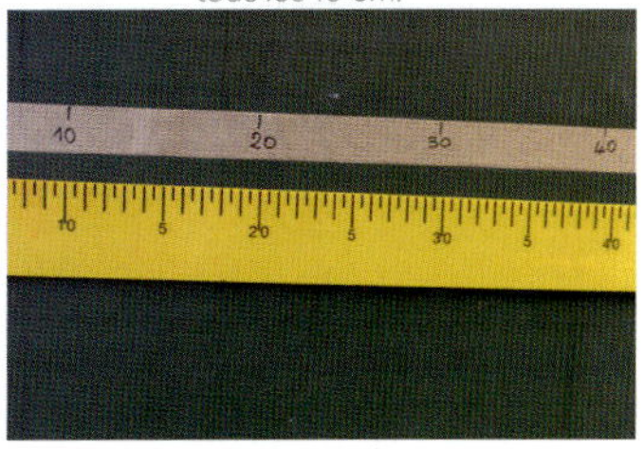

Chaque élève vérifie que les graduations de son mètre ruban sont bien placées.

33 Mesurer des longueurs : mètre et centimètre

❷ Recherche

Demander aux élèves d'utiliser leur mètre ruban pour mesurer leur table : hauteur, longueur et largeur (schéma à annoter). Les élèves prennent les mesures et les inscrivent sur le schéma de la feuille de recherche.

Matériel 33

❸ Mise en commun

Une estimation est nécessaire pour les centimètres.
La mesure sera exprimée de la manière suivante : *« … mesure environ … cm ».*
Valider les réponses en mesurant collectivement.

Apporter le vocabulaire : hauteur, longueur et largeur.

Séance 3 — 40 min

Comparer et convertir des longueurs exprimées en m et cm

→ RAISONNER

Mesurer et raisonner sur les longueurs.

MATÉRIEL ET SUPPORT
- Le mètre ruban gradué, la règle de tableau.
- La feuille de recherche (**Materiel33.pdf**, page 3).

DÉROULEMENT DE LA SÉANCE

❶ Recherche Utiliser son mètre ruban pour mesurer divers objets.	15 min	**Expérimentation** Groupes de 2
❷ Mise en commun Recenser les réponses. Les valider en mesurant.	5 min	**Verbalisation** Oral collectif
❸ Entrainement différencié Comparer, estimer, mesurer des longueurs.	20 min	**Abstraction** Écrit individuel

❶ Recherche

Rappeler l'activité de la séance précédente : mesurer sa table.

Annoncer aux élèves qu'ils vont devoir mesurer, par groupes de deux, d'autres objets de la classe.

Présenter les objets et la feuille de recherche.

Rappeler qu'une estimation sera nécessaire pour les centimètres.
La mesure sera exprimée sous la forme *« … mesure environ … cm »* ou *« … mesure environ … m et …cm ».*

Matériel 33

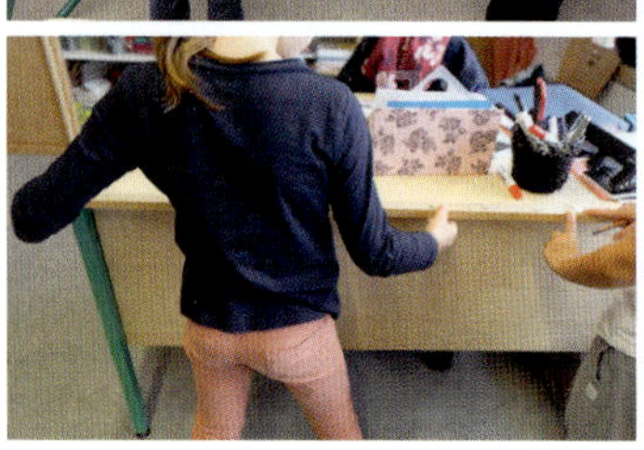

Mesure de la longueur du tableau et du bureau du maitre

Mesure de la hauteur de la chaise

❷ Mise en commun

Recenser les réponses et valider les mesures exactes.
Reprendre les mesures qui posent problème.

Certains groupes combinent une mesure avec le mètre ruban et une mesure avec le double décimètre pour trouver la mesure exacte.

❸ Entrainement différencié

Former des groupes et distribuer les exercices qui correspondent aux besoins de chaque groupe (**ExoSup33.pdf**, pages 2 à 4). L'enseignant accompagne chaque élève au cours de ce moment d'entrainement différencié.
Les exercices sont de difficulté croissante.

Exercices 1 et 2 Choisir l'unité de longueur (cm ou m) correspondant le mieux pour exprimer une longueur.

Exercices 3, 4 et 5
- Connaitre les relations entre cm et m.
Savoir faire les correspondances suivantes : 1 m 15 cm = 115 cm.
- Comparer et ranger des longueurs.

Exercices 6, 7 et 8
- Connaitre les relations entre cm et m.
Savoir faire les correspondances suivantes : 115 cm = 1 m 15 cm et 2 m 45 cm = 245 cm.
- Comparer des longueurs en effectuant des conversions.

33B, 33C et 33D

Séance 4 — 40 min

Résoudre des petits problèmes oraux

→ MODÉLISER

Résoudre des problèmes additifs et soustractifs impliquant des mesures de longueur.

DÉROULEMENT DE LA SÉANCE

❶ Recherche Résoudre des petits problèmes en utilisant les mesures de longueur.	20 min	**Expérimentation** Oral collectif
❷ Synthèse de la séquence Faire les exercices du cahier de l'élève.	20 min	**Abstraction** Écrit individuel

❶ Recherche

Les problèmes sont lus par l'enseignant.
Les informations clés sont notées au tableau.
Les élèves effectuent leurs recherches sur l'ardoise.

Problème 1 *« L'année dernière, Tom mesurait 1 m 15 cm. Cette année, il mesure 7 cm de plus.* ***Combien Tom mesure-t-il ?*** *»*

Problème 2 *« L'année dernière, Sami mesurait 1 m 10 cm. Cette année, il mesure 1 m 22 cm.* ***De combien de cm Sami a-t-il grandi en un an ?*** *»*

Problème 3 *« On met bout à bout deux bandes de papier. La première mesure 80 cm et la seconde 20 cm.* ***Quelle est la longueur de cette nouvelle bande ?*** *»*

Problème 4 *« Mila mesure 1 m 18 cm. Sa sœur mesure 1 m 40 cm.* ***Quelle est leur différence de taille ?*** *»*

Problème 5 *« On coupe une ficelle de 1 m et 20 cm en deux parties égales.* ***Combien mesure chacune de ces parties ?*** *»*

❷ Synthèse de la séquence

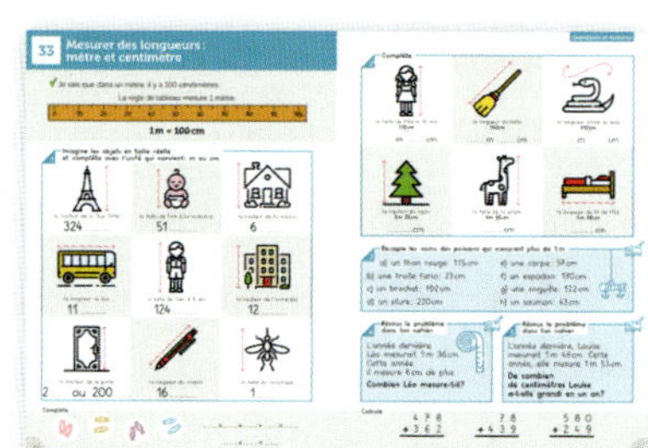

Pages 72 et 73

Matériel 33

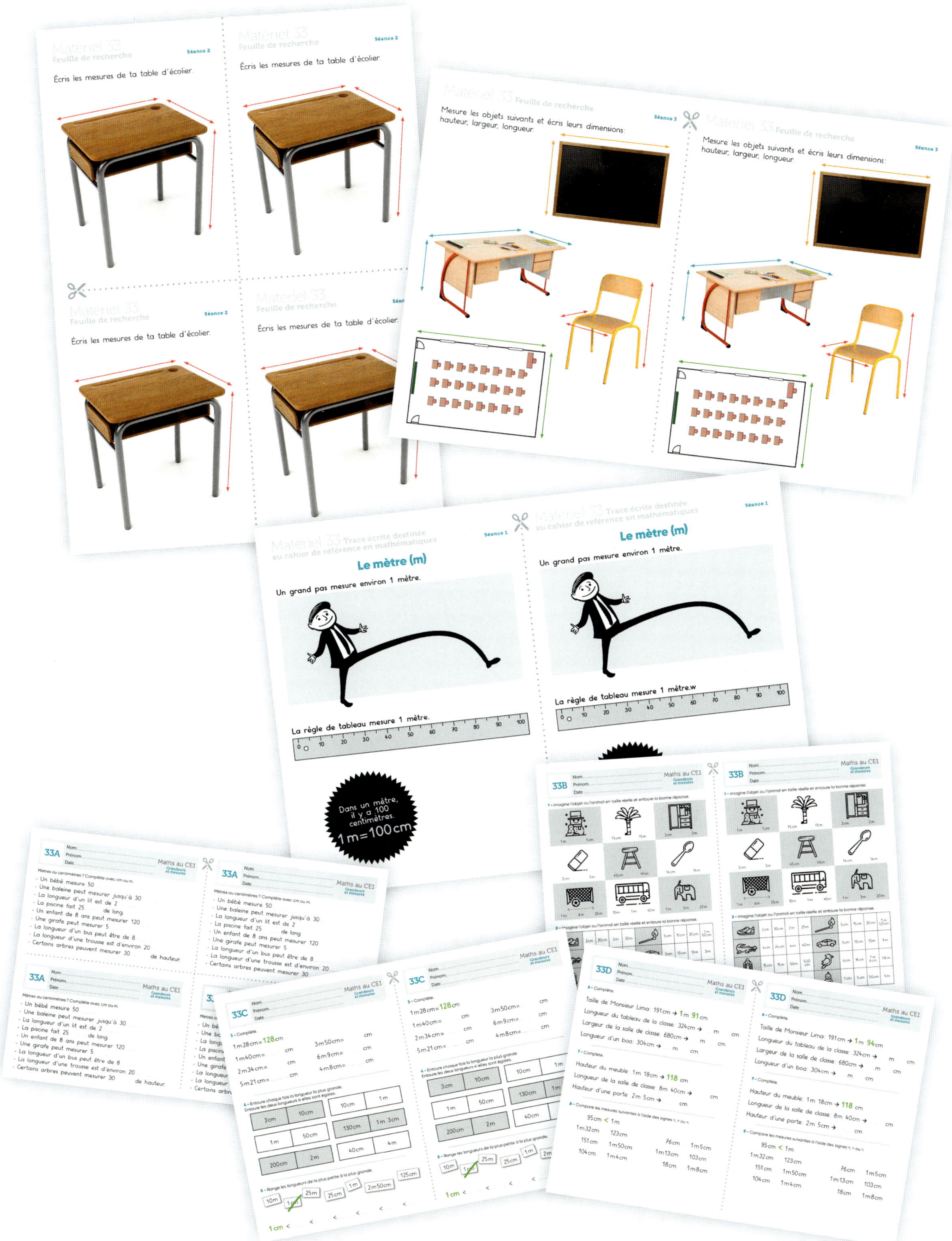
Matériel 33
Feuille de recherche
Séance 2
Écris les mesures de ta table d'écolier.
Séance 3
Mesure les objets suivants et écris leurs dimensions :
hauteur, largeur, longueur.
Matériel 33 Trace écrite destinée au cahier de référence en mathématiques
Séance 1
Le mètre (m)
Un grand pas mesure environ 1 mètre.
La règle de tableau mesure 1 mètre.
Dans un mètre, il y a 100 centimètres.
1 m = 100 cm
33A
33B
33C
33D
Maths au CE1
Grandeurs et mesures

15 min par jour

Calcul mental

- Compter de 10 en 10 jusqu'à 990.
- Connaitre la table de multiplication par 2.

Séance 1

❶ Compter de 10 en 10 jusqu'à 990 — 3 min

Réciter la suite orale des nombres : de 10 en 10, en partant de 0 par ordre croissant jusqu'à 100 puis par ordre décroissant de 100 à 0.

❷ Table de multiplication par 2 : 1 x 2, 2 x 2 et 3 x 2 — 12 min

Découverte 1 x 2, 2 x 2 et 3 x 2

Proposer un par un les calculs : **1 x 2** **2 x 2** **3 x 2**.
Les élèves répondent sur l'ardoise.

Procédures à privilégier
- **1 x 2** *« C'est une fois deux donc 2. »*
- **2 x 2** *« Deux fois deux, c'est le double de 2, c'est 2 + 2 donc 4. »*
- **3 x 2** *« C'est 2 + 2 + 2 ou (2 x 2) + (1 x 2). »*

! Les parenthèses ne sont pas au programme du cycle 2. Il s'agit ici de verbaliser que *« trois fois deux, c'est deux fois deux plus une fois deux »*.

- **3 x 2 = 2 x 3** car on peut changer l'ordre des termes d'une multiplication pour calculer plus facilement. *« C'est le double de 3, c'est 3 + 3, donc 6. »*

Expliciter les procédures à l'aide de l'animation **Calcul 18**.

Calcul 18

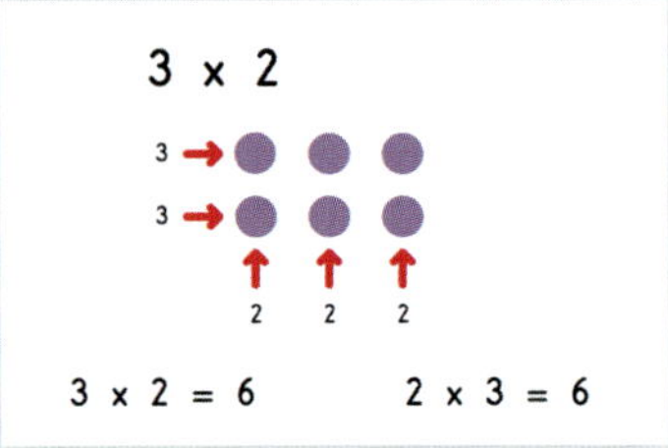

Séance 2

❶ Compter de 10 en 10 jusqu'à 990 — 3 min

Réciter la suite orale des nombres : de 10 en 10, en partant de 0 par ordre croissant jusqu'à 200 puis par ordre décroissant de 200 à 0.

❷ Table de multiplication par 2 : 0 x 2, 4 x 2 et 6 x 2 — 12 min

Entrainement 1 x 2, 2 x 2 et 3 x 2

Proposer oralement un par un les calculs :
1 x 2 **3 x 2** **2 x 2** **3 x 2**
? x 2 = 2 **? x 2 = 6** **? x 2 = 4.**
Les élèves répondent sur l'ardoise.

Découverte 0 x 2, 4 x 2 et 6 x 2

Proposer un par un les calculs : **0 x 2** **4 x 2** **6 x 2**.
Les élèves répondent sur l'ardoise.
Après chaque calcul, mettre en commun les procédures utilisées.
Expliciter les procédures à l'aide de l'animation **Calcul 18**.

Calcul 18

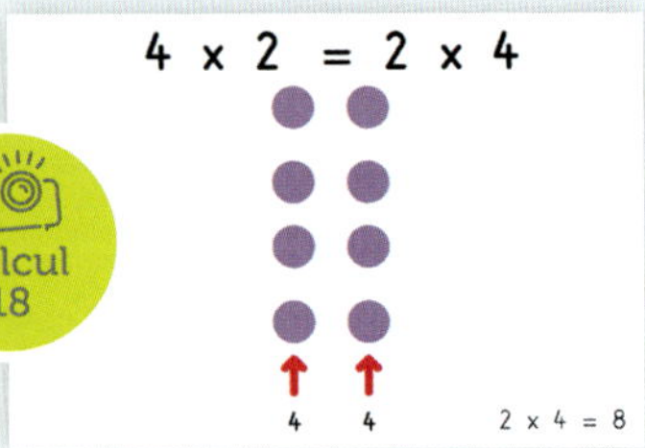

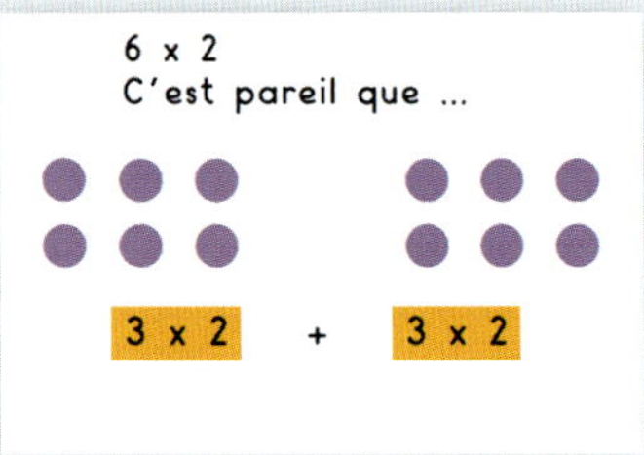

*6 x 2 est égal à **« trois fois deux plus trois fois deux »** ou à **« deux fois six »**.*

Faire compléter la trace écrite (**MaterielCalcul18.pdf**) pour les résultats découverts au cours des séances 1 et 2. La faire coller dans le cahier de références mathématiques.

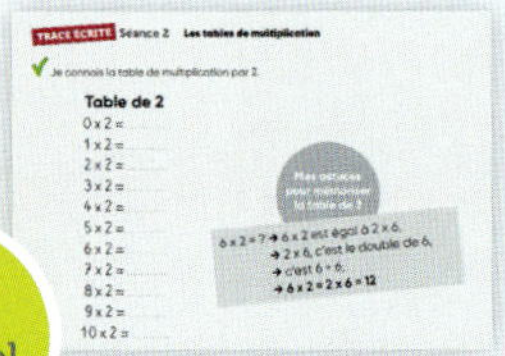

Matériel Calcul 18

Procédures à privilégier
Pour 4 x 2
- **4 x 2 = 2 x 4** *« C'est le double de 4, c'est 4 + 4 donc 8. »*
- *« 4 fois 2, c'est 2 + 2 + 2 + 2, c'est (2 x 2) + (2 x 2), c'est le double de 2 x 2. »*

! Les parenthèses ne sont pas au programme du cycle 2. Il s'agit ici de verbaliser que *« quatre fois deux, c'est deux fois deux plus deux fois deux »*.

Pour 6 x 2
- **6 x 2 = 2 x 6** « C'est le double de 6, c'est 6 + 6 donc 12. »
- *« 6 fois 2, c'est 2 + 2 + 2 + 2 + 2 + 2, c'est (3 x 2) + (3 x 2), c'est le double de 3 x 2. »*

! Les parenthèses ne sont pas au programme du cycle 2. Il s'agit ici de verbaliser *« six fois deux, c'est trois fois deux plus trois fois deux »*.

Séance 3

❶ Compter de 10 en 10 jusqu'à 990 — 3 min

Réciter la suite orale des nombres : de 10 en 10, en partant de 200 par ordre croissant jusqu'à 400 puis par ordre décroissant de 600 à 200.

❷ Table de multiplication par 2 : 8 x 2 et 10 x 2 — 12 min

Entrainement 1 x 2, 2 x 2, 3 x 2, 4 x 2, 6 x 2

Proposer oralement un par un les calculs :
1 x 2 **4 x 2** **6 x 2** **3 x 2** **2 x 2** **3 x 2**
? x 2 = 8 **? x 2 = 6** **? x 2 = 4** **? x 2 = 12**
Les élèves répondent sur l'ardoise.

Découverte 8 x 2, 10 x 2

Proposer un par un les calculs : **8 x 2, 10 x 2** à l'aide de l'animation **Calcul 18**.

Procédures à privilégier
Pour 8 x 2
- **8 x 2 = 2 x 8.** *« C'est le double de 8, c'est 8 + 8. »*
- *« 8 fois 2, c'est pareil que 4 fois 2 plus 4 fois 2, c'est 8 + 8 ».*

Pour 10 x 2
- **10 x 2 = 2 x 10.** *« C'est le double de 10, c'est 10 + 10. »*

Expliciter les procédures à l'aide de l'animation **Calcul 18**.

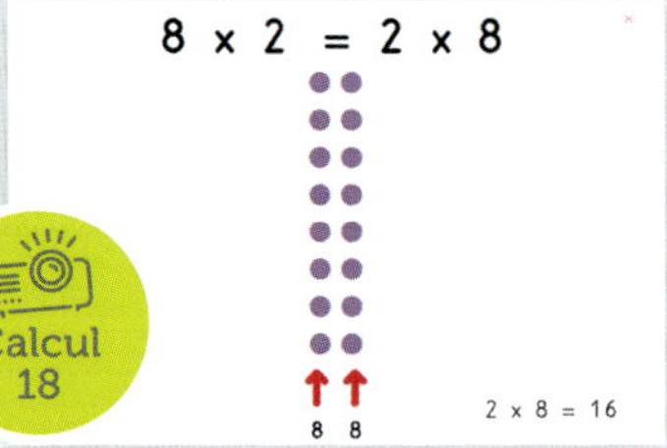

Calcul 18

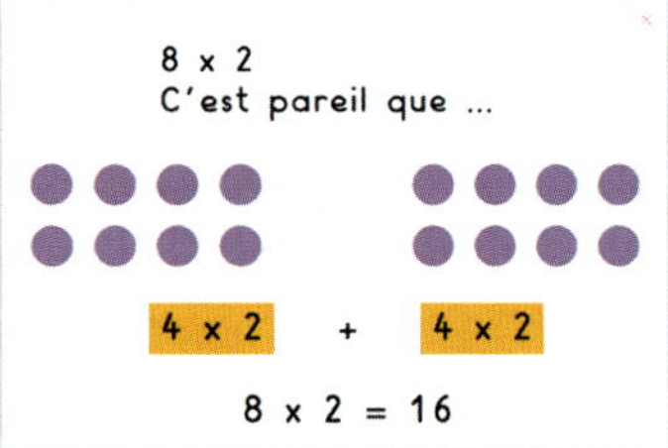

Dans le cahier de références mathématiques, compléter la trace écrite (**MaterielCalcul18.pdf**) pour les résultats découverts au cours de la séance.

Séance 4

❶ Compter de 10 en 10 jusqu'à 990 — 3 min

Réciter la suite orale des nombres : de 10 en 10, en partant de 800 par ordre croissant jusqu'à 990 puis par ordre décroissant de 990 à 690.

❷ Table de multiplication par 2 : entrainement — 12 min

Proposer la série de calculs du document-élève **MaterielCalcul18.pdf**.

Rappeler les procédures à privilégier pour les résultats les plus difficiles à mémoriser.

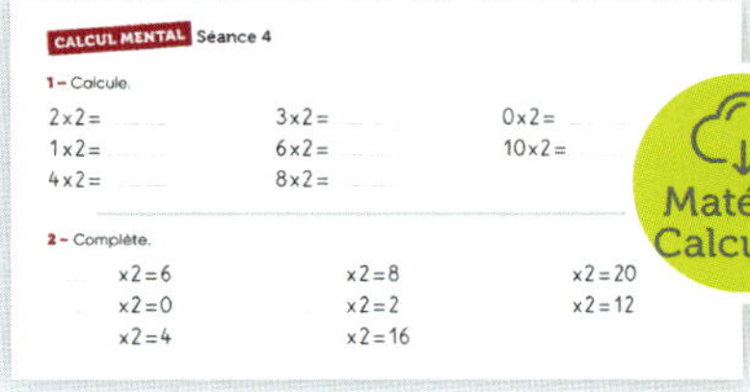

Matériel Calcul 18

30 min par semaine

Atelier problèmes

- Résoudre des problèmes additifs en une étape.

Prénom .... Date ....

Résous le problème avec le symbole ✖ puis résous les problèmes de ton choix. Essaie d'en résoudre le plus possible.

Problème 1

Max est arrivé 34e de la course.
Il a terminé 8 places devant Tom.

À quelle place Tom est-il arrivé ?

Problème 2

Léo a 50 euros dans sa tirelire.
Il a 14 euros de moins que Lilou.

Combien Lilou a-t-elle d'argent ?

Problème 3

J'ai 37 ans. Mon frère a 31 ans.

Quelle est notre différence d'âge ?

Problème 4

Dans l'école, il y a 150 garçons et 175 filles.

Combien y a-t-il de filles de plus que de garçons ?

Problème 5

Un VTT coute 165 euros sur internet.
Il est 12 euros moins cher au magasin *Tout pour le vélo*.

Combien coute le VTT au magasin ***Tout pour le vélo*** **?**

✖ Problème 6

Rémi a cueilli 62 marguerites.
Kim a cueilli 4 marguerites de moins que lui.
Ils mettent toutes les fleurs dans le même vase.

Combien de fleurs y a-t-il dans le vase ?

34 Mesurer des longueurs : mètre, décimètre et centimètre

Séance 1 ⌛ 40 min

Découvrir le décimètre

→ RAISONNER

Connaitre les relations entre m, dm et cm.

MATÉRIEL ET SUPPORT
- Par binôme, un mètre ruban gradué tous les 10 cm fabriqué au cours de la séquence 33, des bandes de papier d'un dm de deux couleurs différentes.
- La règle de tableau.
- Par élève, la **planche 6** prédécoupée du cahier de l'élève ***Maths au CE1***.
- Pour la classe, une bande jaune de 60 cm, une bande verte de 30 cm.
- La trace écrite (**Materiel34.pdf**, page 1).

DÉROULEMENT DE LA SÉANCE

❶ Appropriation du problème Construire une règle de 1 mètre en assemblant 10 décimètres.	15 min	Manipulation Groupes de 2
❷ Recherche Résoudre un problème impliquant des conversions dm/cm.	10 min	Expérimentation Groupes de 2
❸ Institutionalisation Rédiger la trace écrite.	5 min	Verbalisation Oral collectif
❹ Entrainement Estimer un ordre de grandeur des objets du quotidien entre le cm, le dm et le m.	10 min	Abstraction Écrit individuel

❶ Appropriation du problème

Les élèves reprennent le mètre ruban qu'ils ont fabriqué et rappellent la manière dont ils l'ont gradué : marquage d'un repère tous les 10 cm et inscription de la mesure correspondante : 0 – 10 – 20 – 30 – 40 – 50 – 60 – 70 – 80 – 90 – 100.

Entre deux graduations, il y a donc 10 cm. Faire compter le nombre de *parties* de 10 cm qui apparaissent sur le mètre.

Chercher combien il faut de bandes de 10 cm pour obtenir 1 m.
Constater qu'un mètre est formé de 10 parties de 10 cm.
Chaque partie s'appelle un décimètre que l'on écrit ***dm***.

Compléter collectivement les correspondances :

1 m = 10 dm **1 dm = 10 cm**

1 m = 10 x 10 cm = 100 cm

Rechercher ce qui mesure un décimètre dans la classe : un crayon de couleur, un tube de colle, un surligneur, un paquet de mouchoirs en papier.

Annoncer aux élèves qu'ils vont construire une règle d'un mètre en assemblant 10 décimètres de la **planche 6** du cahier de l'élève. Cette règle leur servira à mesurer mais également à convertir des mesures.

❷ Recherche

Fixer au tableau une bande de papier jaune.
Annoncer *« cette bande mesure 6 dm »*.
Placer une bande verte au bout de la première.
Annoncer *« la bande obtenue en assemblant la bande verte et la bande jaune mesure 90 cm »*.

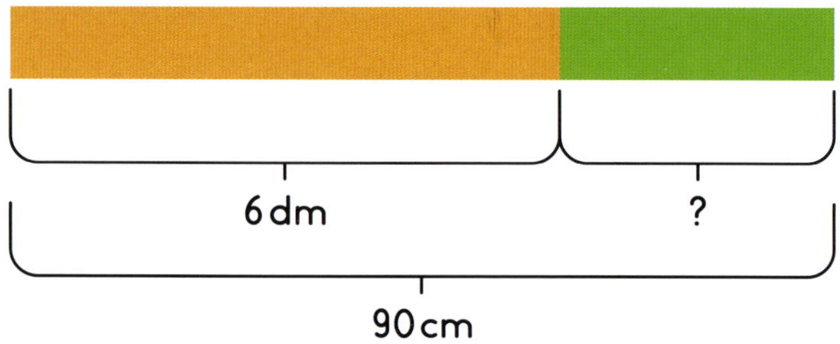

Consigne *« Par groupe de deux, cherchez combien mesure la bande verte. »*

Mise en commun

Demander aux élèves ce qu'il fallait faire pour trouver la mesure de la bande verte. Arriver à une écriture du type :

6 dm + ... = 90 cm ou 90 cm – 6 dm = ...

Inventorier les réponses en commençant par celles qui sont erronées. Faire expliciter les erreurs.
Exemple 84 cm (6 dm traité comme 6 cm)

Amener les élèves à dire qu'il était nécessaire d'exprimer dans la même unité les deux mesures connues.

• Mesures en cm
Compter 6 dm sur le mètre et lire la mesure correspondante en cm.
6 dm = 60 cm
donc **60 cm + *30 cm* = 90 cm** ou **90 cm – 60 cm = *30 cm*.**

• Mesures en dm
Repérer 90 cm sur le mètre et compter les décimètres correspondants.
90 cm = 9 dm
donc **6 dm + *3 dm* = 9 dm** ou **9 dm – 6 dm = *3 dm*.**

Valider en envoyant un élève mesurer la bande verte à l'aide de la règle de tableau.

Conclusion *« La bande verte mesure 30 cm ou 3 dm. »*

❸ Institutionnalisation

Trace écrite

Matériel 34 Trace écrite destinée au cahier de référence en mathématiques
Séance 1

Le décimètre (dm)

Un surligneur mesure 1 décimètre.

Une règle mesure 2 décimètres. On l'appelle un double décimètre.

1 cm

1 dm = 10 cm

Dans un décimètre, il y a 10 centimètres. 1 dm = 10 cm

Dans un mètre, il y a 10 décimètres. 1 m = 10 dm

1 m = 10 dm = 100 cm

Matériel 34

❹ Entrainement

S'exercer avec **ExoSup34.pdf**, page 1.

34A

34A Nom Prénom Date — Maths au CE1 Grandeurs et mesures

1 - Entoure la bonne réponse.

Longueur d'une fourmi: 1 cm | 1 dm | 1 m
Largeur de la salle de classe: 6 m | 6 dm | 6 cm
Longueur d'un stylo: 15 cm | 15 dm | 15 m
Longueur d'une sauterelle: 3 cm | 3 dm | 3 m

Entoure la bonne réponse.

Longueur d'un cahier: 2 cm | 2 dm | 2 m
Hauteur de la table d'un élève: 7 m | 7 dm | 7 cm
Longueur d'une trousse: 24 cm | 24 dm | 24 m
Hauteur d'une porte de la classe: 2 cm | 2 dm | 2 m

❷ Renforcement

S'exercer avec **ExoSup34.pdf**, page 2.

34B

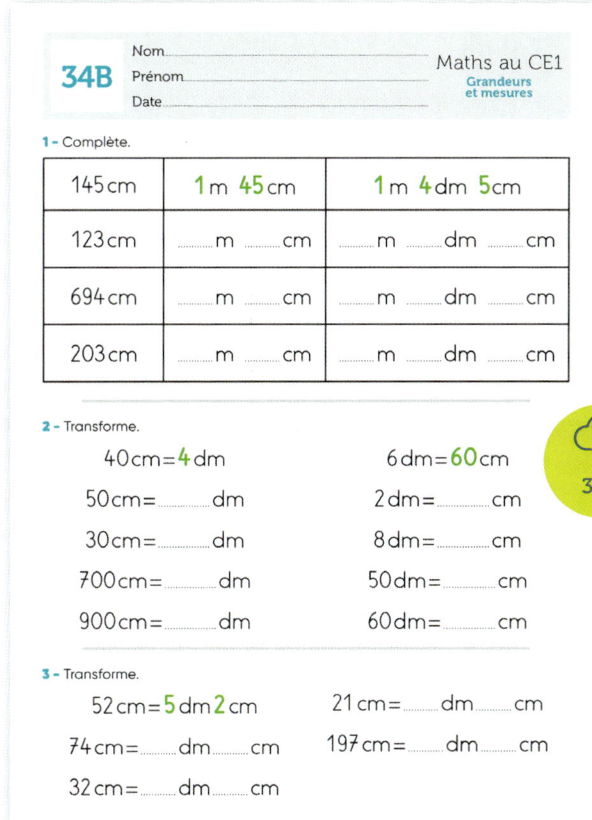
34B Nom Prénom Date — Maths au CE1 Grandeurs et mesures

1 - Complète.

145 cm	1 m 45 cm	1 m 4 dm 5 cm
123 cm	...... m ...... cm	...... m ...... dm ...... cm
694 cm	...... m ...... cm	...... m ...... dm ...... cm
203 cm	...... m ...... cm	...... m ...... dm ...... cm

2 - Transforme.

40 cm = 4 dm | 6 dm = 60 cm
50 cm = ... dm | 2 dm = ... cm
30 cm = ... dm | 8 dm = ... cm
700 cm = ... dm | 50 dm = ... cm
900 cm = ... dm | 60 dm = ... cm

3 - Transforme.

52 cm = 5 dm 2 cm | 21 cm = ... dm ...... cm
74 cm = ... dm ...... cm | 197 cm = ... dm ...... cm
32 cm = ... dm ...... cm

Séance 2 — 30 min

Faire des correspondances en utilisant le dm, le cm et le m.

→ RAISONNER

Connaitre les relations entre cm, dm et m.

MATÉRIEL ET SUPPORT
- La feuille de prise de mesures (**Materiel34.pdf**, page 2).

DÉROULEMENT DE LA SÉANCE

❶ **Entrainement** Mesurer la longueur d'une ligne brisée et l'exprimer en cm et en dm.	20 min	**Expérimentation** Écrit individuel
❷ **Renforcement** Faire des conversions en m, cm et en dm.	10 min	**Abstraction** Écrit individuel

❶ Entrainement

Mesurer la longueur de chaque segment pour trouver la longueur de la ligne brisée qui relie A à Q.

Puis exprimer la longueur de cette ligne en m, dm et cm.

Matériel 34

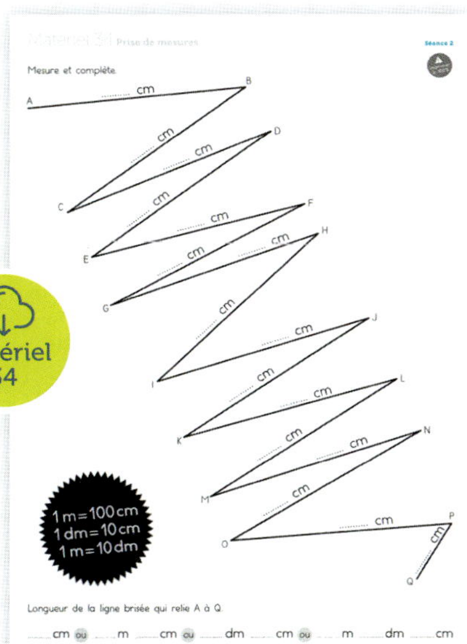

La ligne mesure **153 cm, 1 m 53 cm, 15 dm 3 cm** ou **1 m 5 dm 3 cm**.

Lors de la synthèse, expliciter que la ligne mesure **100 cm + 53 cm** ce qui correspond à **1 m 53 cm**

Faire remarquer qu'elle mesure **15 x 10 cm + 3 cm** ce qui correspond à 15 dizaines de cm et 3 cm donc **15 dm 3 cm**

Faire remarquer que 153 cm peut se décomposer en **100 cm + 50 cm + 3 cm** ce qui correspond à **1 m 5 dm 3 cm.**

Séance 3 — 30 min

Bilan de la séquence

Valorisation des progrès

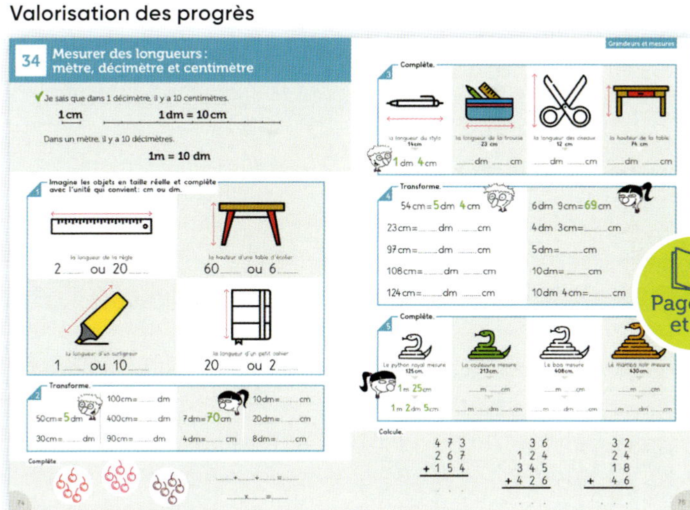

Pages 74 et 75

35 Poser et calculer des soustractions en colonnes avec des nombres à deux chiffres

Séance 1 — 30 min

Manipuler pour comprendre la technique par *cassage*

→ CALCULER

Trouver le résultat d'une soustraction avec retenue en manipulant des cubes.

MATÉRIEL ET SUPPORT
• Pour chaque élève : des cubes ou des carrés de la **planche 1** prédécoupée du cahier de l'élève ***Maths au CE1***.

DÉROULEMENT DE LA SÉANCE

❶ Recherche Calculer en ligne 75 - 32 et 85 - 55.	10 min	Manipulation Écrit individuel
❷ Nouvelle recherche Comprendre la technique de *cassage* en manipulant des cubes.	15 min	Manipulation Verbalisation Oral collectif
❸ Entrainement Manipuler des cubes pour trouver les résultats de 73 - 26 et de 54 - 36.	5 min	Manipulation Écrit individuel

❶ Recherche

Écrire les calculs **75 - 32 =** et **85 - 55 =** au tableau.

Consigne « Effectue les deux calculs dans un cahier avec la méthode de ton choix. »

La mise en commun permet aux élèves d'expliciter leurs procédures.

Procédure visée
Le calcul en ligne 75 - 32 équivaut à 7d 5u - 3d 2u.
- Commencer par un calcul sur les chiffres des unités : 5 unités - 2 unités = 3 unités.
- Poursuivre par un calcul sur les chiffres des dizaines : 7 dizaines - 3 dizaines = 4 dizaines.

Comprendre la procédure visée par la manipulation de cubes.

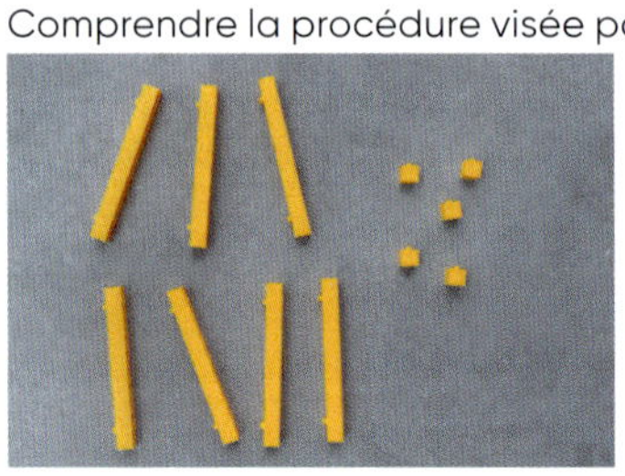
Former une collection de **75 cubes**.

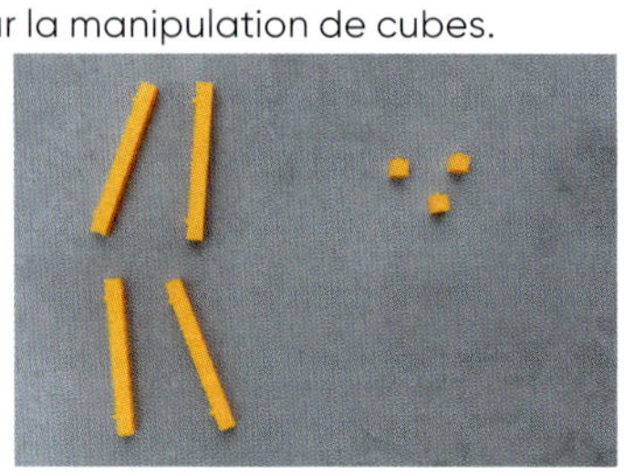
Retirer 32 cubes et écrire 75 - 32 = 43

Comprendre la procédure visée avec l'animation **Séquence 35**.

Séquence 35

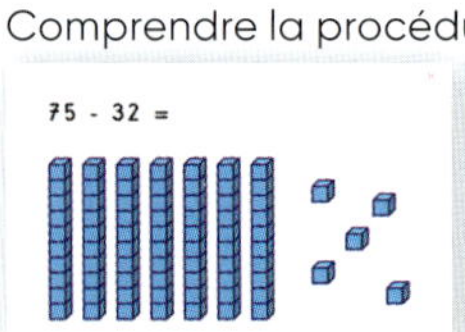

❶ Je constitue une collection de 75 cubes, c'est 7d et 5u.

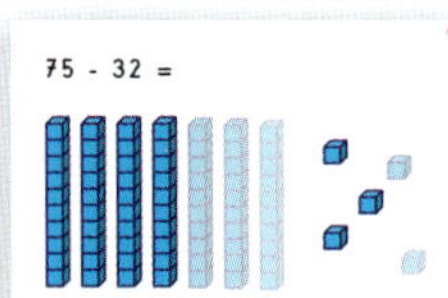

❷ Je retire 2 unités puis 3 dizaines.

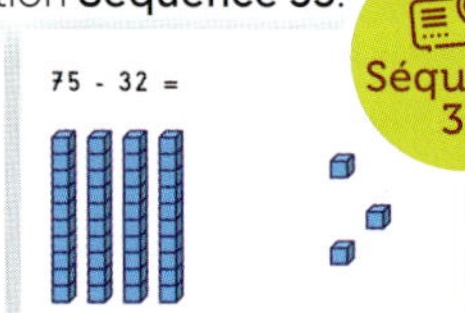

❸ J'écris le résultat : 75 - 32 = 43.

Expliquer que l'on peut vérifier le résultat de la soustraction avec une addition : **43 + 32 = 75**.

Utiliser la même démarche avec le calcul **85 - 55** car il amène à écrire un zéro.

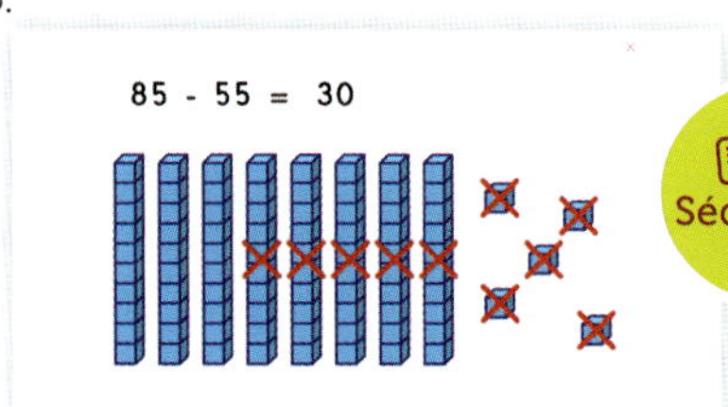

Séquence 35

❷ Nouvelle recherche

Demander à chaque élève de préparer une collection de 5 barres de 10 cubes et de 2 cubes isolés.
Faire coder cette collection avec le nombre 52.

Écrire le calcul **52 - 37 =** au tableau.

Consigne « Trouve le résultat de la soustraction en manipulant les cubes. »

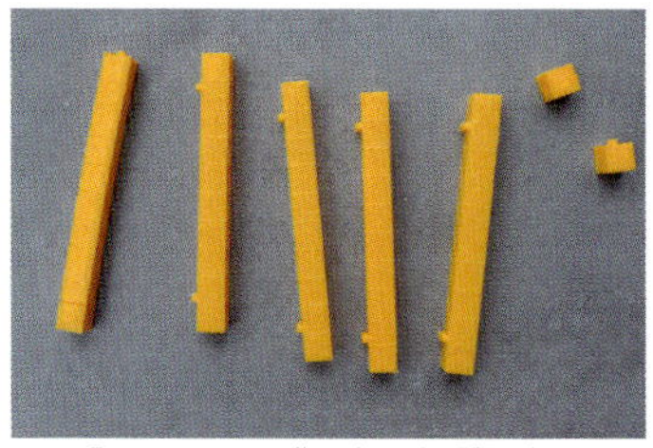
Former une collection de 52 cubes.

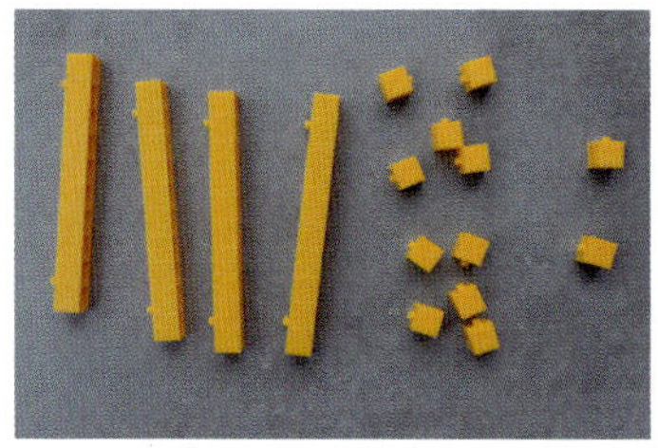
Casser une dizaine pour pouvoir retirer 7 unités.

Enlever 37 cubes.

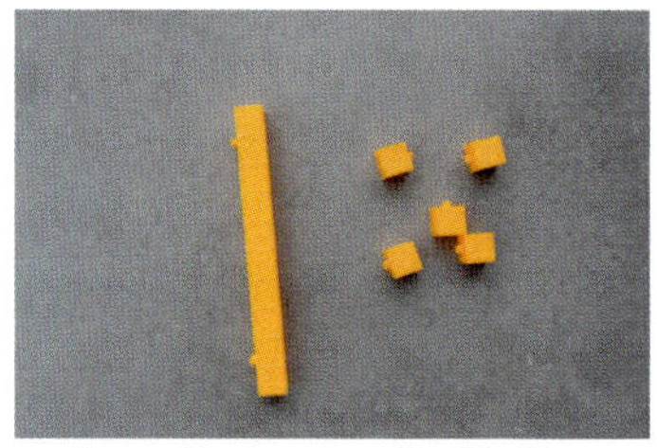
Il reste 15 cubes donc **52 - 37 = 15**.

Synthèse
Faire constater que l'on ne peut pas enlever 7 unités car il n'y a que 2 unités dans le nombre 52.
Pour pouvoir enlever 7 cubes, il faut *casser* une des 5 barres de 10 de la collection de 52 cubes par 10 cubes non groupés.

Utiliser l'animation **Séquence 35** pour récapituler les étapes de la manipulation.

Séquence 35

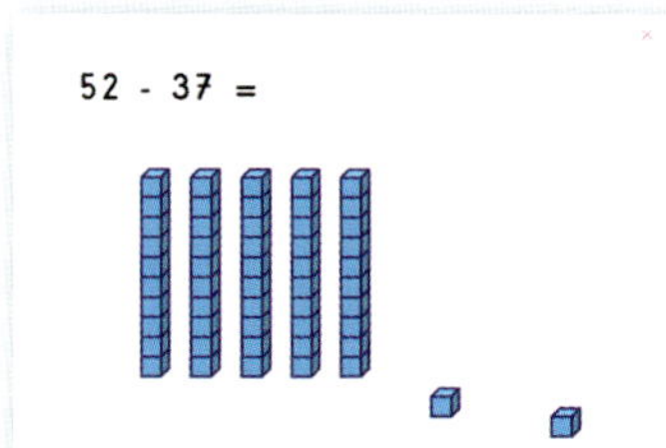

❶ Je constitue une collection de 52 cubes, c'est 5d et 2u.

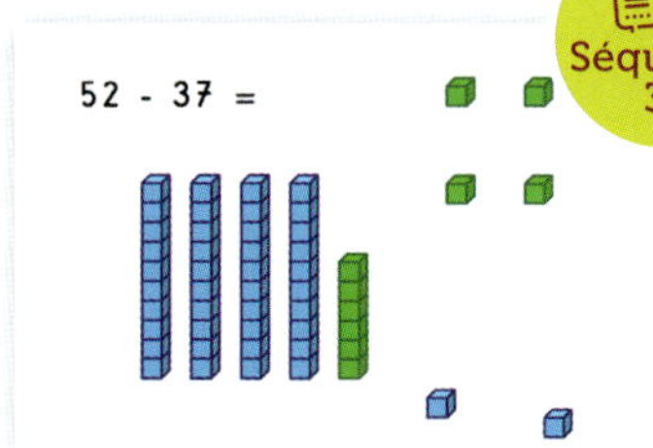

❷ Je ne peux pas enlever 7 unités. Je **casse** une dizaine (en vert) pour obtenir 10 cubes non groupés.

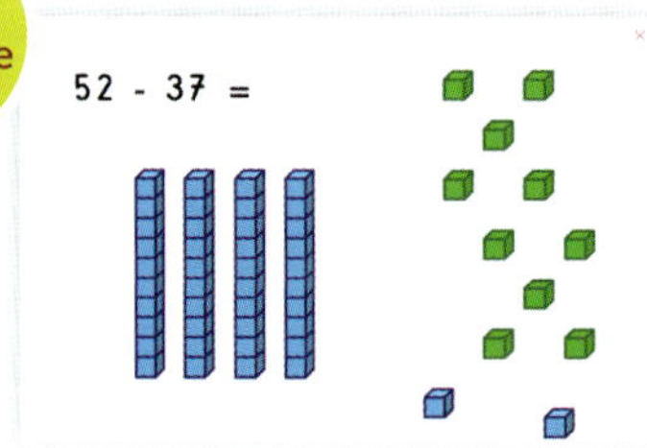

❸ Je peux maintenant enlever 7 unités puis 3 dizaines.

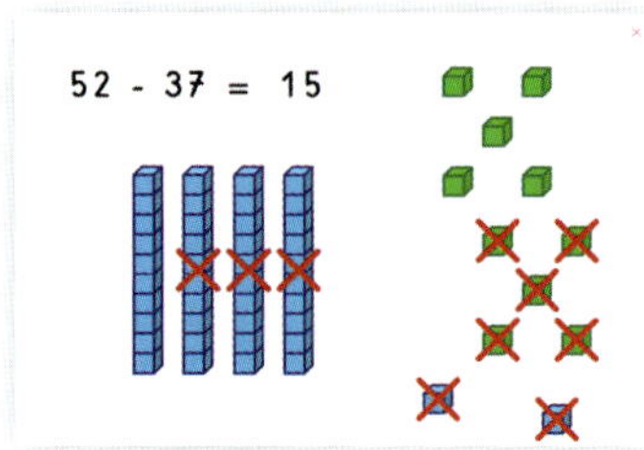

❹ J'écris le résultat : **52 - 37 = 15**.

❸ Entrainement

Utiliser une démarche identique pour trouver les résultats de **73 - 26** et de **54 - 36** en manipulant des cubes.

Séance 2

⌛ 30 min

Poser et calculer une soustraction de deux nombres à deux chiffres (1)

→ **CALCULER**

Poser et calculer une soustraction avec et sans retenue.

MATÉRIEL ET SUPPORT
- Pour chaque élève : des cubes ou des carrés de la **planche 1** prédécoupée du cahier de l'élève ***Maths au CE1***.
- Les traces écrites (**Materiel35.pdf**, pages 1 et 2).

DÉROULEMENT DE LA SÉANCE

❶ **Recherche** Manipuler des cubes pour trouver le résultat de 64 - 23.	5 min	**Manipulation** **Verbalisation** Oral collectif
❷ **Institutionnalisation** Poser et calculer une soustraction en colonnes avec des nombres à deux chiffres sans retenue.	10 min	**Abstraction** **Verbalisation** Oral collectif
❸ **Nouvelle recherche** Manipuler des cubes pour trouver le résultat de 61 - 34.	5 min	**Manipulation** **Verbalisation** Oral collectif
❹ **Institutionnalisation** Poser et calculer une soustraction en colonnes avec des nombres à deux chiffres avec retenue.	10 min	**Abstraction** **Verbalisation** Oral collectif

! Choix de la technique opératoire

Nous avons choisi la technique de la soustraction par *cassage* car c'est la technique la plus enseignée au monde et dans tous les manuels récents en France. Il n'existe pas de technique *miracle*, chacune présentant des avantages et des inconvénients. La technique par *cassage* est plus facile d'accès pour les élèves mais la gestion des écritures est plus difficile.

La technique par *cassage* respecte les programmes car elle s'appuie exclusivement sur le principe de la numération de position en base dix et en particulier sur le principe décimal.

Elle peut aisément être simulée et donc explicitée grâce à un matériel de numération (cubes, carrés de la planche 1 mais aussi monnaie ou encore abaques) ou grâce au recours à un tableau de numération pour faire apparaitre différentes décompositions en unités de numération. La représentation avec des dessins ou des schémas de collections organisées est aussi plus facile. Il est important que le choix de la technique opératoire soit respecté par l'équipe enseignante tout au long des cycles 2 et 3.

❶ Recherche

Demander à chaque élève de constituer une collection de 64 cubes : 6 barres de 10 cubes et 4 cubes isolés. Faire coder cette collection avec le nombre 64.

Écrire le calcul **64 - 23 =** au tableau.

Consigne « Trouve le résultat de la soustraction en manipulant les cubes. »

La synthèse permet de rappeler les étapes à suivre pour effectuer ce calcul avec les cubes.

❷ Institutionnalisation

Annoncer l'objectif visé : apprendre à poser et calculer une soustraction en colonnes.

Expliquer au tableau comment poser et calculer la soustraction **64 - 23** en colonnes en faisant le parallèle avec la manipulation des cubes.

Étapes à suivre pour 64 - 23

*- « Je calcule l'opération **soixante-quatre moins vingt-trois**.*

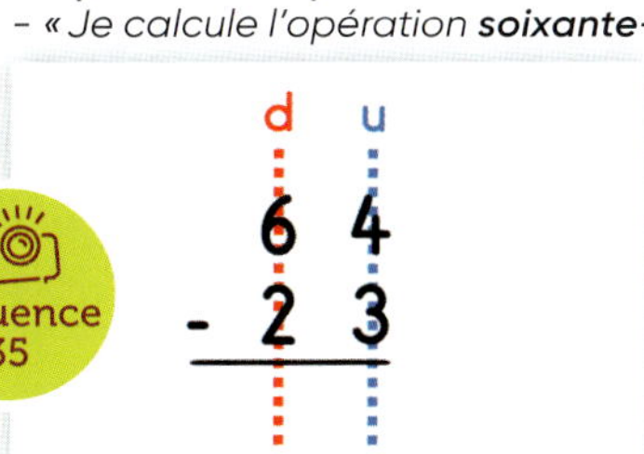

Séquence 35

- « Avec les cubes, j'ai pris d'abord 64 cubes puis j'ai retiré 23 cubes. Donc, j'écris d'abord le nombre 64 en haut car on retire 23 à 64. »

- « Je pose l'opération en alignant les chiffres des unités dans la colonne des unités et les chiffres des dizaines dans la colonne des dizaines.

- « Je commence par regarder la colonne des chiffres des unités. 4 unités - 3 unités, c'est possible car 3 est plus petit que 4. »

- « 4 unités moins 3 unités égale 1 unité. J'écris 1 comme résultat dans la colonne des unités. »

- « Je regarde la colonne des dizaines. 6 dizaines - 2 dizaines, c'est possible car 6 est plus grand que 2. »

- « 6 dizaines moins 2 dizaines égale 4 dizaines. J'écris 4 comme résultat dans la colonne des dizaines. »

Récapituler les étapes de l'algorithme à l'aide de l'animation **Séquence 35**.

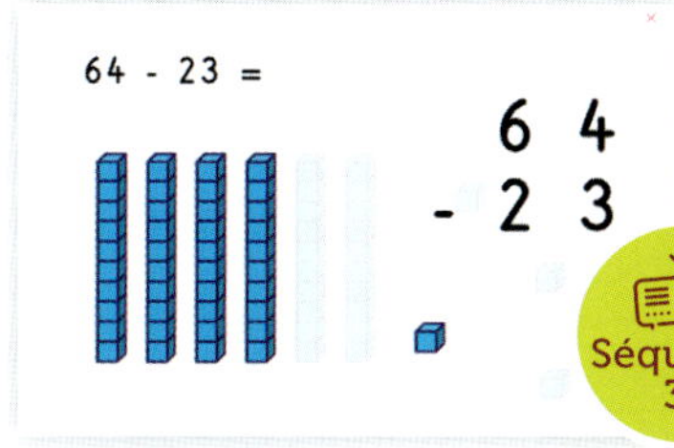

Séquence 35

Trace écrite

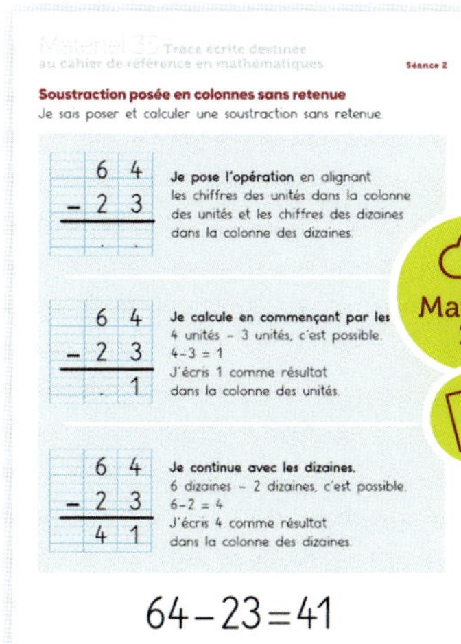

Matériel 35 Trace écrite destinée au cahier de référence en mathématiques — Séance 2

Soustraction posée en colonnes sans retenue

Je sais poser et calculer une soustraction sans retenue

6 4 / - 2 3 — **Je pose l'opération** en alignant les chiffres des unités dans la colonne des unités et les chiffres des dizaines dans la colonne des dizaines.

6 4 / - 2 3 / 1 — **Je calcule en commençant par les** 4 unités - 3 unités, c'est possible. 4-3 = 1. J'écris 1 comme résultat dans la colonne des unités.

6 4 / - 2 3 / 4 1 — **Je continue avec les dizaines.** 6 dizaines - 2 dizaines, c'est possible. 6-2 = 4. J'écris 4 comme résultat dans la colonne des dizaines.

64 - 23 = 41

Matériel 35

❸ Nouvelle recherche

Demander à chaque élève de constituer une collection de 61 cubes : 6 barres de 10 cubes et 1 cube isolé. Faire coder cette collection avec le nombre 61.

Écrire le calcul **61 - 34 =** au tableau.

Consigne « Trouve le résultat de la soustraction en manipulant les cubes. »

Former une collection de 61 cubes.

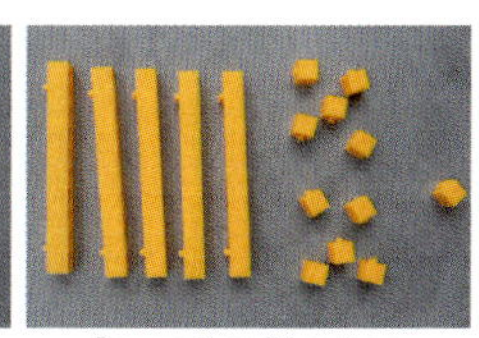

*Pour retirer 34 cubes, **casser** une dizaine pour pouvoir retirer 4 unités.*

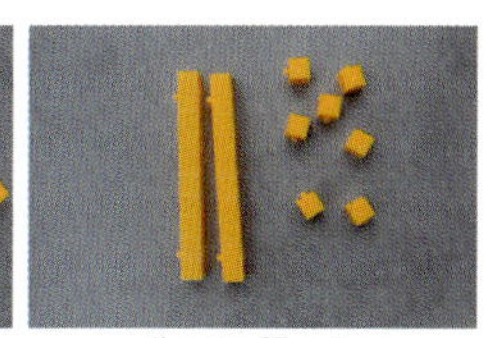

Il reste 27 cubes. Écrire 61 - 34 = 27.

La synthèse permet de rappeler les étapes à suivre pour effectuer ce calcul avec les cubes.

❹ Institutionnalisation

Annoncer l'objectif visé : apprendre à poser et calculer une soustraction en colonnes.

Expliquer au tableau comment poser et calculer la soustraction **61 - 34** en colonnes en faisant le parallèle avec la manipulation des cubes.

La technique présentée correspond à ce qui peut être proposé au début de l'apprentissage. Elle sera progressivement optimisée en vue d'alléger les écritures et le discours qui l'accompagne.

Récapituler les étapes de l'algorithme à l'aide de l'animation **Séquence 35.**

- « Je pose l'opération en alignant les chiffres des unités dans la colonne des unités et les chiffres des dizaines dans la colonne des dizaines.

- « Je commence par regarder la colonne des chiffres des unités. Retirer 4 unités à 1 unité est impossible car 4 est plus grand que 1. »

35 Poser et calculer des soustractions en colonnes avec des nombres à deux chiffres

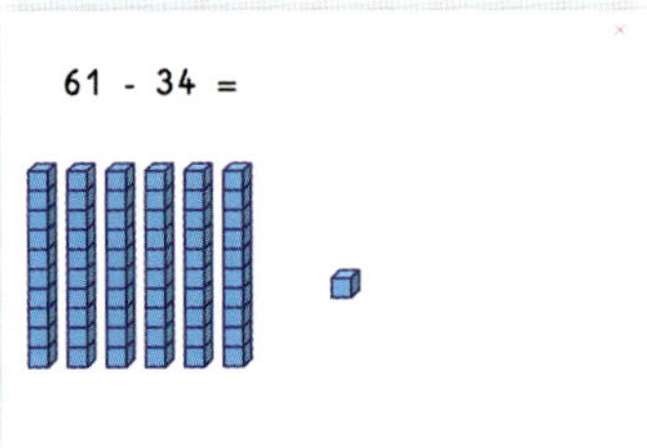

- « *Je casse une dizaine de 61 pour avoir 10 unités supplémentaires* ».

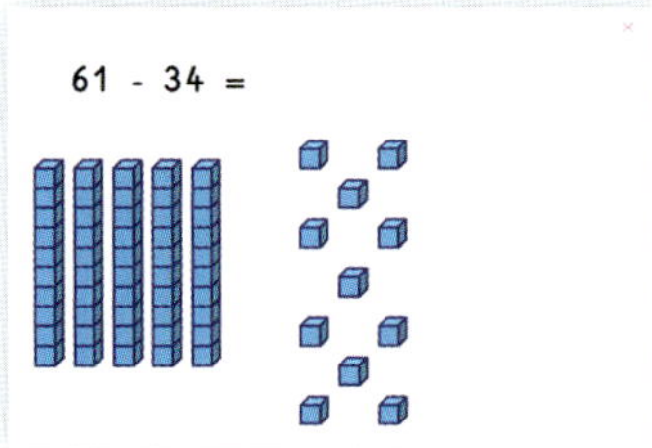

- « *J'ai cassé une dizaine de 61 pour avoir 10 unités supplémentaires. Il reste 5 dizaines groupées.* »

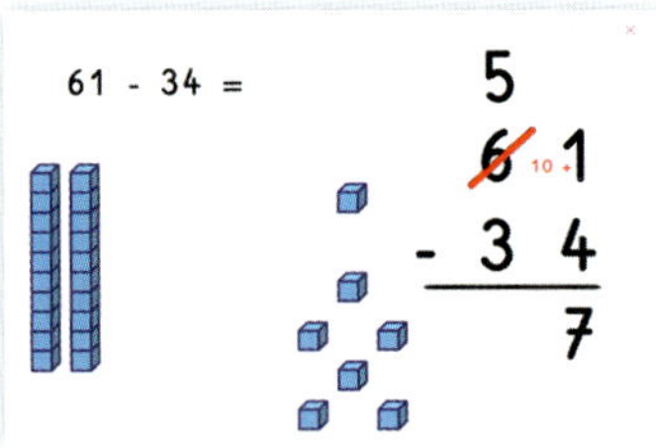

- « *J'ai maintenant 10 + 1 donc 11 unités. 11 unités - 4 unités, c'est possible. 11 unités - 4 unités = 7 unités. J'écris 7 comme chiffre des unités au résultat.* »

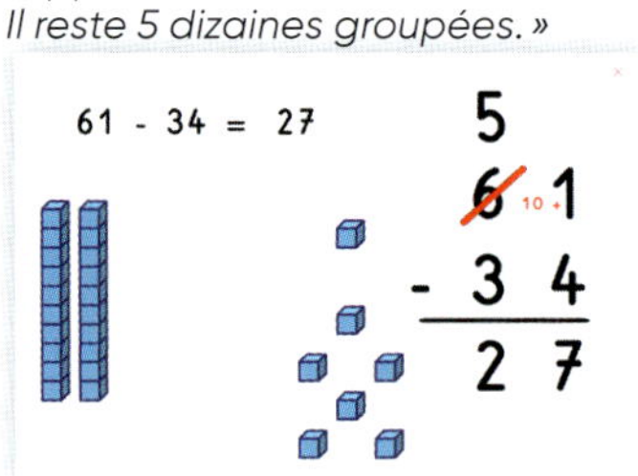

- « *Je regarde la colonne des dizaines : 5 dizaines - 3 dizaines, c'est possible car 3 < 5. 5 d - 3 d égale 2 d. J'écris 2 comme chiffre des dizaines au résultat.* »

! Au début de l'apprentissage, on écrit la retenue sous la forme « 10 + » pour montrer que l'on a 10 unités supplémentaires puis progressivement, on n'écrit plus « 10 + » mais « 1 » à gauche du chiffre des unités.

```
   5
  6̸ 1 1
- 3  4
------
  2  7
```

Trace écrite

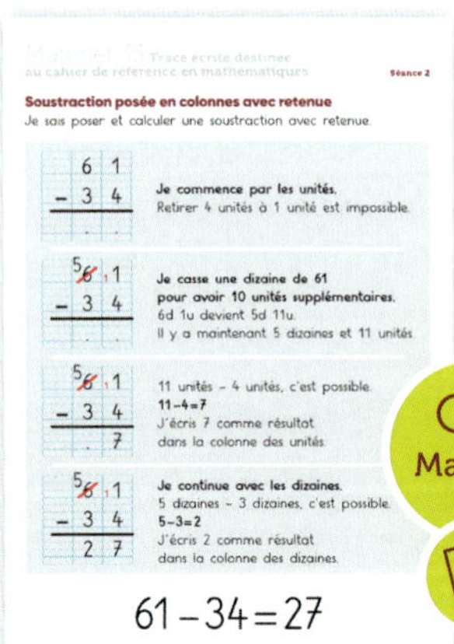
Matériel 35 – Trace écrite destinée au cahier de référence en mathématiques — Séance 2

Soustraction posée en colonnes avec retenue

Je sais poser et calculer une soustraction avec retenue.

Je commence par les unités. Retirer 4 unités à 1 unité est impossible.

Je casse une dizaine de 61 pour avoir 10 unités supplémentaires. 6d 1u devient 5d 11u. Il y a maintenant 5 dizaines et 11 unités.

11 unités - 4 unités, c'est possible. **11-4=7** J'écris 7 comme résultat dans la colonne des unités.

Je continue avec les dizaines. 5 dizaines - 3 dizaines, c'est possible. **5-3=2** J'écris 2 comme résultat dans la colonne des dizaines.

61 – 34 = 27

Matériel 35

Séance 3 — 30 min

Poser et calculer une soustraction de deux nombres à deux chiffres (2)

→ **CALCULER**

S'exercer à poser et calculer des soustractions en colonnes.

DÉROULEMENT DE LA SÉANCE

❶ Réactivation Poser et calculer une soustraction en colonnes pour les nombres à deux chiffres.	5 min	**Verbalisation Abstraction** Oral collectif
❷ Évaluation Poser et calculer des soustractions en colonnes pour les nombres à deux chiffres.	10 min	**Abstraction** Écrit individuel
❸ Entrainement différencié Effectuer des soustractions dans le cadre de groupes de besoins.	15 min	

❶ Réactivation

Verbaliser les étapes à suivre dans la mise en œuvre de l'algorithme de la soustraction à partir de deux opérations effectuées au tableau : **87 - 43 =** et **83 - 35 =**.

La signification et le placement des chiffres sont explicités. Les erreurs à éviter sont répertoriées.

❷ Évaluation

De nouvelles soustractions sont proposées à la classe en utilisant l'ardoise. Entre chaque calcul, la correction est menée au tableau. Cette évaluation permet à l'enseignant de repérer les besoins des élèves afin de former des groupes de besoins pour la fin de la séance.

Exercice 1 Effectue les opérations posées au tableau.

96 – 53	54 – 32	96 – 36

Exercice 2

Pose et effectue **63 - 28 =** **80 - 57 =** **56 - 27 =**

❸ Entrainement différencié

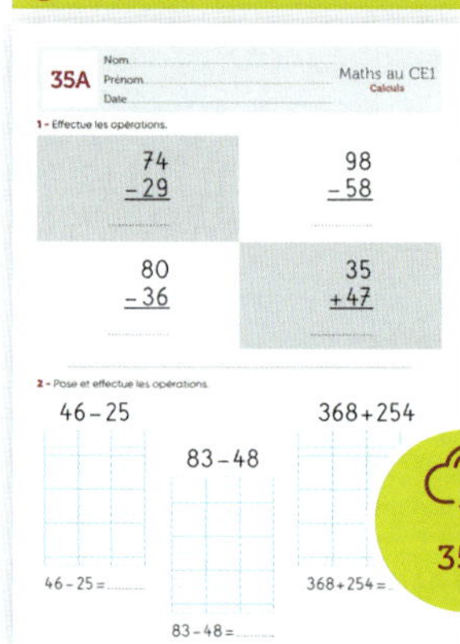

35A

L'enseignant regroupe les élèves qui ont besoin d'un accompagnement spécifique pour effectuer les opérations des exercices 1 et 2 de **ExoSup35.pdf**.

DIFFÉRENCIATION

- Proposer des « Cubes base 10 encastrables » (ou les cartes unités et dizaines de la **planche 2**) aux élèves qui ont besoin de manipuler.
- Donner des soustractions posées pour alléger la tâche.

La correction collective permet de rappeler les étapes à suivre pour réussir cette tâche.

Séance 4 — 30 min

Bilan des apprentissages

Valorisation des progrès

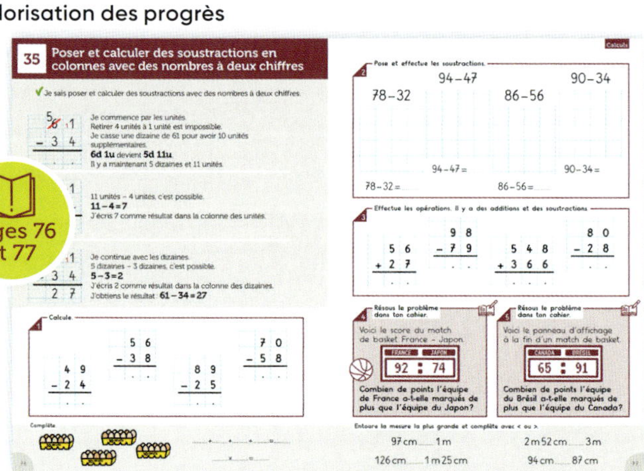

Pages 76 et 77

Matériel 35

Matériel 35 Trace écrite destinée au cahier de référence en mathématiques

Séance 2

Soustraction posée en colonnes sans retenue

Je sais poser et calculer une soustraction sans retenue.

	6	4
–	2	3
	.	.

Je pose l'opération en alignant les chiffres des unités dans la colonne des unités et les chiffres des dizaines dans la colonne des dizaines.

	6	4
–	2	3
	.	1

Je calcule en commençant par les unités.
4 unités – 3 unités, c'est possible.
4 – 3 = 1
J'écris 1 comme résultat dans la colonne des unités.

	6	4
–	2	3
	4	1

Je continue avec les dizaines.
6 dizaines – 2 dizaines, c'est possible.
6 – 2 = 4
J'écris 4 comme résultat dans la colonne des dizaines.

Matériel 35 Trace écrite destinée au cahier de référence en mathématiques

Séance 2

Soustraction posée en colonnes sans retenue

Je sais poser et calculer une soustraction sans retenue.

Je pose l'opération en alignant les chiffres des unités dans la colonne des unités et les chiffres des dizaines dans la colonne des dizaines.

Je calcule en commençant par les unités.
4 unités – 3 unités, c'est possible.
4 – 3 = 1
J'écris 1 comme résultat dans la colonne des unités.

Je continue avec les dizaines.

41

Matériel 35 Trace écrite destinée au cahier de référence en mathématiques

Séance 2

Soustraction posée en colonnes avec retenue

Je sais poser et calculer une soustraction avec retenue.

	6	1
–	3	4
	.	.

Je commence par les unités.
Retirer 4 unités à 1 unité est impossible.

	~~6~~ 5	1 1
–	3	4
	.	.

Je casse une dizaine de 61 pour avoir 10 unités supplémentaires.
6d 1u devient 5d 11u.
Il y a maintenant 5 dizaines et 11 unités.

	~~6~~ 5	1 1
–	3	4
	.	7

11 unités – 4 unités, c'est possible.
11 – 4 = 7
J'écris 7 comme résultat dans la colonne des unités.

	~~6~~ 5	1 1
–	3	4
	2	7

Je continue avec les dizaines.
5 dizaines – 3 dizaines, c'est possible.
5 – 3 = 2
J'écris 2 comme résultat dans la colonne des dizaines.

61 – 34 = 27

Matériel 35 Trace écrite destinée au cahier de référence en mathématiques

Séance 2

Soustraction posée en colonnes avec retenue

Je sais poser et calculer une soustraction avec retenue.

Je commence par les unités.
Retirer 4 unités à 1 unité est impossible.

Je casse une dizaine de 61 pour avoir 10 unités supplémentaires.
6d 1u devient 5d 11u.
Il y a maintenant 5 dizaines et 11 unités.

11 unités – 4 unités, c'est possible.
11 – 4 = 7
J'écris 7 comme résultat dans la colonne des unités.

35A Nom .... Prénom .... Date .... Maths au CE1 Calculs

1 – Effectue les opérations.

74 – 29 = ...

98 – 58 = ...

80 – 36 = ...

35 + 47 = ...

2 – Pose et effectue les opérations.

46 – 25   83 – 48   368 + 254

46 – 25 = ...

83 – 48 = ...

368 + 254 = ...

35A Nom .... Prénom .... Date .... Maths au CE1 Calculs

1 – Effectue les opérations.

74 – 29   98 – 58   80 – 36   35 + 47

2 – Pose et effectue les opérations.

46 – 25 = ...   83 – 48 = ...   368 + 254 = ...

15 min par jour

Calcul mental

- Compter de 5 en 5 jusqu'à 100.
- Connaitre la table de multiplication par 2.

Séance 1

❶ Compter de 5 en 5 jusqu'à 100 — 2 min

Réciter la suite orale des nombres de 5 en 5, en partant de 0 par ordre croissant jusqu'à 50.

❷ Table de multiplication par 2 : 5 x 2, 7 x 2 et 9 x 2 — 13 min

Entrainement Résultats connus

Proposer oralement un par un les calculs :
« Combien de fois 2 pour faire 4 ? » « Combien de fois 2 pour faire 12 ? »
« Combien de fois 2 pour faire 8 ? » « Combien de fois 2 pour faire 16 ? »
« Combien de fois 2 pour faire 20 ? »
Les élèves répondent sur l'ardoise.

Découverte 5 x 2, 7 x 2 et 9 x 2

Proposer un par un les calculs à l'aide de l'animation **Calcul 19**. **5 x 2 7 x 2 9 x 2**

Procédures à privilégier
5 x 2 *« 5 x 2, c'est égal à 2 x 5. C'est le double de 5, c'est 5 + 5. »*
7 x 2 *« 7 x 2, c'est égal à 2 x 7. C'est le double de 7, c'est 7 + 7. »*
Pour 9 x 2
- *« 9 x 2, c'est égal à 2 x 9. C'est le double de 9, c'est 9 + 9. »*
- 9 x 2 = (10 x 2) - (1 x 2) ou (8 x 2) + (1x 2)

! Les parenthèses ne sont pas au programme du cycle 2. Il s'agit ici de verbaliser *« 9 fois 2, c'est pareil que 10 fois 2 moins 1 fois 2 »*.

Calcul 19

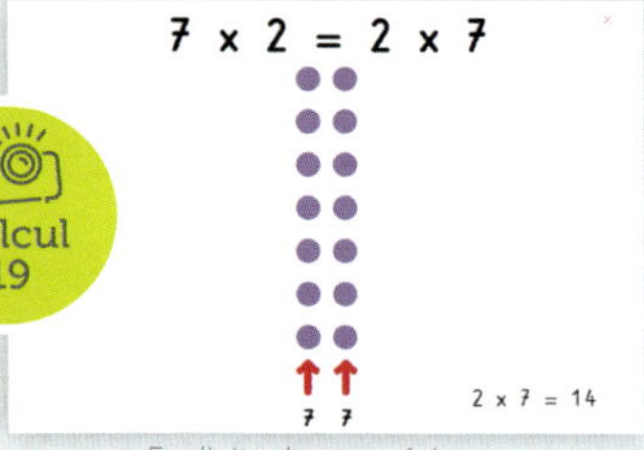

*Expliciter les procédures à l'aide de l'animation **Calcul 19**.*

Matériel Calcul 18

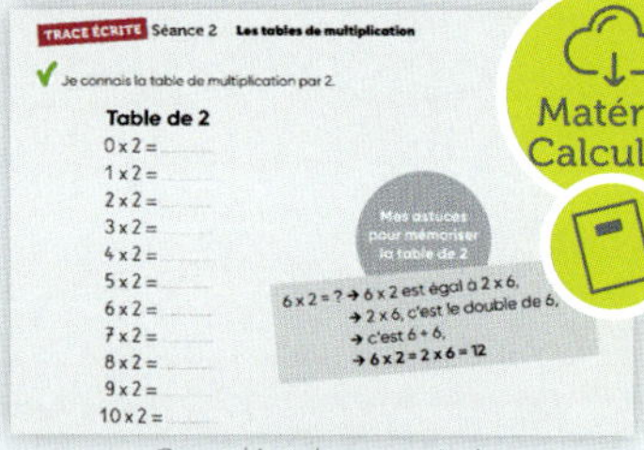

*Compléter la trace écrite (**MaterielCalcul18.pdf**) pour les résultats découverts au cours de la séance.*

Séance 2

❶ Compter de 5 en 5 jusqu'à 100 — 3 min

Réciter la suite orale des nombres de 5 en 5, en partant de 50 par ordre décroissant jusqu'à 0.

❷ Table de multiplication par 2 : entrainement — 2 min

Proposer les calculs oralement, les élèves répondent sur l'ardoise.

« Dans 6, combien de fois 2 ? » « Dans 12, combien de fois 2 ? »
« Dans 8, combien de fois 2 ? » « Dans 16, combien de fois 2 ? »

❸ Table de multiplication par 2 : jeu — 10 min

Jouer au jeu des **champions du calcul** (règle du jeu dans **MaterielCalcul19.pdf**, pages 1 et 2).

Matériel Calcul 19

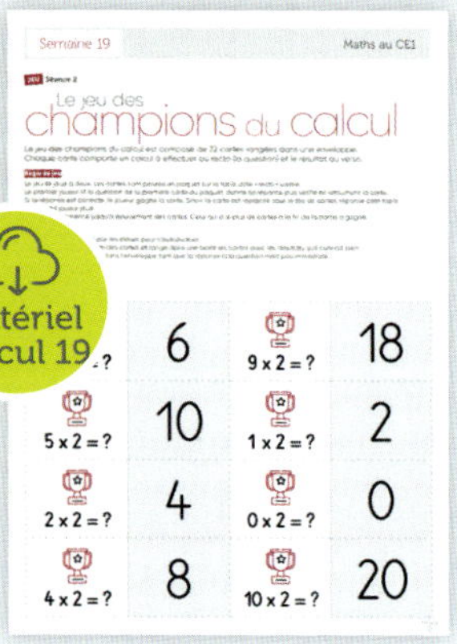

Séance 3

❶ Compter de 5 en 5 jusqu'à 100 — 3 min

Réciter la suite orale des nombres de 5 en 5, en partant de 50 par ordre croissant jusqu'à 100.

❷ Table de multiplication par 2 : entrainement — 7 min

Travailler les résultats qui sont difficiles à mémoriser en variant les types de questions : **7 x 2 = ?** **? x 2 = 18**

❸ Table de multiplication par 2 : réinvestissement — 5 min

Proposer les problèmes oralement.
Les élèves répondent sur l'ardoise.

*« Lili a 4 enveloppes. Dans chaque enveloppe, elle a mis 2 images d'animaux. **Combien Lili a-t-elle d'images au total ?** »*

*« J'ai 12 images. Je veux les ranger dans des enveloppes. Dans chaque enveloppe, il doit y avoir 2 images. **Combien d'enveloppes dois-je préparer ?** »*

Séance 4

❶ Compter de 5 en 5 jusqu'à 100 — 2 min

Réciter la suite orale des nombres de 5 en 5, en partant de 100 par ordre décroissant jusqu'à 0.

❷ Table de multiplication par 2 : évaluation — 5 min

Proposer la série de calculs du document-élève **MaterielCalcul19.pdf**, page 3.

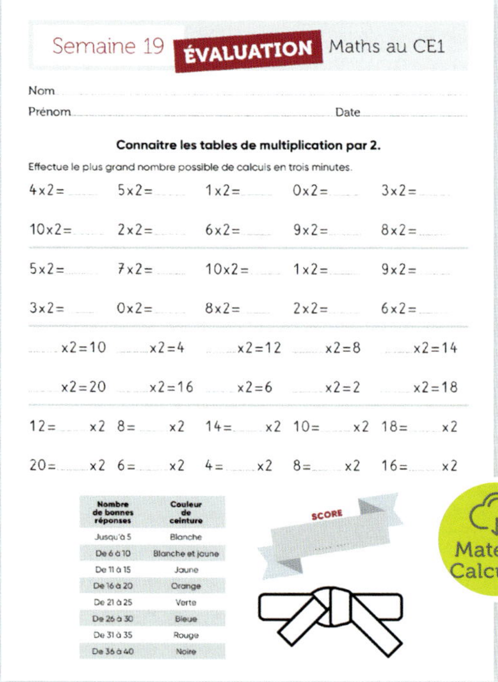

Semaine 19 ÉVALUATION Maths au CE1

Nom ....
Prénom .... Date ....

Connaitre les tables de multiplication par 2.

Effectue le plus grand nombre possible de calculs en trois minutes.

4x2= ... 5x2= ... 1x2= ... 0x2= ... 3x2= ...
10x2= ... 2x2= ... 6x2= ... 9x2= ... 8x2= ...
5x2= ... 7x2= ... 10x2= ... 1x2= ... 9x2= ...
3x2= ... 0x2= ... 8x2= ... 2x2= ... 6x2= ...
... x2=10 ... x2=4 ... x2=12 ... x2=8 ... x2=14
... x2=20 ... x2=16 ... x2=6 ... x2=2 ... x2=18
12= ... x2 8= ... x2 14= ... x2 10= ... x2 18= ... x2
20= ... x2 6= ... x2 4= ... x2 8= ... x2 16= ... x2

Nombre de bonnes réponses	Couleur de ceinture
Jusqu'à 5	Blanche
De 6 à 10	Blanche et jaune
De 11 à 15	Jaune
De 16 à 20	Orange
De 21 à 25	Verte
De 26 à 30	Bleue
De 31 à 35	Rouge
De 36 à 40	Noire

SCORE

Matériel Calcul 19

❸ Table de multiplication par 2 : réinvestissement — 8 min

Proposer les problèmes oralement.
Les élèves répondent sur l'ardoise.

« L'école a commandé 9 cahiers à 2 euros.
***Combien la directrice doit-elle payer ?** »*

« 2 enfants se partagent 16 images.
***Combien d'images aura chaque enfant ?** »*

« Papa a acheté 2 sachets de 5 pommes et et 1 sachet de 4 pommes.
***Combien de pommes papa a-t-il achetées ?** »*

Atelier 19

30 min par semaine

Atelier problèmes

- Résoudre des problèmes additifs en une étape.

Prénom .... Date ....

Résous le problème avec le symbole ✗ puis résous les problèmes de ton choix. Essaie d'en résoudre le plus possible.

✗ Problème 1

Les parents de Tom lui ont acheté un lit, un matelas et une couette.
Le lit coute 217 euros, le matelas 123 euros et la couette 34 euros.

Combien les parents de Tom ont-ils payé ?

Problème 2

La semaine dernière, j'avais placé 329 pièces de mon puzzle. Cette semaine, j'en ai placé 247.

Combien de pièces ai-je placées en tout ?

Problème 3

Monsieur Lima avait 476 euros sur son compte en banque. Il reçoit un virement de 345 euros.

Combien a-t-il d'argent sur son compte maintenant?

Problème 4

J'étais à la page 225 de mon livre. Ce matin, j'ai lu 57 pages et 45 pages cet après-midi.

À quelle page du livre suis-je arrivé ?

Problème 5

Madame Bota a 980 euros sur son compte en banque. Elle achète un canapé à 760 euros.

Combien reste-t-il d'argent sur le compte de Mme Bota maintenant ?

Problème 6

Une salle de cinéma dispose de 450 places. Pour la séance de 14 heures, 338 places ont été vendues au plein tarif et 102 au tarif réduit.

Combien reste-t-il de places à vendre pour cette séance ?

36 Comparer les nombres jusqu'à 999

Séance 1 — 30 min

Comparer des collections représentées

→ **RAISONNER**

Anticiper le résultat d'une manipulation.

MATÉRIEL ET SUPPORT
- Des « Cubes base 10 encastrables » de chez Celda ou les carrés de la **planche 1** prédécoupée du cahier de l'élève ***Maths au CE1***.
- La feuille de recherche (**Materiel36.pdf**, page 1).

DÉROULEMENT DE LA SÉANCE

1 Recherche Comparer deux collections de cubes entièrement groupées.	15 min	**Abstraction** Travail individuel
2 Institutionnalisation Comparer deux nombres jusqu'à 999.	5 min	**Verbalisation** Oral collectif
3 Entrainement Comparer deux nombres en utilisant les signes <, = ou >.	10 min	**Abstraction** Travail individuel

1 Recherche

Matériel 36

Exercice 1

Consigne « Léo et Tom ont reçu des cubes. Écris le nombre de cubes de chaque enfant. Entoure le nom de l'enfant qui a le plus de cubes. »

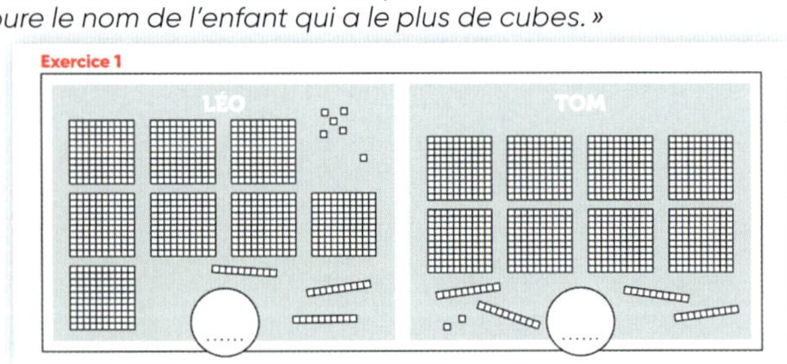

Procédure visée

Dans 836, il y a autant de centaines (8 centaines) que dans 842. Mais il y a moins de dizaines dans 836 (3 dizaines) que dans 842 (4 dizaines). 836 est donc plus petit que 842.
J'écris **836 < 842** ou **842 > 836**.

Utiliser un tableau de numération pour expliquer que l'on compare les chiffres de chaque nombre en commençant par les centaines.

c	d	u
8	3	6

c	d	u
8	4	2

Écrire au tableau : **836 < 842** **842 > 836**

Dire : *« 842 est plus grand que 836. 842 est supérieur à 836 ».*
Puis *« 836 est plus petit que 842. 836 est inférieur à 842. »*

Faire remarquer que 842, c'est 800 + 42. 836, c'est 800 + 36.

Écrire **800 + 42 > 800 + 36.**

Valider par correspondance terme à terme avec les cubes ou avec l'animation **Séquence 36**.
Faire constater que chaque enfant a 8 plaques de 100 cubes.
Par contre, Tom a 4 barres de 10 cubes et Léo 3 barres de 10 cubes.

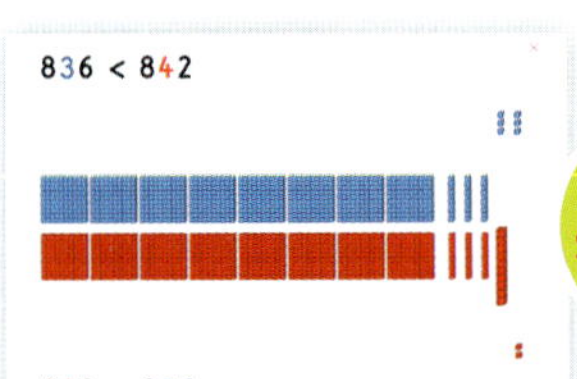

Séquence 36

Exercice 2

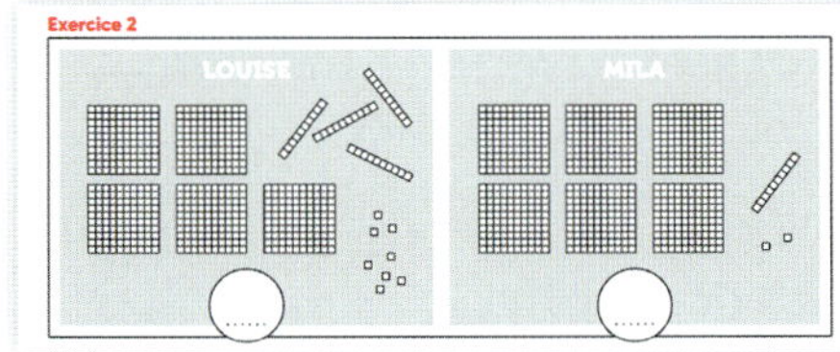

Procédure visée

Dans 548, il y a 5 centaines alors que dans 612, il y a 6 centaines.
548 est donc plus petit que 612. J'écris **548 < 612** ou **612 > 548**.

Utiliser un tableau de numération pour expliquer que l'on compare les chiffres en commençant par les centaines.

c	d	u
5	4	8

c	d	u
6	1	2

Écrire au tableau **548 < 612** **612 > 548**

Dire : *« 612 est plus grand que 548. 612 est supérieur à 548 ».*
Puis *« 548 est plus petit que 612. 548 est inférieur à 612 ».*

Valider par correspondance terme à terme avec les cubes ou avec l'animation **Séquence 36**.

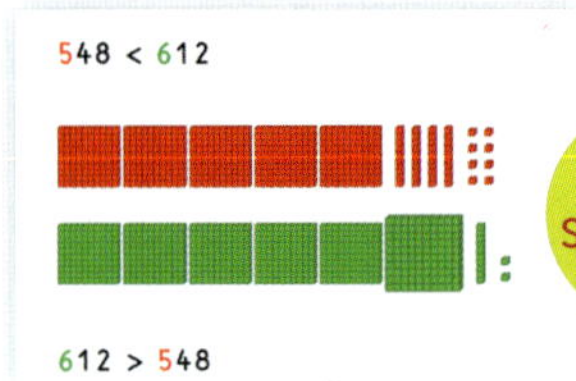

Séquence 36

Exercice 3

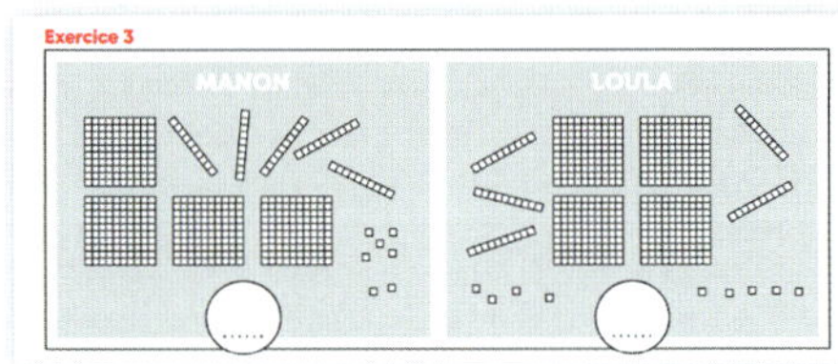

Procédure visée

457 et 459 ont autant de centaines et autant de dizaines l'un que l'autre. Mais il y moins d'unités dans 457 que dans 459.

Faire la correspondance terme à terme entre les plaques centaines, les barres dizaines et les cubes unités. Faire constater que chaque enfant a autant de centaines et de dizaines.

Utiliser un tableau de numération pour expliquer que l'on compare les chiffres de chaque nombre en commençant par les centaines.

c	d	u
4	5	7

c	d	u
4	5	9

Écrire au tableau : **457 < 459** **459 > 457**

Faire remarquer que 457, c'est 400 + 50 + 7 et que 459, c'est 400 + 50 + 9.

Écrire **400 + 50 + 9 > 400 + 50 + 7.**

Valider par correspondance terme à terme avec les cubes ou avec l'animation **Séquence 36**.

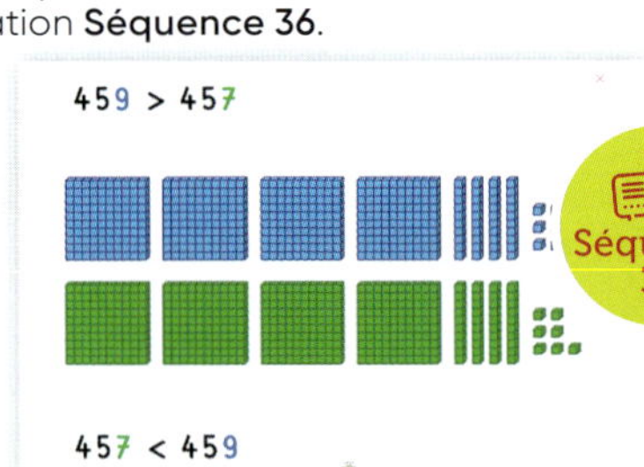

Séquence 36

❷ Institutionnalisation

Ce qu'il faut retenir

Pour comparer deux nombres, il faut commencer par comparer le chiffre des centaines. En cas d'égalité au niveau des chiffres des centaines, on compare le chiffre des dizaines. S'ils sont égaux, on compare le chiffre des unités.

À quoi cela sert-il ?

Donner des exemples concrets où on compare des nombres : comparer des prix pour un même objet pour acheter le moins cher, comparer des distances en km, comparer la hauteur de deux objets en cm.

❸ Entrainement

L'exercice est écrit au tableau. Les élèves répondent sur l'ardoise.

Complète avec < ou >.

356 ... 378	508 ... 489	723 ... 726
930 903	951 ... 98	869 ... 796

Séance 2 — 30 min

Comparer des nombres inférieurs à 999

→ RAISONNER

Comparer des nombres entiers en utilisant les symboles < ou >.

MATÉRIEL ET SUPPORT
- La trace écrite (**MATERIEL36.pdf**, page 2).

DÉROULEMENT DE LA SÉANCE

❶ **Entrainement** Comparer des nombres en utilisant les signes <, >.	15 min	Abstraction Écrit Individuel
❷ **Renforcement** Résoudre des problèmes de comparaison.	15 min	

❶ Entrainement

S'exercer avec **ExoSup36.pdf**, page 1.

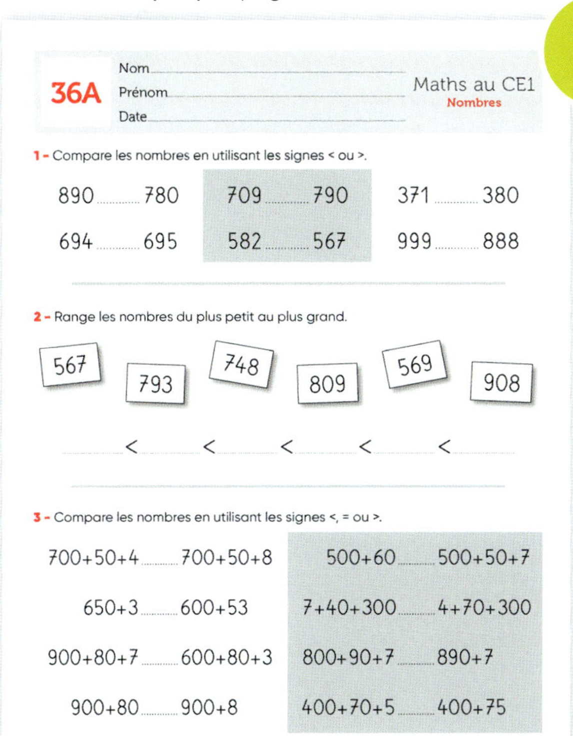

36A — Nom / Prénom / Date — Maths au CE1 — Nombres

1 - Compare les nombres en utilisant les signes < ou >.

890 780	709 790	371 380
694 695	582 567	999 888

2 - Range les nombres du plus petit au plus grand.

567 793 748 809 569 908

...... < ...... < ...... < ...... < ...... < ......

3 - Compare les nombres en utilisant les signes <, = ou >.

700+50+4 ...... 700+50+8	500+60 ...... 500+50+7
650+3 ...... 600+53	7+40+300 ...... 4+70+300
900+80+7 ...... 600+80+3	800+90+7 ...... 890+7
900+80 ...... 900+8	400+70+5 ...... 400+75

La phase de correction est menée uniquement avec les élèves qui en ont besoin et qui sont regroupés dans un espace de travail. L'enseignant peut aussi cibler la correction sur deux ou trois questions afin de permettre aux élèves d'expliciter leurs procédures.

❷ Renforcement

Résoudre les deux problèmes du document **ExoSup36.pdf**, pages 2 et 3.

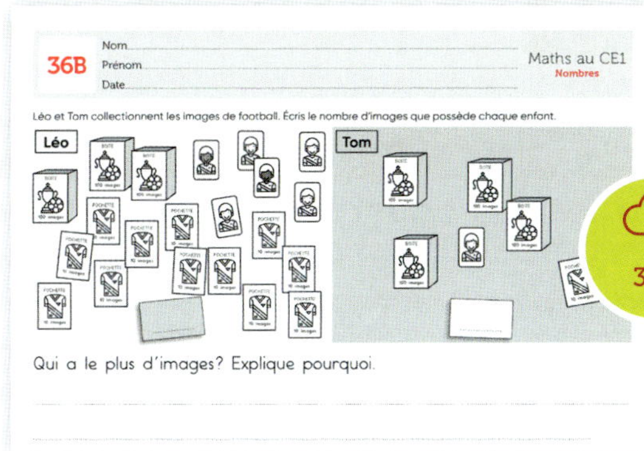

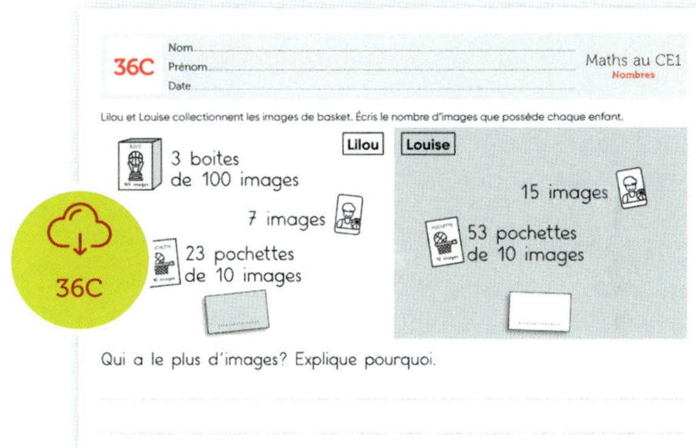

Trace écrite

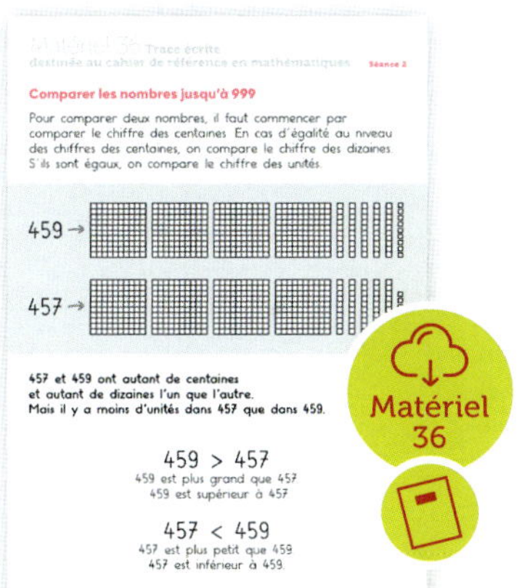

Séance 3 — 30 min

Bilan des apprentissages

Valorisation des progrès

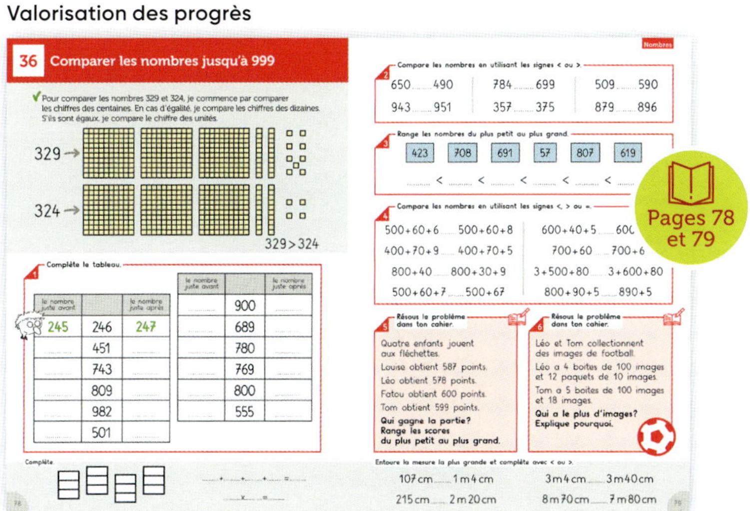

37 Reconnaitre un carré : longueurs des côtés et angles droits

Séance 1 — 30 min

Reconnaitre un carré en utilisant la propriété d'égalité de longueur des côtés

→ **MODÉLISER**

Savoir dire qu'un carré a 4 côtés de même longueur.

MATÉRIEL ET SUPPORT
- Deux ou trois bandes de papier par élève.
- La feuille de jeu (**Materiel37**, page 1).

DÉROULEMENT DE LA SÉANCE

❶ Jeu Identifier et dénombrer rapidement des carrés dans une série de quadrilatères.	10 min	**Verbalisation** Oral collectif
❷ Recherche Chercher comment vérifier si une figure est un carré.	10 min	**Expérimentation Manipulation** Travail individuel
❸ Mise en commun et validation Identifier les carrés et valider la bonne réponse.	10 min	**Manipulation Verbalisation** Oral collectif

❶ Jeu

Jeu de Lucky Luke Reconnaitre les figures *plus vite que son ombre.*

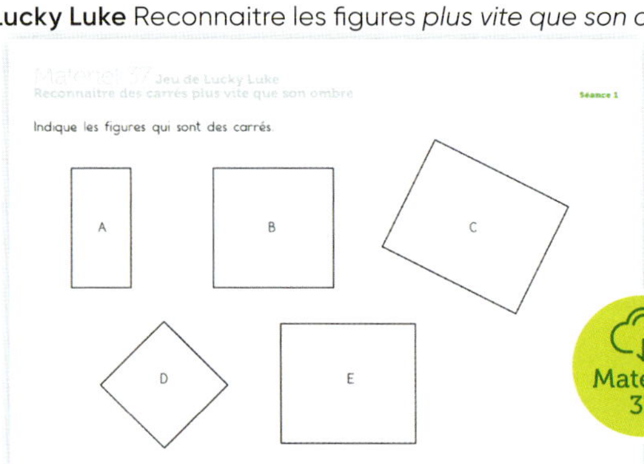

Matériel 37

Distribuer la feuille de recherche en la posant à l'envers sur chaque table pour que les élèves ne voient pas les quadrilatères.

Expliquer que, sur la feuille, il y a 5 figures. Parmi ces figures, il peut y avoir des carrés mais on ne sait pas combien.

Lister toutes les réponses possibles avec les élèves : il peut y avoir 0, 1, 2, 3, 4 ou 5 carrés.

Consigne *« Trouve très rapidement le nombre de carrés. Pour cela, retourne la feuille au premier signal puis, au second signal, repose-la à l'envers sur la table. Écris ensuite sur l'ardoise le nombre de carrés que tu as vus. »*
Laisser 5 à 10 secondes aux élèves pour identifier et dénombrer les carrés.

Comptabiliser au tableau les différentes réponses des élèves.

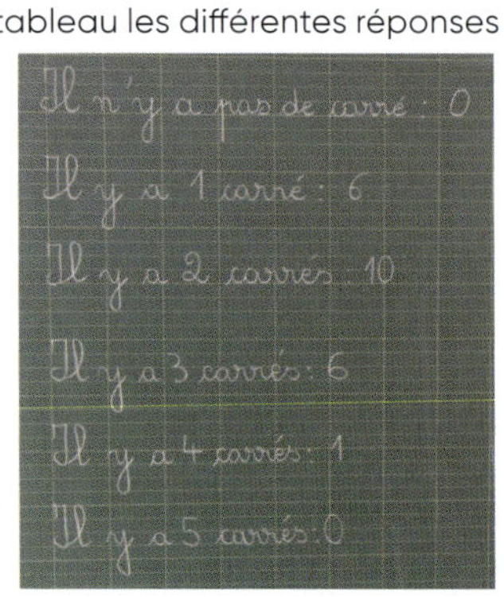

Recensement des réponses de la classe

❷ Recherche

Trouver une manière de vérifier les réponses proposées.
Les élèves n'ont à leur disposition que des bandes de papier.

Utilisation d'une bande de papier pour mesurer la longueur d'un côté du quadrilatère

Comparaison de la longueur des 4 côtés en utilisant la bande papier

❸ Mise en commun et validation

Demander aux élèves d'expliquer la manière dont ils s'y sont pris pour déterminer si les figures étaient ou non des carrés.

Faire verbaliser la propriété qu'ils ont mobilisée : *« un carré a ses quatre côtés égaux. »*

Les figures A et C peuvent être éliminées à l'œil nu.
En revanche, les figures B, D et E rendent nécessaire une vérification avec une bande de papier pour comparer les longueurs des côtés.
Seules les figures B et D sont des carrés.

Synthèse

Un carré a 4 côtés de même longueur.

Séance 2 — 20 min

Fabriquer un gabarit d'angle droit

→ **MODÉLISER**

Savoir fabriquer un gabarit d'angle droit.

MATÉRIEL ET SUPPORT
- 2 feuilles A4 par élève et 1 feuille A3 pour une utilisation collective.

DÉROULEMENT DE LA SÉANCE

❶ Appropriation du problème Comprendre le but à atteindre dans la manipulation.	5 min	**Verbalisation** Oral collectif
❷ Recherche Chercher comment construire un gabarit d'angle droit à partir d'un modèle.	5 min	**Manipulation** Travail individuel
❸ Mise en commun Connaitre les étapes de la fabrication d'un gabarit d'angle droit.	10 min	**Verbalisation Manipulation** Oral collectif

❶ Appropriation du problème

Annoncer aux élèves qu'ils auront besoin d'une équerre pour identifier des carrés mais la classe ne dispose que d'une seule équerre. Chaque élève va devoir fabriquer un gabarit d'angle droit pour pouvoir repérer les angles droits.

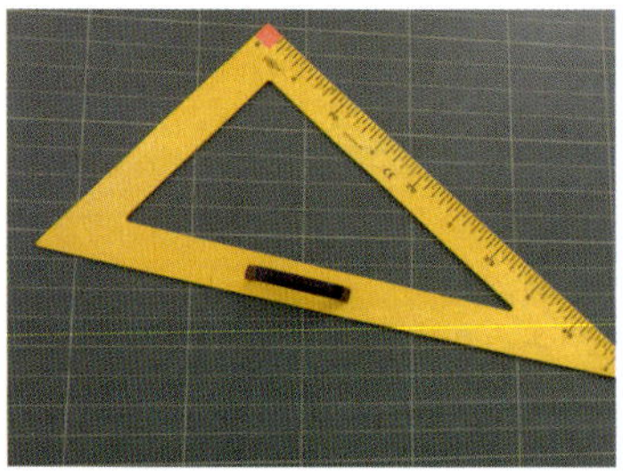

Repérer l'angle droit de l'équerre et du gabarit à l'aide d'un carré rouge.

Présenter un gabarit d'angle droit.
Expliquer que le but est de fabriquer un instrument du même type.

❷ Recherche

Découpage de la feuille A4

Distribuer une feuille de format A4 à chaque élève.

Demander de découper ou de déchirer tout le tour de la feuille A4 pour ne plus avoir de bords droits. Montrer comment procéder avec une feuille A3. Le but est de n'avoir qu'un seul angle droit sur le gabarit quand le pliage sera réalisé.

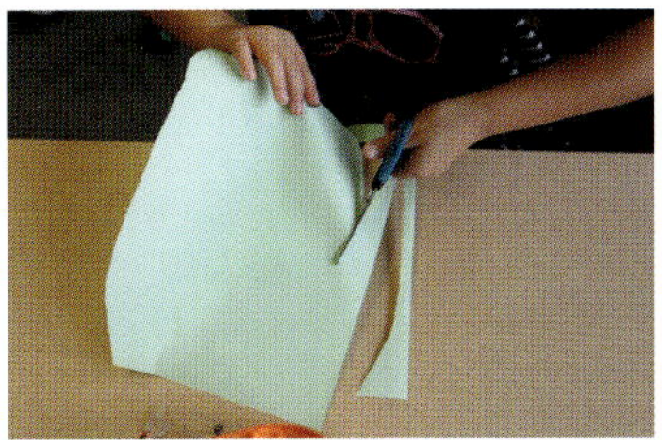

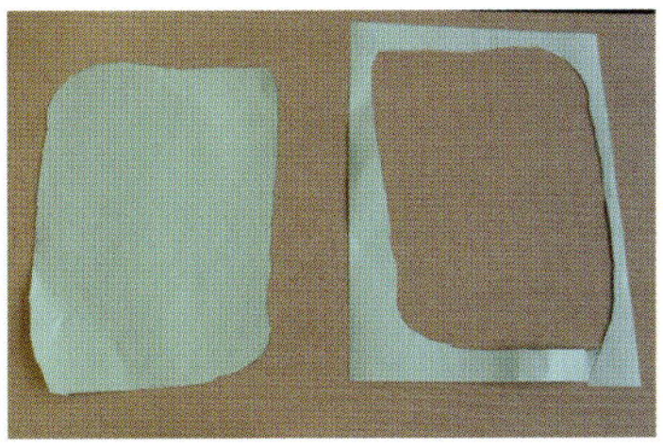

Recherche individuelle
Chaque élève fait des essais de pliage pour obtenir un angle droit.

❸ Mise en commun

Demander aux élèves d'expliquer comment fabriquer un gabarit d'angle droit. Se mettre d'accord sur la procédure.

Fabrication d'un gabarit
Fabriquer un gabarit en suivant les consignes de l'enseignant. Faire le pliage devant les élèves avec une feuille A3.

Avec la forme obtenue lors du découpage de la feuille A5, plier la feuille en deux en appuyant bien sur le pli obtenu.

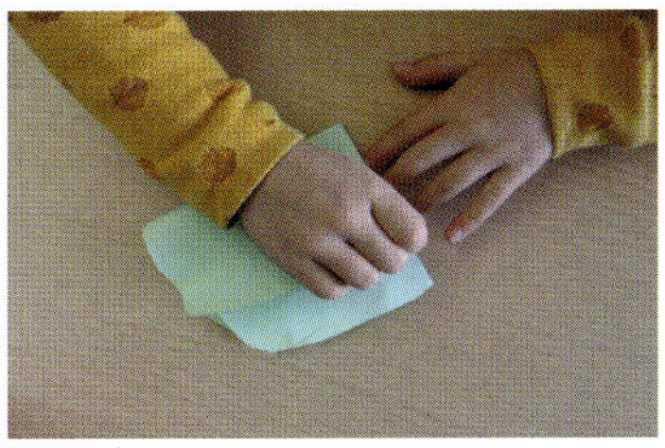

Puis plier encore en deux en superposant les deux plis.

Faire dessiner un petit carré pour marquer l'angle droit.

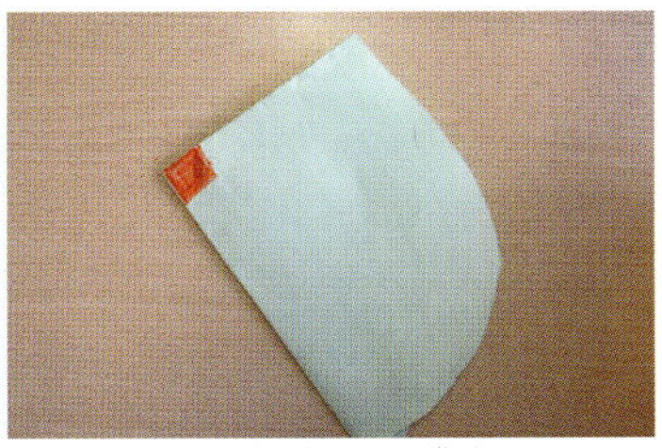

Le gabarit sera utilisé au cours de séances qui suivent.

Séance 3 — 30 min

Reconnaitre un carré en utilisant la notion d'angle droit

→ **MODÉLISER**

Savoir dire qu'un carré a 4 angles droits.

MATÉRIEL ET SUPPORT
- Par élève, 2 ou 3 bandes de papier, le gabarit d'angle droit fabriqué en séance 2, la feuille de jeu et la trace écrite (**Materiel37**, pages 2 et 3).
- La feuille de jeu (page 2) agrandie en A3 pour une utilisation collective.

DÉROULEMENT DE LA SÉANCE

❶ Jeu Identifier rapidement des carrés parmi différents quadrilatères.	5 min	**Verbalisation** Oral collectif
❷ Recherche Chercher comment vérifier si une figure est un carré.	10 min	**Expérimentation** **Manipulation** Travail individuel
❸ Mise en commun Découvrir l'angle droit. Identifier les carrés et valider la bonne réponse.	10 min	**Manipulation** **Verbalisation** Oral collectif
❹ Institutionnalisation Verbaliser ce qu'il faut retenir.	5 min	**Verbalisation** **Abstraction** Oral collectif

❶ Jeu

Jeu de Lucky Luke Reconnaitre les figures *plus vite que son ombre*.

Matériel 37

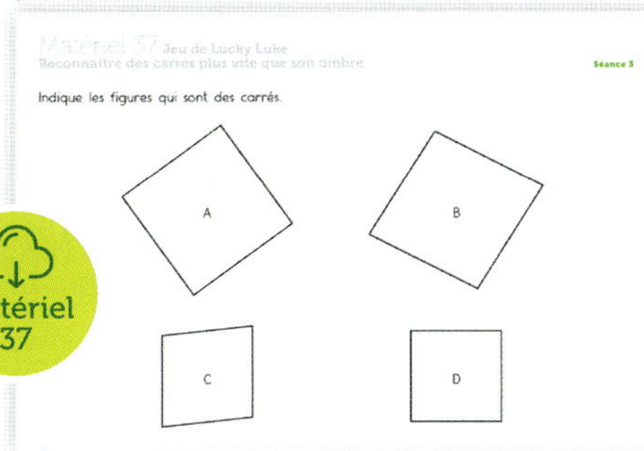

Les 4 quadrilatères représentés ont des côtés de même longueur afin d'éliminer ce paramètre pour se centrer sur la notion d'angle droit.

Poser la feuille de jeu à l'envers sur chaque table pour que les élèves ne voient pas les quadrilatères. Expliquer que, sur la feuille, il y a 4 figures nommées A, B, C et D. Parmi ces figures, il peut y avoir des carrés.

Consigne *« Trouve très rapidement quelles figures sont des carrés. Pour cela, retourne la feuille au premier signal puis repose-la à l'envers sur la table au second signal. Écris ensuite sur l'ardoise le nom des figures qui sont des carrés. »*

Laisser 5 à 10 secondes aux élèves pour identifier et dénombrer les carrés.

Les élèves écrivent leurs réponses sur l'ardoise. Demander ensuite à tous les élèves qui pensent que A est un carré de lever la main puis écrire le résultat au tableau. Reproduire cette démarche pour les carrés B, C et D.

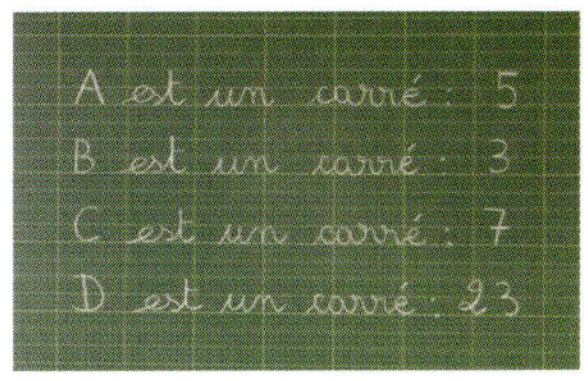

Recensement des hypothèses des élèves

❷ Recherche

Faire trouver une manière de vérifier les réponses proposées. Les élèves ont à leur disposition des bandes de papier et le gabarit d'angle droit.

Recherche des angles droits avec le gabarit.

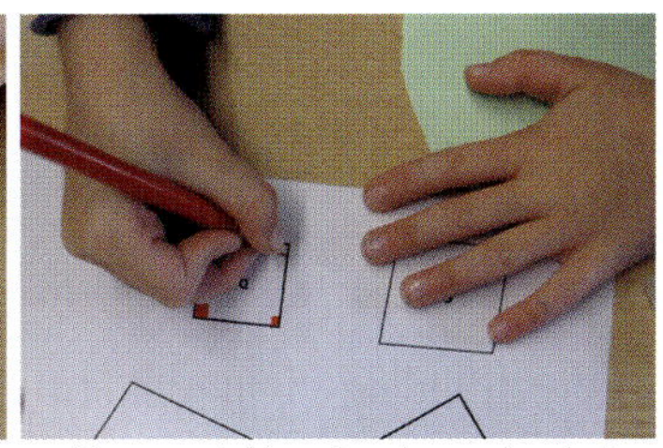

Marquer et dénombrer les angles droits.

❸ Mise en commun

Demander aux élèves d'expliquer la manière dont ils s'y sont pris pour déterminer si les figures étaient ou non des carrés.

Un carré a 4 côtés de même longueur.
Faire verbaliser la propriété qu'ils ont mobilisée :
« un carré a ses quatre côtés égaux ».

Un carré a 4 angles droits.
Faire remarquer que toutes les figures ont 4 côtés égaux.
Pourtant certaines figures ne ressemblent pas à des carrés.
Faire expliquer aux élèves en quoi ces figures sont différentes.
Les amener à dire que les angles sont différents.
Les élèves utiliseront sans doute d'autres termes : *« C'est plus écarté, plus ouvert, moins écarté, plus fermé, plus serré... »* en montrant les secteurs angulaires.
Expliquer aux élèves qu'en effet, les angles du carré sont particuliers. On les appelle des ***angles droits***. Pour vérifier si un angle est droit, on utilise une équerre ou un gabarit d'angle droit.

Vérifier, à l'aide d'une équerre ou d'un carré en carton, les angles des 4 figures de la feuille de jeu agrandie au format A3 en marquant les angles droits (petits carrés rouges).

37 Reconnaitre un carré : longueurs des côtés et angles droits

❹ Institutionnalisation

Ce qu'il faut retenir

Les figures A et D ont 4 côtés de même longueur **ET** 4 angles droits : ce sont des carrés.

Trace écrite

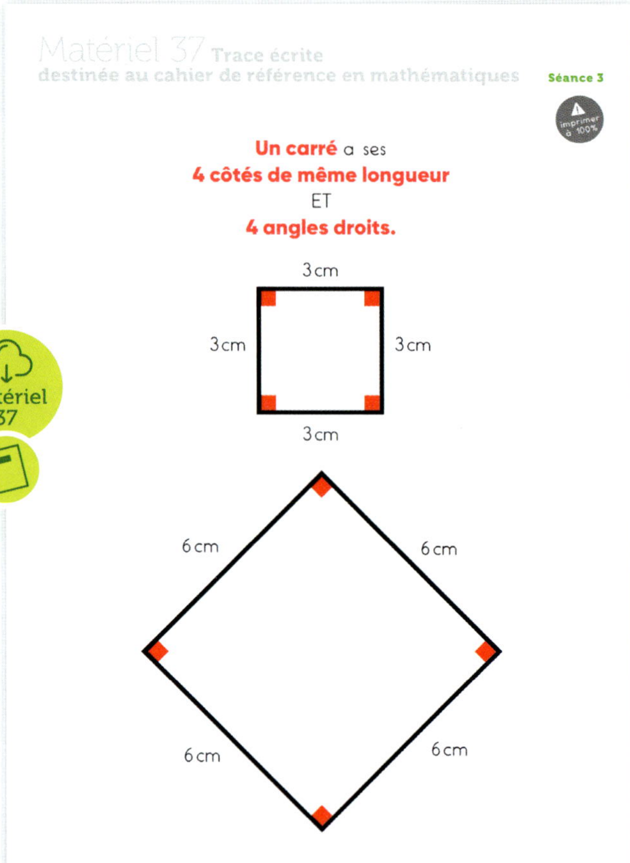

Matériel 37

Séance 4

30 min

Reconnaitre un carré en utilisant les deux propriétés

→ **MODÉLISER**

Savoir dire qu'un carré a 4 côtés de même longueur et 4 angles droits.

MATÉRIEL ET SUPPORT

- Par élève, trois bandes de papier et le gabarit d'angle droit fabriqué en séance 2.
- Le document élève (**Materiel37.pdf**, page 4).

DÉROULEMENT DE LA SÉANCE

❶ Recherche Identifier les carrés en utilisant des bandes de papier et un gabarit d'angle droit.	10 min	**Manipulation** Travail individuel
❷ Mise en commun Inventorier les réponses, les vérifier et déterminer quelles figures sont des carrés.	5 min	**Manipulation** **Verbalisation** Oral collectif
❸ Évaluation Établir un bilan de la séance.	15 min	**Abstraction** Travail individuel

❶ Recherche

Consigne « *À l'aide de bandes de papier et du gabarit d'angle droit, cherche les carrés parmi les 6 figures du document. Écris ensuite sur l'ardoise leurs noms, définis par une lettre.* »

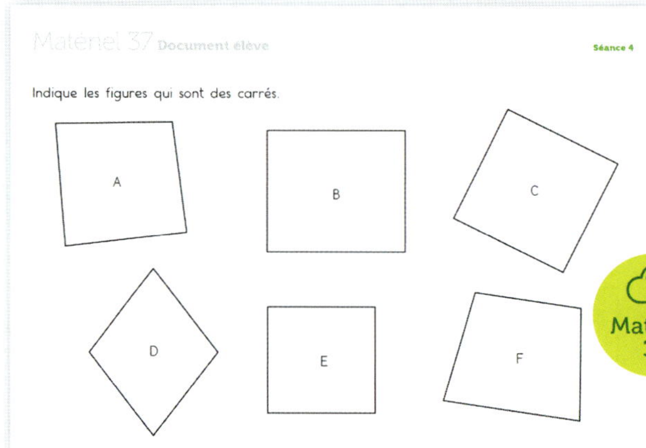

Matériel 37

❷ Mise en commun

Recenser les réponses.
Vérifier à l'aide des instruments et valider les réponses justes.

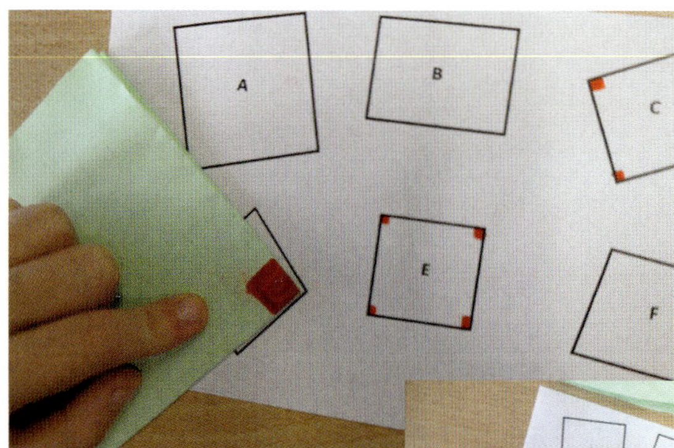

Conclusion Les figures C et E sont des carrés.

❸ Évaluation

Bilan des apprentissages

Valorisation des progrès

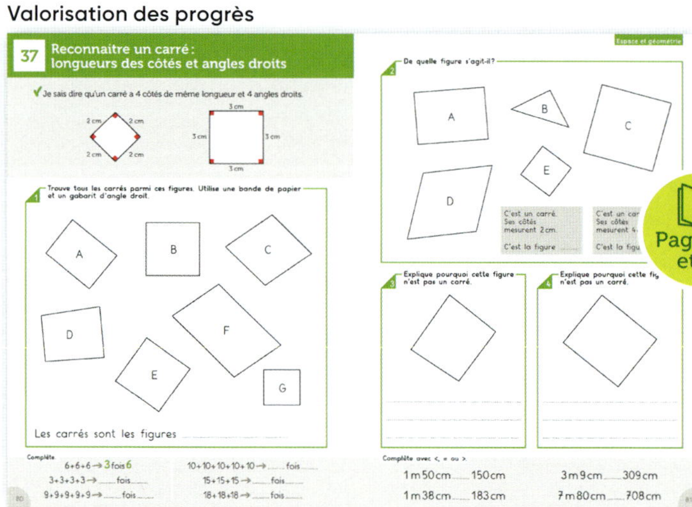

Pages 80 et 81

Matériel 37

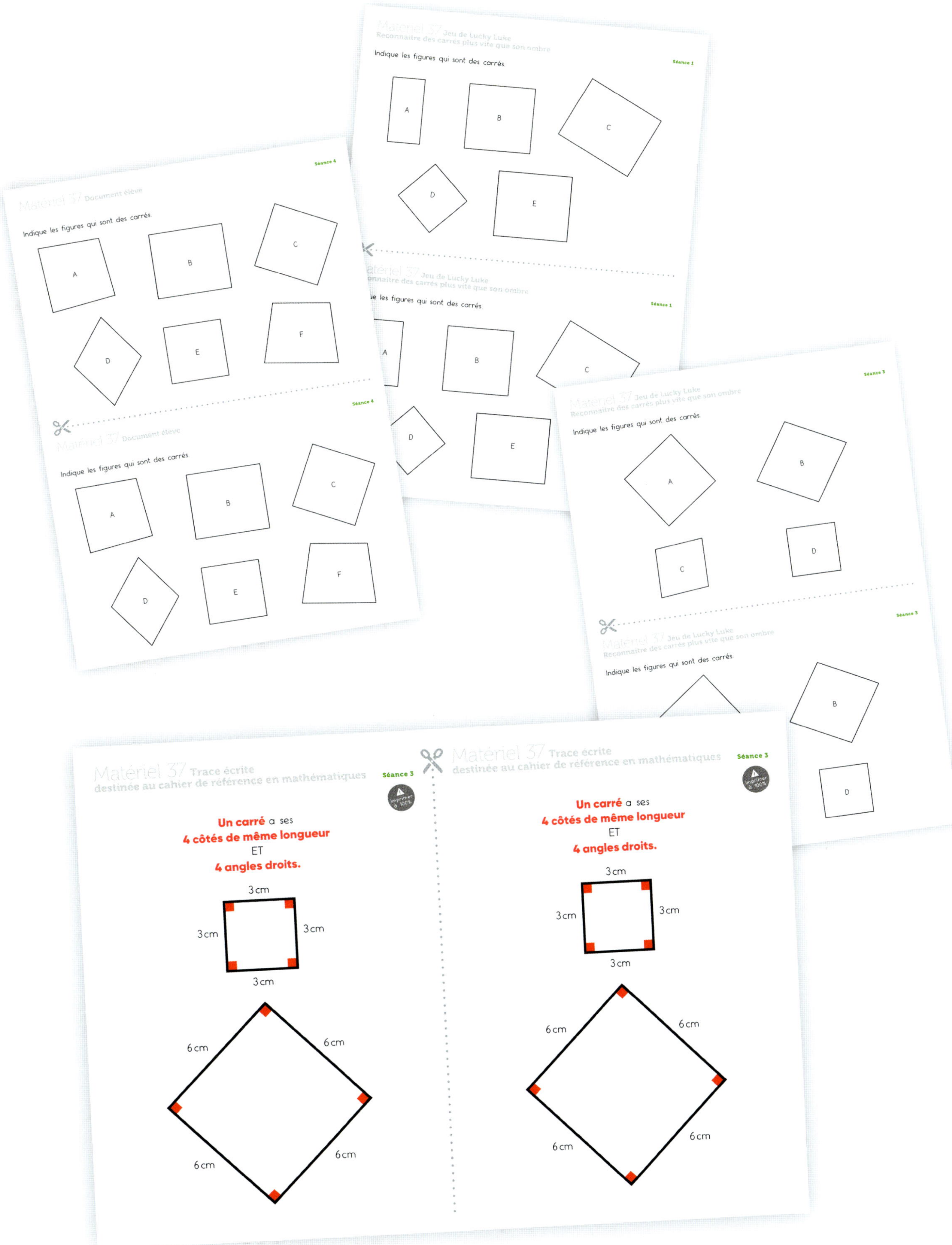
Matériel 37 Jeu de Lucky Luke
Reconnaître des carrés plus vite que son ombre
Indique les figures qui sont des carrés.
Séance 1
A
B
C
D
E
Matériel 37 Document élève
Indique les figures qui sont des carrés.
Séance 4
F
Séance 3
Matériel 37 Trace écrite
destinée au cahier de référence en mathématiques
imprimer à 100%
Un carré a ses
4 côtés de même longueur
ET
4 angles droits.
3 cm
6 cm

15 min par jour

Calcul mental

- Connaitre la table de multiplication par 10.
- Consolider et évaluer la connaissance de la table de multiplication par 2.

Séance 1

❶ Table de multiplication par 2 : automatisation — 5 min

Proposer les calculs oralement. Les élèves répondent immédiatement sur l'ardoise.

3 x 2 = ?   5 x 2 = ?   7 x 2 = ?

« Combien de fois 2 pour faire 4 ? » « Combien de fois 2 pour faire 12 ? »

❷ Table de multiplication par 10 : découverte — 10 min

Proposer un par un les calculs. Les élèves répondent rapidement sur l'ardoise : 4 x 10   2 x 10   3 x 10   10 x 10   5 x 10   8 x 10   1 x 10   6 x 10   7 x 10   9 x 10   0 x 10

Expliciter les procédures à l'aide de l'animation **Calcul 20**.

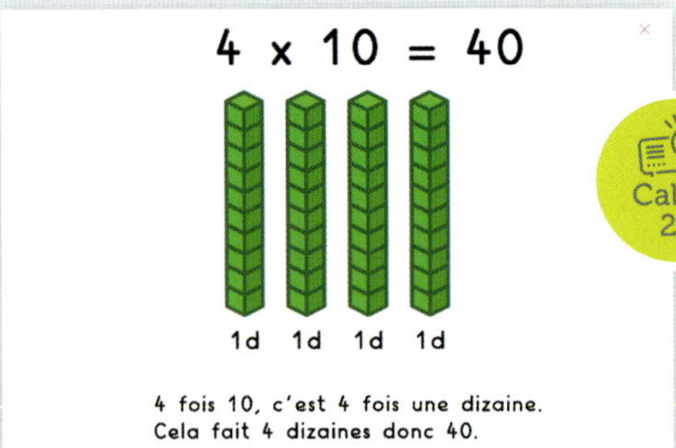

Calcul 20

Procédures à privilégier
Pour les calculs du type 4 x 10
- *« 4 x 10, c'est 4 fois 10, c'est 4 fois une dizaine. 4 dizaines, c'est 40. »*

! **Éviter de dire que l'on ajoute un zéro à 4 pour trouver le résultat de 4 x 10 car cette règle ne fonctionnera pas au cycle 3 pour les calculs avec les décimaux.** *Exemple* **3,7 x 10 = 37 et non 3,70.**

Pour 10 x 10
- Rappeler que 10 dizaines, c'est une centaine donc 100.

Séance 2

❶ Table de multiplication par 2 : automatisation — 5 min

Proposer les calculs oralement. Les élèves répondent immédiatement sur l'ardoise.

8 x 2 = ?   9 x 2 = ?   10 x 2 = ?

« Combien de fois 2 pour faire 8 ? » « Combien de fois 2 pour faire 6 ? »

❷ Table de multiplication par 10 : entrainement — 10 min

Proposer la série de calculs de **MaterielCalcul20.pdf**, page 1.

Rappeler les procédures à privilégier pour les résultats les plus difficiles à mémoriser.

Compléter la trace écrite (**MaterielCalcul20.pdf**, page 2) à coller dans le cahier de références mathématiques.

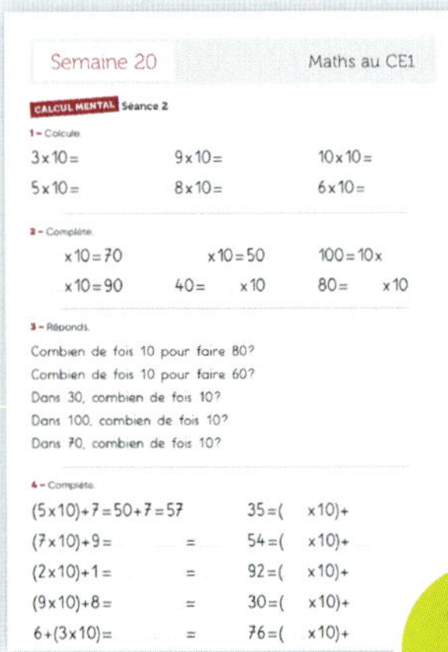

Semaine 20 — Maths au CE1

CALCUL MENTAL Séance 2

1 – Calcule.

3 x 10 =   9 x 10 =   10 x 10 =
5 x 10 =   8 x 10 =   6 x 10 =

2 – Complète.

x 10 = 70   x 10 = 50   100 = 10 x
x 10 = 90   40 = x 10   80 = x 10

3 – Réponds.

Combien de fois 10 pour faire 80 ?
Combien de fois 10 pour faire 60 ?
Dans 30, combien de fois 10 ?
Dans 100, combien de fois 10 ?
Dans 70, combien de fois 10 ?

4 – Complète.

(5 x 10) + 7 = 50 + 7 = 57   35 = (x 10) +
(7 x 10) + 9 = =   54 = (x 10) +
(2 x 10) + 1 = =   92 = (x 10) +
(9 x 10) + 8 = =   30 = (x 10) +
6 + (3 x 10) = =   76 = (x 10) +

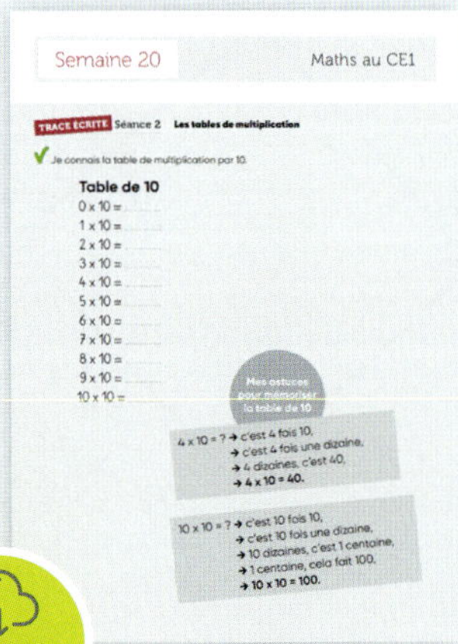

Semaine 20 — Maths au CE1

TRACE ÉCRITE Séance 2 **Les tables de multiplication**

✓ Je connais la table de multiplication par 10.

Table de 10
0 x 10 =
1 x 10 =
2 x 10 =
3 x 10 =
4 x 10 =
5 x 10 =
6 x 10 =
7 x 10 =
8 x 10 =
9 x 10 =
10 x 10 =

Mes astuces pour mémoriser la table de 10

4 x 10 = ? → c'est 4 fois 10,
→ c'est 4 fois une dizaine,
→ 4 dizaines, c'est 40,
→ **4 x 10 = 40.**

10 x 10 = ? → c'est 10 fois 10,
→ c'est 10 fois une dizaine,
→ 10 dizaines, c'est 1 centaine,
→ 1 centaine, cela fait 100.
→ **10 x 10 = 100.**

Matériel Calcul 20

Séance 3

❶ Table de multiplication par 2 : automatisation — 5 min

Proposer les calculs oralement. Les élèves répondent en moins de 10 secondes sur l'ardoise.

« Dans 14, combien de fois 2 ? »
« Dans 20, combien de fois 2 ? »
« Dans 18, combien de fois 2 ? »
« Dans 10, combien de fois 2 ? »
« Dans 16, combien de fois 2 ? »

❷ Table de multiplication par 10 : évaluation — 5 min

Proposer la série de calculs du document-élève **MaterielCalcul20.pdf**, page 3.

Semaine 20 — ÉVALUATION — Maths au CE1

Nom ....
Prénom .... Date ....

Connaitre les tables de multiplication par 10.

Effectue le plus grand nombre possible de calculs en trois minutes.

4 x 10 =	5 x 10 =	1 x 10 =	0 x 10 =	3 x 10 =
10 x 10 =	2 x 10 =	6 x 10 =	9 x 10 =	8 x 10 =
10 x 5 =	10 x 7 =	10 x 10 =	10 x 1 =	10 x 9 =
10 x 3 =	10 x 0 =	10 x 8 =	10 x 2 =	10 x 6 =
x 10 = 50	x 10 = 20	x 10 = 60	x 10 = 40	x 10 = 7
x 10 = 100	x 10 = 80	x 10 = 30	x 10 = 10	x 10 = 90
60 = x 10	40 = x 10	70 = x 10	50 = x 10	90 = x 10
100 = x 10	30 = x 10	20 = x 10	10 = x 10	80 = x 10

Nombre de bonnes réponses	Couleur de ceinture
Jusqu'à 5	Blanche
De 6 à 10	Blanche et jaune
De 11 à 15	Jaune
De 16 à 20	Orange
De 21 à 25	Verte
De 26 à 30	Bleue
De 31 à 35	Rouge
De 36 à 40	Noire

SCORE

Matériel Calcul 20

❸ Table de multiplication par 10 : réinvestissement — 5 min

Proposer les problèmes oralement. Les élèves répondent sur l'ardoise.

*« Lili a 8 enveloppes.
Dans chaque enveloppe, elle a mis 10 images d'animaux.*
Combien d'images Lili a-t-elle au total ? »

*« J'ai 40 images. Je veux les ranger dans des enveloppes.
Dans chaque enveloppe, il doit y avoir 10 images.*
Combien d'enveloppes dois-je préparer ? »

Séance 4

❶ Table de multiplication par 2 : évaluation — 5 min

Proposer à nouveau l'évaluation utilisée semaine 19 pour permettre aux élèves de mesurer leurs progrès dans la connaissance de la table de x 2. La page 3 de **MaterielCalcul19.pdf** sert une nouvelle fois de support à cette évaluation.

Matériel Calcul 19

❷ Table de multiplication par 10 : réinvestissement — 10 min

Proposer les problèmes oralement. Les élèves répondent sur l'ardoise.

« L'école a commandé 7 livres à 10 euros.
Combien la directrice doit-elle payer ? »

« 10 enfants se partagent 30 images.
Combien d'images aura chaque enfant ? »

« Papa a acheté 10 sachets de 10 pommes et 1 sachet de 5 pommes.
Combien de pommes papa a-t-il achetées ? »

30 min par semaine

Atelier problèmes

- Résoudre des problèmes multiplicatifs en une et deux étapes.

Prénom .... Date ....

Résous le problème avec le symbole ✕ puis résous les problèmes de ton choix. Essaie d'en résoudre le plus possible.

✕ Problème 1

Lili a 5 enveloppes. Dans chaque enveloppe, elle a mis 2 images d'animaux.

Combien d'images Lili a-t-elle au total?

Problème 2

2 enfants se partagent 14 images.

Combien d'images aura chaque enfant?

Problème 3

Mon frère a 7 ans de plus que moi.
J'ai 6 ans.

Quel âge mon frère a-t-il?

Problème 4

Lili achète 6 balles à 2 euros chacune et un jeu de cartes à 4 euros.

Combien Lili doit-elle payer?

Problème 5

Dans ma poche, j'ai 3 pièces de 2 euros et un billet de 5 euros.

Aurai-je assez d'argent pour acheter un livre à 13 euros? Explique pourquoi.

Problème 6

Tom a acheté 4 paquets de sucettes.
Dans chaque paquet, il y a 2 sucettes.
Il donne 3 sucettes à Mila.

Combien de sucettes reste-t-il à Tom maintenant?

38 Repérer des angles droits

Séance 1

30 min

Reconnaitre et utiliser la notion d'angle droit (1)

→ **MODÉLISER**

Repérer des angles droits sur divers objets.

MATÉRIEL ET SUPPORT
- Par élève, un gabarit d'angle droit obtenu par pliage ou une équerre.
- Divers objets avec un angle droit apportés par les élèves et installés au *coin maths*.
- Les gabarits d'angle droit (**Materiel38.pdf**, page 1).

DÉROULEMENT DE LA SÉANCE

❶ Appropriation du problème Recueillir les représentations des élèves sur la notion d'angle droit.	5 min	**Verbalisation** Oral collectif
❷ Recherche Rechercher des angles droits sur les objets de la classe en utilisant le gabarit obtenu par pliage.	10 min	**Manipulation** Travail individuel
❸ Mise en commun Inventorier et vérifier les angles droits trouvés.	15 min	**Manipulation** **Verbalisation** Oral collectif

Les élèves ont apporté des objets qui comportent au moins un angle droit. Ces objets sont rassemblés au *coin maths* de la classe.

❶ Appropriation du problème

Expliquer aux élèves qu'ils vont s'entrainer à repérer des angles droits sur divers objets de la classe.

Leur demander de rappeler ce qu'ils savent de l'angle droit.
*« C'est le **coin** d'un carré. Nous avons fabriqué un gabarit d'angle droit en pliant une feuille. »*

❷ Recherche

Consigne *« Avec ton gabarit, cherche des angles droits dans la classe. Liste ensuite dans un cahier ce que tu as trouvé. »*

❸ Mise en commun

Faire l'inventaire des réponses des élèves. Les vérifier à l'aide du gabarit obtenu par pliage.

Refaire ces vérifications à l'aide d'une équerre après avoir collé une gommette rouge carrée à l'emplacement de l'angle droit et vérifié que les deux autres angles n'étaient pas droits.

Vérifier également les objets apportés par les élèves.
Demander aux élèves d'utiliser ces objets pour vérifier les angles droits découverts dans la classe.

Superposer les coins de différents objets carrés ou rectangulaires pour vérifier qu'ils sont tous identiques.

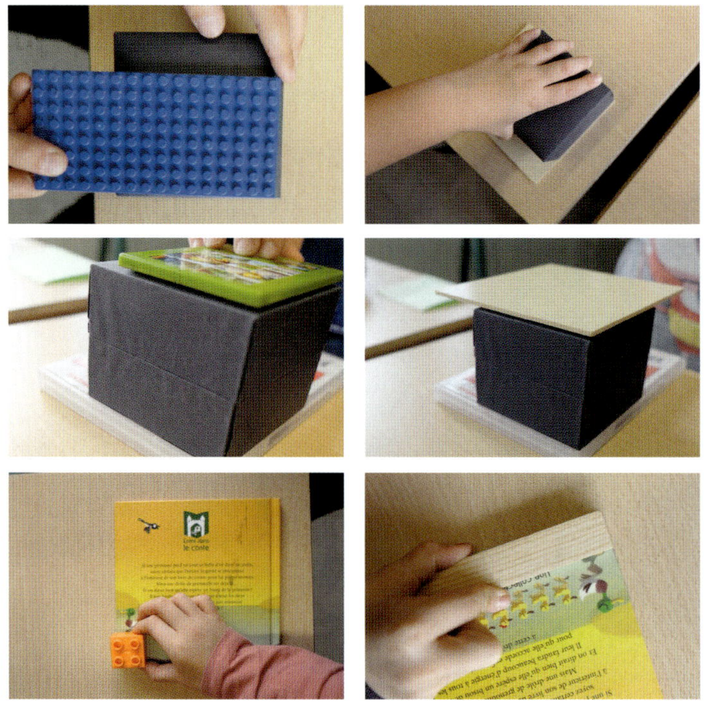

Présenter d'autres gabarits aux élèves (**Materiel38.pdf**, page 1).

Matériel 38

Leur demander de repérer l'angle droit à l'aide d'une équerre puis de marquer cet emplacement par un petit carré rouge.

Faire remarquer qu'on ne peut pas marquer de cette façon l'angle droit *rentrant*.

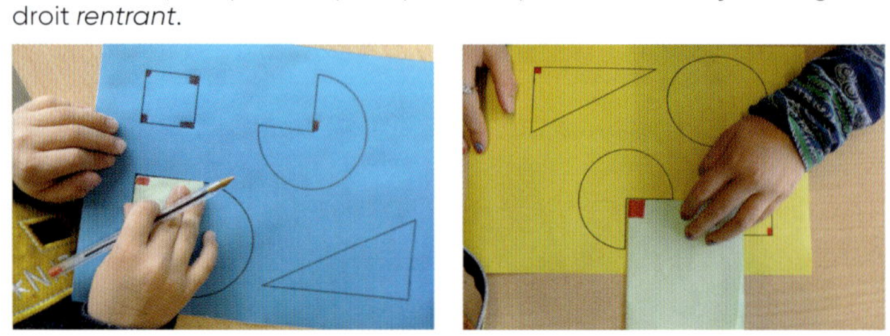

Proposer aux élèves d'utiliser ces nouveaux gabarits pour repérer des angles droits.

Découpage des gabarits

Utilisation du gabarit en forme de carré

Utilisation du gabarit avec un seul angle droit

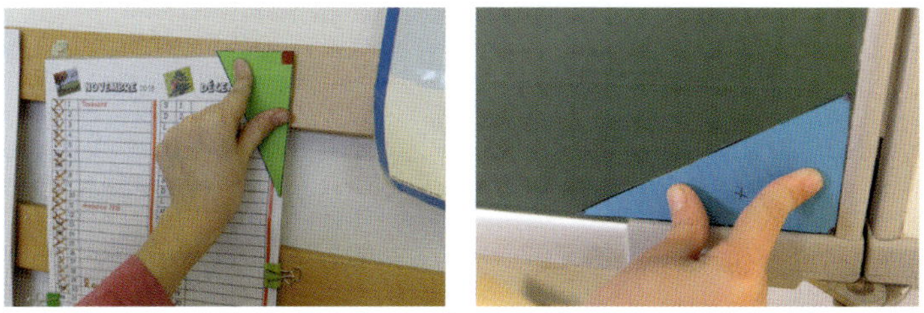

Utilisation du gabarit en forme de triangle rectangle

Utilisation du gabarit avec l'angle découpé dans un disque

Demander aux élèves d'essayer de tracer des angles droits à l'aide de ces divers gabarits et objets.

Séance 2 — 35 min

Reconnaitre et utiliser la notion d'angle droit (2)

→ **CHERCHER**

Repérer des angles droits dans des figures géométriques.

MATÉRIEL ET SUPPORT
- Les figures de la **planche 4** prédécoupée livrée avec le cahier de l'élève ***Maths au CE1***.
- La trace écrite (**Materiel38.pdf**, page 2).

DÉROULEMENT DE LA SÉANCE

❶ Consolidation Repérer des angles droits dans des polygones.	5 min	**Manipulation** Groupes de 2
❷ Entrainement Repérer et tracer des angles droits.	10 min	**Abstraction** Écrit individuel
❸ Institutionnalisation Verbaliser ce qu'il faut retenir.	5 min	**Verbalisation** Oral collectif
❹ Évaluation Établir un bilan des apprentissages réalisés.	15 min	**Abstraction** Écrit individuel

❶ Consolidation

Par groupes de deux, rechercher dans les polygones de la **planche 4** (séquence 26), ceux qui ont un ou plusieurs angles droits.

❷ Entrainement

S'exercer avec **ExoSup38.pdf**.

38A

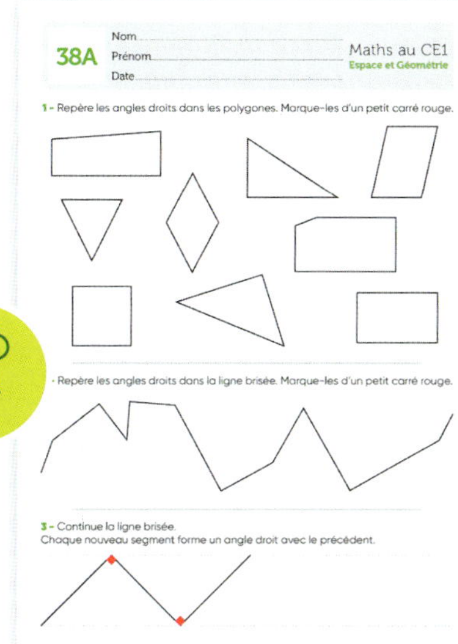

❸ Institutionnalisation

Trace écrite

Matériel 38

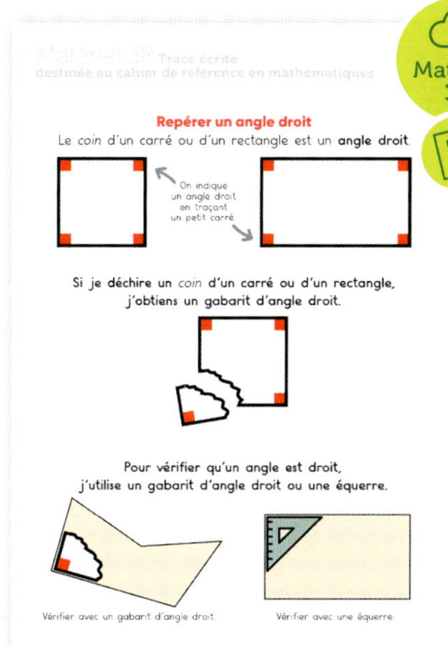

❹ Évaluation

Bilan des apprentissages

Valorisation des progrès

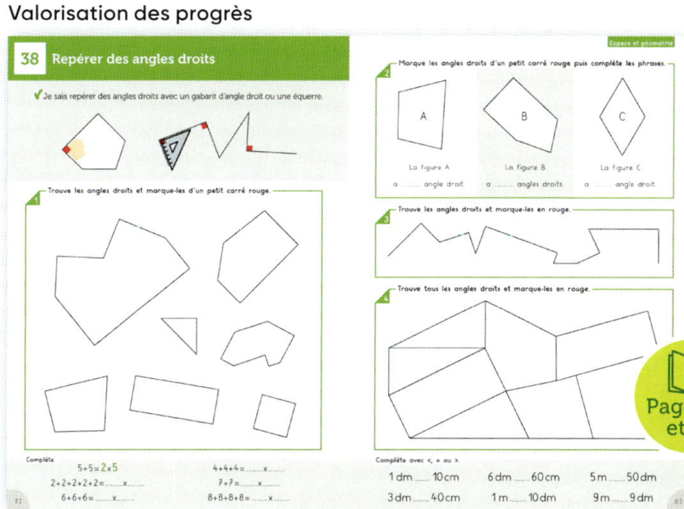

Pages 82 et 83

39 Reconnaitre un rectangle

Séance 1 — 30 min

Connaitre les propriétés des angles pour les rectangles

→ MODÉLISER

Savoir dire qu'un rectangle a 4 angles droits et 4 côtés.

MATÉRIEL ET SUPPORT
- Deux ou trois bandes de papier par élève.
- Un gabarit d'angle droit par élève.
- La feuille de jeu (**Materiel39.pdf**, page 1).

DÉROULEMENT DE LA SÉANCE

❶ Évaluation Évaluer les connaissances des élèves sur le rectangle.	10 min	**Verbalisation** Écrit individuel
❷ Jeu Identifier et dénombrer rapidement des rectangles dans une série de quadrilatères.	5 min	**Verbalisation** Oral collectif
❸ Recherche Chercher comment vérifier si une figure est un rectangle.	10 min	**Manipulation** Groupes de 2
❹ Mise en commun Identifier les rectangles et valider la bonne réponse.	5 min	**Manipulation** **Verbalisation** Oral collectif

! La notion d'inclusion est difficile à appréhender pour le cerveau. Comprendre que les carrés sont aussi des rectangles est complexe. Il en sera de même au cycle 3 quand il faudra comprendre que les entiers sont aussi des décimaux.

La connaissance qu'un carré est un rectangle particulier n'est pas un objectif pour le CE1. Elle pourra être abordée si les élèves l'évoquent. Pour préparer les élèves aux apprentissages du CE2 et du cycle 3, il est recommandé d'éviter d'utiliser des raisonnements du type : *« La figure A est un rectangle donc ce n'est pas un carré. »*

❶ Évaluation

Demander aux élèves d'écrire sur l'ardoise à partir de la consigne : *« Explique comment il faut faire pour reconnaitre un rectangle. »*

Confronter et recenser les différentes propositions au tableau.

❷ Jeu

Jeu de Lucky Luke Reconnaitre les figures *plus vite que son ombre*.

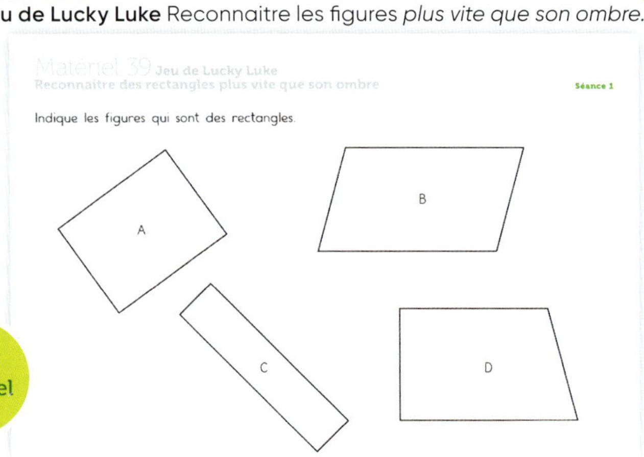

Matériel 39

Distribuer la feuille de jeu. La poser à l'envers sur les tables pour que les élèves ne voient pas les quadrilatères.

Expliquer que, sur la feuille, il y a 4 figures. Parmi ces figures, il peut y avoir des rectangles mais on ne sait pas combien.

Lister toutes les réponses possibles avec les élèves : il peut y avoir 0, 1, 2, 3 ou 4 rectangles.

Consigne *« Trouve très rapidement le nombre de rectangles. Pour cela, retourne la feuille au premier signal puis repose-la à l'envers sur la table au second signal. Écris ensuite sur l'ardoise le nombre de rectangles que tu as vus. »*

Laisser 5 à 10 secondes aux élèves pour identifier et dénombrer les rectangles.

Noter au tableau les réponses des élèves et le nombre d'élèves qui ont donné chacune d'elles.

❸ Recherche

Faire trouver une manière de vérifier les réponses proposées. Les élèves n'ont à leur disposition qu'un gabarit d'angle droit et des bandes de papier.

Utilisation du gabarit d'angle droit

Procédures visées
- Reconnait visuellement et donc sans instrument que la figure D n'est pas un rectangle.
- Utilise un gabarit d'angle droit pour vérifier que la figure B n'est pas un rectangle.
- Utilise un gabarit d'angle droit pour vérifier que les figures A et C sont des rectangles.

❹ Mise en commun

Demander aux élèves d'expliquer la manière dont ils s'y sont pris pour déterminer si les figures étaient ou non des rectangles.

Faire verbaliser les propriétés qu'ils ont mobilisées : *« un rectangle a 4 côtés (donc 4 sommets) et 4 angles droits ».*

Écrire au tableau.
Figure A : 4 côtés et 4 angles droits, c'est un rectangle.
Figure B : 4 côtés et 0 angle droit, ce n'est pas un rectangle.
Figure C : 4 côtés et 4 angles droits, c'est un rectangle.
Figure D : 4 côtés et 2 angles droits, ce n'est pas un rectangle.

Seules les figures A et C sont des rectangles.

Synthèse

Un rectangle a 4 côtés et 4 angles droits.

Commencer à remarquer que ses côtés *opposés* ou *l'un en face de l'autre* sont de même longueur.

Séance 2

30 min

Connaitre la propriété relative aux longueurs des côtés

→ MODÉLISER

Savoir dire qu'un rectangle a 4 côtés qui ont deux à deux la même longueur.

MATÉRIEL ET SUPPORT
- La feuille de recherche et la trace écrite (**Materiel39.pdf**, pages 2 et 3), une règle graduée et un gabarit d'angle droit par élève.
- La feuille de recherche agrandie au format A3.

DÉROULEMENT DE LA SÉANCE

1 Recherche Reconnaitre un rectangle à partir des mesures de ses côtés.	10 min	**Manipulation** Travail individuel
2 Mise en commun Identifier les rectangles et valider la bonne réponse.	5 min	**Manipulation** **Verbalisation** Oral collectif
3 Institutionnalisation Verbaliser ce qu'il faut retenir.	5 min	**Verbalisation** **Abstraction** Oral collectif
4 Évaluation Connaitre les propriétés des angles et des égalités de longueur pour les rectangles.	10 min	**Abstraction** Écrit individuel

1 Recherche

Consigne « Trouve le rectangle dont les côtés mesurent 5 cm et 3 cm. »

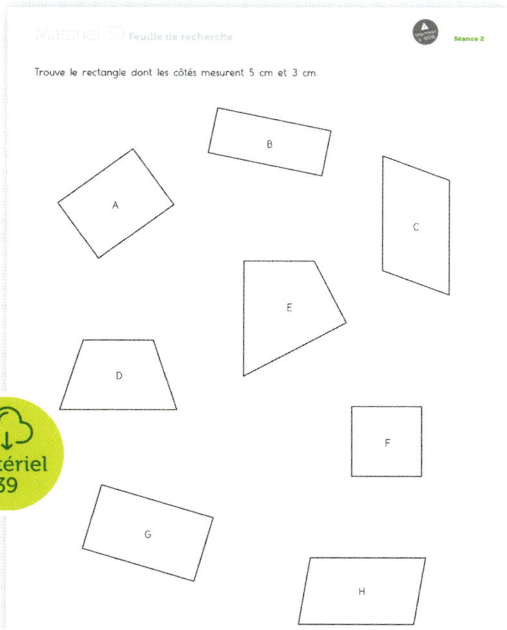

Matériel 39

Procédures visées

- Reconnait visuellement que les figures C, D et E ne sont pas des rectangles : pas d'angles droits. Vérifie en cas de doute avec le gabarit d'angle droit.
- Utilise le gabarit d'angle droit pour vérifier que les angles de la figure H ne sont pas droits.
- Utilise la règle graduée pour mesurer les côtés de figures A, B, F et G.

2 Mise en commun

Demander aux élèves d'expliquer la manière dont ils s'y sont pris pour trouver le rectangle et pour éliminer les autres figures.

Entourer toutes les figures qui sont des rectangles. Barrer les figures qui ne sont pas des rectangles.

Synthèse

La figure G a 4 côtés et 4 angles droits, c'est un rectangle.
Les deux côtés face à face, c'est-à-dire les deux côtés opposés, du rectangle G ont la même longueur. Deux côtés opposés mesurent 5 cm et les deux autres côtés opposés mesurent 3 cm.

Vérifier que les autres rectangles ont des côtés opposés de même longueur.

3 Institutionnalisation

Ce qu'il faut retenir

Un rectangle a 4 côtés ET 4 angles droits.
Les côtés opposés d'un rectangle ont la même longueur.

Trace écrite

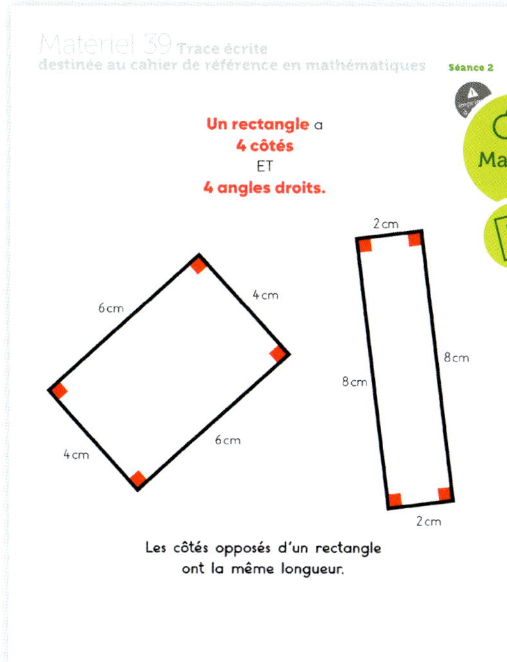

Matériel 39

4 Évaluation

Bilan des apprentissages

Valorisation des progrès

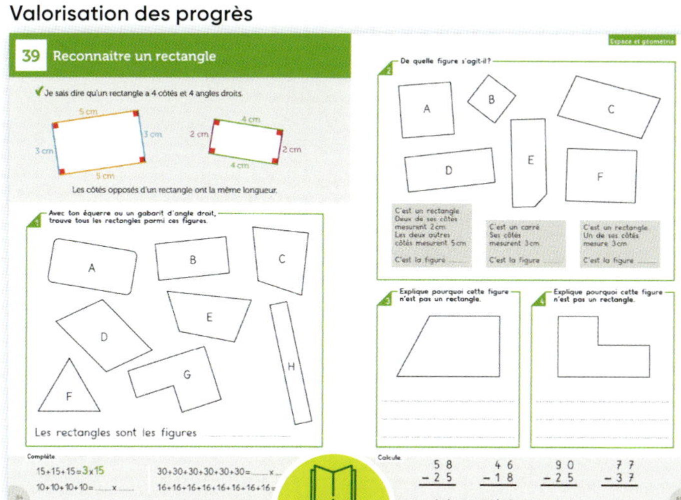

Pages 84 et 85

15 min par jour

Calcul mental

- Connaitre la table de multiplication par 5.
- Consolider et évaluer la connaissance des tables de multiplication par 2 et par 10.

Séance 1

❶ Tables de multiplication par 2 et par 10 : automatisation 5 min

Proposer les calculs oralement. Les élèves répondent immédiatement sur l'ardoise.

8 x 2 = ?   5 x 10 = ?   7 x 2 = ?
« Combien de fois 10 pour faire 90 ? »   *« Combien de fois 2 pour faire 16 ? »*

❷ Table de multiplication par 5 : 1 x 5, 2 x 5 et 3 x 5 10 min

Découverte 1 x 5, 2 x 5 et 3 x 5

Proposer un par un les calculs : 1 x 5   2 x 5   3 x 5
à l'aide de l'animation **Calcul 21**.

Procédures à privilégier
- **1 x 5** *« C'est une fois cinq donc 5. »*
- **2 x 5** *« Deux fois cinq, c'est le double de 5, c'est 5 + 5 donc 10. »*
- Utiliser le résultat de 2 x 5 : 3 x 5 = (2 x 5) + (1 x 5).

! Les parenthèses ne sont pas au programme du cycle 2. Il s'agit ici de verbaliser que *« trois fois cinq, c'est deux fois cinq plus une fois cinq »*.

Expliciter les procédures à l'aide de l'animation **Calcul 21**.

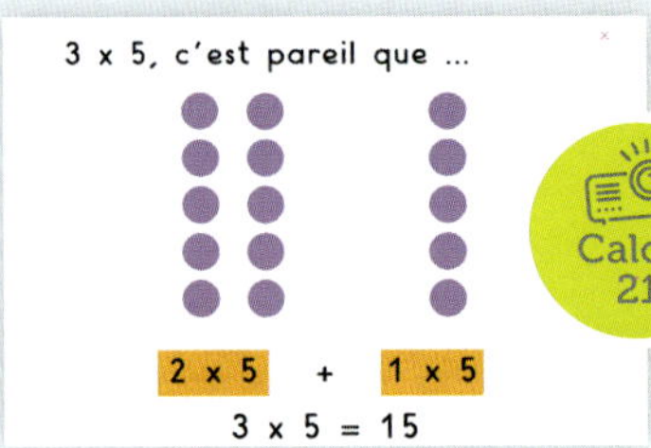

Calcul 21

Séance 2

❶ Tables de multiplication par 2 et par 10 : automatisation 5 min

Proposer les calculs oralement. Les élèves répondent immédiatement sur l'ardoise.

8 x 2 = ?   9 x 2 = ?   10 x 2 = ?
« Combien de fois 2 pour faire 8 ? »   *« Combien de fois 2 pour faire 6 ? »*

❷ Table de multiplication par 5 : 0 x 5, 4 x 5 et 6 x 5 10 min

Entrainement 1 x 5, 2 x 5 et 3 x 5

Proposer les calculs oralement un par un :
1 x 5   3 x 5   2 x 5   ? x 5 = 15   ? x 2 = 10
Les élèves répondent sur l'ardoise.

Découverte 0 x 5, 4 x 5, 6 x 5

Proposer les calculs un par un : 0 x 5   4 x 5   6 x 5
Les élèves répondent sur l'ardoise.

Après chaque calcul, mettre en commun les procédures utilisées.

Procédures à privilégier
- **4 x 5 = (2 x 5) + (2 x 5)** *« 4 x 5, c'est deux fois cinq + deux fois cinq »* ou *« 4 x 5 = 2 x (2 x 5), c'est deux fois 2 fois 5 ».*
- **6 x 5 = (3 x 5) + (3 x 5).** *« 6 x 5, c'est trois fois cinq + trois fois cinq »* ou *« 6 x 5 = 2 x (3 x 5), c'est deux fois trois fois cinq ».*

Expliciter les procédures à l'aide de l'animation **Calcul 21.**

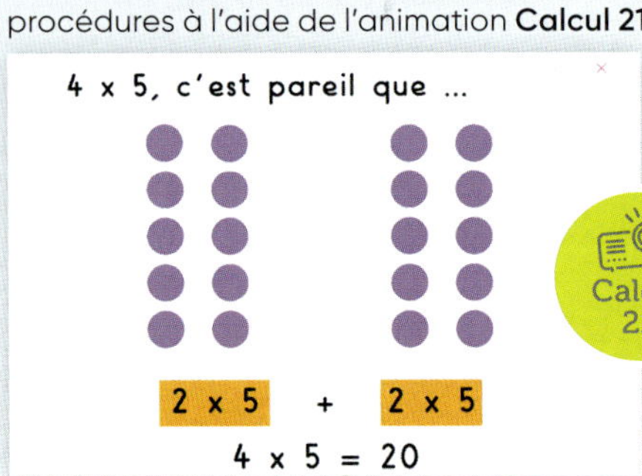

Calcul 21

Séance 3

❶ Tables de multiplication par 2 et par 10 : automatisation 5 min

Proposer les calculs oralement. Les élèves répondent en moins de 10 secondes sur l'ardoise.

« Dans 70, combien de fois 10 ? »
« Dans 100, combien de fois 10 ? »
« Dans 14, combien de fois 2 ? »
« Dans 16, combien de fois 2 ? »
« Dans 18, combien de fois 2 ? »

❷ Table de multiplication par 5 : 8 x 5 et 10 x 5 10 min

Entrainement Résultats connus

Proposer les calculs oralement un par un :

3 x 5	2 x 5	4 x 5	6 x 5 = ?
? x 5 = 10	? x 5 = 15	? x 5 = 5	? x 5 = 30

Les élèves répondent sur l'ardoise.

Découverte 8 x 5, 10 x 5

Proposer les calculs un par un : **8 x 5, 10 x 5** à l'aide de l'animation **Calcul 21.**

Procédures à privilégier
- **Pour 8 x 5**
8 x 5 = (4 x 5) + (4 x 5) *« 8 fois 5, c'est pareil que 4 fois 5 plus 4 fois 5 »* ou *« 8 x 5 = 2 x (4 x 5), c'est pareil que 2 fois 4 fois 5. »*
- **Pour 10 x 5**
« 10 x 5, c'est égal à 5 x 10 donc 5 dizaines. »

Expliciter les procédures à l'aide de l'animation **Calcul 21.**

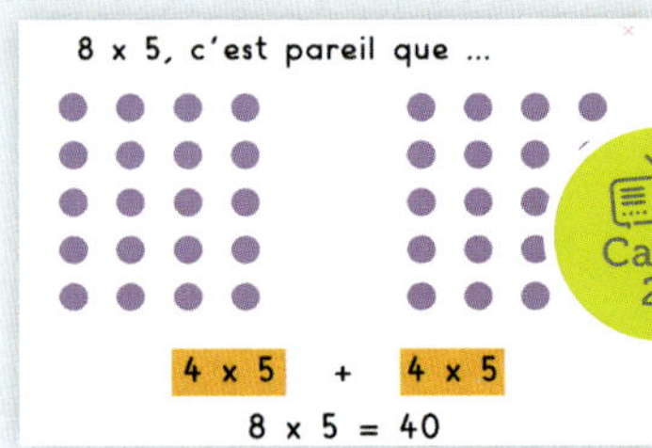

Calcul 21

Séance 4

Matériel Calcul 19

❶ Table de multiplication par 2 : évaluation 5 min

L'évaluation de la connaissance de la table de x 2 est reconduite à l'aide de la page 3 de **MaterielCalcul19.pdf** afin de permettre aux élèves de mesurer les progrès réalisés.

❷ Table de multiplication par 5 : entrainement 10 min

Proposer la série de calculs du document-élève **MaterielCalcul21.pdf.**

Rappeler les procédures à privilégier pour les résultats les plus difficiles à mémoriser.

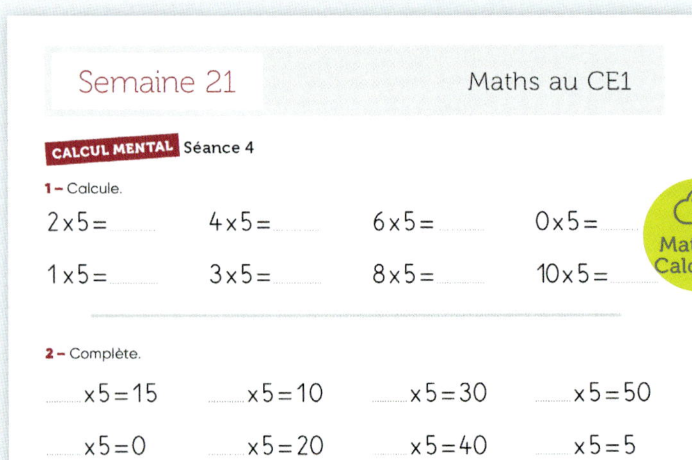

Semaine 21   Maths au CE1

CALCUL MENTAL Séance 4

1 – Calcule.

2x5=	4x5=	6x5=	0x5= .....
1x5=	3x5=	8x5=	10x5= .....

2 – Complète.

..... x5=15	..... x5=10	..... x5=30	..... x5=50
..... x5=0	..... x5=20	..... x5=40	..... x5=5

Matériel Calcul 21

Atelier 21

30 min par semaine

Atelier problèmes

- Résoudre des problèmes additifs ou multiplicatifs en une étape.

Prénom .... Date ....

Résous les problèmes avec le symbole ✕ puis résous les problèmes de ton choix. Essaie d'en résoudre le plus possible.

✕ Problème 1

Un fleuriste a reçu 14 roses.
Il veut préparer 2 bouquets. Il doit y avoir autant de roses dans chaque bouquet.

Combien de roses le fleuriste doit-il mettre dans chaque bouquet?

✕ Problème 2

À la maison de la presse, un magazine pour enfants coute 2 €.
Cette semaine, le marchand a vendu 9 exemplaires de ce magazine.

Combien d'argent le marchand a-t-il reçu?

Problème 3

Tom et Mila se partagent 16 images.
Mila prend 9 images et donne les images qui restent à Tom.
Tom trouve que ce n'est pas juste.

A-t-il raison? Explique pourquoi.

Problème 4

Un directeur d'école a reçu 6 sacs de sport.
Dans chaque sac, il y a 2 ballons de football.

Combien de ballons le directeur a-t-il reçus?

Problème 5

Dans une classe de 18 élèves, la maitresse veut former des équipes de 2 enfants pour organiser un jeu.

Combien d'équipes la maitresse peut-elle former?

Problème 6

Lucas a 22 € dans son portemonnaie.
Il a 5 € de plus que Ninon.

Combien d'euros Ninon a-t-elle?

40 Énigmes mathématiques (3)

Séance 1 — 30 min

Chiffres et nombres

→ CHERCHER

Comprendre le fonctionnement de notre numération : valeur des chiffres en fonction de leur position, distinction entre *chiffre* et *nombre*.

MATÉRIEL ET SUPPORT
- Le matériel collectif (**Materiel40.pdf**, page 1) agrandi en A3.

DÉROULEMENT DE LA SÉANCE

1 Recherche Trouver le plus possible de nombres différents de trois chiffres que l'on peut écrire avec les chiffres 3, 4 et 5.	5 min	**Expérimentation** Groupes de 2
2 Mise en commun Expliciter les procédures et argumenter pour valider les solutions ou identifier les erreurs.	5 min	**Verbalisation** Oral collectif
3 Entrainement Résoudre un problème du même type avec les chiffres 7, 8 et 9.	15 min	**Expérimentation** Travail individuel
4 Institutionnalisation Distinguer *chiffre* et *nombre*.	5 min	**Abstraction** Oral collectif

1 Recherche

Présenter le problème à la classe : « *Vous allez chercher le plus possible de nombres à trois chiffres différents que l'on peut écrire avec ces 3 cartes.* »

Matériel 40

3 4 5

Prendre les cartes et donner un exemple avec le nombre **453** puis un contrexemple avec **45** (qui sera barré au tableau).
Écrire **555** au tableau et demander si c'est possible avec les cartes. Il n'y a qu'une seule carte 5 donc on ne peut pas écrire 555 : barrer ce nombre au tableau.
De même avec **454** car il n'y a qu'une seule carte 4 : barrer ce nombre au tableau.

DIFFÉRENCIATION
- Accompagner individuellement les élèves les plus fragiles.
- Quand les élèves ont terminé leur recherche, leur demander de ranger du plus petit au plus grand les nombres qu'ils ont trouvés.

2 Mise en commun

Mutualiser les réponses et les stratégies utilisées. Les élèves échangent des arguments à propos de la validité de ces solutions et des erreurs identifiées. Lors des échanges, veiller à une utilisation d'un vocabulaire pertinent : *chiffre* et *nombre*.

Avec les cartes 3, 4 et 5, il est possible d'écrire les nombres à trois chiffres suivants : **345, 354, 435, 453, 534** et **543**.

3 Entrainement

Exercice 1

Proposer une nouvelle recherche avec les 3 cartes 7, 8 et 9.
Les nombres obtenus sont rangés par ordre croissant.

7 8 9

Avec les cartes 7, 8 et 9, il est possible d'écrire les nombres à trois chiffres suivants rangés dans l'ordre croissant :

789 < 798 < 879 < 897 < 978 < 987

Exercice 2

Proposer une nouvelle recherche avec les 3 cartes 0, 6 et 8.
Les nombres obtenus sont rangés par ordre croissant.

0 6 8

Avec les cartes 0, 6 et 8, il est possible d'écrire les nombres à trois chiffres suivants rangés dans l'ordre croissant :

608 < 680 < 806 < 860.

Exercice 3

Trouver le plus grand et le plus petit nombre de trois chiffres que l'on peut écrire avec les cartes 5, 2, 9 et 7. Il ne faut utiliser que 3 cartes.

5 2 9 7

Réponse : **257** et **975**.

4 Institutionnalisation

Ce qu'il faut retenir
- Les *chiffres* permettent d'écrire les *nombres*. Il existe dix *chiffres* : 0, 1, 2, 3, 4, 5, 6, 7, 8, 9.
- Avec les *chiffres* 3, 4 et 5, en changeant leur position, on peut écrire les *nombres* à trois *chiffres* suivants : 345, 354, 435, 453, 534 et 543.
- Un *chiffre* n'a pas la même valeur si on modifie sa position. Dans 543, 3 est le *chiffre* des unités. Dans 534, 3 est le *chiffre* des dizaines.
- On peut aussi écrire des *nombres* avec un *chiffre*, deux *chiffres*, quatre *chiffres*, cinq *chiffres* et plus encore (jusqu'à l'infini).

Séance 2 — 30 min

Les chiffres et les lettres

→ RAISONNER

Prendre progressivement conscience de la nécessité et de l'intérêt de justifier ce que l'on affirme.

MATÉRIEL ET SUPPORT
- Les étiquettes collectives du **Materiel40.pdf**, page 2, agrandies au format A3.
- Par binôme, les étiquettes du **Materiel40.pdf**, page 3.

DÉROULEMENT DE LA SÉANCE

1 Recherche Trouver le plus grand et le plus petit nombre de trois chiffres que l'on peut écrire avec les étiquettes : cent, neuf, dix, soixante, huit.	10 min	**Expérimentation** Groupes de 2
2 Nouvelles recherches Résoudre des problèmes atypiques en lien avec la numération.	20 min	**Expérimentation** Écrit Individuel

1 Recherche

Matériel 40

Afficher les étiquettes au tableau.

cent	neuf	dix
huit	soixante	

Consigne « *Cherchez le plus grand nombre de trois chiffres que l'on peut écrire avec les étiquettes. Vous n'êtes pas obligés d'utiliser toutes les étiquettes.*
Par exemple, on peut écrire le nombre ***huit-cent-dix-neuf*** *qui a trois chiffres quand on l'écrit avec une écriture chiffrée.* »

Solution Le plus petit nombre de 3 chiffres que l'on peut écrire avec les étiquettes est **100** (*cent*). Le plus grand nombre de 3 chiffres que l'on peut écrire avec les étiquettes est **978**.

2 Nouvelles recherches

Écrire l'énoncé du problème 1 au tableau.

Problème 1
Combien de fois utilise-t-on le chiffre 6 pour écrire tous les nombres de 300 à 400 ?

Demander aux élèves de dire ce qu'ils ont compris et donner deux ou trois exemples de nombres qui répondent à la question.

Solution Il faut écrire 20 fois le nombre 6 pour écrire tous les nombres de 300 à 400.

DIFFÉRENCIATION

Exemples de stratégies possibles
- Par tâtonnement.
- Utiliser un tableau de numération : écrire 3 dans la colonne des centaines et 6 dans la colonne des dizaines et chercher tous les chiffres possibles dans la colonne des unités. Puis écrire 6 dans la colonne des unités et chercher tous les nombres possibles.
- Réciter ou imaginer la suite des nombres de 300 à 400 dans sa tête et noter chaque nombre où apparait le chiffre 6.
- Utiliser un raisonnement du type : le chiffre 6 apparait 10 fois au rang des unités (6, 16, 26, 36...) et 10 fois au rang des dizaines (60, 61, 62...).

Problème 2
Combien de fois utilise-t-on le chiffre 6 pour écrire tous les nombres de 700 à 900 ?

Demander aux élèves de dire ce qu'ils ont compris et donner deux ou trois exemples de nombres qui répondent à la question.

Solution Il faut écrire 40 fois le nombre 6 pour écrire tous les nombres de 700 à 900.

Séance 3 — 30 min

Bilan des apprentissages

→ RAISONNER

Prendre progressivement conscience de la nécessité et de l'intérêt de justifier ce que l'on affirme.

DÉROULEMENT DE LA SÉANCE

1 Recherche Utiliser ses connaissances pour résoudre des problèmes portant sur les nombres de 0 à 999.	5 min	**Abstraction** Écrit Individuel
2 Évaluation Résoudre des problèmes atypiques en lien avec la numération.	25 min	

1 Recherche

Présenter oralement les devinettes ci-dessous. Les élèves répondent sur l'ardoise puis expliquent comment ils ont procédé.

Exemples de devinettes

« *Je suis un nombre de trois chiffres. Mon chiffre des unités est 7. Mon chiffre des dizaines est le double de 4. Mon chiffre des centaines est la moitié de 12.* ***Qui suis-je ?*** »

« *Je suis un nombre de trois chiffres plus grand que 790 et plus petit que 800. Mon chiffre des unités est le même que celui des dizaines.* ***Qui suis-je ?*** »

« *Si on m'ajoute 200, on obtient le nombre 850.* ***Qui suis-je ?*** »

« *Si on me retire 400, on obtient le nombre 371.* ***Qui suis-je ?*** »

« *Je suis plus grand que 950 et plus petit que 970. Mon chiffre des dizaines est le double de mon chiffre des unités.* ***Qui suis-je ?*** »

2 Évaluation

Bilan des apprentissages

Valorisation des progrès

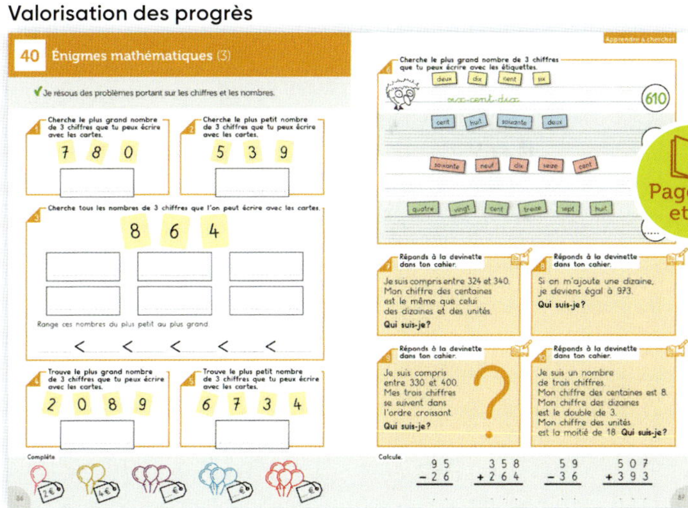

Pages 86 et 87

Matériel 40

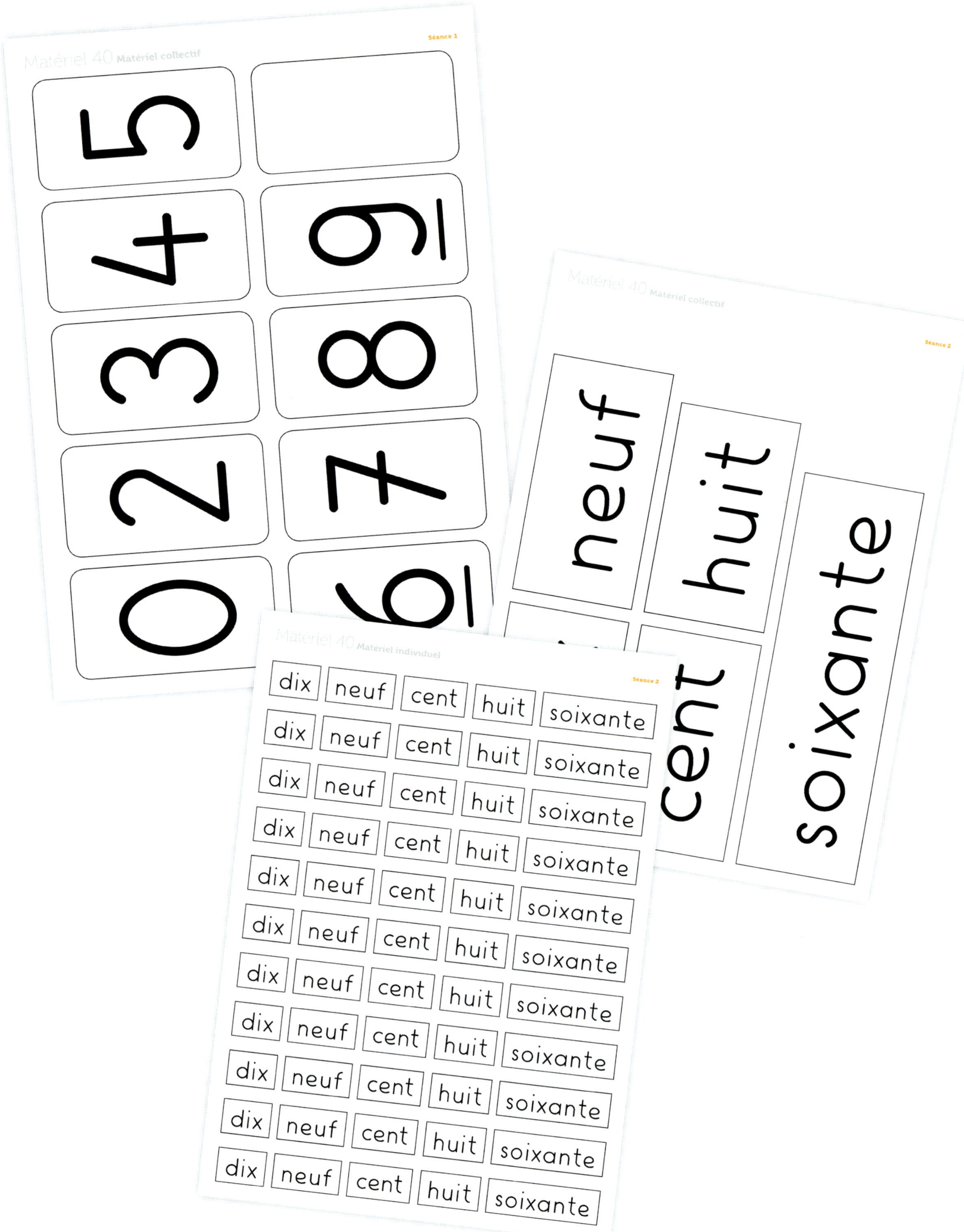

Matériel 40 Matériel collectif
Séance 1
5
4
9
3
8
2
7
0
6
Matériel 40 Matériel collectif
Séance 2
neuf
huit
cent
soixante
Matériel 40 Matériel individuel
Séance 2
dix neuf cent huit soixante

Période 4

Nombres	Calculs	Résolution de problèmes	Grandeurs et mesures	Espace et Géométrie	Apprendre à chercher

Semaine 22 Calcul mental - Atelier problèmes p.188

41 Poser et calculer des soustractions en colonnes avec des nombres à trois chiffres p.190

42 Tracer des carrés et des rectangles p.194

Semaine 23 Calcul mental - Atelier problèmes p.196

43 Résoudre des problèmes en deux étapes : addition et multiplication p.198

44 Résoudre des problèmes impliquant des prix : les euros p.200

Semaine 24 Calcul mental - Atelier problèmes p.204

45 Résoudre des problèmes impliquant des prix : les centimes d'euro p.206

46 Reconnaitre et tracer des triangles rectangles p.210

Semaine 25 Calcul mental - Atelier problèmes p.212

47 Mesurer une longueur : le kilomètre p.214

48 Reconnaitre et utiliser la notion de symétrie p.218

Semaine 26 Calcul mental - Atelier problèmes p.220

49 Résoudre des problèmes de partage (1) p.222

50 Coder un déplacement (1) p.224

Semaine 27 Calcul mental - Atelier problèmes p.228

51 Énigmes mathématiques (4) p.230

ORGANISATION DE LA PÉRIODE 4

Organisation 4

Annexe 2

Les principaux apprentissages de la période 4

Calculs	**Calcul mental** • Tables de multiplication de 5, 3 et 4 • Sommes du type 50 + 70 • Sommes d'un nombre à deux ou trois chiffres et de centaines entières
	Calcul posé • Soustractions en colonnes avec des nombres à 3 chiffres
Résolution de problèmes	Problèmes en deux étapes : multiplication et addition Problèmes de partage
Grandeurs et mesures	Problèmes impliquant des prix Mesures de longueurs : km
Espace et Géométrie	Tracés de carrés et de rectangles Le triangle rectangle Codage d'un déplacement La symétrie

Le plan de travail de la période 4

	Calcul mental 1 séance de 15 min/jour	Séquences d'apprentissage séances de 30 à 40 min			Atelier problèmes 1 atelier de 30 min/semaine
Semaine 22	- Connaitre la table de multiplication par 5.	41	POSER ET CALCULER DES SOUSTRACTIONS EN COLONNES AVEC DES NOMBRES À TROIS CHIFFRES	Séances 1 2 3 4	Résoudre des problèmes impliquant des longueurs.
		42	TRACER DES CARRÉS ET DES RECTANGLES	Séances 1 2 3	
Semaine 23	- Connaitre la table de multiplication par 3.			Séance 4	Résoudre des problèmes impliquant des longueurs.
		43	RÉSOUDRE DES PROBLÈMES EN UNE OU DEUX ÉTAPES : MULTIPLICATION ET ADDITION	Séances 1 2 3	
		44	RÉSOUDRE DES PROBLÈMES IMPLIQUANT DES PRIX : LES EUROS	Séances 1 2 3	
Semaine 24	- Consolider et évaluer la connaissance de la table de multiplication par 3.			Séance 4	Résoudre des problèmes multiplicatifs en une et deux étapes.
		45	RÉSOUDRE DES PROBLÈMES IMPLIQUANT DES PRIX : LES CENTIMES D'EURO	Séances 1 2 3 4 5	
		46	RECONNAITRE ET TRACER DES TRIANGLES RECTANGLES	Séance 1	
Semaine 25	- Connaitre la table de multiplication par 4.			Séances 2 3	Résoudre des problèmes en deux étapes mixant addition, soustraction et multiplication.
		47	MESURER UNE LONGUEUR : LE KILOMÈTRE	Séances 1 2 3 4	
		48	RECONNAITRE ET UTILISER LA NOTION DE SYMÉTRIE	Séance 1	
Semaine 26	- Consolider et évaluer la connaissance des tables de multiplication par 2, par 3, par 4, par 5 et par 10.			Séances 2 3 4	Résoudre des problèmes en deux étapes mixant addition, soustraction et multiplication.
		49	RÉSOUDRE DES PROBLÈMES DE PARTAGE (1)	Séances 1 2 3 4	
Semaine 27	- Calculer des sommes du type 50 + 70. - Calculer des sommes d'un nombre à deux ou trois chiffres et de centaines entières.	50	CODER UN DÉPLACEMENT (1)	Séances 1 2 3	Résoudre des problèmes additifs en deux étapes.
		51	ÉNIGMES MATHÉMATIQUES (4)	Séances 1 2 3	
		P4	JE RÉVISE		
			Bilan des apprentissages Période 4		

Atelier 22

30 min par semaine

Atelier problèmes

- Résoudre des problèmes impliquant des longueurs.

Prénom .... Date ....

Résous les problèmes avec le symbole ✖ puis résous les problèmes de ton choix. Essaie d'en résoudre le plus possible.

Problème 1

L'année dernière, Tom mesurait 1 m 24 cm.
Cette année, il mesure 9 cm de plus.

Combien Tom mesure-t-il maintenant ?

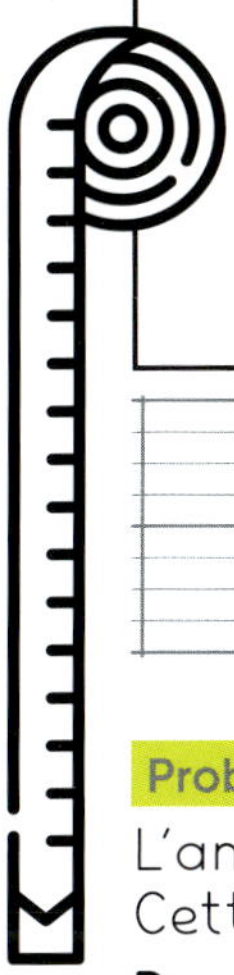

Problème 2

L'année dernière, Lilou mesurait 1 m 39 cm.
Cette année, elle mesure 1 m 45 cm.

De combien de centimètres Lilou a-t-elle grandi en un an ?

Problème 3

Lisa mesure 1 m 55 cm.
Elle mesure 12 cm de plus que son frère Tom.

Quelle est la taille de Tom ?

Problème 4

Léo mesure 1 m 32 cm et Noa 127 cm.

Quelle est la différence de taille entre Léo et Noa ?

✖ Problème 5

Tom a acheté une planche de 2 m de long.

Combien de morceaux de 100 cm Tom peut-il découper dans cette planche pour fabriquer des étagères ?

✖ Problème 6

Léo a acheté une planche de 1 m 50 cm de long.

Combien de morceaux de 50 cm Léo peut-il découper dans cette planche ?

41 Poser et calculer des soustractions en colonnes avec des nombres à trois chiffres

Séance 1 — 30 min

Manipuler pour comprendre la technique par *cassage*

→ CALCULER

Trouver le résultat d'une soustraction en manipulant des cubes.

MATÉRIEL ET SUPPORT
- Pour chaque élève : des cubes ou des carrés de la **planche 1** prédécoupée fournie avec le cahier de l'élève *Maths au CE1*.

DÉROULEMENT DE LA SÉANCE

❶ Recherche Calculer en ligne 568 - 142 et 785 - 425.	10 min	Manipulation Écrit individuel
❷ Nouvelle recherche Comprendre la technique de *cassage* en manipulant des cubes.	15 min	Manipulation Verbalisation Oral collectif
❸ Entrainement Manipuler des cubes pour trouver les résultats de 873 - 326 et de 545 - 139.	5 min	Manipulation Écrit individuel

❶ Recherche

Séquence 41

Écrire les calculs **568 - 142** et **785 - 425** au tableau.

a) Utiliser le calcul en ligne
Effectuer les deux calculs dans un cahier avec la méthode de son choix.

b) Manipuler une collection de 568 cubes
Comprendre la procédure visée en manipulant des cubes.

c) Faire une synthèse
Comprendre la procédure visée avec l'animation **Séquence 41**.

1. Je constitue une collection de **568 cubes**, c'est 5c 6d 8u.

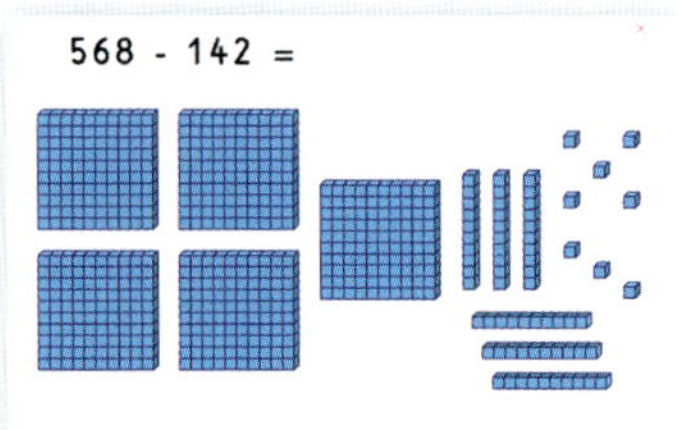

2. Je retire 2 unités puis 4 dizaines et enfin 1 centaine.

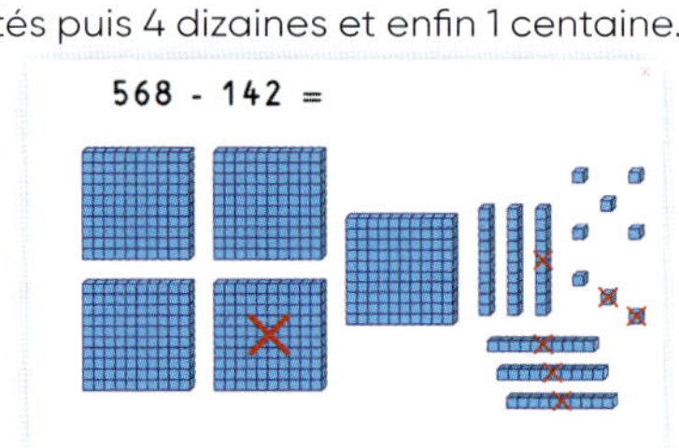

3. J'écris le résultat : **568 - 142 = 426**.

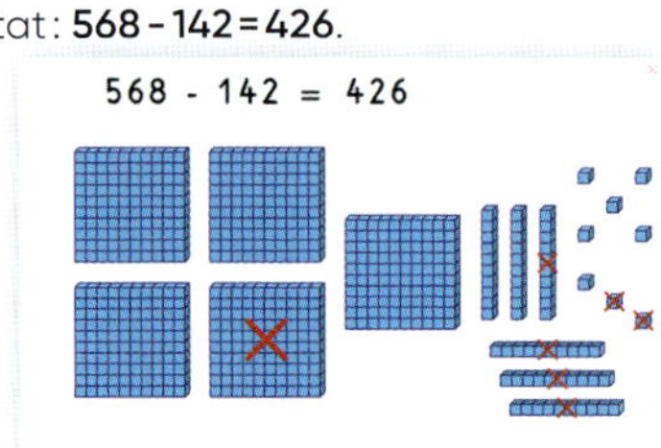

Expliquer que l'on peut vérifier le résultat de la soustraction avec une addition : **142 + 426 = 568**.
Faire la manipulation avec les cubes.

Utiliser la même démarche avec le calcul **785 - 425** car il amène à écrire un zéro.

❷ Nouvelle recherche

Demander à chaque élève de préparer une collection de **574 cubes** composée de 5 plaques de 100 cubes, de 7 barres de 10 cubes (dont 1 barre de 10 cubes réalisée en assemblant 10 cubes isolés, cette barre pourra ainsi être démontée pour obtenir 10 cubes isolés) et de 4 cubes isolés.

Écrire le calcul **574 - 256 = ?** au tableau.

Consigne « Trouve le résultat de la soustraction en manipulant les cubes. »

1. Je constitue une collection de **574 cubes**, c'est 5c 7d et 4u.

2. Je ne peux pas enlever 6 unités.
Je *casse* une dizaine pour obtenir 10 cubes non groupés.

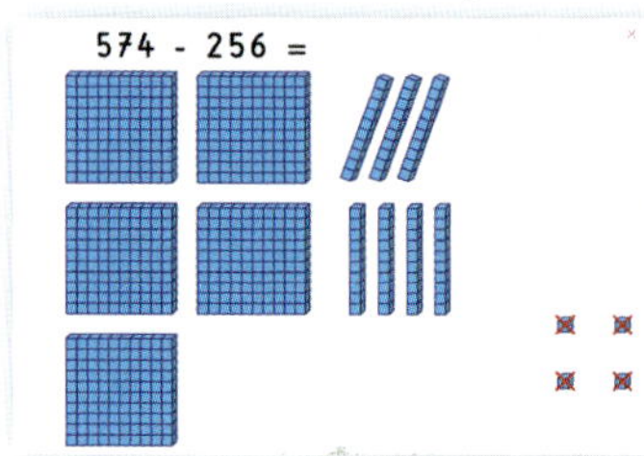

Séquence 41

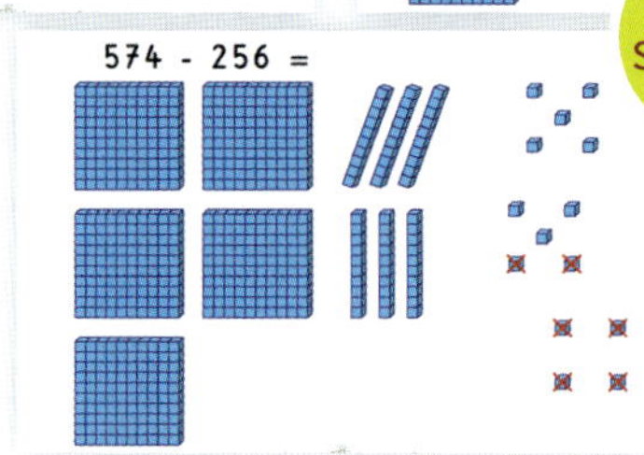

3. Je peux maintenant enlever 6 unités puis 5 dizaines puis 2 centaines.

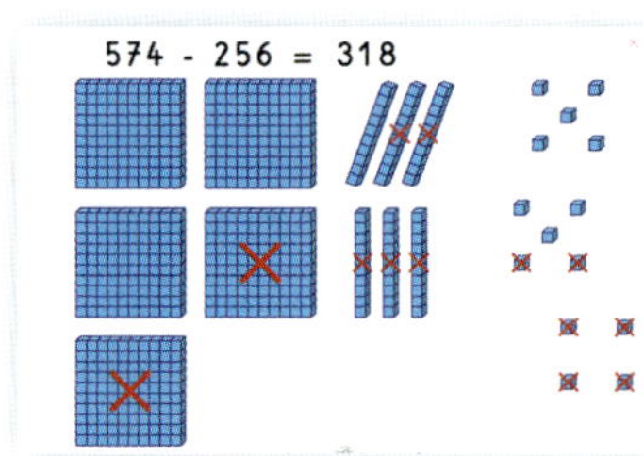

Utiliser l'animation **Séquence 41** pour récapituler les étapes de la manipulation.

Synthèse
Constater que l'on ne peut pas enlever 6 unités car il n'y a que 4 unités dans le nombre 574.
Pour pouvoir enlever 256 cubes, il faut *casser* une des 7 barres dizaines de la collection de 574 cubes.

❸ Entrainement

Utiliser une démarche identique pour trouver les résultats de **792 - 268** et de **547 - 239** en manipulant des cubes.

Séance 2 — 30 min

Poser et calculer une soustraction en colonnes (1)

→ **CALCULER**

Poser et calculer une soustraction en colonnes en utilisant la technique par *cassage* (cassage de la dizaine).

MATÉRIEL ET SUPPORT

- Pour chaque élève : des cubes ou des carrés de la **planche 1** prédécoupée fournie avec le cahier de l'élève *Maths au CE1*.

DÉROULEMENT DE LA SÉANCE

1 Recherche Manipuler des cubes pour trouver le résultat de 698 - 235.	5 min	Manipulation Verbalisation Oral collectif
2 Institutionnalisation Poser et calculer une soustraction en colonnes avec des nombres à trois chiffres sans retenue.	5 min	Abstraction Verbalisation Oral collectif
3 Nouvelle recherche Manipuler des cubes pour trouver le résultat de 872 - 349	5 min	Manipulation Verbalisation Oral collectif
4 Institutionnalisation Poser et calculer une soustraction en colonnes avec des nombres à trois chiffres avec *cassage* de la dizaine.	5 min	Abstraction Verbalisation Oral collectif
5 Entrainement Poser et calculer des soustractions en colonnes pour les nombres à trois chiffres.	10 min	Abstraction Écrit individuel

1 Recherche

Demander à chaque élève de constituer une collection de **698 cubes** : 6 plaques de 100 cubes, 9 barres de 10 cubes et 8 cubes isolés. Coder cette collection avec le nombre 698.

Écrire le calcul **698 - 235 = ?** au tableau.

Consigne « *Trouve le résultat de la soustraction en manipulant les cubes.* »

La synthèse permet de rappeler les étapes à suivre pour effectuer ce calcul avec les cubes.

2 Institutionnalisation

Annoncer l'objectif visé : apprendre à poser et calculer une soustraction en colonnes avec des nombres de trois chiffres.

Expliquer au tableau comment poser et calculer la soustraction 698 - 235 en colonnes en faisant le parallèle avec la manipulation des cubes.

Étapes à suivre pour 698 – 235

- « Je pose l'opération en alignant les chiffres des unités dans la colonne des unités, les chiffres des dizaines dans la colonne des dizaines, les chiffres des centaines dans la colonne des centaines. »
- « Je commence par regarder la colonne des unités. 8 unités - 5 unités, c'est possible car 5 est plus petit que 8. »
- « 8 unités moins 5 unités égale 3 unités. »
- « Je regarde la colonne des dizaines. 9 dizaines - 3 dizaines, c'est possible car 9 est plus grand que 3. »
- « 9 dizaines moins 3 dizaines égale 6 dizaines. »
- « 6 centaines moins 2 centaines égale 4 centaines. »

Récapituler les étapes de l'algorithme à l'aide de l'animation **Séquence 41**.

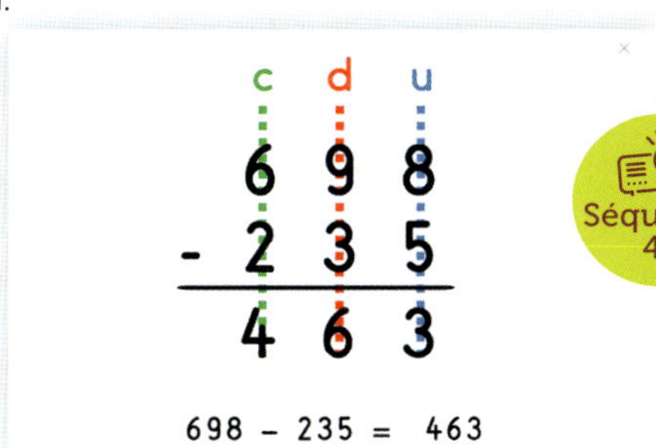

Séquence 41

Vérifier le résultat avec le calcul **463 + 235**.

3 Nouvelle recherche

Demander à chaque élève de constituer une collection de **372 cubes** : 3 plaques de 100 cubes, 7 barres de 10 cubes et 2 cubes isolés. Coder cette collection avec le nombre 372.

Écrire le calcul **372 - 129 = ?** au tableau.

Consigne « *Trouve le résultat de la soustraction en manipulant les cubes.* »

La synthèse permet de rappeler les étapes à suivre pour effectuer ce calcul avec les cubes. Pour pouvoir enlever 129 à 372, il faut *casser* une des 7 barres dizaines de la collection de 372 cubes et la transformer en 10 cubes isolés.

4 Institutionnalisation

Séquence 41

Annoncer l'objectif visé : apprendre à poser et calculer une soustraction en colonnes avec retenue.

Expliquer à l'aide de l'animation **Séquence 41** comment poser et calculer la soustraction **372 - 129** en colonnes en faisant le parallèle avec la manipulation des cubes.

1. Je commence par les unités.
Retirer 9 unités à 2 unités est impossible.
Je *casse* une dizaine de 372 pour avoir 10 unités supplémentaires.
3c 7d 2u devient 3c 6d 12u.
12 unités - 9 unités, c'est possible.
12 - 9 = 3
J'écris 3 au résultat dans la colonne des unités.

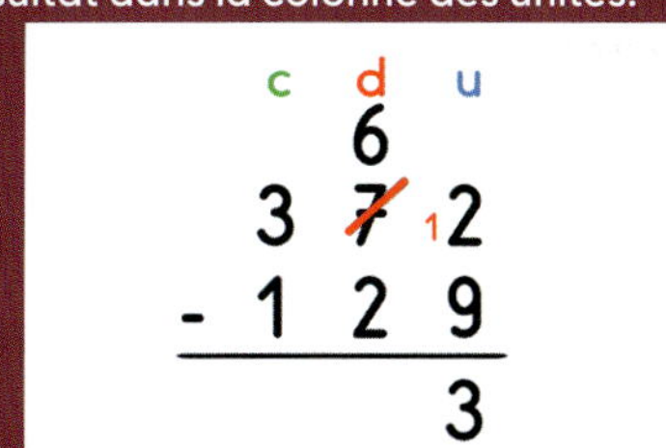

2. Je continue avec les dizaines.
Retirer 2 dizaines à 6 dizaines, c'est possible.
6 - 2 = 4
J'écris 4 au résultat dans la colonne des dizaines.

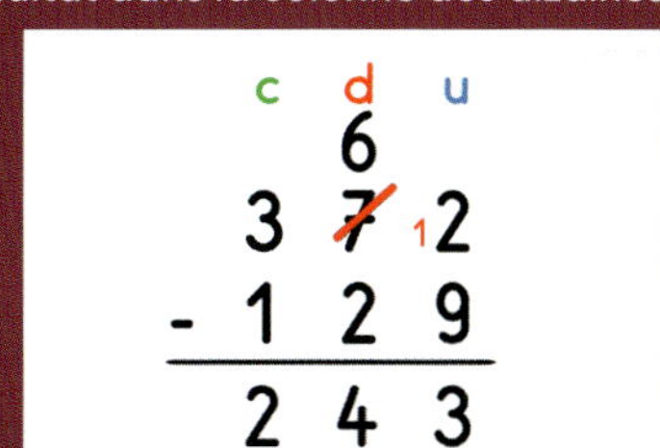

3. Je continue avec les centaines.
3 centaines - 1 centaine, c'est possible.
3 - 1 = 2
J'écris 2 au résultat dans la colonne des centaines.

4. J'écris le résultat de l'opération.
372 - 129 = 243

5. Je vérifie le résultat.
Je calcule 129 + 243 pour vérifier que j'obtiens 372.

5 Entrainement

Consigne « *Pose et effectue dans ton cahier.* »

937 - 435 = ? **893 - 576 = ?**

41 Poser et calculer des soustractions en colonnes avec des nombres à trois chiffres

Séance 3 — 30 min

Poser et calculer une soustraction en colonnes (2)

→ CALCULER

S'exercer à poser et calculer des soustractions en colonnes en utilisant la technique par *cassage* (cassage de la centaine).

MATÉRIEL ET SUPPORT
- La trace écrite (**Materiel41.pdf**).

DÉROULEMENT DE LA SÉANCE

❶ Recherche Manipuler des cubes pour trouver le résultat de 439 - 185.	5 min	Verbalisation Abstraction Oral collectif
❷ Institutionnalisation Poser et calculer une soustraction en colonnes pour les nombres à trois chiffres avec *cassage* de la centaine.	10 min	Abstraction Verbalisation Oral collectif
❸ Entrainement Poser et calculer des soustractions en colonnes pour les nombres à trois chiffres.	15 min	Abstraction Écrit individuel

❶ Recherche

Demander à chaque élève de constituer une collection de **439 cubes**: 4 plaques de 100 cubes, 3 barres de 10 cubes et 9 cubes isolés. Coder cette collection avec le nombre 439.

Écrire le calcul **439 - 185 = ?** au tableau.

Consigne « Trouve le résultat de la soustraction en manipulant les cubes. »

La synthèse permet de rappeler les étapes à suivre pour effectuer ce calcul. Pour pouvoir enlever 185 cubes, il faut *casser* une des 3 plaques centaine de la collection de 439 cubes et la transformer en 10 barres de 10 cubes.

❷ Institutionnalisation

Expliquer au tableau comment poser et calculer la soustraction **439 - 185** en colonnes en faisant le parallèle avec la manipulation des cubes.

Récapituler les étapes de l'algorithme à l'aide de l'animation **Séquence 41** et de la trace écrite (**Materiel41.pdf**).

Séquence 41

```
    c  d  u
    3
    4̸ 13  9
  - 1  8  5
  ---------
    2  5  4
```

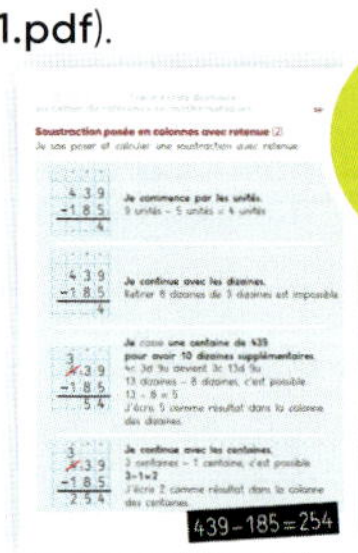

Matériel 41

Vérifier le résultat avec le calcul **254 + 185**.

❸ Entrainement

De nouvelles soustractions sont proposées à la classe en utilisant l'ardoise. Entre chaque calcul, la correction est menée au tableau. Cette évaluation permet à l'enseignant de repérer les besoins des élèves afin de former des groupes de besoins pour la séance 4.

Exercice 1
Effectue les opérations.

965 - 539	724 - 383	943 - 487

Exercice 2
Pose et effectue.

463 - 282 =   817 - 58 =   550 - 270 =

Séance 4 — 30 min

Poser et calculer une soustraction de deux nombres à trois chiffres

→ CALCULER

S'exercer à poser et calculer des soustractions en colonnes.

DÉROULEMENT DE LA SÉANCE

❶ Entrainement différencié Effectuer des soustractions dans le cadre de groupes de besoins.	15 min	Abstraction Écrit individuel
❷ Évaluation Poser et calculer des soustractions en colonnes pour les nombres à trois chiffres.	15 min	

❶ Entrainement différencié

L'enseignant regroupe les élèves qui ont besoin d'un accompagnement spécifique pour effectuer les opérations de **ExoSup41.pdf**.

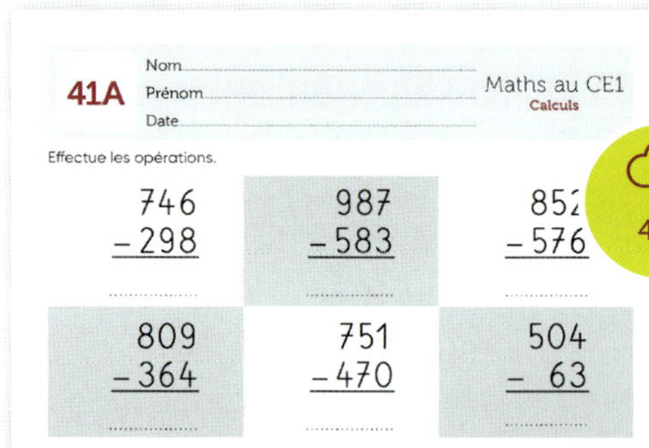

41A Nom Prénom Date — Maths au CE1 Calculs

Effectue les opérations.

746 - 298	987 - 583	852 - 576
809 - 364	751 - 470	504 - 63

41A

DIFFÉRENCIATION
- Proposer des « Cubes base 10 encastrables » (ou les cartes unités et dizaines de la planche 2) aux élèves qui ont besoin de manipuler.
- Donner des soustractions posées pour alléger la tâche.

La correction collective permet de rappeler les étapes à suivre pour réussir cette tâche.

❷ Évaluation

Bilan des apprentissages

Valorisation des progrès

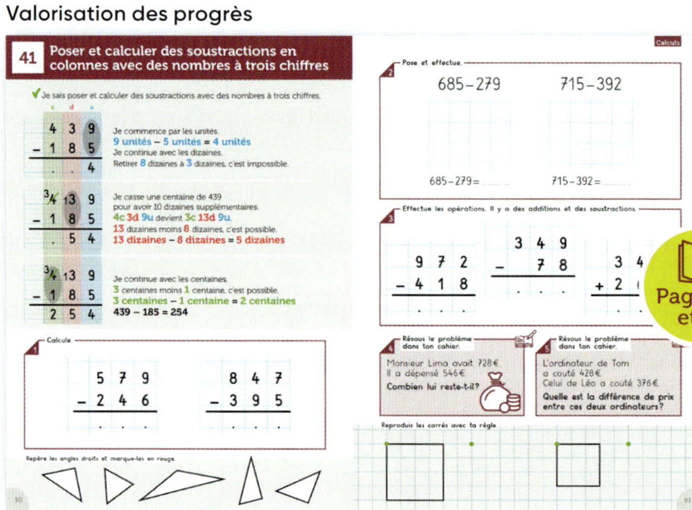

41 Poser et calculer des soustractions en colonnes avec des nombres à trois chiffres

✓ Je sais poser et calculer des soustractions avec des nombres à trois chiffres.

439 - 185 → . . 4	Je commence par les unités. 9 unités – 5 unités = 4 unités. Je continue avec les dizaines. Retirer 8 dizaines à 3 dizaines, c'est impossible.
³4̸ 13 9 - 185 → . 5 4	Je *casse* une centaine de 439 pour avoir 10 dizaines supplémentaires. 4c 3d 9u devient 3c 13d 9u. 13 dizaines moins 8 dizaines, c'est possible. 13 dizaines – 8 dizaines = 5 dizaines
³4̸ 13 9 - 185 → 2 5 4	Je continue avec les centaines. 3 centaines moins 1 centaine, c'est possible. 3 centaines – 1 centaine = 2 centaines. 439 – 185 = 254

1 Calcule.
579 - 246   847 - 395

Repère les angles droits et marque-les en rouge.

Calculs

2 Pose et effectue.
685 – 279   715 – 392
685 – 279 = ...   715 – 392 = ...

3 Effectue les opérations. Il y a des additions et des soustractions.
972 - 418   349 - 78   34... + 2...

4 Résous le problème dans ton cahier.
Monsieur Lima avait 728 €. Il a dépensé 546 €.
Combien lui reste-t-il?

5 Résous le problème dans ton cahier.
L'ordinateur de Tom a couté 428 €. Celui de Léo a couté 376 €.
Quelle est la différence de prix entre ces deux ordinateurs?

Reproduis les carrés avec ta règle.

90   91

Pages 90 et 91

Matériel 41

41A Nom .... Prénom .... Date .... Maths au CE1 – Calculs

Effectue les opérations.

746 − 298 = ...	987 − 583 = ...	852 − 576 = ...
809 − 364 = ...	751 − 470 = ...	504 − 63 = ...

41A Nom .... Prénom .... Date .... Maths au CE1 – Calculs

Effectue les opérations.

746 − 298 = ...	987 − 583 = ...	852 − 576 = ...
809 − 364 = ...	751 − 470 = ...	504 − 63 = ...

41A Nom .... Prénom .... Date .... Maths au CE1 – Calculs

Effectue les opérations.

746 − 298 = ...	987 − 583 = ...	852 − 576 = ...
809 − 364 = ...	751 − 470 = ...	504 − 63 = ...

41A Nom .... Prénom .... Date .... Maths au CE1 – Calculs

Effectue les opérations.

746 − 298 = ...	987 − 583 = ...	852 − 576 = ...
809 − 364 = ...	751 − 470 = ...	504 − 63 = ...

Matériel 41 Trace écrite destinée au cahier de référence en mathématiques

Séance 3

Soustraction posée en colonnes avec retenue (2)

Je sais poser et calculer une soustraction avec retenue.

c	d	u
4	3	9
−1	8	5
.	.	4

Je commence par les unités.
9 unités − 5 unités = 4 unités

c	d	u
4	3	9
−1	8	5
.	.	4

Je continue avec les dizaines.
Retirer 8 dizaines de 3 dizaines est impossible.

c	d	u
3		
~~4~~	13	9
−1	8	5
.	5	4

Je *casse* une centaine de 439 pour avoir 10 dizaines supplémentaires.
4c 3d 9u devient 3c 13d 9u.
13 dizaines − 8 dizaines, c'est possible.
13 − 8 = 5
J'écris 5 comme résultat dans la colonne des dizaines.

c	d	u
3		
~~4~~	13	9
−1	8	5
2	5	4

Je continue avec les centaines.
3 centaines − 1 centaine, c'est possible.
3−1=2
J'écris 2 comme résultat dans la colonne des centaines.

439−185=254

Matériel 41 Trace écrite destinée au cahier de référence en mathématiques

Séance 3

Soustraction posée en colonnes avec retenue (2)

Je sais poser et calculer une soustraction avec retenue.

c	d	u
4	3	9
−1	8	5
.	.	4

Je commence par les unités.
9 unités − 5 unités = 4 unités

c	d	u
4	3	9
−1	8	5
.	.	4

Je continue avec les dizaines.
Retirer 8 dizaines de 3 dizaines est impossible.

c	d	u
3		
~~4~~	13	9
−1	8	5
.	5	4

Je *casse* une centaine de 439 pour avoir 10 dizaines supplémentaires.
4c 3d 9u devient 3c 13d 9u.
13 dizaines − 8 dizaines, c'est possible.
13 − 8 = 5
J'écris 5 comme résultat dans la colonne des dizaines.

c	d	u
3		
~~4~~	13	9
−1	8	5
2	5	4

Je continue avec les centaines.
3 centaines − 1 centaine, c'est possible.
3−1=2
J'écris 2 comme résultat dans la colonne des centaines.

439−185=254

42 Tracer des carrés et des rectangles

Séance 1 — 30 min

Tracer des angles droits

MODÉLISER

Tracer des angles droits avec une équerre ou un gabarit d'angle droit.

MATÉRIEL ET SUPPORT
- Un gabarit d'angle droit (**Materiel38.pdf**, page 1) ou l'équerre, une règle graduée par élève.
- La trace écrite (**Materiel42.pdf**, page 1).

DÉROULEMENT DE LA SÉANCE

1 Réactivation Compléter des tracés pour obtenir des angles droits sur papier uni.	15 min	**Manipulation** Écrit individuel
2 Entrainement Reproduire des angles droits et une ligne brisée en utilisant la règle graduée et l'équerre.	10 min	**Expérimentation** Écrit individuel
3 Institutionnalisation et trace écrite Formuler les étapes de la construction d'un angle droit sur papier uni.	5 min	**Verbalisation** Oral collectif

1 Réactivation

Annoncer l'objectif de la séance : apprendre à tracer des angles droits. Effectuer un tracé au tableau (ou utiliser l'animation **Séquence 42**) en verbalisant chaque geste.
Demander aux élèves de faire la même chose.

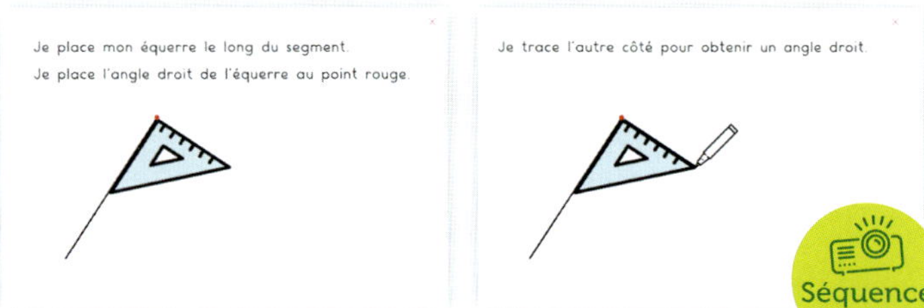

Séquence 42

Trace écrite et animation Séquence 42

Demander aux élèves d'effectuer plusieurs tracés du même type sur une feuille blanche.

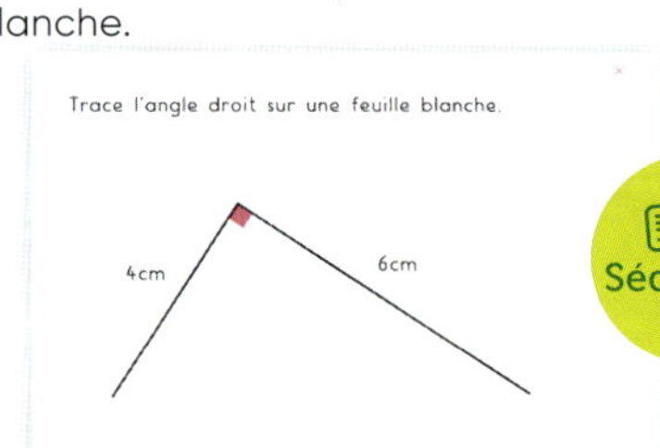

Séquence 42

Relancer l'activité en demandant aux élèves de tracer un angle droit dont les côtés mesurent **4 cm et 6 cm**.

2 Entrainement

S'entrainer avec **ExoSup42.pdf**.

Exercice 1

Utiliser l'équerre ou un gabarit d'angle droit pour compléter les dessins de l'exercice 1.
Dessiner un petit carré en rouge pour marquer l'angle droit.

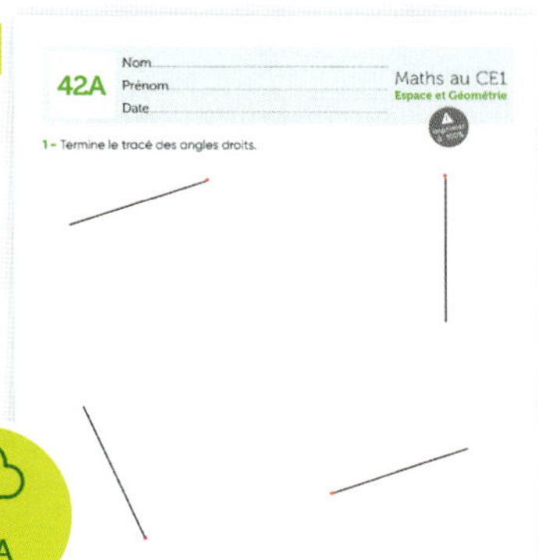

Matériel 38 — 42A

Exercice 2

Terminer le tracé de la ligne brisée en utilisant la règle graduée et le gabarit d'angle droit ou l'équerre.

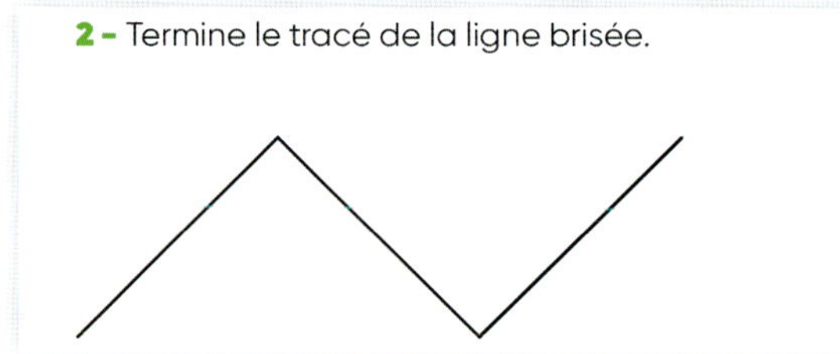

3 Institutionnalisation et trace écrite

Matériel 42

Ce qu'il faut retenir

1. Pour terminer de tracer un angle droit, je place l'équerre ou le gabarit d'angle droit le long du côté qui est déjà tracé. Je place l'angle droit de l'équerre à l'extrémité du côté où il faut tracer l'angle droit.
2. Je trace l'autre côté de l'angle droit en utilisant l'équerre.
3. J'utilise la règle graduée pour prolonger ce côté de façon à ce qu'il mesure la longueur demandée.

Séance 2 — 30 min

Tracer un carré

→ **MODÉLISER**

Terminer la construction de carrés sur papier uni.

MATÉRIEL ET SUPPORT
- Pour chaque élève, une règle graduée et un gabarit d'angle droit (**Materiel38.pdf**, page 1) ou l'équerre.
- La feuille de recherche - Tracer des carrés (**Materiel42.pdf**, page 2).

DÉROULEMENT DE LA SÉANCE

1 Recherche Terminer le tracé d'un carré dont deux côtés sont déjà tracés et dont le tracé d'un côté est commencé.	10 min	**Expérimentation** Écrit individuel
2 Nouvelle recherche Terminer la construction de carrés dont un seul côté est tracé.	15 min	
3 Institutionnalisation Formuler les étapes de la construction d'un carré sur papier uni.	5 min	**Verbalisation** Oral collectif

1 Recherche

Matériel 38 — Matériel 42

Exercice 1

Après un rappel oral collectif des propriétés du carré, chaque élève utilise l'équerre ou un gabarit d'angle droit pour compléter les carrés de **Materiel42.pdf**, page 2.

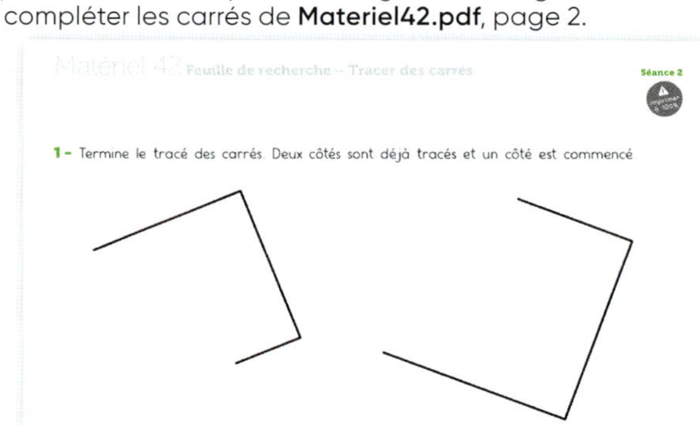

Organiser une petite pause méthodologique dès que tous les élèves ont effectué le premier tracé afin de mettre en commun les étapes de construction.

❷ Nouvelle recherche

Matériel 42

Exercice 2

Terminer la construction d'un carré dont un seul côté est déjà tracé.

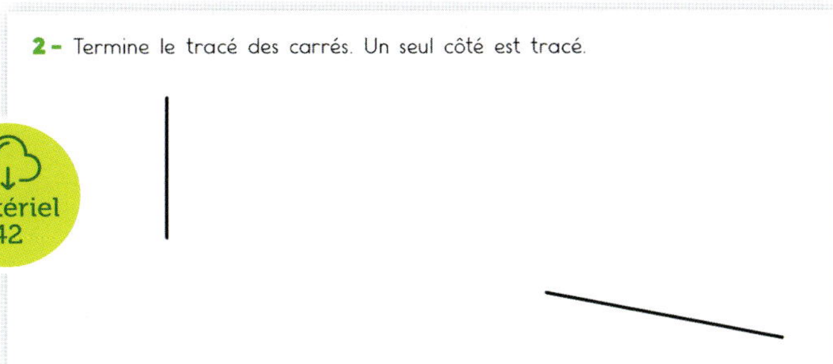

Exercice 3

Construire un carré dont les côtés mesurent 6 cm.

❸ Institutionnalisation

Ce qu'il faut retenir

Pour terminer la construction d'un carré dont un seul côté est tracé :
- Je mesure avec la règle graduée un côté qui est déjà tracé.
- J'utilise l'équerre ou le gabarit d'angle droit pour tracer deux angles droits à partir des extrémités du côté déjà tracé.
- J'utiliser la règle graduée pour reporter les mesures afin d'obtenir des côtés de même longueur.

Séance 3 — 30 min

Tracer un rectangle

→ **MODÉLISER**

Terminer la construction de rectangles sur papier uni.

MATÉRIEL ET SUPPORT
- Pour chaque élève, une règle graduée et un gabarit d'angle droit ou l'équerre.
- La feuille de recherche - Tracer des rectangles (**Materiel42.pdf,** page 3).

DÉROULEMENT DE LA SÉANCE

❶ Recherche Terminer le tracé d'un rectangle dont deux côtés sont déjà tracés et dont le tracé d'un côté est commencé.	10 min	**Expérimentation** Écrit individuel
❷ Nouvelle recherche Terminer la construction de rectangles dont deux côtés sont tracés.	15 min	**Manipulation** Groupes de 2
❸ Institutionnalisation Formuler les étapes de la construction d'un rectangle sur papier uni.	5 min	**Verbalisation** Oral collectif

❶ Recherche

Matériel 38 — Matériel 42

Exercice 1

Après un rappel oral collectif des propriétés du rectangle, chaque élève utilise l'équerre ou un gabarit d'angle droit pour compléter les rectangles de **Materiel42.pdf**, page 3.

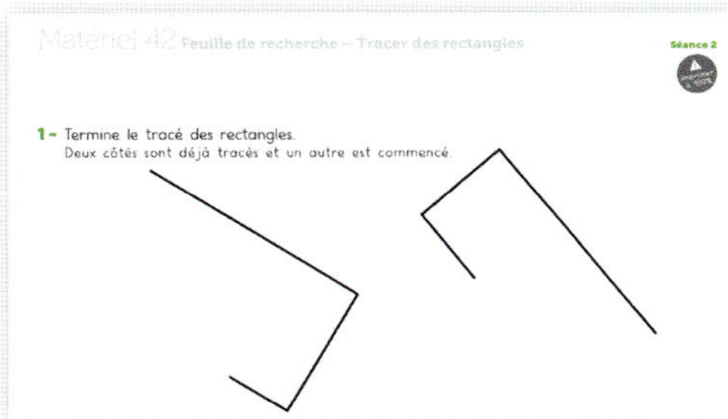

Organiser une petite pause méthodologique dès que tous les élèves ont effectué le premier tracé afin de mettre en commun les étapes de construction.

❷ Nouvelle recherche

Matériel 42

Exercice 2

Terminer la construction de rectangles dont deux côtés sont tracés.

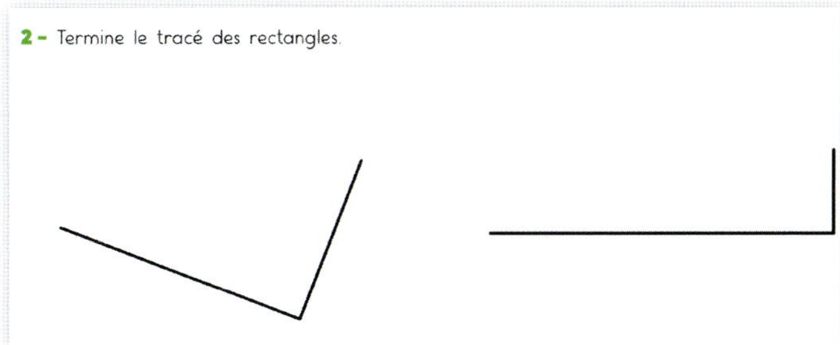

Exercice 3

Construire un rectangle dont les côtés mesurent 6 cm et 4 cm.

❸ Institutionnalisation

Ce qu'il faut retenir

Pour terminer la construction d'un rectangle dont deux côtés sont déjà tracés :
- Je mesure avec la règle graduée les côtés qui sont déjà tracés.
- J'utilise l'équerre ou le gabarit d'angle droit pour tracer deux angles droits aux extrémités des côtés déjà tracés.
- J'utilise la règle graduée pour reporter les mesures afin d'obtenir des côtés opposés de même longueur.

Séance 4 — 30 min

Bilan des apprentissages

Valorisation des progrès

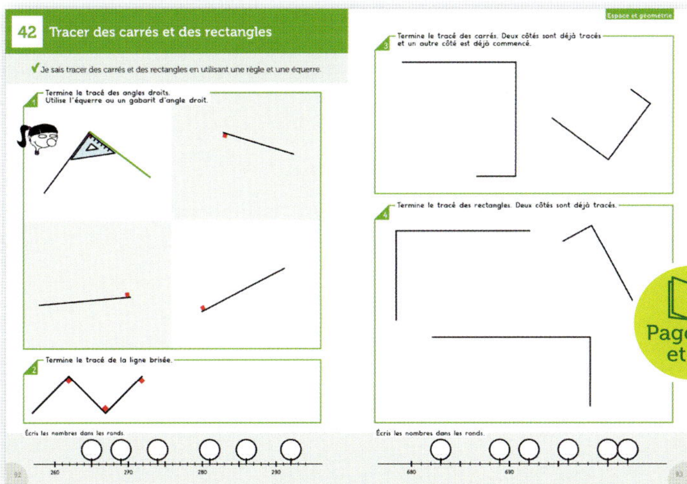

Pages 92 et 93

CROISEMENT ENTRE ENSEIGNEMENTS : MATHS-FRANÇAIS

Séance menée dans le temps réservé au domaine du français

Écrire des textes en commençant à s'approprier une démarche Rédiger un message pour permettre à un camarade de tracer un carré ou un rectangle identique au modèle proposé.

Critères de réussite Lister les critères de réussite de cette situation.
- L'énoncé doit permettre de tracer la figure.
- Toutes les informations utiles doivent être données : type de figure, mesures des longueurs des côtés.

Mise en commun La lecture des productions permet de compléter la liste des critères de réussite de cette tâche d'écriture.

Exemple Éviter les détails inutiles.

Communication Tous ces éléments sont transmis à une autre classe de CE1 ou CE2 pour que les élèves reproduisent les carrés et les rectangles.

15 min par jour

Calcul mental

- Connaitre la table de multiplication par 3.
- Consolider et évaluer la connaissance des tables de multiplication par 2, par 5 et par 10.

Séance 1

❶ Tables de multiplication par 5 : automatisation — 5 min

Proposer les calculs oralement.
Les élèves répondent immédiatement sur l'ardoise.
8x5 = ? **10x5 = ?** **7x5 = ?**
« Combien de fois 5 pour faire 30 ? » « Combien de fois 5 pour faire 45 ? »

❷ Table de multiplication par 3 : 1x3, 2x3, 5x3 et 10x3 — 10 min

Découverte 1x3, 2x3, 5x3 et 10x3
Proposer un par un les calculs : 1x3, 2x3, 5x3 et 10x3.
Conduire la mise en commun à l'aide de l'animation **Calcul 23**.

Procédures à privilégier
- **1x3** « c'est une fois trois donc 1x3 = 3. »
- **2x3** « deux fois trois, c'est le double de 3, c'est 3 + 3 donc 6. »
- **5x3** « c'est pareil que 3x5 donc 5x3 = 15. »
- **10x3** « c'est pareil que 3x10 ou 3 fois 1 dizaine, donc 10x3 = 30. »

Calcul 23

*Expliciter les procédures à privilégier à l'aide de l'animation **Calcul 23**.*

Séance 2

❶ Tables de multiplication par 5 : automatisation — 5 min

Proposer les calculs oralement.
Les élèves répondent immédiatement sur l'ardoise.
7x5 = ? **9x5 = ?** **6x5 = ?**
« Combien de fois 5 pour faire 40 ? » « Combien de fois 5 pour faire 25 ? »

❷ Table de multiplication par 3 : 0x3, 3x3 et 6x3 — 10 min

Entrainement 1x3, 2x3, 5x3 et 10x3
Proposer oralement un par un les calculs : **1x3** **2x3** **10x3** **?x5 = 15** **?x3 = 9**
Les élèves répondent sur l'ardoise.

Découverte 0x3, 3x3 et 6x3
Proposer un par un les calculs : **0x3** **3x3** **6x3**
Les élèves répondent sur l'ardoise. Après chaque calcul, mettre en commun les procédures utilisées pour structurer les apprentissages à l'aide de l'animation **Calcul 23**.

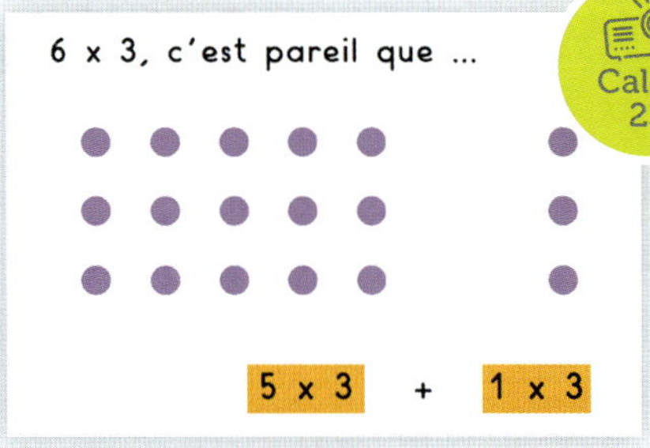

Calcul 23

*Expliciter les procédures à privilégier à l'aide de l'animation **Calcul 23**.*

Procédures à privilégier
- **3x3** = (2x3) + (1x3).

! Les parenthèses ne sont pas au programme du cycle 2 mais peuvent être utilisées par l'enseignant lors des synthèses. Il s'agit ici de verbaliser que 3x3, c'est *« deux fois trois plus une fois trois »*.
- **6x3** = (3x3) + (3x3).

« 6x3, c'est trois fois trois + trois fois trois c'est-à-dire 2x(3x3), deux fois trois fois trois ou 6x3 = (5x3) + (1x3). »

Séance 3

❶ Table de multiplication par 5 : réinvestissement — 5 min

Proposer les calculs et les problèmes oralement.
Les élèves répondent immédiatement sur l'ardoise.
4x5 = ? **9x5 = ?** **5x5 = ?**
« Combien de fois 5 pour faire 50 ? » « Combien de fois 5 pour faire 35 ? »

« L'école a commandé 8 ballons à 5 euros.
Combien la directrice doit-elle payer ? »

« 6 enfants se partagent 30 images.
Combien d'images aura chaque enfant ? »

❷ Table de multiplication par 3 : 4x3 et 8x3 — 10 min

Entrainement Résultats connus
Proposer oralement un par un les calculs : **5x3** **2x3** **0x3** **6x3 = ?** **?x3 = 9** **?x3 = 15** **?x3 = 3** **?x3 = 0**
Les élèves répondent sur l'ardoise.

Découverte 4x3 et 8x3
Proposer un par un les calculs : **4x3** **8x3** à l'aide de l'animation **Calcul 23**.

Procédures à privilégier
- **4x3 = (2x3) + (2x3)** *« 4 fois 3, c'est pareil que 2 fois 3 plus 2 fois 3 »* ou **4x3 = 2x(2x3)** *« 4 fois 3, c'est pareil que 2 fois 2 fois 3 »* ou **4x3 = (3x3) + (1x3)**
- **8x3 = (4x3) + (4x3)** *« 8 fois 3, c'est pareil que 4 fois 3 plus 4 fois 3 »* ou **8x3 = 2x(4x3)** *« 8 fois 3, c'est pareil que 2 fois 4 fois 3 »*.

Séance 4

❶ Table de multiplication par 5 : évaluation — 5 min

Proposer à nouveau l'évaluation de la semaine 22 pour permettre aux élèves de mesurer leurs progrès dans la connaissance de la table de x 5.
Réutiliser la série de calculs de **MaterielCalcul 22.pdf,** page 4.

Matériel Calcul 22

❷ Table de multiplication par 3 : 7x3 et 9x3 — 10 min

Entrainement Résultats connus de la table de 3
Proposer oralement un par un les calculs :
« Combien de fois 3 pour faire 9 ? » « Combien de fois 3 pour faire 30 ? »
« Combien de fois 3 pour faire 12 ? » « Combien de fois 3 pour faire 24 ? »
« Combien de fois 3 pour faire 18 ? »
Les élèves répondent sur l'ardoise.

Découverte 7x3 et 9x3
Proposer un par un les calculs : **7x3** **9x3** à l'aide de l'animation **Calcul 23**.
Les élèves répondent sur l'ardoise.

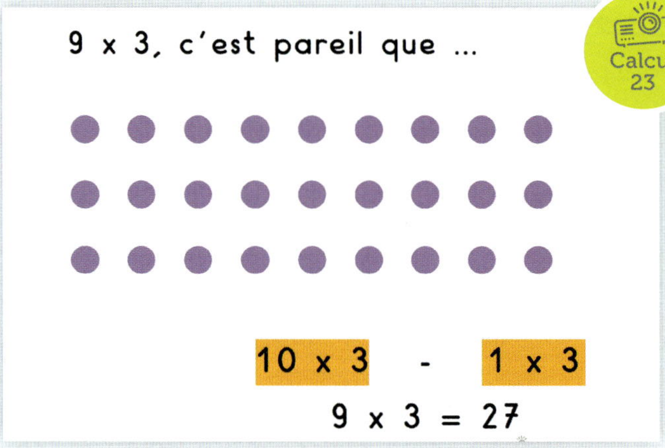

Calcul 23

*Expliciter les procédures à privilégier à l'aide de l'animation **Calcul 23**.*

Procédures à privilégier
- **7x3** *« 7 fois 3, c'est (6x3) + (1x3). »*
- **9x3** *« 9 fois 3, c'est (10x3) - (1x3). »*

Atelier 23

30 min par semaine

Atelier problèmes

- Résoudre des problèmes impliquant des longueurs.

Prénom .... Date ....

Résous les problèmes avec le symbole ✖ puis résous les problèmes de ton choix. Essaie d'en résoudre le plus possible.

Problème 1

Au saut en longueur, la maitresse a mesuré les sauts réalisés par les élèves de la classe.

Louise 1 m 54 cm	**Maya** 215 cm
Nina 2 m 12 cm	**Kilian** 1 m 98 cm

Qui a sauté le plus loin? Justifie ta réponse.

Calcule la différence entre les sauts de Nina et de Kilian.

Problème 2

Aux jeux olympiques, lors de l'épreuve de saut à la perche, un athlète a réalisé un premier saut de 5 m 78 cm.
Au deuxième essai, il a sauté 20 cm de plus.

Quelle est la hauteur de son deuxième saut?

✖ Problème 3

Au lancer de poids, Tom a atteint 3 m 54 cm. Il lui manque 7 cm pour atteindre la même distance que son camarade Léo.

Quelle distance Léo a-t-il atteinte?

Problème 4

Au lancer de poids, Noa a atteint 4 m 87 cm. C'est 30 cm de plus que son copain Kim.

Quelle distance Kim a-t-il atteinte?

✖ Problème 5

À un concours de saut à la perche, une athlète a réalisé un premier saut de 4 m 95 cm.
Au deuxième essai, elle a sauté 11 cm plus haut.

Quelle est la hauteur de son deuxième saut?

43 Résoudre des problèmes en deux étapes : addition et multiplication

Séance 1 — 40 min

Résoudre des problèmes multiplicatifs

→ MODÉLISER

Modéliser des problèmes multiplicatifs à l'aide de schémas et d'écritures mathématiques.

MATÉRIEL ET SUPPORT
- La feuille de recherche et la trace écrite (**Materiel43.pdf**, pages 1 et 2).

DÉROULEMENT DE LA SÉANCE

❶ **Recherche** Résoudre les problèmes en utilisant l'addition répétée ou les résultats connus des tables de multiplication.	25 min	**Expérimentation** Écrit individuel
❷ **Mise en commun** Inventorier les différentes procédures utilisées.	5 min	**Verbalisation** Oral collectif
❸ **Institutionnalisation** Utiliser des schémas et le calcul pour résoudre un problème multiplicatif.	10 min	**Représentation** **Verbalisation** **Abstraction** Oral collectif

❶ Recherche

Demander aux élèves de résoudre les problèmes de **Materiel43.pdf**, page 1.

DIFFÉRENCIATION

- Pendant leur recherche, accompagner les élèves individuellement en privilégiant trois types d'aide :
  - faire raconter l'histoire du problème sans utiliser de nombres.
  - simplifier l'énoncé avec des nombres plus petits.
  - faire manipuler des cubes ou des jetons pour comprendre la situation.

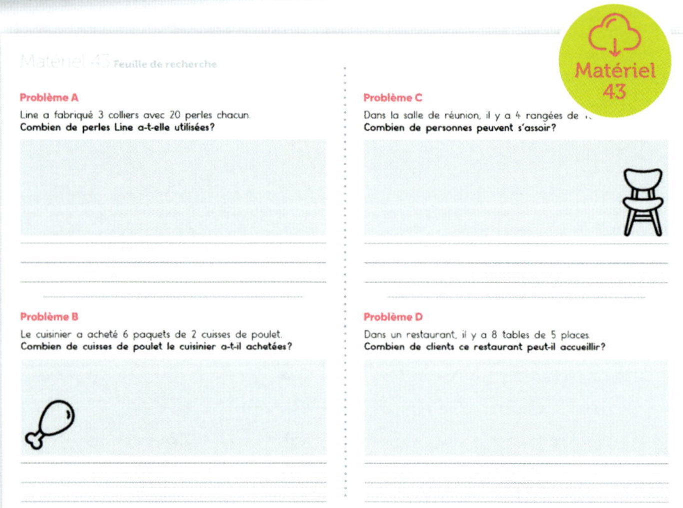
Matériel 43 Feuille de recherche

Problème A
Line a fabriqué 3 colliers avec 20 perles chacun.
Combien de perles Line a-t-elle utilisées ?

Problème C
Dans la salle de réunion, il y a 4 rangées de ...
Combien de personnes peuvent s'assoir ?

Problème B
Le cuisinier a acheté 6 paquets de 2 cuisses de poulet.
Combien de cuisses de poulet le cuisinier a-t-il achetées ?

Problème D
Dans un restaurant, il y a 8 tables de 5 places.
Combien de clients ce restaurant peut-il accueillir ?

Matériel 43

❷ Mise en commun

Projeter avec un visualiseur les dessins et les schémas réalisés par quelques élèves.

Procédure visée
Utilise les résultats connus des tables de 2, 5 ou 10.

❸ Institutionnalisation

Séquence 43

Problème A
Pour résoudre le problème A, je peux utiliser une addition répétée (20 + 20 + 20 = 60) mais je peux aussi utiliser une multiplication car c'est plus rapide :
« 20 + 20 + 20, c'est 3 fois 20. » *« 3 x 20, c'est 3 fois 2 dizaines. »*
« Je connais la table de multiplication de 2 donc je sais que 3 fois 2 égale 6 donc 3 fois 2 dizaines égale 6 dizaines. »
Écrire **3 x 20 = 60**.

Présenter le schéma en barres à l'aide l'animation **Séquence 43**. Expliquer qu'il n'est pas obligatoire d'utiliser un schéma pour résoudre le problème. C'est une aide pour mieux comprendre l'énoncé et résoudre le problème.

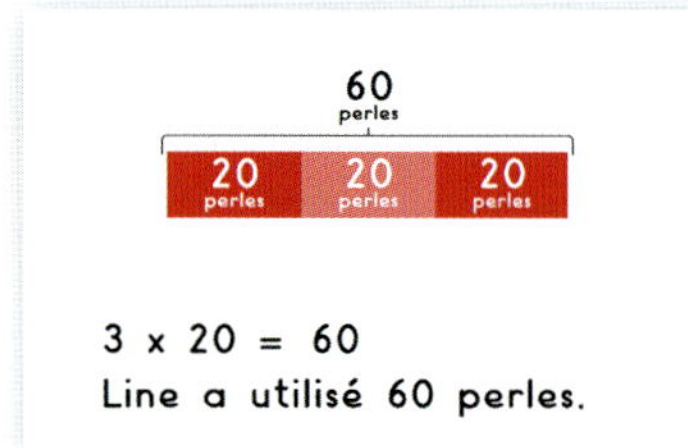

Problème B
Pour résoudre le problème B, je peux utiliser une addition répétée (2 + 2 + 2 + 2 + 2 + 2 = 12) mais je peux aussi utiliser une multiplication car c'est plus rapide : *« 6 paquets de 2 cuisses de poulet, c'est 6 fois 2 cuisses de poulet. Je connais la table de multiplication de 2 donc je sais que 6 x 2 = 12. »*
Écrire **6 x 2 = 12.**

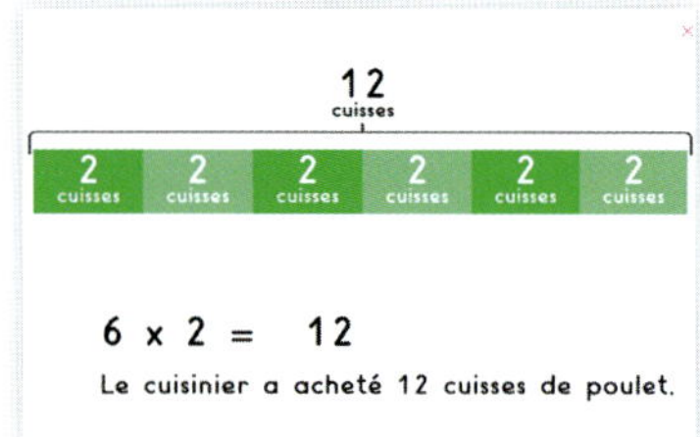

Problème C
Pour résoudre le problème C, je peux utiliser une addition répétée (10 + 10 + 10 + 10 = 40) mais je peux aussi utiliser une multiplication car c'est plus rapide : *« 4 rangées de 10 chaises, c'est 4 fois 10 chaises. Je connais la table de multiplication de 10 donc je sais que 4 x 10 = 40, c'est 4 fois une dizaine. »*
Écrire **4 x 10 = 40.**

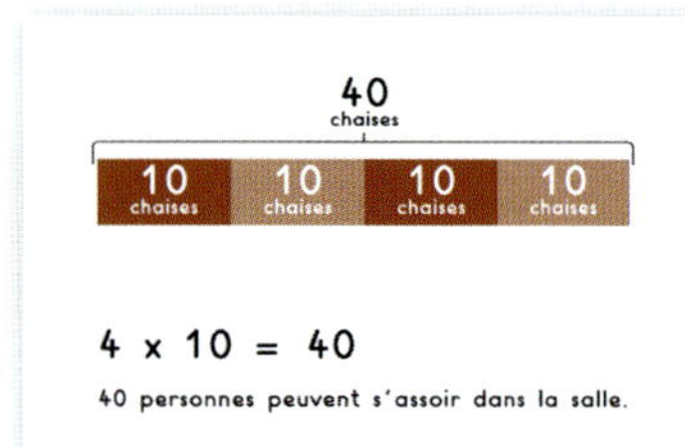

Problème D
Pour résoudre le problème D, je peux utiliser une addition répétée (5 + 5 + 5 + 5 + 5 + 5 + 5 + 5 = 40) mais je sais qu'avec la multiplication c'est plus rapide :
« 8 tables de 5 places, c'est 8 fois 5 places. Je connais la table de multiplication de 5 donc je sais que 8 x 5 = 40. »
Écrire **8 x 5 = 40.**

Trace écrite

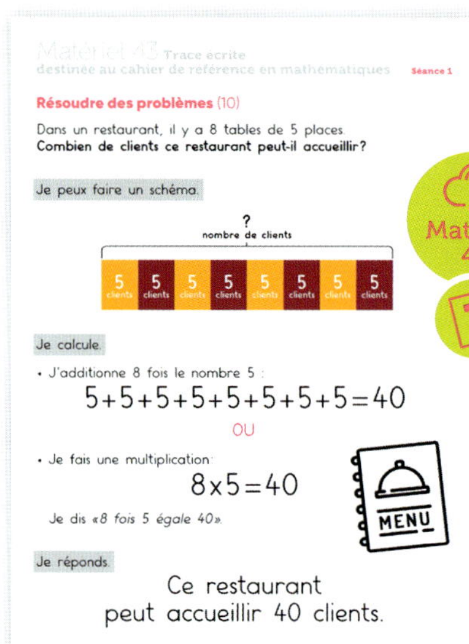
Matériel 43 Trace écrite
destinée au cahier de référence en mathématiques — Séance 1

Résoudre des problèmes (10)

Dans un restaurant, il y a 8 tables de 5 places.
Combien de clients ce restaurant peut-il accueillir ?

Je peux faire un schéma.

? nombre de clients
5 clients | 5 clients | 5 clients | 5 clients | 5 clients | 5 clients | 5 clients | 5 clients

Je calcule.
- J'additionne 8 fois le nombre 5 :
5+5+5+5+5+5+5+5=40
ou
- Je fais une multiplication :
8x5=40
Je dis « 8 fois 5 égale 40 »

Je réponds.
Ce restaurant peut accueillir 40 clients.

Matériel 43

Séance 2

30 min

Résoudre des problèmes en deux étapes : multiplication et addition

→ CHERCHER

Résoudre des problèmes mixant addition et multiplication.

MATÉRIEL ET SUPPORT
- 3 motos miniatures et 5 voitures miniatures
- des jetons
- La trace écrite (**Materiel43.pdf**, page 3).

DÉROULEMENT DE LA SÉANCE

1 Recherche Chercher une procédure permettant de résoudre le problème E.	10 min	**Expérimentation** Écrit individuel puis groupes de 2
2 Mise en commun Inventorier les différentes procédures utilisées.	5 min	**Verbalisation** **Manipulation** Oral collectif
3 Institutionnalisation Utiliser des schémas et le calcul pour résoudre un problème.	5 min	**Représentation** **Verbalisation** Oral collectif
4 Trace écrite Élaborer une trace écrite dans le cahier de mathématiques.	10 min	**Représentation** Écrit individuel

1 Recherche

Problème E

Lucas a trouvé 5 voitures et 3 motos mais elles n'ont plus de roues.
Combien doit-il acheter de roues pour les remettre en état ?

Le texte du problème est écrit au tableau. Une photo avec une vue aérienne des 8 véhicules est vidéoprojetée ou affichée au tableau.

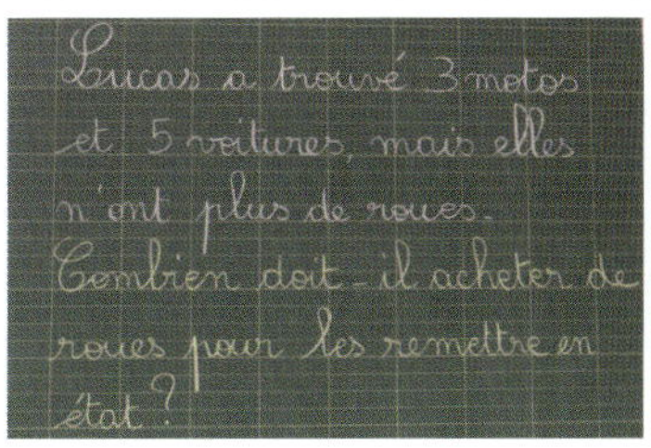

Séquence 43

Après un temps de recherche individuelle, les élèves travaillent par groupes de deux pour proposer des solutions communes.

Procédure visée

Résoudre le problème en trois étapes en mixant addition et multiplication.

2 Mise en commun

Projeter avec un visualiseur les dessins et les schémas réalisés par quelques élèves.

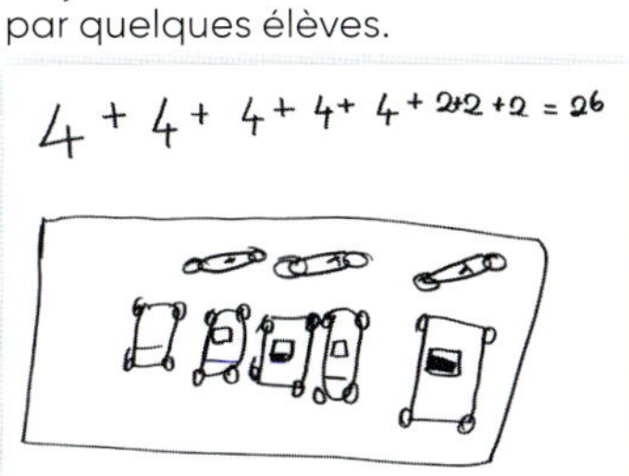

Dessine les roues puis calcule une addition en ligne.

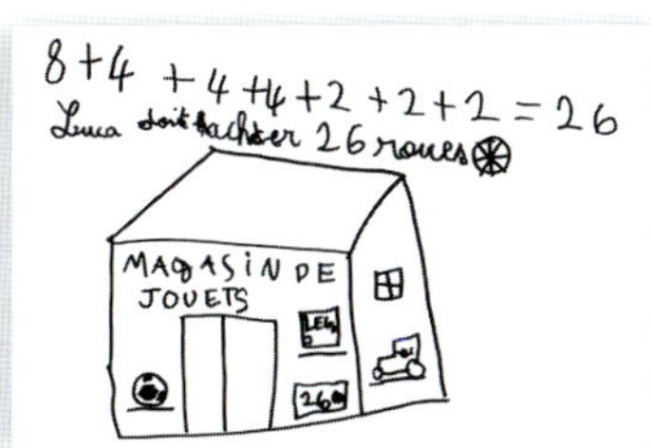

Calcule une addition en ligne.

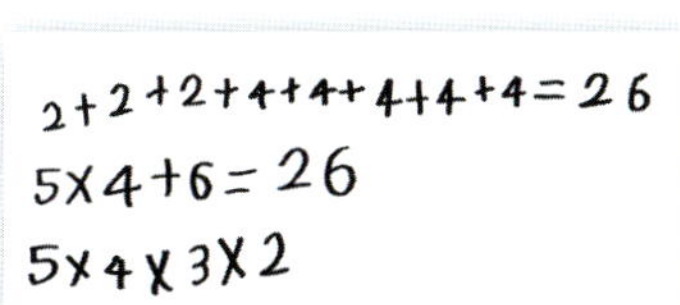

Calcule en ligne : écrit une addition puis mixe addition et multiplication.

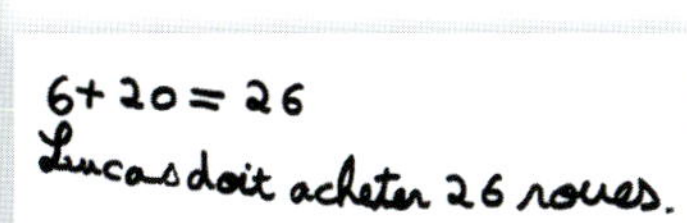

Calcule mentalement 3x2 puis 5x4 puis calcule en ligne 6 + 20.

Valider avec les jetons puis vérifier avec les voitures.

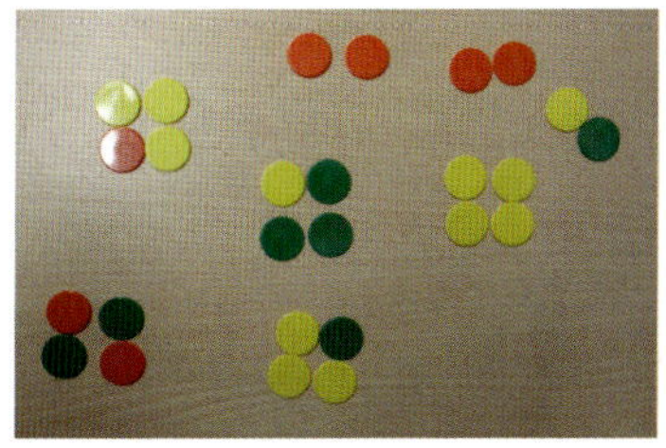

3 Institutionnalisation

Expliquer que l'année dernière des élèves de CE1 ont utilisé les schémas de l'animation **Séquence 43**.

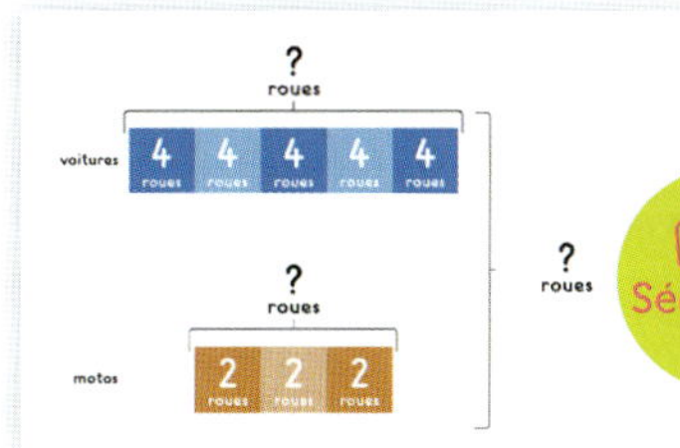

Séquence 43

Comprendre, grâce à la manipulation et aux schémas, que ce problème peut être résolu en plusieurs étapes en combinant addition et multiplication.

Un élève est chargé d'écrire les calculs au tableau pour mettre en évidence les 3 étapes de résolution de ce problème.

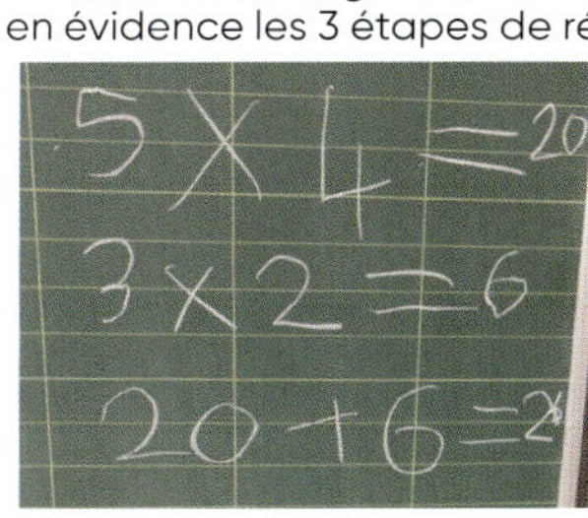

4 Trace écrite

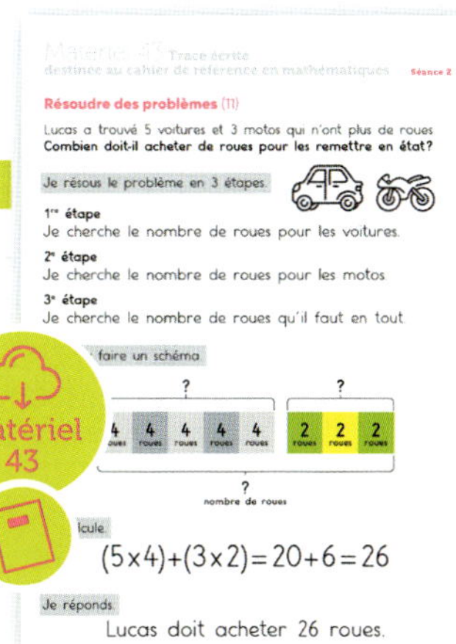

Résoudre des problèmes (11)

Lucas a trouvé 5 voitures et 3 motos qui n'ont plus de roues. **Combien doit-il acheter de roues pour les remettre en état ?**

Je résous le problème en 3 étapes.

1re étape Je cherche le nombre de roues pour les voitures.

2e étape Je cherche le nombre de roues pour les motos.

3e étape Je cherche le nombre de roues qu'il faut en tout.

Je fais un schéma.

Je calcule. (5 x 4) + (3 x 2) = 20 + 6 = 26

Je réponds. Lucas doit acheter 26 roues.

Matériel 43

Séance 3

30 min

Résoudre des problèmes mixant multiplication et addition

Les problèmes proposés dans le cahier de l'élève sont variés. Problèmes multiplicatifs en une étape, problèmes mixant addition et multiplication.

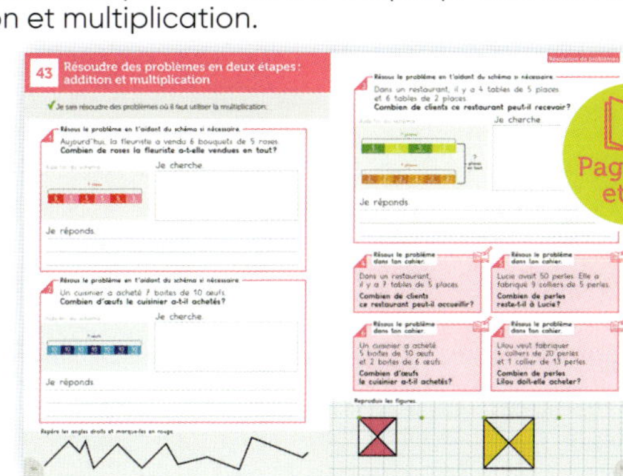

Pages 94 et 95

44 Résoudre des problèmes impliquant des prix : les euros

Séance 1 — 30 min

Construire la notion de valeur

→ MODÉLISER

Utiliser des outils mathématiques pour résoudre des problèmes impliquant des manipulations de pièces et de billets en euros.

MATÉRIEL ET SUPPORT
- Une barquette par élève contenant les pièces et des billets des planches 7 et 8 prédécoupées livrées avec le cahier de l'élève ***Maths au CE1*** ou du matériel factice.
- Les feuilles de recherche (**Materiel44.pdf**, pages 1 et 2).

DÉROULEMENT DE LA SÉANCE

1 Appropriation du problème Chercher la valeur des pièces et des billets dessinés pour obtenir exactement la somme de 10 €.	5 min	**Verbalisation Expérimentation Manipulation** Oral collectif
2 Recherche Chercher la valeur des pièces et des billets dessinés pour obtenir exactement la somme de 20 €.	10 min	**Expérimentation Manipulation** Groupes de 2
3 Nouvelle recherche Chercher la valeur des pièces et des billets dessinés pour obtenir exactement la somme de 50 €.	10 min	**Expérimentation Manipulation** Écrit individuel
4 Institutionnalisation Trace écrite : ce qu'il faut retenir.	5 min	**Verbalisation Abstraction** Oral collectif

1 Appropriation du problème

Faire l'inventaire des pièces et des billets connus depuis le CP : 1 €, 2 €, 5 €, 10 €, 20 € et 50 €.

Montrer de vraies pièces et de vrais billets puis convenir ensemble d'une manière simple et rapide de les représenter : ronds ou rectangles et indication chiffrée de la valeur.
Dessiner au tableau les pièces et les billets de 1, 2, 5, 10, 20 et 50 €.

Présenter et distribuer le matériel factice ou celui des planches du cahier de l'élève. Demander aux élèves de proposer rapidement différentes manières d'obtenir la somme de 10 € avec ce matériel.

Proposer des exercices de réactivation des apprentissages réalisés au CP à l'aide de l'animation **Séquence 44**. Préparer les pièces et les billets sur sa table pour obtenir la somme demandée.

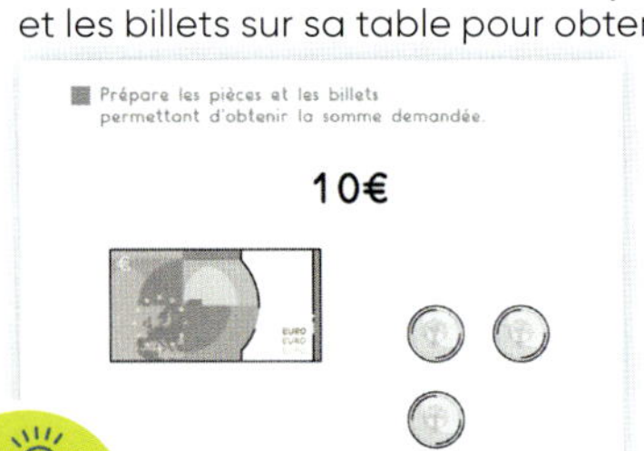

Chercher la valeur des pièces et des billets en manipulant le matériel.

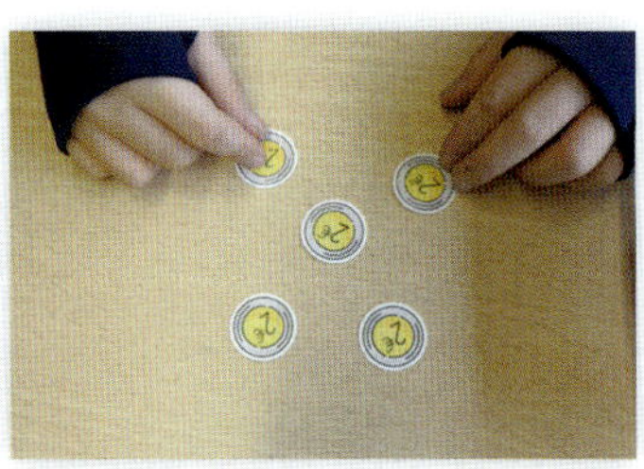

Manipulation des pièces pour obtenir 10 €.

Correction

2 Recherche

Consigne « *Par groupes de deux, vous allez maintenant chercher la valeur de chaque pièce ou billet dessiné pour obtenir la somme de 20 €. Vous pourrez vous aider du matériel mis à votre disposition.* »

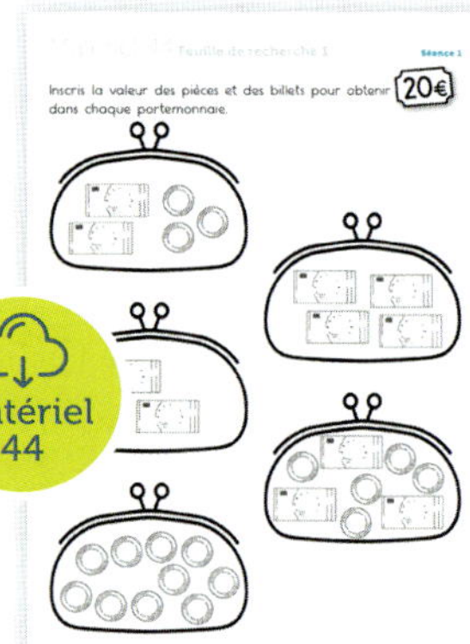

Recenser les différentes manières d'obtenir 20 € dans cet exercice :
- 2 billets de 10 €
- 10 pièces de 2 €
- 4 billets de 5 €
- 3 billets de 5 €, 5 pièces de 1 €
- 1 billet de 10 €, 1 billet de 5 €, 2 pièces de 2 €, 1 pièce de 1 €

3 Nouvelle recherche

Consigne « *Tu vas maintenant travailler seul. Cherche la valeur de chaque pièce ou billet dessiné pour obtenir la somme de 50 €. Pour cela, tu pourras utiliser le matériel à ta disposition.* »

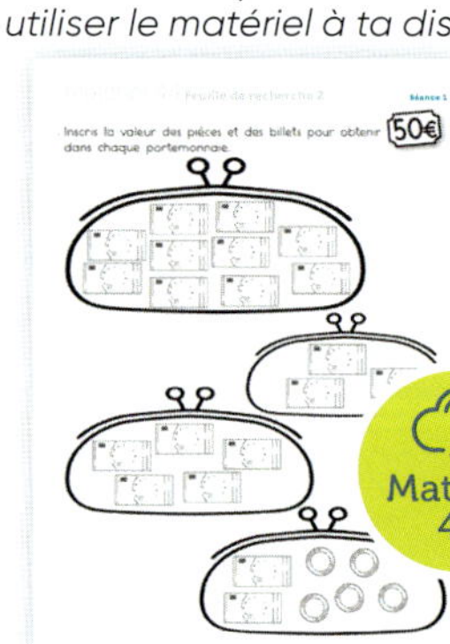

Recenser les différentes manières d'obtenir 50 € dans cet exercice :
- 5 billets de 10 €
- 2 billets de 20 €, 1 billet de 10 €
- 10 billets de 5 €
- 2 billets de 20 € et 5 pièces de 2 €

4 Institutionnalisation

Ce qu'il faut retenir

On peut obtenir la même somme d'argent avec un nombre de pièces ou de billets différents :
- **1 billet de 10 € a la même valeur que 2 billets de 5 €.**
- **1 billet de 20 € a la même valeur que 4 billets de 5 €.**
- **1 billet de 50 € a la même valeur que 2 billets de 20 € et 10 pièces de 1 €.**

Séance 2 — 30 min

Résoudre des problèmes où il faut rendre la monnaie

→ **MODÉLISER**

Utiliser des outils mathématiques pour résoudre des problèmes concrets portant sur les prix.

MATÉRIEL ET SUPPORT
- Une barquette pour deux élèves contenant des pièces et des billets factices ou en provenance des planches 7 et 8 prédécoupées livrées avec le cahier de l'élève *Maths au CE1*.

DÉROULEMENT DE LA SÉANCE

1 Recherche Comprendre le but à atteindre dans un problème issu de la vie courante.	10 min	**Expérimentation Manipulation** Groupes de 2
2 Mise en commun Recenser et valider les réponses.	5 min	**Manipulation Verbalisation** Groupes de 2
3 Nouvelle recherche Résoudre un problème nécessitant de rendre la monnaie.	10 min	**Expérimentation Manipulation** Groupes de 2
4 Institutionnalisation Comprendre que lorsqu'on donne trop d'argent pour régler un achat, la marchande nous rend la monnaie (ce qu'on a donné en trop).	5 min	**Manipulation Verbalisation** Groupes de 2

1 Recherche

Lire ensemble le problème A de l'animation **Séquence 44.**

Problème A

La maman de Lola veut régler ses achats à la marchande.
Elle doit payer 87 €.
Voici ce qu'elle a dans son portemonnaie :

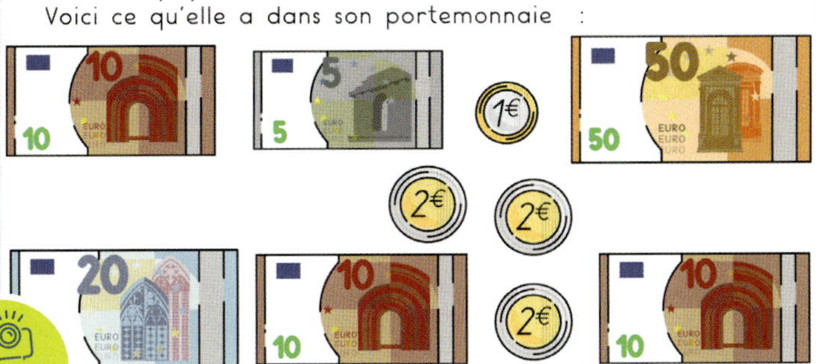

Séquence 44

Distribuer le matériel et demander aux élèves de préparer, par groupe de deux, les pièces et les billets contenus dans le portemonnaie de la maman de Lola.

Vérifier ensemble que la maman de Lola aura assez d'argent pour régler ses achats (elle a 112 € dans son portemonnaie).

Consigne *« Par groupes de deux, vous allez chercher différentes manières d'obtenir 87 € avec les pièces et les billets du portemonnaie de la maman de Lola. Vous écrirez vos réponses dans votre carnet de recherche. »*

2 Mise en commun

Recenser et valider les réponses. Dessiner les pièces et les billets permettant d'obtenir exactement la somme demandée.

Réécrire les réponses sous forme additive.

87 € = 50 € + 20 € + 10 € + 5 € + 2 €

87 € = 50 € + 20 € + 10 € + 2 € + 2 € + 2 € + 1 €

87 € = 50 € + 10 € + 10 € + 10 € + 5 € + 2 €

87 € = 50 € + 10 € + 10 € + 10 € + 2 € + 2 € + 2 € + 1 €

3 Nouvelle recherche

Lire ensemble le problème B de l'animation **Séquence 44.**

Problème B

La maman de Léo doit payer 56 € à la marchande.
Voici ce qu'elle a dans son portemonnaie :

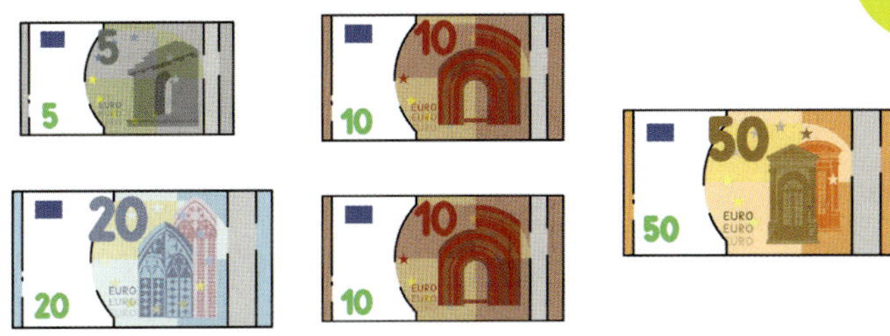

Séquence 44

Vérifier ensemble que la maman de Léo aura assez d'argent pour régler ses achats (car elle a 95 €).

Consigne *« Par groupes de deux, vous allez chercher comment la maman de Léo va faire pour régler ses achats. Vous écrirez votre réponse dans votre carnet de recherche. Il y a plusieurs solutions. »*

Lors de la mise en commun, constater qu'on ne dispose pas de la somme exacte. Faire l'inventaire des réponses proposées par les élèves en commençant par celles qui sont erronées. Faire expliquer les erreurs.

4 Institutionnalisation

**Comprendre que l'on ne peut pas donner moins de 56 € mais on peut donner plus d'argent. La marchande nous rendra la monnaie (ce qu'on a donné en trop).
Effectuer la manipulation pour permettre aux élèves de comprendre comment rendre la monnaie sur 60 € puis sur 70 € pour un objet qui coute 56 €.**

Rendre la monnaie sur 60 €

***« Si la maman de Léo donne 60 € (un billet de 50 € et un billet de 10 €), elle donne trop d'argent. Il faut calculer ce qu'elle a donné en trop.
De 56 € pour aller à 60 €, il faut 4 €. La maman de Léo a donné 4 € en trop. La marchande rendra 4 € à la maman de Léo. »***

Visualiser le calcul sur la demi-droite graduée.

« De 56 € pour aller à 60 €, il faut 4 €. »

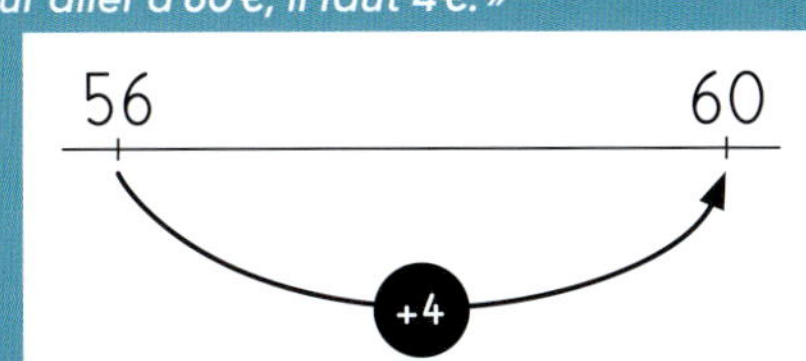

Rendre la monnaie sur 70 €

***« Si la maman de Léo donne 70 € (un billet de 50 € et un billet de 20 €), elle donne trop d'argent. Il faut calculer ce qu'elle a donné en trop.
De 56 € pour aller à 70 €, il faut 14 €. La maman de Léo a donné 14 € en trop. La marchande lui rendra 14 €. »***

Visualiser le calcul sur la demi-droite graduée.

« De 56 € pour aller à 60 €, il faut 4 €. De 60 € pour aller à 70 €, il faut 10 €. En tout, elle a donné 10 € + 4 € = 14 € en trop. Il faut lui rendre 14 €. »

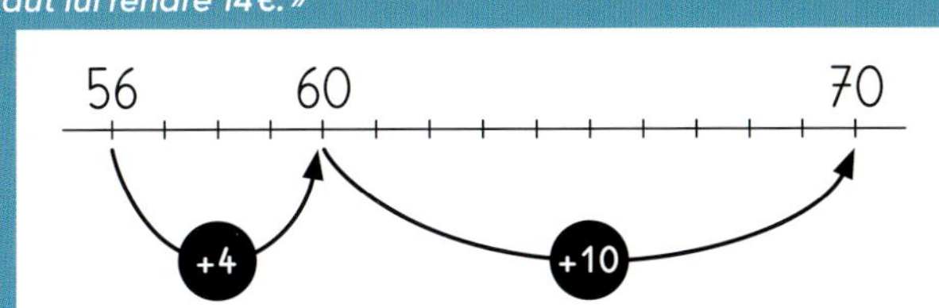

44 Résoudre des problèmes impliquant des prix : les euros

Séance 3 — 30 min

Résoudre des problèmes impliquant des prix : entrainement

→ CALCULER

Utiliser des outils mathématiques pour résoudre des problèmes concrets portant sur les prix.

DÉROULEMENT DE LA SÉANCE

1 Entrainement collectif Réaliser une somme donnée en utilisant le moins de pièces et de billets possible.	5 min	**Manipulation** Travail individuel
2 Entrainement différencié Résoudre des problèmes impliquant des manipulations de monnaie.	25 min	**Expérimentation** Écrit individuel

1 Entrainement collectif

Faire réaliser la somme de **127 €** en utilisant le moins de pièces et de billets possible.

Après une rapide recherche individuelle (avec ou sans le matériel), inventorier les solutions trouvées en commençant par les réponses erronées. Demander aux élèves d'expliquer les erreurs.

Parvenir à la solution attendue. Reformuler la technique à appliquer pour être sûr de l'exactitude de la réponse. On choisit chaque fois le billet puis la pièce de la valeur la plus élevée possible.

127 € = 50 € + 50 € + 20 € + 5 € + 2 € (4 billets et 1 pièce).

2 Entrainement différencié

44A, 44B et 44C

Former des groupes et distribuer les exercices qui correspondent aux besoins de chaque groupe (**ExoSup44.pdf**, pages 1 à 3).
L'enseignant accompagne chaque élève au cours de ce moment d'entrainement différencié.

Exercice de 44A Composer des sommes d'argent en utilisant des pièces et des billets correspondant aux formes proposées.
Indiquer la valeur des pièces et des billets permettant d'obtenir la somme demandée.

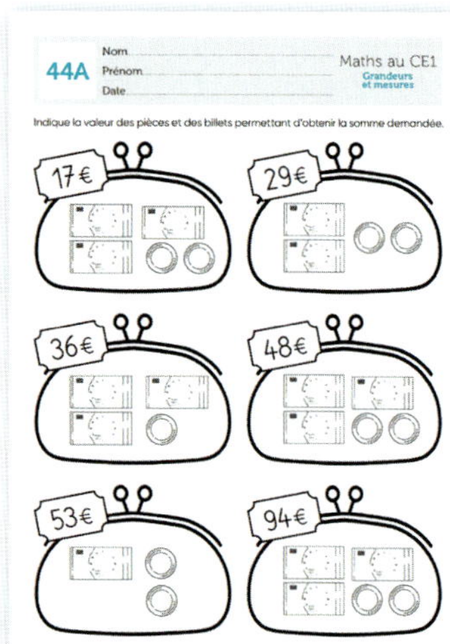

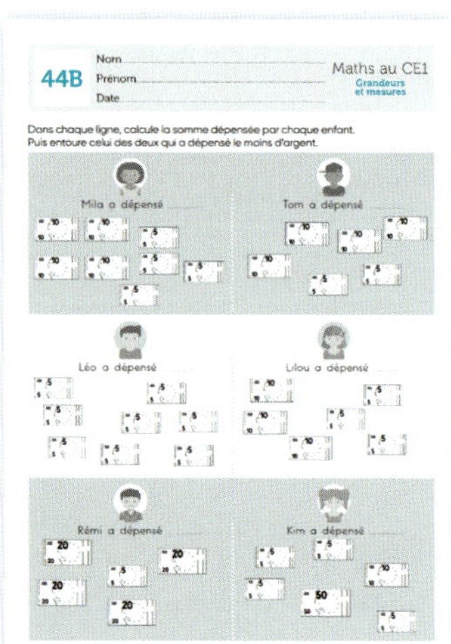

Exercice de 44B Calculer et comparer des sommes. Dans chaque ligne, calculer la somme dépensée par chaque enfant puis entourer celui qui a dépensé le moins d'argent.

Exercice 1 de 44C
Résoudre un problème en une étape : rendre la monnaie.

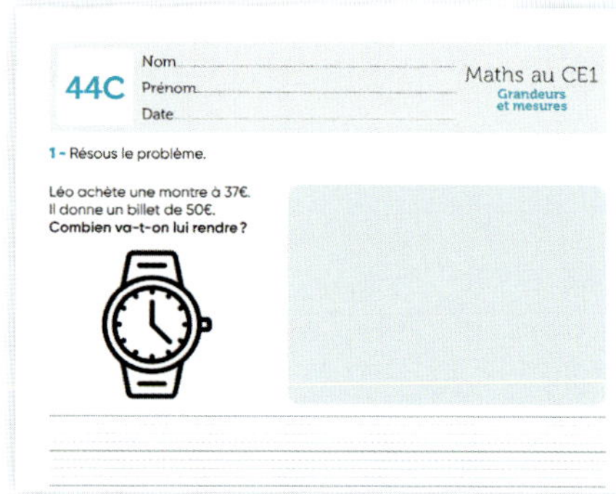

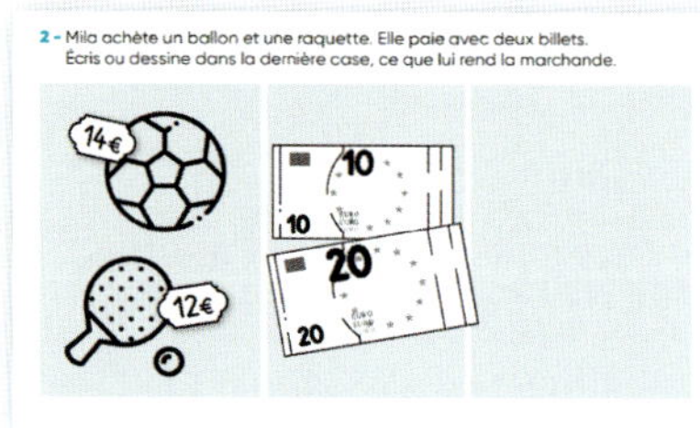

Exercice 2 de 44C
Résoudre un problème en deux étapes : rendre la monnaie.

Séance 4 — 30 min

Bilan des apprentissages

Valorisation des progrès

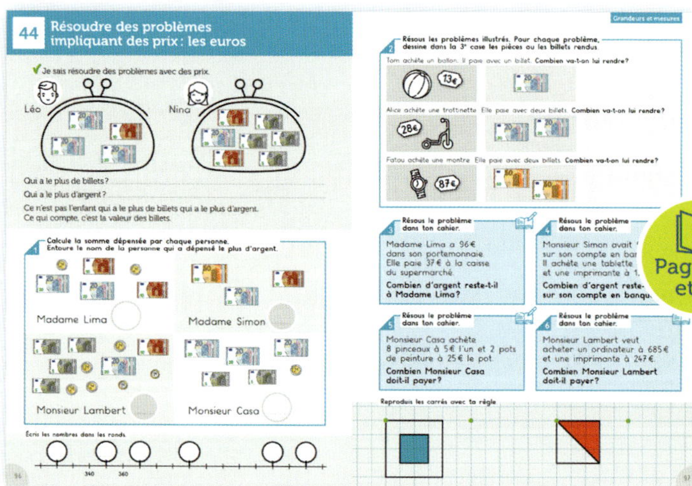

Pages 96 et 97

Trace écrite

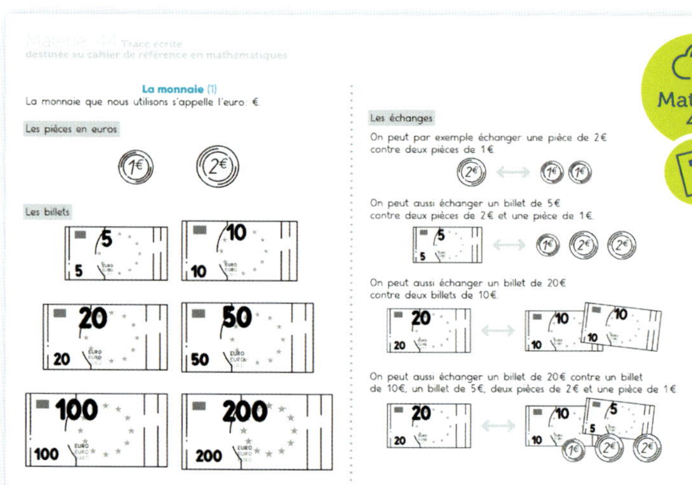

Matériel 44

Matériel 44

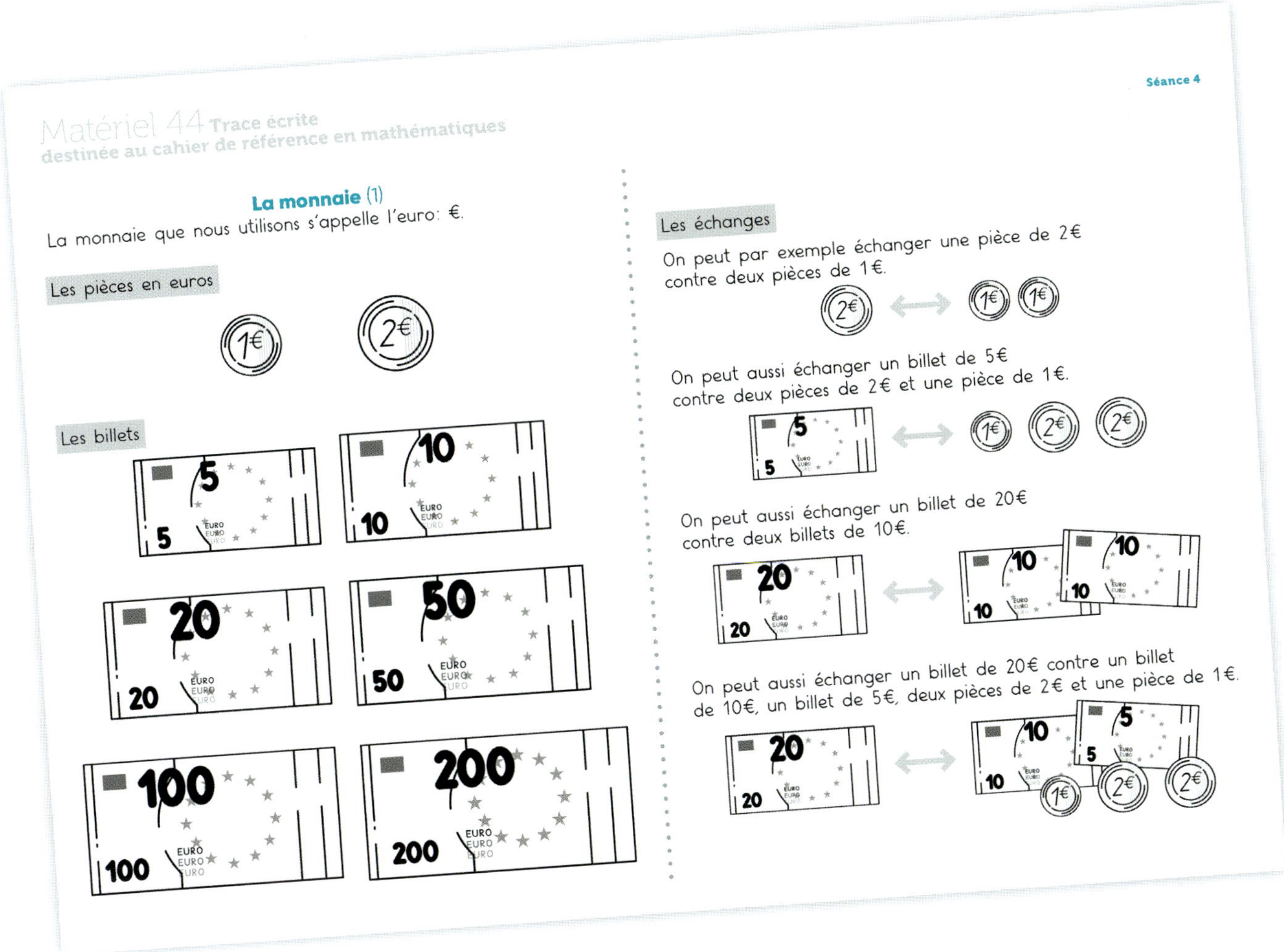

Séance 4

Matériel 44 Trace écrite destinée au cahier de référence en mathématiques

La monnaie (1)

La monnaie que nous utilisons s'appelle l'euro : €.

Les pièces en euros

1€ 2€

Les billets

5 10 20 50 100 200

Les échanges

On peut par exemple échanger une pièce de 2€ contre deux pièces de 1€.

On peut aussi échanger un billet de 5€ contre deux pièces de 2€ et une pièce de 1€.

On peut aussi échanger un billet de 20€ contre deux billets de 10€.

On peut aussi échanger un billet de 20€ contre un billet de 10€, un billet de 5€, deux pièces de 2€ et une pièce de 1€.

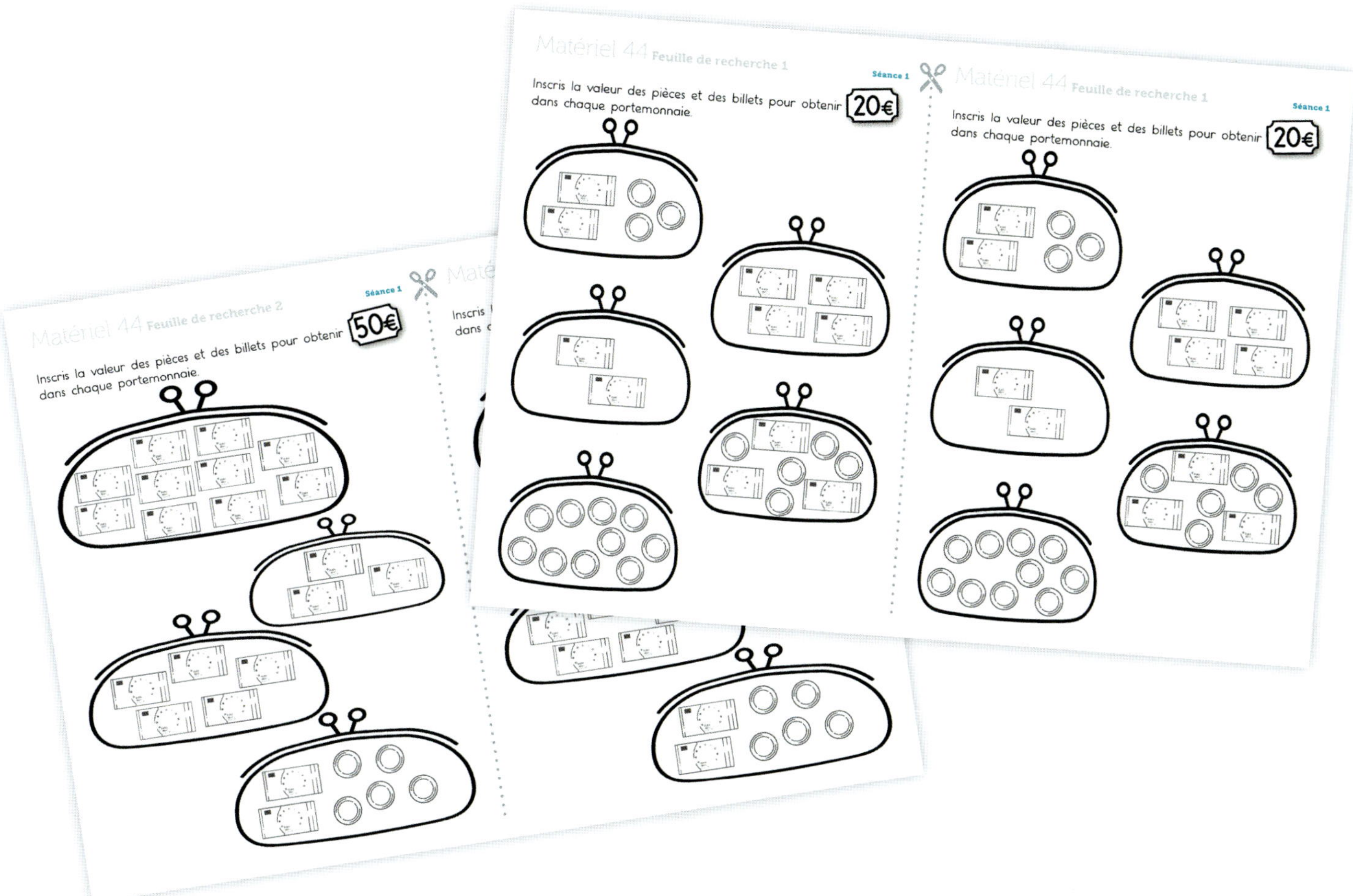

Matériel 44 Feuille de recherche 1

Séance 1

Inscris la valeur des pièces et des billets pour obtenir 20€ dans chaque portemonnaie.

Matériel 44 Feuille de recherche 2

Séance 1

Inscris la valeur des pièces et des billets pour obtenir 50€ dans chaque portemonnaie.

15 min par jour

Calcul mental

- Consolider et évaluer la connaissance des tables de multiplication par 2, par 3, par 5 et par 10.

Séance 1

❶ Tables de multiplication par 2, par 5 et par 10 : automatisation — 5 min

Proposer les calculs oralement, les élèves répondent immédiatement sur l'ardoise. **7 x 2 = ?** **5 x 10 = ?** **7 x 5 = ?**

« Combien de fois 10 pour faire 90 ? » « Combien de fois 2 pour faire 18 ? »

❷ Table de multiplication par 3 : trace écrite — 10 min

Compléter la trace écrite (**MaterielCalcul24.pdf**, page 1) et faire reformuler les procédures à privilégier.

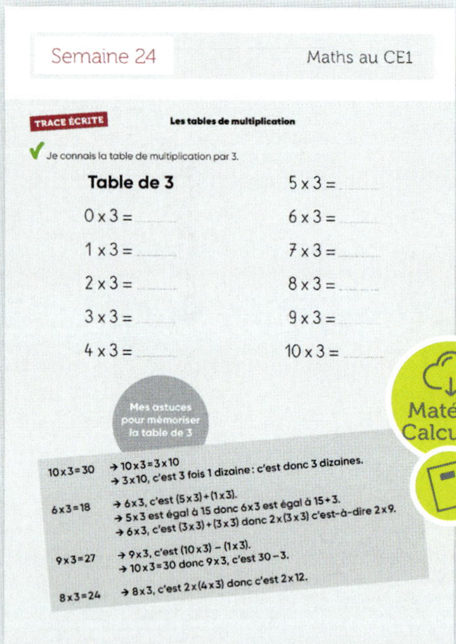

Semaine 24 — Maths au CE1

TRACE ÉCRITE — **Les tables de multiplication**

✔ Je connais la table de multiplication par 3.

Table de 3

0 x 3 = ...	5 x 3 = ...
1 x 3 = ...	6 x 3 = ...
2 x 3 = ...	7 x 3 = ...
3 x 3 = ...	8 x 3 = ...
4 x 3 = ...	9 x 3 = ...
	10 x 3 = ...

Mes astuces pour mémoriser la table de 3

10 x 3 = 30 → 10 x 3 = 3 x 10 → 3 x 10, c'est 3 fois 1 dizaine : c'est donc 3 dizaines.

6 x 3 = 18 → 6 x 3, c'est (5 x 3) + (1 x 3). → 5 x 3 est égal à 15 donc 6 x 3 est égal à 15 + 3. → 6 x 3, c'est (3 x 3) + (3 x 3) donc 2 x (3 x 3) c'est-à-dire 2 x 9.

9 x 3 = 27 → 9 x 3, c'est (10 x 3) – (1 x 3). → 10 x 3 = 30 donc 9 x 3, c'est 30 – 3.

8 x 3 = 24 → 8 x 3, c'est 2 x (4 x 3) donc c'est 2 x 12.

Matériel Calcul 24

Trace écrite à compléter et à coller dans le cahier de références en mathématiques

Séance 2

❶ Tables de multiplication par 2, par 5 et par 10 : automatisation — 2 min

Proposer les calculs oralement, les élèves répondent immédiatement sur leur ardoise. **6 x 5 = ?** **9 x 5 = ?** **10 x 10 = ?**

« Combien de fois 2 pour faire 16 ? » « Combien de fois 5 pour faire 40 ? »

❷ Table de multiplication par 3 : entrainement — 2 min

Proposer les calculs oralement. Les élèves répondent sur l'ardoise.

« Dans 15, combien de fois 3 ? » ***« Dans 9, combien de fois 3 ? »***
« Dans 18, combien de fois 3 ? » ***« Dans 21, combien de fois 3 ? »***

❸ Table de multiplication par 3 : jeu — 11 min

Jouer au jeu des **Champions du calcul** (matériel et règle du jeu dans **MaterielCalcul24.pdf**, pages 2 et 3).

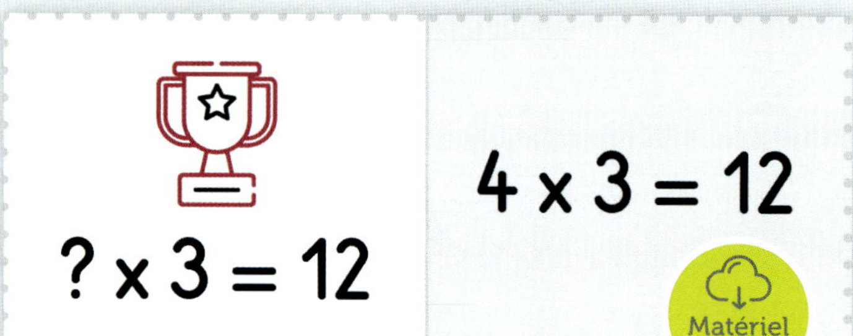

Matériel Calcul 24

Recto et verso d'une carte du jeu

Séance 3

❶ Tables de multiplication par 2, par 5 et par 10 : automatisation — 2 min

Proposer les calculs oralement.
Les élèves répondent en moins de 10 secondes sur l'ardoise.

« Dans 80, combien de fois 10 ? » ***« Dans 25, combien de fois 5 ? »***
« Dans 100, combien de fois 10 ? » ***« Dans 20, combien de fois 5 ? »***

❷ Table de multiplication par 3 : entrainement — 5 min

Travailler les résultats qui sont difficiles à mémoriser en variant les types de questions : **7 x 3 = ?** **? x 3 = 18.**

❸ Table de multiplication par 3 : réinvestissement — 8 min

Proposer les problèmes oralement. Les élèves répondent sur l'ardoise.

« Lili a 5 enveloppes. Dans chaque enveloppe, elle a mis 3 images d'animaux. ***Combien Lili a-t-elle d'images au total ? »***

« J'ai 24 images. Je veux les ranger dans des enveloppes. Dans chaque enveloppe, il doit y avoir 3 images.
Combien d'enveloppes dois-je préparer ? »

Séance 4

❶ Table de multiplication par 3 : évaluation — 5 min

Proposer la série de calculs de **MaterielCalcul24.pdf**, page 4.

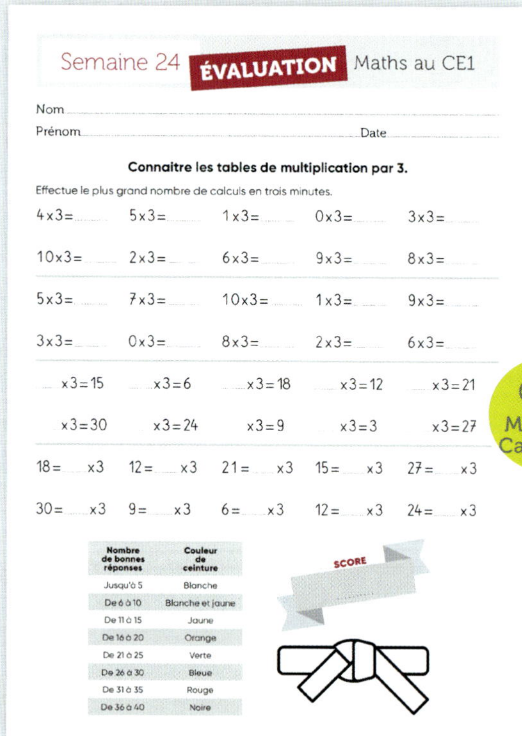

Semaine 24 — ÉVALUATION — Maths au CE1

Nom ......
Prénom ...... Date ......

Connaitre les tables de multiplication par 3.

Effectue le plus grand nombre de calculs en trois minutes.

4 x 3 = ...	5 x 3 = ...	1 x 3 = ...	0 x 3 = ...	3 x 3 = ...
10 x 3 = ...	2 x 3 = ...	6 x 3 = ...	9 x 3 = ...	8 x 3 = ...
5 x 3 = ...	7 x 3 = ...	10 x 3 = ...	1 x 3 = ...	9 x 3 = ...
3 x 3 = ...	0 x 3 = ...	8 x 3 = ...	2 x 3 = ...	6 x 3 = ...
...... x 3 = 15	...... x 3 = 6	...... x 3 = 18	...... x 3 = 12	...... x 3 = 21
...... x 3 = 30	...... x 3 = 24	...... x 3 = 9	...... x 3 = 3	...... x 3 = 27
18 = ... x 3	12 = ... x 3	21 = ... x 3	15 = ... x 3	27 = ... x 3
30 = ... x 3	9 = ... x 3	6 = ... x 3	12 = ... x 3	24 = ... x 3

Nombre de bonnes réponses	Couleur de ceinture
Jusqu'à 5	Blanche
De 6 à 10	Blanche et jaune
De 11 à 15	Jaune
De 16 à 20	Orange
De 21 à 25	Verte
De 26 à 30	Bleue
De 31 à 35	Rouge
De 36 à 40	Noire

SCORE

Matériel Calcul 24

❷ Table de multiplication par 3 : réinvestissement — 10 min

Proposer les problèmes oralement. Les élèves répondent sur l'ardoise.

« L'école a commandé 6 ballons à 3 euros.
Combien la directrice doit-elle payer ? »

« 3 enfants se partagent 12 images.
Combien d'images aura chaque enfant ? »

« Papa a acheté 7 sachets de 3 croissants.
Combien a-t-il acheté de croissants ? »

« Le fleuriste veut préparer 9 bouquets de 3 roses. Il a 25 roses.
A-t-il assez de roses pour préparer les 9 bouquets ? »

Atelier 24

30 min par semaine

Atelier problèmes

- Résoudre des problèmes multiplicatifs en une et deux étapes.

Prénom .... Date ....

Résous les problèmes avec le symbole ✖ puis résous les problèmes de ton choix. Essaie d'en résoudre le plus possible.

✖ Problème 1

Dans un restaurant, il y a 6 tables de 5 places.

Combien ce restaurant peut-il recevoir de clients?

✖ Problème 2

Dans le gymnase, il y a 40 élèves. La maitresse demande aux élèves de former des équipes de 5 pour organiser un tournoi de basket.

Combien d'équipes de 5 peut-elle former?

Problème 3

Tom colle des images dans un cahier.
Il a rempli 7 pages.
Sur chaque page il a collé 5 images.

Combien d'images Tom a-t-il collées?

Problème 4

La directrice d'une école a acheté 5 ballons de basket identiques. En tout, elle a payé 50 €.

Quel est le prix d'un ballon?

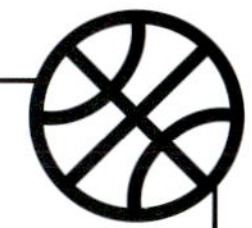

Problème 5

Dans un restaurant, il y a 6 tables de 5 places et 4 tables de 2 places.

Combien ce restaurant peut-il recevoir de clients?

Problème 6

Dans un restaurant, il y a 10 tables de 5 places, 2 tables de 3 places et une table de 8 places.

Combien ce restaurant peut-il recevoir de clients?

45 Résoudre des problèmes impliquant des prix : les centimes d'euro

Séance 1 — 30 min

Connaitre la relation entre centime d'euro et euro

→ CALCULER

Connaitre les pièces de 1 c, 2 c, 5 c, 10 c, 20 c et 50 c d'euro.

MATÉRIEL ET SUPPORT
- Une barquette par élève contenant les pièces factices en centimes d'euro (planches 7 et 8 du cahier de l'élève *Maths au CE1*).
- Les feuilles de recherche et la trace écrite (**Materiel45.pdf**, pages 1 à 3).

DÉROULEMENT DE LA SÉANCE

1 Recherche Comparer une somme exprimée en euros à une autre exprimée en centimes d'euro.	10 min	**Expérimentation Manipulation** Écrit individuel
2 Mise en commun Découvrir l'équivalence 1 € = 100 c.	5 min	**Verbalisation** Oral collectif
3 Nouvelle recherche Réaliser, à l'aide du matériel, des sommes données en centimes d'euro. Chercher la valeur des pièces dessinées pour obtenir 1 €.	10 min	**Expérimentation Manipulation** Écrit individuel
4 Institutionnalisation Comprendre que 1 € = 100 c	5 min	**Verbalisation Abstraction** Oral collectif

1 Recherche

Présenter la situation en faisant observer la feuille de recherche 1 : *« Voici ce que Tom et Mila ont dans leur portemonnaie.* ***Qui a le plus d'argent ? »***

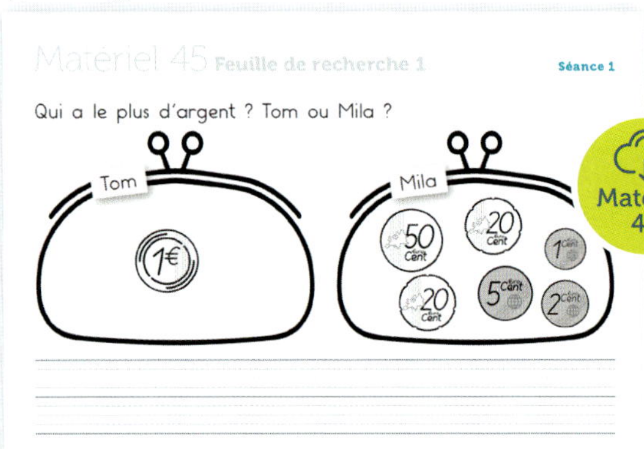

Consigne *« Effectue tes recherches sur la feuille d'exercice et réponds à la question. Tu devras pouvoir expliquer comment tu as fait et justifier ta réponse. »*

2 Mise en commun

Recenser les réponses en commençant par celles qui sont erronées. Faire expliquer les erreurs.
Faire remarquer que Tom n'a que des pièces en centimes d'euro dans son portemonnaie. Centime s'écrit **c**.
Dans son portemonnaie, Tom a :
50 c + 20 c + 20 c + 5 c + 2 c + 1 c = **98 c**

Quelle est la somme la plus élevée : 1 € ou 98 c ?

Expliquer que le centime d'euro est la plus petite unité pour la monnaie. Dans *« centime »*, on entend **« cent »**. Cela signifie que, dans un euro, il y a 100 centimes (faire le parallèle avec m et cm.).
Écrire au tableau : **1 € = 100 c** et verbaliser *« 1 euro vaut 100 centimes. »*

Faire formuler la solution : *« 1 € c'est 100 c et donc 1 € est plus grand que 98 c. Mila a plus d'argent que Tom. Elle a 2 c de plus. »*

Présenter les pièces en centimes qui existent avec de vraies pièces et des pièces des planches du cahier de l'élève (animation **Séquence 45**).

Convenir de les représenter de la manière suivante :

(1c) (2c) (5c) (10c) (20c) (50c)

3 Nouvelle recherche

Exercice 1
Dessiner les pièces nécessaires pour obtenir les sommes demandées.

Exercice 2
Écrire la valeur des pièces pour obtenir à chaque fois 1 €.

4 Institutionnalisation

Ce qu'il faut retenir
Le centime d'euro est la plus petite unité pour la monnaie. Un euro vaut cent centimes.
1 € = 100 c
Il existe des pièces de 1c, 2c, 5c, 10c, 20c et 50c.

Trace écrite

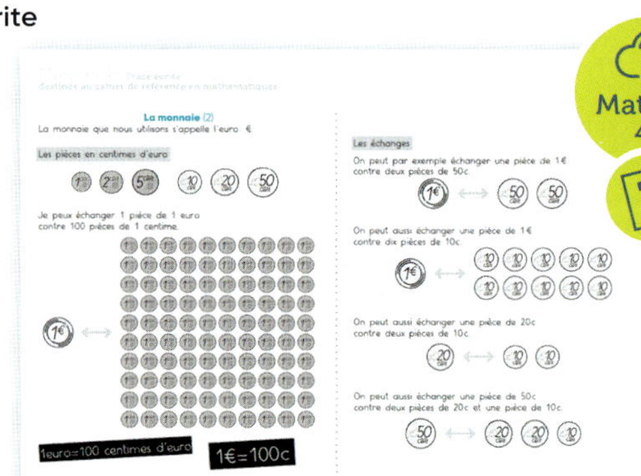

Séance 2 — 30 min

Connaitre les équivalences entre les pièces en centimes d'euro

→ CALCULER

Trouver comment obtenir une somme exacte avec un nombre donné de pièces.

MATÉRIEL ET SUPPORT
- Une barquette pour deux élèves contenant les pièces des planches 7 et 8 du cahier de l'élève *Maths au CE1*.
- La feuille de recherche (**Materiel45.pdf**, page 4).

DÉROULEMENT DE LA SÉANCE

1 Recherche Chercher la valeur des pièces dessinées pour obtenir exactement 2 c, 5 c, 10 c, 20 c, 50 c.	5 min	**Expérimentation Manipulation** Groupes de 2
2 Mise en commun Recenser les différentes manières d'obtenir les sommes demandées.	5 min	**Manipulation Verbalisation** Oral collectif
3 Entrainement Constituer des sommes exprimées en € et c en dessinant les pièces nécessaires. Calculer des sommes d'argent (€ et c).	20 min	**Expérimentation Manipulation** Écrit individuel

❶ Recherche

Expliquer aux élèves qu'après avoir découvert les centimes et les pièces en centimes, ils vont faire plusieurs exercices qui leur permettront d'être de plus en plus à l'aise avec la monnaie.

Présenter la feuille de recherche et la distribuer.

Consigne *« Écrivez la valeur de chaque pièce pour obtenir exactement la somme indiquée. Cherchez les réponses en vous aidant du matériel si vous en avez besoin. »*

Matériel 45

❷ Mise en commun

Recenser les réponses.
Les valider en faisant une addition.

2 c = 1 c + 1 c
10 c = 5 c + 5 c
50 c = 20 c + 20 c + 10 c
5 c = 2 c + 2 c + 1 c
20 c = 5 c + 5 c + 5 c + 5 c
50 c = 10 c + 10 c + 10 c + 10 c + 10 c

❸ Entrainement

Exercices collectifs à l'aide de l'animation *Séquence 45*

a) Calculer le somme totale contenue dans le portemonnaie.
Écrire la réponse sur l'ardoise.
Exemple 2 € 45 c

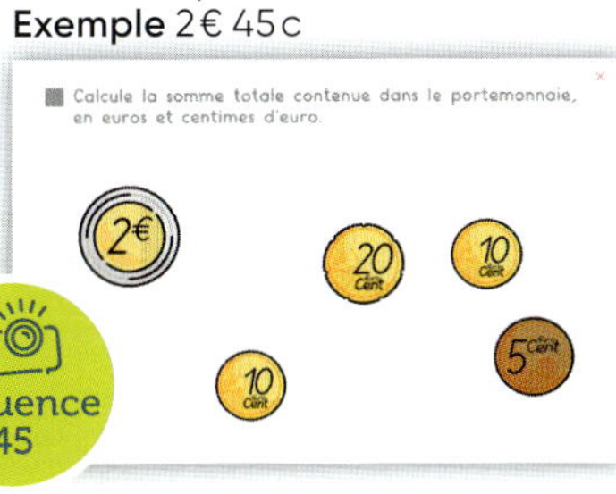

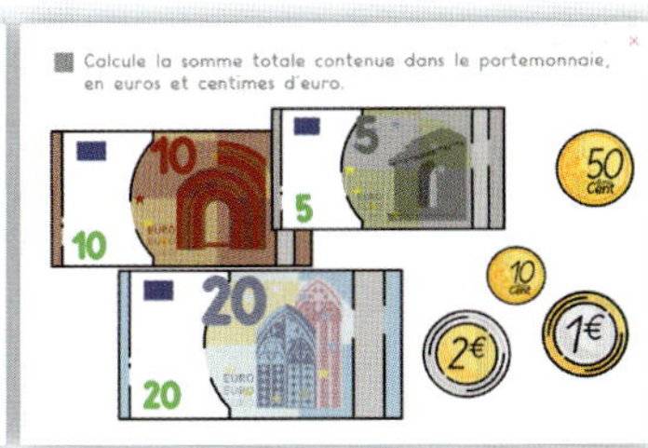

Séquence 45

b) Constituer les sommes demandées avec le matériel.
Ces sommes sont exprimées en € et c.

Consigne *« Utilise les pièces et les billets à ta disposition pour représenter la somme d'argent nécessaire pour acheter un ballon qui coute 9 € 50 c. »*

Exercices écrits individuels avec **ExoSup45.pdf,** page 1.

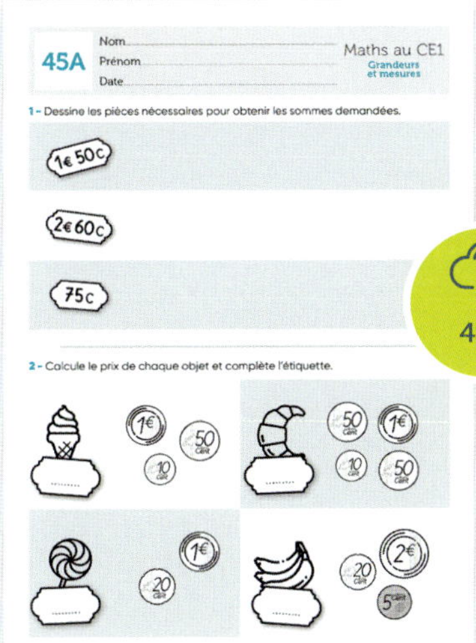

45A

Séance 3

30 min

Résoudre des problèmes où il faut rendre la monnaie

→ **CALCULER**

Résoudre des problèmes en utilisant les opérations sur les grandeurs ou sur les nombres : trouver un complément, calculer une différence.

MATÉRIEL ET SUPPORT
- Une barquette par élève contenant les pièces factices en centimes d'euro (planches 7 et 8 du cahier de l'élève *Maths au CE1*).

DÉROULEMENT DE LA SÉANCE

❶ Recherche Calculer le montant de la monnaie rendue.	10 min	**Expérimentation** Écrit individuel
❷ Mise en commun Recenser les procédures et valider les réponses.	10 min	**Verbalisation** Oral collectif
❸ Entrainement Comparer, compléter des sommes d'argent. Résoudre des problèmes impliquant des prix en € et c.	10 min	**Expérimentation** Écrit individuel

❶ Recherche

Présenter le problème 1 oralement.

Problème 1
« Sami achète un stylo qui coute 90 c. Il paie avec une pièce de 1 €.
Combien la marchande doit-elle lui rendre ? »

Résoudre le problème collectivement.
« En donnant 1 €, Sami donne trop d'argent.
Je cherche combien il a donné en trop.
Je sais que 1 € = 100 c. De 90 c pour aller à 100 c, il y a 10 c.
90 c + 10 c = 100 c *ou* ***100 c - 90 c = 10 c***
La marchande doit rendre 10 c à Sami. »

Consignes *« Tu vas résoudre les problèmes 2 et 3 dans un cahier. Calcule la monnaie que la marchande va rendre à Tom et à Mila. »*

Problème 2
Tom achète un bonbon qui coute 50 c.
Il paie avec une pièce de 1 €.

Problème 3
Mila achète une sucette qui coute 70 c.
Elle paie avec une pièce de 2 €.

❷ Mise en commun

Amener les élèves à dire que, pour trouver combien la marchande va rendre à Tom et à Mila, il faut calculer combien ils ont donné en trop. On peut faire une addition à trou ou une soustraction.

Problème 2
Rappeler que 1 € = 100 c.
Pour savoir ce que Tom a donné en trop, il faut aller de 50 c à 100 c.
Je calcule **50 c + ? = 100 c**. C'est pareil que **100 c – 50 c = ?**
La marchande doit rendre **50 c** à Tom.

Problème 3
Rappeler que 2 € = 200 c.
Pour savoir ce que Mila a donné en trop, il faut aller de 70 c à 200 c.
70 c + ? = 200 c, c'est pareil que **200 c – 70 c = 130 c**.
130 c, c'est 100 c et encore 30 c. C'est 1 € 30 c.
La marchande doit rendre **1 € 30 c** à Mila.

45 Résoudre des problèmes impliquant des prix : les centimes d'euro

❸ Entrainement

S'entrainer avec **ExoSup45. pdf**, page 2.

45B
Nom
Prénom
Date
Maths au CE1
Grandeurs et mesures

1 - Dans chaque ligne, entoure le prénom de l'enfant qui a la plus grosse somme d'argent.

2 - Dessine les pièces qui manquent pour avoir à chaque fois un euro.

Séance 4

30 min

Résoudre des problèmes impliquant des prix

→ MODÉLISER

Résoudre des problèmes impliquant des manipulations de monnaie.

DÉROULEMENT DE LA SÉANCE

❶ **Entrainement collectif** Réaliser une somme donnée en utilisant le moins de pièces possible.	10 min	**Verbalisation** Oral collectif
❷ **Entrainement individuel** Résoudre des problèmes variés.	20 min	**Expérimentation** **Manipulation** Écrit individuel

❶ Entrainement collectif

Faire réaliser la somme demandée en utilisant le moins de pièces possible : 3 € 95 c.

Après une rapide recherche individuelle (avec ou sans le matériel), inventorier les solutions trouvées en commençant par les réponses erronées. Demander aux élèves d'expliquer ces erreurs.

Parvenir à la solution attendue.
3 € 95 c = 2 € + 1 € + 50 c + 20 c + 20 c + 5 c (6 pièces)

Faire reformuler la technique à appliquer pour être sûr de l'exactitude de la réponse : on choisit chaque fois la pièce de la valeur la plus élevée possible.

❷ Entrainement individuel

Résoudre les problèmes de **ExoSup45.pdf**, page 3.

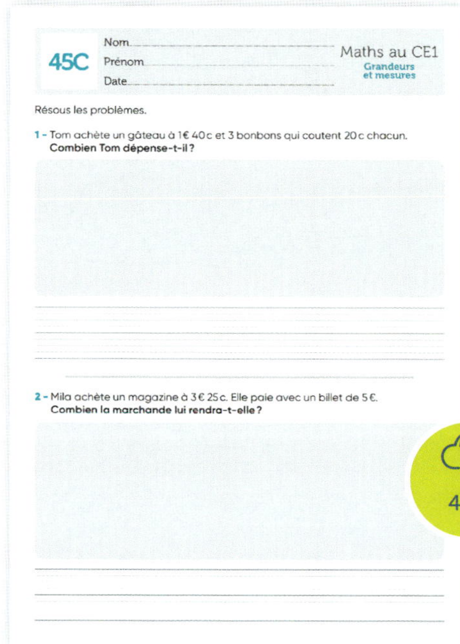
45C
Nom
Prénom
Date
Maths au CE1
Grandeurs et mesures

Résous les problèmes.

1 - Tom achète un gâteau à 1 € 40 c et 3 bonbons qui coutent 20 c chacun.
Combien Tom dépense-t-il ?

2 - Mila achète un magazine à 3 € 25 c. Elle paie avec un billet de 5 €.
Combien la marchande lui rendra-t-elle ?

Séance 5

30 min

Bilan des apprentissages

Valorisation des progrès

Pages 98 et 99

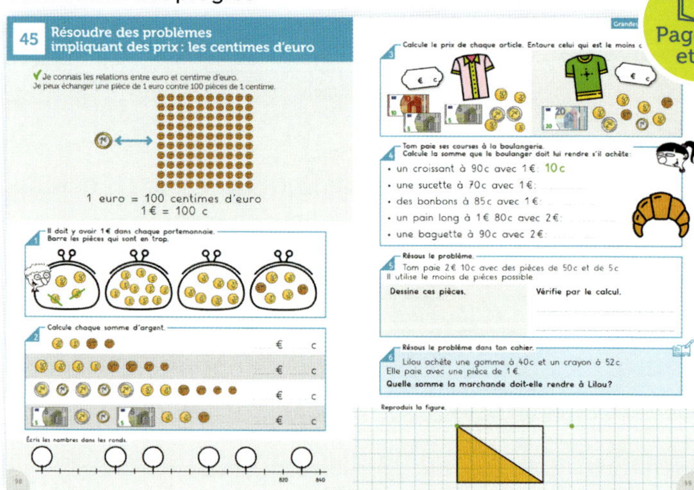
45 Résoudre des problèmes impliquant des prix : les centimes d'euro

✓ Je connais les relations entre euro et centime d'euro.
Je peux échanger une pièce de 1 euro contre 100 pièces de 1 centime.

1 euro = 100 centimes d'euro
1 € = 100 c

1 Il doit y avoir 1 € dans chaque portemonnaie. Barre les pièces qui sont en trop.

2 Calcule chaque somme d'argent.

Écris les nombres dans les ronds.

3 Calcule le prix de chaque article. Entoure celui qui est le moins c

4 Tom paie ses courses à la boulangerie. Calcule la somme que le boulanger doit lui rendre s'il achète :
- un croissant à 90 c avec 1 € : 10 c
- une sucette à 70 c avec 1 € :
- des bonbons à 85 c avec 1 € :
- un pain long à 1 € 80 c avec 2 € :
- une baguette à 90 c avec 2 € :

5 Résous le problème.
Tom paie 2 € 10 c avec des pièces de 50 c et de 5 c
Il utilise le moins de pièces possible.
Dessine ces pièces. Vérifie par le calcul.

6 Résous le problème dans ton cahier.
Lilou achète une gomme à 40 c et un crayon à 52 c.
Elle paie avec une pièce de 1 €.
Quelle somme la marchande doit-elle rendre à Lilou ?

Reproduis la figure.

Matériel 45

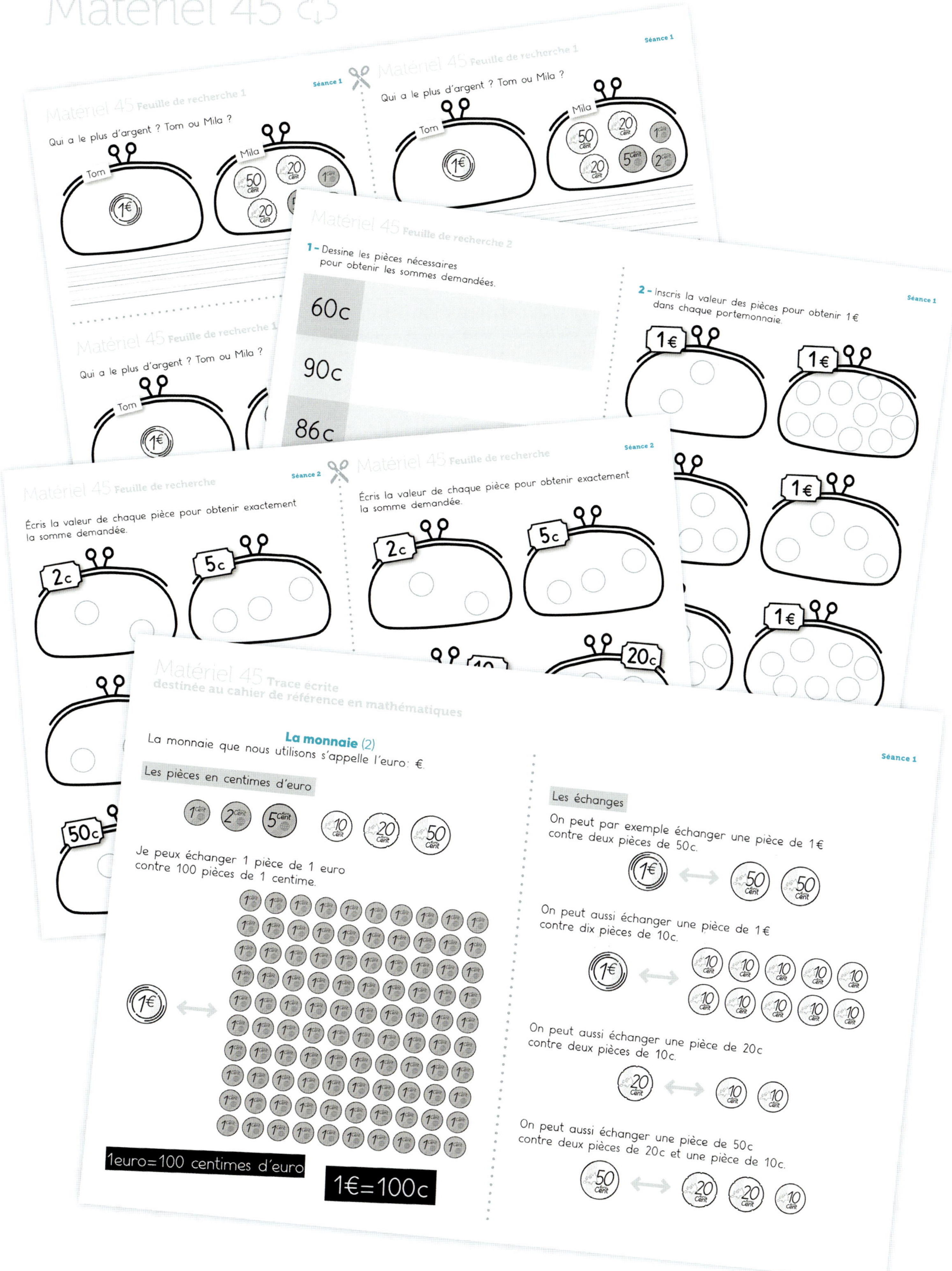

Matériel 45 Feuille de recherche 1

Séance 1

Qui a le plus d'argent ? Tom ou Mila ?

Tom Mila

Matériel 45 Feuille de recherche 2

1 - Dessine les pièces nécessaires pour obtenir les sommes demandées.

60c

90c

86c

2 - Inscris la valeur des pièces pour obtenir 1€ dans chaque portemonnaie.

Séance 1

1€ 1€ 1€ 1€

Matériel 45 Feuille de recherche

Séance 2

Écris la valeur de chaque pièce pour obtenir exactement la somme demandée.

2c 5c 20c 50c

Matériel 45 Trace écrite destinée au cahier de référence en mathématiques

Séance 1

La monnaie (2)

La monnaie que nous utilisons s'appelle l'euro: €.

Les pièces en centimes d'euro

Je peux échanger 1 pièce de 1 euro contre 100 pièces de 1 centime.

1euro=100 centimes d'euro

1€=100c

Les échanges

On peut par exemple échanger une pièce de 1€ contre deux pièces de 50c.

On peut aussi échanger une pièce de 1€ contre dix pièces de 10c.

On peut aussi échanger une pièce de 20c contre deux pièces de 10c.

On peut aussi échanger une pièce de 50c contre deux pièces de 20c et une pièce de 10c.

46 Reconnaitre et tracer des triangles rectangles

Séance 1 — 30 min

Reconnaitre des triangles rectangles

→ MODÉLISER

Reconnaitre des triangles rectangles en utilisant une équerre ou un gabarit d'angle droit.

MATÉRIEL ET SUPPORT
- Une équerre ou un gabarit d'angle droit (**Materiel38.pdf**, page 1) par élève.
- La feuille de recherche et la trace écrite (**Materiel46.pdf,** pages 1 et 2).

DÉROULEMENT DE LA SÉANCE

❶ Recherche Identifier des triangles qui ont un angle droit en utilisant un gabarit.	10 min	**Manipulation** Écrit individuel Groupes de 2
❷ Mise en commun Identifier les triangles rectangles et valider les bonnes réponses.	5 min	**Verbalisation** Oral collectif
❸ Institutionnalisation Décrire un triangle rectangle.	5 min	
❹ Entrainement Identifier les triangles rectangles en utilisant l'équerre.	10 min	**Manipulation** Écrit individuel

❶ Recherche

Faire rappeler les critères de reconnaissance d'un triangle. Rappeler que c'est un polygone qui a 3 côtés et donc 3 sommets. Distribuer la feuille de recherche à chaque élève.

Consigne *« D'abord, chaque élève entoure les triangles qui ont un angle droit, puis vous vous concertez à 2 pour proposer une réponse commune. »*

Matériel 46

Matériel 38

❷ Mise en commun

Vidéoprojeter le document élève pour faciliter la correction collective. Faire remarquer que les triangles ont tous trois angles. Certains sont des angles droits.
Faire marquer chaque angle droit avec un petit carré rouge.

❸ Institutionnalisation

Ce qu'il faut retenir

Un triangle rectangle est un triangle qui a un angle droit. On dit qu'il est rectangle parce qu'il a un angle droit.

Trace écrite

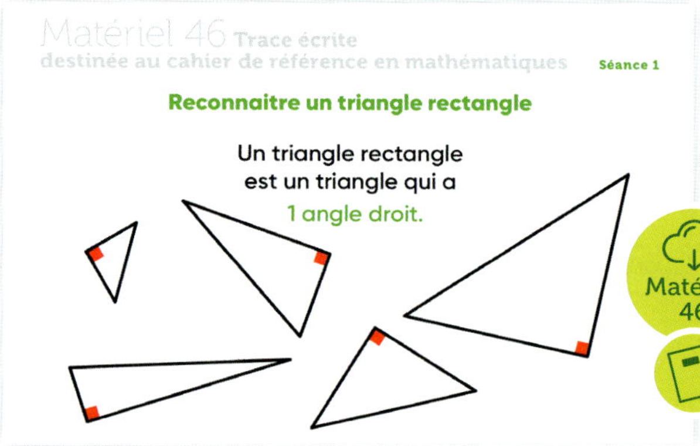

Matériel 46

❹ Entrainement

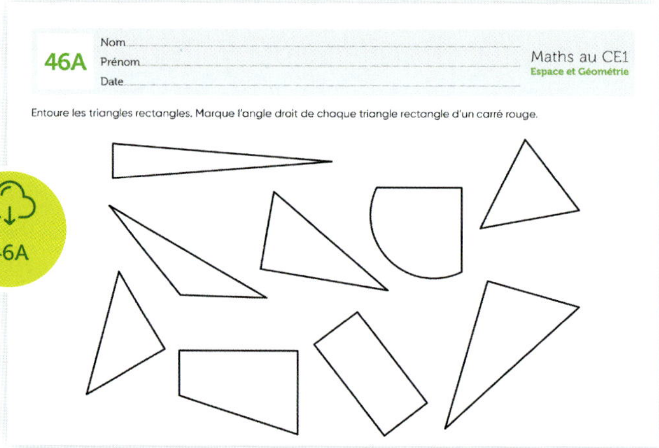

46A

Séance 2 — 30 min

Reproduire un triangle rectangle

→ MODÉLISER

Reproduire des triangles rectangles sur papier uni.

MATÉRIEL ET SUPPORT
- Une équerre ou un gabarit d'angle droit (**Materiel38.pdf**, page 1) et une règle graduée par élève.
- La feuille de recherche (**Materiel46.pdf,** page 3).
- Le triangle ABC reproduit sur papier calque, 1 par élève (**Materiel46.pdf,** page 4 à photocopier sur papier calque).

DÉROULEMENT DE LA SÉANCE

❶ Recherche Reproduire un triangle rectangle avec une équerre et une règle graduée sur papier uni.	15 min	**Manipulation** Écrit individuel
❷ Institutionnalisation Expliquer les étapes à suivre pour reproduire le triangle rectangle.	5 min	**Verbalisation** Oral collectif
❸ Entrainement Reproduire des triangles rectangles à partir d'un côté de l'angle droit.	10 min	**Manipulation** Écrit individuel

❶ Recherche

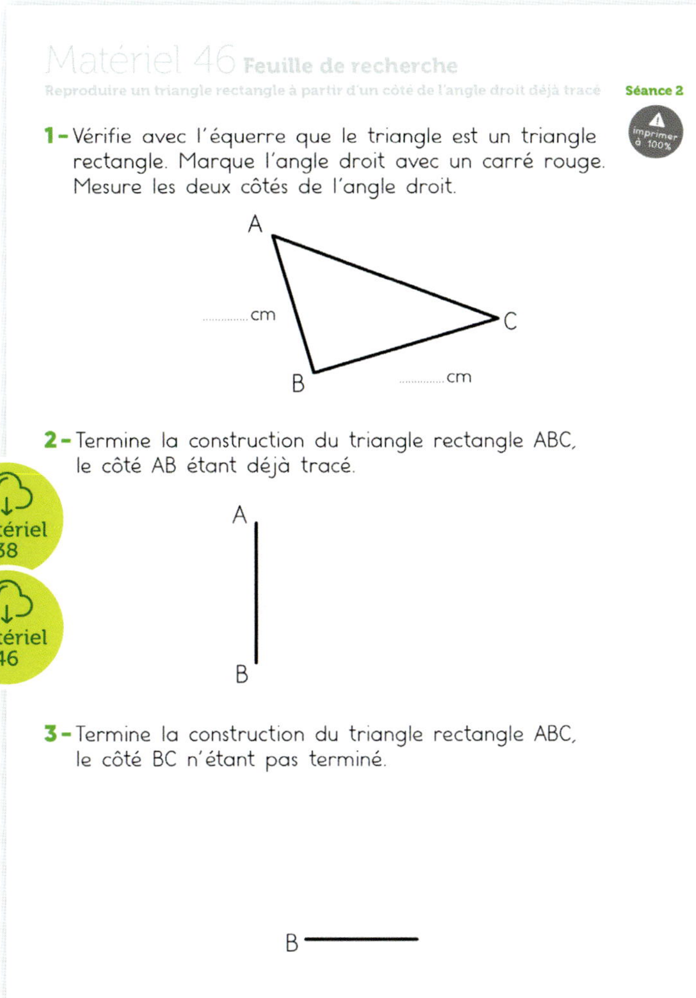
Matériel 46 Feuille de recherche
Reproduire un triangle rectangle à partir d'un côté de l'angle droit déjà tracé
Séance 2
Imprimer à 100%

1 - Vérifie avec l'équerre que le triangle est un triangle rectangle. Marque l'angle droit avec un carré rouge. Mesure les deux côtés de l'angle droit.

2 - Termine la construction du triangle rectangle ABC, le côté AB étant déjà tracé.

3 - Termine la construction du triangle rectangle ABC, le côté BC n'étant pas terminé.

Matériel 38

Matériel 46

Exercice 1
Vérifier que le triangle ABC est rectangle en utilisant une équerre ou un gabarit d'angle droit.
Marquer l'angle droit d'un carré rouge.
Mesurer les côtés AB et BC de l'angle droit.

Exercice 2
Reproduire le triangle ABC à partir du côté AB déjà tracé.
Procédure visée
- Tracer une partie du côté BC en utilisant l'équerre ou l'angle droit.
- Prolonger le segment BC pour qu'il mesure 4 cm.
- Tracer le côté AC.
Vérifier avec le calque que le triangle est correctement reproduit.

Exercice 3
Reproduire le triangle ABC à partir du côté BC déjà commencé.
Procédure visée
- Prolonger le trait déjà présent afin qu'il mesure 4 cm. Placer C.
- Tracer une partie du côté AB en utilisant l'équerre ou l'angle droit.
- Prolonger le segment AB pour qu'il mesure 3 cm.
- Tracer le côté AC.

Vérifier avec le calque que le triangle est correctement reproduit.

❷ Institutionnalisation

Ce qu'il faut retenir
Pour reproduire un triangle rectangle
- Je repère d'abord l'angle droit et je le marque d'un carré rouge.
- Je mesure la longueur des deux côtés de l'angle droit.
- Je trace un côté de l'angle droit.
- J'utilise un gabarit d'angle droit et la règle graduée pour tracer l'autre côté de l'angle droit.
- Je trace le côté manquant du triangle.

❸ Entrainement

S'entrainer sur **ExoSup46.pdf**, page 2.
Reproduire les triangles rectangles à l'aide d'une équerre et d'une règle graduée. Un côté est déjà tracé.

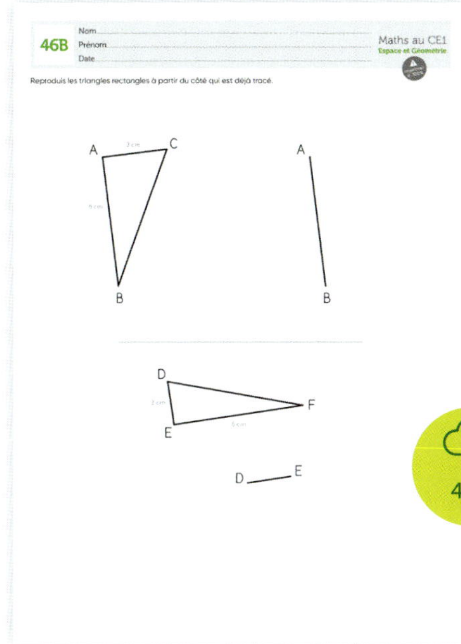

46B

Séance 3

30 min

Bilan des apprentissages

Valorisation des progrès

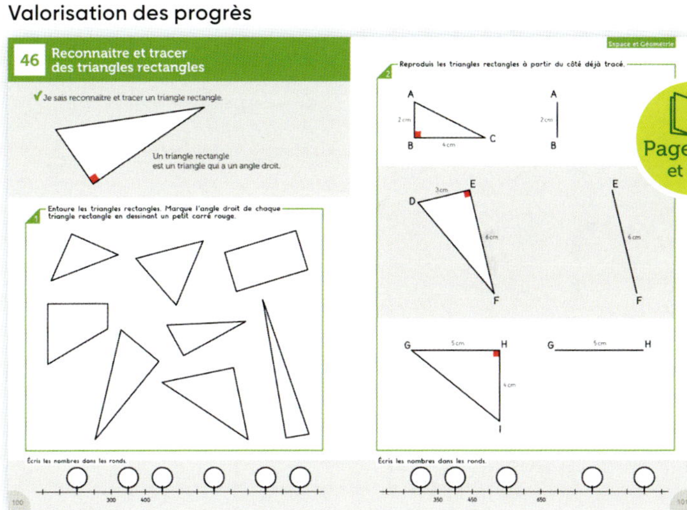

Pages 100 et 101

15 min par jour

Calcul mental

- Connaitre la table de multiplication par 4.
- Consolider et évaluer la connaissance des tables de multiplication par 2, par 3, par 5 et par 10.

Séance 1

❶ Tables de multiplication par 3 : automatisation — 5 min

Proposer les calculs oralement, les élèves répondent immédiatement sur l'ardoise. **8x3=?** **10x3=?** **7x3=?**
« Combien de fois 3 pour faire 18 ? » ***« Combien de fois 3 pour faire 27 ? »***

❷ Table de multiplication par 4 : 1x4, 2x4, 5x4 et 10x4 — 10 min

Découverte 1x4, 2x4, 5x4 et 10x4
Proposer un par un les calculs : **1x4** **2x4** **5x4** **10x4.**
Conduire la mise en commun à l'aide de l'animation **Calcul 25.**

Procédures à privilégier
- **1x4** *« C'est une fois quatre donc 1x4=4 ».*
- **2x4** *« Deux fois quatre, c'est le double de 4, c'est 4+4 donc 8. »*
- **5x4** *« C'est pareil que 4x5 donc 5x4=20. »*
- **10x4** *« C'est pareil que 4x10 ou 4 fois 1 dizaine donc 10x4=40. »*

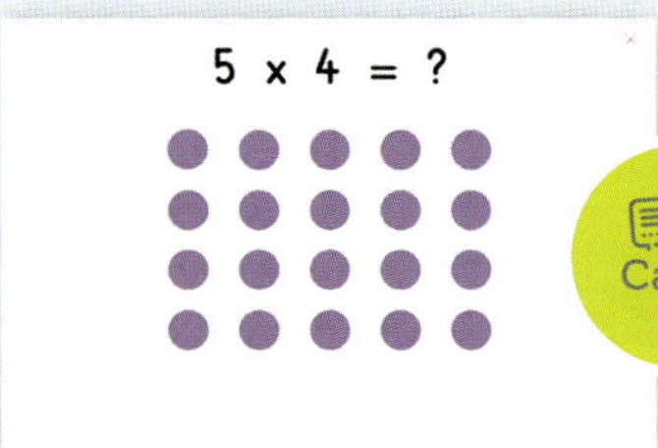

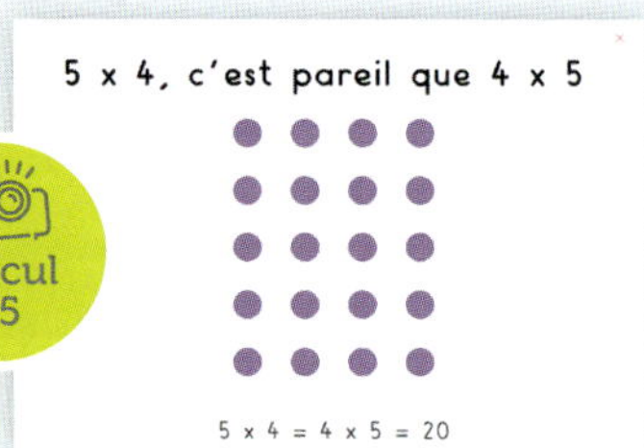

Calcul 25

*Expliciter les procédures à privilégier à l'aide de l'animation **Calcul 25.***

Séance 2

❶ Tables de multiplication par 3 : automatisation — 5 min

Proposer les calculs oralement, les élèves répondent immédiatement sur l'ardoise. **7x3=?** **9x3=?** **6x3=?**
« Combien de fois 3 pour faire 24 ? » ***« Combien de fois 3 pour faire 9 ? »***

❷ Table de multiplication par 4 : 0x4, 3x4 et 6x4 — 10 min

Entrainement 1x4, 2x4, 5x4 et 10x4
Proposer oralement un par un les calculs : **1x4** **2x4** **10x4** **?x4=8** **?x4=40.**
Les élèves répondent sur l'ardoise.

Découverte 0x4, 3x4 et 6x4
Proposer un par un les calculs : **0x4** **3x4** **6x4.**
Les élèves répondent sur l'ardoise.
Après chaque calcul, mettre en commun les procédures utilisées pour structurer les apprentissages à l'aide de l'animation **Calcul 25.**

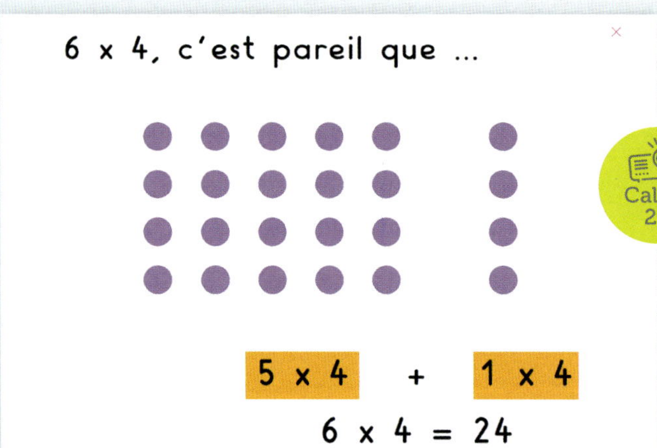

Calcul 25

*Expliciter les procédures à privilégier à l'aide de l'animation **Calcul 25.***

Procédures à privilégier
- **3x4**=4x3 ou 3x4=(2x4)+(1x4).
- **6x4**=(5x4)+(1x4).

Séance 3

❶ Table de multiplication par 3 : réinvestissement — 5 min

Proposer les calculs et les problèmes oralement.
Les élèves répondent immédiatement sur l'ardoise.
4x3=? **9x3=?** **5x3=?**
« Combien de fois 3 pour faire 30 ? » ***« Combien de fois 3 pour faire 21 ? »***

« L'école a commandé 8 ballons à 3 euros.
Combien la directrice doit-elle payer ? »

« 3 enfants se partagent 18 images.
Combien d'images chaque enfant aura-t-il ? »

❷ Table de multiplication par 4 : 4x4 et 8x4 — 10 min

Entrainement Résultats connus
Proposer oralement un par un les calculs : **5x4** **2x4** **10x4** **6x4=?** **?x4=12** **?x4=20** **?x4=4** **?x4=0.**
Les élèves répondent sur l'ardoise.

Découverte 4x4 et 8x4
Proposer un par un les calculs : **4x4** **8x4** à l'aide de l'animation **Calcul 25.**

Procédures à privilégier
- **4x4**=(2x4)+(2x4) ou 4x4=(3x4)+(1x4)
- **8x4**=(4x4)+(4x4) ou 8x4=2x(4x4)

Séance 4

❶ Table de multiplication par 3 : évaluation — 5 min

Proposer à nouveau l'évaluation de la semaine 24 pour permettre aux élèves de mesurer leurs progrès dans la connaissance de la table de x 3.
Réutiliser la série de calculs de **MaterielCalcul24.pdf,** page 4.

Matériel Calcul 24

❷ Table de multiplication par 4 : 7x4 et 9x4 — 10 min

Entrainement Résultats connus de la table de 4
Proposer oralement un par un les calculs :
« Combien de fois 4 pour faire 16 ? » ***« Combien de fois 4 pour faire 40 ? »***
« Combien de fois 4 pour faire 12 ? » ***« Combien de fois 4 pour faire 32 ? »***
« Combien de fois 4 pour faire 24 ? »
Les élèves répondent sur l'ardoise.

Découverte 7x4 et 9x4
Proposer un par un les calculs : **7x4** **9x4** à l'aide de l'animation **Calcul 25.**

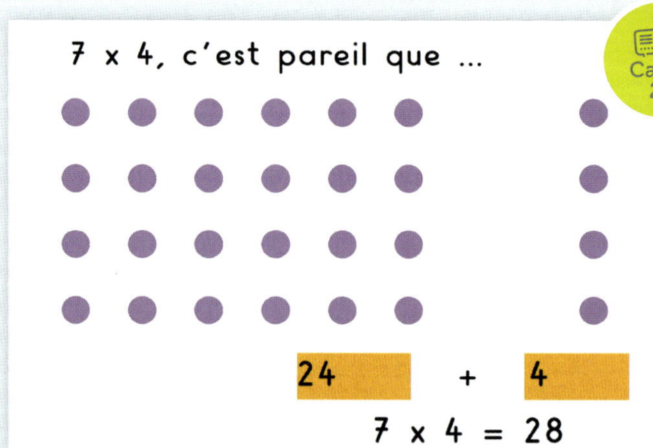

Calcul 25

*Expliciter les procédures à privilégier à l'aide de l'animation **Calcul 25.***

Procédures à privilégier
- **7x4** *« C'est (6x4)+(1x4) ou (7x2)x2. »*
- **9x4** *« C'est (10x4)-(1x4). »*

Atelier 25

30 min par semaine

Atelier problèmes

- Résoudre des problèmes en deux étapes mixant addition, soustraction et multiplication.

Prénom .... Date ....

Résous les problèmes avec le symbole ✖ puis résous les problèmes de ton choix. Essaie d'en résoudre le plus possible.

Problème 1

Le fleuriste a vendu 8 bouquets de 5 tulipes.

Combien de tulipes a-t-il vendues ?

Problème 2

Léo a reçu 6 pochettes de 5 images.

Combien d'images a-t-il reçues ?

✖ Problème 3

Lilou a acheté 2 paquets de 5 stylos rouges et 3 paquets de 5 stylos bleus.

Combien de stylos Lilou a-t-elle en tout ?

✖ Problème 4

Tom avait 9 paquets de 10 bonbons.
Il a mangé 5 bonbons.

Combien de bonbons reste-t-il ?

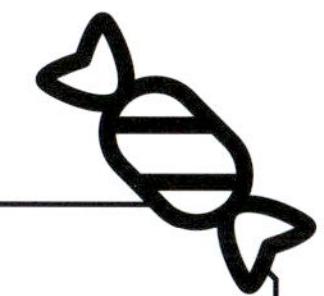

Problème 5

Sur la table, il y a 4 piles de 5 livres et 1 pile de 7 livres.

Y a-t-il assez de livres pour les 27 élèves de la classe ? Explique pourquoi.

Problème 6

Dans une classe, il y a 27 élèves.
Dans l'armoire, il reste 6 boites de 5 stylos.

Y a-t-il assez de stylos pour distribuer un stylo à chaque élève ? Explique pourquoi.

47 Mesurer une longueur : le kilomètre

Séance 1 — 30 min

Découvrir le kilomètre

→ MODÉLISER

Connaitre la relation entre les unités de longueur : m et km.

MATÉRIEL ET SUPPORT
- Pour la classe, une corde ou une ficelle d'une longueur de 100 m, un rouleau de chatterton coloré, la règle du tableau.
- La trace écrite (**Materiel47.pdf**).

DÉROULEMENT DE LA SÉANCE

❶ **Recherche** Estimer une mesure en s'appuyant sur des références connues.	5 min	**Expérimentation** Écrit individuel
❷ **Mise en commun** Recenser les réponses. Vérifier en mesurant.	10 min	**Manipulation** **Verbalisation** Oral collectif
❸ **Nouvelle recherche** Trouver la longueur d'une corde *n* fois plus longue que le serpent.	10 min	**Expérimentation** Écrit individuel
❹ **Institutionnalisation** Connaitre les relations entre km et m.	5 min	**Verbalisation** **Abstraction** Oral collectif

❶ Recherche

Mise en situation
Une corde d'une longueur de 100 m (ne pas indiquer sa longueur) est présentée aux élèves, enroulée dans un panier.
Expliquer qu'il s'agit d'un *serpent géant* dont ils vont devoir, dans un premier temps, estimer la longueur.

Dérouler progressivement le *serpent* puis écrire 6 propositions de mesure au tableau :

environ 50 cm
environ 9 dm
environ 1 m
environ 10 m
environ 100 m
plus de 500 m.

Consigne *« Écris sur l'ardoise la mesure du **serpent que tu penses être la bonne parmi les** 6 propositions notées au tableau. »*

❷ Mise en commun

Recensér les réponses.
Éliminer collectivement les mesures *impossibles*.

- **environ 50 cm, environ 9 dm, environ 1 m** : ces mesures sont rapidement écartées grâce à un rapide repérage sur la règle du tableau qui mesure 1 m.

- **environ 10 m** : reporter 10 fois 1 mètre avec la règle du tableau sur la corde. Placer un morceau de chatterton coloré pour marquer ce repère. Cette tâche permet également d'éliminer cette mesure. Le serpent mesure beaucoup plus de 10 m.

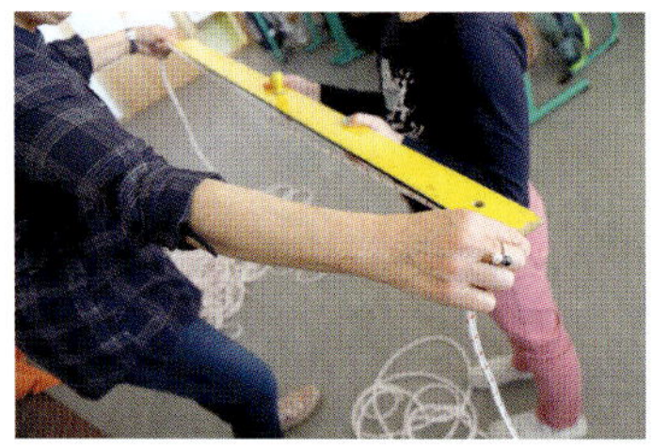

- **100 m ou plus de 500 m ?**
Pour répondre à cette question, il faut mesurer. Amener les élèves à délimiter des *tronçons* de 10 mètres en marquant chaque fois un repère avec du chatterton. Cela facilite le travail car il est difficile de compter jusqu'à 100 (ou plus) sans faire d'erreurs.

Mesure de la corde de 100 m en utilisant la règle du tableau et en collant un morceau de ruban adhésif tous les 10 m.

Faire compter le nombre de *tronçons* de 10 mètres matérialisés et conclure :
10 m + 10 m + 10 m + 10 m + 10 m + 10 m + 10 m + 10 m + 10 m + 10 m = 100 m

« La corde mesure **100 m**. *100 m, c'est 10 fois 10 m. »*
Une corde de 500 m serait 5 fois plus longue.

❸ Nouvelle recherche

Consigne *« Cherche sur l'ardoise quelle serait la longueur d'une corde 3 fois plus longue, 4 fois plus longue, 7 fois plus longue, 9 fois plus longue, 10 fois plus longue. »*

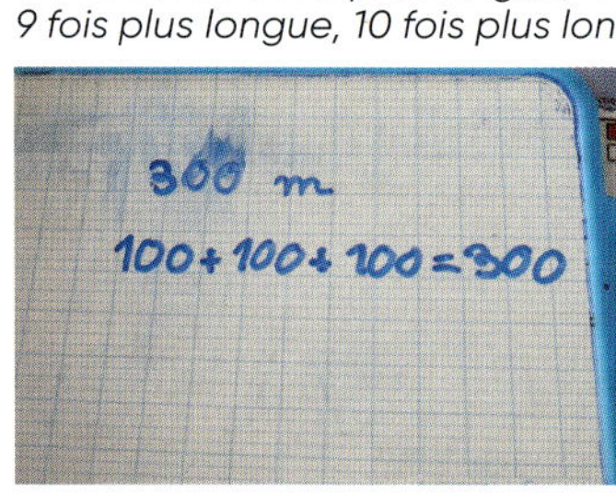

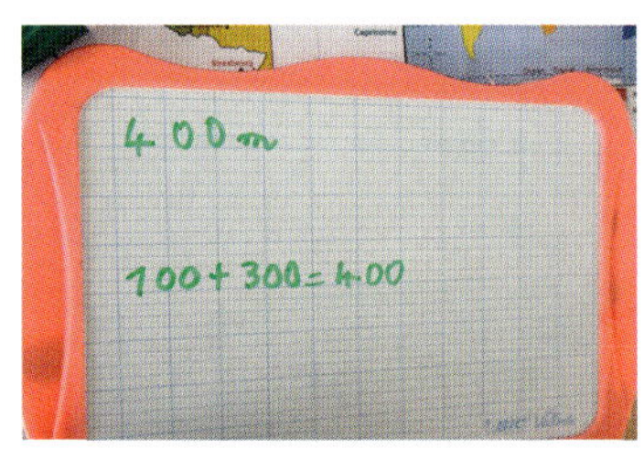

Calculer la longueur d'une corde 3 fois puis 4 fois plus longue que la corde de 100 m.

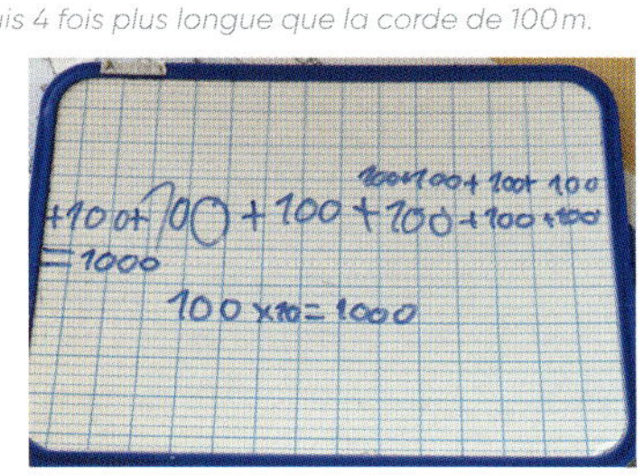

Calculer la longueur d'une corde 7 fois puis 10 fois plus longue que la corde de 100 m.

La mise en commun permet de conclure que *« 10 fois 100 m, c'est 1000 m. »*

Annoncer : *« 1000 m, c'est un kilomètre. Un kilomètre s'abrège* **km**. *Le préfixe* **kilo** *signifie* **mille**. *»*

Chercher les lieux qui se trouvent à 1 km de l'école.
Exemples C'est approximativement la distance de l'école à … (la piscine, le gymnase ou la bibliothèque municipale…).

On utilise le km pour exprimer la distance entre des villages ou des villes : la distance de *(ville où habitent les élèves)* à *(grande ville la plus proche)* est de … km.

❹ Institutionnalisation

Ce qu'il faut retenir

Pour mesurer une grande longueur, on utilise une unité plus grande que le mètre : le kilomètre.
Un kilomètre, c'est 10 fois 100 mètres. C'est aussi 1000 mètres.

1 km = 10 x 100 m = 1000 m

Trace écrite

Matériel 47 Trace écrite destinée au cahier de référence en mathématiques — Séance 1

Le kilomètre (km)

Pour mesurer de grandes distances, on utilise une unité de longueur plus grande que le mètre : le kilomètre.

Un kilomètre, c'est 10 fois 100 mètres.
Un kilomètre, c'est 1000 mètres.

La distance entre deux villes se mesure en kilomètres.

Entre Paris et Lyon, la distance est de 470 km.

La distance de Paris à Marseille est de 775 km.

Un piéton parcourt 5 km en une heure.

1 km = 10 x 100 m

1 km = 1 000 m

Matériel 47

Séance 2 — 30 min

Résoudre des problèmes impliquant des longueurs

→ CALCULER

Calculer des distances en utilisant l'addition ou la multiplication.

MATÉRIEL ET SUPPORT
- La corde de 100 m utilisée au cours de la séance 1.
- Des jetons, quelques calculettes.

DÉROULEMENT DE LA SÉANCE

❶ **Recherche** Calculer la distance parcourue par un élève sur un parcours individuellement.	5 min	**Expérimentation** Travail individuel
❷ **Mise en commun et validation** Lister les résultats. Les valider.	10 min	**Verbalisation** Oral collectif
❸ **Nouvelle recherche** Calculer la distance parcourue par 5 élèves.	10 min	**Expérimentation** Groupes de deux
❹ **Mise en commun** Recenser les résultats. Les vérifier puis les valider.	5 min	**Verbalisation** Oral collectif

Mise en situation au cours d'une séance d'EPS

La corde de 100 m découverte au cours de la séance 1 est disposée sur le sol de la cour ou du gymnase et forme une ligne ouverte.
Elle matérialise un chemin que les élèves vont suivre en courant.

Les élèves doivent courir plusieurs fois sur une distance de 100 m.

Chaque élève reçoit un jeton après chaque course de 100 m.
Il revient au départ en marchant.

De retour en classe, il s'agira pour chaque élève de calculer la distance qu'il a faite en courant et la distance totale parcourue par l'ensemble des élèves.

❶ Recherche

Consigne *« À l'aide de tes jetons, calcule la distance que tu as parcourue. Fais tes recherches dans le carnet. »*

❷ Mise en commun et validation

Chaque élève annonce le nombre de jetons et la distance qu'il a parcourue.
Les résultats sont validés et inscrits au tableau par l'enseignant.

❸ Nouvelle recherche

Consigne *« Par équipe de deux, vous allez calculer la distance totale parcourue en courant par un groupe de 5 élèves. »*

Demander aux élèves comment on pourrait s'y prendre pour calculer la distance parcourue par 5 élèves. Additionner les distances parcourues par chacun de ces 5 élèves en utilisant la calculette.

Les élèves utilisent la calculatrice pour effectuer les calculs.

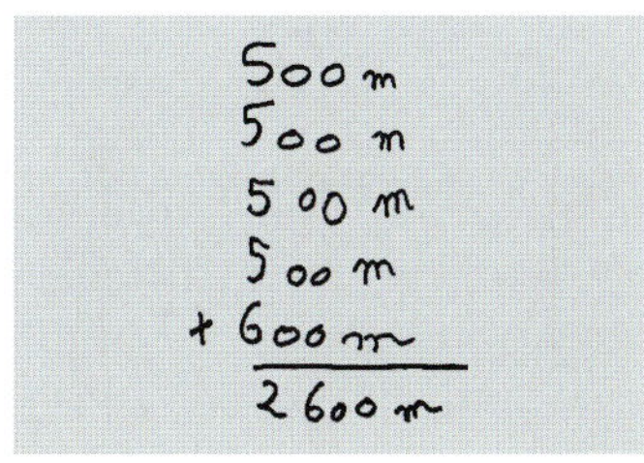

Exemple de calcul effectué par un groupe

❹ Mise en commun

Les résultats sont exprimés en mètres.

Demander aux élèves si le groupe de 5 élèves a parcouru plus ou moins d'un kilomètre et, si c'est le cas, combien de km les élèves du groupe ont parcourus.

Valider en dénombrant tous les jetons obtenus par ces 5 élèves et effectuer le calcul en multipliant ce nombre par 100 à l'aide de la calculette.

Exemple pour 2600 m
Dans 2600 m, il y a 2 fois 1000 m donc 2 km et encore 600 m.

2600 m = 2 km 600 m

Conclure que l'on peut exprimer la mesure d'une distance en km et m.

47 Mesurer une longueur : le kilomètre

Séance 3 — 40 min

Résoudre des problèmes en une ou deux étapes impliquant des longueurs

→ RAISONNER

Choisir l'unité qui convient le mieux pour exprimer une longueur.

❶ Renforcement Choisir l'unité qui convient pour exprimer une mesure.	10 min	**Verbalisation** Oral collectif
❷ Entrainement différencié Résoudre un problème impliquant des longueurs exprimées en km.	30 min	**Expérimentation** Écrit individuel

❶ Renforcement

S'entrainer avec **ExoSup47.pdf,** page 1.

Proposer l'exercice 1 en collectif oralement.
Les exercices 2 et 3 sont effectués individuellement.

47A Nom .... Prénom .... Date .... Maths au CE1 — Grandeurs et mesures

1 - Complète avec l'unité qui convient : cm, dm, m ou km.

Un éléphant peut mesurer 4........ de haut.
Une souris mesure environ 8........ de long.
La hauteur d'une table est d'environ 75........
Une voiture peut parcourir 80........ en une heure.
La longueur d'un cartable peut être de 4........

2 - Entoure la mesure exacte.

un côté d'un cahier		30 cm	30 m	30 km
la hauteur de la tour Eiffel		324 cm	324 m	324 km
la distance Paris-Marseille		800 cm	800 m	800 km
la longueur de ta règle	2 cm	2 dm	2 m	2 km
la distance parcourue par un piéton en une heure		5 cm	5 m	5 km

3 - Relie chaque objet à sa mesure.

La distance parcourue par un footballeur au cours d'un match	La longueur d'un stylo	La hauteur d'une maison	La distance entre Paris et Strasbourg	La longueur d'un terrain de football
5 m	490 km	12 km	15 cm	100 m

47A

❷ Entrainement différencié

Proposer les problèmes de **ExoSup47.pdf,** page 2, en fonction des besoins des élèves.
L'élève découpe un problème, le colle dans son cahier et le résout. Quand il a terminé il découpe un deuxième problème et le résout dans son cahier.

DIFFÉRENCIATION

- Pendant leur recherche, accompagner les élèves individuellement en privilégiant trois types d'aide.
  - Faire raconter l'histoire du problème sans utiliser de nombres.
  - Simplifier l'énoncé en le modifiant avec des nombres plus petits.
  - Faire manipuler des cubes pour comprendre la situation.

47B Nom .... Prénom .... Date .... Maths au CE1 — Grandeurs et mesures

1 - Range les longueurs suivantes dans l'ordre croissant.

1 900 m / 1 km 300 m / 1 600 m / 2 100 m / 1 km 200 m

.... < .... < .... < .... < ....

Résous les problèmes.

2 - Le facteur parcourt 8 km par jour.
Quelle distance parcourt-il en 5 jours?

3 - Léo doit parcourir 1 km pour se rendre chez sa grand-mère.
Il a déjà parcouru 600 m.
Quelle distance, en mètres, lui reste-t-il à parcourir?

4 - Lilou marche 2 km 500 m dans la forêt.
Elle s'arrête pour se reposer puis marche encore 1 km 200 m.
Quelle distance Lilou a-t-elle parcourue?

5 - Lilou a fait un tour du circuit à vélo.
Quelle distance a-t-elle parcourue?
A-t-elle parcouru plus d'un kilomètre? Explique pourquoi.

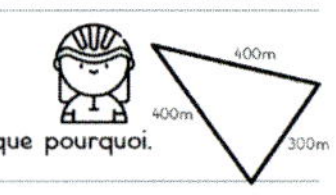

47B

Le **problème 1** amène les élèves à utiliser leur connaissance de la relation entre les unités de mesure de longueur : km et m. Deux procédures sont possibles : convertir toutes les longueurs en m ou en km et m.

Le **problème 2** est un problème du champ multiplicatif qui se résout en une étape. Les élèves utilisent leur connaissance de la table de x 5.

Le **problème 3** est un problème du champ additif qui nécessite de transformer 1 km en 1000 m. De 600 m pour aller à 1000 m, il manque 400 m.

Le **problème 4** est un problème du champ additif qui amène les élèves à effectuer le calcul 2 km 500 m + 1 km 200 m = 3 km 700 m. Il n'y a pas de conversion à effectuer.

Le **problème 5** est un problème du champ additif qui amène les élèves à effectuer le calcul 400 m + 400 m + 300 m = 1100 m. 1 100 m est supérieur à 1000 m donc à 1 km. Il peut s'écrire 1 km 100 m.

Séance 4 — 30 min

Bilan des apprentissages

Valorisation des progrès

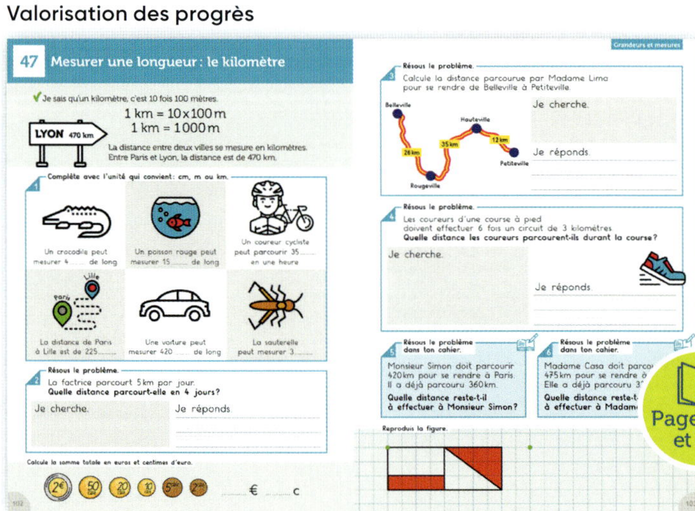

Pages 102 et 103

Matériel 47

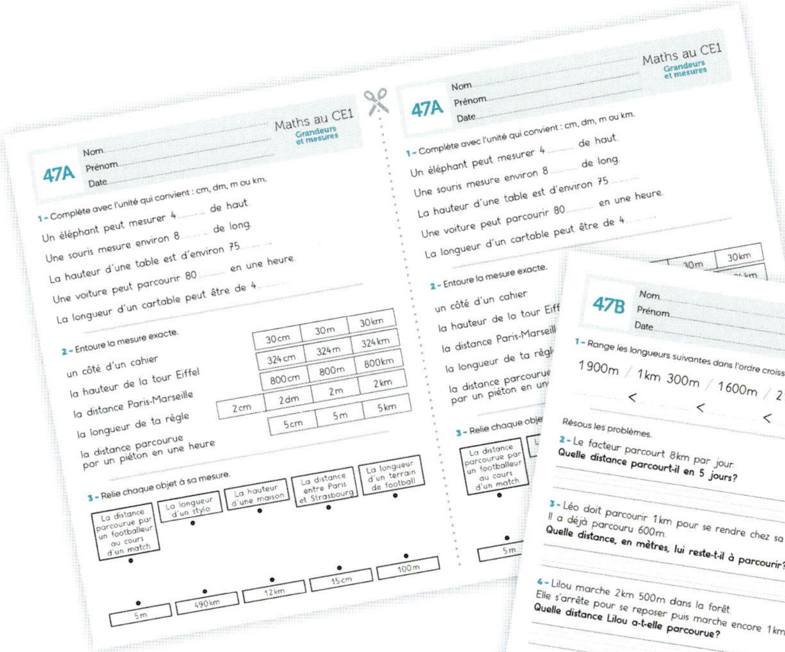

47A
Nom
Prénom
Date
Maths au CE1
Grandeurs et mesures

1 - Complète avec l'unité qui convient : cm, dm, m ou km.

Un éléphant peut mesurer 4 .... de haut.
Une souris mesure environ 8 .... de long.
La hauteur d'une table est d'environ 75 ....
Une voiture peut parcourir 80 .... en une heure.
La longueur d'un cartable peut être de 4 ....

2 - Entoure la mesure exacte.

un côté d'un cahier		30 cm	30 m	30 km
la hauteur de la tour Eiffel		324 cm	324 m	324 km
la distance Paris-Marseille		800 cm	800 m	800 km
la longueur de ta règle	2 cm	2 dm	2 m	2 km
la distance parcourue par un piéton en une heure		5 cm	5 m	5 km

3 - Relie chaque objet à sa mesure.

La distance parcourue par un footballeur au cours d'un match • La longueur d'un stylo • La hauteur d'une maison • La distance entre Paris et Strasbourg • La longueur d'un terrain de football

5 m • 490 km • 12 km • 15 cm • 100 m

47A
Nom
Prénom
Date
Maths au CE1
Grandeurs et mesures

1 - Complète avec l'unité qui convient : cm, dm, m ou km.

Un éléphant peut mesurer 4 .... de haut.
Une souris mesure environ 8 .... de long.
La hauteur d'une table est d'environ 75 ....
Une voiture peut parcourir 80 .... en une heure.
La longueur d'un cartable peut être de 4 ....

2 - Entoure la mesure exacte.

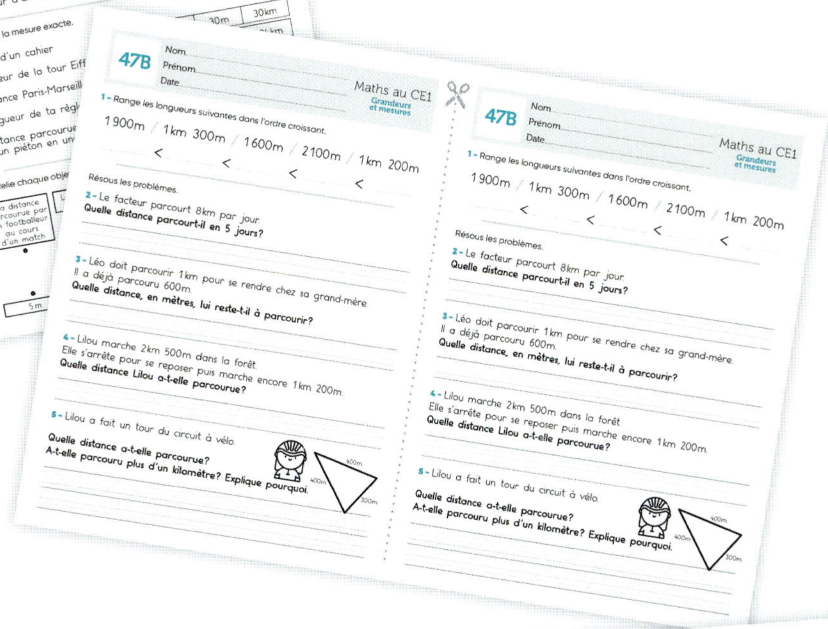

47B
Nom
Prénom
Date
Maths au CE1
Grandeurs et mesures

1 - Range les longueurs suivantes dans l'ordre croissant.

1 900m / 1km 300m / 1 600m / 2 100m / 1km 200m

.... < .... < .... < .... < ....

Résous les problèmes.

2 - Le facteur parcourt 8km par jour.
Quelle distance parcourt-il en 5 jours?

3 - Léo doit parcourir 1km pour se rendre chez sa grand-mère.
Il a déjà parcouru 600m.
Quelle distance, en mètres, lui reste-t-il à parcourir?

4 - Lilou marche 2km 500m dans la forêt.
Elle s'arrête pour se reposer puis marche encore 1km 200m.
Quelle distance Lilou a-t-elle parcourue?

5 - Lilou a fait un tour du circuit à vélo.
Quelle distance a-t-elle parcourue?
A-t-elle parcouru plus d'un kilomètre? Explique pourquoi.

47B
Nom
Prénom
Date
Maths au CE1
Grandeurs et mesures

1 - Range les longueurs suivantes dans l'ordre croissant.

1 900m / 1km 300m / 1 600m / 2 100m / 1km 200m

Résous les problèmes.

2 - Le facteur parcourt 8km par jour.
Quelle distance parcourt-il en 5 jours?

3 - Léo doit parcourir 1km pour se rendre chez sa grand-mère.
Il a déjà parcouru 600m.
Quelle distance, en mètres, lui reste-t-il à parcourir?

4 - Lilou marche 2km 500m dans la forêt.
Elle s'arrête pour se reposer puis marche encore 1km 200m.
Quelle distance Lilou a-t-elle parcourue?

5 - Lilou a fait un tour du circuit à vélo.
Quelle distance a-t-elle parcourue?
A-t-elle parcouru plus d'un kilomètre? Explique pourquoi.

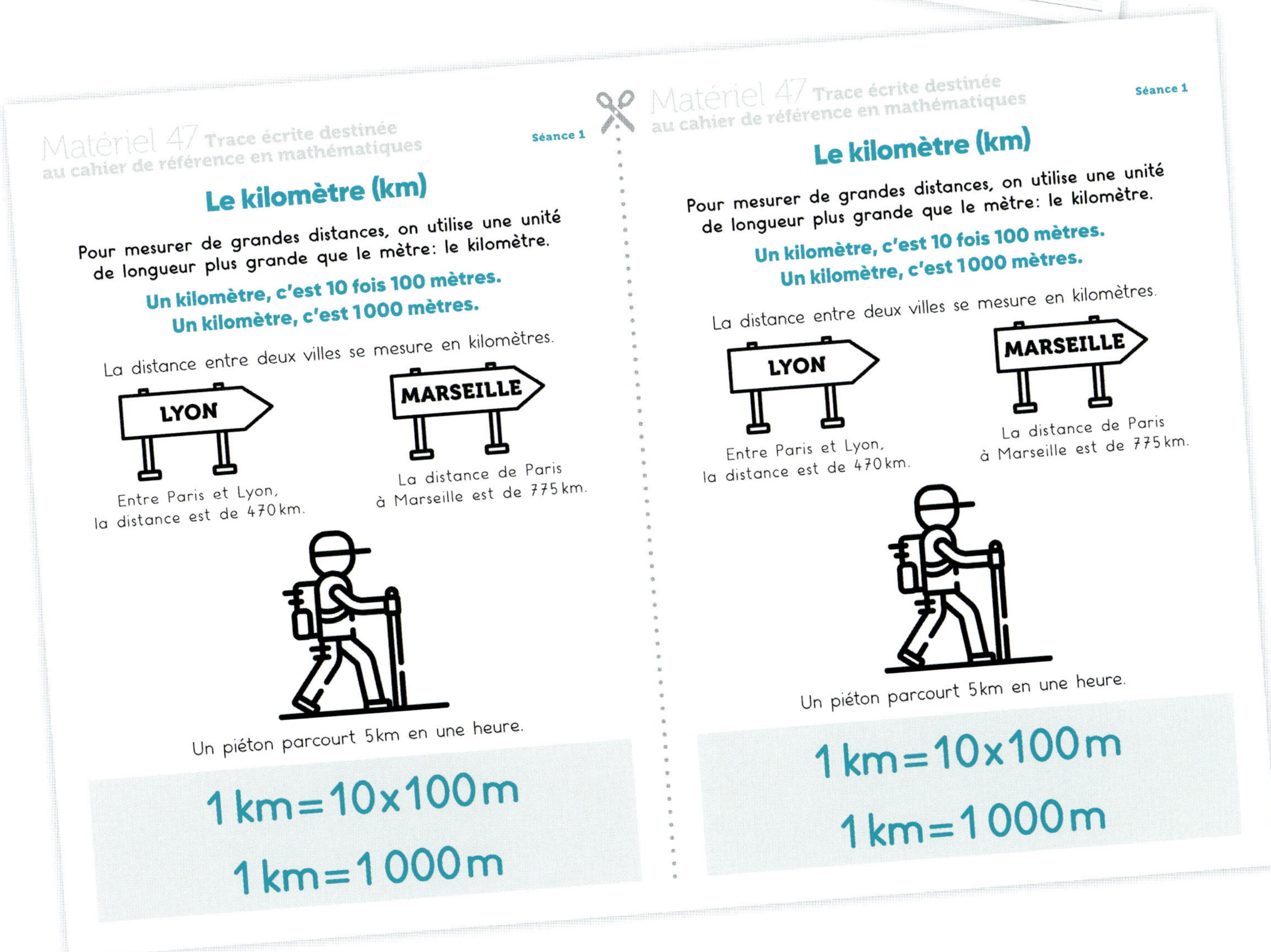

Matériel 47 Trace écrite destinée au cahier de référence en mathématiques

Séance 1

Le kilomètre (km)

Pour mesurer de grandes distances, on utilise une unité de longueur plus grande que le mètre: le kilomètre.

Un kilomètre, c'est 10 fois 100 mètres.
Un kilomètre, c'est 1000 mètres.

La distance entre deux villes se mesure en kilomètres.

Entre Paris et Lyon, la distance est de 470 km.

La distance de Paris à Marseille est de 775 km.

Un piéton parcourt 5km en une heure.

1 km = 10 x 100 m

1 km = 1 000 m

Matériel 47 Trace écrite destinée au cahier de référence en mathématiques

Séance 1

Le kilomètre (km)

Pour mesurer de grandes distances, on utilise une unité de longueur plus grande que le mètre: le kilomètre.

Un kilomètre, c'est 10 fois 100 mètres.
Un kilomètre, c'est 1000 mètres.

La distance entre deux villes se mesure en kilomètres.

LYON
MARSEILLE

Entre Paris et Lyon, la distance est de 470 km.

La distance de Paris à Marseille est de 775 km.

Un piéton parcourt 5km en une heure.

1 km = 10 x 100 m

1 km = 1 000 m

48 Reconnaitre et utiliser la notion de symétrie

Séance 1 — 30 min

Découvrir la symétrie

→ MODÉLISER

Découvrir la symétrie axiale par pliage et découpage.

MATÉRIEL ET SUPPORT

- Pour chaque élève : 5 à 6 carrés ou rectangles de papier (10 à 15 cm de côté environ), une paire de ciseaux, une règle et un feutre noir.

DÉROULEMENT DE LA SÉANCE

❶ Recherche Utiliser le découpage et le pliage pour obtenir une figure symétrique.	20 min	**Manipulation** Travail individuel
❷ Mise en commun Comprendre ce qu'est un axe de symétrie.	5 min	**Verbalisation** Oral collectif
❸ Institutionnalisation Élaborer une première définition d'un axe de symétrie.	5 min	

Au cours de cette séance, la manipulation a pour rôle essentiel de permettre à chaque élève d'accumuler des expériences liées à la notion de symétrie.

❶ Recherche

La manipulation proposée consiste à plier une fois le carré comme on le désire puis d'effectuer un découpage, d'ouvrir le papier, d'observer le résultat obtenu et de faire divers constats.

Reproduire deux à trois fois cette manipulation.

Consignes *« Plie la feuille en deux comme tu veux : tu obtiens un pli. Trace deux points assez espacés sur ce pli. Dessine une ligne au feutre reliant ces deux points pour obtenir une forme. Découpe en suivant la ligne et ouvre. »*

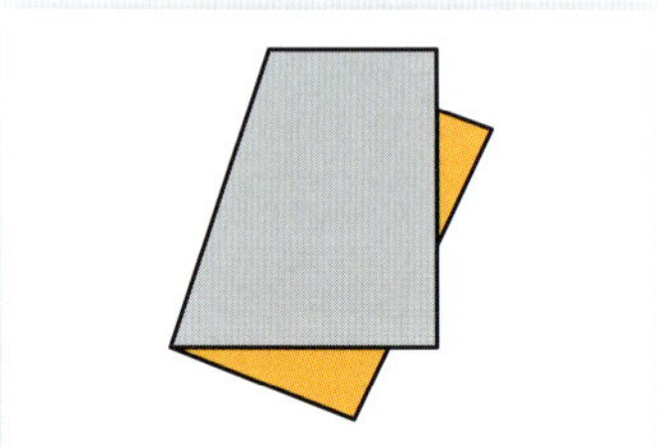

1) Plier
Plier la feuille de façon à obtenir un seul pli.

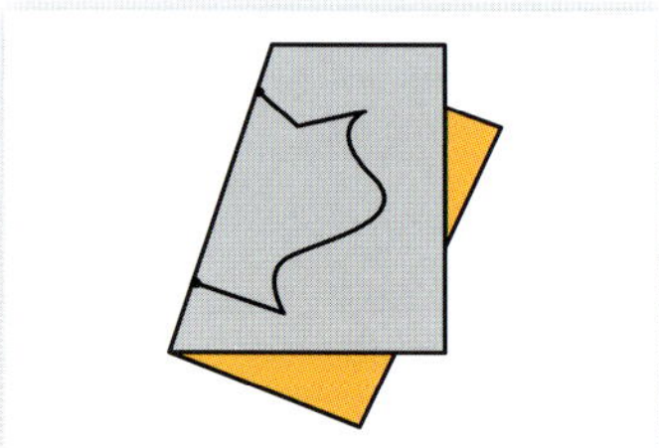

2) Dessiner
Sur le pli obtenu, tracer deux points suffisamment espacés.
Relier ces 2 points en traçant une ligne courbe afin d'obtenir une forme.

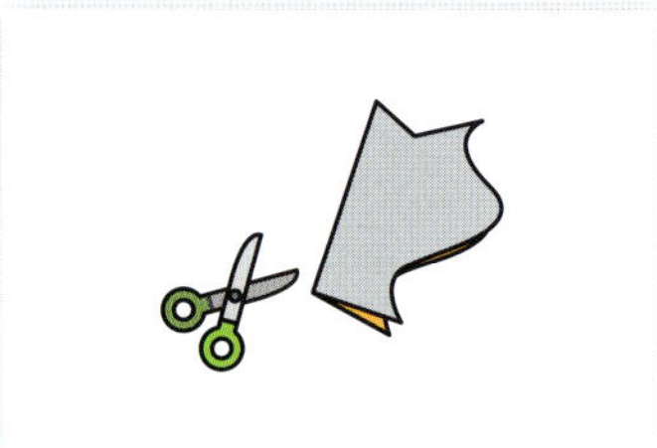

3) Découper
Découper en suivant la forme obtenue.

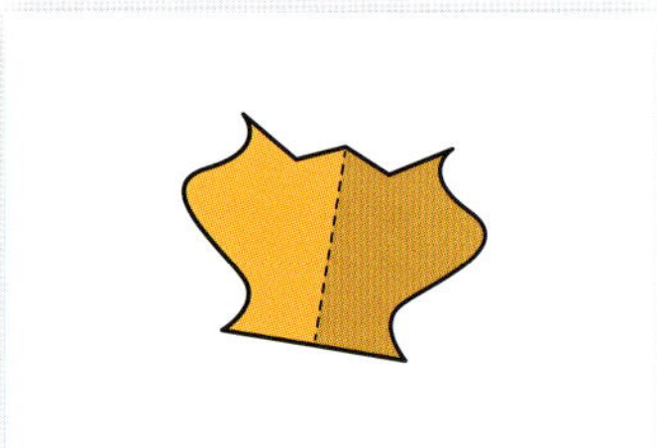

4) Ouvrir et tracer l'axe de symétrie
Constater que les deux parties de la figure se superposent exactement.

❷ Mise en commun

Comparer les formes obtenues. Constater que les deux parties de part et d'autre du pli se superposent exactement.
L'axe de pliage est appelé un ***axe de symétrie***.
Quand on plie une figure sur un axe de symétrie, les deux parties se superposent exactement.
Repasser au feutre noir sur l'axe de symétrie de chaque figure.
La droite (trait noir) obtenue est un axe de symétrie.

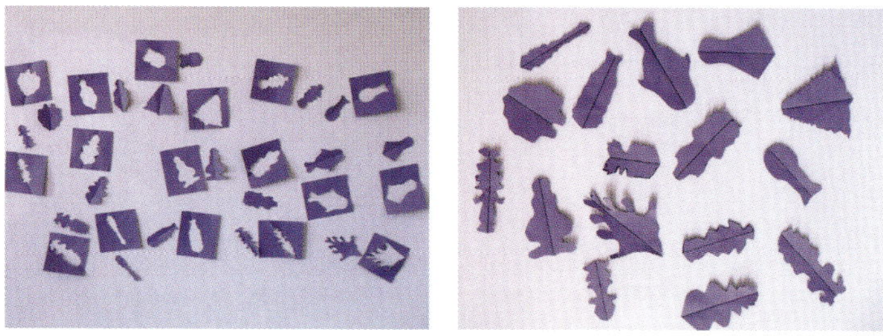

Productions d'élèves

❸ Institutionnalisation

Ce qu'il faut retenir

Quand on plie une forme en deux et que les deux parties de la figure se superposent exactement, le pli est un *axe de symétrie*. Lorsque la figure a un axe de symétrie, on dit que la figure est *symétrique*.

Séance 2 — 30 min

Repérer un axe de symétrie dans un objet de notre environnement

→ MODÉLISER

Anticiper le résultat d'une manipulation en utilisant la notion de symétrie.

MATÉRIEL ET SUPPORT

- Identique à la séance 1.

DÉROULEMENT DE LA SÉANCE

❶ Recherche Anticiper le découpage à effectuer pour obtenir une figure en forme de maison.	15 min	**Manipulation** Travail individuel
❷ Entrainement Anticiper le découpage à effectuer pour obtenir la forme souhaitée : un papillon, un arbre, un cœur.	15 min	**Verbalisation** Oral collectif

❶ Recherche

Demander aux élèves de réfléchir à ce qu'il faut dessiner pour obtenir une découpe en forme de maison.
Effectuer des essais et valider en ouvrant la feuille.
Repasser au feutre noir sur l'axe de symétrie.

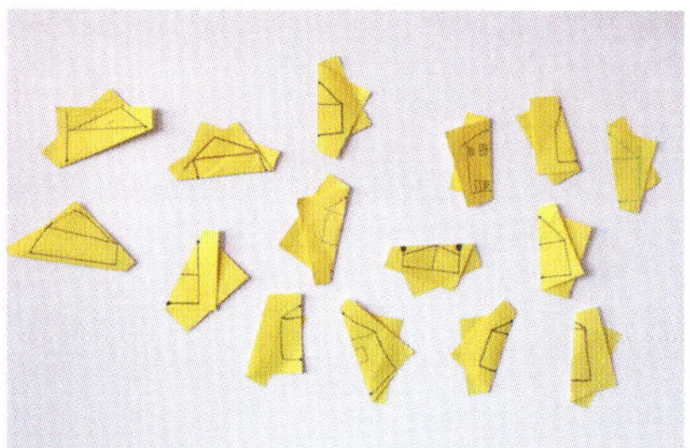

Première étape de la construction : plier le carré et tracer la forme à découper pour obtenir une maison en la dépliant.

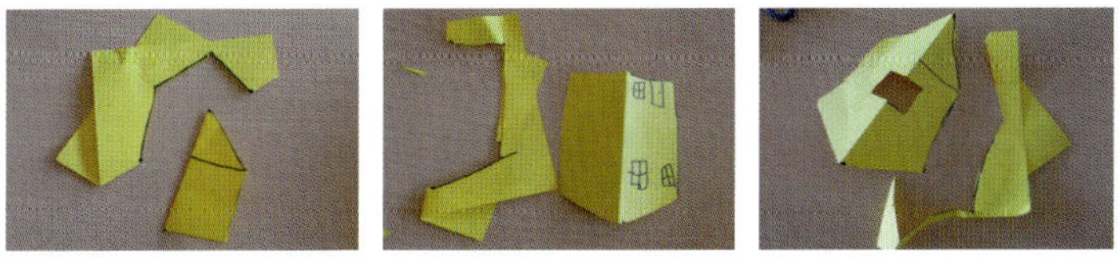

Exemples de productions d'élèves qui ont réussi à obtenir une forme de maison.

Certains élèves dessinent une maison entière. Les élèves doivent comprendre qu'il faut dessiner une « moitié » de la maison.

❷ Entrainement

Les élèves choisissent un dessin parmi les formes représentées au tableau : une feuille de chêne, un sapin, un cœur, un papillon, une fusée, une grosse flèche, un trèfle, un cerf-volant. Ils doivent essayer de reproduire ce dessin en découpant une forme dans un carré plié en deux.
Leur permettre plusieurs essais : valider en ouvrant la feuille.
Repasser au feutre noir sur l'axe de symétrie.

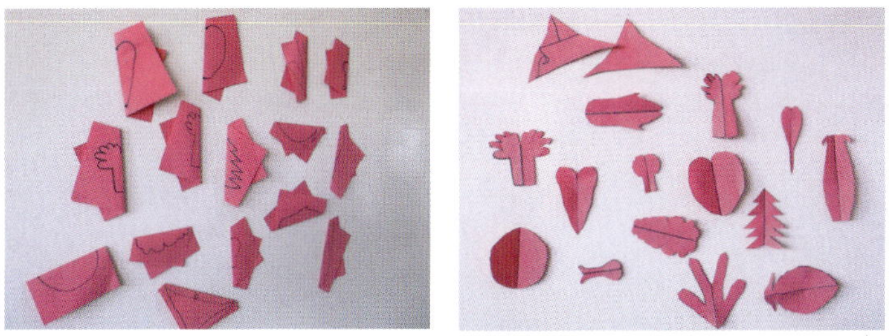

Productions d'élèves

Séance 3 — 30 min

Repérer un ou plusieurs axes de symétrie

→ **MODÉLISER**

Utiliser le pliage pour trouver le ou les axes de symétrie d'une figure géométrique.

MATÉRIEL ET SUPPORT
- Identique aux séances 1 et 2.
- La trace écrite (**Materiel48.pdf**).

DÉROULEMENT DE LA SÉANCE

❶ Recherche Trouver les axes de symétrie d'un carré en utilisant le pliage.	10 min	**Expérimentation** Travail individuel
❷ Entrainement Trouver les axes de symétrie d'un rectangle ou d'un triangle en utilisant le pliage.	15 min	
❸ Institutionnalisation Comprendre qu'une figure peut avoir plusieurs axes de symétrie.	5 min	**Verbalisation** Oral collectif

❶ Recherche

Axes de symétrie du carré

Les élèves doivent obtenir un carré en utilisant le même procédé que lors des séances 1 et 2.

Quand les élèves ont tous réussi à obtenir un carré, faire chercher s'il y a d'autres axes de symétrie en pliant la figure.
Recenser les axes trouvés par les élèves et les tracer sur le carré.

Obtenir un carré : 1ᵉʳ essai

Obtenir un carré : 2ᵉ essai

Chercher tous les axes de symétrie d'un carré en utilisant le pliage.

❷ Entrainement

Axes de symétrie du rectangle

Les élèves doivent obtenir un rectangle en utilisant le même procédé que lors des séances 1 et 2. Chercher s'il y a d'autres axes de symétrie en pliant le rectangle. Recenser les axes trouvés par les élèves et les tracer.

Productions d'élèves : chercher tous les axes de symétrie d'un rectangle en utilisant le pliage.

Axes de symétrie du triangle

Les élèves doivent obtenir un triangle en utilisant le même procédé.

Productions d'élèves : obtenir un triangle.

Faire chercher d'autres axes de symétrie en pliant le triangle. Recenser les axes trouvés par les élèves et les tracer.

❸ Institutionnalisation

Ce qu'il faut retenir

Pour trouver les axes de symétrie d'une figure, il faut chercher où l'on peut plier la figure en deux parties qui se superposent exactement. Le pli correspond à un axe de symétrie.
Une figure peut avoir plusieurs axes de symétrie.

Trace écrite

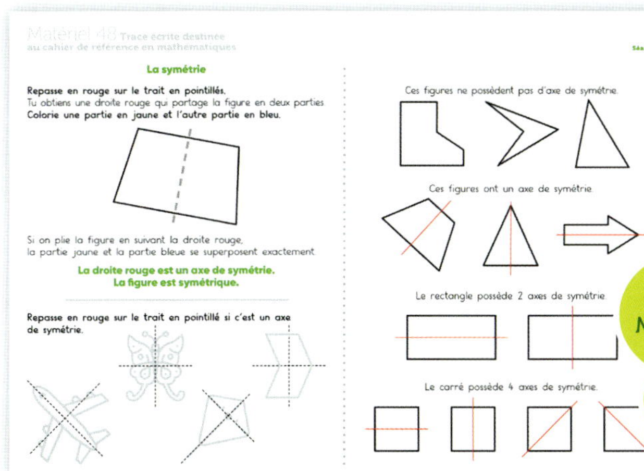

Matériel 48 Trace écrite destinée au cahier de référence en mathématiques

Séance 3

La symétrie

Repasse en rouge sur le trait en pointillés.
Tu obtiens une droite rouge qui partage la figure en deux parties.
Colorie une partie en jaune et l'autre partie en bleu.

Si on plie la figure en suivant la droite rouge, la partie jaune et la partie bleue se superposent exactement.

La droite rouge est un axe de symétrie.
La figure est symétrique.

Repasse en rouge sur le trait en pointillé si c'est un axe de symétrie.

Ces figures ne possèdent pas d'axe de symétrie.

Ces figures ont un axe de symétrie.

Le rectangle possède 2 axes de symétrie.

Le carré possède 4 axes de symétrie.

Matériel 48

Séance 4 — 30 min

Bilan des apprentissages

Valorisation des progrès

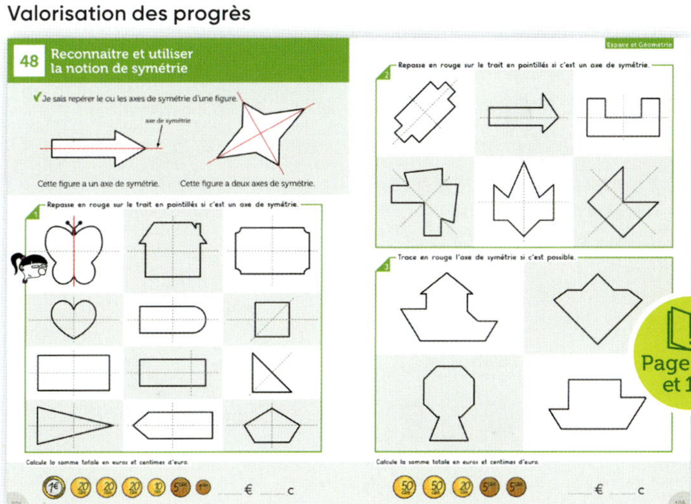

Espace et Géométrie

48 Reconnaitre et utiliser la notion de symétrie

✔ Je sais repérer le ou les axes de symétrie d'une figure.

axe de symétrie

Cette figure a un axe de symétrie. Cette figure a deux axes de symétrie.

1 Repasse en rouge sur le trait en pointillés si c'est un axe de symétrie.

2 Repasse en rouge sur le trait en pointillés si c'est un axe de symétrie.

3 Trace en rouge l'axe de symétrie si c'est possible.

Calcule la somme totale en euros et centimes d'euro.

1€ 20 20 20 10 5 1 ...... € c

Calcule la somme totale en euros et centimes d'euro.

50 50 20 5 5 ...... € c

104 105

Pages 104 et 105

Calcul mental

15 min par jour

- Renforcer la connaissance de la table de multiplication par 4.
- Consolider et évaluer la connaissance des tables de multiplication par 2, par 3, par 5 et par 10.

Séance 1

❶ Tables de multiplication par 2, par 3, par 5 et par 10 : automatisation — 5 min

Proposer les calculs oralement, les élèves répondent immédiatement sur l'ardoise. **7x3=?** **5x3=?** **7x2=?**
«Combien de fois 3 pour faire 24 ?» «Combien de fois 5 pour faire 30 ?»

❷ Table de multiplication par 4 : trace écrite — 10 min

Compléter la trace écrite (**MaterielCalcul26.pdf**, page 1) et faire reformuler les procédures à privilégier.

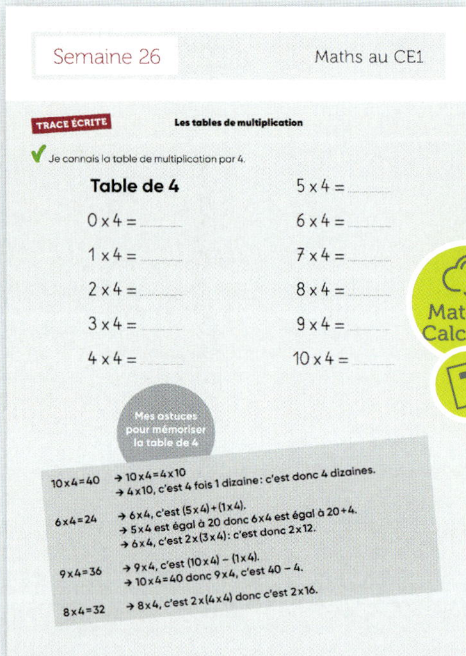
Semaine 26 — Maths au CE1

TRACE ÉCRITE — **Les tables de multiplication**

✔ Je connais la table de multiplication par 4.

Table de 4

0 x 4 = ……
1 x 4 = ……
2 x 4 = ……
3 x 4 = ……
4 x 4 = ……
5 x 4 = ……
6 x 4 = ……
7 x 4 = ……
8 x 4 = ……
9 x 4 = ……
10 x 4 = ……

Mes astuces pour mémoriser la table de 4

10x4=40 → 10x4=4x10
→ 4x10, c'est 4 fois 1 dizaine : c'est donc 4 dizaines.
6x4=24 → 6x4, c'est (5x4)+(1x4).
→ 5x4 est égal à 20 donc 6x4 est égal à 20+4.
→ 6x4, c'est 2x(3x4) : c'est donc 2x12.
9x4=36 → 9x4, c'est (10x4) − (1x4).
→ 10x4=40 donc 9x4, c'est 40 − 4.
8x4=32 → 8x4, c'est 2x(4x4) donc c'est 2x16.

Matériel Calcul 26

Trace écrite à compléter et à coller dans le cahier de références en mathématiques

Séance 2

❶ Tables de multiplication par 2, par 3, par 5 et par 10 : automatisation — 2 min

Proposer les calculs oralement, les élèves répondent immédiatement sur l'ardoise. **6x3=?** **9x5=?** **10x5=?**
«Combien de fois 3 pour faire 27 ?» «Combien de fois 10 pour faire 100 ?»

❷ Table de multiplication par 4 : entrainement — 2 min

Proposer les calculs oralement. Les élèves répondent sur l'ardoise.
«Dans 20, combien de fois 4 ?» *«Dans 40, combien de fois 4 ?»*
«Dans 32, combien de fois 4 ?» *«Dans 28, combien de fois 4 ?»*

❸ Table de multiplication par 4 : jeu — 11 min

Jouer au jeu des **Champions du calcul** (matériel et règle du jeu dans **MaterielCalcul26.pdf**, pages 2 et 3).

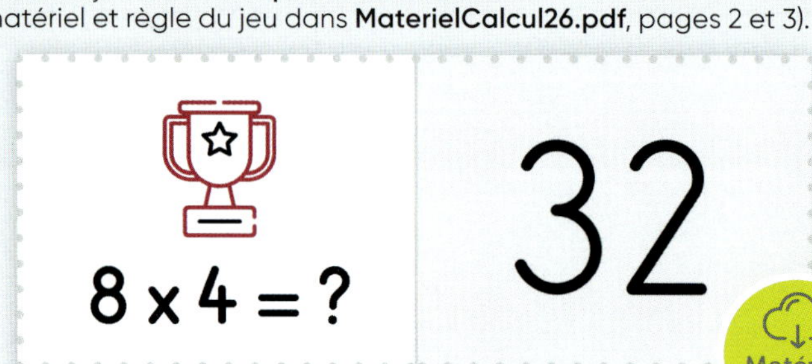

Matériel Calcul 26

Recto et verso d'une carte du jeu

Séance 3

❶ Tables de multiplication par 2, par 3, par 5 et par 10 : automatisation — 2 min

Proposer les calculs oralement.
Les élèves répondent en moins de 10 secondes sur l'ardoise.
«Dans 80, combien de fois 10 ?» *«Dans 25, combien de fois 5 ?»*
«Dans 100, combien de fois 10 ?» *«Dans 20, combien de fois 5 ?»*

❷ Table de multiplication par 4 : entrainement — 5 min

Travailler les résultats qui sont difficiles à mémoriser en variant les types de questions : **7x4=?** **?x4=36.**

❸ Table de multiplication par 4 : réinvestissement — 8 min

Proposer les problèmes oralement. Les élèves répondent sur l'ardoise.

«Lili a 6 enveloppes. Dans chaque enveloppe, elle a mis 4 images d'animaux. ***Combien Lili a-t-elle d'images au total ?»***

«J'ai 12 images. Je veux les ranger dans des enveloppes. Dans chaque enveloppe, il doit y avoir 4 images. ***Combien d'enveloppes dois-je préparer ?»***

Séance 4

❶ Table de multiplication par 4 : réinvestissement — 10 min

Proposer les problèmes oralement. Les élèves répondent sur l'ardoise.

«L'école a commandé 8 cerceaux à 4 euros. ***Combien la directrice doit-elle payer ?»***

«4 enfants se partagent 20 images. ***Combien d'images chaque enfant aura-t-il ?»***

«La maitresse a rangé 8 piles de 4 livres dans la bibliothèque de l'école. ***Combien a-t-elle rangé de livres ?»***

«Le fleuriste veut préparer 9 bouquets de 4 roses. Il a 38 roses. ***A-t-il assez de roses pour préparer les 9 bouquets ?»***

❷ Table de multiplication par 4 : évaluation — 5 min

Proposer la série de calculs de **MaterielCalcul26.pdf**, page 4.

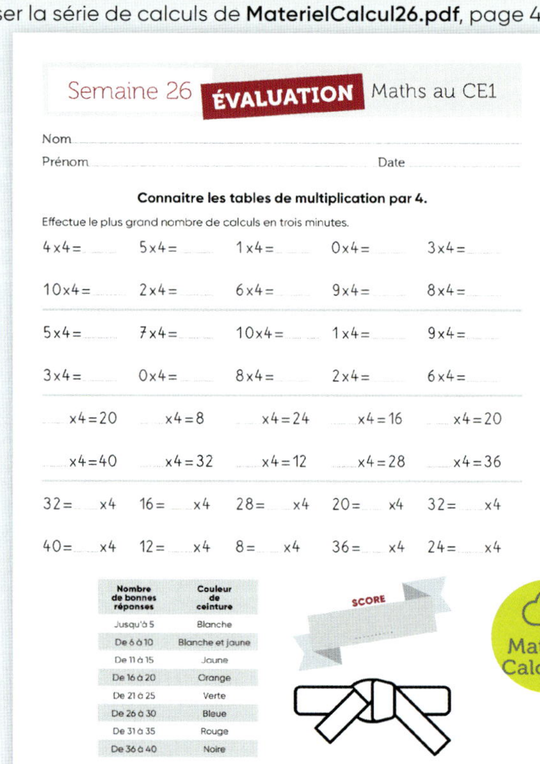
Semaine 26 ÉVALUATION Maths au CE1

Nom ……
Prénom …… Date ……

Connaitre les tables de multiplication par 4.

Effectue le plus grand nombre de calculs en trois minutes.

4x4= …	5x4= …	1x4= …	0x4= …	3x4= …
10x4= …	2x4= …	6x4= …	9x4= …	8x4= …
5x4= …	7x4= …	10x4= …	1x4= …	9x4= …
3x4= …	0x4= …	8x4= …	2x4= …	6x4= …
… x4=20	… x4=8	… x4=24	… x4=16	… x4=20
… x4=40	… x4=32	… x4=12	… x4=28	… x4=36
32= … x4	16= … x4	28= … x4	20= … x4	32= … x4
40= … x4	12= … x4	8= … x4	36= … x4	24= … x4

Nombre de bonnes réponses	Couleur de ceinture
Jusqu'à 5	Blanche
De 6 à 10	Blanche et jaune
De 11 à 15	Jaune
De 16 à 20	Orange
De 21 à 25	Verte
De 26 à 30	Bleue
De 31 à 35	Rouge
De 36 à 40	Noire

SCORE ……

Matériel Calcul 26

Atelier 26

30 min par semaine

Atelier problèmes

- Résoudre des problèmes en deux étapes mixant addition, soustraction et multiplication.

Prénom .... Date ....

Résous les problèmes avec le symbole ✕ puis résous les problèmes de ton choix. Essaie d'en résoudre le plus possible.

✕ Problème 1

Dans la salle, il y a 8 rangées de 5 chaises.

Combien de personnes peuvent-elles s'assoir ?

✕ Problème 2

Le jardinier a planté 6 rangées de 5 salades. Les limaces ont mangé 20 salades.

Combien reste-t-il de salades ?

Problème 3

Lucie avait 70 perles. Elle a fabriqué 3 colliers de 20 perles chacun.

Combien de perles lui reste-t-il ?

Problème 4

Le professeur achète 10 sachets de 5 pommes. Ses élèves ont mangé 20 pommes.

Combien de pommes reste-t-il ?

Problème 5

Dans la salle de cantine de l'école, il y a 9 tables pour les élèves. À chaque table, 10 élèves peuvent s'assoir pour manger.

Dans cette école, il y a 43 filles et 44 garçons qui mangent à la cantine.

Est-ce que tous les élèves peuvent manger en même temps dans la salle de la cantine ? Explique pourquoi.

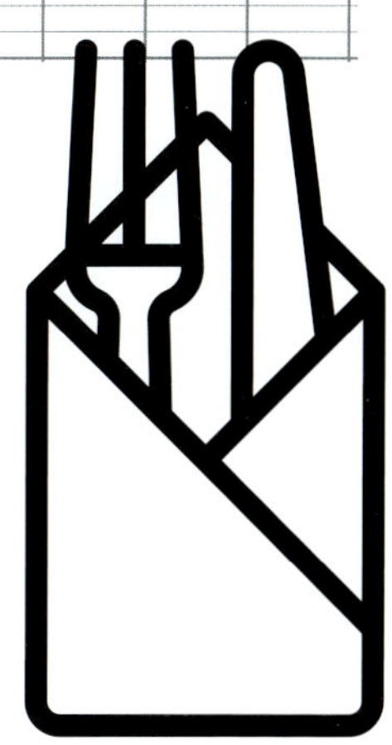

49 Résoudre des problèmes de partage (1)

Séance 1 — 30 min

Résoudre des problèmes de partage en manipulant : recherche du nombre de parts

→ MODÉLISER

Dans une situation de partage en parts égales, déterminer en manipulant le nombre de parts et le reste.

MATÉRIEL ET SUPPORT
- 18 perles et 3 lacets pour la validation collective.
- Une boite contenant 18 jetons pour chaque groupe de 2.

DÉROULEMENT DE LA SÉANCE

❶ Appropriation du problème Comprendre le but du problème et les contraintes.	10 min	**Verbalisation Manipulation** Groupes de 2
❷ Recherche Manipuler pour résoudre un problème de partage : recherche du nombre de parts.	15 min	**Verbalisation Manipulation** Groupes de 4
❸ Mise en commun Inventorier les solutions possibles.	5 min	**Verbalisation** Oral collectif

❶ Appropriation du problème

Présenter un collier réalisé avec 5 perles ou dessiner 5 jetons au tableau en les organisant pour représenter un collier. Distribuer une boite contenant 18 jetons à chaque groupe de 2 élèves.

Présenter un collier de 5 perles.

Consigne *« Vous devez faire le plus possible de colliers de 5 perles avec les 18 perles que je vous ai distribuées. Il faut donc laisser le moins possible de perles dans la boite. »*

Distribuer une collection de 18 jetons à chaque groupe.

Combien de colliers de 5 perles est-il possible de fabriquer avec 18 perles ?

Manipulation Dans chaque groupe, les élèves fabriquent 3 colliers de 5 jetons disposés comme un collier et constatent qu'il reste 3 perles.

Verbalisation et écriture au tableau de la phrase : *« Avec 18 perles, nous pouvons fabriquer 3 colliers de 5 perles. Il reste 3 perles. »*

Validation
Manipuler les perles de l'enseignant pour vérifier que le partage réalisé répond à la consigne. Vérifier qu'il n'est plus possible de faire un collier de 5 perles avec les perles qui restent dans la boite et que chaque collier a 5 perles.

Représentation
Écrire au tableau
18 = 5 + 5 + 5 + 3 et **15 + 3 = 18**
18 = (3 x 5) + 3

❷ Recherche

Consigne *« Vous devez chercher d'autres colliers que nous pouvons fabriquer avec 18 perles. »*

Écrire au tableau :
Je peux fabriquer :
..... colliers de ..... perles et il reste ..... perles.
..... colliers de ..... perles et il reste ..... perles.

Le but n'est pas de trouver toutes les possibilités mais de comprendre la notion de groupement.

❸ Mise en commun

Exemple de solution : *« Nous pouvons partager la collection de 18 perles en 4 colliers de 4 perles et il reste 2 perles. »*

Autres réponses possibles :
- 2 colliers de 9 perles il reste 0 perle,
- 3 colliers de 6 perles il reste 0 perle,
- 4 colliers de 4 perles il reste 2 perles,
- 6 colliers de 3 perles il reste 0 perle.

Séance 2 — 30 min

Résoudre des problèmes de partage sans l'aide du matériel

→ MODÉLISER

Dans une situation de partage en parts égales, déterminer le nombre de part, avec l'aide du dessin ou du calcul.

MATÉRIEL ET SUPPORT
- Une boite, 23 jetons par élève.
- 23 perles et 5 lacets pour la validation collective.

DÉROULEMENT DE LA SÉANCE

❶ Recherche Résoudre des problèmes de partage avec ou sans reste.	10 min	**Expérimentation** Écrit individuel
❷ Institutionnalisation Utiliser des schémas et le calcul pour résoudre un problème.	5 min	**Représentation Verbalisation** Oral collectif
❸ Entrainement Résoudre des problèmes de partage dans un contexte identique.	15 min	**Expérimentation** Écrit individuel

❶ Recherche

Consigne *« Cherche combien de colliers de 4 perles tu peux fabriquer avec 23 perles. Il faut obtenir le plus possible de colliers de 4 perles et donc il doit en rester le moins possible dans la boite. »*
Représenter au tableau un collier de 4 perles.

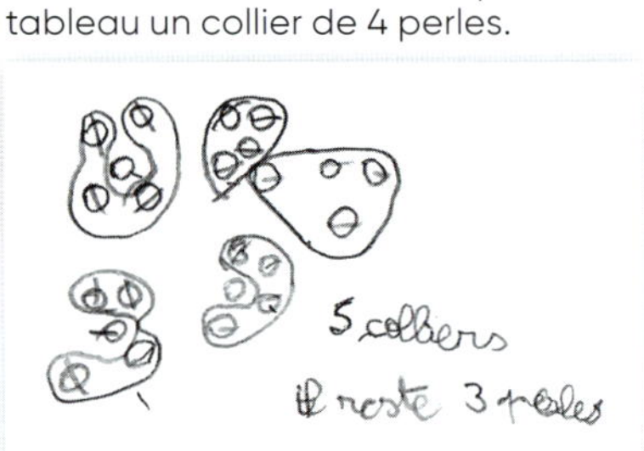

Production d'un élève

Procédures visées
- Représentation des 23 perles de façon schématique et formation de groupes de 4.
- Additions répétées de 4 jusqu'à 20 en utilisant le calcul mental ou le calcul en ligne.
- Mobilisation du résultat de la table de multiplication et de la multiplication : 4 x 5 = 20 et donc 5 x 4 = 20 et 20 + 3 = 23.

Mise en commun
Inventorier les réponses des élèves. Traiter les erreurs notamment celles où les élèves n'ont pas réalisé un partage à parts égales ou un partage maximum (le reste doit être inférieur à 4, expliquer qu'il doit rester le moins possible de perles dans la boite).

Validation par la manipulation
Valider la réponse en formant les colliers de 4 perles.
Faire verbaliser : *« On peut fabriquer 5 colliers de 4 perles et il reste 3 perles dans la boite. »*

❷ Institutionnalisation

Ce qu'il faut retenir
Nous avons appris à résoudre un problème où il fallait partager en parts égales (reformuler en disant *« diviser »*), par exemple, une collection de 23 perles en colliers de 4 perles. Il fallait trouver le nombre de colliers que l'on peut fabriquer.
Pour résoudre ce type de problème, il faut chercher combien de groupes de 4 perles on peut faire avec 23 perles. Dans ce cas on peut faire 5 groupes de 4 et il reste 3 perles.
Si on cherche le nombre de colliers de 4 perles que l'on peut faire avec 12 perles, on peut faire 3 colliers de 4 perles et il reste 0 perle. On dit que le reste est nul, il est égal à zéro.

❸ Entrainement

Proposer 3 problèmes de partage dans le même contexte.

Les élèves découpent l'énoncé d'un problème et le collent dans leur cahier. Une fois résolu, ils découpent un autre énoncé pour le placer dans leur cahier. Le but est que chaque élève résolve un maximum de problèmes.

La correction porte sur le ou les problèmes où les élèves ont rencontré le plus de difficultés.

49A

49A Nom .... Prénom .... Date ....
Maths au CE1 — Résolution de problèmes

Résous les problèmes.

1 - Line a une boite qui contient 26 perles.
Elle veut fabriquer des colliers de 5 perles.
Combien de colliers Line peut-elle fabriquer?
Combien restera-t-il de perles dans la boite?

2 - Lola a une boite qui contient 46 perles.
Elle veut fabriquer des colliers de 10 perles.
Combien de colliers Lola peut-elle fabriquer?
Combien restera-t-il de perles dans la boite?

3 - Noa a une boite qui contient 15 perles.
Il veut fabriquer des colliers de 5 perles.
Combien de colliers Noa peut-il fabriquer?
Combien restera-t-il de perles dans la boite?

Séance 3 — 30 min

Résoudre des problèmes de partage dans des contextes variés

→ **MODÉLISER**

Résoudre des problèmes de partage dans des contextes variés.

MATÉRIEL ET SUPPORT
- La feuille de recherche (**Materiel49**.pdf).

DÉROULEMENT DE LA SÉANCE

❶ Recherche Résoudre des problèmes de partage avec ou sans reste.	20 min	**Expérimentation** Écrit individuel
❷ Mise en commun Utiliser des schémas et le calcul pour résoudre un problème.	10 min	**Représentation Verbalisation** Oral collectif

❶ Recherche

Les élèves découpent l'énoncé d'un problème et le collent dans le cahier. Une fois résolu, ils découpent un autre énoncé pour le placer dans leur cahier. Le but est que chaque élève résolve un maximum de problèmes. La correction porte sur le ou les problèmes où les élèves ont rencontré le plus de difficultés.

Matériel 49

Matériel 49 Feuille de recherche — Séance 3

Problème 1
Noa range 32 balles de tennis dans des boites pouvant contenir chacune 5 balles.
Combien de boites Noa peut-il remplir?
Combien de balles reste-t-il?

Problème 2
Pour son gouter d'anniversaire, Sami doit acheter 18 biscuits. Les biscuits sont vendus par paquets de 2.
Combien de paquets Sami doit-il acheter?

Problème 3
Dans une classe, il y a 23 élèves.
Le professeur veut constituer des équipes de 5 é...
Combien d'équipes y aura-t-il?
Combien d'enfants ne seront pas dans une ...

Problème 4
Léo veut ranger 67 images dans un cahier.
Il veut coller 10 images sur chaque page.
Combien de pages lui faut-il pour ranger toutes ses images?
Combien de photos y aura-t-il sur la dernière page?

DIFFÉRENCIATION
- Accompagnement individuel de l'enseignant pendant la recherche.
- Mimer la situation avec du matériel : jetons ou cubes.
- Modifier l'énoncé du problème en remplaçant les nombres par des nombres plus petits.

❷ Mise en commun

Inventorier les procédures utilisées par les élèves pour le problème 3. Présenter le schéma de l'animation **Séquence 49** sans contraindre les élèves à l'utiliser.

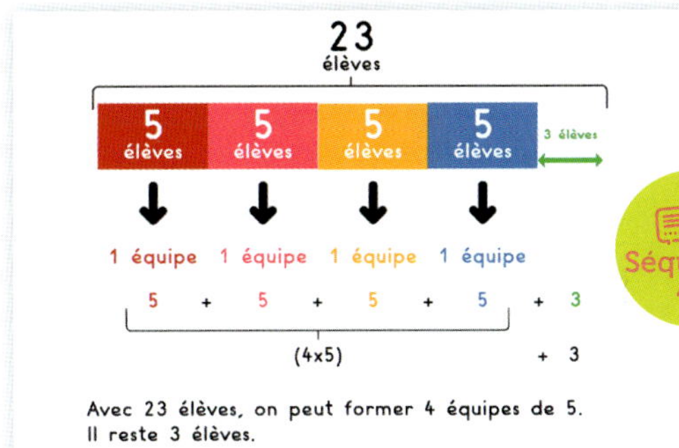

Séquence 49

Demander de compléter les calculs suivants :
5 + 5 + 5 + 5 + 3 = 23 (... x ...) + ... = 23

Séance 4 — 30 min

Bilan des apprentissages

Valorisation des progrès

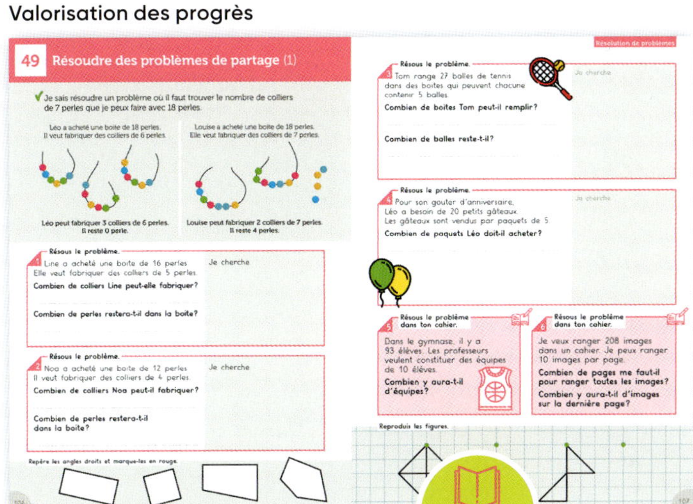

Pages 106 et 107

50 Coder un déplacement (1)

Déplacements absolus

Séance 1 — 30 min

Coder un déplacement sur un quadrillage

→ COMMUNIQUER

Coder un déplacement sous la forme d'une suite de flèches orientées.

MATÉRIEL ET SUPPORT
- La feuille de recherche et les cartes flèches (**MATERIEL50.pdf**, pages 1 et 2).
- Le quadrillage 5 x 6 cases en grand format (**MATERIEL50.pdf**, pages 3 et 4 imprimées sur A3 à 141 %) affiché au tableau ou vidéoprojeté.

DÉROULEMENT DE LA SÉANCE

❶ Appropriation du problème Verbaliser les déplacements à effectuer pour suivre un chemin sur un quadrillage.	10 min	**Verbalisation** Oral collectif
❷ Recherche Chercher un codage pour indiquer un déplacement sur un quadrillage.	10 min	**Manipulation** Groupes de 2
❸ Mise en commun Échanger les messages et valider les déplacements.	5 min	**Verbalisation** Oral collectif
❹ Institutionnalisation Coder un déplacement en utilisant des flèches.	5 min	**Abstraction** Oral collectif

Cette séquence permet une initiation à la programmation sans outil numérique (en débranché) dans le cadre de déplacements absolus. Au cours de la période 5, une deuxième séquence amènera les élèves à coder des déplacements relatifs.

• On parle de déplacement absolu lorsque l'effet des instructions ne dépend pas de l'orientation initiale du *mobile* qui les reçoit. Par exemple : *« tourne-toi vers le tableau », « avance de deux pas vers la fenêtre », « avance de trois pas vers l'est »*.

• On parle de déplacement relatif lorsque l'effet des instructions dépend de l'orientation initiale du *mobile* qui les reçoit. Par exemple : *« effectue un quart de tour vers la droite », « avance de trois pas »*.

❶ Appropriation du problème

Présenter au tableau ou vidéoprojeter un quadrillage 5 x 6 cases en grand format.
Rappeler le vocabulaire découvert au CP : ***quadrillage, cases***.
Faire dénombrer le nombre de cases du quadrillage.

Consigne « Le Petit Prince veut rendre visite à sa rose. Tu vas devoir l'aider. Pour cela, tu vas lui indiquer le chemin à suivre pour la retrouver. Tu colorieras en rouge les cases par lesquelles il doit passer. »

(D'autres contextes peuvent être utilisés en fonction des projets de classe.)

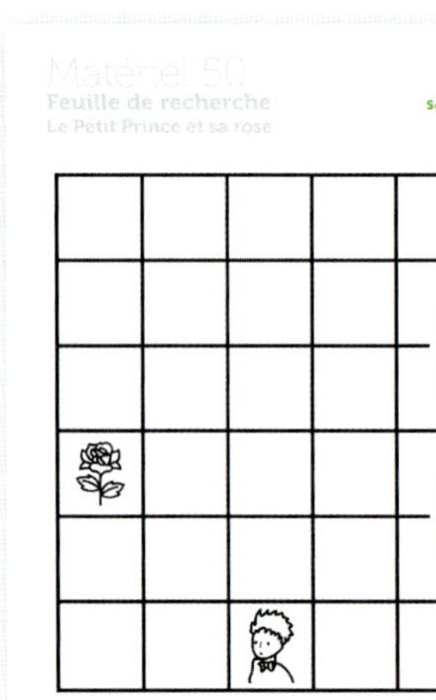

Séquence 50

Matériel 50

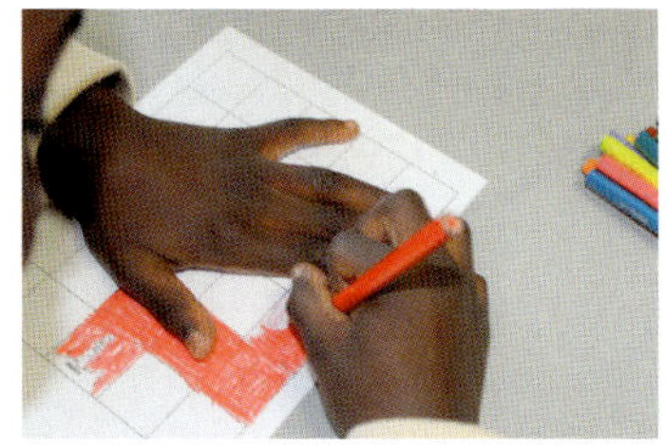

Chaque élève colorie sur son quadrillage, case après case, un chemin qui va du Petit Prince à la rose.

Faire l'inventaire des propositions. Un élève verbalise le chemin qu'il a colorié sur sa feuille de recherche. Au tableau, en fonction des indications orales données par son camarade, un autre élève déplace case après case un aimant représentant le Petit Prince.

Tous les élèves n'ont pas colorié le même chemin. Il y a plusieurs chemins possibles pour atteindre la rose.

Traiter de la même manière différents chemins, valider les réponses justes et les afficher au fur et à mesure.

En conclure que pour reproduire un déplacement, il faut utiliser un vocabulaire précis : avancer d'une case vers la droite, vers la gauche, vers le haut ou vers le bas.

❷ Recherche

Consigne « Vous allez maintenant chercher un chemin pour que le Petit Prince retrouve sa rose en six déplacements. Vous devrez ensuite coder ce chemin afin qu'un autre élève puisse le reproduire. Pour écrire ce message, vous allez devoir utiliser les cartes que je vais vous distribuer. »

Matériel 50

Avant de montrer les cartes *déplacements*, questionner les élèves sur les moyens qu'ils connaissent pour coder un déplacement. Présenter la *carte flèche* et faire l'inventaire des différents déplacements qu'elle peut coder selon son orientation.

↑ Avance d'une case vers le haut de la feuille.

↓ Avance d'une case vers le bas de la feuille.

← Avance d'une case vers la gauche.

→ Avance d'une case vers la droite.

À l'aide des cartes, les élèves traduisent le déplacement correspondant à leur chemin.

Certains élèves reproduisent le tracé du parcours avec leurs flèches. Leur demander de les aligner lors du passage à l'écrit.

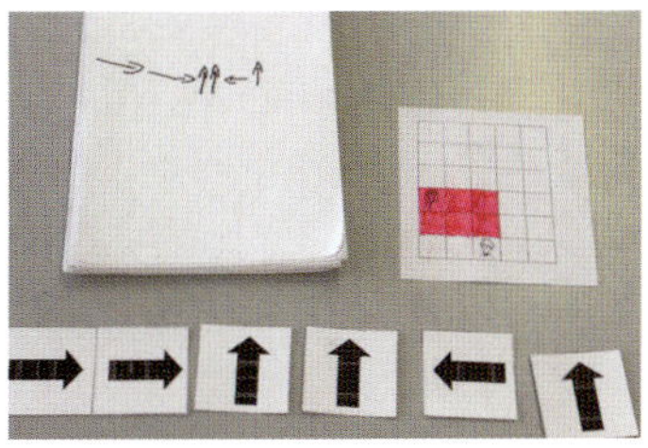

❸ Mise en commun

Les élèves échangent leurs écrits, décodent le message et colorient le chemin correspondant sur un quadrillage vierge.

La validation s'effectue par comparaison des deux chemins.

Quelques élèves décodent le message sur le quadrillage collectif.

Faire le lien entre le nombre de flèches utilisées et le nombre de cases coloriées.

❹ Institutionnalisation

Ce qu'il faut retenir

Pour coder un déplacement sur les cases d'un quadrillage, on peut utiliser des flèches.

- **↑ Avance d'une case vers le haut de la feuille.**
- **↓ Avance d'une case vers le bas de la feuille.**
- **← Avance d'une case vers la gauche.**
- **→ Avance d'une case vers la droite.**

Séance 2

30 min

Déplacements sur les cases d'un quadrillage

→ **MODÉLISER**

Coder et décoder des déplacements sur un quadrillage.

MATÉRIEL ET SUPPORT

- Par élève, une feuille de recherche (**Materiel50.pdf**, page 5).
- Par binôme 4 lignes de code (**Materiel50.pdf**, page 6).

DÉROULEMENT DE LA SÉANCE

❶ Consolidation Consolider le codage et le décodage de déplacements.	10 min	**Verbalisation** Oral collectif Groupes de 2
❷ Entrainement différencié Répondre aux besoins constatés.	20 min	**Abstraction** Écrit individuel

❶ Consolidation

Rappeler ce qu'on a appris au cours de la séance précédente à propos de la manière de coder et de décoder un déplacement sur un quadrillage.

Distribuer à chaque binôme la feuille de recherche (**Materiel50.pdf**, page 5 = 1 A4 que les élèves coupent en deux afin de garder 2 quadrillages chacun) et 4 lignes de code (**Materiel50.pdf**, page 6).

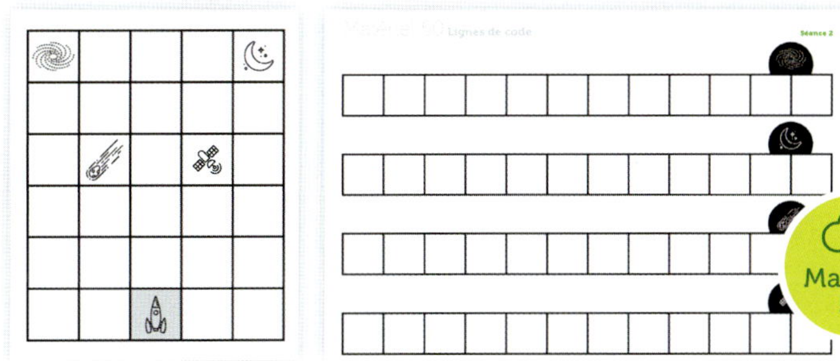

Matériel 50

Chaque élève doit choisir deux destinations différentes (lune, soleil, planète ou étoile) pour la fusée, coder les déplacements de la fusée sur la ligne de code correspondant à sa destination, puis la transmettre à son binôme afin qu'il puisse colorier le chemin de la fusée.

Le travail est validé si la fusée a suivi le même chemin pour parvenir à destination.

❷ Entrainement différencié

Proposer les exercices qui sont adaptés aux besoins des élèves.

Exercices de décodage

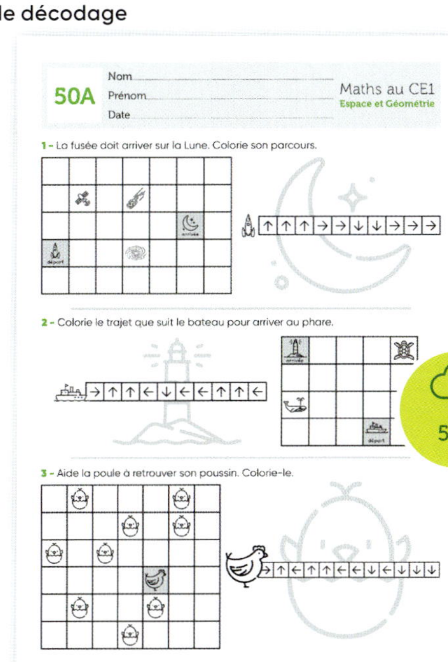
50A
Nom
Prénom
Date
Maths au CE1
Espace et Géométrie

1 - La fusée doit arriver sur la Lune. Colorie son parcours.

↑ ↑ ↑ → → ↓ ↓ → → →

2 - Colorie le trajet que suit le bateau pour arriver au phare.

→ ↑ ↑ ← ↓ ← ← ↑ ↑ ←

3 - Aide la poule à retrouver son poussin. Colorie-le.

↑ ← ↑ ↑ ← ← ↓ ← ↓ ↓ ↓

50A

50 Coder un déplacement (1)

Exercices de codage

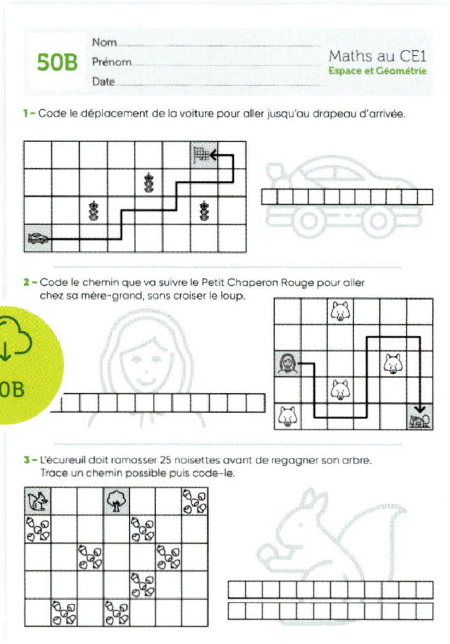
50B Nom Prénom Date Maths au CE1 Espace et Géométrie

1 - Code le déplacement de la voiture pour aller jusqu'au drapeau d'arrivée.

2 - Code le chemin que va suivre le Petit Chaperon Rouge pour aller chez sa mère-grand, sans croiser le loup.

3 - L'écureuil doit ramasser 25 noisettes avant de regagner son arbre. Trace un chemin possible puis code-le.

50B

Exercices de décodage et de codage plus complexes

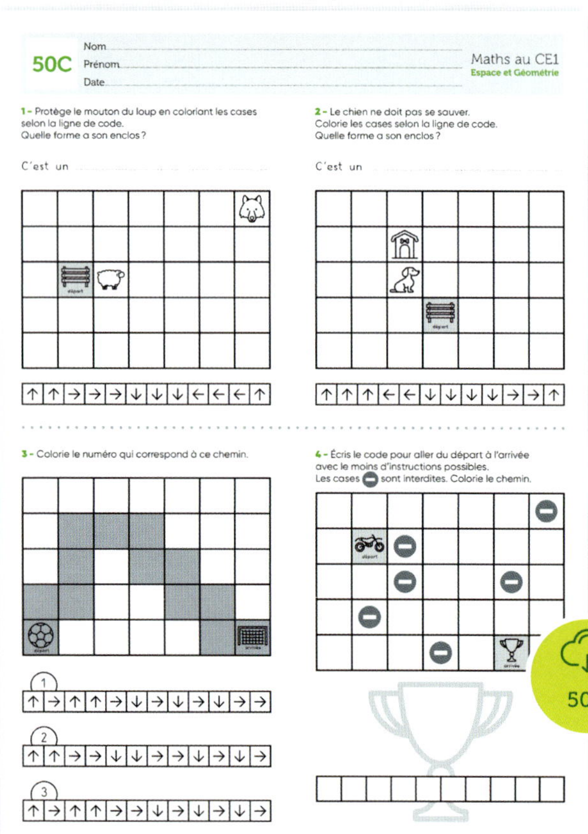
50C Nom Prénom Date Maths au CE1 Espace et Géométrie

1 - Protège le mouton du loup en coloriant les cases selon la ligne de code. Quelle forme a son enclos ?

C'est un

↑↑→→→↓↓↓←←←↑

2 - Le chien ne doit pas se sauver. Colorie les cases selon la ligne de code. Quelle forme a son enclos ?

C'est un

↑↑↑←←↓↓↓↓→→↑

3 - Colorie le numéro qui correspond à ce chemin.

1 ↑→↑↑→↓→↓→↓→→

2 ↑↑→→↓↓→→↓→↓→

3 ↑→↑↑→↓→↓→↓→→

4 - Écris le code pour aller du départ à l'arrivée avec le moins d'instructions possibles. Les cases ⊖ sont interdites. Colorie le chemin.

50C

AU COIN MATHS

Dans le coin maths de la classe, les élèves consolident le décodage des déplacements avec des logiciels appropriés sur tablettes.

Il existe de nombreux sites qui font travailler la programmation et l'algorithmique : les déplacements, les tracés de figures.

Exemples de sites

A) Site code.org : https://code.org

Déplacements absolus

- Cours 1 – étape 4 – puzzle 11
Lien direct **https://studio.code.org/s/course1/stage/4/puzzle/11**
Programmer le déplacement du petit oiseau rouge pour qu'il rejoigne le cochon vert.
- Cours 1 – étape 5 – puzzle 2
Lien direct **https://studio.code.org/s/course1/stage/5/puzzle/2**
- Cours 1 – étape 7 – puzzle 10
Lien direct **https://studio.code.org/s/course1/stage/7/puzzle/10**
Programmer le déplacement de l'abeille pour qu'elle obtienne la quantité de nectar indiquée et qu'elle produise la quantité de miel indiquée.
- Cours 1 – étape 8 – puzzle 6
Lien direct **https://studio.code.org/s/course1/stage/8/puzzle/6**
Programmer le déplacement du petit personnage pour qu'il complète la figure comme indiqué.
- Cours 1 – étape 18 – puzzle 6
Lien direct **https://studio.code.org/s/course1/stage/18/puzzle/6**
Réaliser des boucles pour effectuer des tracés.

B) Site Clic! Ma classe
https://www.clicmaclasse.fr/deplacements-sur-quadrillage/

L'application *Déplacements sur quadrillage* du site ***Clic! Ma classe*** permet de travailler aussi bien le décodage que le codage de déplacements sur quadrillage. Les élèves doivent programmer le déplacement d'une voiture.

Les élèves peuvent choisir un point de vue.
- Du point de vue *spectateur*, les repères sont ceux de l'écran, la flèche vers le haut déplace le véhicule vers le haut de l'écran, la flèche vers le bas le déplace vers le bas... Il s'agit de déplacement absolu.
- Du point de vue *conducteur*, il faut utiliser les flèches comme si l'on était au volant de la voiture. Il s'agit de déplacement relatif.

Séance 3 — 30 min

Bilan des apprentissages

Valorisation des progrès

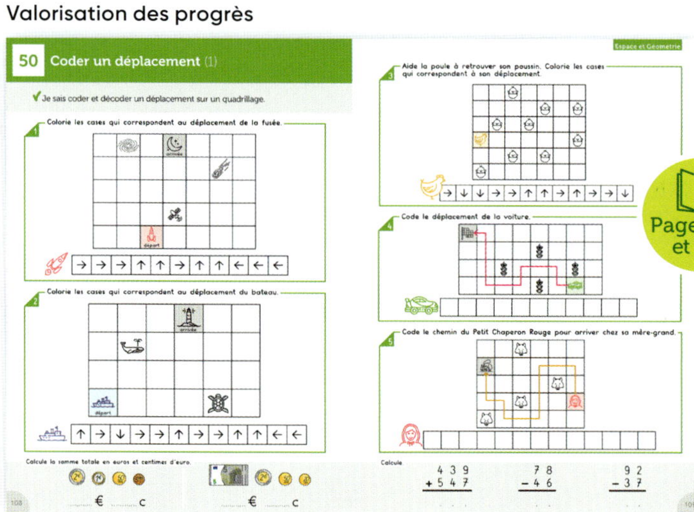

Pages 108 et 109

Matériel 50

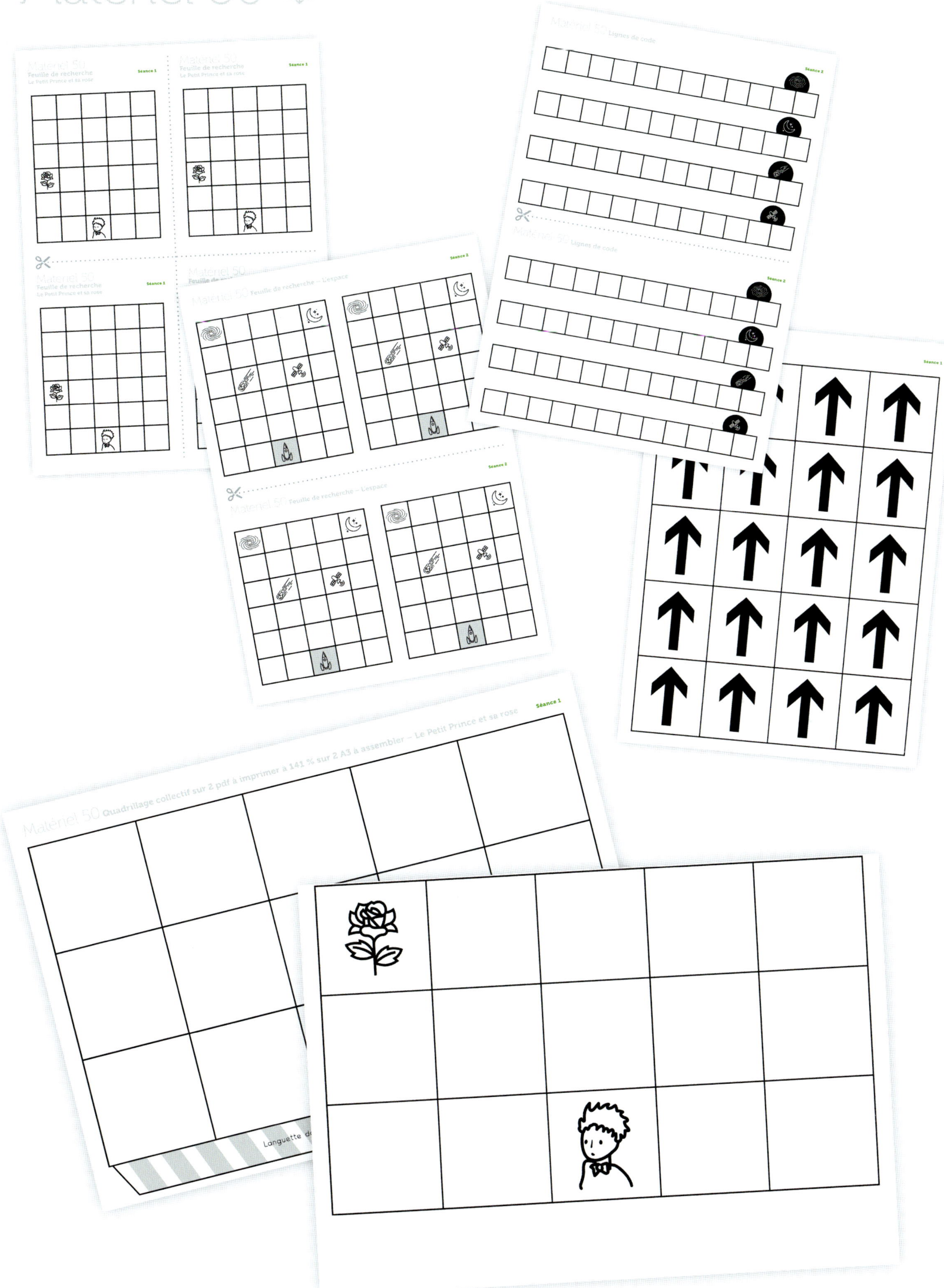
Matériel 50 Feuille de recherche
Le Petit Prince et sa rose
Séance 1
Matériel 50 Lignes de code
Séance 2
Matériel 50 Feuille de recherche – L'espace
Séance 2
Matériel 50 Quadrillage collectif sur 2 pdf à imprimer à 141 % sur 2 A3 à assembler – Le Petit Prince et sa rose
Séance 1

15 min par jour

Calcul mental

- Calculer des sommes du type 50 + 70.
- Calculer des sommes d'un nombre à deux ou trois chiffres et de centaines entières.
- Consolider et évaluer la connaissance de la table de multiplication par 4.

Séance 1

❶ Table de multiplication par 4 : automatisation — 5 min

Proposer les calculs oralement, les élèves répondent immédiatement sur l'ardoise. 8 x 4 = ? 10 x 4 = ? 7 x 4 = ?

« Combien de fois 4 pour faire 24 ? » « Combien de fois 4 pour faire 36 ? »

❷ Calculer des sommes du type 50 + 70 — 10 min

Proposer le calcul **50 + 70** écrit au tableau.
Les élèves répondent sur l'ardoise.
Lors de la mise en commun, privilégier les procédures présentées dans l'animation **Calcul 27**.

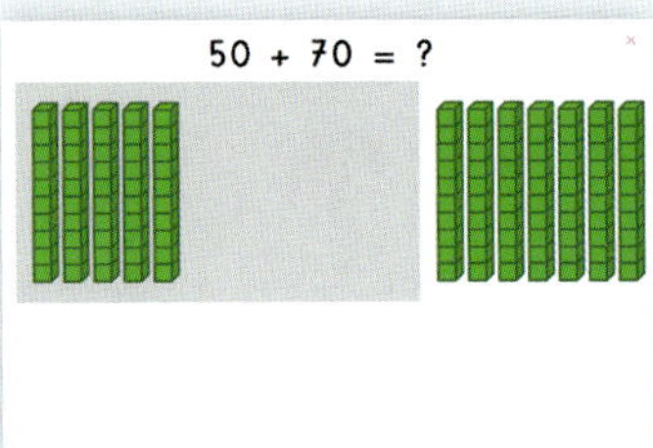

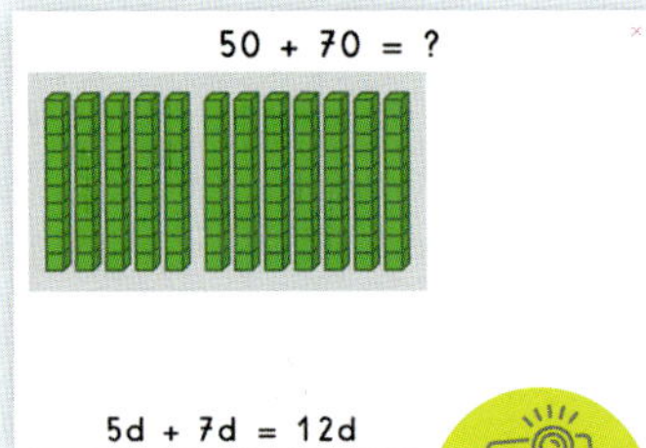

Calcul 27

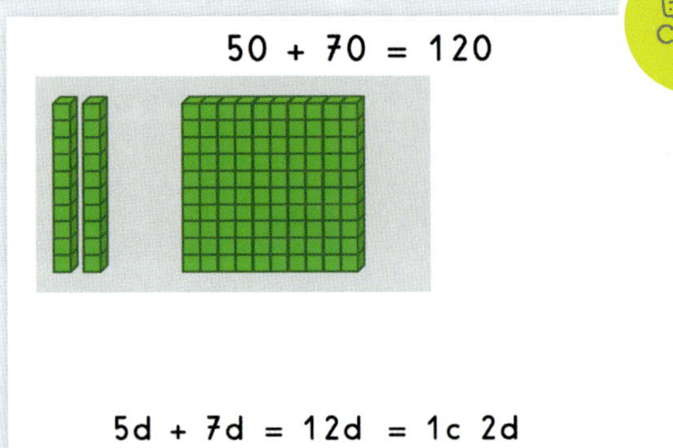

Procédure à privilégier
5 dizaines + 7 dizaines est égale à 12 dizaines.
10 dizaines forment 1 centaine donc 12 dizaines forment 1 centaine et 2 dizaines.

Faire écrire **5d + 7d = 12d** et **12d = 1c 2d** puis **50 + 70 = 120**.

Séance 2

❶ Table de multiplication par 4 : automatisation — 5 min

Proposer les calculs oralement, les élèves répondent immédiatement sur l'ardoise. 7 x 4 = ? 9 x 4 = ? 6 x 4 = ?

« Combien de fois 4 pour faire 32 ? » « Combien de fois 4 pour faire 16 ? »

❷ Calculer des sommes du type 50 + 70 — 10 min

Proposer la série de calculs de **MaterielCalcul27.pdf.**
Corriger seulement deux calculs dans chaque exercice pour rappeler la procédure visée.

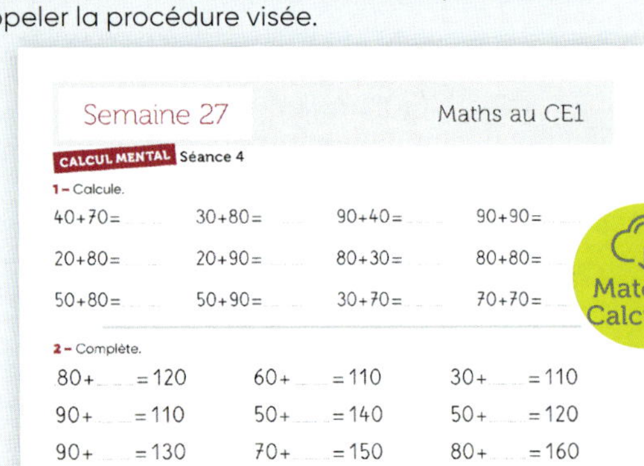

Semaine 27 — Maths au CE1

CALCUL MENTAL Séance 4

1 – Calcule.

40+70=	30+80=	90+40=	90+90=
20+80=	20+90=	80+30=	80+80=
50+80=	50+90=	30+70=	70+70=

2 – Complète.

80+ ... =120	60+ ... =110	30+ ... =110
90+ ... =110	50+ ... =140	50+ ... =120
90+ ... =130	70+ ... =150	80+ ... =160

Matériel Calcul 27

Séance 3

❶ Calculer des sommes d'un nombre à deux chiffres et de centaines entières — 8 min

Proposer le calcul **86 + 200** écrit au tableau.
Les élèves répondent sur l'ardoise.

Lors de la mise en commun, privilégier les procédures présentées dans l'animation **Calcul 27**.

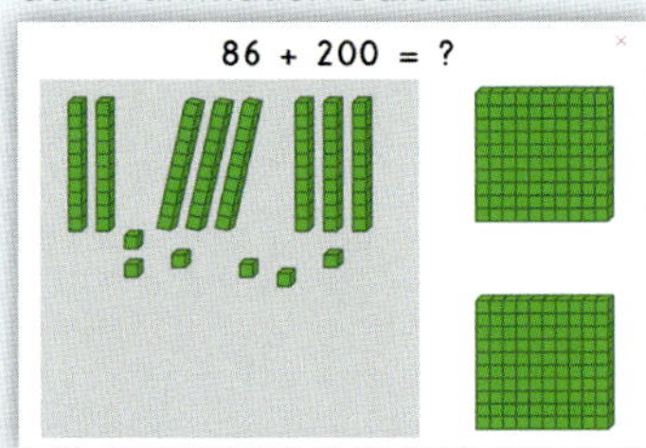

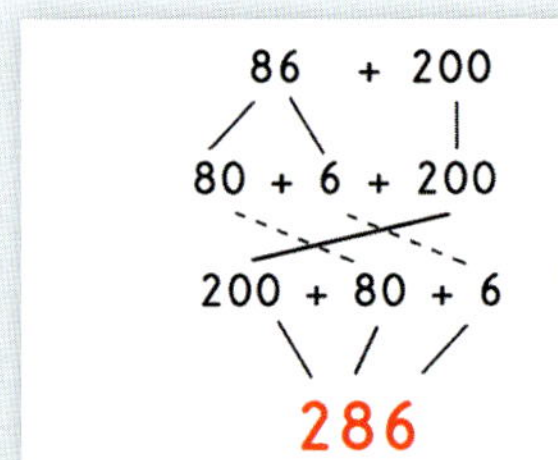

Calcul 27

Proposer oralement les calculs
700 + 6 = ? 45 + 300 = ? 85 + 300 = ? 40 + 500 = ? 200 + 69 = ? 98 + 400 = ?

❷ Calculer des sommes de centaines entières — 7 min

Proposer le calcul **200 + 500** écrit au tableau.
Les élèves répondent sur l'ardoise.

Lors de la mise en commun, privilégier les procédures présentées dans l'animation **Calcul 27**.

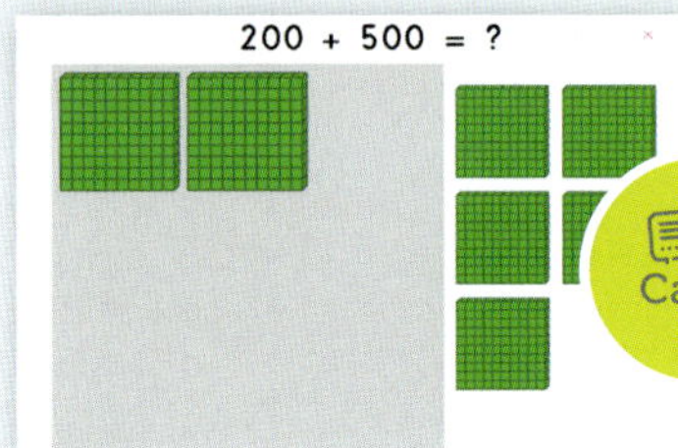

Calcul 27

Faire verbaliser *« 2 centaines + 5 centaines égale 7 centaines »* et faire écrire **2c + 5c = 7c** puis **200 + 500 = 700**.

Proposer oralement les calculs : 2c + 4c = ? 6c + 2c = ?
6c + 3c = ? 2c + 7c = ? 400 + 500 = ? 300+200=?
400 + 500 = ? 800 + 100 = ?

Séance 4

❶ Table de multiplication par 4 : réinvestissement — 5 min

Proposer les calculs et les problèmes oralement.
Les élèves répondent immédiatement sur l'ardoise.
4 x 4 = ? 9 x 4 = ? 5 x 4 = ?

« Combien de fois 4 pour faire 40 ? » « Combien de fois 4 pour faire 28 ? »

« L'école a commandé 6 ballons à 4 euros.
Combien la directrice doit-elle payer ? »

« 4 enfants se partagent 32 images.
Combien d'images aura chaque enfant ? »

❷ Calculer des sommes d'un nombre à trois chiffres et de centaines entières — 10 min

Proposer le calcul **313 + 500** écrit au tableau.
Les élèves répondent sur l'ardoise.
Lors de la mise en commun, privilégier les procédures présentées dans l'animation **Calcul 27**.

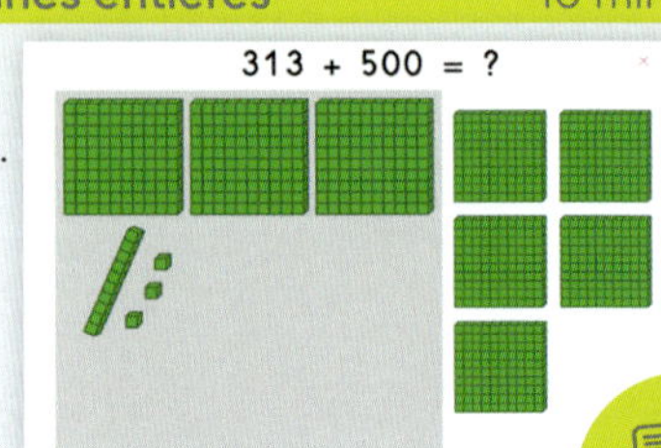

Proposer oralement les calculs
151 + 200 = ? 245 + 400 = ?
300 + 632 = ? 304 + 500 = ?
452 + 300 = ? 300 + 570 = ?

Calcul 27

Atelier 27

30 min par semaine

Atelier problèmes

- Résoudre des problèmes additifs en deux étapes.

Prénom .... Date ....

Résous les problèmes avec le symbole ✖ puis résous les problèmes de ton choix. Essaie d'en résoudre le plus possible.

✖ Problème 1

Il y a 15 passagers dans un bus.
Au premier arrêt, 3 passagers descendent.
Au second arrêt, 2 passagers montent.

Combien de passagers sont maintenant dans le bus?

✖ Problème 2

Il y a 48 passagers dans un bus.
Au premier arrêt, 16 passagers descendent.
Au second arrêt, 12 passagers montent.

Combien de passagers sont maintenant dans le bus?

Problème 3

Il y a 34 passagers dans un bus.
Au premier arrêt, 18 passagers montent.
Au second arrêt, 12 passagers descendent.

Combien de passagers sont maintenant dans le bus?

Problème 4

Il y a 300 passagers dans un train.
Au premier arrêt, 200 passagers montent.
Au second arrêt, 30 passagers descendent.

Combien de passagers sont maintenant dans le train?

Problème 5

Il y a 547 passagers dans un train.
Au premier arrêt, 237 passagers descendent.
Au second arrêt, 140 passagers montent.

Combien de passagers sont maintenant dans le train?

Problème 6

Il y a 452 passagers dans un train.
Au premier arrêt, 238 passagers descendent.
Au second arrêt, 150 passagers montent.

Combien de passagers sont maintenant dans le train?

51 Énigmes mathématiques (4)

Séance 1 — 30 min

S'approprier le problème

→ CHERCHER

Comprendre le but de la recherche.

DÉROULEMENT DE LA SÉANCE

1 Réactivation Résoudre un problème mixant addition et multiplication.	10 min	**Expérimentation** Écrit individuel
2 Recherche Respecter les contraintes fixées dans l'énoncé du problème.	15 min	**Expérimentation** Groupes de 2
3 Mise en commun Inventorier les réponses en vérifiant que toutes les contraintes sont respectées.	5 min	**Verbalisation** Oral collectif

1 Réactivation

Réactiver les connaissances acquises au cours de la séquence 43.

Consigne *« Un garagiste doit changer toutes les roues de 4 motos et 5 voitures. Combien de roues va-t-il changer ? »*

Les élèves répondent sur l'ardoise.

Lors de la mise en commun, utiliser une écriture combinant addition et multiplication :

$$(4 \times 2) + (5 \times 4)$$

$$8 + 20$$

$$28$$

2 Recherche

Présenter ce problème comme un défi à relever.
L'énoncé du problème est écrit au tableau :

Choisis 5 véhicules parmi des voitures et des motos.
Tu dois obtenir un nombre de roues le plus proche de 16.

Demander aux élèves de reformuler ce qu'il faut chercher :
« Il faut s'approcher le plus possible de 16 roues en additionnant le nombre de 5 véhicules, motos ou voitures.

3 Mise en commun

! La solution experte n'est pas attendue en CE1 car elle relève de la fin du collège par la résolution de système d'équations. Le but est de développer la capacité à chercher, à tâtonner, à faire des essais et à réajuster pour faire de nouveaux essais.

Mutualiser les réponses et les stratégies utilisées. Les élèves échangent des arguments à propos de la validité de ces solutions.

La solution qui permet d'obtenir 16 roues : 3 voitures et 2 motos.

Écrire la réponse en utilisant une écriture additive puis une écriture multiplicative :

$$(4+4+4)+(2+2)=16$$

$$(3 \times 4)+(2 \times 2)=16$$

$$12+4=16$$

Répertorier les erreurs identifiées :
- un nombre de véhicules inférieur ou supérieur à 5,
- un nombre de roues qui dépasse 16.

Séance 2 — 30 min

Résoudre un problème en faisant des essais

→ CHERCHER

Utiliser des stratégies par essais et ajustements.

DÉROULEMENT DE LA SÉANCE

1 Recherche Résoudre un problème ouvert.	20 min	**Expérimentation** Groupes de 2 ou 3
2 Mise en commun Inventorier les réponses et les stratégies utilisées.	5 min	**Verbalisation** Oral collectif
3 Institutionnalisation Faire des ajustements en tenant compte des essais précédents pour engager un nouvel essai.	5 min	

1 Recherche

Présenter ce problème comme un défi à relever.
L'énoncé du problème est écrit au tableau.

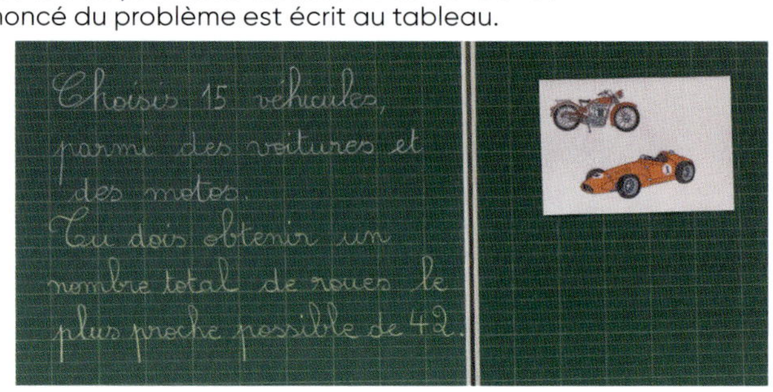

Demander aux élèves de reformuler ce qu'il faut chercher :
« Il faut s'approcher le plus possible de 42 roues en additionnant le nombre de roues de 15 véhicules, motos ou voitures.

DIFFÉRENCIATION

- Le but de la recherche est de s'approcher le plus possible du nombre 42. Plusieurs solutions sont possibles, ce qui permet à chaque élève de trouver au moins une solution.
  Exemple Avec 10 motos et 5 voitures, on obtient 40 roues.
- Proposer aux élèves qui sont bloqués de manipuler des jetons.
- Permettre l'accès aux tables de x 4 et x 2.

Certains élèves manipulent des jetons pour trouver une solution.

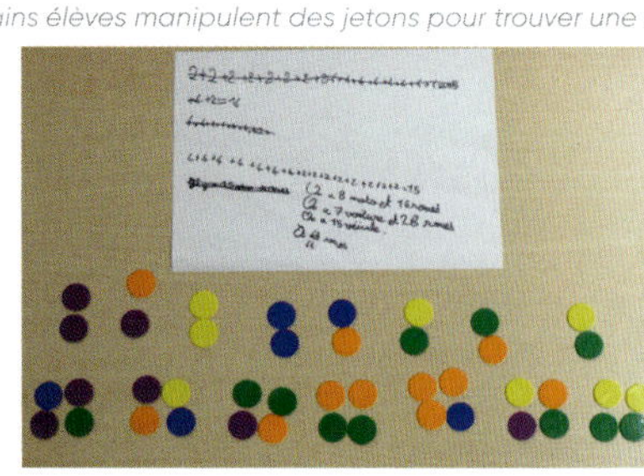

D'autres élèves font des essais en utilisant le calcul puis valident leur solution en manipulant des jetons.

❷ Mise en commun

Mutualiser les réponses et les stratégies utilisées. Les élèves échangent des arguments à propos de la validité de ces solutions.

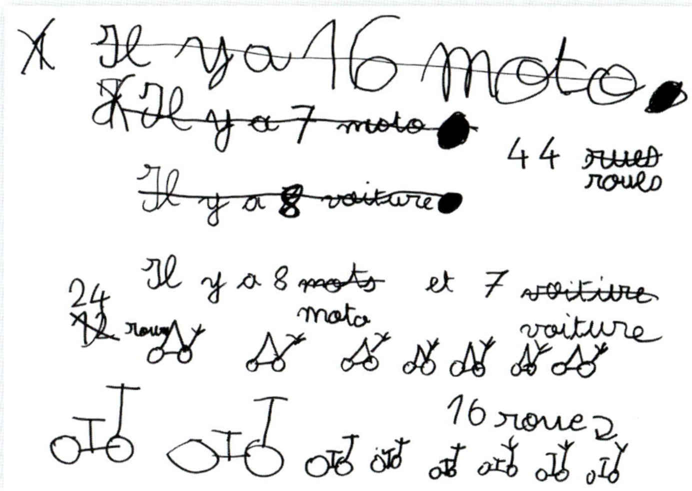

Effectue des essais en dessinant les véhicules

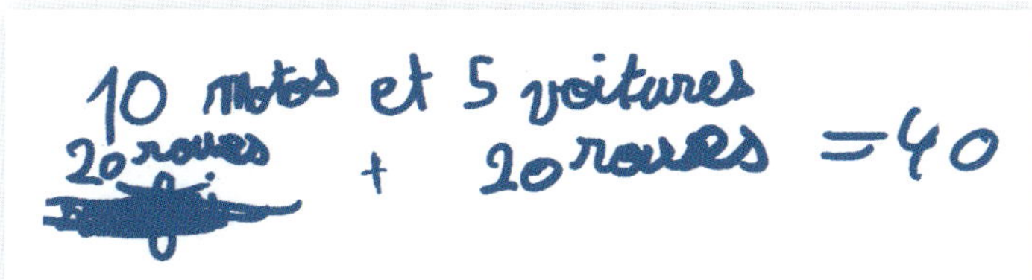

Utilise sa connaissance des résultats des tables de multiplication pour trouver une solution proche de 42 roues

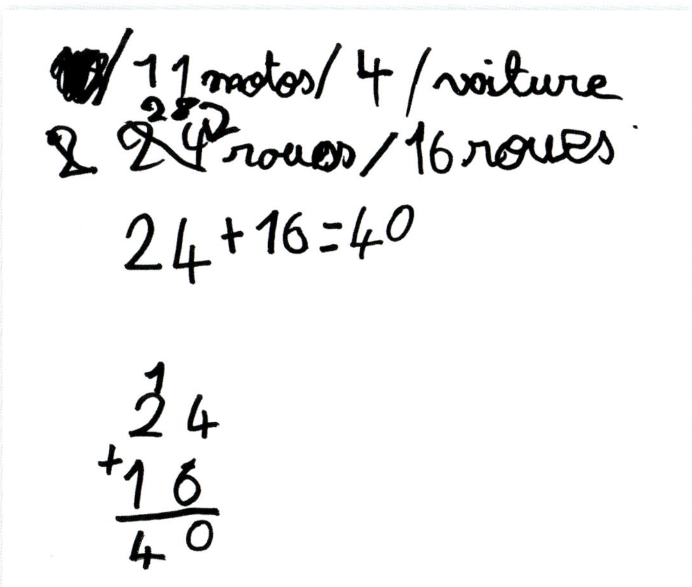

Cet élève prend en compte la contrainte du nombre de véhicules. La solution n'est pas valable en raison d'une erreur de calcul.

La solution qui permet d'obtenir 42 roues : 6 voitures et 9 motos.

Écrire la réponse en utilisant une écriture additive puis une écriture multiplicative :

$$(6 \times 4) + (9 \times 2)$$
$$24 + 18$$
$$42$$

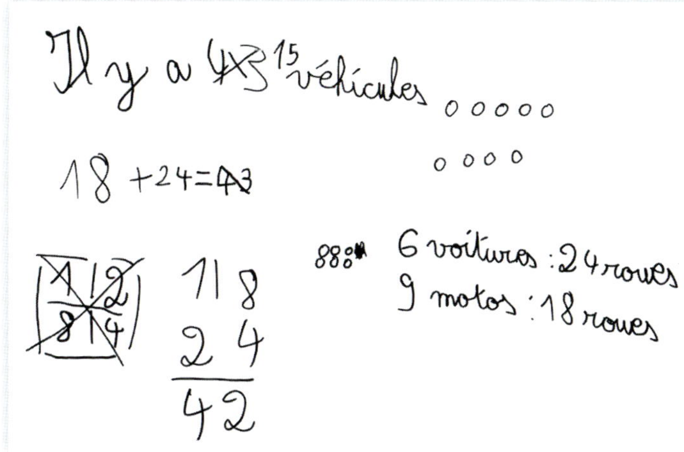

Trouve la solution après avoir effectué plusieurs essais avec d'autres nombres.

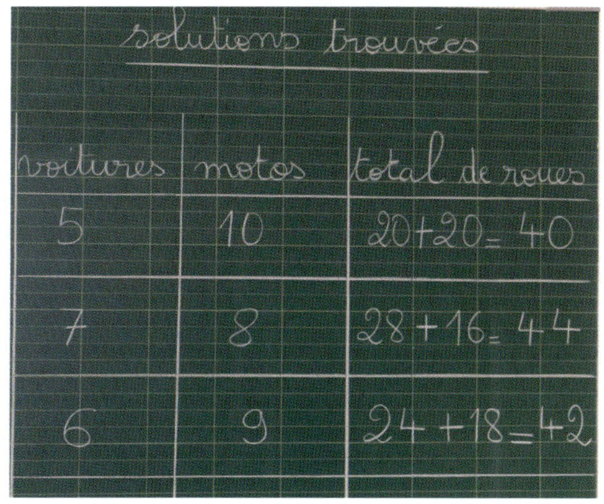

Toutes les réponses sont répertoriées et valorisées.

Répertorier les erreurs identifiées :
- un nombre de véhicules inférieur ou supérieur à 15,
- un nombre de roues qui dépasse 42.

❸ Institutionnalisation

Ce qu'il faut retenir

Pour résoudre le problème, il faut vérifier que la réponse trouvée respecte les contraintes fixées : 15 véhicules et 42 roues maximum.

Pour trouver une solution il faut faire des essais et en tenir compte pour réajuster.

Séance 3

30 min

Bilan des apprentissages

Valorisation des progrès

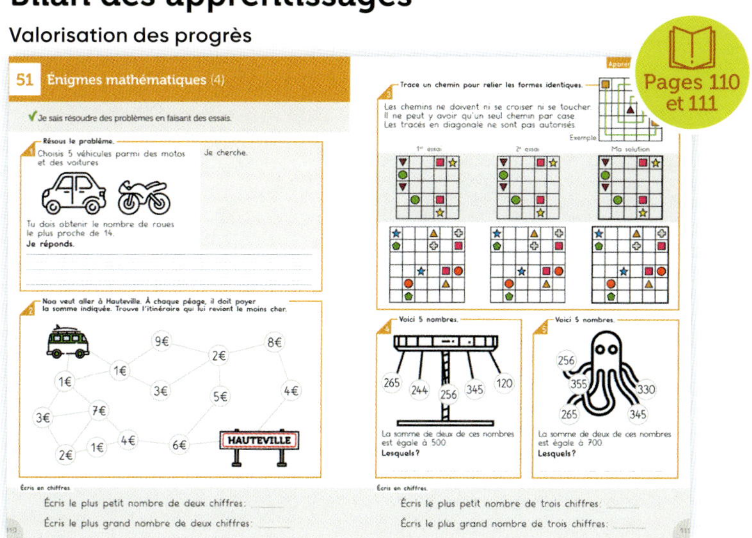

Matériel 42 Trace écrite destinée au cahier de référence en mathématiques

Séance 1

Tracer un angle droit

Je sais tracer un angle droit en utilisant l'équerre et la règle.

1

Je trace un côté sur une feuille blanche. Je place un point rouge à l'extrémité de ce côté.

2

Je place mon équerre ou mon gabarit le long du côté. Je place l'angle droit de l'équerre au point rouge.

3

Je trace un autre côté pour obtenir un angle droit.

4

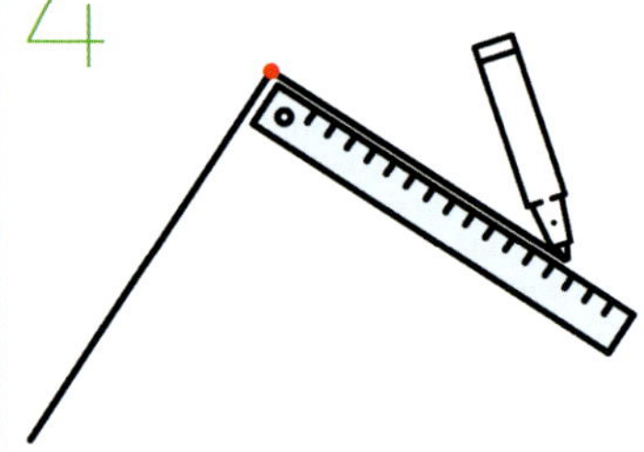

Je prolonge le côté avec la règle.

Matériel 46 Trace écrite destinée au cahier de référence en mathématiques

Séanc

Reconnaitre un triangle rectangle

Un triangle rectangle est un triangle qui a **1 angle droit.**

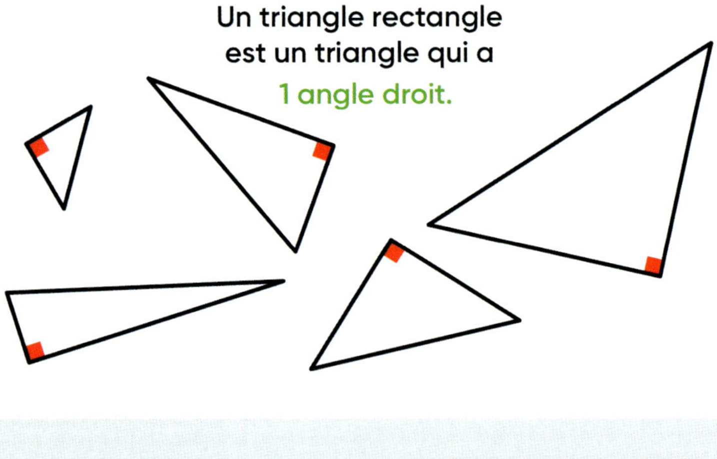

Période 5

Nombres | Calculs | Résolution de problèmes | Grandeurs et mesures | Espace et Géométrie | Apprendre à chercher

Semaine 28 Calcul mental - Atelier problèmes p.236

52 Calculer en ligne des sommes et des différences p.238

53 Compléter une figure par symétrie p.242

Semaine 29 Calcul mental - Atelier problèmes p.244

54 Mesurer des masses : le gramme et le kilogramme p.246

55 Calculer en ligne des produits p.250

Semaine 30 Calcul mental - Atelier problèmes p.252

56 Lire l'heure p.254

57 Mesurer des durées p.258

Semaine 31 Calcul mental - Atelier problèmes p.260

58 Résoudre des problèmes de partage (2) p.262

59 Reconnaitre et nommer les solides p.264

Semaine 32 Calcul mental - Atelier problèmes p.268

60 Décrire un cube et un pavé droit p.270

61 Mesurer des contenances : le litre p.272

Semaine 33 Calcul mental - Atelier problèmes p.276

62 Coder un déplacement (2) p.278

Semaine 34 Calcul mental - Atelier problèmes p.280

63 Utiliser un tableau ou un graphique p.282

Semaine 35 Calcul mental - Atelier problèmes p.284

64 Reproduire un cercle avec un compas p.286

Semaine 36 Calcul mental - Atelier problèmes p.288

65 Énigmes mathématiques (5) p.290

ORGANISATION DE LA PÉRIODE 5

Organisation 5

Annexe 2

Les principaux apprentissages de la période 5

Nombres	La parité d'un nombre (pair/impair)
Calculs	**Calcul mental** • Les tables de multiplication • Les compléments à la dizaine supérieure, à la centaine supérieure • Multiplication par 10 d'un nombre inférieur à 100 • Soustraction d'un nombre à deux chiffres d'un nombre à 3 chiffres, lorsqu'il n'y a pas de retenue
	Calcul en ligne • Sommes et différences • Produits
Résolution de problèmes	• Problèmes de partage • Gestion de données : utilisation d'un tableau ou d'un graphique
Grandeurs et mesures	Mesures de masses : le gramme et le kilogramme Lecture de l'heure et mesures de durées Mesures de contenances
Espace et Géométrie	La symétrie Les solides, le cube et le pavé Codage de déplacements relatifs Le cercle

Le plan de travail de la période 5

	Calcul mental 1 séance de 15 min/jour	Séquences d'apprentissage séances de 30 à 40 min			Atelier problèmes 1 atelier de 30 min/semaine
Semaine 28	- Compter de 100 en 100. - Renforcer la connaissance des tables de multiplication. - Soustraire des centaines entières d'un nombre.	52	CALCULER EN LIGNE DES SOMMES ET DES DIFFÉRENCES	Séances 1 2 3 4 5	Résoudre des problèmes additifs en deux étapes.
		53	COMPLÉTER UNE FIGURE PAR SYMÉTRIE	Séances 1 2	
Semaine 29	- Renforcer la connaissance des tables de multiplication par 5 et par 2. - Retrouver rapidement les compléments à la dizaine supérieure, à la centaine supérieure.			Séances 3 4 5	Résoudre des problèmes du champ additif en une étape : recherche de l'état initial.
		54	MESURER DES MASSES : LE GRAMME ET LE KILOGRAMME	Séances 1 2 3	
Semaine 30	- Renforcer la connaissance des tables de multiplication par 3 et par 4. - Retrouver rapidement les compléments à une centaine supérieure.			Séances 4 5	Résoudre des problèmes impliquant des prix.
		55	CALCULER EN LIGNE DES PRODUITS	Séances 1 2 3	
		56	LIRE L'HEURE	Séance 1	
Semaine 31	- Renforcer la connaissance de la table de multiplication par 10. - Connaitre les tables de multiplication. - Multiplier par 10 un nombre inférieur à 100.			Séances 2 3 4	Résoudre des problèmes du champ additif : problèmes de comparaison.
		57	MESURER DES DURÉES	Séances 1 2 3	
Semaine 32	- Connaitre les tables de multiplication. - Soustraire un nombre à deux chiffres d'un nombre à 3 chiffres, lorsqu'il n'y a pas de retenue.	58	RÉSOUDRE DES PROBLÈMES DE PARTAGE (2)	Séances 1 2 3	Résoudre des problèmes du champ additif en une étape.
		59	RECONNAITRE ET NOMMER LES SOLIDES	Séances 1 2 3 4	
Semaine 33	- Renforcer la connaissance des tables de multiplication. - Identifier la parité d'un nombre (pair/impair).			Séance 5	Résoudre des problèmes additifs en deux étapes.
		60	DÉCRIRE UN CUBE ET UN PAVÉ DROIT	Séances 1 2 3 4	
		61	MESURER DES CONTENANCES : LE LITRE	Séances 1 2	
Semaine 34	- Renforcer la connaissance des tables de multiplication. - Identifier la parité d'un nombre (pair/impair).			Séances 3 4	Résoudre des problèmes à deux étapes mixant addition, soustraction et multiplication.
		62	CODER UN DÉPLACEMENT (2)	Séances 1 2 3	
		63	UTILISER UN TABLEAU OU UN GRAPHIQUE	Séances 1 2	
Semaine 35	- Évaluer la connaissance des tables de multiplication. - Connaitre les doubles et les moitiés de nombres d'usage courant. - Calculer avec les unités de numération. Bilan annuel			Séances 3 4	Résoudre des problèmes impliquant des durées.
		64	REPRODUIRE UN CERCLE AVEC UN COMPAS	Séances 1 2 3 4	
Semaine 36	Bilan annuel - Utiliser ses connaissances pour résoudre des énigmes de calcul.	65	ÉNIGMES MATHÉMATIQUES (5)	Séances 1 2 3	Résoudre des problèmes additifs en deux étapes.
		P5	JE RÉVISE		
			Bilan des apprentissages Période 5		

Cette progression présente les activités proposées au cours de la période. Chaque séance de 15 minutes débute par un court moment de révision (de 2 à 5 minutes) qui est suivi d'un temps d'apprentissage plus long (de 10 à 13 minutes).

Progression 5Calcul

Annexe 2

	Objectifs	Exemples d'activités
Semaine 28	**Numération orale** Compter de 100 en 100.	Réciter la suite orale des nombres de 100 en 100 de 45 à 945.
	Faits numériques Renforcer et évaluer la connaissance des tables de multiplication.	9 x 2 = ? « *Dans 28, combien de fois 4 ?* » « *Monsieur Santiago parcourt 4 km à vélo 8 fois par semaine pour aller travailler.* ***Quelle distance Monsieur Santiago parcourt-il par semaine ?*** »
	Procédures de calcul mental Soustraire des centaines entières d'un nombre.	Proposer des calculs du type 940 – 600 = ? / 763 – 500 = ? / 508 – 300 = ?
Semaine 29	**Faits numériques** Renforcer et évaluer la connaissance des tables de multiplication par 5 et par 2.	Mémoriser les tables de multiplication par 5 et par 2 à l'aide de la barre des tables.
	Procédures de calcul mental Retrouver rapidement les compléments à la dizaine supérieure, à la centaine supérieure.	« *Quel nombre ajoute-t-on à 257 pour obtenir 260 ?* » « *Quel nombre ajoute-t-on à 150 pour obtenir 200 ?* » « *Quel nombre ajoute-t-on à 842 pour obtenir 900 ?* »
Semaine 30	**Faits numériques** Renforcer et évaluer la connaissance des tables de multiplication par 3 et par 4.	Mémoriser les tables de multiplication par 3 et par 4 à l'aide de la barre des tables.
	Procédures de calcul mental Retrouver rapidement les compléments à une centaine supérieure.	Calculs du type « *Combien faut-il ajouter à 50 pour avoir 700 ?* » « *Combien faut-il ajouter à 230 pour avoir 700 ?* » Problèmes oraux du type « *Monsieur Laporte doit effectuer un trajet de 200 km en voiture. Il a déjà parcouru 158 km.* ***Quelle distance lui reste-t-il à parcourir ?*** »
Semaine 31	**Faits numériques** Renforcer la table de multiplication par 10. Connaitre les tables de multiplication par 2, par 3, par 4 et par 5.	Mémoriser la table de multiplication par 10 à l'aide de la barre des tables. Proposer des calculs du type 7 x 4 = ? / 8 x 5 = ? « *Dans 28, combien de fois 4 ?* »
	Procédures de calcul mental Multiplier par 10 un nombre inférieur à 100.	Proposer des calculs et des problèmes du type 17 x 10 = ? / 10 x 34 = ? « *Dans 960, combien de fois 10 ?* » « *Pour la fête de l'école, la directrice a commandé 87 lots de 10 ballons de baudruche.* ***Quelle quantité de ballons va-t-on lui livrer ?*** »
Semaine 32	**Faits numériques** Connaitre les tables de multiplication.	« *En 25, combien de fois 5 ?* » 9 x ? = 45 / 7 x 4 = ?
	Procédures de calcul mental Soustraire un nombre à deux chiffres d'un nombre à 3 chiffres, lorsqu'il n'y a pas de retenue.	Proposer des calculs et des problèmes du type 375 – 55 = ? / 894 – 6 = ? / 876 – 572 = ? « *Jeudi, 258 élèves ont déjeuné à la cantine de l'école. Vendredi, il y a eu 125 élèves de moins.* ***Combien d'élèves ont déjeuné à la cantine vendredi ?*** »
Semaine 33	**Faits numériques** Renforcer et évaluer la connaissance des tables de multiplication. Identifier la parité d'un nombre (pair/impair).	Calculs du type « *Dans 20, combien de fois 4 ?* » et problèmes oraux. « *Madame Lima achète 7 kg de tomates au marché. Elle paie 21 €.* ***Quel est le prix d'un kilogramme de tomates ?*** » « *24 élèves veulent se ranger par 2 avant de rentrer en classe.* ***Tous les élèves pourront-ils se ranger par 2 ?*** » « *19 élèves veulent se ranger par 2 avant de rentrer en classe.* ***Tous les élèves pourront-ils se ranger par 2 ?*** » Chercher parmi les nombres de 0 à 10 ceux qui sont pairs et ceux qui sont impairs.
Semaine 34	**Faits numériques** Renforcer et évaluer la connaissance des tables de multiplication. Identifier la parité d'un nombre (pair/impair).	Chercher tout ce qui fait **12** dans les tables de multiplication connues de la classe. Recherche identique avec les nombres 24, 20 et 30. Problèmes oraux. « *Au supermarché, un kilogramme de fraises coute 4 €.* ***Quel est le prix de 5 kg de fraises ?*** » Identifier les nombres pairs et impairs dans une liste de nombres.
Semaine 35	**Faits numériques** Évaluer la connaissance des tables de multiplication. Connaitre les doubles et les moitiés de nombres d'usage courant.	*Évaluation finale : tables de multiplication* 70 + 70 = ? / 75 + 75 = ? / 250 + 250 = ? / 350 + 350 = ?
	Procédures de calcul mental Calculer avec les unités de numération.	7 dizaines + 4 dizaines / 6 centaines + 4 unités / 5 centaines + 18 dizaines 4 centaines + 5 centaines / 8 centaines – 2 centaines / 6 centaines – 3 unités 7 centaines – 6 dizaines / 9 centaines – 9 dizaines
	Bilan annuel	Épreuves 1 et 2 de ***Destination CE2*** (cahier de l'élève ***Maths au CE1*** pages 144 à 147)
Semaine 36	**Bilan annuel**	Épreuve finale de ***Destination CE2*** (cahier de l'élève ***Maths au CE1*** pages 148 et 149)
	Procédures de calcul mental Utiliser ses connaissances pour résoudre des énigmes de calcul.	Le jeu du ***Compte est bon***

15 min par jour

Calcul mental

- Compter de 100 en 100.
- Renforcer la connaissance des tables de multiplication.
- Soustraire des centaines entières d'un nombre.

Séance 1

❶ Compter de 100 en 100 — 5 min

Réciter la suite orale des nombres de 100 en 100 de 0 à 1000.
Écrire la suite des nombres au tableau.
Remarquer que seul le chiffre des centaines change.

Rappeler que **1000, c'est 10 x 100** en prenant appui sur les séances menées dans le domaine ***Grandeurs et mesures*** : **1km = 1000m** et **1000m, c'est 10 x 100m**.

❷ Table de multiplication par 4 : évaluation — 5 min

Matériel Calcul 26

Proposer à nouveau la série de calculs de **MatérielCalcul26.pdf**, page 4.

❸ Soustraire des centaines entières d'un nombre — 5 min

Proposer le calcul **800 − 500 = ?** écrit au tableau.
Les élèves répondent sur l'ardoise.

Valider avec l'animation **Calcul 28**. Vérifier le calcul avec une addition.
Vérifier que **300 + 500 = 800**.

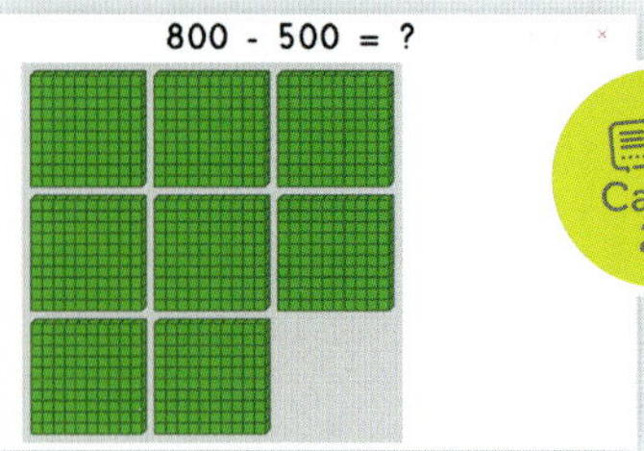

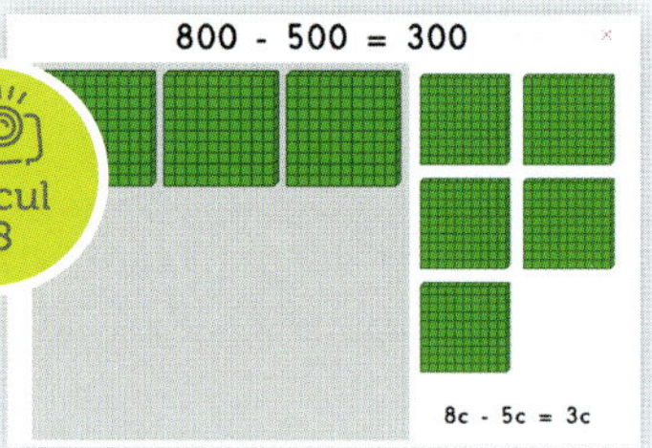

Calcul 28

Proposer oralement les calculs **900 − 200 = ?** **700 − 300 = ?**
Valider avec l'animation **Calcul 28**.

Séance 2

❶ Compter de 100 en 100 — 5 min

Réciter la suite orale des nombres de 100 en 100 de 45 à 945.
Écrire la suite des nombres au tableau.
Remarquer que seul le chiffre des centaines change.

❷ Tables de multiplication : entrainement — 5 min

Proposer les calculs oralement. Les élèves répondent sur l'ardoise.
« Dans 20, combien de fois 5 ? » ***« Dans 12, combien de fois 3 ? »***
« Dans 40, combien de fois 10 ? » ***« Dans 28, combien de fois 4 ? »***

❸ Soustraire des centaines entières d'un nombre — 5 min

Proposer oralement les calculs **940 − 600 = ?** **763 − 500 = ?** **846 − 800 = ?** **508 − 300 = ?**

Valider avec l'animation **Calcul 28**. Vérifier le calcul avec une addition.
Exemple pour **763 − 500 = ?** Vérifier que **263 + 500 = 763**.

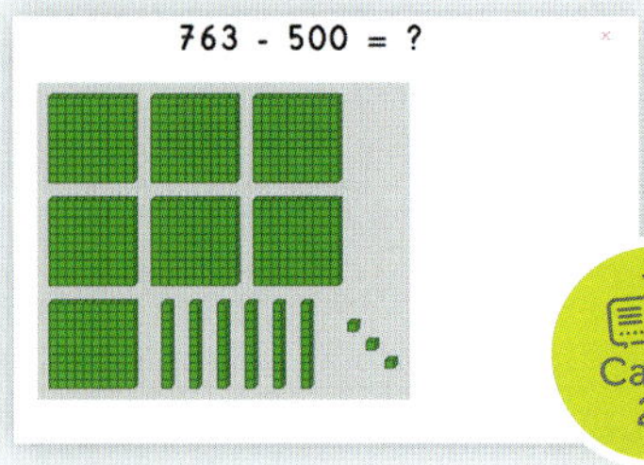

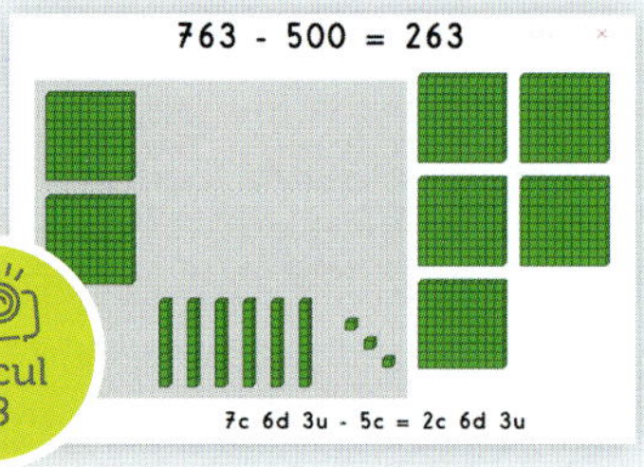

Calcul 28

Séance 3

❶ Compter de 100 en 100 — 3 min

Réciter la suite orale des nombres de 100 en 100 en reculant de 896 à 96.
Écrire la suite des nombres au tableau.

❷ Tables de multiplication : entrainement — 5 min

Proposer la série de calculs de **MaterielCalcul28.pdf**, page 1.

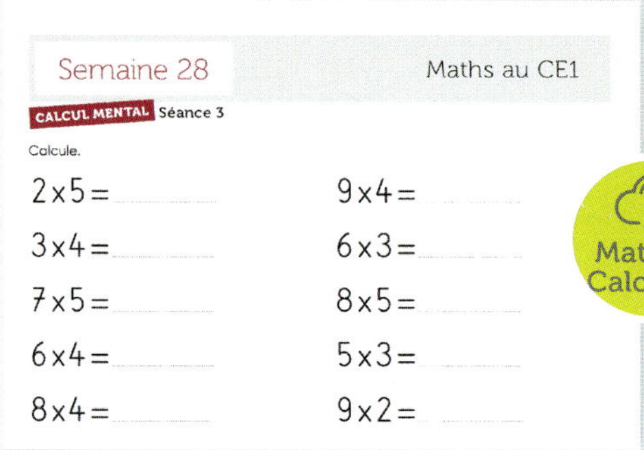

Semaine 28 — Maths au CE1

CALCUL MENTAL Séance 3

Calcule.

2 x 5 =	9 x 4 =
3 x 4 =	6 x 3 =
7 x 5 =	8 x 5 =
6 x 4 =	5 x 3 =
8 x 4 =	9 x 2 =

Matériel Calcul 28

❸ Soustraire des centaines entières à un nombre — 7 min

Proposer la série de calculs **MaterielCalcul28.pdf**, page 2.

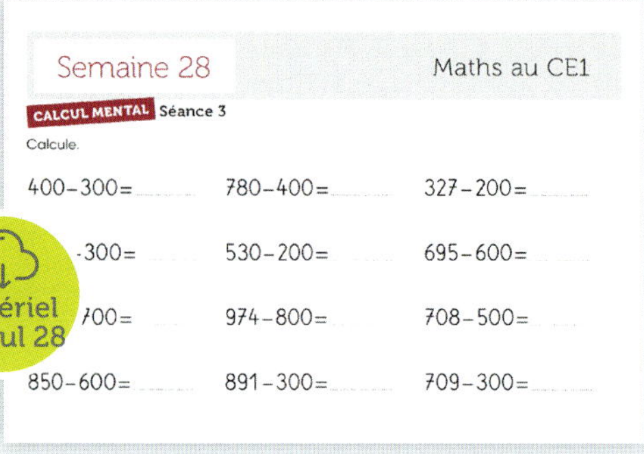

Semaine 28 — Maths au CE1

CALCUL MENTAL Séance 3

Calcule.

400 − 300 =	780 − 400 =	327 − 200 =
-300 =	530 − 200 =	695 − 600 =
700 =	974 − 800 =	708 − 500 =
850 − 600 =	891 − 300 =	709 − 300 =

Matériel Calcul 28

Séance 4

❶ Compter de 100 en 100 — 3 min

Réciter la suite orale des nombres de 100 en 100 en reculant de 973 à 73.
Écrire la suite des nombres au tableau.

❷ Tables de multiplication : réinvestissement — 5 min

Proposer les problèmes oralement. Les élèves répondent sur l'ardoise.

« Le prix d'un paquet de gâteaux est 3 €.
Quel est le prix de 4 paquets de gâteaux ? »

« Monsieur Santiago parcourt 4 km à vélo 8 fois par semaine pour aller travailler. ***Quelle distance parcourt-il par semaine ? »***

« Madame Lima a 6 billets de 5 € dans son portemonnaie. ***A-t-elle assez d'argent pour acheter une montre à 28 € ?*** *Explique pourquoi. »*

❸ Ajouter ou soustraire des centaines entières à un nombre : trace écrite — 7 min

Compléter la trace écrite (**MaterielCalcul28.pdf**, page 3).

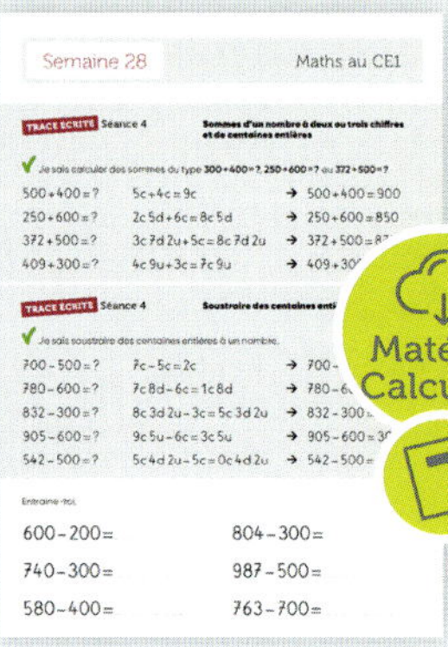

Semaine 28 — Maths au CE1

TRACE ÉCRITE Séance 4 — **Sommes d'un nombre à deux ou trois chiffres et de centaines entières**

✓ Je sais calculer des sommes du type **300 + 400 = ?**, **250 + 600 = ?** ou **372 + 500 = ?**

500 + 400 = ?	5c + 4c = 9c	→ 500 + 400 = 900
250 + 600 = ?	2c 5d + 6c = 8c 5d	→ 250 + 600 = 850
372 + 500 = ?	3c 7d 2u + 5c = 8c 7d 2u	→ 372 + 500 = 8
409 + 300 = ?	4c 9u + 3c = 7c 9u	→ 409 + 30

TRACE ÉCRITE Séance 4 — **Soustraire des centaines enti**

✓ Je sais soustraire des centaines entières à un nombre.

700 − 500 = ?	7c − 5c = 2c	→ 700 −
780 − 600 = ?	7c 8d − 6c = 1c 8d	→ 780 − 6
832 − 300 = ?	8c 3d 2u − 3c = 5c 3d 2u	→ 832 − 300
905 − 600 = ?	9c 5u − 6c = 3c 5u	→ 905 − 600 = 3
542 − 500 = ?	5c 4d 2u − 5c = 0c 4d 2u	→ 542 − 500 =

Entraine-toi.

600 − 200 =	804 − 300 =
740 − 300 =	987 − 500 =
580 − 400 =	763 − 700 =

Matériel Calcul 28

30 min par semaine

Atelier problèmes

- Résoudre des problèmes additifs en deux étapes.

Prénom .... Date ....

Résous les problèmes avec le symbole ✕ puis résous les problèmes de ton choix. Essaie d'en résoudre le plus possible.

✕ Problème 1

Léo a 70 €. Il reçoit 5 € de son grand-père.
Il achète un ballon à 10 € et un jeu à 35 €.

Combien d'euros reste-t-il à Léo ?

Problème 2

Dans sa chambre, Kilian a 43 livres.
Il a 29 bandes dessinées, 8 romans policiers et des livres documentaires.

Combien Kilian a-t-il de livres documentaires ?

Problème 3

Dans la bibliothèque de l'école, il y a 484 livres.
Il y a 135 romans policiers, 221 bandes dessinées.
Les autres sont des livres documentaires.

Combien y a-t-il de livres documentaires ?

Problème 4

Tom a 280 €. Il reçoit 20 € de sa grand-mère.
Il achète un livre à 12 € et une console à 155 €.

Combien d'euros reste-t-il à Tom ?

✕ Problème 5

Dans la bibliothèque de l'école, il y a 363 livres.
Le professeur en apporte 125 de plus.
Les élèves en empruntent 175.

Combien de livres y a-t-il dans la bibliothèque ?

Problème 6

Dans la bibliothèque de l'école, il y a 578 livres.
Le professeur en apporte 256 de plus.
Les élèves en empruntent 324.

Combien de livres y a-t-il dans la bibliothèque de l'école actuellement ?

52 Calculer en ligne des sommes et des différences

Séance 1 — 30 min

Calculer en ligne des sommes : résultat inférieur à 1 000

→ CALCULER

Calculer en ligne en regroupant par unités, par dizaines et par centaines.

MATÉRIEL ET SUPPORT
- Deux boites et des « Cubes base 10 encastrables » de chez Celda.
- La trace écrite (**MATERIEL52.pdf**, page 1).

DÉROULEMENT DE LA SÉANCE

❶ Recherche Calculer en ligne 437 + 252.	5 min	Expérimentation Écrit individuel
❷ Nouvelle recherche Calculer en ligne 438 + 26 puis 358 + 526.	10 min	Verbalisation Oral collectif
❸ Entrainement Calculer en ligne des sommes avec ou sans retenue.	10 min	Abstraction Écrit individuel
❹ Institutionnalisation Élaborer la trace écrite.	5 min	Verbalisation Oral collectif

❶ Recherche

Présenter la situation avec deux boites et les cubes utilisés lors des séances de numération. Montrer que les deux boites sont vides au départ.
Annoncer qu'un boulanger a vendu **437 baguettes** le matin et **252 baguettes** l'après-midi. Il veut savoir combien de baguettes il a vendues au cours de la journée.
Placer 437 cubes (4 plaques de 100, 3 barres de 10 et 7 unités) dans une boite et 252 cubes dans l'autre boite.
Écrire les données du problème au tableau et faire formuler le calcul à effectuer.

Consigne « Sur l'ardoise, calcule 437 + 252 sans poser l'opération. »

Procédure visée
437 + 252 = 400 + 200 + 30 + 50 + 7 + 2
ou 437 + 200 = 637 puis 637 + 50 = 687 puis 687 + 2 = 689.

Inventorier les procédures utilisées par les élèves.
Expliciter les erreurs à éviter.
La validation s'effectue par la manipulation de cubes.
Une affiche reproduisant les procédures utilisées est réalisée pour servir de référent aux élèves.

❷ Nouvelle recherche

Un nouveau calcul en ligne est proposé au tableau.
Les élèves travaillent dans un cahier.
Annoncer qu'un autre boulanger a vendu **438 baguettes** le matin et **26 baguettes** l'après-midi. Il veut savoir combien de baguettes il a vendues au cours de la journée.

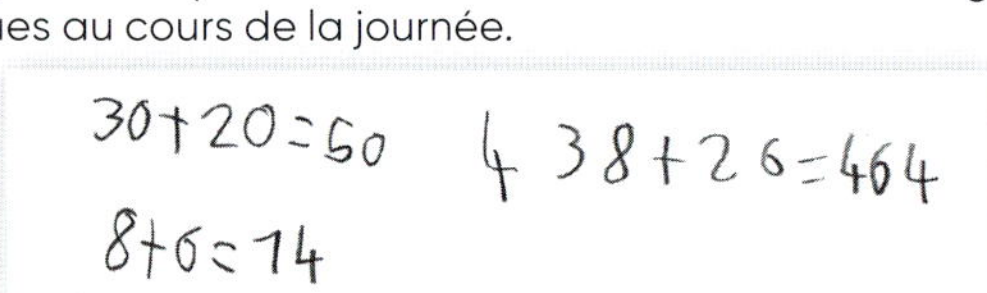

Production d'un élève qui décompose le calcul pour qu'il soit plus facile

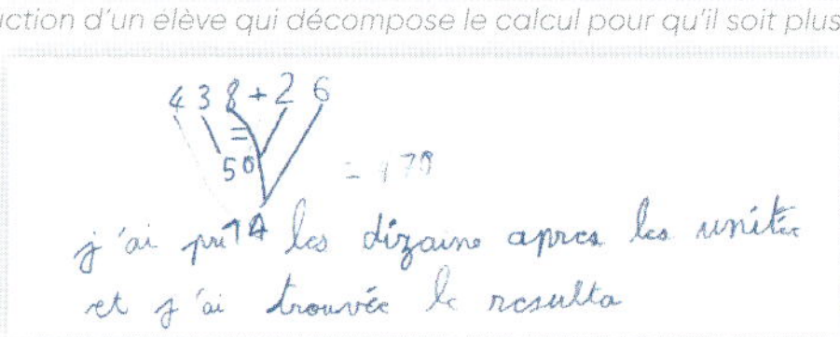

Production d'un élève qui utilise un arbre de calculs

Relancer l'activité avec le calcul en ligne **358 + 526**.

Procédure visée
358 + 526 = 300 + 500 + 50 + 20 + 8 + 6
ou 358 + 500 = 858 puis 858 + 20 = 878 puis 878 + 6 = 884.

❸ Entrainement

De nouveaux calculs en ligne sont proposés au tableau.
Les élèves travaillent dans un cahier.

Consigne « Effectue les calculs sans poser l'opération. »

429 + 57 = ? **553 + 256 = ?** **647 + 248 = ?**

DIFFÉRENCIATION
- Passer auprès de chaque élève pour valoriser les réussites et relancer le travail de ceux qui sont bloqués.
- Proposer si besoin du matériel de numération à manipuler.
- Accompagner plus longuement les élèves ayant des difficultés persistantes.

❹ Institutionnalisation

Trace écrite
La trace écrite est présentée à l'aide de l'animation **Séquence 52**.

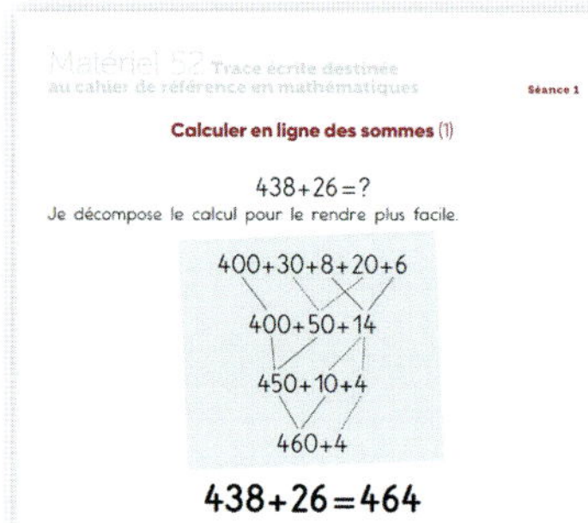
Matériel 52 Trace écrite destinée au cahier de référence en mathématiques — Séance 1

Calculer en ligne des sommes (1)

438+26=?
Je décompose le calcul pour le rendre plus facile.
400+30+8+20+6
400+50+14
450+10+4
460+4
438+26=464

Séquence 52 — Matériel 52

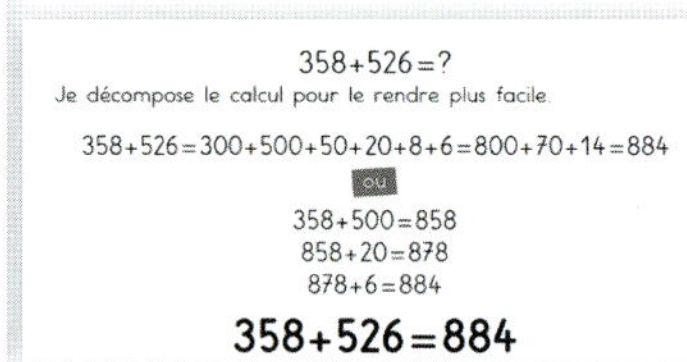
358+526=?
Je décompose le calcul pour le rendre plus facile.
358+526=300+500+50+20+8+6=800+70+14=884
ou
358+500=858
858+20=878
878+6=884
358+526=884

Séance 2 — 30 min

Utiliser d'autres décompositions additives

→ CALCULER

Calculer en ligne des sommes en s'appuyant sur la connaissance de faits numériques.

MATÉRIEL ET SUPPORT
- La trace écrite (**MATERIEL52.pdf**, page 2).

DÉROULEMENT DE LA SÉANCE

❶ Recherche Calculer en ligne 150 + 150, 250 + 250, 350 + 350 et 450 + 450.	10 min	Expérimentation Écrit individuel
❷ Nouvelle recherche Calculer en ligne 150 + 160, 270 + 250, 350 + 380 et 490 + 450.	10 min	Verbalisation Oral collectif
❸ Entrainement Calculer en ligne 360 + 360, 180 + 150 et 240 + 250.	5 min	Abstraction Écrit individuel
❹ Institutionnalisation Élaborer la trace écrite.	5 min	Verbalisation Oral collectif

❶ Recherche

Faire effectuer successivement sur l'ardoise les calculs en ligne
150 + 150 **250 + 250** **350 + 350** **450 + 450**.
Corriger après chaque calcul.

Procédure visée
150 + 150 = 100 + 100 + 50 + 50 = 300
250 + 250 = 200 + 200 + 50 + 50 = 500
350 + 350 = 300 + 300 + 50 + 50 = 700
450 + 450 = 400 + 400 + 50 + 50 = 900

Noter ces résultats sur une affiche en expliquant que ce sont des doubles. Ces résultats restent affichés pour être utilisés lors des calculs en ligne qui suivent.

❷ Nouvelle recherche

Effectuer successivement sur l'ardoise les calculs en ligne
150 + 160 **270 + 250** **350 + 380** **490 + 450**.
Corriger après chaque calcul.

La procédure visée dans cette séance pour le calcul 150 + 160 est celle qui prend appui sur d'autres décompositions que la décomposition en centaines, dizaines et unités.
Dans ce cas précis, on peut aussi encourager les élèves à utiliser leurs connaissances des résultats découverts précédemment comme 150 + 150 = 300

Procédure visée
150 + 160 = 100 + 100 + 50 + 50 + 10 = 310
270 + 250 = 200 + 200 + 50 + 50 + 20 = 520
350 + 380 = 300 + 300 + 50 + 50 + 30 = 730
490 + 450 = 400 + 400 + 50 + 50 + 40 = 940

❸ Entrainement

De nouveaux calculs en ligne sont proposés au tableau.
Les élèves travaillent dans un cahier.

Consigne « Effectue les calculs sans poser l'opération. »

350 + 360 = ? **180 + 150 = ?** **290 + 250 = ?**

DIFFÉRENCIATION
- Passer auprès de chaque élève pour valoriser les réussites et relancer le travail de ceux qui sont bloqués.
- Proposer si besoin du matériel de numération à manipuler.
- Accompagner plus longuement les élèves ayant des difficultés persistantes.

❹ Institutionnalisation

Trace écrite
La trace écrite est présentée à l'aide de l'animation **Séquence 52**.

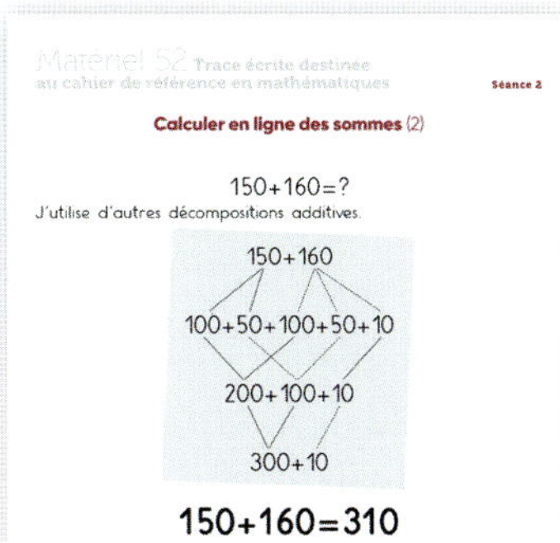
Matériel 52 Trace écrite destinée au cahier de référence en mathématiques — Séance 2

Calculer en ligne des sommes (2)

150 + 160 = ?
J'utilise d'autres décompositions additives.

150 + 160
100 + 50 + 100 + 50 + 10
200 + 100 + 10
300 + 10

150 + 160 = 310

Séquence 52 — Matériel 52

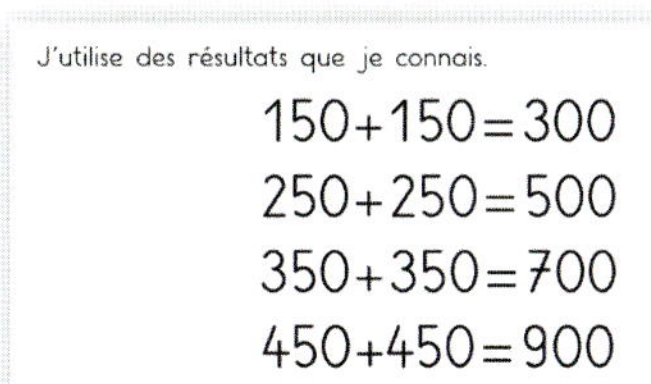
J'utilise des résultats que je connais.

150 + 150 = 300
250 + 250 = 500
350 + 350 = 700
450 + 450 = 900

Séance 3 — 30 min

Calculer en ligne des sommes de plus de deux termes

→ **CALCULER**

Réorganiser les termes d'une somme pour faciliter son calcul.

MATÉRIEL ET SUPPORT
- La trace écrite (**MATERIEL52.pdf**, page 3).

DÉROULEMENT DE LA SÉANCE

❶ Recherche Calculer en ligne 13 + 17, 48 + 24 + 12.	5 min	Expérimentation Écrit individuel
❷ Nouvelle recherche Calculer en ligne 270 + 120 + 430.	10 min	Verbalisation Oral collectif
❸ Entrainement Calculer en ligne 36 + 27 + 24 et 520 + 150 + 280.	10 min	Abstraction Écrit individuel
❹ Institutionnalisation Élaborer la trace écrite.	5 min	Verbalisation Oral collectif

❶ Recherche

Faire effectuer dans un cahier les calculs en ligne **13 + 17** puis **48 + 24 + 12**.
Utiliser un arbre de calcul pour expliciter la procédure visée.

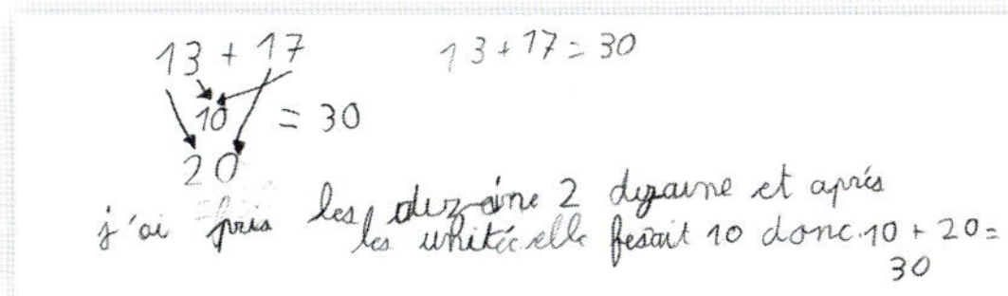

Production d'un élève qui utilise un arbre de calcul

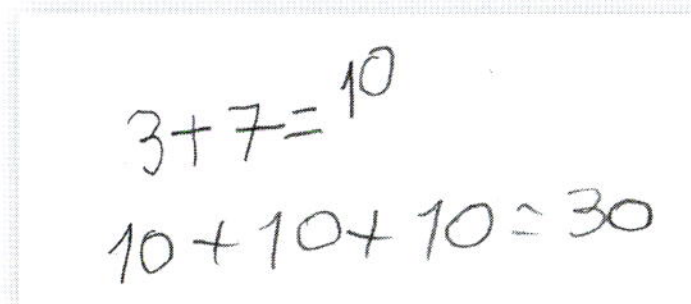

Production d'un élève qui décompose le calcul en deux étapes pour qu'il soit plus facile

Procédure visée pour 48 + 24 + 12
48 + 24 + 12 = 48 + 24 + 10 + 2 = 48 + 2 + 24 + 10 = 50 + 34 = 84

Une affiche reproduisant les procédures utilisées est réalisée pour servir de référent aux élèves.

❷ Nouvelle recherche

Faire effectuer sur l'ardoise le calcul en ligne **270 + 120 + 430**.

Utiliser un arbre de calcul pour expliciter la procédure visée.

Verbaliser qu'il faut réorganiser le calcul en rapprochant les nombres qui vont ensemble. Reformuler également que cela revient à calculer 27d + 12d + 43d = 27d + 43d + 12d = 70d + 12d = 82d.

Procédure visée
270 + 120 + 430 = 270 + 120 + 400 + 30 = 270 + 30 + 400 + 100 + 20 = 300 + 500 + 20 = 800 + 20 = 820

❸ Entrainement

De nouveaux calculs en ligne sont proposés au tableau.
Les élèves travaillent dans un cahier.

Consigne « Effectue les calculs sans poser l'opération. »

36 + 27 + 24 = ? **520 + 150 + 280 = ?**

DIFFÉRENCIATION
- Passer auprès de chaque élève pour valoriser les réussites et relancer le travail de ceux qui sont bloqués.
- Proposer si besoin du matériel de numération à manipuler.
- Accompagner plus longuement les élèves ayant des difficultés persistantes.

❹ Institutionnalisation

Trace écrite
La trace écrite est présentée à l'aide de l'animation **Séquence 52**.

Séquence 52 — Matériel 52

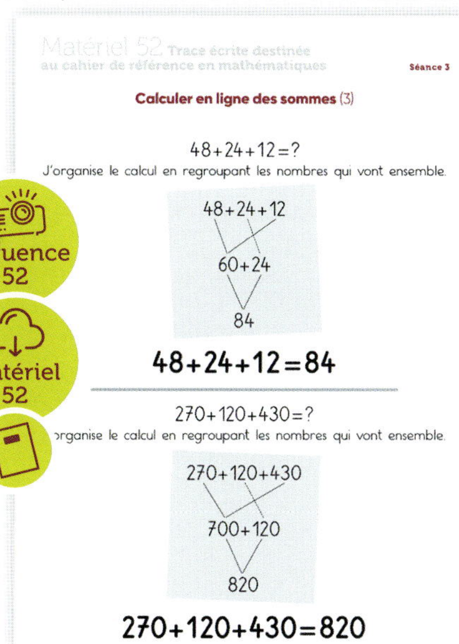
Matériel 52 Trace écrite destinée au cahier de référence en mathématiques — Séance 3

Calculer en ligne des sommes (3)

48 + 24 + 12 = ?
J'organise le calcul en regroupant les nombres qui vont ensemble.

48 + 24 + 12
60 + 24
84

48 + 24 + 12 = 84

270 + 120 + 430 = ?
J'organise le calcul en regroupant les nombres qui vont ensemble.

270 + 120 + 430
700 + 120
820

270 + 120 + 430 = 820

52 Calculer en ligne des sommes et des différences

Séance 4 — 30 min

Calculer en ligne des différences

→ CALCULER

Soustraire un nombre à un ou deux chiffres d'un nombre à trois chiffres lorsqu'il y a retenue.

MATÉRIEL ET SUPPORT
- La trace écrite (**MATERIEL52.pdf**, page 4).

DÉROULEMENT DE LA SÉANCE

❶ Recherche Calculer en ligne 42 – 8 et 54 – 16.	10 min	Expérimentation Écrit individuel
❷ Nouvelle recherche Calculer en ligne 786 – 38.	10 min	Verbalisation Oral collectif
❸ Entrainement Calculer en ligne 67 – 39 et 673 – 46.	5 min	Abstraction Écrit individuel
❹ Institutionnalisation Élaborer la trace écrite.	5 min	Verbalisation Oral collectif

❶ Recherche

Faire effectuer sur l'ardoise le calcul en ligne **42 – 8**.

Procédure visée
42 – 8 = 42 – 2 – 6 = 40 – 6 = 34

Faire effectuer sur l'ardoise le calcul en ligne **54 – 16**.

Procédure visée
54 – 16 = 54 – 10 – 6 = 44 – 6 = 44 – 4 – 2 = 40 – 2 = 38
ou 54 – 16 = 54 – 14 – 2 = 40 – 2 = 38

❷ Nouvelle recherche

Faire effectuer sur l'ardoise le calcul en ligne **824 – 7** et **786 – 38**.

Procédure visée
824 – 7 = 824 – 4 – 3 = 820 – 3 = 817
786 – 38 = 786 – 30 – 8 = 756 – 8 = 756 – 6 – 2 = 750 – 2 = 748
ou 786 – 38 = 786 – 36 – 2 = 750 – 2 = 748

❸ Entrainement

De nouveaux calculs en ligne sont proposés au tableau.
Les élèves travaillent dans un cahier.

Consigne « Effectue les calculs sans poser l'opération. »

67 – 39 = ? **542 – 8 = ?** **673 – 46 = ?**

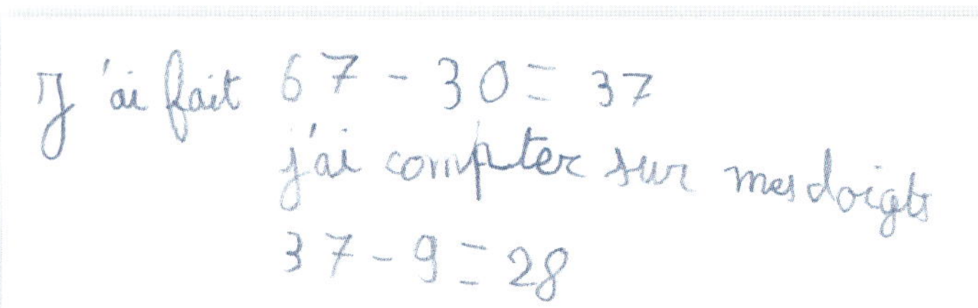

Production d'élève pour le calcul 67 – 39

DIFFÉRENCIATION
- Passer auprès de chaque élève pour valoriser les réussites et relancer le travail de ceux qui sont bloqués.
- Proposer si besoin du matériel de numération à manipuler.
- Accompagner plus longuement les élèves ayant des difficultés persistantes.

❹ Institutionnalisation

Trace écrite
La trace écrite est présentée à l'aide de l'animation **Séquence 52**.

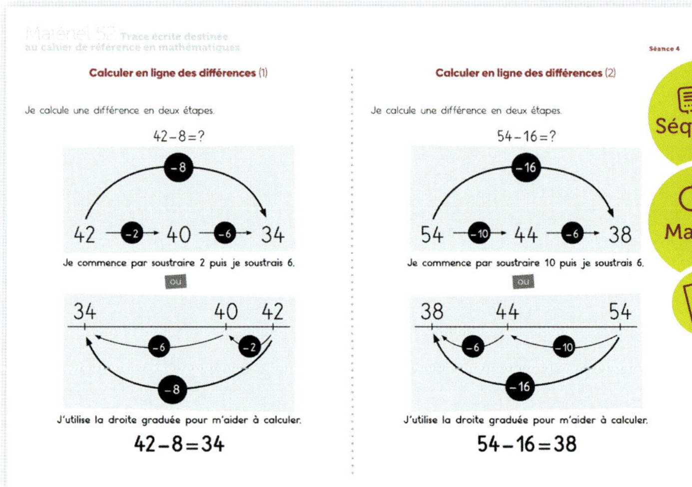

Séquence 52

Matériel 52

Séance 5 — 30 min

Bilan des apprentissages

Valorisation des progrès

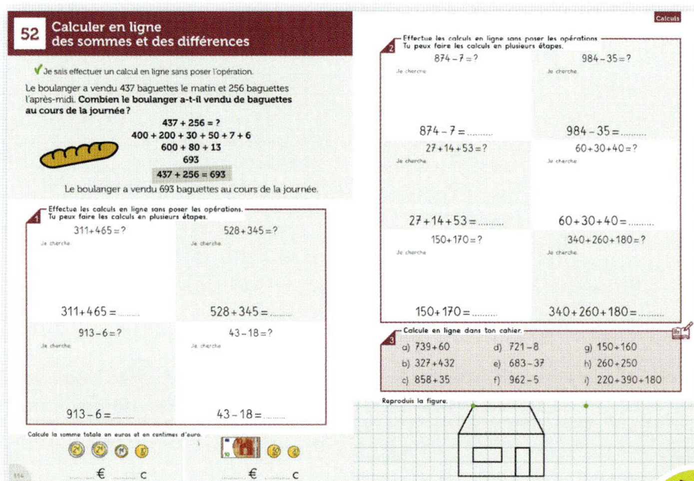

Pages 114 et 115

Matériel 52

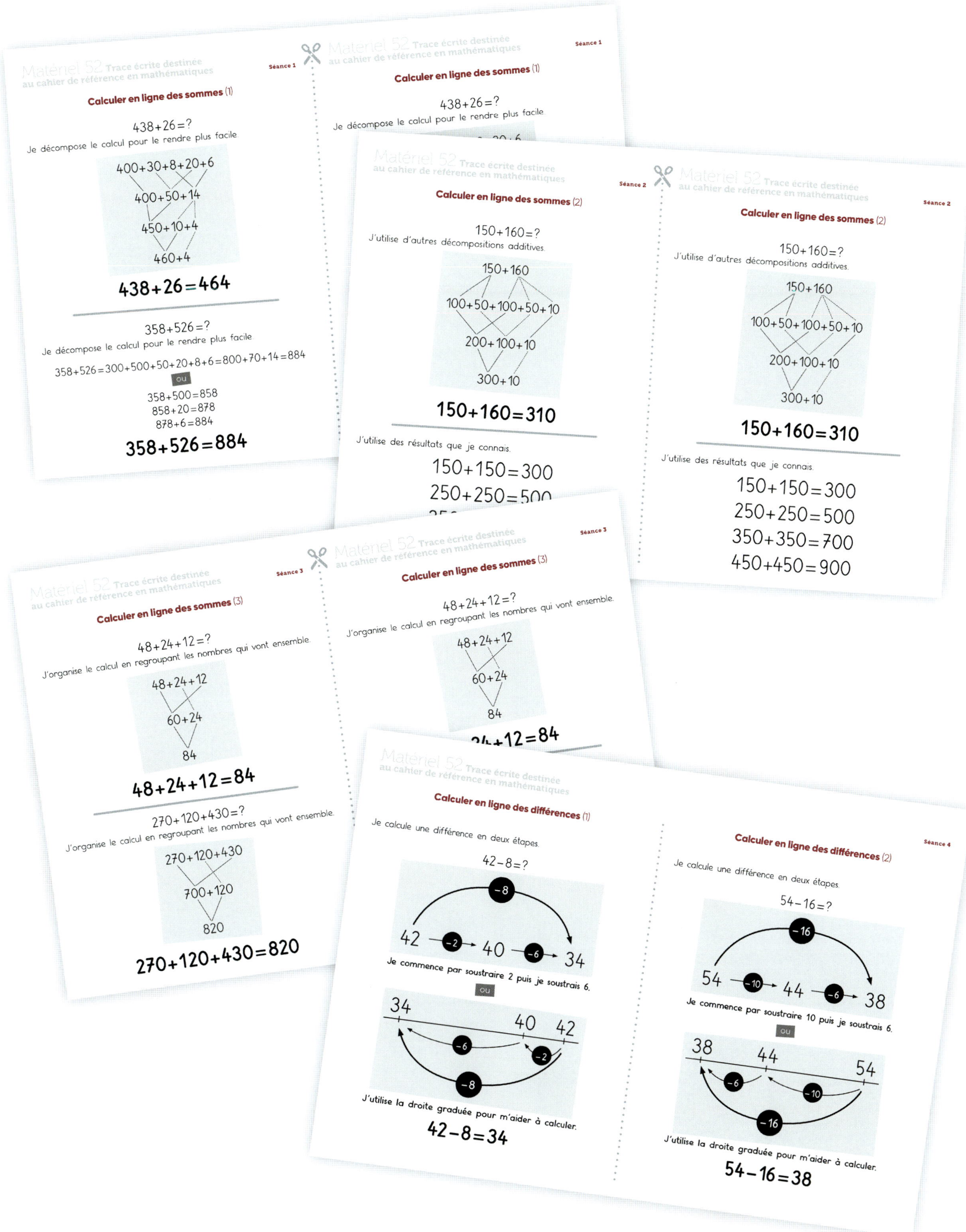

Matériel 52 Trace écrite destinée au cahier de référence en mathématiques — Séance 1

Calculer en ligne des sommes (1)

438+26=?

Je décompose le calcul pour le rendre plus facile

400+30+8+20+6
400+50+14
450+10+4
460+4

438+26=464

358+526=?

Je décompose le calcul pour le rendre plus facile

358+526=300+500+50+20+8+6=800+70+14=884

ou

358+500=858
858+20=878
878+6=884

358+526=884

Matériel 52 Trace écrite destinée au cahier de référence en mathématiques — Séance 2

Calculer en ligne des sommes (2)

150+160=?

J'utilise d'autres décompositions additives.

150+160
100+50+100+50+10
200+100+10
300+10

150+160=310

J'utilise des résultats que je connais.

150+150=300
250+250=500
350+350=700
450+450=900

Matériel 52 Trace écrite destinée au cahier de référence en mathématiques — Séance 3

Calculer en ligne des sommes (3)

48+24+12=?

J'organise le calcul en regroupant les nombres qui vont ensemble.

48+24+12
60+24
84

48+24+12=84

270+120+430=?

J'organise le calcul en regroupant les nombres qui vont ensemble.

270+120+430
700+120
820

270+120+430=820

Matériel 52 Trace écrite destinée au cahier de référence en mathématiques — Séance 4

Calculer en ligne des différences (1)

Je calcule une différence en deux étapes.

42−8=?

42 −2 40 −6 34 (−8)

Je commence par soustraire 2 puis je soustrais 6.

ou

34 40 42 (−2, −6, −8)

J'utilise la droite graduée pour m'aider à calculer.

42−8=34

Calculer en ligne des différences (2)

Je calcule une différence en deux étapes.

54−16=?

54 −10 44 −6 38 (−16)

Je commence par soustraire 10 puis je soustrais 6.

ou

38 44 54 (−10, −6, −16)

J'utilise la droite graduée pour m'aider à calculer.

54−16=38

53 Compléter une figure par symétrie

Séance 1

30 min

Utiliser un miroir

→ MODÉLISER

Reconnaitre si une figure présente un axe de symétrie.

MATÉRIEL ET SUPPORT
- Un petit miroir apporté par les élèves par groupe de 2 ou des miroirs sans tain (catalogue Celda).
- Une vingtaine de cubes emboitables par groupe de 2.

DÉROULEMENT DE LA SÉANCE

1 Mise en situation Reconnaitre des situations modélisables par la symétrie.	5 min	**Verbalisation** Oral collectif
2 Recherche Compléter une figure par symétrie et vérifier en utilisant un miroir.	15 min	**Manipulation** Groupes de 2
3 Entrainement Comprendre qu'une symétrie n'est pas une translation.	10 min	**Abstraction** Écrit individuel

1 Mise en situation

Séquence 53

Vidéoprojeter l'animation **Séquence 53** pour reconnaitre, dans les œuvres du land artiste Patrick STRAUB, des situations modélisables par la symétrie.
Faire associer la symétrie à *l'image miroir d'une figure*.

Œuvres du land artiste Patrick Straub

2 Recherche

Par groupe de 2, demander aux élèves de construire un objet en forme de **L** avec leurs cubes.
Faire placer cet objet sur une feuille, faire représenter l'axe de symétrie par une droite et demander aux élèves de dessiner l'image qu'ils obtiendraient dans le miroir en le plaçant sur l'axe de symétrie.

Vérifier avec le miroir. Il permet de comprendre qu'une symétrie n'est pas une translation et qu'il y a retournement de la figure. Visualiser ce retournement concrètement en déplaçant l'objet fabriqué avec les cubes.

Reproduire cet exercice en plaçant l'objet et l'axe de symétrie dans différentes positions.

Faire des essais avec d'autres objets construits.

3 Entrainement

Distribuer à chaque élève le document-élève 53A (**ExoSup53.pdf**).

Faire observer les dessins qui se trouvent dans les cadres. Dans certains cadres, les deux figures sont symétriques par rapport à la droite en pointillés. Faire nommer ces figures par les lettres associées aux cadres.

Faire comprendre que les figures sont symétriques si la forme et les dimensions sont conservées et que la figure est retournée.

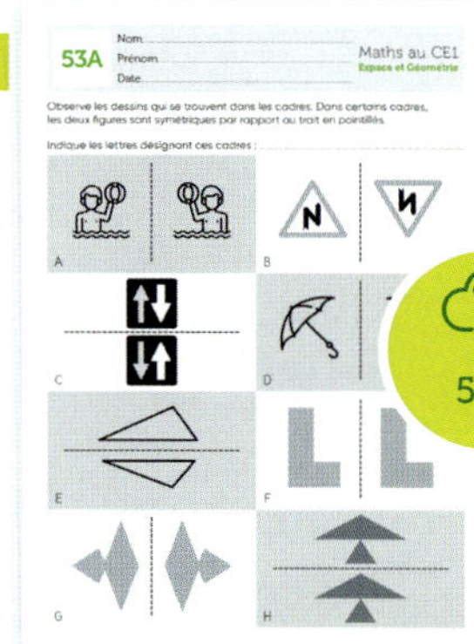

53A

Séance 2

30 min

Utiliser du papier calque

→ MODÉLISER

Compléter une figure par symétrie.

MATÉRIEL ET SUPPORT
- Du papier calque, un crayon de papier et une règle pour chaque élève.
- La feuille de recherche et d'entrainement (**Materiel53.pdf**, page 1).
- Pour la classe, la figure A agrandie au format A3 (**Materiel53.pdf**, page 2).

DÉROULEMENT DE LA SÉANCE

1 Recherche Utiliser un calque pour compléter une figure par symétrie sur papier uni.	10 min	**Manipulation** Travail individuel
2 Mise en commun Rappeler le procédé de retournement de la figure.	10 min	**Verbalisation** Oral collectif
3 Entrainement Compléter une figure par symétrie en utilisant du papier calque.	10 min	**Manipulation** Travail individuel

1 Recherche

Distribuer à chaque élève la figure A de **Materiel53.pdf**, page 1 et une feuille de papier calque de format 8 cm x 10 cm.

Consigne *« Décalque la figure A et l'axe de symétrie. Cherche où placer la partie décalquée pour compléter la figure par symétrie. »*

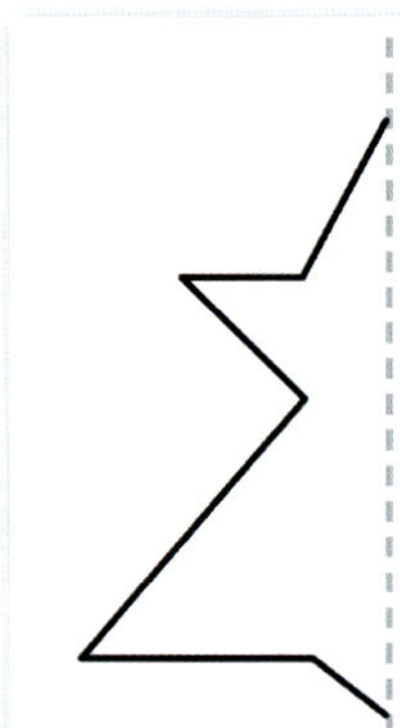

Matériel 53

2 Mise en commun

Mettre en commun les procédures utilisées et inventorier les erreurs à éviter.
Refaire la manipulation, au tableau, avec la figure A agrandie au format A3 (**Materiel53.pdf**, page 2) et une grande feuille de papier calque.
Il faut décalquer la figure A et l'axe de symétrie. Le calque doit ensuite être retourné puis placé de façon à faire coïncider l'axe de symétrie de la feuille blanche et l'axe de symétrie du calque.

3 Entrainement

Chaque élève choisit une figure de **Materiel53.pdf**, page 1 et la complète par symétrie en utilisant un morceau de papier calque.

Matériel 53

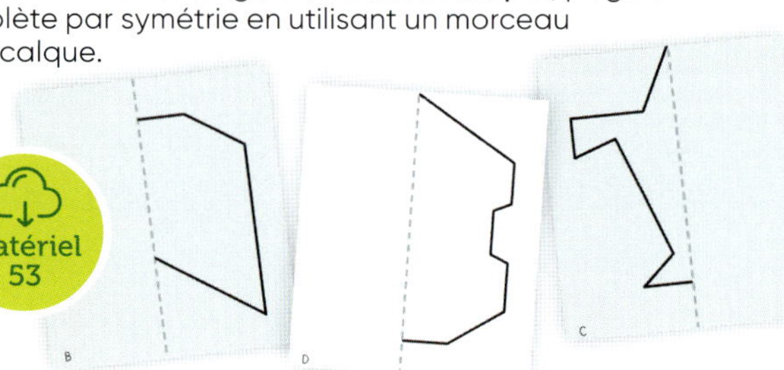

Séance 3 — 30 min

Utiliser une feuille de papier pointé

→ **MODÉLISER**

Compléter une figure par symétrie sur une feuille de papier pointé.

MATÉRIEL ET SUPPORT
- La figure E reproduite sur une feuille de papier calque.
- La feuille de recherche et d'entrainement (**Materiel53.pdf**, page 3).
- Pour la classe, la figure E agrandie au format A3 (**Materiel53.pdf**, page 4).

DÉROULEMENT DE LA SÉANCE

❶ Recherche Compléter la figure E pour qu'elle soit symétrique.	5 min	**Expérimentation** Travail individuel
❷ Mise en commun Placer le symétrique d'un point de la figure en prenant en compte la distance de ce point à l'axe.	5 min	**Verbalisation** Oral collectif
❸ Entrainement Compléter des figures par symétrie sur une feuille de papier pointé.	20 min	**Expérimentation** Travail individuel

❶ Recherche

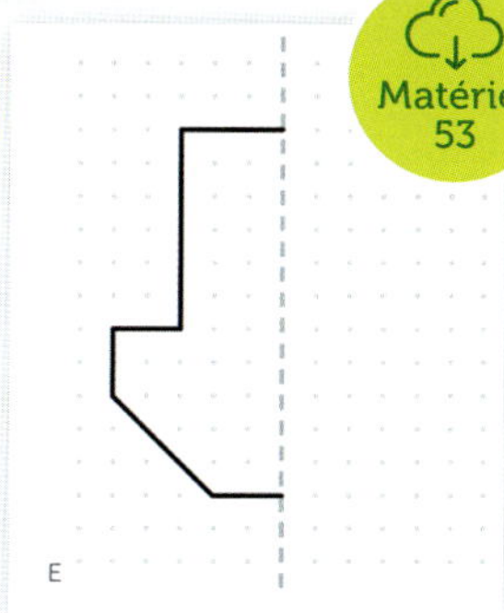

Matériel 53

Distribuer la figure E de **Materiel53.pdf**, page 3 et demander de la compléter par symétrie en utilisant le réseau de points. Annoncer que la vérification s'effectuera en utilisant du papier calque.

Procédures visées
- Anticiper mentalement le retournement de la figure.
- Tracer à partir des points situés sur l'axe de symétrie.
- Construire le symétrique d'un côté puis le reste de la figure à partir de ce côté ou repérer la position des symétriques des sommets de la figure.
- Dénombrer les espaces entre les points du réseau pour reporter la mesure d'un côté.

❷ Mise en commun

Matériel 53

Mettre en commun les procédures utilisées et inventorier les erreurs à éviter.
Refaire la manipulation, au tableau, avec la figure E agrandie au format A3 (**Materiel53.pdf**, page 4) et une grande feuille de papier calque pour la vérification.

❸ Entrainement

Chaque élève complète les figures F, G et H (**Materiel53.pdf**, page 3) par symétrie en utilisant le réseau de points.
Faire valider avec un morceau de papier calque.
Pour la figue H, demander aux élèves en difficulté de tourner leur feuille afin d'obtenir un axe de symétrie vertical ou horizontal.

Matériel 53

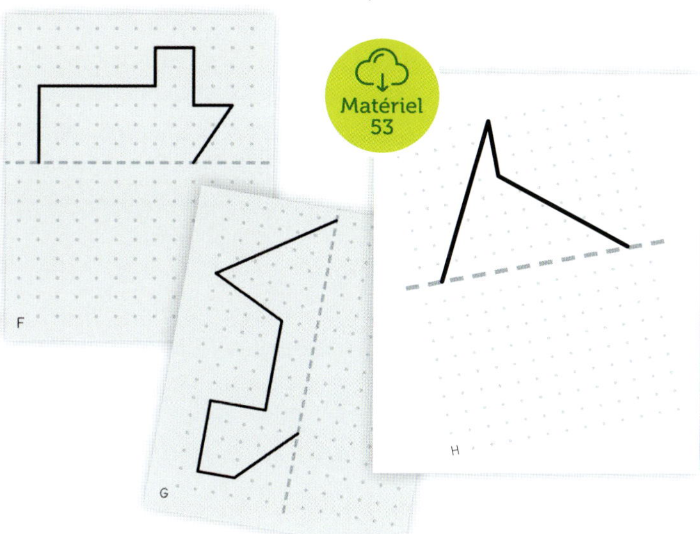

Séance 4 — 30 min

Utiliser une feuille de papier quadrillé

→ **MODÉLISER**

Compléter une figure par symétrie sur un quadrillage.

MATÉRIEL ET SUPPORT
- La figure J reproduite sur une feuille de papier calque.
- La feuille de recherche et d'entrainement (**Materiel53.pdf**, page 5).
- Pour la classe, la figure J agrandie au format A3 (**Materiel53.pdf**, page 6).

DÉROULEMENT DE LA SÉANCE

❶ Recherche Compléter la figure J pour qu'elle soit symétrique.	5 min	**Expérimentation** Travail individuel
❷ Mise en commun Placer le symétrique d'un point de la figure en prenant en compte la distance de ce point à l'axe.	5 min	**Verbalisation** Oral collectif
❸ Entrainement Compléter des figures par symétrie sur une feuille de papier quadrillé.	20 min	**Expérimentation** Travail individuel

❶ Recherche

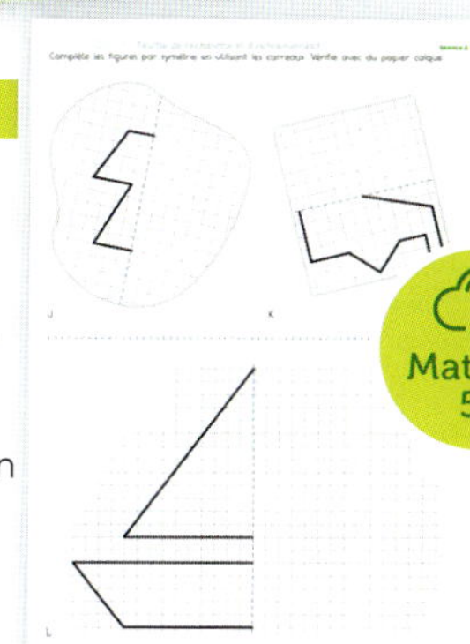

Matériel 53

Distribuer la figure J de **Materiel53.pdf**, page 5 et demander à chacun de la compléter par symétrie en utilisant les carreaux. Pour que les élèves ne prennent pas les bords du quadrillage comme repères, le document propose un quadrillage sans bords rectilignes. Annoncer que la vérification s'effectuera en utilisant du papier calque.

Procédures visées
- Anticiper mentalement le retournement de la figure.
- Tracer à partir des points situés sur l'axe de symétrie.
- Tracer le symétrique d'un côté et enchainer avec les segments suivants ou repérer la position des symétriques des sommets de la figure J.
- Dénombrer les carreaux pour trouver la position d'un point et connaitre la mesure d'un côté.

❷ Mise en commun

Matériel 53

Mettre en commun les procédures utilisées et inventorier les erreurs à éviter. Refaire la manipulation, au tableau, avec la figure J agrandie au format A3 et une grande feuille de papier calque pour la vérification.

❸ Entrainement

Matériel 53

Chaque élève complète les figures K et L (**Materiel53.pdf**, page 5) par symétrie en utilisant les carreaux. Faire valider avec un morceau de papier calque.
Pour la figue L, demander aux élèves de tourner leur feuille afin d'obtenir un axe de symétrie vertical ou horizontal.

Séance 5 — 30 min

Bilan des apprentissages

Valorisation des progrès

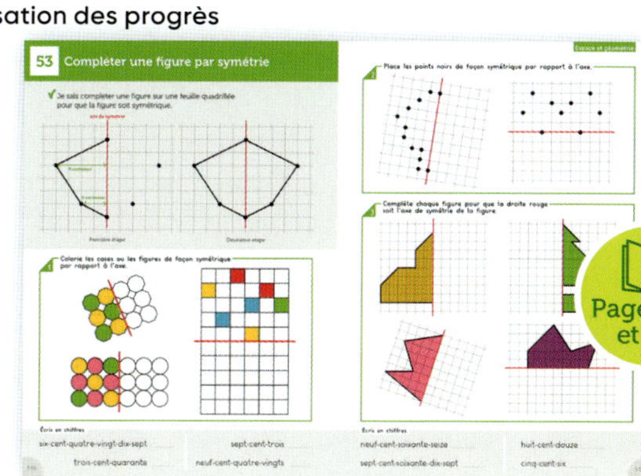

Pages 116 et 117

15 min par jour

Calcul mental

- Renforcer la connaissance des tables de multiplication par 5 et par 2.
- Retrouver rapidement les compléments à la centaine supérieure.

Séance 1

❶ Table de multiplication par 5 : renforcement — 5 min

L'objectif est de mémoriser la table de multiplication par 5 à l'aide de la barre des tables.
La barre des tables est une baguette de bois graduée sur laquelle on a collé un ruban auto agrippant ou un scratch. L'enseignant demande aux élèves de citer les résultats de la table de 5 qu'ils connaissent par cœur et de chercher leur place sur la barre. Il montre des emplacements sur la barre et demande de trouver la carte qu'il faut y placer en justifiant sa réponse.

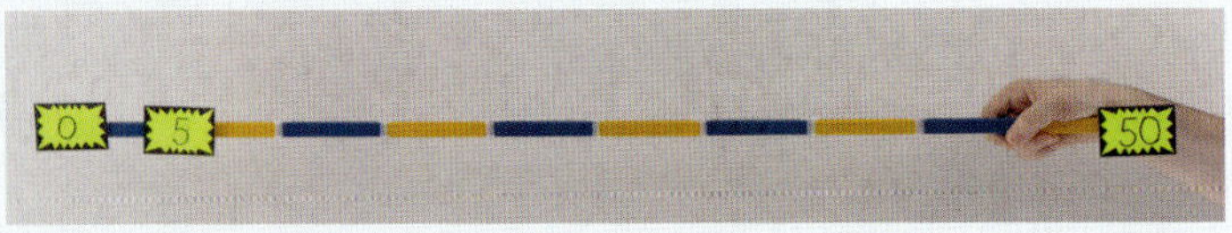

La barre des tables

Placer les résultats sur la barre en commençant par les plus faciles à mémoriser **0x5 1x5 10x5 2x5 5x5**

Compléter au fur et à mesure la table de 5 en utilisant des procédures pour retrouver rapidement les résultats.

Faire répéter chaque résultat dans son intégralité *« 8 fois 5 égale 40 »*.
S'appuyer sur les résultats connus pour retrouver les résultats les plus difficiles à mémoriser.
Exemples *« 4 fois 5 est égal à 20, 8 est le double de 4, donc 8 fois 5 est le double de 20, c'est-à-dire 40. » « Je sais que 10x5=50 donc 9x5=45. »*

Faire remarquer que tous les résultats se terminent par 0 ou 5.

❷ Retrouver rapidement les compléments à la dizaine supérieure — 10 min

Poser les questions oralement une à une sans contrainte de temps. Les élèves répondent sur l'ardoise.
« Quel nombre ajoute-t-on à 132 pour obtenir 140 ? »
« Quel nombre ajoute-t-on à 257 pour obtenir 260 ? »
« Quel nombre ajoute-t-on à 726 pour obtenir 730 ? »
« Quel nombre ajoute-t-on à 845 pour obtenir 850 ? »

Lors de la mise en commun, utiliser les cubes du matériel de numération pour comprendre qu'il faut compléter à la dizaine supérieure en mobilisant sa connaissance des compléments à 10.

Séance 2

❶ Table de multiplication par 5 : renforcement — 5 min

L'objectif est de mémoriser la table de multiplication par 5 à l'aide de la barre des tables.

Les élèves répondent sur l'ardoise aux questions posées dans l'ordre suivant **0x5 1x5 10x5 5x5 2x5 4x5 8x5 3x5 6x5 7x5 9x5**

Placer au fur et à mesure chaque résultat sur la barre des tables.

La barre des tables entièrement complétée

❷ Retrouver rapidement les compléments à la centaine supérieure — 10 min

Poser les questions oralement une à une sans contrainte de temps. Les élèves répondent sur l'ardoise.
« Quel nombre ajoute-t-on à 150 pour obtenir 200 ? »
« Quel nombre ajoute-t-on à 340 pour obtenir 400 ? »
« Quel nombre ajoute-t-on à 620 pour obtenir 700 ? »
« Quel nombre ajoute-t-on à 870 pour obtenir 900 ? »

Lors de la mise en commun, utiliser les cubes du matériel de numération pour comprendre qu'il faut compléter à la centaine supérieure en mobilisant sa connaissance des compléments à 100.

Séance 3

❶ Table de multiplication par 2 : renforcement — 5 min

Mémoriser la table de multiplication par 2 à l'aide de la barre des tables.
Demander aux élèves de citer les résultats de la table qu'ils connaissent par cœur et de chercher leur place sur la barre.
Placer les résultats sur la barre en commençant par les plus faciles à mémoriser **0x2 1x2 2x2 4x2**

Faire répéter chaque résultat dans son intégralité *« 5 fois 2 égale 10 »*.
S'appuyer sur les résultats connus.
Exemples *« Je sais que 10x2=20 donc 9x2=18. » « 3 fois 2 est égal à 6, 6 est le double de 3 donc 6 fois 2 est le double de 6, c'est-à-dire 12 ».*

Remarquer que tous les résultats correspondent aux doubles des nombres de 0 à 10 et se terminent par 0, 2, 4, 6 ou 8.

❷ Retrouver rapidement les compléments à la centaine supérieure — 10 min

Poser les questions oralement une à une sans contrainte de temps. Les élèves répondent sur l'ardoise.
« Quel nombre ajoute-t-on à 162 pour obtenir 200 ? »
« Quel nombre ajoute-t-on à 245 pour obtenir 300 ? »
« Quel nombre ajoute-t-on à 523 pour obtenir 600 ? »
« Quel nombre ajoute-t-on à 842 pour obtenir 900 ? »

Lors de la mise en commun, utiliser les cubes du matériel de numération et l'animation **Calcul 29** pour comprendre la procédure visée.

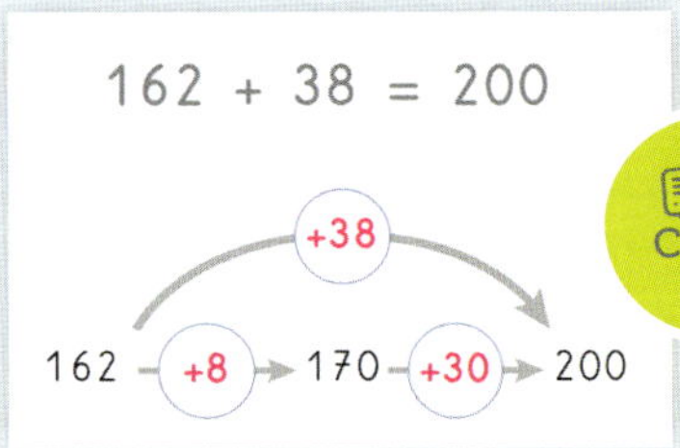

Calcul 29

Procédure visée Compléter à la dizaine supérieure puis de cette dizaine à la centaine supérieure.

Séance 4

❶ Table de multiplication par 2 : renforcement — 5 min

Mémoriser la table de multiplication par 2 à l'aide de la barre des tables.
Les élèves répondent sur l'ardoise.
Placer au fur et à mesure chaque résultat sur la barre des tables.

❷ Retrouver rapidement les compléments à la centaine supérieure : trace écrite et entrainement — 10 min

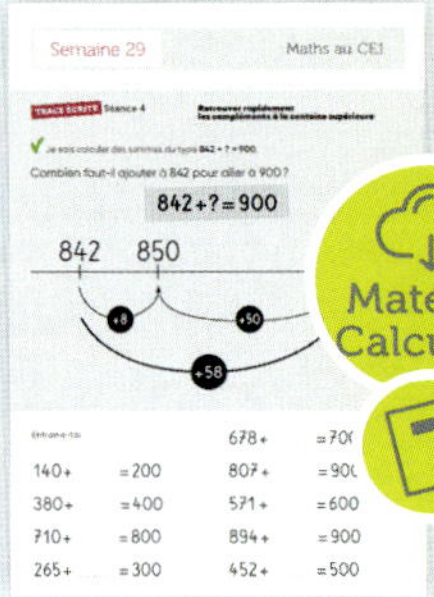

Compléter la trace écrite (**MaterielCalcul29.pdf**)

Matériel Calcul 29

30 min
par semaine

Atelier problèmes

- Résoudre des problèmes du champ additif en une étape : recherche de l'état initial.

Prénom .... Date ....

Résous les problèmes avec le symbole ✖ puis résous les problèmes de ton choix. Essaie d'en résoudre le plus possible.

✖ Problème 1

Léo avait des billes, il en perd 5. Il lui reste 3 billes.

Combien de billes Léo avait-il au départ ?

Problème 2

Samir a gagné 6 billes pendant la récréation. Il a maintenant 19 billes.

Combien de billes Samir avait-il au départ ?

Problème 3

Le marchand de glaces a vendu 540 glaces au cours de la journée.
Ce soir, il lui reste 20 glaces.

Combien de glaces le marchand avait-il à l'ouverture de son magasin ?

✖ Problème 4

Lili joue au jeu de l'Oie. Son pion avance de 5 cases et arrive sur la case 16.

De quelle case le pion de Lili est-il parti ?

Problème 5

Mila joue au jeu de l'Oie. Son pion recule de 7 cases et arrive sur la case 22.

De quelle case le pion de Mila est-il parti ?

Problème 6

Ce matin, Monsieur Lefort a fait ses courses au marché. Il a dépensé 26 €. Il reste 35 € dans son portemonnaie en rentrant chez lui.

Combien d'argent Monsieur Lefort avait-il dans son portemonnaie en allant au marché ?

54 Mesurer des masses : le gramme et le kilogramme

Séance 1 — 40 min

Comparer des objets selon leur masse de manière directe puis indirecte

→ RAISONNER

Identifier l'objet le plus léger (ou le plus lourd) parmi deux ou trois objets de volume comparable en les soupesant ou en utilisant une balance.

MATÉRIEL ET SUPPORT
- 3 sachets marqués A, B et C contenant :
  - sachet A : 210 g de riz
  - sachet B : 190 g de grosses pâtes
  - sachet C : 200 g de haricots secs par exemple.
- Une balance Roberval par groupe de 4 élèves.
- Une boite contenant des petits objets identiques par groupe (billes, petits cubes, morceaux de sucre, gommes neuves…).

DÉROULEMENT DE LA SÉANCE

❶ **Recherche** Ranger des objets selon leur masse en les soupesant puis en utilisant une balance.	15 min	**Expérimentation** Groupes de 4
❷ **Mise en commun** Inventorier les procédures, vérifier et valider les résultats.	5 min	**Manipulation Verbalisation** Oral collectif
❸ **Nouvelle recherche** Mesurer la masse d'un objet à l'aide d'une unité étalon.	10 min	**Expérimentation** Groupes de 4
❹ **Mise en commun** Découvrir la notion d'unité de masse.	5 min	**Manipulation Verbalisation** Oral collectif
❺ **Institutionnalisation** Dicter à l'adulte ce qu'il faut retenir de cette séance.	5 min	**Verbalisation Abstraction** Oral collectif

❶ Recherche

Mise en situation Présenter aux élèves les trois sachets que recevra chaque groupe : le sachet A, le sachet B et le sachet C.

Consigne « *Vous allez ranger ces sachets du moins lourd au plus lourd en les soupesant. Vous vérifierez ensuite votre réponse à l'aide de la balance qui est sur votre table. Vous écrirez les résultats de votre recherche dans votre carnet.* »

Un rappel sur le fonctionnement de la balance sera effectué préalablement. À l'équilibre, les deux plateaux sont au même niveau. L'aiguille ou une flèche indique l'écart avec l'équilibre sur le cadran. Le plateau le plus bas indique l'objet le plus lourd. Le plateau le plus haut indique l'objet le plus léger.

Les élèves soupèsent les sachets, notent leurs hypothèses dans le carnet de recherche puis les valident par la pesée.

Solution La flèche signifiant *est moins lourd que*, B -> C -> A.

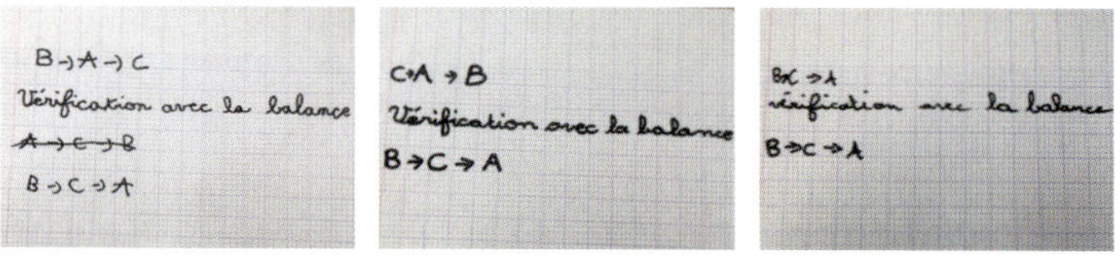

Compte-rendu des estimations et des vérifications par les pesées

❷ Mise en commun

Recenser les réponses.
Faire expliciter les procédures utilisées puis valider par la pesée.

Validation à l'aide d'une balance

Faire remarquer aux élèves que deux pesées peuvent suffire, le résultat de la troisième pesée s'obtenant par déduction.
« *Si le sachet C est moins lourd que le sachet A et que le sachet B est moins lourd que le sachet C, alors le sachet B est aussi moins lourd que le sachet A.* »

❸ Nouvelle recherche

Expliquer aux élèves qu'ils vont maintenant comparer deux objets selon leur masse mais que, cette fois, ils n'auront pas les deux objets en même temps.

Présenter les objets à peser : un cahier et une boite de trombones ou de punaises par exemple.

« *Comment faire pour trouver l'objet le plus lourd sans poser les deux objets en même temps sur la balance ?* »
Ajouter que chaque groupe disposera d'une boite contenant des petits objets identiques : des billes ou des cubes ou des gommes. Leur montrer.

Recueillir les propositions des élèves. Les amener à comprendre qu'ils devront placer le cahier sur un plateau et équilibrer la balance à l'aide d'un certain nombre de petits objets.
Il faudra ensuite compter ces petits objets et faire de même avec la boite de trombones ou de punaises.

Peser un cahier puis une boite de punaises avec des petits objets de même masse.

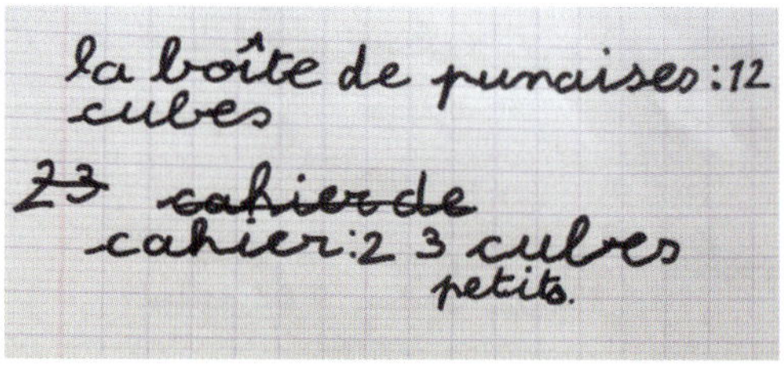

❹ Mise en commun

Recenser les réponses des élèves. Introduire le terme *peser*.

Exemple « *Le cahier est aussi lourd que 9 billes. On dit que le cahier pèse 9 billes ou que la masse du cahier équivaut à 9 billes. Dans ce cas, la bille est l'unité de masse.* »

Selon les groupes, la boite de punaises est pesée avec des unités différentes : jetons, gommes…

Constater que les pesées de chaque groupe permettent de trouver que le cahier est plus lourd que la boite de punaises mais que les mesures diffèrent (18 cubes, 10 billes, 62 jetons…).

5 Institutionnalisation

Faire dicter à l'adulte ce qu'il faut retenir.

Faire copier la trace écrite dans le cahier de mathématiques.

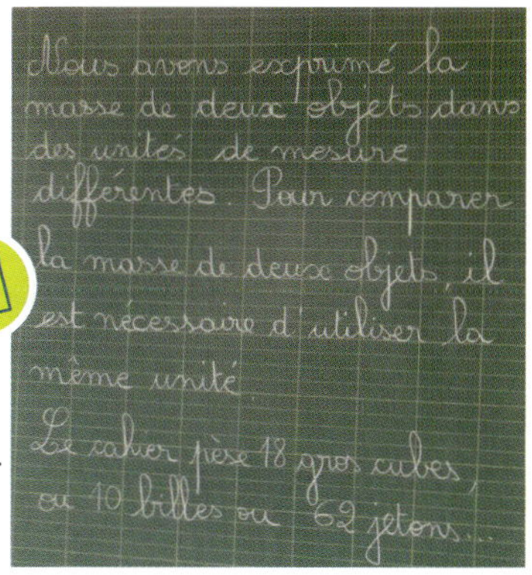

Séance 2

40 min

Découvrir le gramme

→ **MODÉLISER**

Comprendre la nécessité d'une unité commune.
Mesurer des masses en grammes.

MATÉRIEL ET SUPPORT

- Les sachets A, B et C utilisés lors de la séance 1.
- 3 balances : Roberval, électronique, mécanique.
- La représentation des masses marquées pour la classe (**Materiel54.pdf**, page 1).

DÉROULEMENT DE LA SÉANCE

1 Appropriation du problème Comprendre le but à atteindre : déterminer la masse d'un objet en grammes.	10 min	**Verbalisation** Oral collectif
2 Recherche Peser un objet avec des masses marquées.	10 min	**Expérimentation Manipulation Verbalisation** Oral collectif
3 Synthèse Comprendre que pour trouver la masse d'un objet, il faut additionner les valeurs des masses marquées utilisées.		
4 Entrainement Trouver la masse d'un objet. L'exprimer en grammes.	20 min	**Expérimentation Manipulation** Écrit individuel

1 Appropriation du problème

Rappeler avec les élèves le travail réalisé lors de la séance précédente et la conclusion qui en a été tirée : la nécessité d'utiliser une unité de masse commune.

Demander aux élèves s'ils connaissent l'unité utilisée pour mesurer des masses. Les élèves citeront sans doute le kilogramme et le gramme.

Expliquer que, lorsqu'on pèse un objet avec la balance Roberval, on utilise des masses marquées. Les montrer, lire la masse indiquée sur chacune d'elle et les faire soupeser aux élèves.

Afficher au tableau la composition de la boite de masses marquées. Expliquer que *gramme* s'abrège avec la lettre ***g***.

Matériel 54

Chercher des objets ou des animaux qui pourraient peser environ 1 gramme (un trombone).

Annoncer ensuite aux élèves que la classe va peser le sachet de pâtes (sachet B) et exprimer sa masse en grammes.

2 Recherche

Placer le sachet de pâtes B sur l'un des plateaux de la balance et demander aux élèves d'indiquer une masse à placer sur le second plateau. La balance sera équilibrée par essais successifs.

3 Synthèse

Écrire au tableau la valeur des masses utilisées : 100 g, 50 g, 20 g, 10 g, 10 g, 1 g.

Demander aux élèves combien pèse le sachet de pâtes. Les amener à comprendre qu'il faut additionner les valeurs des masses utilisées.
100 g + 50 g + 20 g + 10 g + 10 g + 1 g = 191 g

Le sachet de pâtes pèse 191 g.

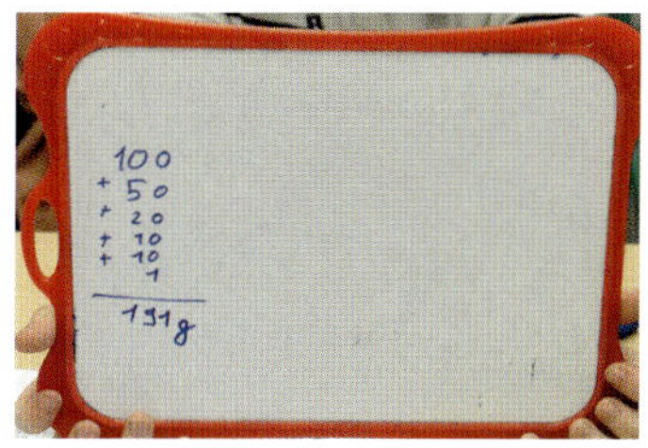

Conclure que pour trouver la masse d'un objet, on ajoute les valeurs des masses marquées qui ont permis d'équilibrer la balance.

Présenter successivement deux nouvelles balances : une balance de cuisine électronique et une balance mécanique.

Peser de nouveau le paquet de pâtes et faire observer la manière dont chaque balance fonctionne.
- Sur la balance électronique, la masse de l'objet pesé s'affiche directement : 190 g.
- Sur la balance mécanique, l'aiguille indique la masse de l'objet pesé sur un cadran gradué ; pour lire la masse indiquée, il faut se repérer dans les graduations.

4 Entrainement

AU COIN MATHS

Les élèves vont successivement, par groupes de 4, peser les sachets A et C et indiquer leurs résultats sur le document élève (**Matériel 54.pdf**, page 2). Ils vérifient leurs résultats en utilisant les deux autres balances.

Matériel 54

Deux ateliers équivalents, proposant chacun une balance Roberval et une boite de masses marquées, sont mis en place durant quelques jours pour permettre aux élèves de s'entrainer à peser divers objets.

54 Mesurer des masses : le gramme et le kilogramme

Séance 3 — 40 min

Découvrir le kilogramme

→ MODÉLISER

Obtenir un kilogramme à l'aide des masses marquées.

MATÉRIEL ET SUPPORT
- Les objets pesant un kilogramme apportés par les élèves
- Une balance par groupe de 4 élèves : balance Roberval, balance électronique ou balance mécanique.
- La trace écrite (**Materiel54.pdf**, page 3).

DÉROULEMENT DE LA SÉANCE

❶ Appropriation du problème Comprendre qu'un kilogramme, c'est 1000 grammes.	5 min	**Verbalisation** Oral collectif
❷ Recherche Obtenir un kg avec des masses marquées.	15 min	**Expérimentation Manipulation** Groupes de 2
❸ Nouvelle recherche Mesurer la masse des objets *non marqués* apportés par les élèves.	15 min	**Expérimentation** Groupes de 4
❹ Institutionnalisation Trace écrite : ce qu'il faut retenir.	5 min	**Verbalisation Abstraction** Oral collectif

❶ Appropriation du problème

À la demande de l'enseignant, les élèves ont rapporté de la maison un objet pesant un kilogramme.

Demander aux élèves s'ils savent ce qu'est un kilogramme. Faire faire le lien avec le kilomètre et faire rappeler la signification du préfixe *kilo*. « *Kilo, placé en début de mot, signifie mille. Un kilomètre, c'est 1000 mètres, un kilogramme, c'est 1000 grammes.* »

Faire l'inventaire des objets apportés par les élèves. Leur demander comment ils savent que cet objet pèse un kilogramme.

La plupart du temps, s'il s'agit d'un produit alimentaire, la masse est indiquée sur l'emballage. D'autres élèves auront peut-être pesé l'objet à la maison à l'aide d'une balance de ménage. D'autres encore auront peut-être estimé la masse de l'objet en le soupesant.

Expliquer aux élèves qu'il faudra vérifier la masse des objets *non marqués*.

Vérifier également les objets où la masse est indiquée.

❷ Recherche

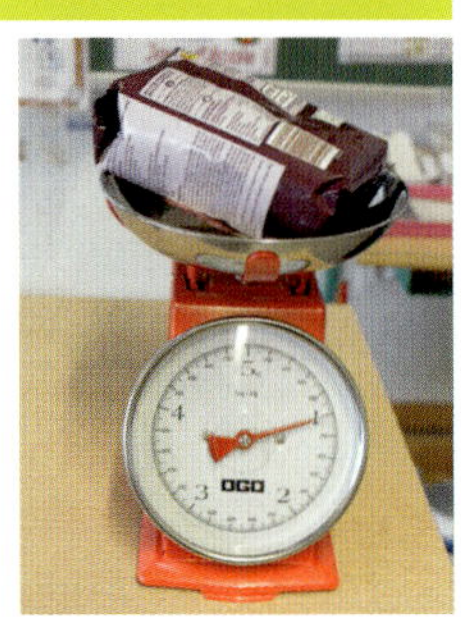

Choisir un objet *marqué* 1 kg et le placer sur la balance mécanique ou électronique. L'affichage indique 1000. Expliquer que l'unité est le *gramme* et que 1000 g, c'est bien 1 kg.

Placer le même objet sur la balance Roberval et poser aux élèves le problème suivant : « *Quelles masses marquées faudra-t-il placer sur le deuxième plateau pour équilibrer la balance ?* »

Rappeler le contenu d'une boite de masses marquées.

Afficher le référent utilisé lors de la séance précédente.

Indiquer aux élèves qu'ils effectueront leurs recherches par deux et qu'ils noteront leurs résultats dans leur cahier.

Mise en commun et validation

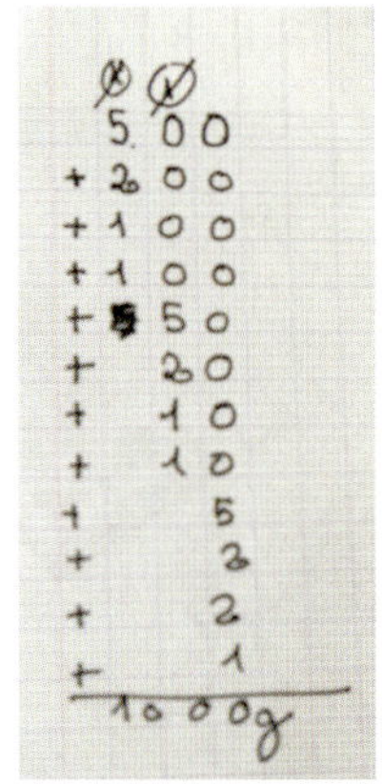

Recenser les réponses des élèves en commençant par les réponses erronées. Expliquer collectivement l'origine des erreurs.

Valider la bonne réponse et vérifier en plaçant les masses marquées correspondantes sur le deuxième plateau.

1 kg, c'est 1000 g. Il faut chercher à obtenir 1000 g en additionnant les valeurs des masses marquées utilisées.

500 g + 200 g + 100 g + 100 g + 50 g + 20 g + 10 g + 10 g + 5 g + 2 g + 2 g + 1 g = 1000 g

Pour obtenir 1000 g (1 kg), il faut utiliser l'intégralité des masses marquées de la boite.

Vérifier avec la balance et 10 objets pesant 100 g chacun (masses marquées de 100 g ou tablettes de chocolat de 100 g) que 1 kilogramme, c'est 10 fois 100 grammes.

❸ Nouvelle recherche

Consigne « *Vous allez maintenant, par groupe de 4, vérifier la masse des objets non marqués apportés par vos camarades. Vous disposerez de diverses balances : balance Roberval, balance électronique ou balance mécanique. Si vous avez le temps, vous pourrez peser le même objet avec plusieurs balances différentes.* »

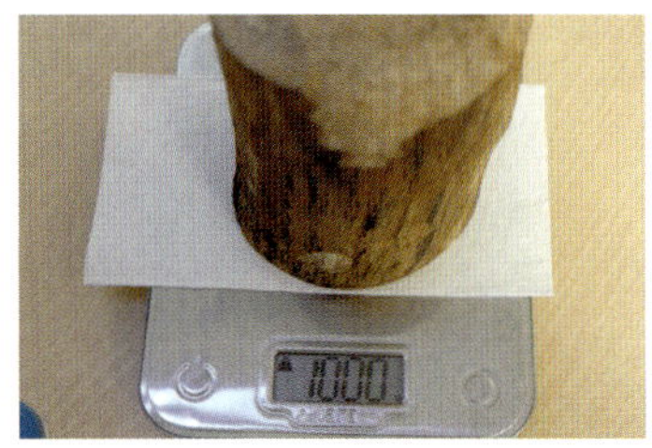

Mise en commun et validation

La mise en commun permettra de trier les objets *non marqués* selon qu'ils pèsent, ou non, un kg.

❹ Institutionnalisation

Ce qu'il faut retenir

Pour peser une masse importante, on utilise une unité plus grande que le gramme : le kilogramme.
Un kilogramme, c'est 1000 grammes.
1 kg = 1000 g
1 kg = 10 x 100 g

Trace écrite

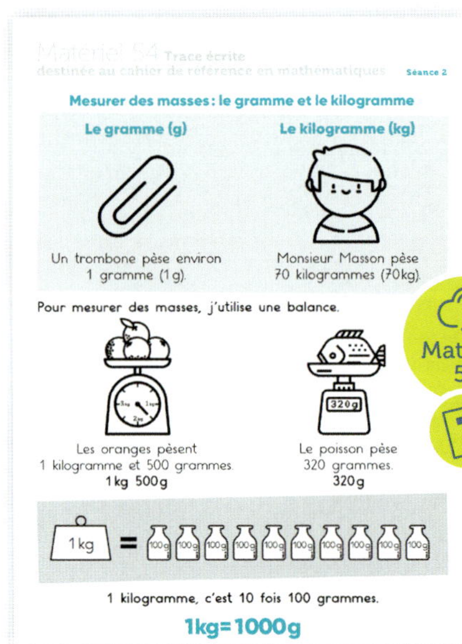

Matériel 54

Séance 4

⌛ 20 min

S'approprier le kilogramme

→ RAISONNER

Raisonner sur les masses.

MATÉRIEL ET SUPPORT

- Une balance par groupe de 4 élèves : balance Roberval, balance électronique ou balance mécanique.

DÉROULEMENT DE LA SÉANCE

❶ Recherche Obtenir un kilogramme avec divers objets.	10 min	**Expérimentation** **Manipulation** Groupes de 4
❷ Mise en commun Lister ce qui pèse un kg. Construire un référent collectif.	10 min	**Manipulation** **Verbalisation** Oral collectif

❶ Recherche

Consigne « Vous allez, par groupes de 4, rassembler divers objets de votre choix pour obtenir un kilogramme. Vous écrirez vos résultats dans votre carnet de recherche. Vous pourrez, si vous avez le temps, chercher plusieurs solutions. »

Les élèves tâtonnent et effectuent de nombreux essais.

❷ Mise en commun

Recenser les réponses, les valider par la pesée.

Construire un référent collectif listant les différentes solutions trouvées.

Exemples

Ce qui pèse un kg

7 ardoises et 1 calculette
1 cartable vide, 5 compas, 3 pochettes de feutres, 1 tube de colle
1 boite de morceaux de sucre
1 paquet de farine
4 baguettes de pain
10 tomates environ selon les variétés
6 à 7 pommes environ selon les variétés
1 chou-fleur selon sa taille
1 litre d'eau ou de lait

AU COIN MATHS

Les élèves effectuent de nombreuses pesées pour compléter le référent qui est affiché dans la classe. Ils manipulent des balances de différents types.

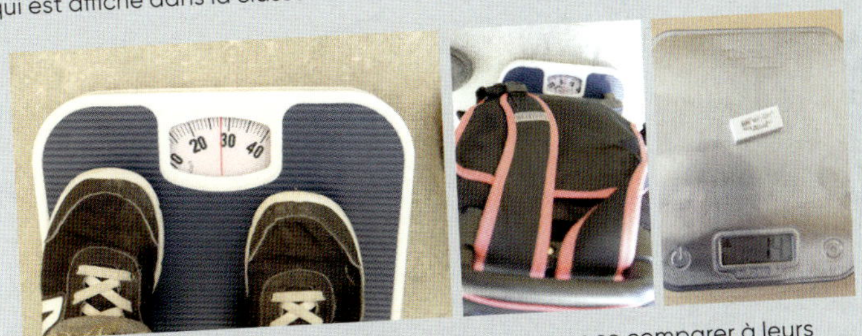

Les élèves utilisent librement un pèse-personne sans se comparer à leurs camarades.

Séance 5

⌛ 20 min

Bilan des apprentissages

Valorisation des progrès

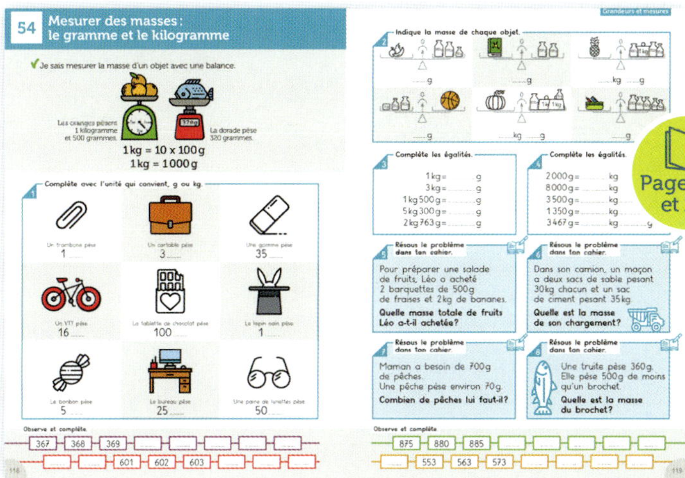

54 Mesurer des masses : le gramme et le kilogramme

✓ Je sais mesurer la masse d'un objet avec une balance.

Les oranges pèsent 1 kilogramme et 500 grammes.

La dorade pèse 320 grammes.

1 kg = 10 x 100 g
1 kg = 1000 g

1 Complète avec l'unité qui convient, g ou kg.

Un trombone pèse 1 ....
Un cartable pèse 3 ....
Une gomme pèse 35 ....
Un VTT pèse 16 ....
La tablette de chocolat pèse 100 ....
Le lapin nain pèse 1 ....
Le bonbon pèse 5 ....
Le bureau pèse 25 ....
Une paire de lunettes pèse 50 ....

Observe et complète.

367 – 368 – 369 – .... – .... – .... – .... – ....
.... – .... – 601 – 602 – 603 – .... – .... – ....

116

Grandeurs et mesures

2 Indique la masse de chaque objet.

.... g   .... g   .... kg .... g
.... g   .... kg .... g   .... g

3 Complète les égalités.

1 kg = ... g
3 kg = ... g
1 kg 500 g = ... g
5 kg 300 g = ... g
2 kg 763 g = ... g

4 Complète les égalités.

2000 g = ... kg
8000 g = ... kg
3500 g = ... kg .... g
1350 g = ... kg .... g
3467 g = ... kg .... g

5 Résous le problème dans ton cahier.
Pour préparer une salade de fruits, Léo a acheté 2 barquettes de 500g de fraises et 2kg de bananes.
Quelle masse totale de fruits Léo a-t-il achetée?

6 Résous le problème dans ton cahier.
Dans son camion, un maçon a deux sacs de sable pesant 30kg chacun et un sac de ciment pesant 35kg.
Quelle est la masse de son chargement?

7 Résous le problème dans ton cahier.
Maman a besoin de 700g de pêches.
Une pêche pèse environ 70g.
Combien de pêches lui faut-il?

8 Résous le problème dans ton cahier.
Une truite pèse 360g. Elle pèse 500g de moins qu'un brochet.
Quelle est la masse du brochet?

Observe et complète.

875 – 880 – 885 – .... – .... – .... – .... – ....
.... – 553 – 563 – 573 – .... – .... – .... – ....

119

Pages 118 et 119

55 Calculer en ligne des produits

Séance 1 — 30 min

Multiplier un nombre à un chiffre par un nombre à 2 chiffres

→ CALCULER

Trouver une procédure pour calculer 5 x 16 et 5 x 26.

MATÉRIEL ET SUPPORT
- 130 cubes ou jetons symbolisant des salades par binôme.

DÉROULEMENT DE LA SÉANCE

1 Recherche Calculer en ligne 5 x 16.	10 min	**Expérimentation** Écrit individuel Groupes de 2
2 Mise en commun Inventorier les procédures utilisées et valider avec le matériel.	10 min	**Verbalisation** Oral collectif
3 Nouvelle recherche Calculer en ligne 5 x 26.	10 min	**Expérimentation** Écrit individuel

1 Recherche

Appropriation du problème
Rappeler à l'aide de l'animation **Séquence 55** la signification du mot *rangée* et que certains problèmes relèvent de situations multiplicatives : éléments organisés en ligne et en colonnes régulières.

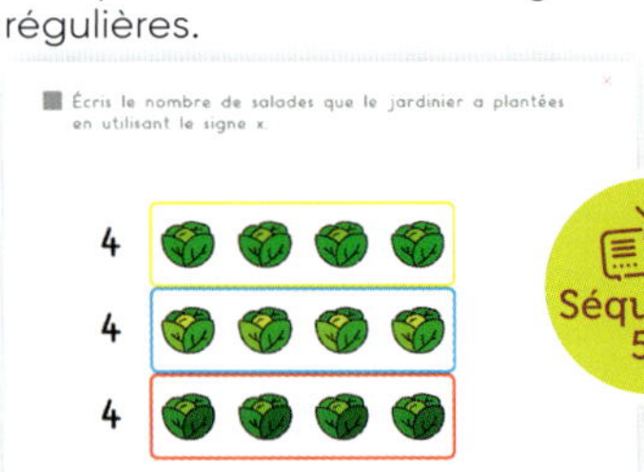

Séquence 55

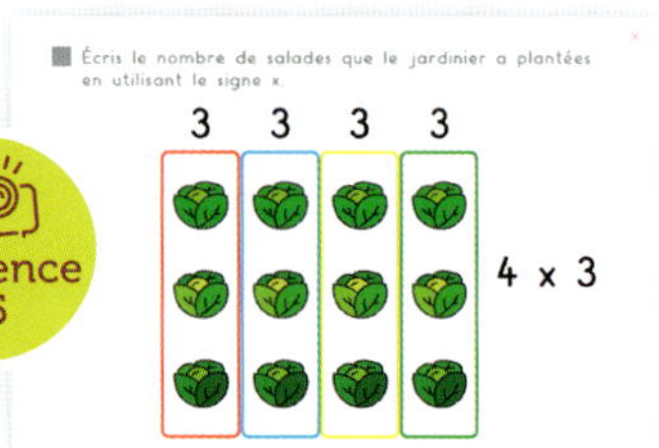

Présentation du problème
Vidéoprojeter l'énoncé du problème.

Un jardinier doit livrer 90 salades à un restaurant.
Dans son jardin, il a 5 rangées de 16 salades.
Le jardinier a-t-il assez de salades pour pouvoir livrer le restaurant ?

Recherche individuelle puis par groupes de 2 élèves

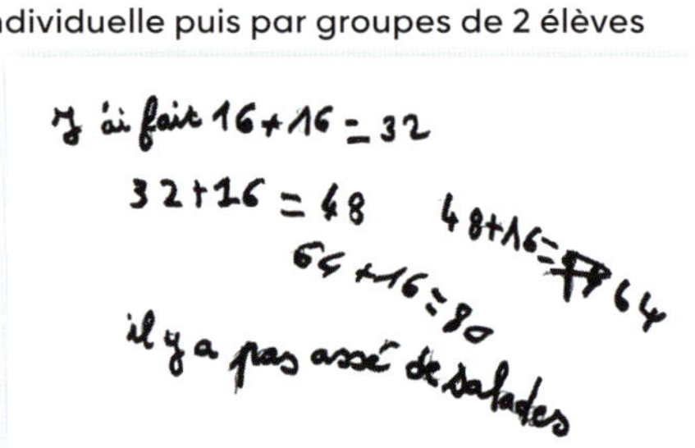

Production d'un élève qui a reconnu un problème multiplicatif. Il effectue des additions itérées en décomposant chacun des nombres pour rendre le calcul plus facile. Il calcule comme s'il distribuait les salades par paquets de 16.

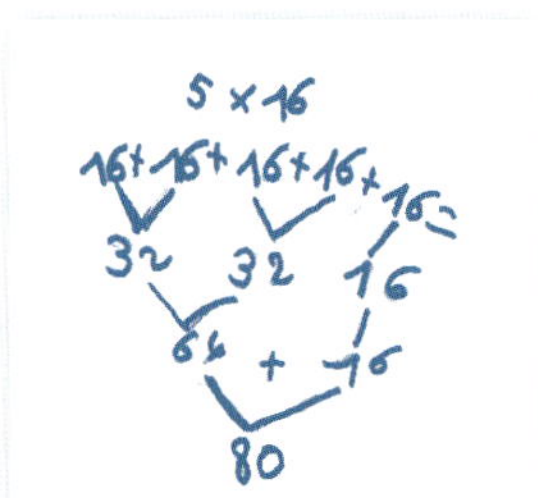

Production d'un élève qui a reconnu un problème multiplicatif et utilise l'addition itérée.

2 Mise en commun

Inventorier les procédures utilisées par les élèves.

Si aucun élève ne propose le calcul en ligne de **5 x 16** en décomposant 5 x 16 en (5 x 10) + (5 x 6), annoncer qu'un élève d'une classe de CE1 a utilisé une procédure nouvelle.

Présenter collectivement cette procédure à l'aide du matériel en verbalisant que *« 5 fois 16, c'est 5 fois 10 plus 5 fois 6. Je sais calculer 5 fois 10, c'est 5 fois 1 dizaine donc 5 dizaines, cela fait 50. Je connais le résultat de 5 x 6 car c'est le même que 6 x 5, cela fait 30. En tout, j'ai 50 + 30 salades, cela fait 80. Il manque 10 salades pour pouvoir livrer le restaurant. »*

Présenter collectivement cette procédure à l'aide du matériel de numération et de l'animation **Séquence 55**.

Procédure visée
Pour effectuer la multiplication 5 x 16, il faut d'abord décomposer 16 en 10 + 6. Utiliser la distributivité de la multiplication sur l'addition pour calculer 5 x (10 + 6).

5 x 16 = 5 x (10 + 6) = (5 x 10) + (5 x 6) = 50 + 30 = 80

Le résultat de 5 x 6 est trouvé en utilisant la commutativité de la multiplication : 5 x 6 = 6 x 5 = 30

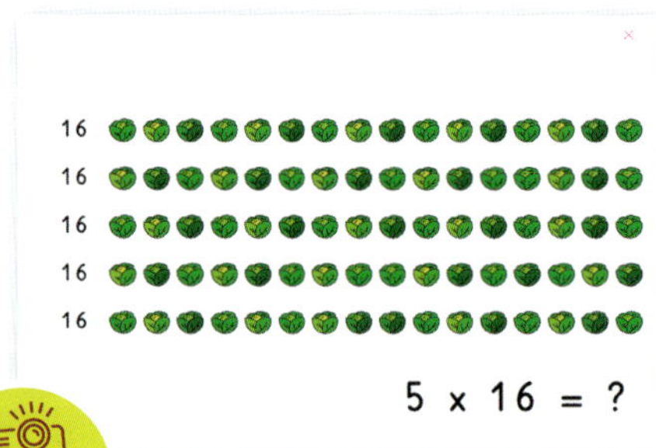

Séquence 55

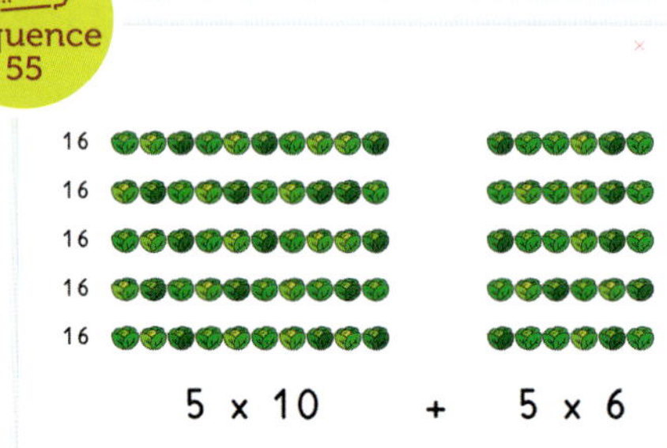

❸ Nouvelle recherche

Un nouveau calcul en ligne est proposé au tableau.
Annoncer qu'un autre jardinier a planté 5 rangées de 26 salades.
Il faut calculer combien de salades il a plantées.

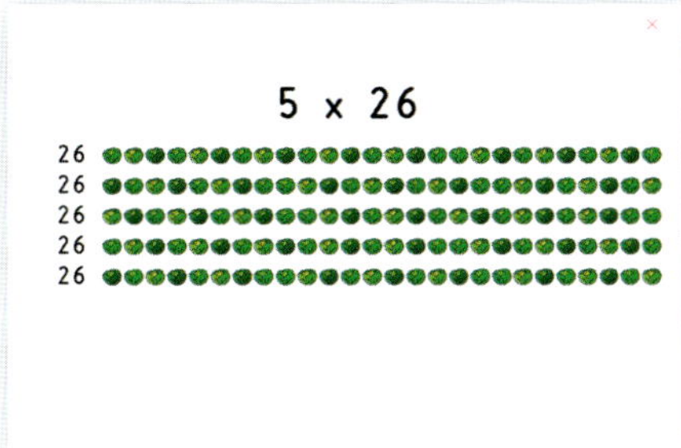

La mise en commun est conduite à l'aide de l'animation **Séquence 55**.
Elle permet d'expliciter qu'il est nécessaire de décomposer 26 en 20 + 6 ou en 10 + 10 + 6.

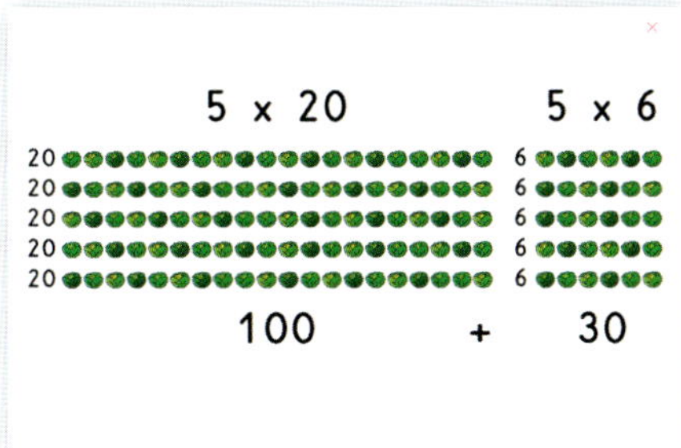

Procédure où 26 est décomposé en 20 + 6

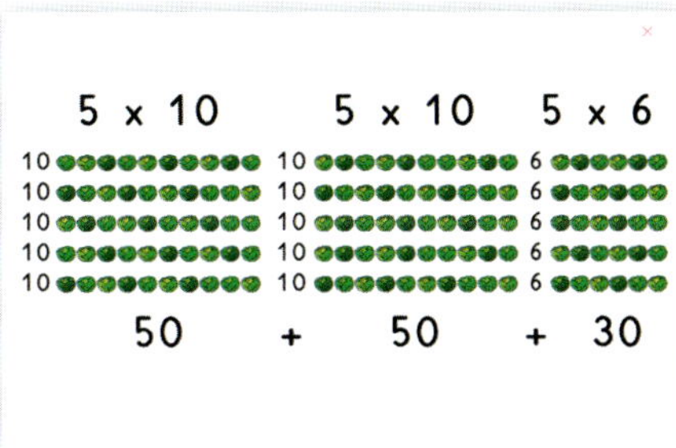

Autre procédure où 26 est décomposé en 10 + 10 + 6

Séance 2 — 40 min

Calculer en ligne des produits du type 3x123

→ **CALCULER**

Découvrir les calculs en ligne où il faut multiplier un nombre à 1 chiffre par un nombre à 3 chiffres.

MATÉRIEL ET SUPPORT
- Les traces écrites (**Materiel55.pdf**, pages 1 à 3).

DÉROULEMENT DE LA SÉANCE

❶ **Recherche** Calculer en ligne 3x14, 3x16 et 3x123.	20 min	**Expérimentation** Écrit individuel
❷ **Institutionnalisation** Élaborer la trace écrite.	10 min	**Verbalisation** Oral collectif
❸ **Entrainement différencié** Calculer en ligne 2x58, 4x212, 5x104, 2x432.	10 min	**Abstraction** Écrit individuel

❶ Recherche

Effectuer successivement sur l'ardoise les calculs en ligne
3x14 3x16 3x123

DIFFÉRENCIATION

- Passer auprès de chaque élève pour valoriser les réussites et relancer le travail de ceux qui sont bloqués.
- Proposer si besoin du matériel de numération à manipuler.
- Accompagner plus longuement les élèves ayant des difficultés persistantes.

Les **traces écrites** sont présentées à l'aide de l'animation **Séquence 55**. (**Materiel55.pdf**, pages 1 et 2).

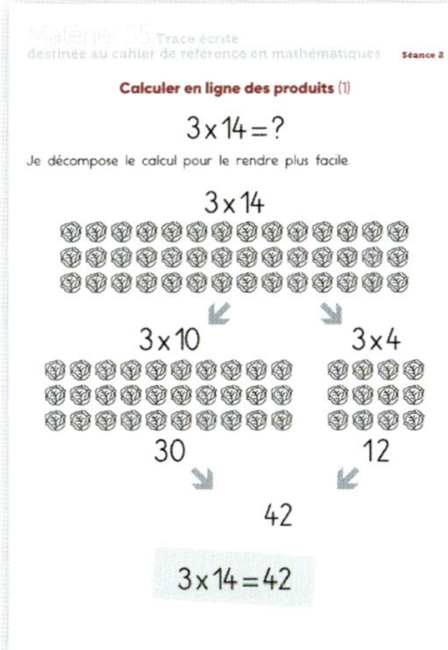

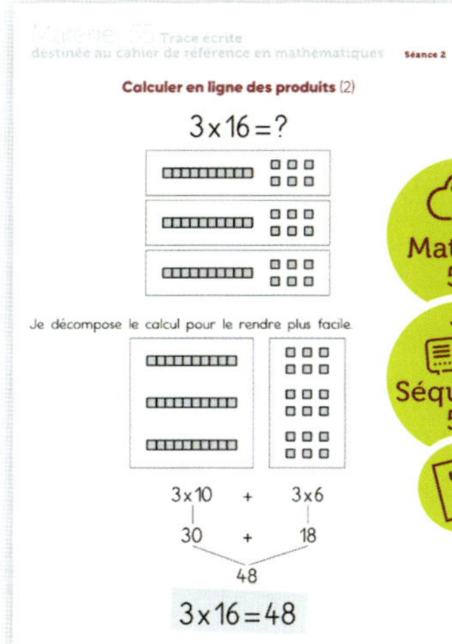

Matériel 55 — Séquence 55

❷ Institutionnalisation

La trace écrite est présentée à l'aide de l'animation **Séquence 55**. (**Materiel55.pdf**, page 3).

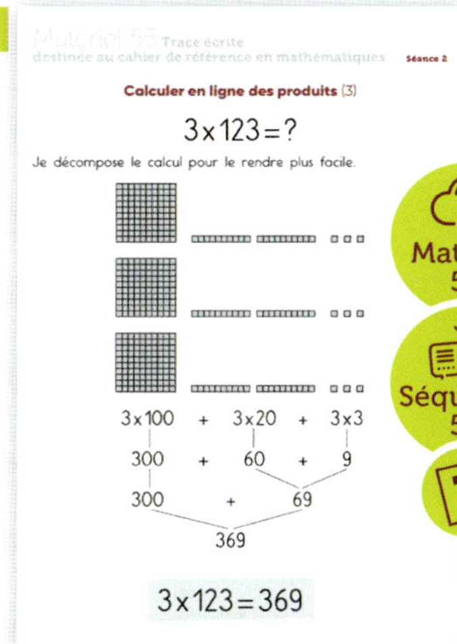

Matériel 55 — Séquence 55

❸ Entrainement différencié

De nouveaux calculs en ligne sont proposés au tableau.
Les élèves travaillent dans un cahier.

2 x 58 =	4 x 212 =
5 x 104 =	2 x 432 =

Séance 3 — 30 min

Calculer en ligne des produits

Bilan des apprentissages

Valorisation des progrès

Pages 120 et 121

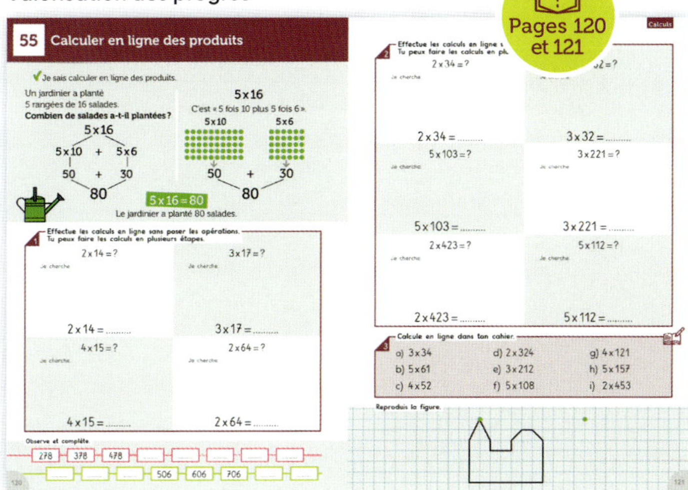

15 min par jour

Calcul mental

- Renforcer la connaissance des tables de multiplication par 3 et par 4.
- Retrouver rapidement les compléments à une centaine supérieure.

Séance 1

❶ Table de multiplication par 4 : renforcement — 5 min

Mémoriser la table de multiplication par 4 à l'aide de la barre des tables.

Demander aux élèves de citer les résultats de la table par 4 qu'ils connaissent par cœur et de chercher leur place sur la barre. Placer les résultats sur la barre en commençant par les plus faciles à mémoriser. Répéter chaque résultat dans son intégralité : *« 3 fois 4 égale 12 »*. S'appuyer sur les résultats connus.

❷ Retrouver rapidement les compléments à une centaine supérieure : renforcement — 10 min

Poser les questions oralement une à une sans contrainte de temps. Les élèves répondent sur l'ardoise.
« Combien faut-il ajouter à 30 pour avoir 900 ? »
« Combien faut-il ajouter à 50 pour avoir 700 ? »
« Combien faut-il ajouter à 310 pour avoir 600 ? »
« Combien faut-il ajouter à 230 pour avoir 700 ? »

Lors de la mise en commun, utiliser les cubes du matériel de numération et l'animation **Calcul 30** pour comprendre la procédure visée.

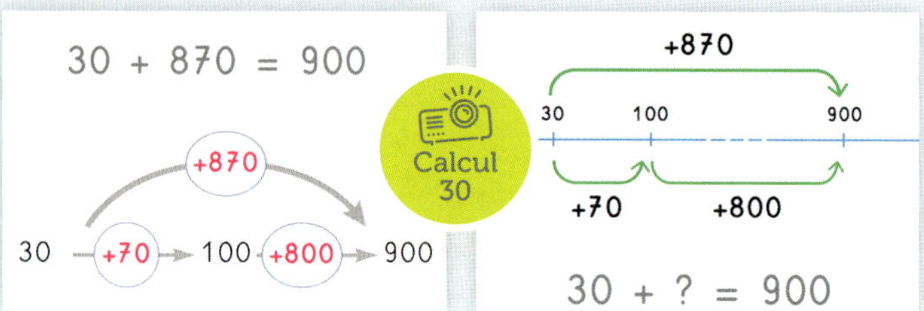

Séance 2

❶ Tables de multiplication par 4 : renforcement — 5 min

Mémoriser la table de multiplication par 4 à l'aide de la barre des tables. Les élèves répondent sur l'ardoise. Placer au fur et à mesure chaque résultat sur la barre des tables.

❷ Retrouver rapidement les compléments à une centaine supérieure : entrainement — 10 min

Proposer la série de calculs de **MaterielCalcul30.pdf**, page 1.
La correction est centrée sur les trois à quatre calculs où les élèves ont rencontré des difficultés.

Matériel Calcul 30

Semaine 30 — Maths au

CALCUL MENTAL Séance 2

1 – Calcule.

Combien faut-il ajouter à 456 pour obtenir 500? ……
Combien faut-il ajouter à 739 pour obtenir 800? ……
Combien faut-il ajouter à 60 pour obtenir 800? ……
Combien faut-il ajouter à 70 pour obtenir 500? ……
Combien faut-il ajouter à 570 pour obtenir 900? ……
Combien faut-il ajouter à 380 pour obtenir 700? ……

2 – Complète.

570+ …… =600	869+ …… =900
680+ …… =700	392+ …… =400
810+ …… =900	452+ …… =500
452+ …… =500	560+ …… =800
635+ …… =700	450+ …… =700
168+ …… =200	340+ …… =900
308+ …… =400	220+ …… =800
501+ …… =600	670+ …… =900

Séance 3

❶ Tables de multiplication par 3 : renforcement — 5 min

Mémoriser la table de multiplication par 3 à l'aide de la barre des tables.

❷ Retrouver rapidement les compléments à une centaine supérieure : réinvestissement — 10 min

Proposer les problèmes oralement. Les élèves répondent sur l'ardoise.

« Monsieur Laporte doit effectuer un trajet de 200 km en voiture. Il a déjà parcouru 158 km. ***Quelle distance lui reste-t-il à parcourir ? »***

« Il y a 800 places dans la tribune du stade. 530 places sont occupées. ***Combien de places sont libres ? »***

« Madame Nadar veut acheter un appareil photo qui coute 400 €. Elle a déjà économisé 368 €. ***Combien lui manque-t-il pour acheter l'appareil photo ? »***

« Le boulanger a fabriqué 500 baguettes. Ce matin, il en a vendu 380. ***Combien de baguettes lui reste-t-il ce soir ? »***

Séance 4

❶ Tables de multiplication par 3 : renforcement — 5 min

Mémoriser la table de multiplication par 3 à l'aide de la barre des tables.

❷ Retrouver rapidement les compléments à une centaine supérieure : évaluation — 5 min

Proposer la série de calculs de **MaterielCalcul30.pdf**, page 2.

Semaine 30 — ÉVALUATION — Maths au CE1

Nom ……
Prénom …… Date ……

Retrouver rapidement des compléments.

Effectue le plus grand nombre possible de calculs en trois minutes.

670+ …… =700	460+ …… =500	820+ …… =900	130+ …… =200	250+ …… =300
410+ …… =500	520+ …… =600	740+ …… =800	890+ …… =900	280+ …… =300
40+ …… =900	70+ …… =800	20+ …… =500	60+ …… =900	50+ …… =700
10+ …… =400	30+ …… =500	80+ …… =600	90+ …… =500	60+ …… =300
543+ …… =600	508+ …… =600	123+ …… =200	231+ …… =300	788+
451+ …… =500	798+ …… =800	407+ …… =500	432+ …… =500	876+
570+ …… =900	280+ …… =700	220+ …… =400	160+ …… =500	170+ …… =800
140+ …… =700	520+ …… =900	180+ …… =600	590+ …… =900	450+ …… =800

Matériel Calcul 30

Nombre de bonnes réponses	Couleur de ceinture
Jusqu'à 5	Blanche
De 6 à 10	Blanche et jaune
De 11 à 15	Jaune
De 16 à 20	Orange
De 21 à 25	Verte
De 26 à 30	Bleue
De 31 à 35	Rouge
De 36 à 40	Noire

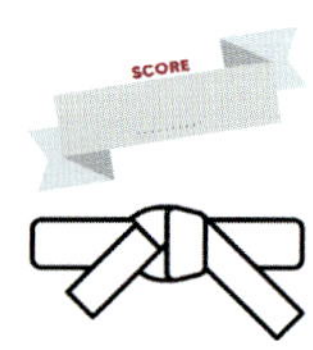

❸ Retrouver rapidement les compléments à la centaine supérieure : réinvestissement — 5 min

Proposer les problèmes oralement. Les élèves répondent sur l'ardoise.

« Madame Chatton doit effectuer un trajet de 500 km en voiture. Elle a déjà parcouru 240 km. ***Quelle distance lui reste-t-il à parcourir ? »***

« Il y a 900 places dans le théâtre. 730 places sont occupées. ***Combien de places sont libres ? »***

« Monsieur Doisneau veut acheter un appareil photo qui coute 600 €. Il a déjà économisé 531 €. ***Combien lui manque-t-il pour acheter l'appareil photo ? »***

« Le boulanger a fabriqué 400 baguettes. Ce matin, il en a vendu 356. ***Combien de baguettes lui reste-t-il ce soir ? »***

Atelier 30

30 min par semaine

Atelier problèmes

- Résoudre des problèmes impliquant des prix.

Prénom .... Date ....

Résous les problèmes avec le symbole ✗ puis résous les problèmes de ton choix. Essaie d'en résoudre le plus possible.

✗ Problème 1

Un journal coute 1 € 20 c, Fatou a donné 2 €.

Combien le marchand de journaux doit-il lui rendre ?

Problème 2

Un crayon coute 20 centimes.

Combien de crayons puis-je acheter avec 1 € ?

Problème 3

Samir achète 3 stylos à 50 centimes.
Il paie avec une pièce de 2 €.

Combien le marchand doit-il lui rendre ?

Problème 4

Bilal achète un livre documentaire à 13 €.
À la caisse, il paie avec un billet de 20 €.

Combien doit-on lui rendre ?

Problème 5

Madame Loum avait 280 €. Elle a acheté un livre à 15 € et une tablette numérique à 155 €.

Combien lui reste-t-il ?

✗ Problème 6

Raphaël achète un livre à la librairie.
Il donne un billet de 20 €, un billet de 5 € et deux pièces de 1 € à la vendeuse qui lui dit : *« Tu me donnes 10 € de trop ».*

Combien coute le livre ?

56 Lire l'heure

Séance 1 — 40 min

Lire un horaire en heures entières

→ COMMUNIQUER

Lire des horaires sur une horloge à aiguilles en heures entières : heures du matin, de l'après-midi et du soir.

MATÉRIEL ET SUPPORT
- Une horloge à aiguilles, un réveil à affichage digital.
- L'horloge de la **planche 9** prédécoupée fournie avec le cahier de l'élève ***Maths au CE1***.
- Par binôme, les cartes à classer de **Materiel56.pdf**, page 1.

DÉROULEMENT DE LA SÉANCE

❶ **Réactivation** Rappeler ce que l'on a appris au CP.	5 min	**Verbalisation** Oral collectif
❷ **Recherche** Classer des images selon l'horaire indiqué.	20 min	**Expérimentation** Individuel puis groupes de 2
❸ **Mise en commun** Recenser les réponses et les procédures.	10 min	**Verbalisation** Oral collectif
❹ **Entrainement** Lire et afficher des heures exactes.	5 min	**Abstraction** Oral collectif

❶ Réactivation

Annoncer aux élèves qu'ils vont poursuivre leur apprentissage de la lecture de l'heure commencé au CP.
Leur demander ce qu'ils savent déjà à ce sujet.

L'enseignant aide les élèves dans leur tâche de rappel en prenant appui sur l'horloge de la classe et un réveil à affichage digital.

Synthèse

Sur une horloge à aiguilles
- La petite aiguille indique l'heure.
- La grande aiguille indique les minutes. Quand l'heure est entière, celle-ci est positionnée sur le 12.

Sur une horloge à affichage digital
- Les deux premiers chiffres indiquent l'heure, les deux suivants indiquent les minutes. Quand l'heure est entière, l'affichage indiqué pour les minutes est 00.

❷ Recherche

Consigne *« Je vais vous donner une planche d'images que vous allez découper et classer. Avec votre voisin, vous allez regrouper toutes les images qui indiquent un horaire identique. »*

Il est 22 heures.		Il est 5 heures.	Il est 16 heures.
06:00	Il est 15 heures.	Il est 10 heures.	Il est midi.
	01:00		22:00
	12:00	Il est 6 heures.	15
			Il est 1 heure.

Matériel 56

❸ Mise en commun

Recenser les réponses des élèves.

- Les horaires du matin sont rapidement validés : 1 h, 5 h, 6 h.
- 12 h et midi, c'est pareil.
- Pour les horaires de l'après-midi ou du soir, demander aux élèves d'expliciter leur procédure.

Procédures visées
- Continuer à compter après 12 : 13 h, 14 h…
- Ajouter 12 heures à l'heure affichée (**Exemple** 17 h = 5 h + 12 h).

❹ Entrainement

Activité 1
Montage de l'horloge avec le matériel de la planche 9.
Préciser aux élèves qu'il faut placer la petite aiguille sur la plus grande pour qu'elle soit toujours visible.

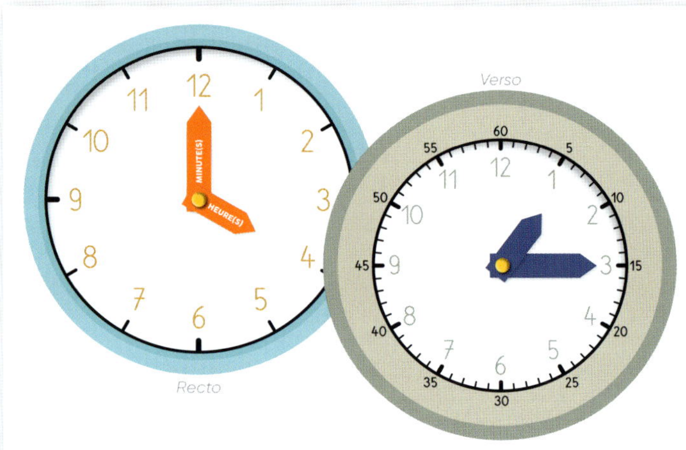

L'horloge de la planche 9 à monter

Activité 2
Afficher différents horaires en heures entières sur l'horloge de la classe. Les élèves écrivent l'heure sur l'ardoise.

Activité 3
Demander aux élèves d'afficher sur l'horloge qu'ils ont fabriquée l'horaire énoncé.
« Il est 7 h. Line se lève. »
« Il est 19 h. Noa prend son repas du soir. »
« Il est 10 h. C'est l'heure de la récréation. »
« Il est 15 h, c'est mercredi. Noa va au stade. »
« Il est 17 h. Line prend son gouter. »
« Il est 14 h. Les enfants sont en classe. »

Activité 4
Entrainement écrit individuel avec **ExoSup56.pdf**.

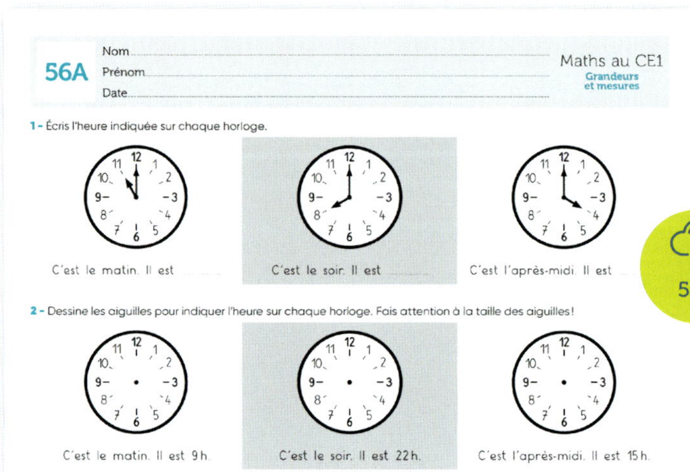

56A Nom ... Prénom ... Date ... Maths au CE1 Grandeurs et mesures

1 - Écris l'heure indiquée sur chaque horloge.

C'est le matin. Il est ... | C'est le soir. Il est ... | C'est l'après-midi. Il est ...

2 - Dessine les aiguilles pour indiquer l'heure sur chaque horloge. Fais attention à la taille des aiguilles !

C'est le matin. Il est 9 h. | C'est le soir. Il est 22 h. | C'est l'après-midi. Il est 15 h.

56A

Séance 2 — 40 min

Découvrir la relation heure / minute

→ CALCULER

Calculer le nombre de minutes contenues dans une heure.

MATÉRIEL ET SUPPORT
- Une horloge à aiguilles, un réveil à affichage digital, un sablier d'une minute.
- L'horloge fabriquée par les élèves en séance 1.
- La trace écrite

DÉROULEMENT DE LA SÉANCE

❶ **Appropriation du problème** Observer le trajet qu'effectue chaque aiguille en une heure.	5 min	**Verbalisation** Oral collectif
❷ **Recherche** Évaluer, en minutes, le temps mis par la grande aiguille pour effectuer un tour complet du cadran.	20 min	**Expérimentation** Individuel puis groupes de 2
❸ **Mise en commun** Recenser les réponses et procédures utilisées.	10 min	**Verbalisation** Oral collectif
❹ **Institutionnalisation** Ce qu'il faut retenir.	5 min	**Abstraction** Oral collectif

❶ Appropriation du problème

Après un rappel collectif du rôle de chaque aiguille, afficher *10 h* puis demander aux élèves l'heure qu'il sera une heure plus tard. Faire préciser le trajet qu'effectuera la petite aiguille : elle se déplacera du *10* au *11*.

Demander ensuite aux élèves d'observer le trajet qu'effectue la grande aiguille pendant ce laps de temps : elle fait un tour complet du cadran. Faire observer que ce trajet est toujours le même quel que soit l'horaire de départ.

❷ Recherche

Expliquer aux élèves qu'ils vont chercher combien de temps met la grande aiguille pour parcourir l'espace entre deux chiffres.

Présenter le sablier d'une minute. Le retourner pour faire prendre conscience de cette durée aux élèves puis reprendre l'horloge à aiguilles et afficher *10 h*.

Consigne 1 *« Un élève va venir retourner le sablier aussi souvent que nécessaire jusqu'à ce que la grande aiguille passe du **12** au **1**. Vous dessinerez un bâton sur votre ardoise à chaque minute écoulée, c'est-à-dire chaque fois que le sablier est vide. »*

Le recensement des réponses permet de conclure que la grande aiguille met 5 minutes pour passer d'un chiffre à l'autre.

Consigne 2 *« Par groupes de deux, vous allez essayer de trouver combien de minutes met la grande aiguille pour faire un tour complet du cadran. Vous pouvez prendre votre horloge en carton pour avoir le cadran sous les yeux. »*

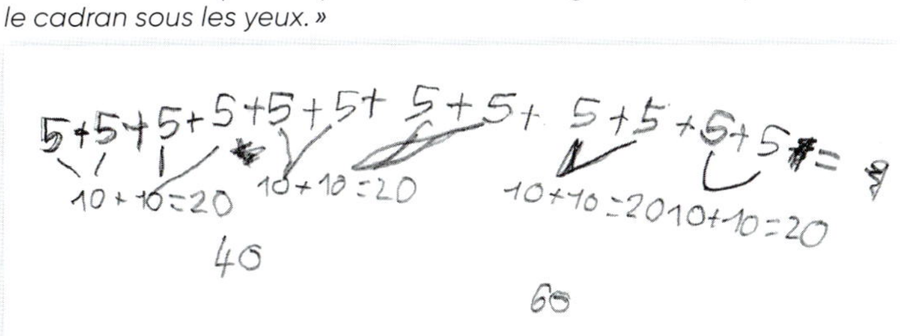

Production d'élèves

❸ Mise en commun

Recenser les réponses et les procédures utilisées.

Procédures observées
- Comptent les graduations en minutes du cadran de l'horloge : ce travail est long et fastidieux. On peut facilement se tromper.
- Observent qu'il y a 12 espaces entre deux chiffres sur le cadran et calculent 12 fois 5 minutes : 12 x 5 = ?

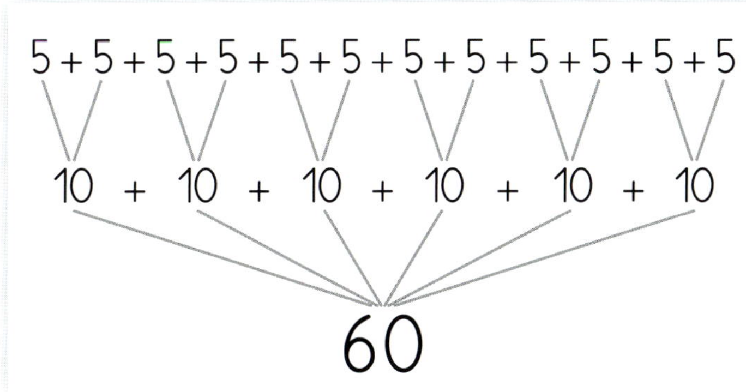

La grande aiguille met 60 minutes pour faire le tour du cadran pendant que la petite aiguille met une heure pour se déplacer d'un chiffre à l'autre. 1 heure = 60 minutes

Valider cette réponse en faisant défiler les minutes sur le réveil digital.

Expliquer que *minute* s'abrège en *min*. **1 h = 60 min**

❹ Institutionnalisation

Ce qu'il faut retenir

En une heure, la petite aiguille de l'horloge se déplace d'un chiffre à l'autre pendant que la grande aiguille fait un tour complet du cadran.
Une heure, c'est pareil que 60 minutes.

1 h = 60 min

Séance 3 — 30 min

Lire les demi-heures

→ COMMUNIQUER

Lire des horaires sur une horloge à aiguilles en heures et demie.

MATÉRIEL ET SUPPORT
- Une horloge à aiguilles et un réveil à affichage digital.
- La trace écrite (**Materiel56.pdf**, page 2).

DÉROULEMENT DE LA SÉANCE

❶ **Recherche** Trouver comment lire un horaire en *heure et demie*.	10 min	**Expérimentation** Groupes de 2
❷ **Mise en commun** Recenser les réponses et procédures utilisées.	5 min	**Verbalisation** Oral collectif
❸ **Entrainement** Lire et afficher des heures exactes et des heures et demie.	10 min	**Expérimentation** Individuel
❹ **Institutionnalisation** Élaborer la trace écrite.	5 min	**Abstraction** Oral collectif

❶ Recherche

La séance commence par un rappel de la correspondance heure / minute.

Afficher 10 h sur l'horloge à aiguilles et annoncer aux élèves qu'ils vont devoir observer le déplacement des aiguilles jusqu'à un nouvel horaire qu'ils chercheront à lire.

Faire avancer les aiguilles jusqu'à 10 h 30.

Faire verbaliser le déplacement de chaque aiguille en suivant du doigt le trajet parcouru.
*« La petite aiguille s'est peu déplacée : elle est partie de **10** et s'est arrêtée entre **10** et **11**. »*
*« La grande aiguille s'est déplacée du **12** au **6**. Elle a parcouru la moitié d'un tour. »*

Consigne *« Quelle heure est-il ? Vous allez réfléchir avec votre voisin et proposer un horaire. Vous devrez être capables de dire comment vous avez raisonné. »*

56 Lire l'heure

❷ Mise en commun

Recenser les réponses et les procédures utilisées.
Identifier les sources d'erreurs.

Il est 10 h passées de 30 minutes.

Procédures visées
- Compter de 5 en 5 jusqu'à 30.
- Calculer 6 x 5 min = 30 min.
- Calculer la moitié de 60 minutes puisque la grande aiguille a parcouru la moitié d'un tour de cadran.

Validation
Il est 10 h et encore 30 min. On dit qu'il est 10 h 30 ou 10 h et demie (car 30 min, c'est la moitié de 60 min).

Sur un affichage digital, on lit 10 : 30.

Trace écrite (**Materiel56.pdf**, page 2)

❸ Entrainement

Activité 1
Afficher différents horaires en heures entières ou heures et demie sur l'horloge de la classe. Les élèves écrivent l'heure sur l'ardoise.

Activité 2
Demander aux élèves d'afficher sur l'horloge qu'ils ont fabriquée l'horaire énoncé.
« Il est 8 h 30. La classe commence. »
« Il est midi. Noa mange à la cantine. »
« Il est 18 h 30. Line et Noa regardent un dessin animé. »
« Il est 15 h 30. C'est la fin de la récréation. »
« Il est 20 h 30. Line va se coucher. »
« Il est 7 h 30. Les enfants prennent leur petit-déjeuner. »

❹ Institutionnalisation

Ce qu'il faut retenir

Il est 10 heures 30 minutes
ou
10 heures et demie.

Il s'est écoulé une demi-heure après 10 heures.
Quand la grande aiguille fait la moitié d'un tour d'horloge, elle parcourt 6 fois 5 minutes : cela fait 30 minutes.
C'est une demi-heure.

Les grandes graduations sont celles des heures. Elles sont numérotées de 1 en 1, de 1 à 12.

Les petites et les grandes graduations sont celles des minutes. Elles sont numérotées de 5 en 5, de 1 à 60.

Séance 4 — 30 min

Bilan des apprentissages

Valorisation des progrès

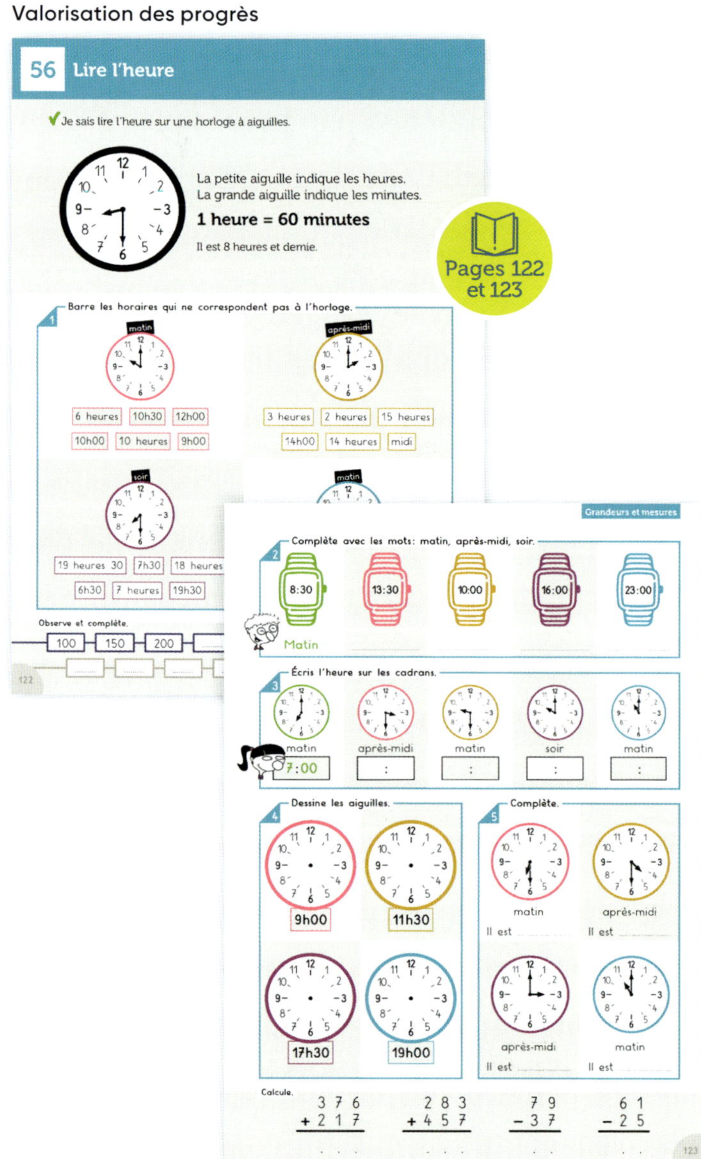

Matériel 56

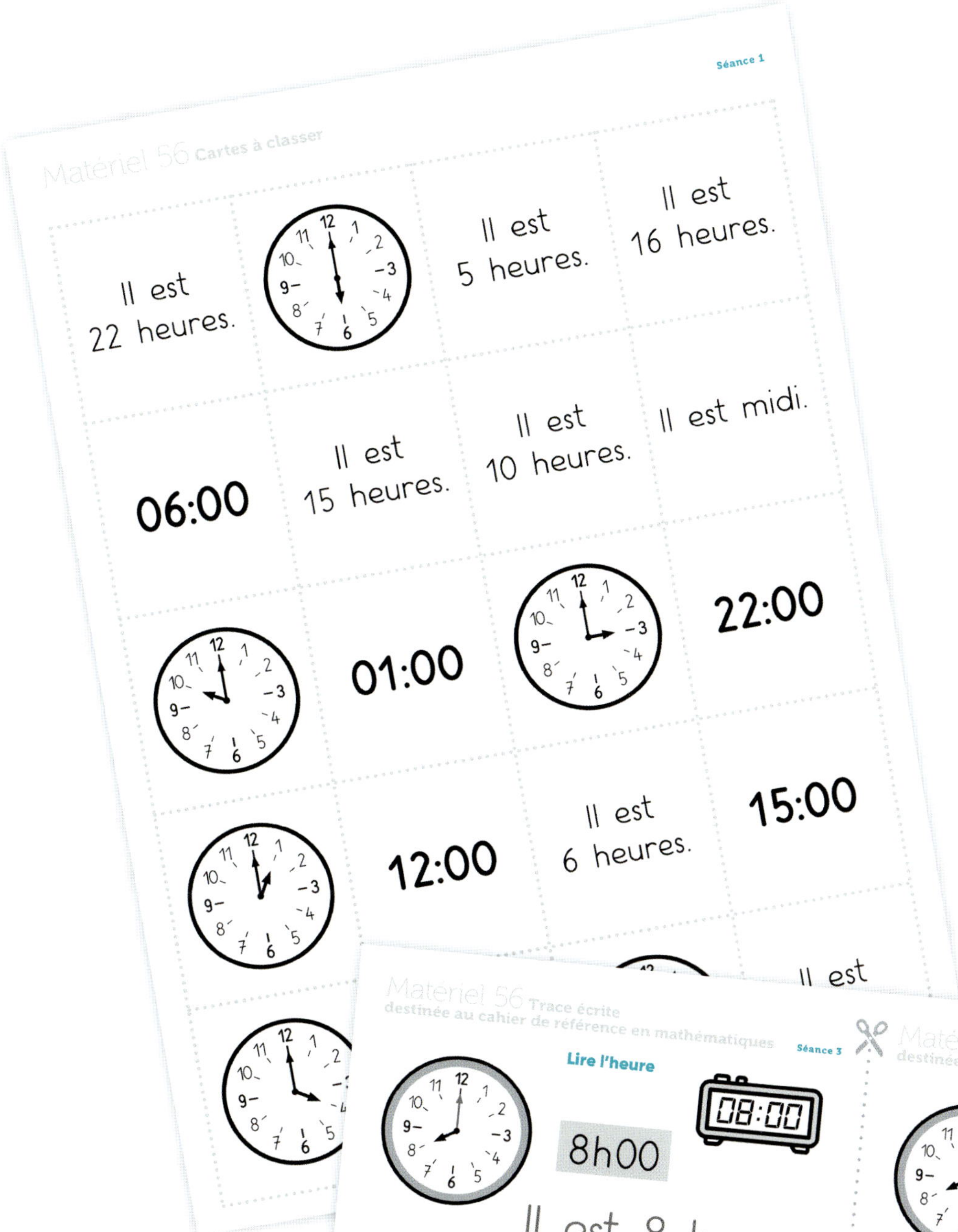
Séance 1
Matériel 56 Cartes à classer
Il est 22 heures.
Il est 5 heures.
Il est 16 heures.
06:00
Il est 15 heures.
Il est 10 heures.
Il est midi.
01:00
22:00
12:00
Il est 6 heures.
15:00
Il est

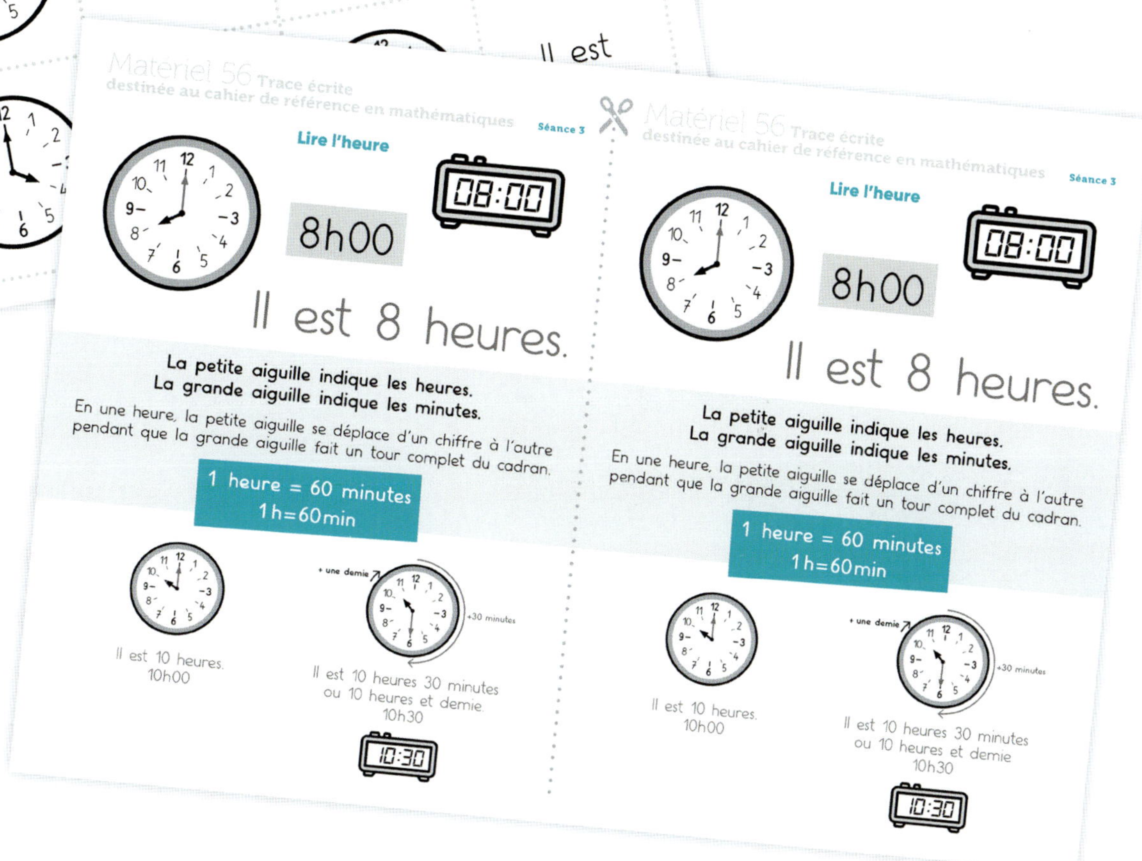
Matériel 56 Trace écrite destinée au cahier de référence en mathématiques
Séance 3
Lire l'heure
08:00
8h00
Il est 8 heures.
La petite aiguille indique les heures.
La grande aiguille indique les minutes.
En une heure, la petite aiguille se déplace d'un chiffre à l'autre pendant que la grande aiguille fait un tour complet du cadran.
1 heure = 60 minutes
1 h = 60 min
Il est 10 heures.
10h00
+ une demie
+30 minutes
Il est 10 heures 30 minutes ou 10 heures et demie
10h30
10:30

57 Mesurer des durées

Séance 1 — 40 min

Découvrir l'équivalence jour / heure

→ CALCULER

Trouver le nombre d'heures contenues dans une journée.

MATÉRIEL ET SUPPORT
- L'horloge à aiguilles de la classe et plusieurs réveils à affichage digital.

DÉROULEMENT DE LA SÉANCE

❶ **Appropriation du problème** Comprendre le but à atteindre : trouver la durée la moins longue.	5 min	**Verbalisation** Oral collectif
❷ **Recherche** Trouver l'équivalence jour/heures.	10 min	**Expérimentation** Groupes de 2
❸ **Mise en commun** Répondre à la question du problème.	5 min	**Verbalisation** Oral collectif
❹ **Institutionnalisation** Savoir que 1 jour = 24 h	5 min	**Abstraction** Oral collectif
❺ **Entrainement** Convertir, comparer et calculer des durées en jours et en heures.	15 min	**Abstraction** Individuel

❶ Appropriation du problème

Problème

*« La compagnie **Confort-Ferry** propose une traversée Marseille-Alger d'une durée d'un jour. La même traversée proposée par la compagnie **Trans-Médi** dure 23 h 30.*
Quelle compagnie propose la traversée la plus rapide ? »

Lire à haute voix l'énoncé du problème et apporter les explications nécessaires (Pour aller de Marseille à Alger, on traverse la Mer Méditerranée. Un ferry est un gros bateau qui transporte des camions et des voitures avec leurs passagers).

Vidéoprojeter la photographie d'un ferry et une carte montrant le trajet Marseille - Alger.

Séquence 57

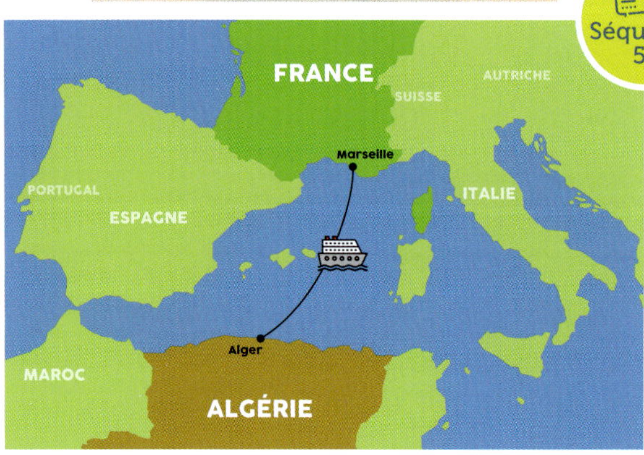

Demander aux élèves ce qu'ils ont compris.
Noter les informations importantes au tableau.

Convenir qu'il est nécessaire de connaitre le nombre d'heures contenues dans une journée pour répondre à la question.

❷ Recherche

Consigne « Par groupe de deux, cherchez combien il y a d'heures dans une journée. »

Dire aux élèves qu'ils peuvent utiliser leur horloge en carton, un réveil digital ou écrire directement dans leur cahier.

❸ Mise en commun

Recenser les réponses et les procédures.

Procédures proposées

- On peut lister puis compter tous les horaires en heures entières que l'on connait, de préférence dans l'ordre pour ne pas en oublier : 1 h, 2 h, 3 h, 4 h, 5 h, 6 h, 7 h, 8 h, 9 h, 10 h, 11 h, 12 h (ou midi), 13 h, 14 h, 15 h, 16 h, 17 h, 18 h, 19 h, 20 h, 21 h, 22 h, 23 h, 24 h (ou minuit).
- On peut faire défiler les heures sur le réveil digital. On remarque qu'après 23 h, l'horaire qui s'affiche est 00:00. Expliquer que 0 h marque le début d'une nouvelle journée. 0 h, c'est pareil que minuit.
- On sait qu'il y a 12 h jusqu'à midi et encore 12 h de midi à minuit. On calcule 12 h + 12 h = 24 h.

Synthèse

Conclure qu'un jour, c'est 24 h, donc 24 h > 23 h 30 min.
24 heures, c'est 30 minutes de plus que 23 h 30.
La traversée qui dure le moins longtemps est proposée par la compagnie *Trans-Médi*.
Faire réfléchir sur la faible différence entre les deux durées de trajet. Il faudra aussi étudier les prix et les services proposés par les deux compagnies pour effectuer un choix.

❹ Institutionnalisation

Ce qu'il faut retenir

La petite aiguille de l'horloge qui marque les heures fait deux fois le tour du cadran en une journée.
Une journée dure 24 heures.

1 j = 24 h

❺ Entrainement

S'entrainer avec **ExoSup57.pdf**, page 1.

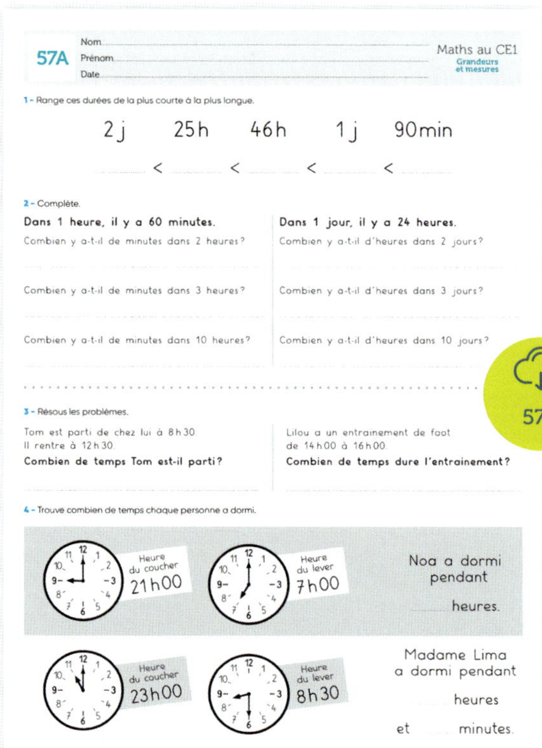

57A Nom ... Prénom ... Date ...
Maths au CE1 — Grandeurs et mesures

1 - Range ces durées de la plus courte à la plus longue.

2 j   25 h   46 h   1 j   90 min

... < ... < ... < ... < ...

2 - Complète.

Dans 1 heure, il y a 60 minutes.
Combien y a-t-il de minutes dans 2 heures ?
Combien y a-t-il de minutes dans 3 heures ?
Combien y a-t-il de minutes dans 10 heures ?

Dans 1 jour, il y a 24 heures.
Combien y a-t-il d'heures dans 2 jours ?
Combien y a-t-il d'heures dans 3 jours ?
Combien y a-t-il d'heures dans 10 jours ?

3 - Résous les problèmes.

Tom est parti de chez lui à 8 h 30
Il rentre à 12 h 30.
Combien de temps Tom est-il parti ?

Lilou a un entrainement de foot de 14 h 00 à 16 h 00.
Combien de temps dure l'entrainement ?

4 - Trouve combien de temps chaque personne a dormi.

Heure du coucher 21 h 00 — Heure du lever 7 h 00 — Noa a dormi pendant ... heures.

Heure du coucher 23 h 00 — Heure du lever 8 h 30 — Madame Lima a dormi pendant ... heures et ... minutes.

57A

Séance 2

30 min

Estimer des durées

→ MODÉLISER

Utiliser la relation entre heure et minute pour résoudre des problèmes portant sur les durées.

DÉROULEMENT DE LA SÉANCE

1 Consolidation Estimer une durée en heures ou minutes.	10 min	**Verbalisation** Oral collectif puis écrit individuel
2 Entrainement Raisonner sur les durées.	20 min	**Expérimentation** Écrit individuel

1 Consolidation

Activité 1

Élaborer des référents pour des durées d'une minute, de 30 minutes et d'une heure.

Demander aux élèves ce qu'on peut faire en une minute.

Exemples

- Se laver les mains.
- S'habiller en été pour sortir en récréation.
- Préparer son cartable.

Demander aux élèves ce qu'on peut faire en 30 minutes.

Exemples

- Prendre son repas.
- Faire cuire un gâteau.
- Participer à la répétition de la chorale de l'école.

Demander aux élèves ce qu'on peut faire en une heure.

Exemples

- Participer à une séance d'EPS.
- Regarder une série télévisée.
- Faire les courses au supermarché.

Activité 2

Écrire h ou min.

Les élèves répondent sur l'ardoise.

- Faire ses devoirs dure 15 ....
- Une nuit de sommeil dure 10 ....
- La récréation dure environ 15 ....
- Aller au Maroc en avion dure 3 ....
- Une journée de classe dure 6 ....
- La cuisson d'un œuf dure 5 ....
- Se brosser les dents dure environ 3 ....

2 Entrainement

S'entrainer avec **ExoSup57.pdf**, page 2.

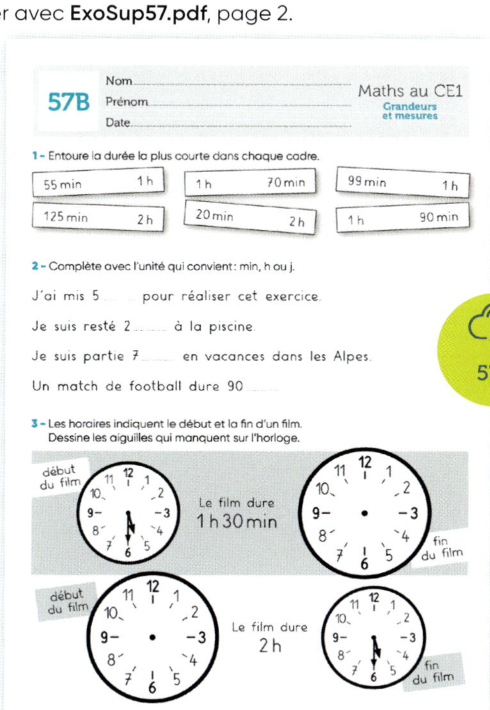
57B Nom .... Prénom .... Date .... Maths au CE1 Grandeurs et mesures

1 - Entoure la durée la plus courte dans chaque cadre.

55 min / 1 h	1 h / 70 min	99 min / 1 h
125 min / 2 h	20 min / 2 h	1 h / 90 min

2 - Complète avec l'unité qui convient : min, h ou j.

J'ai mis 5 .... pour réaliser cet exercice.

Je suis resté 2 .... à la piscine.

Je suis partie 7 .... en vacances dans les Alpes.

Un match de football dure 90 ....

3 - Les horaires indiquent le début et la fin d'un film. Dessine les aiguilles qui manquent sur l'horloge.

57B

Séance 3

30 min

Bilan des apprentissages

Valorisation des progrès

Pages 124 et 125

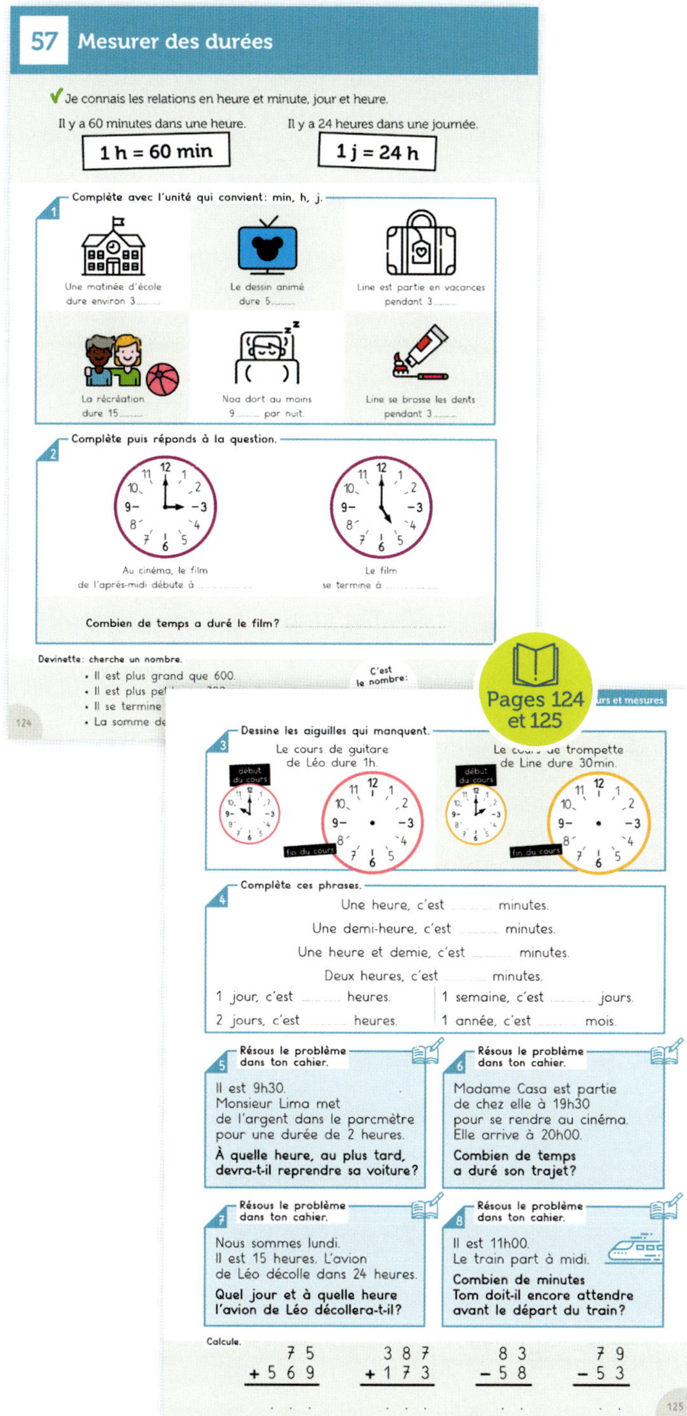
57 Mesurer des durées

Je connais les relations en heure et minute, jour et heure.

Il y a 60 minutes dans une heure. **1 h = 60 min**

Il y a 24 heures dans une journée. **1 j = 24 h**

1 Complète avec l'unité qui convient : min, h, j.

Une matinée d'école dure environ 3 .... Le dessin animé dure 5 .... Line est partie en vacances pendant 3 ....

La récréation dure 15 .... Noa dort au moins 9 .... par nuit. Line se brosse les dents pendant 3 ....

2 Complète puis réponds à la question.

Au cinéma, le film de l'après-midi débute à .... Le film se termine à ....

Combien de temps a duré le film ? ....

Devinette : cherche un nombre.
• Il est plus grand que 600.
• Il est plus pe...
• Il se termine ...
• La somme de...
C'est le nombre : ....

3 Dessine les aiguilles qui manquent.

Le cours de guitare de Léo dure 1h. Le cours de trompette de Line dure 30 min.

4 Complète ces phrases.

Une heure, c'est .... minutes.
Une demi-heure, c'est .... minutes.
Une heure et demie, c'est .... minutes.
Deux heures, c'est .... minutes.
1 jour, c'est .... heures. 1 semaine, c'est .... jours.
2 jours, c'est .... heures. 1 année, c'est .... mois.

5 Résous le problème dans ton cahier.
Il est 9h30. Monsieur Lima met de l'argent dans le parcmètre pour une durée de 2 heures. **À quelle heure, au plus tard, devra-t-il reprendre sa voiture ?**

6 Résous le problème dans ton cahier.
Madame Casa est partie de chez elle à 19h30 pour se rendre au cinéma. Elle arrive à 20h00. **Combien de temps a duré son trajet ?**

7 Résous le problème dans ton cahier.
Nous sommes lundi. Il est 15 heures. L'avion de Léo décolle dans 24 heures. **Quel jour et à quelle heure l'avion de Léo décollera-t-il ?**

8 Résous le problème dans ton cahier.
Il est 11h00. Le train part à midi. **Combien de minutes Tom doit-il encore attendre avant le départ du train ?**

Calcule.

7 5 + 5 6 9	3 8 7 + 1 7 3	8 3 − 5 8	7 9 − 5 3

124 125

15 min par jour

Calcul mental

- Renforcer la connaissance de la table de multiplication par 10.
- Connaitre les tables de multiplication.
- Multiplier par 10 un nombre inférieur à 100.

Séance 1

❶ Table de multiplication par 10 : renforcement — 5 min

Mémoriser la table de multiplication par 10 à l'aide de la barre des tables.

Demander aux élèves de citer les résultats de la table par 10 qu'ils connaissent par cœur et de chercher leur place sur la barre. Répéter chaque résultat dans son intégralité : *« 3 fois 10 égale 30 ».* Privilégier la procédure utilisant les unités de numération : *« 3 fois 10, c'est 3 fois 1 dizaine. 3 dizaines, c'est 30. »*

❷ Multiplier par 10 un nombre inférieur à 100 : découverte — 10 min

Proposer les calculs oralement. Les élèves répondent sur l'ardoise. Utiliser le matériel de numération et l'animation **Calcul 31** pour expliciter la procédure.

Calcul 31

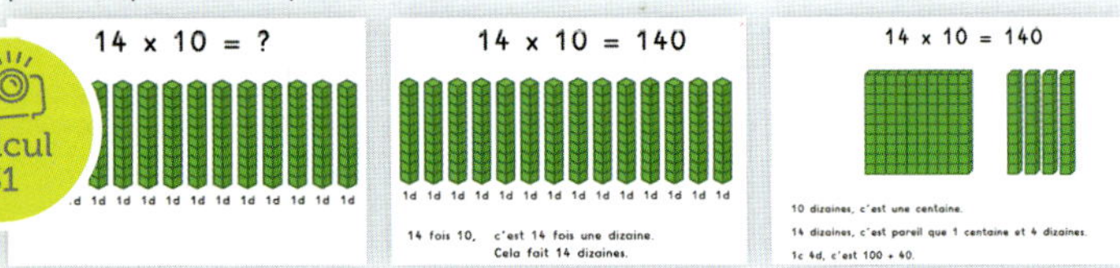

14 x 10 = ?
« 14 fois 1 barre de 10 cubes, cela fait 14 dizaines. » Écrire 14d = 1c 4d.
Grouper 10 dizaines pour obtenir 1 plaque centaine. Les 14 dizaines deviennent 1 plaque de 100 cubes et 4 barres de 10 cubes.

10 x 26 = ?
10 x 26 = 26 x 10. *« 26 fois 1 dizaine, c'est 26 dizaines. »* Écrire 26d = 2c 6d.
Utiliser le matériel de numération pour expliciter la procédure.
Grouper les dizaines pour obtenir 2 plaques de 100. Les 26 dizaines deviennent 2 plaques de 100 cubes et 6 barres de 10 cubes.

Procédures visées
- Calculer avec les unités de numération. *« 14 x 10, c'est 14 fois 1 dizaine ce qui donne 14 dizaines. 14 dizaines, c'est 140. Donc 14 x 10 = 140. »*
- Utiliser la propriété de commutativité de la multiplication : 10 x 26 = 26 x 10.

Séance 2

❶ Table de multiplication par 10 : renforcement — 2 min

Mémoriser la table de multiplication par 10 à l'aide de la barre des tables.

❷ Multiplier par 10 un nombre inférieur à 100 : institutionnalisation — 13 min

Proposer les calculs oralement. Les élèves répondent sur l'ardoise.

17 x 10 = ?	**72 x 10 = ?**	**68 x 10 = ?**	**40 x 10 = ?**
10 x 56 = ?	**10 x 34 = ?**	**10 x 70 = ?**	**10 x 99 = ?**

Trace écrite (**MaterielCalcul31.pdf**, page 1)

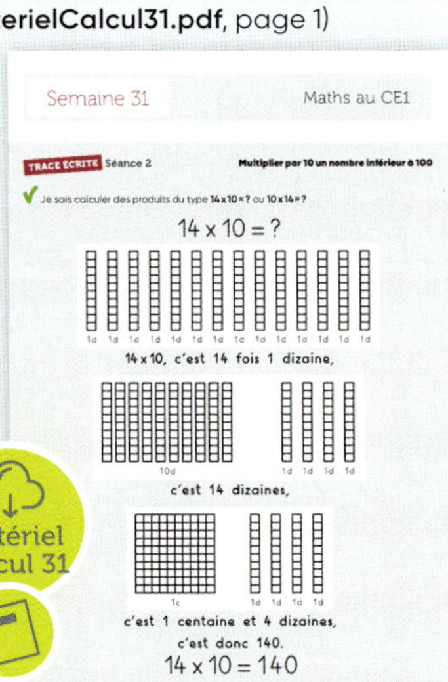
Semaine 31 — Maths au CE1

TRACE ÉCRITE Séance 2 — **Multiplier par 10 un nombre inférieur à 100**

✔ Je sais calculer des produits du type **14 x 10 = ?** ou **10 x 14 = ?**

14 x 10 = ?

14 x 10, c'est 14 fois 1 dizaine,

c'est 14 dizaines,

c'est 1 centaine et 4 dizaines,

c'est donc 140.

14 x 10 = 140

Matériel Calcul 31

Séance 3

❶ Tables de multiplication : entrainement — 5 min

Proposer la série de calculs oralement.
Les élèves répondent sur l'ardoise.

7 x 4 = ?	**8 x 5 = ?**	**6 x 4 = ?**	**9 x 4 = ?**

« Dans 30, combien de fois 3 ? » ***« Dans 25, combien de fois 5 ? »***
« Dans 28, combien de fois 4 ? » ***« Dans 18, combien de fois 3 ? »***

❷ Multiplier par 10 un nombre inférieur à 100 : entrainement — 10 min

Proposer la série de calculs **MaterielCalcul31.pdf**, page 2.

Semaine 31 — Maths au CE1

CALCUL MENTAL Séance 3

1 – Calcule.

51 x 10 = ...	59 x 10 = ...	10 x 40 = ...
70 x 10 = ...	84 x 10 = ...	10 x 87 = ...
63 x 10 = ...	10 x 36 = ...	10 x 78 = ...
90 x 10 = ...	10 x 54 = ...	10 x 91 = ...
76 x 10 = ...	10 x 60 = ...	
32 x 10 = ...	10 x 95 = ...	

2 – Complète.

Dans 50, combien de fois 10? ......
Dans 90, combien de fois 10? ......
Dans 500, combien de fois 10? ......
Dans 900, combien de fois 10? ......
Dans 150, combien de fois 10? ......
Dans 420, combien de fois 10? ......
Dans 740, combien de fois 10? ......
Dans 960, combien de fois 10? ......

Matériel Calcul 31

Séance 4

❶ Tables de multiplication : renforcement — 5 min

Proposer la série de calculs oralement.
Les élèves répondent sur l'ardoise.

6 x 4 = ?	**9 x 5 = ?**	**8 x 4 = ?**	**3 x 4 = ?**

« Dans 36, combien de fois 4 ? » ***« Dans 30, combien de fois 5 ? »***
« Dans 16, combien de fois 2 ? » ***« Dans 21, combien de fois 3 ? »***

❷ Multiplier par 10 un nombre inférieur à 100 : réinvestissement — 13 min

Proposer les problèmes oralement.
Les élèves répondent sur l'ardoise.

« Pour la fête de l'école, la directrice a commandé 87 lots de 10 ballons de baudruche. ***Quelle quantité de ballons lui sera livrée ? »***

« Monsieur Caro parcourt 10 km à vélo 28 fois par mois pour aller travailler. ***Quelle distance parcourt-il par mois ? »***

« Le camion transporte 98 caisses de melons qui pèsent chacune 10 kg. ***Combien de kilogrammes de melons le camion transporte-t-il ? »***

« Lors de la rencontre USEP, il y avait 24 équipes de 10 enfants. ***Combien d'enfants ont participé à la rencontre ? »***

30 min par semaine

Atelier problèmes

- Résoudre des problèmes du champ additif : problèmes de comparaison.

Prénom .... Date ....

Résous les problèmes avec le symbole ✖ puis résous les problèmes de ton choix. Essaie d'en résoudre le plus possible.

Problème 1

Un tigre mâle pèse 310 kg. Un tigre femelle pèse 140 kg de moins que le mâle.

Combien la femelle pèse-t-elle ?

✖ Problème 2

Madame Tatin a cueilli 27 kg de pommes. Monsieur Tatin en a cueilli 9 kg de moins.

Combien de kilogrammes de pommes Madame et Monsieur Tatin ont-ils cueillis à eux deux ?

Problème 3

Samir et Léo participent à une course. Léo a terminé la course à la 96e place. Samir a terminé la course 32 places devant Léo.

À quelle place Samir est-il arrivé ?

✖ Problème 4

Quentin a 15 ans. Il a 6 ans de moins que Zoé et 7 ans de plus que Tiago.

Quel est l'âge de Zoé ? Quel est l'âge de Tiago ?

Problème 5

Pour partir en voyage, Monsieur et Madame Chatton ont pris une valise chacun. La valise de Monsieur Chatton pèse 30 kg. Elle pèse 7 kg de plus que la valise de Madame Chatton.

Quelle est la masse totale des deux valises ?

✖ Problème 6

Mila doit parcourir 870 m pour aller de chez elle à l'école. Fabio parcourt 300 m de moins que Mila pour aller à l'école.

À quelle distance de l'école Fabio habite-t-il ?

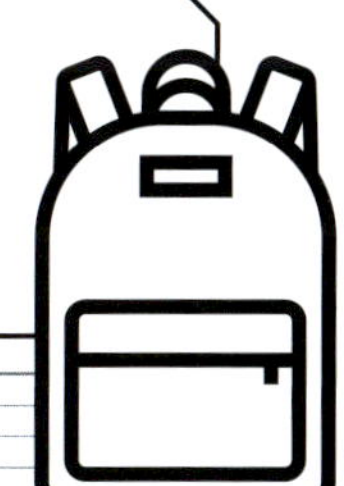

58 Résoudre des problèmes de partage (2)

Séance 1 — 30 min

Résoudre des problèmes de partage en manipulant : valeur d'une part

→ MODÉLISER

Dans une situation de partage en parts égales, déterminer la valeur d'une part et le reste, en s'aidant de la manipulation.

MATÉRIEL ET SUPPORT
- 30 perles ou 30 jetons symbolisant des perles pour chaque binôme.

DÉROULEMENT DE LA SÉANCE

❶ **Recherche** Manipuler pour résoudre un problème de partage : recherche de la valeur d'une part.	15 min	**Verbalisation Manipulation** Groupes de 4
❷ **Consolidation** Manipuler pour déterminer la valeur d'une part et le reste.	15 min	**Verbalisation Manipulation** Groupes de 2

❶ Recherche

Appropriation du problème

Présenter le problème oralement et concrètement. Le matériel (perles ou jetons) sera réutilisé lors de la phase de validation.
« Je veux fabriquer 4 colliers avec les 30 perles qui sont rangées dans ma boite (30 perles ou 30 jetons). Chaque collier doit avoir le même nombre de perles. Chaque collier doit avoir le plus possible de perles et donc il devra rester le moins possible de perles dans ma boite. »

Manipulation

Distribuer une barquette contenant 30 perles ou 30 jetons à chaque groupe de 4 élèves.
Consigne « Votre groupe doit fabriquer 4 colliers avec les 30 perles (jetons) de la boite de façon que les 4 colliers aient le même nombre de perles (jetons). Il doit rester le moins possible de perles (jetons) dans la boite. »
Dans chaque groupe, les élèves réalisent le partage en utilisant la procédure choisie par le groupe.

Procédures observées

- Procèdent par tâtonnement.
- Distribuent les perles/jetons 1 à 1 dans chaque collier.
- Distribuent les perles/jetons 2 à 2 dans chaque collier,
- Distribuent 4 perles/jetons à chaque collier puis 1 cube puis encore 1 puis encore 1.

Mise en commun

Chaque groupe donne le résultat qu'il a obtenu.
Les élèves se déplacent dans chaque groupe pour découvrir les procédures utilisées. Les erreurs sont repérées et analysées.

Ce groupe d'élèves n'a pas effectué un partage maximum. Il doit rester le moins possible de perles/jetons dans la boite.

Autres exemples d'erreurs : les colliers n'ont pas le même nombre de perles/jetons.

Validation

La validation est effectuée par la manipulation de jetons ou de perles.

Verbalisation et représentation

« Avec 30 perles, je peux fabriquer 4 colliers de 7 perles. Il reste 2 perles dans la boite.
7+7+7+7=28 et 28+2=30   4x7=28 et (4x7)+2=30
4 fois 7 plus 2 égale 30. »

❷ Consolidation

Les élèves travaillent par groupes de 2 pour effectuer de nombreuses manipulations.

Manipulation 1

« J'ai 20 perles dans ma boite. Je veux fabriquer 4 colliers. Chaque collier doit avoir le même nombre de perles. Il doit rester le moins possible de perles dans ma boite.
Combien y aura-t-il de perles sur chaque collier ? »

Confronter les réponses des élèves et constater que l'on peut fabriquer 4 colliers de 5 perles. Il reste 0 perle dans la boite.

Écrire au tableau **20=5+5+5+5**   **20=4x5**

En suivant la même démarche, proposer les manipulations suivantes.

Manipulation 2

Fabriquer 3 colliers avec les 20 perles contenues dans la boite.

6+6+6=18   **3x6=18**   **18+2=20**

Faire verbaliser : *« Je peux fabriquer 3 colliers de 6 perles. Il reste 2 perles dans la boite. »*

Manipulation 3

Fabriquer 5 colliers avec 20 perles dans la boite.
4+4+4+4+4=20   **5x4=20**
Faire verbaliser : *« Je peux fabriquer 5 colliers de 4 perles. Il reste 0 perle dans la boite. »*

Manipulation 4

Fabriquer 6 colliers avec 20 perles dans la boite.
3+3+3+3+3+3=18   **6x3=18**   **18+2=20**
Faire verbaliser : *« Je peux fabriquer 6 colliers de 3 perles. Il reste 2 perles dans la boite. »*

Séance 2

30 min

Résoudre des problèmes de partage sans l'aide du matériel

→ **MODÉLISER**

Dans une situation de partage en parts égales, déterminer le nombre de parts avec l'aide du dessin et du calcul.

MATÉRIEL ET SUPPORT
- 19 jetons par élève.

DÉROULEMENT DE LA SÉANCE

1 Recherche Comprendre le but à atteindre dans un problème issu de la vie courante.	15 min	**Expérimentation** Écrit individuel
2 Institutionnalisation Résoudre un problème de partage en dessinant ou effectuant un calcul.	5 min	**Représentation Verbalisation** Oral collectif
3 Entrainement Résoudre un problème de partage dans un contexte identique.	10 min	**Expérimentation** Écrit individuel

1 Recherche

Présentation orale du problème

« Je veux fabriquer 3 colliers avec les 19 perles qui sont rangées dans ma boite. Chaque collier doit avoir le même nombre de perles. Chaque collier doit avoir le plus possible de perles et donc il devra rester le moins possible de perles dans ma boite. »

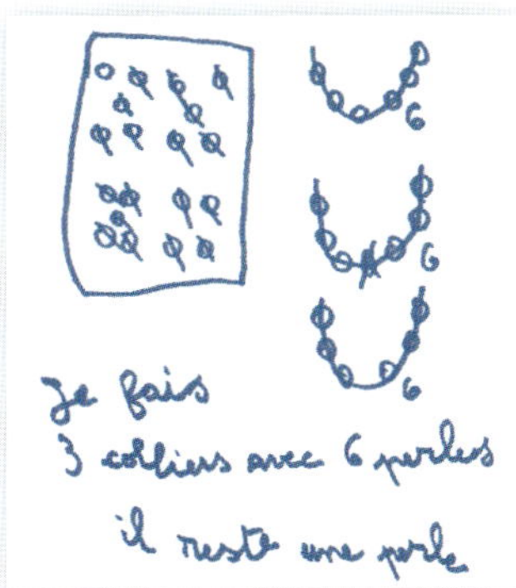

Production d'élève

Procédures observées

- Dessine 19 perles et 3 colliers puis distribue vers chaque collier à l'aide de flèches.
- Procède par tâtonnement à l'aide d'additions réitérées ou de soustractions successives.
- Utilise la connaissance du résultat de la table de multiplication 3 x 6 = 18.

Mise en commun

Inventorier les réponses et confronter les différentes procédures utilisées. Projeter certaines productions d'élèves à l'aide d'un visualiseur. Analyser les erreurs : partage en parts inégales, erreur de calcul, mauvaise compréhension du problème.

Validation

Manipuler 19 jetons pour valider la solution.

Synthèse

Faire verbaliser : *« Je peux fabriquer 4 colliers de 4 perles. Il reste 3 perles dans la boite. »*

Écrire au tableau **18 = 6 + 6 + 6 ou 18 = 3 x 6** **18 + 1 = 19**

2 Institutionnalisation

Ce qu'il faut retenir

Nous avons appris à résoudre un problème où il fallait partager en parts égales (reformuler en disant *diviser*) une collection de 19 perles en 3 colliers. Il fallait trouver le nombre de perles de chaque collier.
Pour résoudre ce type de problème, on peut dessiner ou faire des calculs.

3 Entrainement

Proposer 2 problèmes de partage dans le même contexte.

Les élèves découpent l'énoncé d'un problème et le colle dans le cahier. Une fois résolu, ils découpent le deuxième énoncé pour le placer dans le cahier. Le but est que chacun résolve au minimum un problème.

58A Nom .... Prénom .... Date .... Maths au CE1 Résolution de problèmes

Des enfants veulent fabriquer des colliers. Il faut autant de perles sur chaque collier. Chaque collier doit avoir le plus possible de perles et donc il devra rester le moins possible de perles dans la boite.

1 - Lila a une boite qui contient 28 perles. Elle veut fabriquer 5 colliers.
Combien de perles y aura-t-il dans chaque collier? ....
Combien restera-t-il de perles dans la boite? ....

2 - Rémi a une boite qui contient 86 perles.
Il veut fabriquer 10 colliers.
Combien de perles y aura-t-il dans chaque collier? ....
Combien restera-t-il de perles dans la boite? ....

58A

Séance 3

30 min

Bilan des apprentissages

Valorisation des progrès

59 Reconnaitre et nommer les solides

Séance 1 — 30 min

Repérer des faces planes

→ MODÉLISER

Comprendre la notion de face plane.

MATÉRIEL ET SUPPORT
- Une pomme de terre crue et un couteau à bout rond par binôme.

DÉROULEMENT DE LA SÉANCE

❶ **Recherche** Couper une pomme de terre pour obtenir un solide qui n'a que des faces planes.	20 min	**Manipulation** Groupes de 2
❷ **Institutionnalisation** Repérer un solide qui n'a que des faces planes.	10 min	**Verbalisation** Oral collectif

❶ Recherche

Distribuer une pomme de terre crue à chaque binôme et un couteau à bout rond en veillant à rappeler les règles de sécurité à respecter.

Consigne A « *Coupez la pomme de terre pour qu'elle ait deux faces planes.* »

Lors de la synthèse, observer que, pour certaines productions, les deux faces ne se rencontrent pas et que pour d'autres, elles se coupent en suivant une arête.

Repérer les faces arrondies et les faces planes.

Consigne B « *Coupez la pomme de terre pour obtenir un solide qui ne compte que des faces planes.* »

Lors de la synthèse, expliquer qu'un solide qui n'a que des faces planes s'appelle un *polyèdre*.

Consigne C « *Dénombrez les faces des solides obtenus.* »

Réaliser une empreinte du solide ou le contour au crayon d'une face du solide obtenu. Dessiner le solide obtenu.

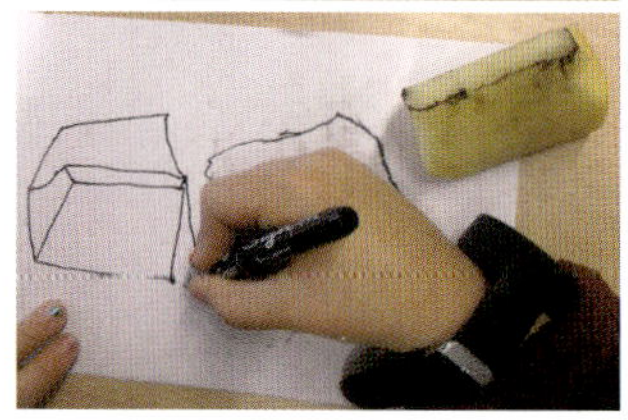
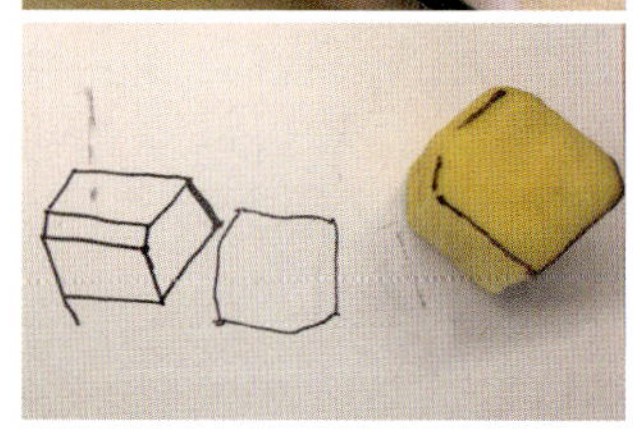

❷ Institutionnalisation

Ce qu'il faut retenir

Si je coupe une pomme de terre avec un couteau, j'obtiens une face plane. La pomme de terre peut tenir à plat sur la table.

Trace écrite

Faire élaborer la trace écrite au tableau et la faire copier dans le cahier de mathématiques.

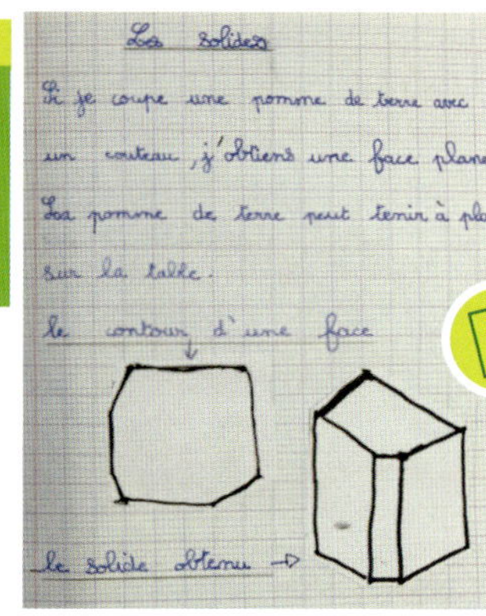

Séance 2 — 30 min

Classer des solides

→ MODÉLISER

Classer les solides : polyèdres et non polyèdres.

MATÉRIEL ET SUPPORT
- Pour chaque groupe de 4 élèves, des solides en bois, en mousse, en plastique et des emballages alimentaires.

DÉROULEMENT DE LA SÉANCE

❶ **Recherche** Classer des solides : polyèdres et non polyèdres.	20 min	**Manipulation** Groupes de 4
❷ **Institutionnalisation** Comprendre la notion de polyèdre.	10 min	**Verbalisation** Oral collectif

❶ Recherche

Distribuer à chaque groupe une collection de solides dans un plateau ou une caissette. Laisser les élèves réagir et commenter.

Rappeler le terme de *solide*. Faire la différence avec le vocabulaire courant où l'adjectif *solide* est le contraire de *fragile*.

Manipuler les solides en balayant les faces avec sa main pour constater que certains solides n'ont que des faces planes. Constater que certaines faces sont planes et d'autres arrondies.

Consigne *« Classez les solides en deux familles. La famille des solides qui ont toutes leurs faces ou certaines faces arrondies. Ces solides peuvent rouler. Et la famille des solides qui n'ont que des faces planes, les polyèdres. Ces solides ne peuvent pas rouler. »*

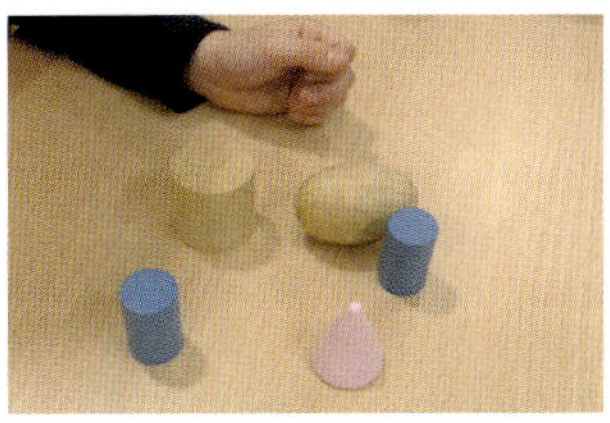

Classement obtenu par les groupes

La validation est effectuée par l'enseignant au sein de chaque groupe.

Faire vérifier pour certains solides que toutes les faces peuvent tenir à plat sur une table. Apporter le terme de *polyèdre* et nommer les solides.

Chercher les solides qui peuvent rouler facilement, ceux qui roulent un peu et ceux qui ne peuvent pas rouler.

❷ Institutionnalisation

Rappeler le terme de *polyèdre* pour les solides de la seconde famille.

Nommer et exposer au coin maths les solides suivants : cube, boule, cône, pyramide, pavé droit.

Trouver l'intrus dans une collection de solides.

Exemples de collection proposée
- Que des polyèdres et un non polyèdre.
- Que des non-polyèdres et un polyèdre.
- Que des cubes et un pavé.
- Que des cônes et un cylindre.
- Que des pyramides et un cône.

Ce qu'il faut retenir
Un solide qui n'a que des faces planes s'appelle un *polyèdre*. Ce solide ne peut pas rouler.

Séance 3 — 30 min

Décrire un solide : les faces

→ COMMUNIQUER

Décrire un polyèdre en utilisant le vocabulaire adapté.

MATÉRIEL ET SUPPORT
- Pour chaque élève, un solide et des gommettes repositionnables de formes carrées, rectangulaires et triangulaires.

DÉROULEMENT DE LA SÉANCE

❶ **Recherche** Décrire un polyèdre en s'intéressant à ses faces.	20 min	**Manipulation** Travail individuel
❷ **Institutionnalisation** Mémoriser le nombre de faces du cube, du pavé droit et de la pyramide.	10 min	**Verbalisation** Oral collectif

❶ Recherche

Chaque élève tire au sort un solide.

Consigne *« Écris un message pour commander juste ce qu'il te faut de gommettes, pas plus pas moins, afin de décorer ton solide avec une gommette sur chaque face. Chaque gommette doit avoir la même forme que la face du solide où elle sera collée. »*

Écrire les mots utiles à la rédaction du texte au tableau : commander, je commande, face, gommette, forme, rectangle, rectangulaire, carré, triangle, triangulaire.

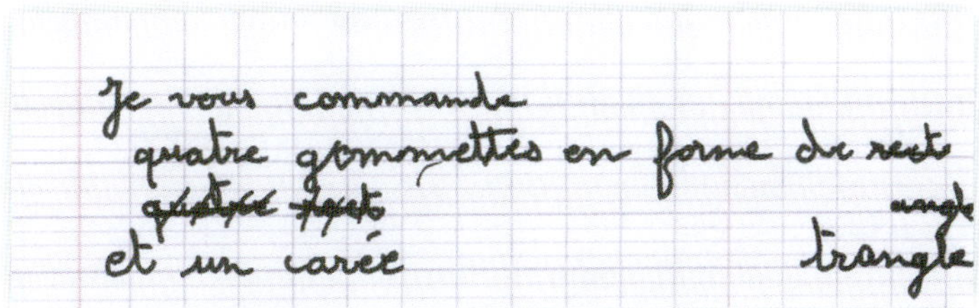

Production d'un élève pour une pyramide

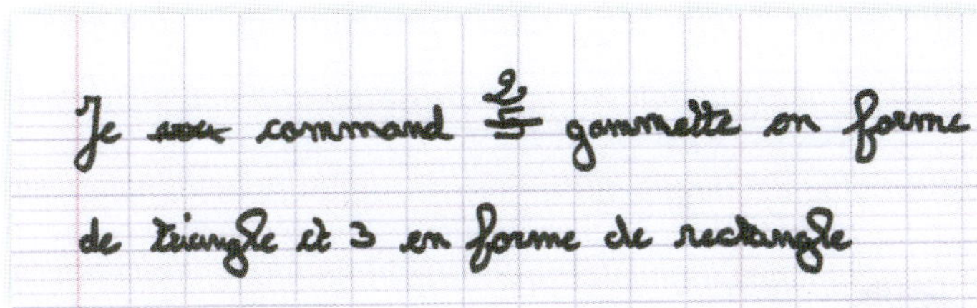

Production d'un élève pour un prisme

Chaque élève envoie sa commande à un camarade qui joue le rôle de marchand de gommettes (mettre plusieurs marchands en place). L'élève reçoit sa commande et valide en collant les gommettes sur son solide.

❷ Institutionnalisation

Ce qu'il faut retenir
Le cube a 6 faces.
La pyramide a 5 faces
Le pavé droit a 6 faces.

Copier ces conclusions dans le cahier de mathématiques.

Les commandes et les solides sont placés au coin maths pour manipulation (voir p.267).

59 Reconnaitre et nommer les solides

Séance 4 — 30 min

Décrire un solide : les sommets et les arêtes

→ COMMUNIQUER

Décrire un polyèdre en utilisant le vocabulaire adapté.

MATÉRIEL ET SUPPORT
- Pour chaque élève, un solide en bois, en mousse, en plastique, un emballage alimentaire ou un solide construit lors des séances précédentes.
- Des piques à brochettes dont les bouts ont été coupés ou des morceaux de paille ou des bâtonnets utilisés dans un jeu de construction.

DÉROULEMENT DE LA SÉANCE

1 Recherche Décrire un polyèdre en s'intéressant à ses sommets et à ses arêtes.	20 min	**Manipulation** Travail individuel
2 Institutionnalisation Décrire un solide en utilisant les termes face, sommet et arête.	10 min	**Verbalisation** Oral collectif

1 Recherche

Les élèves ont manipulé librement le matériel au coin maths les jours qui précèdent. Distribuer un solide à chaque élève.

Consigne *« Écris un message pour commander juste ce qu'il te faut de bâtonnets et de boules pour construire le squelette de ton solide. »*

Chacun dénombre les sommets et les arêtes de son solide puis rédige sa commande.

Chacun envoie alors sa commande à un camarade qui joue le rôle de marchand de tiges et de boules.

Chaque élève reçoit sa commande et valide en construisant le squelette de son solide.

Lors de la synthèse, apporter les termes *arête* et *sommet* en faisant le lien avec les bâtonnets et les boules utilisés.

2 Institutionnalisation

Ce qu'il faut retenir

Dans un squelette de solide, les tiges représentent les arêtes et les boules les sommets du solide.

Séance 5 — 30 min

Bilan des apprentissages

Valorisation des progrès

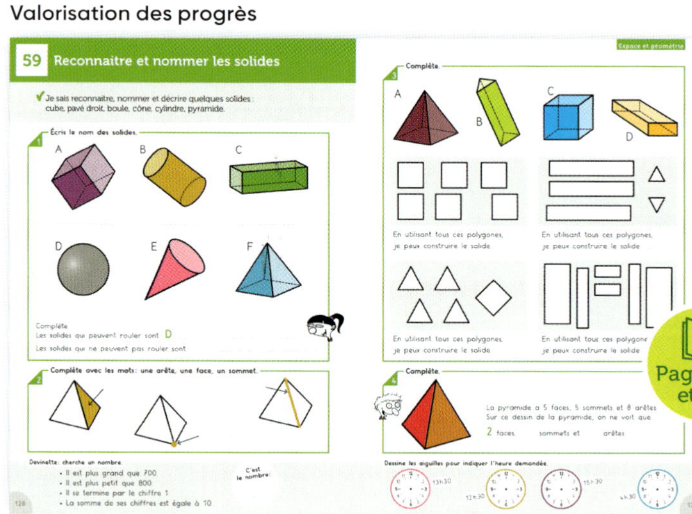
59 Reconnaitre et nommer les solides

Je sais reconnaître, nommer et décrire quelques solides : cube, pavé droit, boule, cône, cylindre, pyramide.

Pages 128 et 129

AU COIN MATHS

Les élèves doivent retrouver la commande qui correspond à chaque solide.

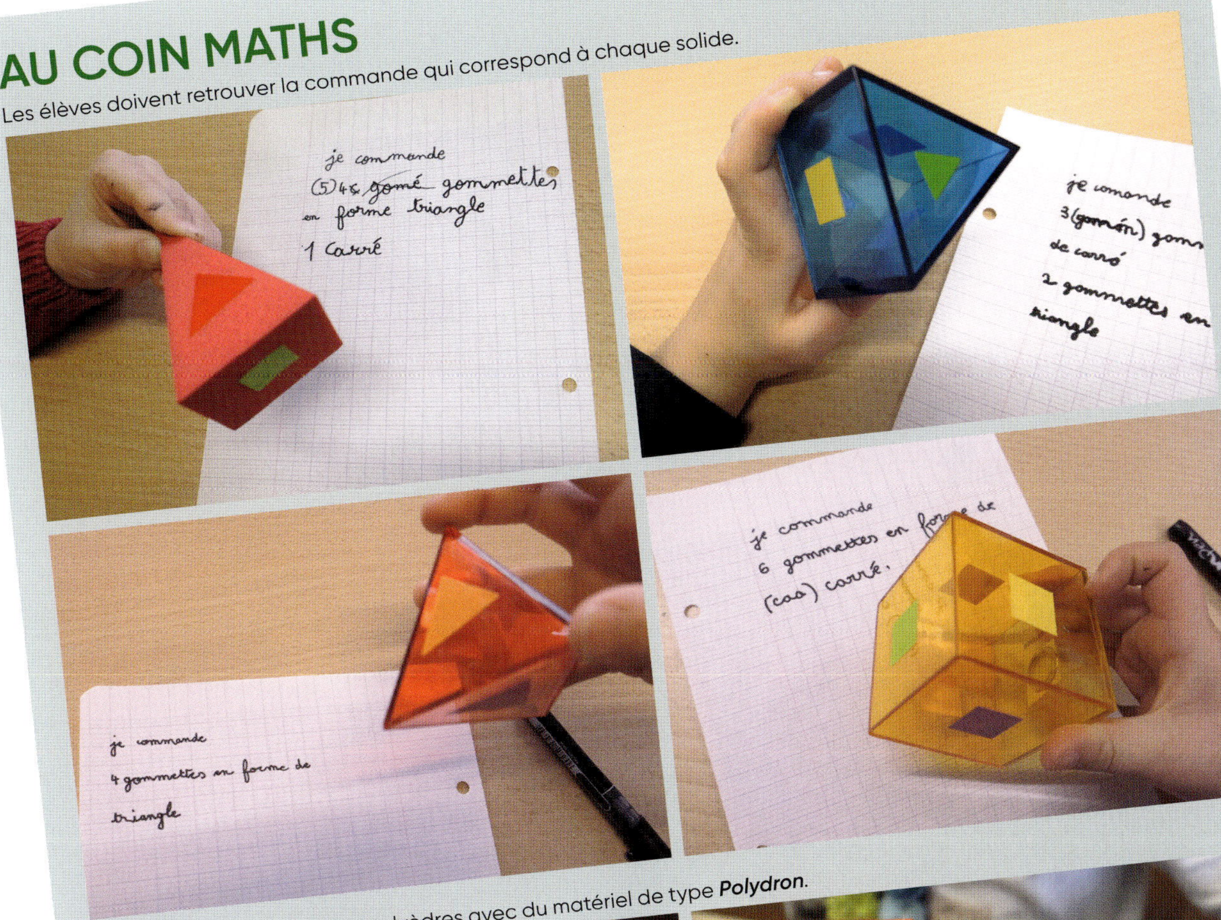

Les élèves construisent des polyèdres avec du matériel de type ***Polydron***.

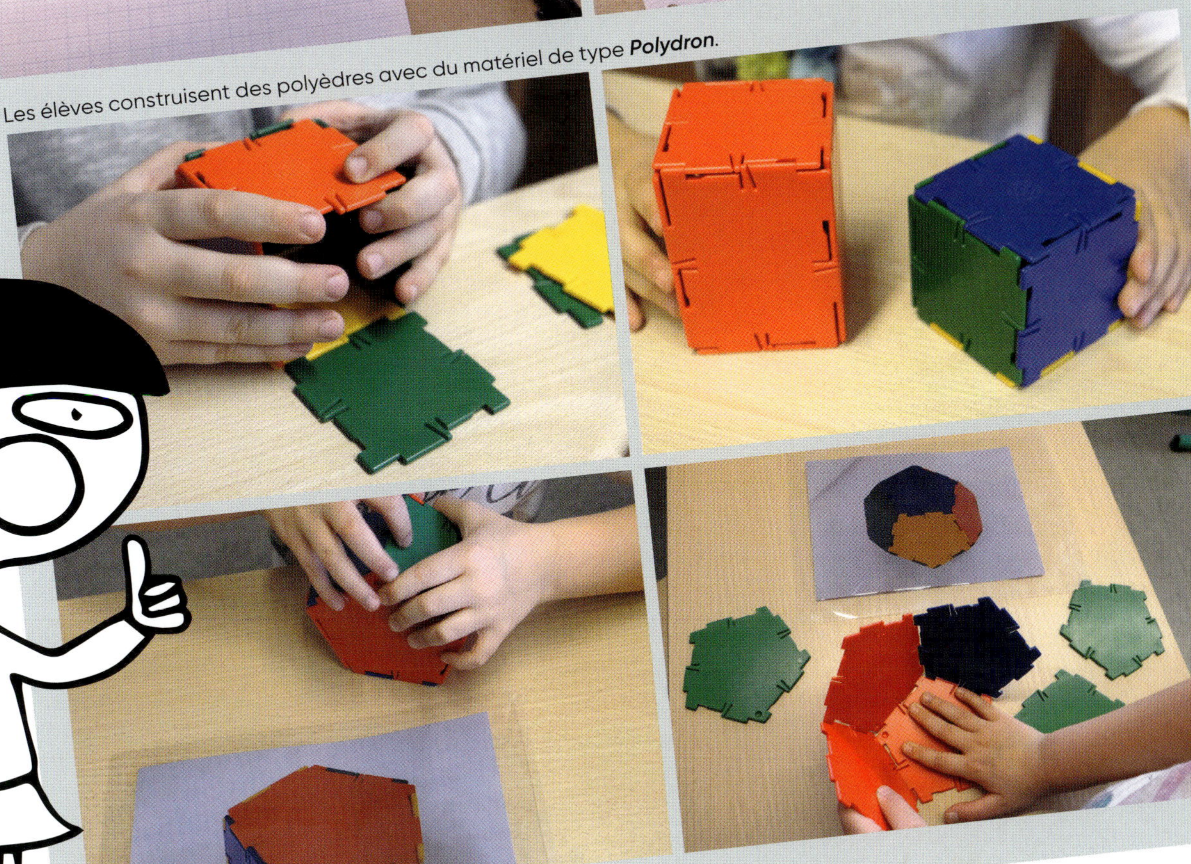

15 min par jour

Calcul mental

- Connaitre les tables de multiplication.
- Soustraire un nombre à deux chiffres d'un nombre à 3 chiffres lorsqu'il n'y a pas de retenue.

Séance 1

❶ Tables de multiplication : entrainement — 5 min

Proposer la série de calculs oralement.
Les élèves répondent sur l'ardoise.

« En 25 combien de fois 5 ? »
« En 16 combien de fois 4 ? »
« En 12 combien de fois 3 ? »
« En 14 combien de fois 2 ? »

❷ Multiplier par 10 un nombre inférieur à 100 : évaluation — 10 min

Proposer la série de calculs de **MaterielCalcul32.pdf**, page 1.

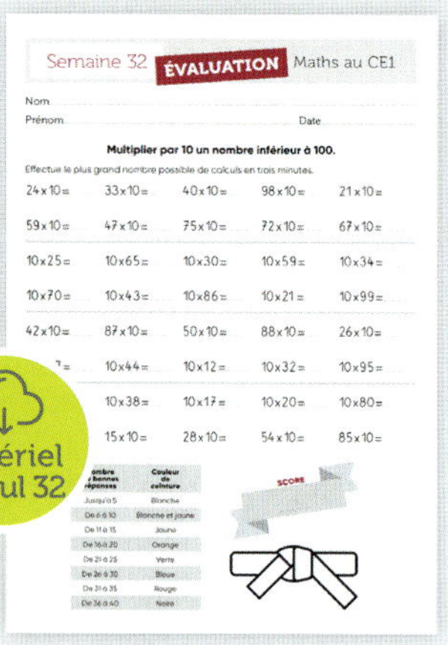
Semaine 32 ÉVALUATION Maths au CE1

Matériel Calcul 32

Séance 2

❶ Tables de multiplication : entrainement — 5 min

Proposer la série de calculs de **MaterielCalcul32.pdf**, page 2.

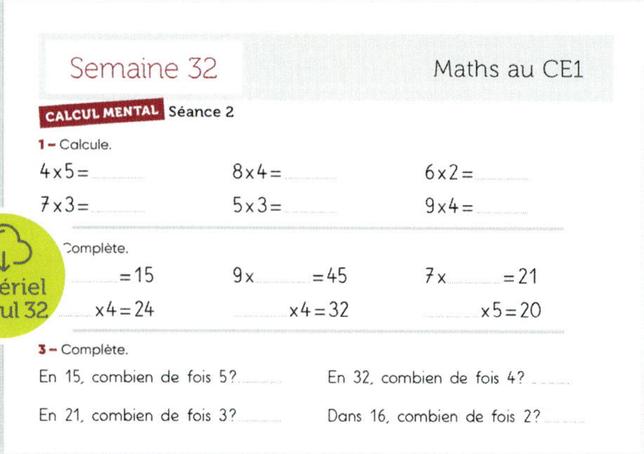
Semaine 32 — Maths au CE1

CALCUL MENTAL Séance 2

1 – Calcule.

4x5= …… 8x4= …… 6x2= ……
7x3= …… 5x3= …… 9x4= ……

…omplète.

…… =15 9x …… =45 7x …… =21
…… x4=24 …… x4=32 …… x5=20

3 – Complète.

En 15, combien de fois 5? …… En 32, combien de fois 4? ……
En 21, combien de fois 3? …… Dans 16, combien de fois 2? ……

Matériel Calcul 32

❷ Soustraire un nombre à deux chiffres d'un nombre à 3 chiffres lorsqu'il n'y a pas de retenue : découverte — 10 min

Proposer le calcul **375 – 55 = ?** écrit au tableau.
Les élèves calculent mentalement et répondent sur l'ardoise.

Lors de la mise en commun, valider avec l'animation **Calcul 32**.
Vérifier le calcul avec l'addition **320 + 55 = 375**.

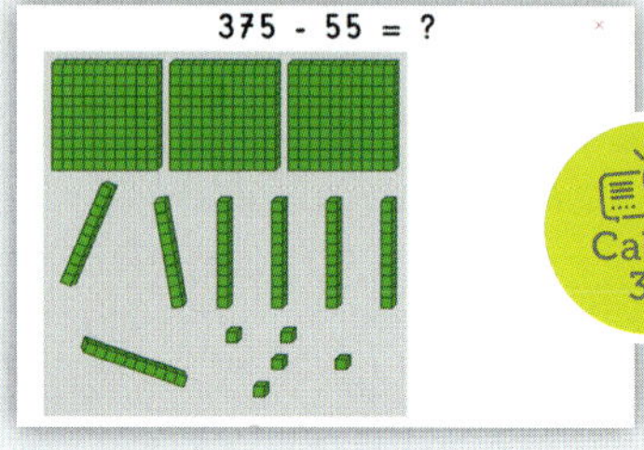

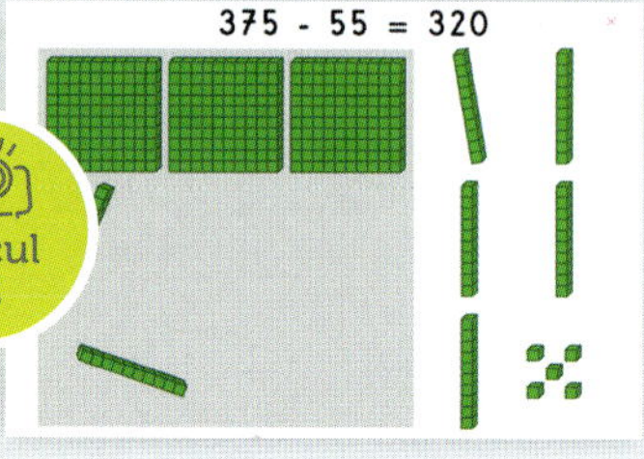

Calcul 32

Proposer les calculs **437 – 24 = ?** et **986 – 52 = ?** écrits au tableau.

Séance 3

❶ Tables de multiplication : évaluation — 5 min

Proposer la série de calculs de **MaterielCalcul32.pdf**, page 3.

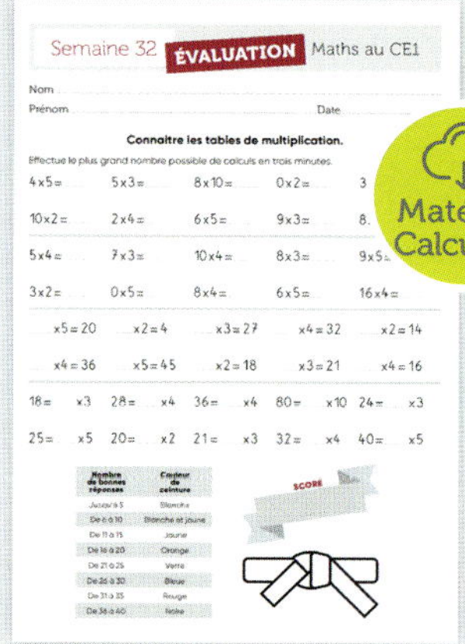
Semaine 32 ÉVALUATION Maths au CE1

Matériel Calcul 32

❷ Soustraire un nombre à deux chiffres d'un nombre à 3 chiffres lorsqu'il n'y a pas de retenue : entrainement — 10 min

Proposer la série de calculs de **MaterielCalcul32.pdf**, page 4.

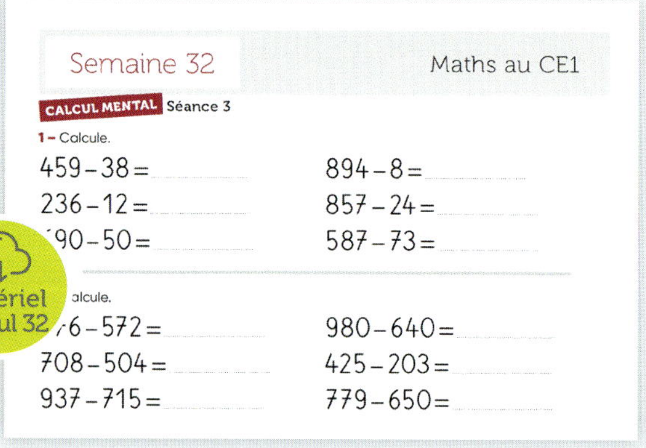
Semaine 32 — Maths au CE1

CALCUL MENTAL Séance 3

1 – Calcule.

459 – 38 = …… 894 – 8 = ……
236 – 12 = …… 857 – 24 = ……
…90 – 50 = …… 587 – 73 = ……

…alcule.

…6 – 572 = …… 980 – 640 = ……
708 – 504 = …… 425 – 203 = ……
937 – 715 = …… 779 – 650 = ……

Matériel Calcul 32

Séance 4

❶ Tables de multiplication : renforcement — 5 min

Proposer oralement les calculs où les élèves ont rencontré des difficultés au cours de l'évaluation.

Expliciter des stratégies pour retrouver rapidement les résultats.
Prendre appui sur les résultats connus et sur la propriété de commutativité de la multiplication.

« Je sais que 8x5 = 40 donc 9x5 = 45. »
« 2x6 = 12 donc 4x6 = 24 car 4x6, c'est 2 fois 2x6. »
« Je sais que 3x5 = 15 donc 5x3 = 15. »

❷ Soustraire un nombre à deux chiffres d'un nombre à 3 chiffres lorsqu'il n'y a pas de retenue : réinvestissement — 10 min

Proposer les problèmes oralement. Les élèves répondent sur l'ardoise.

*« Jeudi, 258 élèves ont déjeuné à la cantine de l'école.
Vendredi, il y a eu 125 élèves de moins.*
Combien d'élèves ont déjeuné à la cantine vendredi ? »

*« La tablette numérique coute 478 €.
Pendant les soldes, le magasin fait une réduction de 45 €.*
Quel est le prix de la tablette pendant les soldes ? »

*« Madame Kobé effectue le trajet de Strasbourg à Rennes en voiture.
829 km séparent les deux villes. À Tours, elle sait qu'elle a fait 524 km.*
Quelle distance lui reste-t-il à parcourir ? »

Atelier 32

30 min par semaine

Atelier problèmes

- Résoudre des problèmes du champ additif en une étape.

Prénom .... Date ....

Résous les problèmes avec le symbole ✗ puis résous les problèmes de ton choix. Essaie d'en résoudre le plus possible.

Problème 1

Une boite contient 185 billes : des bleues et des rouges. Sophie compte 43 billes bleues.

Combien de billes rouges y a-t-il dans cette boite ?

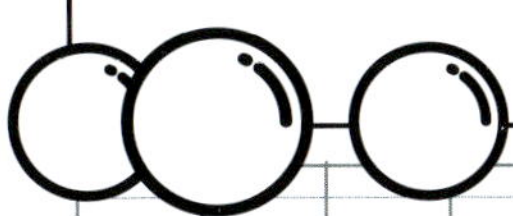

Problème 2

Océane joue au jeu de l'Oie.
Elle part de la case 46 et arrive sur la case 63.

De combien de cases Océane a-t-elle avancé ?

Problème 3

Léo a lancé son poids à 3 m 54 cm. Il lui manque 7 cm pour égaler le score de son camarade.

Quelle est la longueur du lancer de son camarade ?

✗ Problème 4

326 coureurs ont pris le départ de la course. 38 coureurs abandonnent pendant la course.

Combien de coureurs franchissent la ligne d'arrivée ?

✗ Problème 5

La famille Diaby de Grenoble part en vacances à Nice. Au bout de 258 km, le père arrête sa voiture sur une aire d'autoroute pour manger. Il reste 214 km à parcourir avant d'arriver à destination.

Quelle est la distance entre Grenoble et Nice ?

Problème 6

Dans une école, il y a 245 élèves.
Aujourd'hui, 139 élèves mangent à la cantine.

Combien d'élèves mangent chez eux ?

60 Décrire un cube et un pavé droit

Séance 1 — 30 min

Décrire un cube

→ COMMUNIQUER

Décrire un cube en utilisant les termes *face*, *sommet* et *arête*.

MATÉRIEL ET SUPPORT
- De la pâte à modeler, des piques à brochettes dont les bouts ont été coupés ou des morceaux de paille ou des bâtonnets utilisés dans un jeu de construction.

DÉROULEMENT DE LA SÉANCE

1 Recherche Décrire un cube en s'intéressant à ses arêtes et ses sommets.	20 min	**Manipulation** Groupes de 2
2 Institutionnalisation Compléter la carte d'identité du cube.	10 min	**Verbalisation** Oral collectif

1 Recherche

Présenter un squelette de cube. Expliquer que chaque groupe devra en construire un. Auparavant, chaque groupe devra commander par écrit les bâtonnets et les boules de pâte nécessaires.

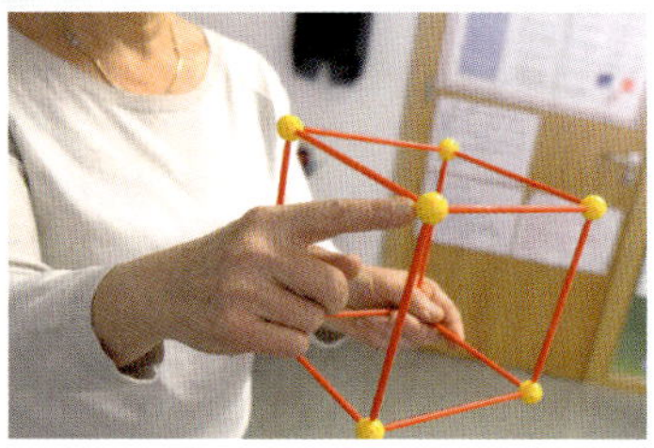

Pour aider les élèves à dénombrer les arêtes et les sommets, distribuer un cube *plein* à chaque groupe.

Mise en commun

Les commandes sont comparées et la classe doit se mettre d'accord pour savoir quelle commande effectuer.
Rappeler le vocabulaire *arête* et *sommet*.

Validation

Chaque groupe construit un cube avec le matériel commandé.

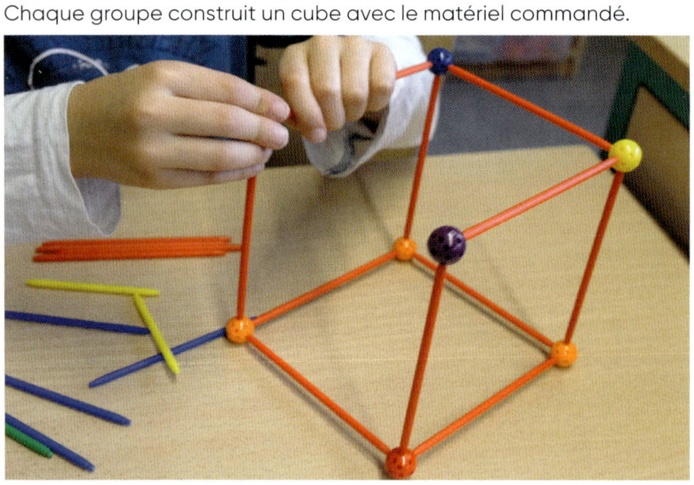

2 Institutionnalisation

Rappeler le nombre de faces du cube.

Ce qu'il faut retenir

Le cube
Famille : polyèdres
Nombre de faces : 6
Forme des faces : 6 carrés
Nombre d'arêtes : 12
Nombre de sommets : 8

Copier la carte d'identité du cube dans le cahier de mathématiques.

Séance 2 — 30 min

Décrire un pavé droit

→ COMMUNIQUER

Décrire un pavé droit en utilisant les termes *face*, *sommet* et *arête*.

MATÉRIEL ET SUPPORT
- De la pâte à modeler, des piques à brochettes dont les bouts ont été coupés ou des morceaux de paille ou des bâtonnets utilisés dans un jeu de construction.

DÉROULEMENT DE LA SÉANCE

1 Recherche Décrire un pavé en s'intéressant à ses arêtes et ses sommets.	20 min	**Manipulation** Groupes de 2
2 Institutionnalisation Compléter la carte d'identité du pavé.	10 min	**Verbalisation** Oral collectif

1 Recherche

Présenter un squelette de pavé droit. Expliquer que chaque groupe devra en construire un. Auparavant, chaque groupe devra commander par écrit les bâtonnets et les boules de pâte nécessaires.

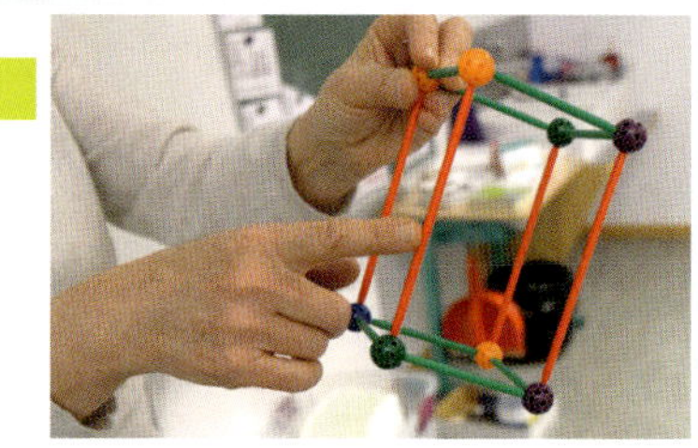

Pour aider les élèves à dénombrer les arêtes et les sommets, distribuer un pavé droit *plein* à chaque groupe.

Mise en commun

Les commandes sont comparées et la classe doit se mettre d'accord pour savoir quelle commande effectuer.
Rappeler le vocabulaire : *arêtes* et *sommets*.

Validation

Chaque groupe construit un pavé droit avec le matériel commandé.

2 Institutionnalisation

Ce qu'il faut retenir

Le pavé droit
Famille : polyèdres
Nombre de faces : 6
Forme des faces : 2 carrés et 4 rectangles ou 6 rectangles
Nombre d'arêtes : 12
Nombre de sommets : 8

Copier la carte d'identité du pavé droit dans le cahier de mathématiques.

Séance 3

30 min

Jouer au jeu du portrait

→ COMMUNIQUER

Décrire un cube, une pyramide, un pavé droit en utilisant les termes *face*, *sommet* et *arête*.

MATÉRIEL ET SUPPORT
- Des solides sur lesquels sont collées des gommettes. Une couleur différente pour chaque face du solide.
- Des solides : cube, pyramide, pavé droit.
- Un sac.
- La feuille de recherche (**Materiel60.pdf**)

DÉROULEMENT DE LA SÉANCE

❶ **Recherche** Repérer les éléments visibles et non visibles sur un solide en fonction du point de vue choisi.	10 min	**Expérimentation** Groupes de 2
❷ **Nouvelle recherche** Repérer les éléments visibles et non visibles sur une représentation de solide.	10 min	
❸ **Consolidation** Décrire un cube en s'intéressant à ses arêtes et ses sommets.	10 min	**Verbalisation** Oral collectif

❶ Recherche

Présenter une collection de solides : solides en bois, en carton et en plastique translucide. Sur ces solides sont collées des gommettes de la forme de chaque face, une couleur différente pour chaque face du solide.

Chaque binôme assis à une table se place en vis-à-vis. Un solide est posé au milieu de la table. Chaque élève note sur l'ardoise le nombre et la couleur des gommettes qui sont visibles depuis sa place sans s'approcher du solide.

Mise en commun

Constater que, selon sa position, on ne voit pas les mêmes gommettes et donc les mêmes faces.

Essayer de comprendre pourquoi les groupes qui ont reçu un solide translucide ont réussi à voir toutes les faces.

❷ Nouvelle recherche

Repérer des faces, des arêtes et des sommets visibles sur une représentation d'un cube avec le document **Materiel60.pdf**.

Matériel 60 **Le cube** — **Séance 3**

Complète.

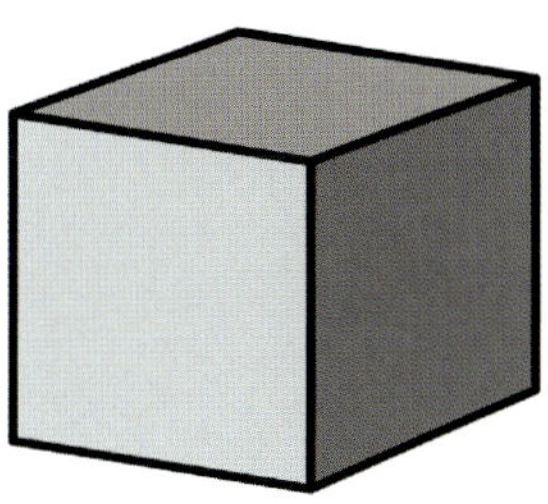

Le cube a 6 faces, 12 arêtes et 8 sommets.

Sur ce dessin du cube, on ne voit pas :

.... faces, ... arêtes et .... sommet.

Matériel 60

❸ Consolidation

Présenter une collection de solides sur le bureau de la classe ou utiliser un visualiseur pour les vidéoprojeter : cube, pavé droit, pyramide.

Expliquer le **jeu du portrait**.

Un solide est caché dans un sac. Le but est de trouver le nom du solide caché dans le sac à partir de sa description réalisée par l'enseignant.

Les élèves peuvent s'aider des solides placés sur le bureau de l'enseignant. Ils écrivent la réponse sur l'ardoise.

La validation permet de rappeler le vocabulaire : *face*, *sommet* et *arête*.

Exemples de portraits

Pour le cube

« Toutes les faces du solide sont des carrés. »

« Il a 6 faces. Toutes ses faces sont identiques. »

Pour la pyramide

« Une de ses faces est carrée et les quatre autres sont des triangles. »

« Le solide a 5 faces. »

Pour le pavé droit

« Il a 6 faces rectangulaires. »

« Il a deux faces carrées et 4 faces rectangulaires. »

« Toutes ses faces sont des rectangles. »

Séance 4

30 min

Bilan des apprentissages

Valorisation des progrès

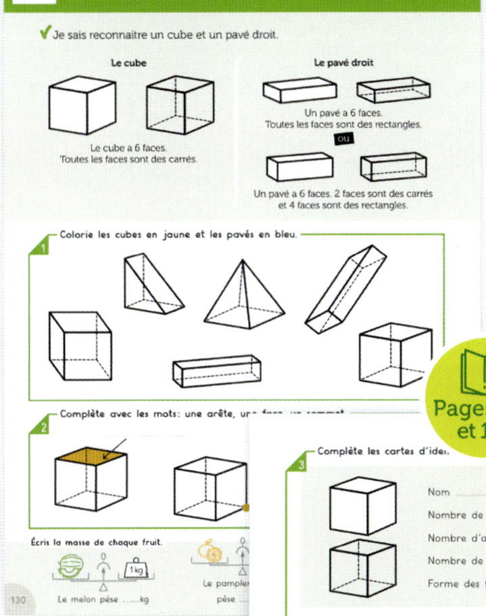

60 Décrire un cube et un pavé droit

✓ Je sais reconnaitre un cube et un pavé droit.

Le cube

Le cube a 6 faces.
Toutes les faces sont des carrés.

Le pavé droit

Un pavé a 6 faces.
Toutes les faces sont des rectangles.

ou

Un pavé a 6 faces. 2 faces sont des carrés et 4 faces sont des rectangles.

1 Colorie les cubes en jaune et les pavés en bleu.

2 Complète avec les mots : une arête, un

Écris la masse de chaque fruit.

Le melon pèse ....kg

Le pamplemousse pèse

130

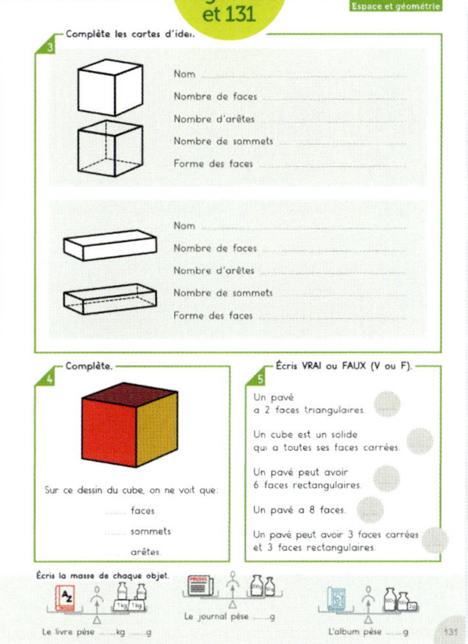

Espace et géométrie

3 Complète les cartes d'identité.

Nom ....
Nombre de faces ....
Nombre d'arêtes ....
Nombre de sommets ....
Forme des faces ....

Nom ....
Nombre de faces ....
Nombre d'arêtes ....
Nombre de sommets ....
Forme des faces ....

4 Complète.

Sur ce dessin du cube, on ne voit que :
.... faces
.... sommets
.... arêtes.

5 Écris VRAI ou FAUX (V ou F).

Un pavé a 2 faces triangulaires.
Un cube est un solide qui a toutes ses faces carrées.
Un pavé peut avoir 6 faces rectangulaires.
Un pavé a 8 faces.
Un pavé peut avoir 3 faces carrées et 3 faces rectangulaires.

Écris la masse de chaque objet.

Le livre pèse ....kg ....g

Le journal pèse ....g

L'album pèse ....g

131

Pages 130 et 131

61 Mesurer des contenances : le litre

Séance 1 ⌛ 30 min

Comparer des objets selon leur contenance

→ RAISONNER

Anticiper le résultat d'une manipulation.

MATÉRIEL ET SUPPORT
- Des récipients variés de formes et de tailles différentes (bouteilles, gobelets, tasses, pots de yaourt, seau...).
- 3 séries de 3 récipients de contenance proche pour les défis.
- Le tableau de recherche et la trace écrite (**MATERIEL61.pdf**, pages 1 et 2).

DÉROULEMENT DE LA SÉANCE

❶ **Recherche** Trouver l'objet pouvant contenir le plus d'eau parmi trois récipients (émission d'hypothèses).	10 min	**Expérimentation** Écrit individuel
❷ **Mise en commun** Inventorier les réponses. Débattre et mettre en évidence la nécessité de vérifier en manipulant.	15 min	**Manipulation** Oral collectif
❸ **Institutionnalisation** Verbaliser ce qu'il faut retenir de la séance.	5 min	**Abstraction** Oral collectif

❶ Recherche

Mise en situation

Présenter aux élèves trois récipients de capacité très différente comme un verre, une bouteille et un seau.
Demander aux élèves dans quel récipient on peut mettre le plus d'eau.

Dans ce cas, une estimation perceptive est suffisante. C'est le seau qui peut contenir le plus d'eau.

Distribuer à chaque élève le tableau-réponse (**MATERIEL61.pdf**, page 1).

Expliquer aux élèves qu'ils vont devoir estimer la contenance des objets qui vont leur être présentés dans le cadre de 3 défis.
Pour chaque défi, il faudra écrire dans le tableau la lettre qui correspond à l'objet pouvant contenir le plus d'eau.

Présenter successivement les trois défis.

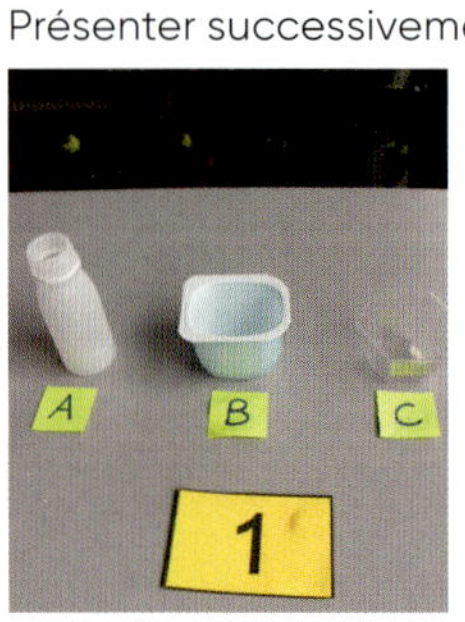

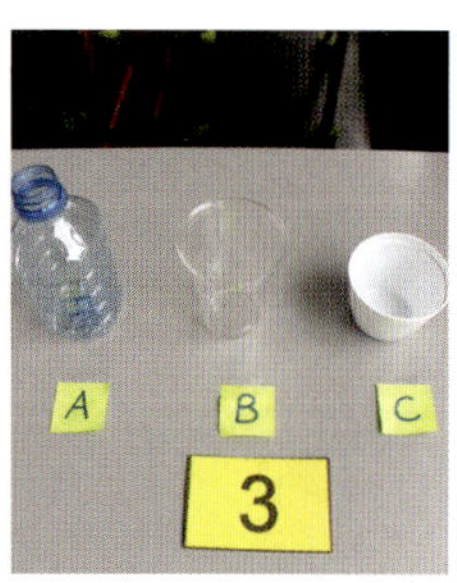

Chaque élève écrit sa réponse dans le tableau-réponse.

	Objet pouvant contenir le plus d'eau
1	
2	
3	

❷ Mise en commun

Faire l'inventaire des réponses des élèves. Les réponses sont inscrites au tableau. Les désaccords sont mis en évidence.

La nécessité de passer par la manipulation pour vérifier les hypothèses apparait.

Recueillir les différentes propositions des élèves.

Exemples de propositions pour le défi 1

On peut remplir un des trois récipients puis verser son contenu dans les deux autres.

On peut verser successivement le contenu de chaque récipient dans un autre et noter un repère pour chaque contenance.

On peut utiliser trois récipients identiques et y verser le contenu de chaque objet.
On peut aussi utiliser une unité (une verrine par exemple) pour obtenir le nombre d'unités utilisées pour remplir A, B et C.

Quelques élèves se succèdent pour effectuer les manipulations.

Les réponses justes sont validées. Pour chaque défi, un temps de verbalisation permet de faire la synthèse des résultats de la manipulation.

Exemple pour le défi 1

« Le récipient B contient plus de liquide que le récipient A.
Le récipient C contient moins de liquide que le récipient B.
C'est le récipient B qui contient le plus de liquide.
On dit que le récipient B a une plus grande contenance que les récipients A et C.
Le récipient B peut contenir plus d'eau que les récipients A et C.
C'est le récipient B qui a la plus grande contenance. »

❸ Institutionnalisation

Ce qu'il faut retenir

La contenance d'un récipient correspond à la quantité maximale de liquide que ce récipient peut contenir.
Le récipient qui a la plus grande contenance est celui qui peut contenir le plus de liquide, par exemple, celui qui peut contenir le plus d'eau, de lait ou de jus d'orange.

Trace écrite
(**Materiel61.pdf**, page 2)

Trace écrite destinée au cahier de référence en mathématiques — Séance 1

Mesurer des contenances (1)

La **contenance d'un récipient** correspond à la quantité maximale de liquide que ce récipient peut contenir.
Le récipient qui a la plus grande contenance est celui qui peut contenir le plus de liquide.

Noa a utilisé une unité pour mesurer la contenance de chaque récipient. **L'unité** qu'il a choisie est la **verrine**.

A B C D

La contenance du récipient A est de ... unités.
La contenance du récipient B est de ... unités.
La contenance du récipient C est de ... unités.
La contenance du récipient D est de ... unités.

Range les récipients de la plus petite à la plus grande contenance:

Matériel 61

Séance 2 — 30 min

Utiliser le litre pour mesurer des contenances

→ **RAISONNER**

Anticiper le résultat d'une mesure.

MATÉRIEL ET SUPPORT
- Un arrosoir de 4 litres, une collection de bouteilles (lait, jus de fruits, eau…) d'un litre, de moins d'un litre et de plus d'un litre.
- Un bouchon creux de bouteille en plastique ou en aluminium, un gobelet, une gourde de moins d'un litre, une petite bouteille de 33 cl.

DÉROULEMENT DE LA SÉANCE

1 Appropriation du problème Découvrir le litre comme unité de mesure d'une contenance.	10 min	**Manipulation** Oral collectif
2 Recherche Comparer des objets selon leur contenance.	10 min	**Manipulation** Groupes de 4 ou 5
3 Nouvelle recherche Résoudre un problème de comparaison de contenances en utilisant le litre.	10 min	**Manipulation** Écrit individuel

1 Appropriation du problème

Présenter aux élèves un petit arrosoir. Par exemple, celui qui est utilisé à l'école pour arroser les fleurs. Parvenir à ce que les élèves se questionnent sur la contenance de cet objet.

La capacité plus importante de l'arrosoir va induire la nécessité d'avoir recours à un étalon plus grand que ceux utilisés lors de la séance 1.

Demander aux élèves de choisir parmi 3 objets (un bouchon, un gobelet, une bouteille) celui qui serait le mieux adapté pour mesurer rapidement la contenance de l'arrosoir.
La bouteille est choisie car c'est elle qui peut contenir le plus d'eau.

Dire aux élèves que cette bouteille contient un litre et leur montrer l'étiquette (1L). Écrire au tableau *un litre s'écrit* 1 L.

Expliquer que l'unité utilisée pour mesurer des contenances est le *litre* qui s'abrège avec la lettre L.

Réaliser la manipulation. 4 bouteilles sont remplies.

Écrire la réponse au tableau.

La contenance de l'arrosoir est de 4 L.

2 Recherche

Afin que tous les élèves soient actifs au cours de la recherche, la classe est organisée sous la forme d'ateliers accueillant chacun un groupe de 4 à 5 élèves. Par exemple, pour une classe de 24 élèves, l'enseignant a préparé 3 ateliers A et 3 ateliers B en parallèle.

Atelier A
Trier des bouteilles selon leur contenance : moins d'un litre, un litre, plus d'un litre. Trois petites pancartes sont placées sur la table : moins d'1L, un litre 1L, plus d'1L.

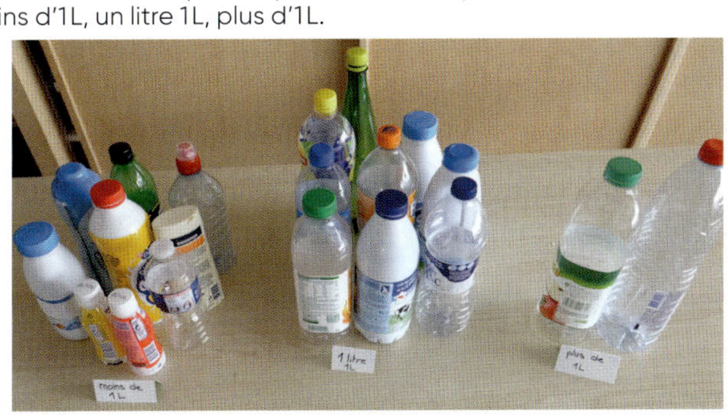

Atelier B
Ranger un ensemble de bouteilles de la plus petite à la plus grande contenance.

3 Nouvelle recherche

Les élèves découvrent l'énoncé du problème au tableau.

Pour être en bonne santé, un enfant doit boire au moins 1 L d'eau par jour.

Aujourd'hui,
- *Léo a bu 4 verres d'eau,*
- *Lucie a bu 3 petites bouteilles d'eau,*
- *Lili a bu une gourde d'eau,*
- *Fatou a bu 8 verres d'eau.*

Qui a bu un litre d'eau ?

Recueillir les propositions des élèves pour résoudre le problème par la manipulation.
Des élèves sont chargés d'effectuer les manipulations.

Faire prendre conscience aux élèves de la nécessité d'utiliser uniquement des bouteilles d'un litre identiques pour que la comparaison par repérage du niveau soit possible.

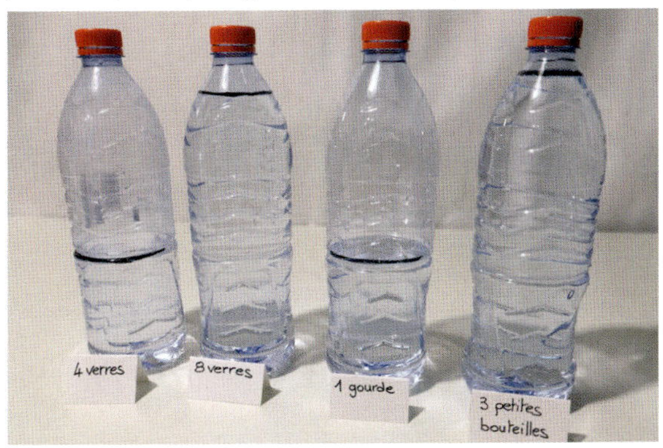

Une fois la manipulation réalisée et validée par la classe, demander aux élèves d'écrire la réponse au problème sur leur ardoise : c'est Lucie qui a bu un litre d'eau.

61 Mesurer des contenances : le litre

Séance 3 — 30 min

Résoudre des problèmes impliquant des contenances

→ RAISONNER

Anticiper le résultat d'un calcul ou d'une mesure.

MATÉRIEL ET SUPPORT
- Les problèmes de recherche et la trace écrite (**MATERIEL61.pdf**, pages 3 et 4).

DÉROULEMENT DE LA SÉANCE

1 Entrainement Donner un ordre de grandeur des contenances de récipients de la vie quotidienne.	5 min	**Manipulation** Oral collectif
2 Recherche Résoudre des problèmes en une ou deux étapes impliquant des contenances.	20 min	**Abstraction** Écrit individuel
3 Institutionnalisation Réaliser la synthèse des apprentissages réalisés.	5 min	**Abstraction** Oral collectif

1 Entrainement

Estimer la contenance des récipients présentés à l'aide de l'animation **Séquence 61** en choisissant une mesure parmi celles qui sont données. Écrire cette mesure sur l'ardoise.

Séquence 61

2 Recherche

Demander aux élèves de choisir, de découper et de résoudre deux problèmes de **Materiel61.pdf**, page 3.
Passer auprès de chaque élève pendant la résolution en utilisant les aides proposées dans la rubrique DIFFÉRENCIATION ci-dessous.

DIFFÉRENCIATION

Pendant leur recherche, accompagner les élèves individuellement en privilégiant trois types d'aide.
- Faire raconter l'histoire du problème sans utiliser de nombres.
- Simplifier l'énoncé en le modifiant avec des nombres plus petits.

Matériel 61

Effectuer une mise en commun pour un seul problème.
Les autres problèmes sont corrigés par l'enseignant dans les cahiers.

3 Institutionnalisation

Ce qu'il faut retenir
On utilise le litre pour mesurer une contenance.
Un litre s'écrit 1L.

Trace écrite
(**Materiel61.pdf**, page 4)

Matériel 61

Séance 4 — 30 min

Bilan des apprentissages

Valorisation des progrès

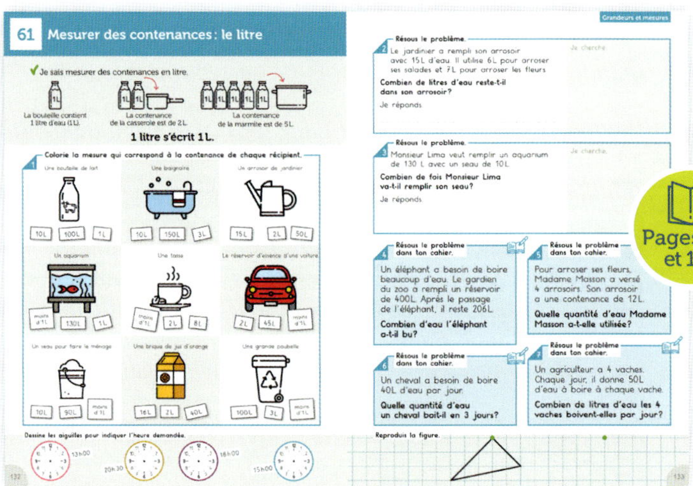

Pages 132 et 133

Matériel 61

Matériel 61 Tableaux-réponses

Séance 1

	Objet pouvant contenir le plus d'eau
1	
2	
3	

	Objet pouvant contenir le plus d'eau
1	
2	
3	

Matériel 61 Trace écrite destinée au cahier de référence en mathématiques

Séance 1

Mesurer des contenances (1)

La **contenance d'un récipient** correspond à la quantité maximale de liquide que ce récipient peut contenir.
Le récipient qui a la plus grande contenance est celui qui peut contenir le plus de liquide.

Noa a utilisé une unité pour mesurer la contenance de chaque récipient. **L'unité** qu'il a choisie est la **verrine**.

A B C D

La contenance du récipient A est de ...... unités.
La contenance du récipient B est de ...... unités.
La contenance du récipient C est de ...... unités.
La contenance du récipient D est de ...... unités.
Range les récipients de la plus petite à la plus grande contenance :

Matériel 61 Trace écrite destinée au cahier de référence en mathématiques

Séance 3

Mesurer des contenances (2)

On utilise le litre pour mesurer des contenances.

Un litre s'écrit 1L.

Une bouteille d'eau de 1L

Une brique de lait de 1L

Un bidon de produit ménager de 2L

La contenance de la casserole est de 5L.

Un arrosoir de 12L.

La contenance de l'aquarium est de 40L.

La contenance du réservoir de la voiture est de 50L.

La contenance de la baignoire est de 150L.

La contenance de la piscine gonflable est de 930L.

Matériel 61 Problèmes de recherche

Séance 3

Problème 1

Le réservoir de la voiture de Monsieur Malo contient 50L d'essence. Pendant ses vacances, il a fait trois fois le plein.
Combien de litres d'essence Monsieur Malo a-t-il consommés?

Problème 2

Pour l'anniversaire de Lola, sa maman a acheté 4L de jus de fruits. Avec 1L, elle peut remplir 5 verres. Lola a invité 15 amis.
Y aura-t-il assez de jus de fruits pour tous ses amis?

Problème 3

Chaque jour, en moyenne, une personne utilise 120L d'eau.
Quelle est la consommation journalière d'une famille de 4 personnes?

Problème 4

Au début de son voyage, le réservoir de la voiture de Madame Koné contenait 40L.
À la fin de son voyage, il reste 5L d'essence dans son réservoir.
Combien de litres d'essence la voiture a-t-elle consommés?

15 min par jour

Calcul mental

- Renforcer la connaissance des tables de multiplication.
- Identifier la parité d'un nombre (pair/impair).

Séance 1

❶ Tables de multiplication : entrainement — 5 min

Proposer les calculs oralement. Les élèves répondent sur l'ardoise.

« Dans 25, combien de fois 5 ? »
« Dans 15, combien de fois 5 ? »
« Dans 40, combien de fois 5 ? »
« Dans 35, combien de fois 5 ? »
« Dans 45, combien de fois 5 ? »
« Dans 20, combien de fois 5 ? »

❷ Identifier la parité d'un nombre (pair/impair) : découverte — 10 min

Proposer les problèmes oralement.
Les élèves répondent sur l'ardoise.

Problème 1

« 24 élèves veulent se ranger par 2 avant d'entrer en classe.
Tous les élèves pourront-ils se ranger par 2 ? »

Lors de la mise en commun, mettre en scène la situation ou manipuler des cubes pour vérifier la réponse.

Représenter la situation au tableau.
Constater qu'on obtient 12 groupes de 2 élèves et qu'il ne reste pas d'élève tout seul. On peut former 12 groupes de 2 dans 24.
Expliquer que l'on peut former 12 paires d'élèves.
24 est un nombre pair car on peut former un nombre exact de paires : 24 = 12 x 2.

Donner des exemples dans d'autres contextes
« Si j'ai 24 skis, je peux faire 12 paires de skis. »
« Si j'ai 24 gâteaux, je peux faire 12 paquets de 2 gâteaux. »

Constater également qu'avec 24 élèves, on peut former 2 équipes de 12. Mettre en scène un rang de 24 élèves qui lachent leurs mains (12 élèves à gauche, 12 élèves à droite) ou manipuler des cubes.

« Un nombre dont on peut trouver la moitié est un nombre pair. »

Problème 2

« 19 élèves veulent se ranger par 2 avant d'entrer en classe.
Tous les élèves pourront-ils se ranger par 2 ? »

Lors de la mise en commun, mettre en scène la situation ou manipuler des cubes pour vérifier la réponse.

Représenter la situation au tableau.
Constater qu'on obtient 9 groupes de 2 élèves et qu'il reste un élève tout seul. On dit que **19 est un nombre impair** car on ne peut pas faire un nombre exact de paires.

Constater également que, si on veut partager 19 élèves en deux groupes, on ne peut pas former 2 équipes avec le même nombre d'élèves.

Séance 2

❶ Tables de multiplication : entrainement — 5 min

Proposer les calculs oralement. Les élèves répondent sur l'ardoise.

« Dans 20, combien de fois 4 ? »
« Dans 32, combien de fois 4 ? »
« Dans 24, combien de fois 4 ? »
« Dans 36, combien de fois 4 ? »
« Dans 16, combien de fois 4 ? »
« Dans 28, combien de fois 4 ? »

❷ Identifier la parité d'un nombre : entrainement — 10 min

Faire chercher parmi les nombres de 0 à 10 ceux qui sont pairs et ceux qui sont impairs.

Lors de la synthèse, compléter une affiche pour commencer un recensement des nombres pairs et des nombres impairs.
Manipuler des cubes pour vérifier les réponses.

Chercher aussi pour chaque nombre si on peut trouver sa moitié.
Conclure que les nombres **0, 2, 4, 6, 8 et 10 sont pairs** et que les nombres **1, 3, 5, 7 et 9 sont impairs.**

Séance 3

❶ Tables de multiplication : entrainement — 5 min

Proposer les calculs oralement. Les élèves répondent sur l'ardoise.

« Dans 21, combien de fois 3 ? »
« Dans 24, combien de fois 3 ? »
« Dans 27, combien de fois 3 ? »
« Dans 15, combien de fois 3 ? »
« Dans 30, combien de fois 3 ? »
« Dans 18, combien de fois 3 ? »

❷ Identifier la parité d'un nombre : entrainement — 10 min

Chercher parmi les nombres de 10 à 20 ceux qui sont pairs et ceux qui sont impairs.

Lors de la synthèse, compléter une affiche pour poursuivre le recensement des nombres pairs et des nombres impairs.

Manipuler des cubes pour vérifier les réponses.

Chercher aussi pour chaque nombre si on peut trouver sa moitié.

Conclure que les nombres **10, 12, 14, 16, 18 et 20 sont pairs** et que les nombres **11, 13, 15, 17 et 19 sont impairs.**

Séance 4

❶ Tables de multiplication : réinvestissement — 10 min

Proposer les problèmes oralement. Les élèves répondent sur l'ardoise.

« Madame Lima achète 7 kg de tomates au marché. Elle paie 21 €.
Quel est le prix d'un kilogramme de tomates ? »

« Monsieur Cayet a fait 3 fois le tour du lac de Gérardmer à vélo. Son compteur indique qu'il a parcouru 15 km.
Quelle est la longueur d'un tour du lac ? »

« Pour jouer à la belote, il faut distribuer 32 cartes entre 4 joueurs. Chaque joueur doit recevoir le même nombre de cartes.
Combien de cartes doit recevoir chaque joueur ? »

« Lili fabrique 4 colliers avec 24 perles. Elle met le même nombre de perles dans chaque collier.
Combien de perles met-elle dans chaque collier ?
Combine de perles lui reste-t-il ? »

❷ Identifier la parité d'un nombre : entrainement — 5 min

Compter de 2 en 2 à partir de 0 jusqu'à 20.
Écrire au tableau les nombres obtenus.
Constater que tous les nombres obtenus sont pairs.

Compter de 2 en 2 à partir de 1 jusqu'à 19.
Écrire au tableau les nombres obtenus.
Constater que tous les nombres obtenus sont impairs.

30 min par semaine

Atelier problèmes

- Résoudre des problèmes du champ additif en deux étapes.

Prénom .... Date ....

Résous les problèmes avec le symbole ✕ puis résous les problèmes de ton choix. Essaie d'en résoudre le plus possible.

✕ Problème 1

Lilou mesure 1 m 24 cm. Son petit frère mesure 88 cm.

Quelle est leur différence de taille ?

Problème 2

Un boulanger a préparé 240 baguettes.
Le matin, il a vendu 140 baguettes.
L'après-midi, il a vendu 90 baguettes.

Combien de baguettes lui reste-t-il le soir ?

Problème 3

Un parking dispose de 369 places au sous-sol et de 513 places en surface.
421 voitures stationnent dans ce parking.

Quel est le nombre de places encore libres ?

Problème 4

Tom a une collection d'images d'animaux et de fleurs. Au total, il a 225 images.
Le nombre d'images d'animaux est 112.

Combien Tom a-t-il d'images de fleurs ?

✕ Problème 5

Un agriculteur a ramassé 457 œufs le matin et 348 œufs l'après-midi.
Un supermarché lui en commande 850.

Peut-il effectuer cette livraison ? Explique pourquoi.

✕ Problème 6

Un train qui transporte 156 passagers s'arrête à la gare de Lille. 32 passagers descendent et 25 passagers montent.

Combien y a-t-il de passagers au départ de Lille ?

62 Coder un déplacement (2)

Déplacements relatifs

Séance 1 — 40 min

Coder un déplacement sur un quadrillage

→ **COMMUNIQUER**

Coder un déplacement relatif sous la forme de flèches orientées.

MATÉRIEL ET SUPPORT
- Un quadrillage grand format 5 x 6 cases (**Materiel62.pdf**, page 1), les images de l'école et du bus ou un bus miniature.
- Par élève, deux quadrillages 5 x 6 cases et les cartes flèches (**Materiel62.pdf**, pages 2 et 3).

DÉROULEMENT DE LA SÉANCE

❶ Appropriation du problème Effectuer des déplacements dans la salle d'EPS en respectant des instructions orales.	10 min	**Manipulation** Oral collectif
❷ Recherche Chercher un codage pour indiquer un déplacement sur quadrillage.	10 min	**Expérimentation** Groupes de 2
❸ Mise en commun Échanger les messages et valider les déplacements.	15 min	**Verbalisation** Oral collectif
❹ Institutionnalisation Coder un déplacement en utilisant des flèches.	5 min	**Abstraction** Oral collectif

Cette séquence permet d'initier les élèves à la programmation sans utiliser les outils numériques (en mode débranché) dans le cadre de déplacements relatifs.

On parle de déplacement relatif, lorsque l'effet des instructions dépend de l'orientation du *mobile* qui les reçoit. *« Pivote vers la gauche », « avance de 3 cases »*. Exemple : lorsqu'on donne des instructions de déplacement à un conducteur ou à un robot, on doit s'imaginer être à la place du conducteur ou du robot. Il faut fournir les instructions qu'indiquerait un GPS car elles sont énoncées du point de vue du conducteur.

❶ Appropriation du problème

La séance débute en salle d'EPS. Les élèves vont jouer le rôle d'un robot.

Présenter les trois déplacements possibles que le robot peut exécuter.

« Le robot avance. » *« Le robot pivote à droite (sans avancer). »* *« Le robot pivote à gauche (sans avancer). »*

Consigne *« Vous êtes des robots, vous allez devoir effectuer les déplacements que je vais vous dicter. »*

Partager la classe en deux groupes : les robots et les observateurs puis inverser les rôles. Faire vivre plusieurs situations de ce type.

Exemples d'instructions données aux robots
« Avancez d'un pas, pivotez à gauche, avancez de quatre pas, pivotez à droite, avancez de deux pas. »
« Pivotez à droite, avancez de cinq pas, pivotez à droite, avancez de trois pas. »

DIFFÉRENCIATION

- Les élèves qui ont des difficultés à distinguer leur droite de leur gauche peuvent mettre un bracelet de couleur à l'un des poignets (ruban ou élastique pour cheveux).

❷ Recherche

Matériel 62

De retour en salle de classe, présenter au tableau ou vidéoprojeter un quadrillage collectif de 5 x 6 cases avec un bus vu du dessus et une école. (**Materiel62.pdf**, page 1).

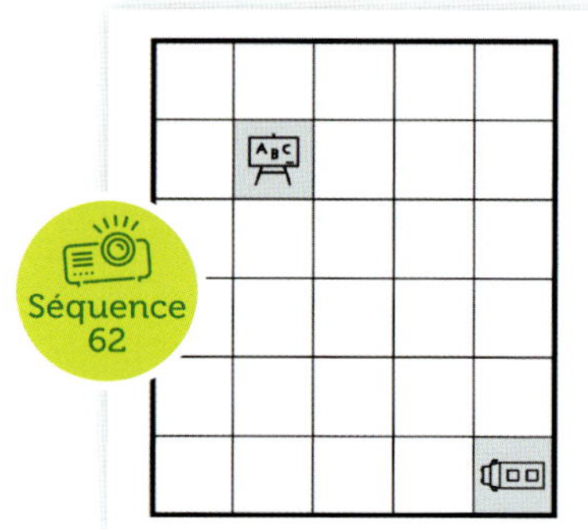

Distribuer ce même quadrillage au format réduit et les cartes flèches (**Materiel62.pdf**, page 2) à chaque élève.

Consigne *« Le bus doit déposer les enfants à l'école. Tu es le conducteur. Trace un chemin puis code-le afin qu'un autre élève puisse le reproduire. Fais bien attention à l'orientation du bus au départ. Pour écrire ce message, utilise les cartes flèches ».*

Avant de distribuer les cartes flèches (**Materiel62.pdf**, page 3), demander aux élèves de se souvenir des trois déplacements qu'ils ont effectués en salle d'EPS. Les questionner sur la manière de coder un déplacement. Présenter les trois flèches et écrire leur signification au tableau.

↑ avance
↶ pivote à gauche (sans avancer)
↷ pivote à droite (sans avancer)

Les élèves colorient chacun les cases que traverse leur bus.

Remarque Il est probable que la flèche orientée vers le haut soit interprétée comme *« je monte d'une case »*. Dans le cas d'un déplacement relatif, la flèche indique un déplacement d'une case et non une direction.

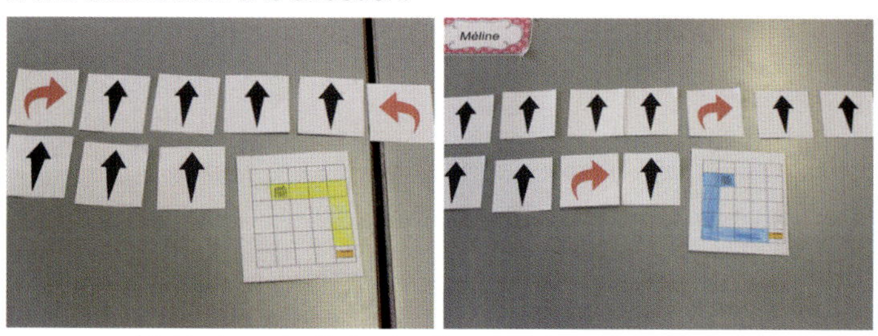

À l'aide des cartes flèches, les élèves traduisent le déplacement correspondant à leur chemin puis le recopient sur une feuille.

❸ Mise en commun

Les élèves échangent leurs écrits, décodent le message et trace le chemin correspondant sur un quadrillage vierge.

La validation s'effectue par comparaison des deux chemins. Quelques élèves décodent le message et manipulent le bus sur le quadrillage grand format.

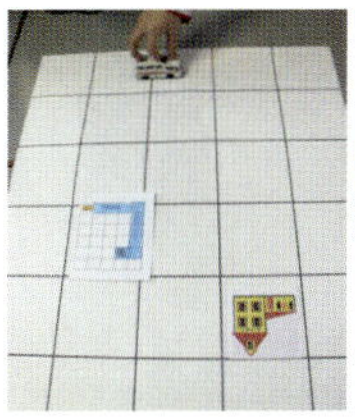

❹ Institutionnalisation

Ce qu'il faut retenir

Pour coder un déplacement, on peut utiliser des flèches.

- ↑ avance
- ↰ pivote à gauche (sans avancer)
- ↱ pivote à droite (sans avancer)

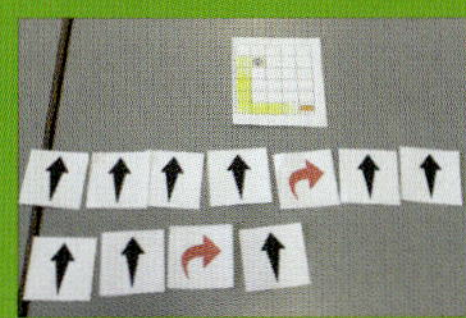

Séance 2

30 min

Coder et décoder un déplacement

→ **MODÉLISER**

Coder et décoder des déplacements sur un quadrillage.

MATÉRIEL ET SUPPORT

- Le quadrillage grand format de la séance précédente réduit à 5 x 4 cases, les images de la tour Eiffel et de l'avion ou d'un avion miniature.
- Les cartes flèches de la séance précédente.

DÉROULEMENT DE LA SÉANCE

❶ Consolidation Consolider le codage et le décodage de déplacements.	10 min	**Verbalisation** Oral collectif
❷ Entraînement différencié Répondre aux besoins constatés.	20 min	**Abstraction** Écrit individuel

❶ Consolidation

Matériel 62

Rappeler ce qu'on a appris au cours de la séance précédente à propos de la manière de coder et décoder un déplacement sur un quadrillage.

Afficher ou vidéoprojeter le quadrillage 5 x 4 cases. Positionner Paris (symbolisé par la tour Eiffel) et l'avion.

Séquence 62

Demander à un élève de choisir un trajet que l'avion peut effectuer pour atterrir à Paris.
La classe verbalise ce déplacement pendant qu'un autre élève affiche les flèches au tableau.

Traiter ainsi plusieurs chemins.

❷ Entrainement différencié

62A à 62C

Proposer les exercices adaptés aux besoins des élèves (**ExoSup62.pdf**, pages 1 à 3).

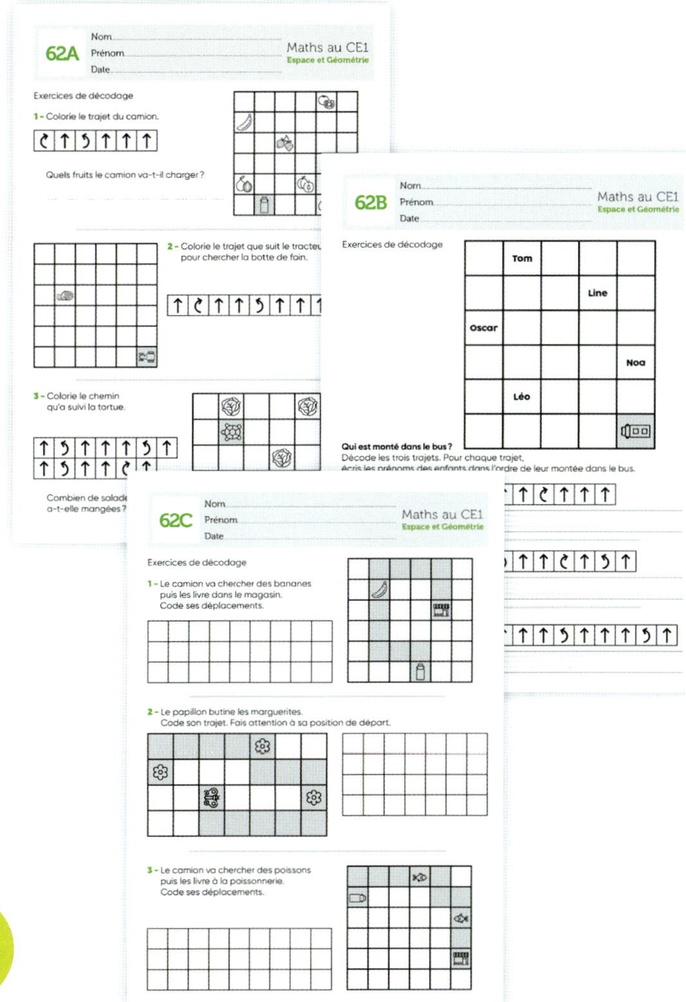

Séance 3

30 min

Bilan des apprentissages

Valorisation des progrès

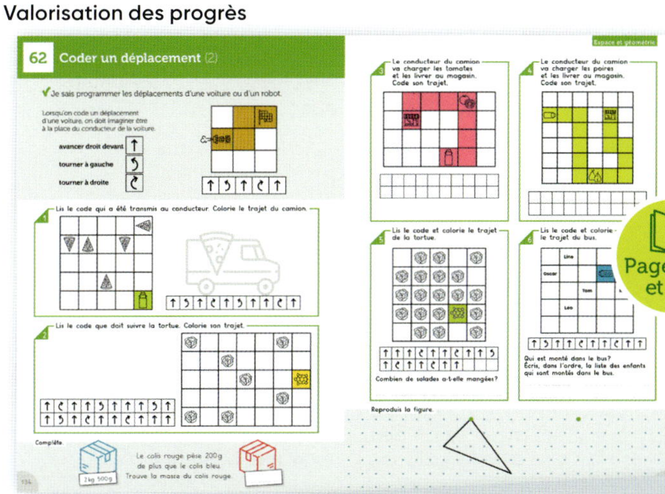

Pages 134 et 135

AU COIN MATHS

TUXBOT est une application réalisée par l'Académie de Nantes.

Le but du jeu consiste à programmer le parcours d'un manchot afin qu'il ramasse tous les poissons présents sur la grille de jeu.
L'application permet de travailler en mode de déplacement relatif ou absolu.
Les enseignants et les élèves ont la possibilité de concevoir de nouveaux défis.

Lien appli-etna.ac-nantes.fr

15 min par jour

Calcul mental

- Renforcer la connaissance des tables de multiplication.
- Identifier la parité d'un nombre (pair/impair).

Séance 1

❶ Tables de multiplication : réinvestissement — 5 min

Chercher tout ce qui fait 12 dans les tables de multiplication connues de la classe. Les élèves écrivent leurs réponses dans un cahier.

Réponses attendues
- 6x2 et 2x6 en utilisant la propriété de commutativité de la multiplication.
- 3x4 et 4x3.

❷ Identifier la parité d'un nombre : institutionnalisation — 10 min

Écrire les nombres pairs jusqu'à 20 au tableau de façon à montrer les régularités puis demander aux élèves de compléter la liste jusqu'à 50.

Observer le dernier chiffre des nombres pairs et remarquer que **les nombres pairs se terminent par 0, 2, 4, 6 ou 8.**

0	2	4	6	8
10	12	14	16	18
20	22	24	26	28
30	32	34	36	38
40	42	44	46	48
50	...			

Séance 2

❶ Tables de multiplication : réinvestissement — 5 min

Chercher tout ce qui fait 24 dans les tables de multiplication connues de la classe.

Réponses attendues
- 6x4 et 4x6 en utilisant la propriété de commutativité de la multiplication.
- 8x3 et 3x8.

❷ Identifier la parité d'un nombre : institutionnalisation — 10 min

Écrire les nombres impairs jusqu'à 19 au tableau de façon à montrer les régularités puis demander aux élèves de compléter la liste jusqu'à 49.

Observer le dernier chiffre des nombres impairs et remarquer que les nombres impairs se terminent par 1, 3, 5, 7 ou 9.

1	3	5	7	9
11	13	15	17	19
21	23	25	27	29
31	33	35	37	39
41	43	45	47	49
51	...			

Trace écrite (MaterielCalcul34.pdf, page 1)

Matériel Calcul 34

Séance 3

❶ Tables de multiplication : réinvestissement — 5 min

Chercher tout ce qui fait 20 dans les tables de multiplication connues de la classe.

Réponses attendues
- 4x5 et 5x4.
- 10x2 et 2x10.

❷ Identifier la parité d'un nombre : évaluation — 10 min

Proposer les exercices de **MaterielCalcul34.pdf**, page 2.

Matériel Calcul 34

Semaine 34 — Maths au CE1

CALCUL MENTAL Séance 3

1 – Entoure les nombres pairs.

17 144 26 230 5 763 48 904 96 672

2 – Entoure les nombres impairs.

23 165 14 341 7 903 39 874 54 769

3 – Devinettes : cherche les nombres.

C'est un nombre pair.
Il est plus grand que 23 et plus petit que 35.
La somme de ses chiffres est égale à 7.

C'est le nombre : ....

C'est le nombre : ....

C'est un nombre impair.
Il est plus grand que 42 et plus petit que 55.
La somme de ses chiffres est égale à 8.

Séance 4

❶ Tables de multiplication : réinvestissement — 5 min

Chercher tout ce qui fait 30 dans les tables de multiplication connues de la classe.

Réponses attendues
- 6x5 et 5x6 en utilisant la propriété de commutativité de la multiplication.
- 10x3 et 3x10.

❷ Tables de multiplication : réinvestissement — 5 min

Proposer les problèmes oralement. Les élèves répondent sur l'ardoise.

« Au supermarché, un kilogramme de fraises coute 4 €.
Quel est le prix de 5 kg de fraises ? »

« Dans un tournoi USEP de basket-ball, il y a 9 équipes de 5 élèves.
Combien d'élèves participent à ce tournoi ? »

« Le fleuriste a préparé 8 bouquets de 4 roses.
Combien de roses le fleuriste a-t-il utilisées ? »

« Une entrée à la piscine coute 5 €. Madame Chatton achète 6 places.
Combien Madame Chatton doit-elle payer ? »

Atelier 34

30 min par semaine

Atelier problèmes

- Résoudre des problèmes à deux étapes mixant addition, soustraction et multiplication.

Prénom .... Date ....

Résous les problèmes avec le symbole ✕ puis résous les problèmes de ton choix. Essaie d'en résoudre le plus possible.

Problème 1

Monsieur Kobé a trois enfants. Pour la rentrée des classes, il achète à chacun une pochette de feutres valant 4 € et un stylo valant 2 €.

Combien Monsieur Kobé a-t-il dépensé en tout pour ses achats de rentrée ?

Problème 2

Le professeur achète 15 livres de mathématiques à 10 € et 7 calculatrices à 2 €.

Combien le professeur a-t-il dépensé ?

✕ Problème 3

Le réfrigérateur d'une cantine contient 7 caisses de 100 yaourts à la vanille, 6 boites de 10 yaourts au chocolat et 4 boites de 10 yaourts à la fraise.

Combien de yaourts y a-t-il dans ce réfrigérateur ?

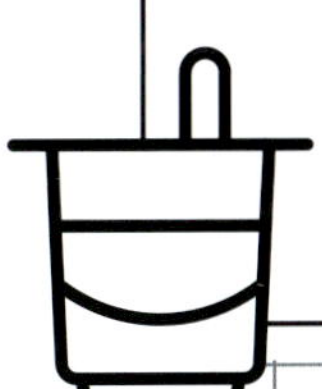

Problème 4

Un immeuble comprend 4 étages.
À chaque étage, il y a 3 appartements avec un balcon et 2 appartements sans balcon.

Combien y a-t-il d'appartements dans cet immeuble ?

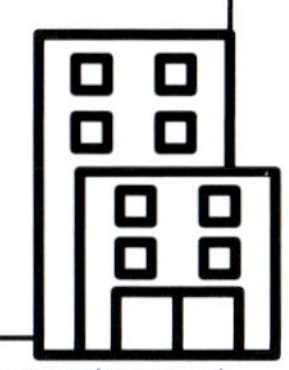

Problème 5

Au marché, Monsieur Bacri achète 3 barquettes de fraises à 4 € et 2 kilogrammes de pommes de terre à 2 €. Il paie avec un billet de 20 €.

Combien le marchand lui rend-il ?

✕ Problème 6

Un parking de 3 étages affiche COMPLET.
À chaque étage, il y a 4 rangées de 10 voitures.

Combien de voitures se trouvent dans ce parking ?

63 Utiliser un tableau ou un graphique

Séance 1 — 30 min

Organiser des données dans un tableau

→ COMMUNIQUER

Présenter et organiser des mesures sous forme de tableau.

MATÉRIEL ET SUPPORT
- La feuille de recherche (**Materiel63.pdf**, page 1).

DÉROULEMENT DE LA SÉANCE

❶ Recherche Organiser des informations dans un tableau à double entrée.	20 min	**Expérimentation** Écrit individuel
❷ Mise en commun Lire et utiliser un tableau.	10 min	**Verbalisation** Oral collectif

❶ Recherche

Au préalable, la classe a réalisé un sondage auprès de tous les élèves de l'école pour savoir quels jeux et activités ils souhaitent voir organiser pendant la récréation. Chaque élève devait choisir le jeu qu'il préfère dans la liste suivante : billes, corde à sauter, élastique, marelle.

Exemples de données récoltées
- Dans la classe de CP : 9 élèves souhaitent jouer aux billes, 7 à la corde à sauter, 2 à l'élastique, 4 à la marelle.
- Dans la classe de CE1 : 11 élèves souhaitent jouer aux billes, 8 à la corde à sauter, 5 à l'élastique, 3 à la marelle.
- Dans la classe de CE2 : 7 élèves souhaitent jouer aux billes, 2 à la corde à sauter, 6 à l'élastique, 8 à la marelle.
- Dans la classe de CM1 : 13 élèves souhaitent jouer aux billes, 7 à la corde à sauter, 1 à l'élastique, 5 à la marelle.
- Dans la classe de CM2 : 6 élèves souhaitent jouer aux billes, 12 à la corde à sauter, 0 à l'élastique, 3 à la marelle.

Les données sont présentées au tableau.
Questionner les élèves sur les données dont ils ont besoin pour pouvoir organiser les jeux de cour. Demander, par exemple, aux élèves de chercher rapidement le nombre total d'enfants qui souhaitent jouer à la corde à sauter.

Lors de la synthèse, les élèves expliquent qu'ils ont dû lire l'ensemble du texte pour trouver les données et calculer le résultat.
Expliquer que dans ce type de situation, on organise les données dans un tableau pour pouvoir les lire et les utiliser plus facilement.
Présenter le tableau à compléter.

Consigne *« Complète le tableau à l'aide des résultats de notre sondage. »*

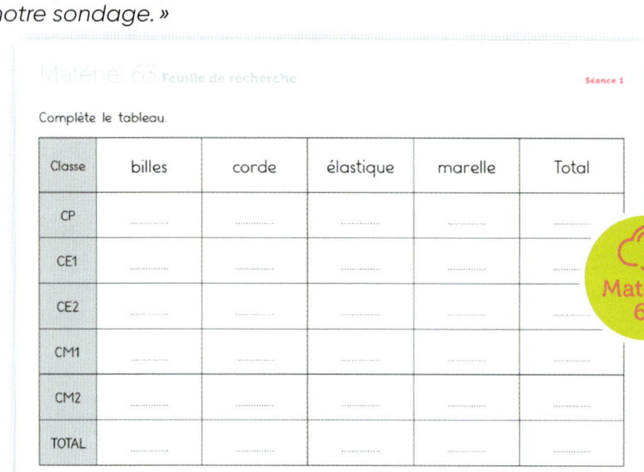
Matériel 63 Feuille de recherche — Séance 1

Complète le tableau.

Classe	billes	corde	élastique	marelle	Total
CP					
CE1					
CE2					
CM1					
CM2					
TOTAL					

Matériel 63

Laisser les élèves tâtonner et commencer à compléter le tableau puis organiser une pause méthodologique pour échanger à propos des difficultés rencontrées. Identifier le nom des lignes et colonnes. Chercher comment calculer le nombre total d'élèves de l'école qui souhaitent jouer à l'élastique.

❷ Mise en commun

Questionner oralement les élèves pour expliciter les procédures de lecture de ce tableau.

Exemples de questions
« Combien d'enfants souhaitent jouer aux billes au CE2 ? »
« Combien d'enfants souhaitent jouer aux billes au CM1 et CM2 ? »
« Combien d'enfants de l'école souhaitent jouer aux billes ? »
« Combien y a-t-il d'élèves dans la classe de CM1 ? »
« Combien y a-t-il d'élèves dans la classe de CM2 ? »
« Combien y a-t-il d'élèves dans l'école ? »
« Quels sont les jeux qui ont été choisis par moins de 20 enfants ? »
« Combien d'enfants souhaitent jouer aux billes et à la marelle ? »
« Quel jeu a été le plus choisi par les élèves ? »
« Dans quelle classe y a-t-il le plus d'élèves ? »

Séance 2 — 30 min

Utiliser les données d'un graphique

→ COMMUNIQUER

Présenter et organiser des mesures sous forme de tableau.

DÉROULEMENT DE LA SÉANCE

❶ Recherche Exploiter les données fournies par un graphique.	10 min	**Verbalisation** Oral collectif
❷ Entrainement Organiser des mesures sous la forme d'un graphique.	10 min	**Expérimentation** Écrit individuel
❸ Nouvelle recherche Écrire une question portant sur le graphique réalisé par la classe.	10 min	

❶ Recherche

Observer et commenter le graphique réalisé par une classe de CM2, à vidéoprojeter par le biais de l'animation **Séquence 63**.

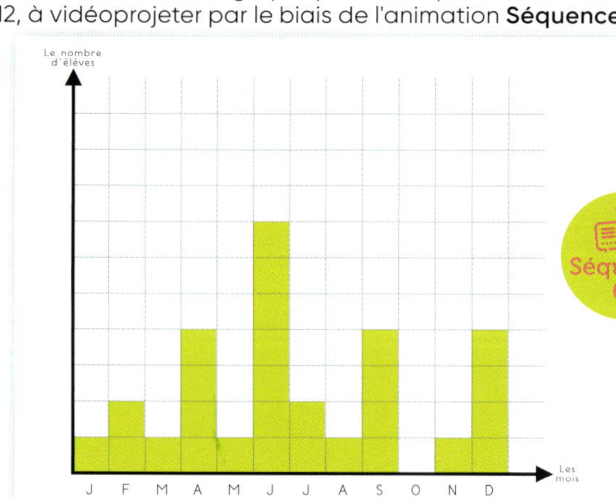

Séquence 63

Pour comprendre son organisation, faire repérer les informations apportées respectivement en abscisse et en ordonnée (ce vocabulaire n'est pas visé au CE1).
Poser des questions, les élèves répondant sur l'ardoise.
Faire expliciter la procédure utilisée pour trouver une information ou calculer une donnée.

Exemples de questions
« Combien d'enfants de CM2 sont nés au mois de juin ? »
« Combien d'enfants de CM2 fêtent leur anniversaire au mois d'octobre ? »
« Quel mois y a-t-il le plus de naissances, le moins de naissances ? »
« Combien y a-t-il d'élèves dans la classe de CM2 ? »
« Quels sont les mois où il y a moins de 3 anniversaires à fêter ? »
« Quelle est la différence entre le nombre de naissances au mois de juin et au mois avril ? »

❷ Entrainement

Faire compléter le tableau des anniversaires de la classe sur **ExoSup63**, page 1.

Mois	Nombre d'élèves
Janvier	
Février	
Mars	
Avril	
Mai	
Juin	
Juillet	
Aout	
Septembre	
Octobre	
Novembre	
Décembre	

63A

Observer et commenter le graphique vidéoprojeté vierge (animation **Séquence 63**) que les élèves vont devoir compléter avec les données du tableau des anniversaires de leur classe.

Consigne *« Complète le graphique avec les données du tableau des anniversaires de la classe. »*

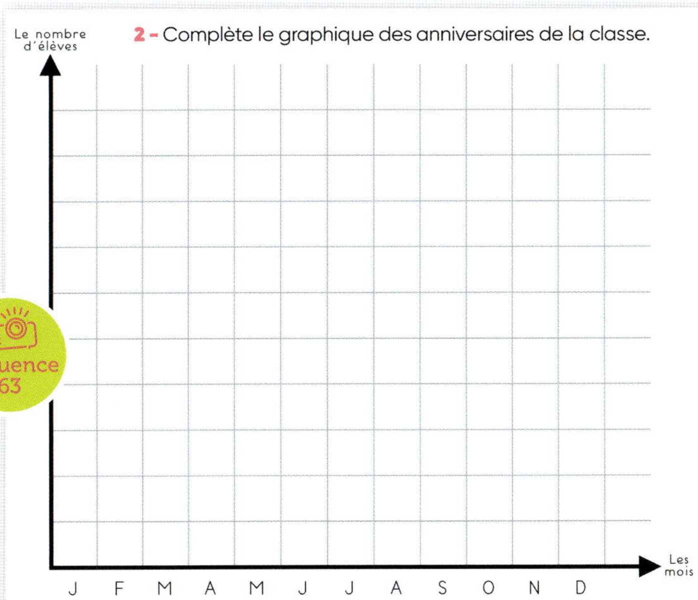

Séquence 63

DIFFÉRENCIATION

- Apporter une aide individualisée aux élèves les plus fragiles.
- Utiliser des briques de Lego® pour faciliter la compréhension du fonctionnement du graphique.

❸ Nouvelle recherche

À partir du graphique réalisé par la classe, faire écrire des questions à envoyer à une autre classe de l'école. Chaque élève doit écrire au minimum deux questions.

DIFFÉRENCIATION

- Regrouper les élèves les plus fragiles pour les faire participer à une dictée à l'adulte.
- Proposer une liste de mots pour déclencher et faciliter la production écrite des élèves.

Séance 3 — 30 min

Utiliser les données d'un graphique

→ COMMUNIQUER

Utiliser des mesures données sous forme de graphique.

DÉROULEMENT DE LA SÉANCE

❶ **Entrainement** Exploiter les données fournies par un graphique.	25 min	**Expérimentation** Écrit individuel
❷ **Mise en commun** Expliciter les procédures à utiliser pour trouver les informations recherchées.	5 min	**Verbalisation** Oral collectif

❶ Entrainement

63B

Observer et commenter le graphique présentant la courbe de croissance de Noa (vidéoprojeté avec l'animation **Séquence 63**).

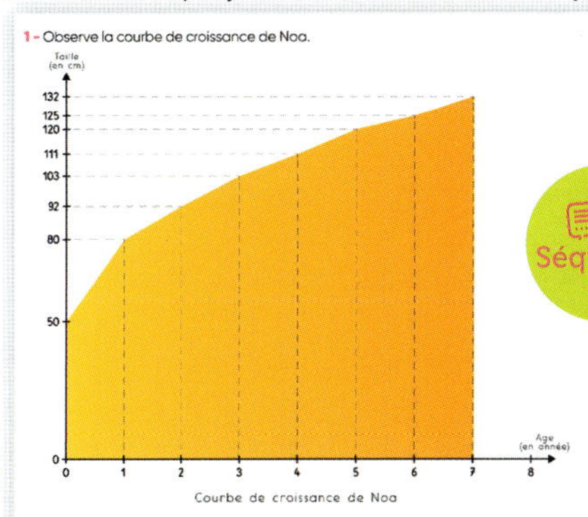

Séquence 63

Faire chercher quel type de renseignements est apporté par ce graphique. Faire repérer les deux axes du graphique et les indications que chacun apporte. Demander aux élèves d'expliquer le fonctionnement de ce graphique.

Répondre sur l'ardoise aux questions posées par l'enseignant.

« Quelle taille mesurait Noa à la naissance ? »
« Quelle était sa taille à 5 ans ? »
« À quel âge mesurait-il 1 m 11 cm ? »
« De combien de centimètres Noa a-t-il grandi entre 3 et 4 ans ? »

Faire compléter le tableau du bas du document **ExoSup63.pdf**, page 2, à partir des données du graphique.

❷ Mise en commun

Expliciter les procédures à utiliser pour lire un graphique de ce type.

Séance 4 — 30 min

Bilan des apprentissages

Valorisation des progrès

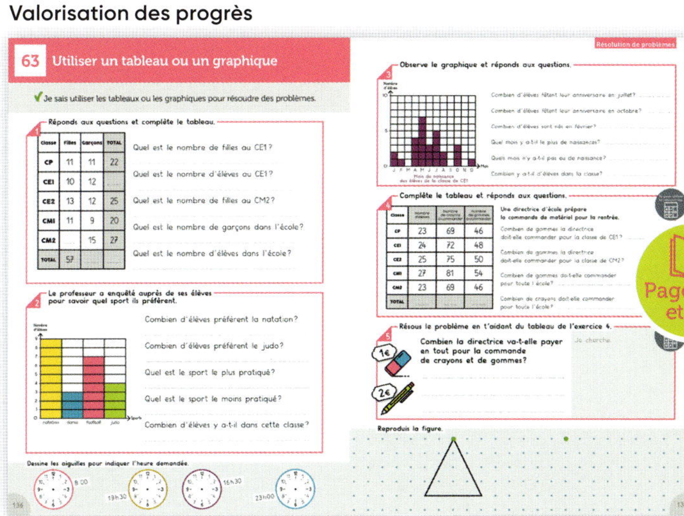

Pages 136 et 137

15 min par jour

Calcul mental

- Connaitre les doubles et les moitiés de nombres d'usage courant.
- Calculer avec les unités de numération.
- Bilan annuel.

Séance 1

❶ Tables de multiplication : évaluation — 5 min

Effectuer le plus grand nombre de calculs en 3 minutes de **MaterielCalcul35.pdf**, page 1.

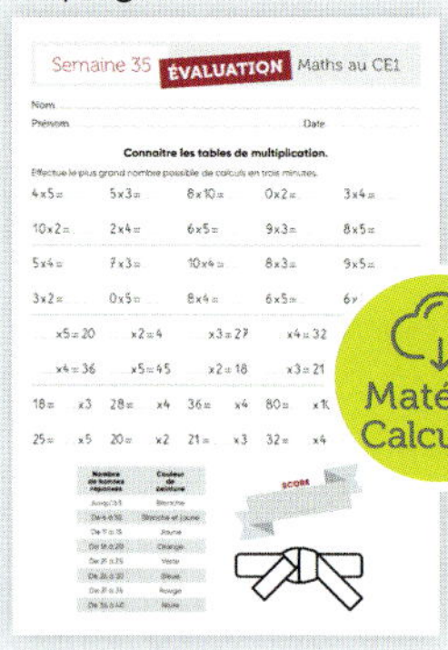

Matériel Calcul 35

Comparer son score avec celui de la semaine 32 où la même épreuve a été proposée.

Corriger uniquement les calculs où les élèves ont rencontré des difficultés.

❷ Connaitre les doubles et les moitiés de nombres d'usage courant — 10 min

Proposer au tableau les calculs

70 + 70 = ? **75 + 75 = ?** **250 + 250 = ?** **350 + 350 = ?**

Mettre en commun les procédures utilisées et expliciter celles qu'il faut privilégier.
Utiliser si besoin le matériel de numération pour permettre aux élèves de visualiser concrètement les étapes des calculs.
Faire verbaliser que
« 140 est le double de 70 » et que *« 70 est la moitié de 140. »*
« 500 est le double de 250 et 250 la moitié de 500. »

Procédures visées
- 70 + 70, c'est pareil que 7d + 7d. Cela fait 14d donc 140.
- 70 + 70, c'est pareil que 70 + 30 + 40, ce qui fait 100 + 40.
- 75 + 75, c'est pareil que 70 + 70 + 5 + 5. C'est 140 + 10.
- 250 + 250, c'est pareil que 200 + 200 + 50 + 50, ce qui fait 400 + 100.
- 350 + 350, c'est pareil que 300 + 300 + 50 + 50, ce qui fait 600 + 100.

Séance 2

❶ Tables de multiplication : entrainement — 8 min

Proposer les calculs oralement. Les élèves répondent sur l'ardoise.

7 x 4 = ?	**9 x 3 = ?**	**6 x 4 = ?**	**9 x 4 = ?**
8 x 5 = ?	**7 x 3 = ?**	**8 x 4 = ?**	**9 x 5 = ?**
8 x 3 = ?	**7 x 5 = ?**		

❷ Connaitre les doubles et les moitiés de nombres d'usage courant — 7 min

Proposer la série de calculs **MaterielCalcul35.pdf**, page 2.

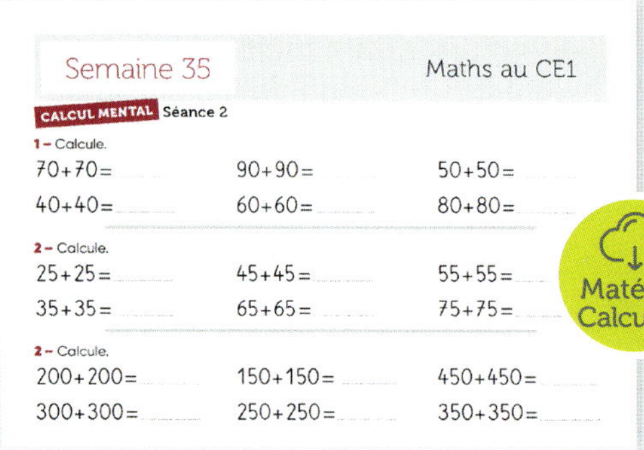
Semaine 35 — Maths au CE1

CALCUL MENTAL Séance 2

1 – Calcule.
70 + 70 = ... 90 + 90 = ... 50 + 50 = ...
40 + 40 = ... 60 + 60 = ... 80 + 80 = ...

2 – Calcule.
25 + 25 = ... 45 + 45 = ... 55 + 55 = ...
35 + 35 = ... 65 + 65 = ... 75 + 75 = ...

2 – Calcule.
200 + 200 = ... 150 + 150 = ... 450 + 450 = ...
300 + 300 = ... 250 + 250 = ... 350 + 350 = ...

Matériel Calcul 35

Séance 3

❶ Destination CE2 — 10min

Effectuer le plus possible de calculs en 10 minutes dans le cahier de l'élève ***Maths au CE1***, pages 144 et 145 (***Destination CE2 – Entrainement 1***). Les élèves ne peuvent utiliser que le calcul mental : pas de calculs intermédiaires ni de calcul posé.

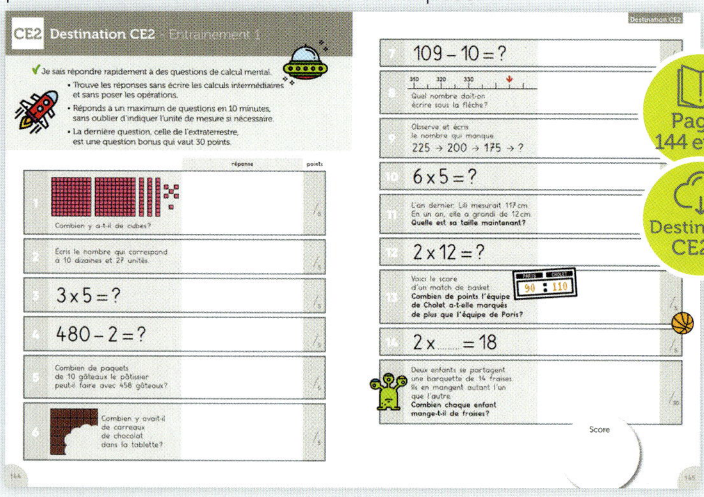

Pages 144 et 145

Destination CE2-1

❷ Calculer avec les unités de numération — 5 min

Calculer sur l'ardoise

7 dizaines + 4 dizaines **6 centaines + 4 unités**
5 centaines + 18 dizaines **4 centaines + 5 centaines**

Séance 4

❶ Bilan 2 de calcul mental — 10 min

Effectuer le plus possible de calculs en 10 minutes dans le cahier de l'élève ***Maths au CE1***, pages 146 et 147 (***Destination CE2 – Entrainement 2***). Les élèves ne peuvent utiliser que le calcul mental : pas de calculs intermédiaires ni de calcul posé.

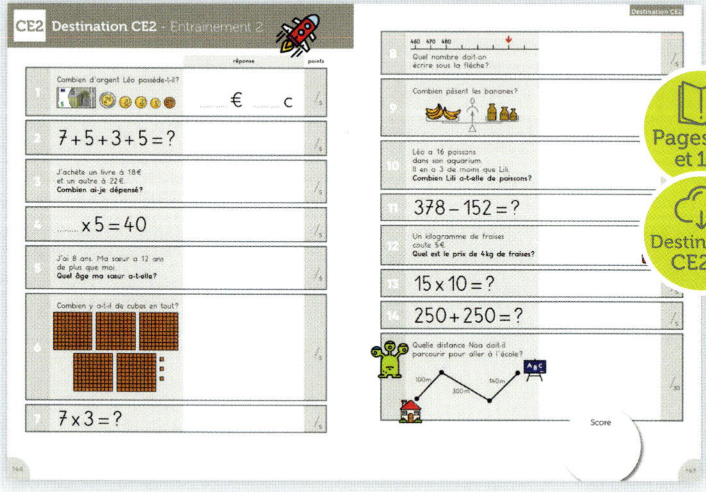

Pages 146 et 147

Destination CE2-2

❷ Calculer avec les unités de numération — 5 min

Calculer sur l'ardoise

8 centaines – 2 centaines **6 centaines – 3 unités**
7 centaines – 6 dizaines **9 centaines – 9 dizaines**

Atelier 35

30 min par semaine

Atelier problèmes

- Résoudre des problèmes impliquant des durées.

Prénom .... Date ....

Résous les problèmes avec le symbole ✖ puis résous les problèmes de ton choix. Essaie d'en résoudre le plus possible.

✖ Problème 1

Léa part à 13h de chez elle et met une demi-heure pour aller au cinéma. Le film dure 2h.

À quelle heure Léa sortira-t-elle du cinéma ?

Problème 2

Monsieur Kopa veut aller de Paris à Madrid. Son avion décolle à 17h30 et arrivera deux heures plus tard.

À quelle heure l'avion va-t-il atterrir à Madrid ?

Problème 3

Mila part de chez elle à 8h30. Elle rentre à 12h30.

Combien de temps Mila s'est-elle absentée ?

Problème 4

Dans un jour, il y a 24 heures.

Combien y a-t-il d'heures dans 3 jours ?

✖ Problème 5

Dans une heure, il y a 60 minutes.

Combien y a-t-il de minutes dans 3 heures ?

Problème 6

Lili a un entrainement de foot de 14h00 à 16h00.

Combien de temps dure l'entrainement ?

64 Reproduire un cercle avec un compas

Séance 1 — 30 min

Tracer des cercles avec une bande de carton et une vis

→ **CHERCHER**

Chercher différentes manières de tracer un cercle.

MATÉRIEL ET SUPPORT
- Des plaques de carton plume ou de liège pour protéger les tables.
- Une vis et une bande de carton pour deux élèves.
- Une feuille A4 par élève et une A3 pour deux élèves.

DÉROULEMENT DE LA SÉANCE

❶ Appropriation du problème Comprendre le but à atteindre : tracer des cercles.	10 min	**Expérimentation** Travail individuel
❷ Recherche Fabriquer et utiliser un instrument permettant de tracer des cercles.	15 min	**Expérimentation Manipulation** Groupes de 2
❸ Mise en commun et synthèse Comprendre la différence entre cercle et disque. Repérer le centre d'un cercle.	5 min	**Verbalisation** Oral collectif

❶ Appropriation du problème

Annoncer aux élèves qu'ils vont devoir tracer des cercles de différentes manières.

a) Demander aux élèves de tracer quelques cercles à main levée sur une feuille de papier uni. Faire exprimer les difficultés à effectuer ce tracé sans instrument (tracés très imprécis) et inventorier avec les élèves les instruments qui pourraient permettre de tracer des cercles plus facilement : objets pouvant servir de gabarits (boites cylindriques, jetons, éléments de jeux, pièces de monnaie…), compas.
Dire aux élèves que, dans un premier temps, ils vont découvrir une autre technique avant d'utiliser le compas.

b) Faire expérimenter aux élèves l'utilisation de divers objets cylindriques (boites de différentes tailles, couvercles) qui servent de gabarits.

Conclure que ces instruments permettent d'obtenir des cercles réguliers mais qu'on ne trouve pas toujours le gabarit de la taille souhaitée.

❷ Recherche

Annoncer aux élèves qu'ils vont apprendre à utiliser un instrument permettant de tracer des cercles de différentes tailles.

Présenter le dispositif : une bande de carton, un crayon et une vis.

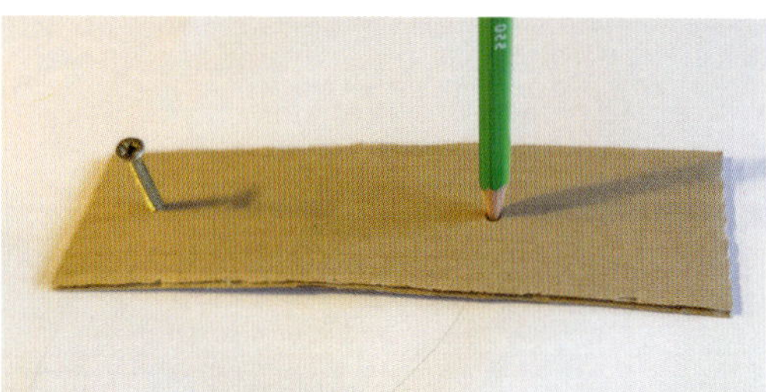

On pourrait aussi remplacer la bande de carton par une ficelle mais la bande de carton est plus facile à utiliser. La bande permet d'obtenir des cercles plus *réguliers*.

Distribuer le matériel : pour deux élèves, un morceau de carton pour protéger la table (carton plume…), une feuille A3, une bande de carton et une vis.

Demander aux élèves de percer deux trous dans la bande de carton : un pour la vis, un autre pour le crayon.

Consigne « *Vous allez vous entrainer à tracer des cercles à l'aide de cet instrument.* »

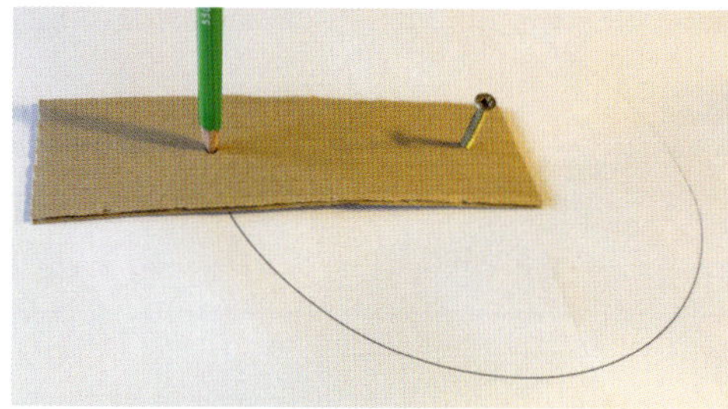

❸ Mise en commun et synthèse

Demander aux élèves de décrire la manière dont ils s'y sont pris pour tracer des cercles.

Lors du tracé, la vis ne bouge pas, seule la bande de carton se déplace en même temps que le crayon. La distance entre la vis et le crayon est toujours la même. En tournant, le crayon trace un cercle. Tous les cercles tracés avec le même carton sont de taille identique.

Afficher quelques productions d'élèves au tableau et s'interroger sur le fait que les cercles tracés par les différents groupes n'ont pas la même taille. En observant les bandes de carton des différents groupes, on s'aperçoit que plus les trous de la vis et du crayon sont éloignés l'un de l'autre, plus le cercle tracé est grand.

Reproduire le travail au tableau en y fixant un support souple et indiquer que *la ligne tracée est un cercle*, en opposition à la surface limitée par cette ligne qui s'appelle un *disque* : colorier cette surface. Repérer l'empreinte de la vis et indiquer ce point à l'aide d'une croix (x). Expliquer que ce point est le *centre du cercle*.

Séance 2 — 25 min

Caractériser un cercle par son centre et son rayon

→ **CHERCHER**

Chercher comment tracer des cercles en respectant une contrainte.

MATÉRIEL ET SUPPORT
- Des plaques de carton plume ou de liège, de vieux journaux pour protéger les tables.
- Une vis, une bande de carton et une feuille A3 pour deux élèves.

DÉROULEMENT DE LA SÉANCE

❶ Appropriation du problème Tracer deux cercles ayant un même centre mais des tailles différentes.	5 min	**Verbalisation** Oral collectif
❷ Recherche Trouver une procédure permettant de répondre à la consigne.	10 min	**Expérimentation Manipulation** Groupes de 2
❸ Mise en commun Découvrir la notion de rayon.	10 min	**Manipulation Verbalisation** Oral collectif

❶ Appropriation du problème

Annoncer aux élèves qu'ils vont réutiliser l'instrument construit lors de la séance précédente pour tracer de nouveaux cercles.

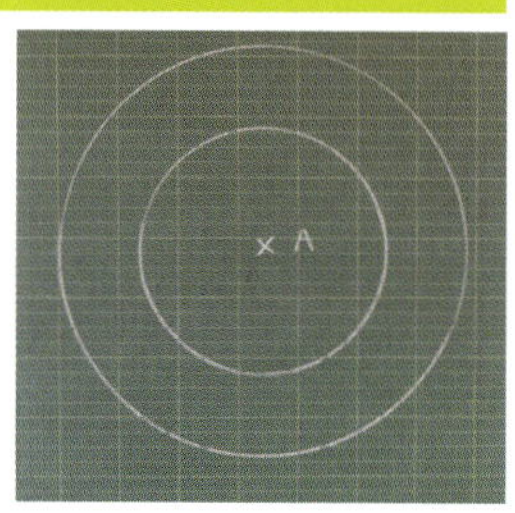

Consigne « *Vous allez devoir tracer deux cercles qui ont le même centre (A) mais qui sont de tailles différentes.* »

Dévoiler l'exemple tracé au tableau préalablement.

❷ Recherche

Demander aux élèves de placer le point A sur leur feuille en précisant que c'est le centre des deux cercles. Rappeler que le point est au centre de la croix et non sur la lettre A.

Consigne *« Utilisez la bande de carton pour tracer deux cercles de même centre comme dans l'exemple affiché au tableau. »*

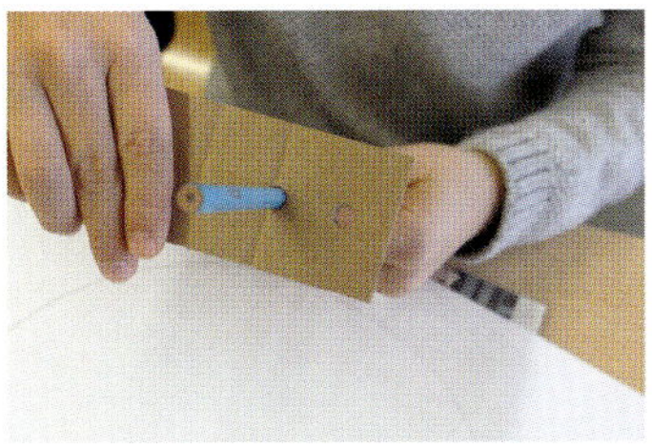

Les élèves percent un deuxième trou pour pouvoir tracer le second cercle.

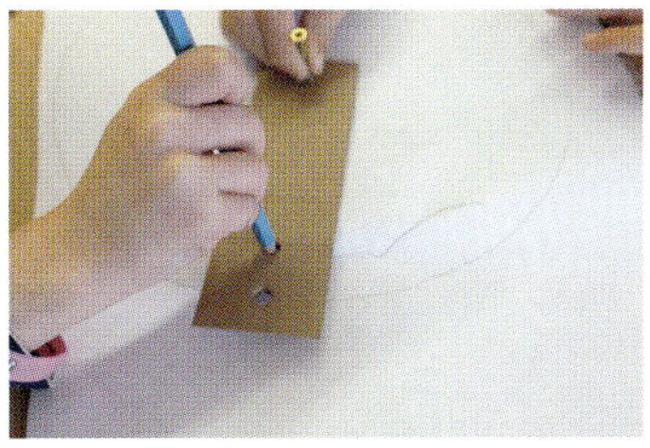

Un élève maintient la vis sur le point A et le second trace le cercle.

DIFFÉRENCIATION

- Apporter une aide individualisée aux élèves qui rencontrent des difficultés lors de la manipulation.

Les cercles obtenus ont des rayons différents.

❸ Mise en commun

Afficher les productions des groupes au tableau et valider ou invalider les propositions. Demander aux élèves de décrire la manière dont ils s'y sont pris pour tracer les cercles demandés en commençant par les procédures erronées.

Faire verbaliser la bonne procédure : *« Il faut utiliser le même trou pour la vis et percer un nouveau trou dans la bande de carton. »*

Reproduire le travail au tableau et indiquer que les deux cercles obtenus ont le même *centre* mais des *rayons* différents. Tracer le rayon de chaque cercle pour le matérialiser.

! La notion de *rayon* n'est pas au programme du CE1 mais on peut choisir de l'introduire selon le niveau des élèves.

Séance 3 — 30 min

Tracer des cercles avec un compas

→ CHERCHER

Utiliser le compas pour tracer des cercles avec ou sans contraintes.

MATÉRIEL ET SUPPORT
- Un cercle sur papier calque (**Materiel64.pdf**), une feuille A4, un compas pour chaque élève.

DÉROULEMENT DE LA SÉANCE

❶ Appropriation du problème Utiliser le compas pour tracer des cercles.	10 min	**Verbalisation** **Manipulation** Travail individuel
❷ Recherche Tracer des cercles au compas en respectant différentes contraintes.	10 min	**Expérimentation** **Manipulation** Travail individuel
❸ Mise en commun et validation Valider au fur et à mesure les tracés réalisés. Échanger sur la manière de procéder.	10 min	**Manipulation** **Verbalisation** Oral collectif

❶ Appropriation du problème

Expliquer aux élèves qu'ils vont s'entrainer à tracer des cercles avec un compas. Présenter le compas et nommer les éléments qui le composent : les branches, la pointe, l'articulation, le crayon ou la mine de crayon.

Distribuer une feuille et un compas par élève et demander à chacun de s'entrainer à tracer des cercles.

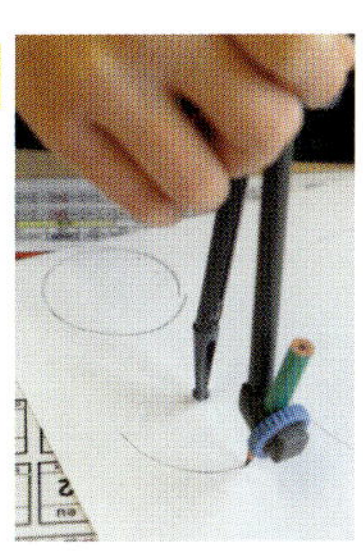

Comparer l'utilisation du compas avec l'instrument vis/bande de carton des séances précédentes. La pointe joue le rôle de la vis. La trace de la pointe sur la feuille marque le centre du cercle. Le rayon correspond à l'écartement des branches.

Matériel 64

❷ Recherche

Tracer des cercles en respectant différentes contraintes.

Consigne A *« Trace des cercles de taille identique mais de centre différent. »*

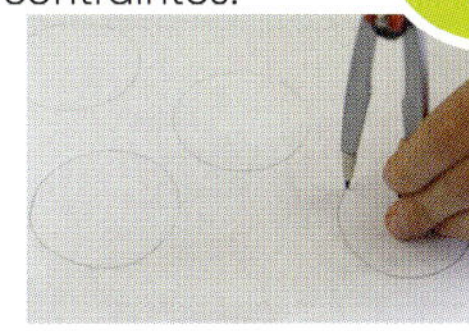

Consigne B *« Trace des cercles ayant un même centre mais des tailles différentes. »*

Demander aux élèves de tracer le point A sur leur feuille en précisant que c'est le centre des deux cercles.

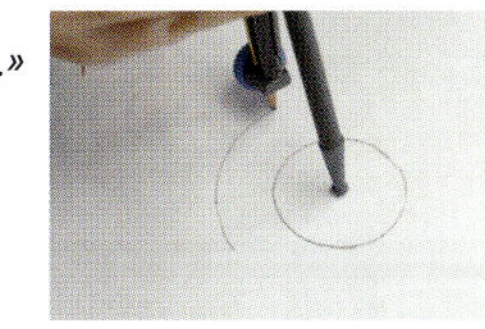

Consigne C *« Trace deux cercles qui ne se touchent pas et identiques au modèle proposé sur le papier calque (pour avoir deux roues de vélo par exemple). »*

Le cercle imprimé sur papier calque permettra, par superposition, de valider les cercles construits.

❸ Mise en commun et validation

Valider au fur et à mesure les tracés réalisés. Valider les réponses et montrer chaque fois la manière dont il fallait s'y prendre.

Procédure visée pour la consigne A
Déplacer le compas sur la feuille sans modifier l'écartement des branches.

Procédure visée pour la consigne B
Tracer un premier cercle. Pour tracer le second, repositionner la pointe sur le centre du premier cercle après avoir modifié l'écartement des branches.

Procédure visée pour la consigne C
Placer la pointe du compas sur le centre du cercle tracé sur le papier calque et écarter l'autre branche jusqu'à un point du cercle. Garder le compas ouvert avec cet écartement puis tracer deux cercles à divers endroits de la feuille. Valider à l'aide du calque.

Séance 4 — 30 min

Bilan des apprentissages

Valorisation des progrès

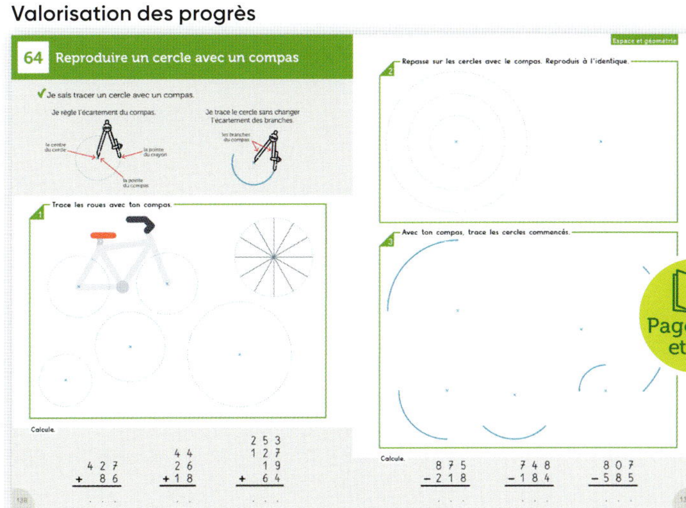
64 Reproduire un cercle avec un compas

Espace et géométrie

✓ Je sais tracer un cercle avec un compas.

Je règle l'écartement du compas.

Je trace le cercle sans changer l'écartement des branches.

1 Trace les roues avec ton compas.

2 Repasse sur les cercles avec le compas. Reproduis à l'identique.

3 Avec ton compas, trace les cercles commencés.

Calcule.

427 + 86	44 + 26 + 18	253 + 127 + 19 + 64

Calcule.

875 − 218	748 − 184	807 − 585

Pages 138 et 139

15 min par jour

Calcul mental

- Utiliser ses connaissances pour résoudre des énigmes de calcul.

Destination CE2

Destination CE2 final

Effectuer le plus possible de calculs en 10 minutes dans le cahier de l'élève ***Maths au CE1*** pages 148 et 149 (***Destination CE2 - Épreuve finale***). Les élèves ne peuvent utiliser que le calcul mental : pas de calculs intermédiaires ni de calcul posé.

Le compte est bon

Calcul 36

Présenter le jeu à l'aide d'un exemple.

Règle du jeu

À l'aide des signes +, x et – et en utilisant une seule fois chacun des nombres donnés, essayer d'obtenir le nombre à trouver ou de s'en approcher le plus possible.

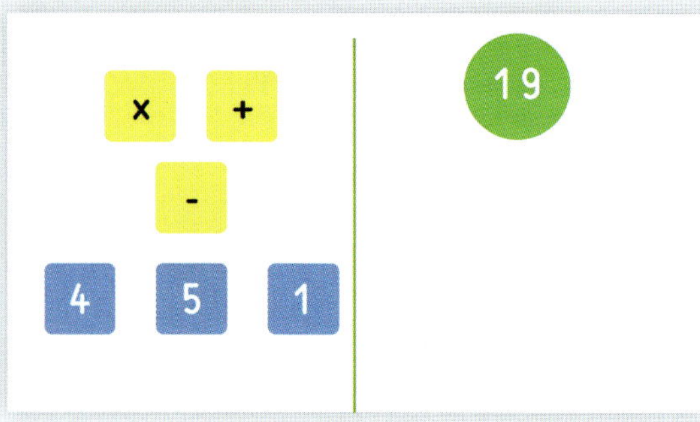

Exemple

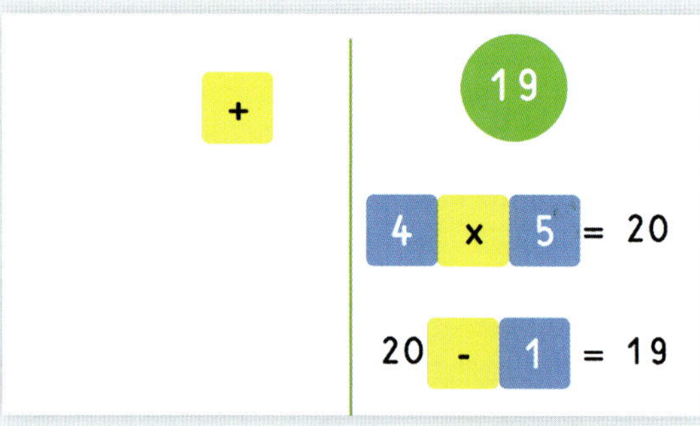

Solution

Présenter le jeu à l'aide de l'animation **Calcul 36**. Les nombres donnés sont **4**, **5** et **1**. Le nombre à trouver est **19**.

Expliquer aux élèves comment vous avez trouvé le résultat en écrivant les calculs au tableau.

4 x 5 = 20 20 – 1 = 19

Vérifier que la règle du jeu a été respectée.

Choisir dans l'animation **Calcul 36** les tirages les plus adaptés aux besoins des élèves.

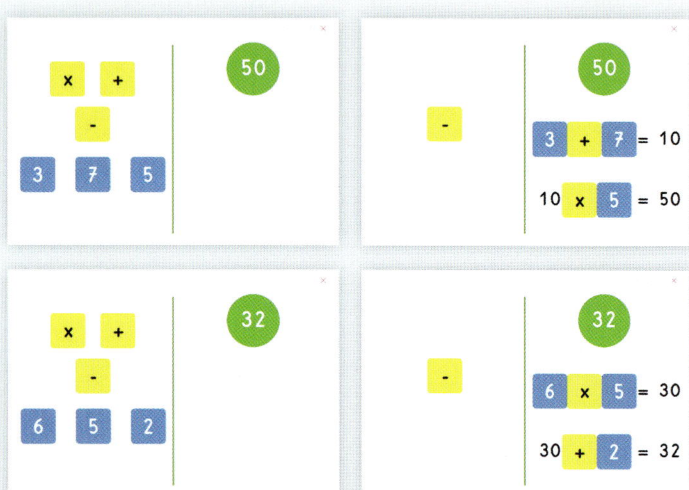

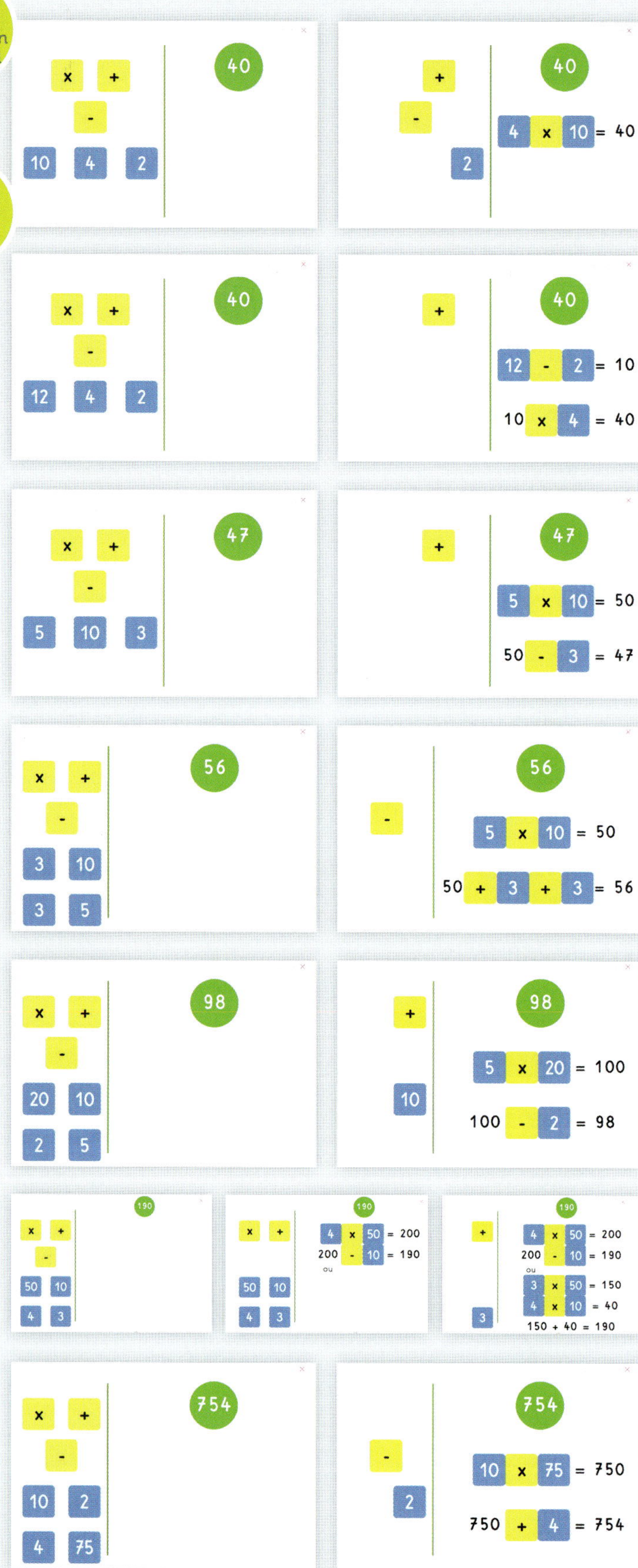

30 min par semaine

Atelier problèmes

- Résoudre des problèmes additifs en deux étapes.

Prénom .... Date ....

Résous les problèmes avec le symbole ✖ puis résous les problèmes de ton choix. Essaie d'en résoudre le plus possible.

✖ Problème 1

Madame Nadar souhaite acheter un appareil photo numérique. Elle a choisi le modèle Focus XP31.
Elle relève le prix de cet appareil sur 4 sites internet.

Site internet A

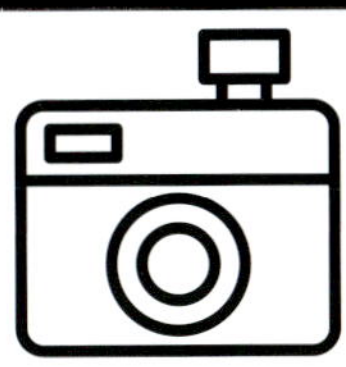

Focus XP 31

Prix : 482 €
Livraison gratuite

Site internet B

Focus XP 31

Prix : 485 €
Livraison : 9 €

Site internet C

Focus XP 31

Prix : 498 €
Livraison gratuite

Site internet D

Focus XP 31

Prix : 475 €
Livraison : 9 €

Sur quel site internet a-t-elle intérêt à commander cet appareil ?
Quelle économie réalise-t-elle par rapport au prix le plus élevé ?

Problème 2

L'équipe de France de basket a marqué 98 points au cours d'un match contre l'équipe de Russie.
En 1re mi-temps, la France avait marqué 46 points.

Combien de points l'équipe de France a-t-elle marqués au cours de la deuxième mi-temps ?

Problème 3

La famille Jarry part en vacances en Bretagne et doit parcourir 879 km. Le GPS indique que 764 km ont déjà été parcourus.

Quelle distance reste-t-il à parcourir ?

Problème 4

Ce matin, le marchand de fruits et de légumes a vendu 235 kg de pommes de terre, 123 kg de carottes et 76 kg de choux.

Quelle masse de légumes a-t-il vendue ?

65 Énigmes mathématiques (5)

Séance 1

30 min

Effectuer une recherche avec tâtonnements

→ CHERCHER

Tester, essayer plusieurs pistes proposées par soi-même, les autres élèves ou l'enseignant.

MATÉRIEL ET SUPPORT
- Les triangles rectangles de la **planche 9** prédécoupée du cahier de l'élève ***Maths au CE1***.

DÉROULEMENT DE LA SÉANCE

❶ **Recherche** Chercher le plus possible de figures réalisables en assemblant deux triangles rectangles identiques.	15 min	**Expérimentation** Travail individuel
❷ **Mise en commun** Inventorier les réponses en vérifiant que toutes les contraintes sont respectées.	5 min	**Verbalisation** Oral collectif
❸ **Nouvelle recherche** Dénombrer les triangles que l'on voit dans une figure.	10 min	**Expérimentation** Écrit individuel

❶ Recherche

Distribuer à chaque élève les 8 triangles rectangles de la **planche 9**. Remarquer que les triangles rectangles sont identiques. Les superposer pour vérifier.

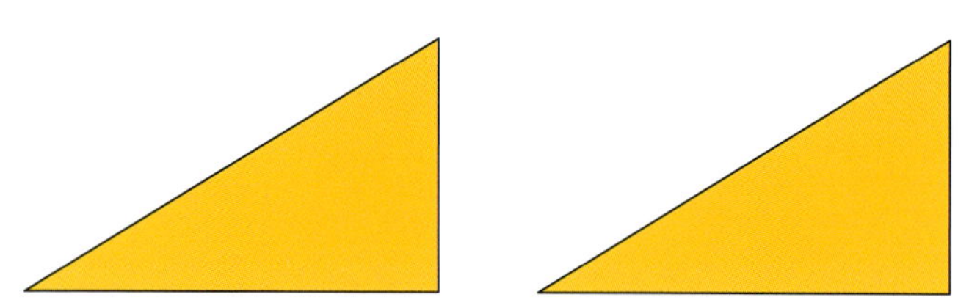

Consigne *« Trouve 4 figures différentes que l'on peut former en assemblant 2 triangles par deux côtés de même longueur. »*

Présenter ce problème comme un défi à relever. Expliciter les critères de réussite avec un exemple-oui et deux exemples-non présentés dans l'animation **Séquence 65**.

Donner un exemple-oui avec le rectangle. Vérifier qu'il y a deux triangles rectangles et que les deux côtés adjacents ont même longueur. Profiter de l'occasion pour rappeler que la diagonale n'est pas un axe de symétrie du rectangle.

Donner deux exemples-non : assemblage de trois triangles et assemblage par des côtés de longueurs différentes.

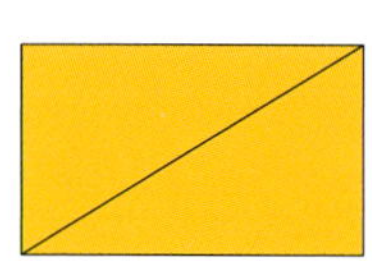

Un exemple-oui

Séquence 65

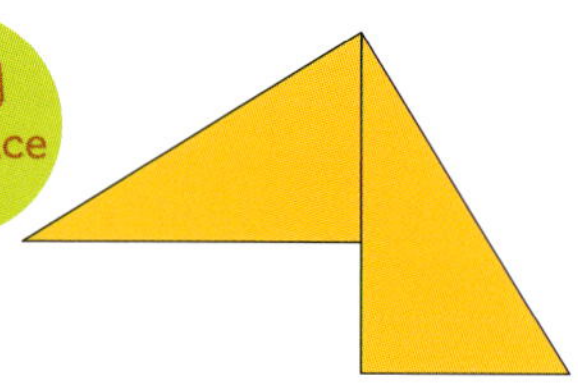

Un exemple-non

Demander aux élèves de reformuler ce qu'il faut chercher.

❷ Mise en commun

Mettre en commun les réponses et vérifier qu'une figure n'a pas déjà été proposée en la superposant avec les figures déjà validées.

Relancer la recherche si une solution n'a pas été trouvée. Donner un indice sur le côté du triangle qu'il faut assembler. Amener les élèves à comprendre qu'il faut retourner le triangle pour trouver de nouvelles solutions.

Séquence 65

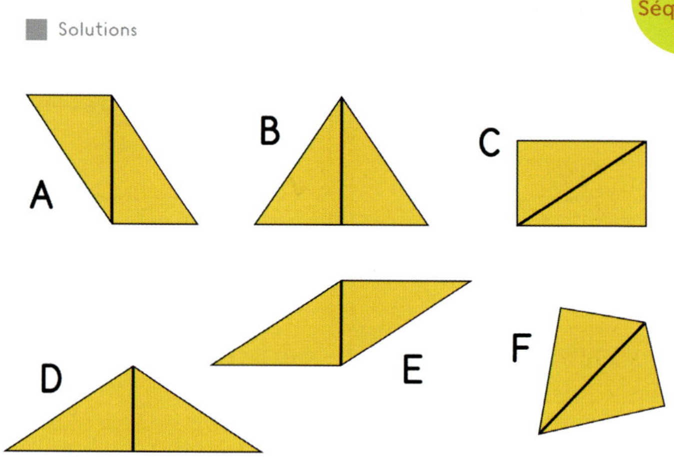

Les 6 solutions du problème

❸ Nouvelle recherche

Consigne *« Trouve le nombre de triangles qui **se cachent** dans chaque figure A, B, C, D, E et F. »*

Faire écrire les réponses dans un cahier.

La mise en commun permet de faire réfléchir les élèves sur le nombre de triangles des figures B et D car le plus souvent ils oublient le *grand triangle* formé par l'assemblage des deux triangles rectangles. La figure F pose des difficultés aux élèves qui pensent reconnaitre un triangle. Dénombrer ses côtés pour constater que c'est un quadrilatère.

Réponses A / 2 triangles B / 3 triangles C / 2 triangles D / 3 triangles E / 2 triangles F / 2 triangles.

Classer les figures en fonctions du nombre de côtés : triangles et quadrilatères.

Réponses Les triangles / B et D Les quadrilatères / A, C, E et F.

Séance 2

30 min

Organiser sa recherche

→ RAISONNER

Raisonner sur une figure afin de dénombrer les triangles dans une figure complexe.

MATÉRIEL ET SUPPORT
- La feuille de recherche et celle de réinvestissement (**Materiel65.pdf**, pages 1 et 2).

DÉROULEMENT DE LA SÉANCE

❶ **Recherche** Dénombrer les triangles dans une figure.	15 min	**Expérimentation** Travail individuel puis groupes de 2
❷ **Mise en commun** Inventorier les réponses et les stratégies utilisées.	5 min	**Verbalisation** Oral collectif
❸ **Réinvestissement** Dénombrer les carrés dans une figure.	10 min	**Expérimentation** Écrit individuel

1 Recherche

Distribuer la feuille de recherche.

Consigne *« Trouve le nombre de triangles qui se cachent dans la figure. »*

Présenter ce problème comme un défi à relever.

Après un temps de recherche individuelle, les élèves se concertent pas groupes afin de proposer une solution commune.

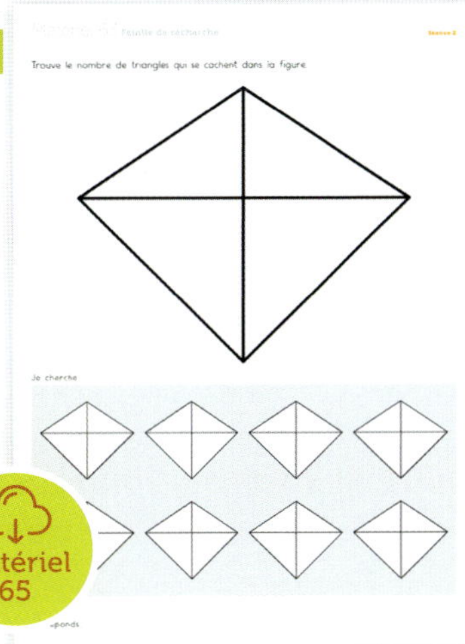

Matériel 65

2 Mise en commun

Séquence 65

Inventorier les réponses et les stratégies utilisées.

Expliciter oralement à l'aide de l'animation **Séquence 65** une méthode qui organise la recherche en plusieurs étapes. Dénombrer d'abord les triangles juxtaposés puis ceux qui sont superposés.

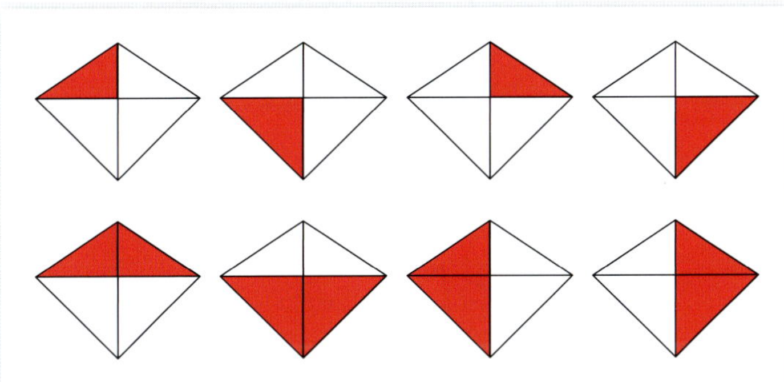

Les 8 solutions du problème

3 Réinvestissement

Séquence 65

Consigne *« Trouve le nombre de carrés qui se cachent dans la figure. »*

Mise en commun

Inventorier les réponses et les stratégies utilisées.

Expliciter oralement à l'aide de l'animation **Séquence 65** une méthode qui organise la recherche en plusieurs étapes. Dénombrer d'abord les carrés juxtaposés puis ceux qui sont superposés.

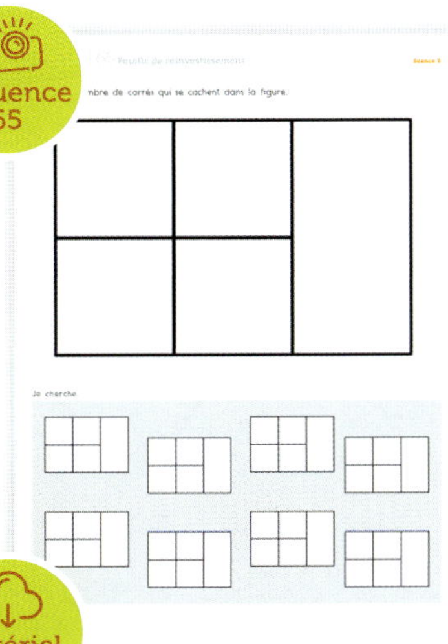

Matériel 65

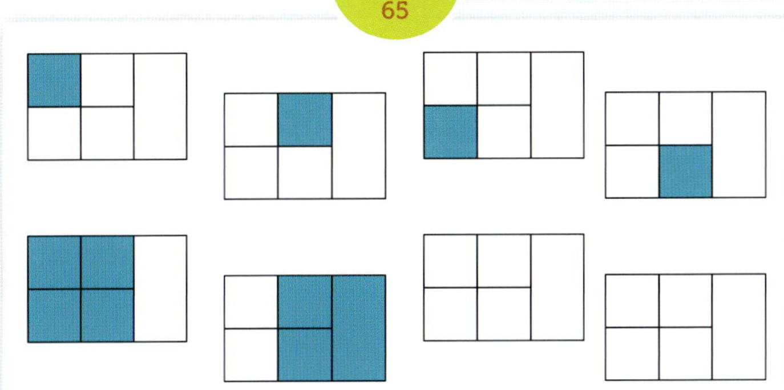

Les 6 solutions du problème

Séance 3 — 30 min

Bilan des apprentissages

Valorisation des progrès

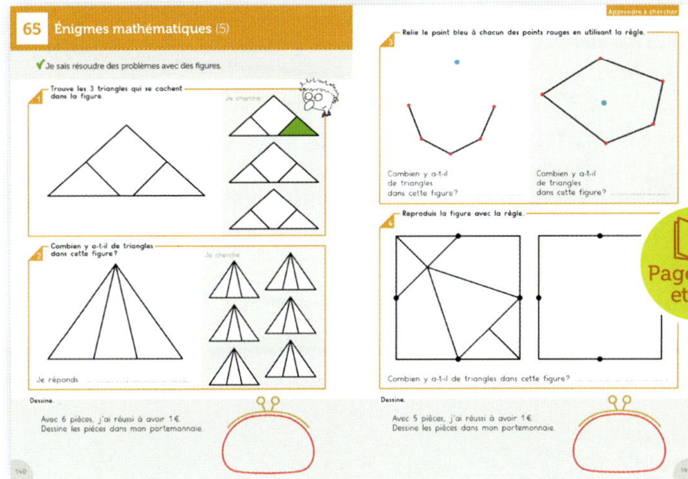

Pages 140 et 141

AU COIN MATHS

Raisonner sur une figure pour anticiper le résultat d'une manipulation.

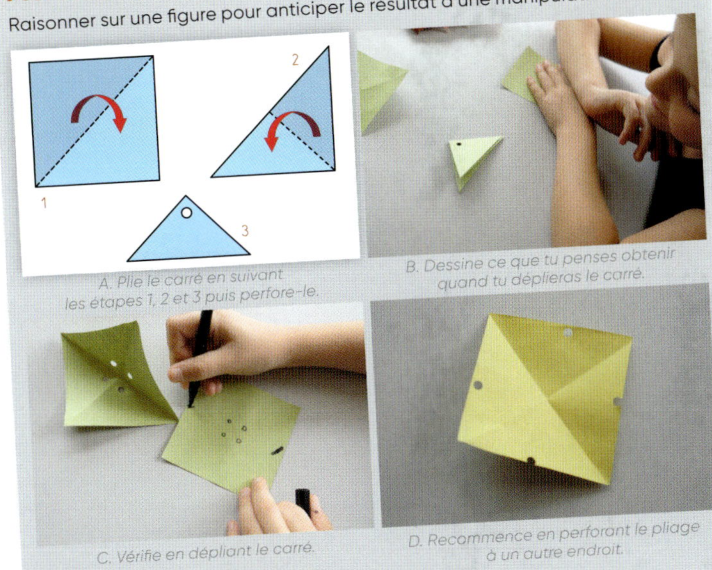

A. Plie le carré en suivant les étapes 1, 2 et 3 puis perfore-le.

B. Dessine ce que tu penses obtenir quand tu déplieras le carré.

C. Vérifie en dépliant le carré.

D. Recommence en perforant le pliage à un autre endroit.

Matériel 65

Séance 3

Matériel 65 Feuille de réinvestissement

Trouve le nombre de carrés qui se cachent dans la figure.

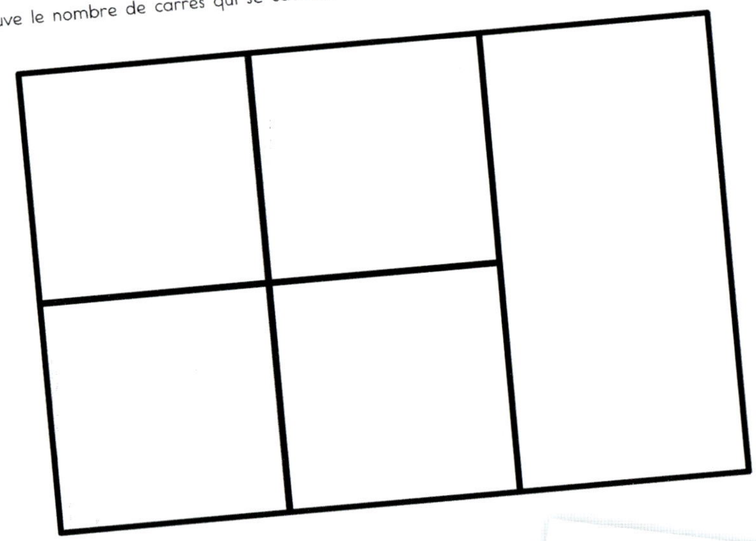

Je cherche.

Je répond :

Matériel 65 Feuille de recherche

Séance 2

Trouve le nombre de triangles qui se cachent dans la figure.

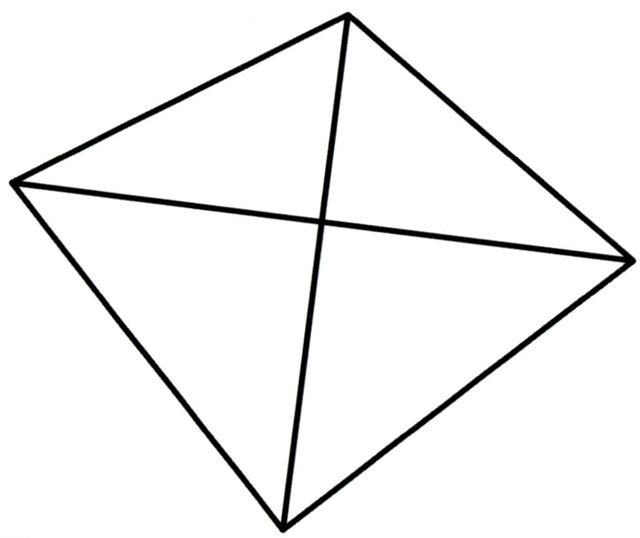

Je cherche.

Je répond :